普洱茶马古道

一条因马帮驮运普洱茶而兴盛的古代商道，
一条经济文化交流的纽带，
一条展现世界文化遗产的长廊。

普洱市政协 编著

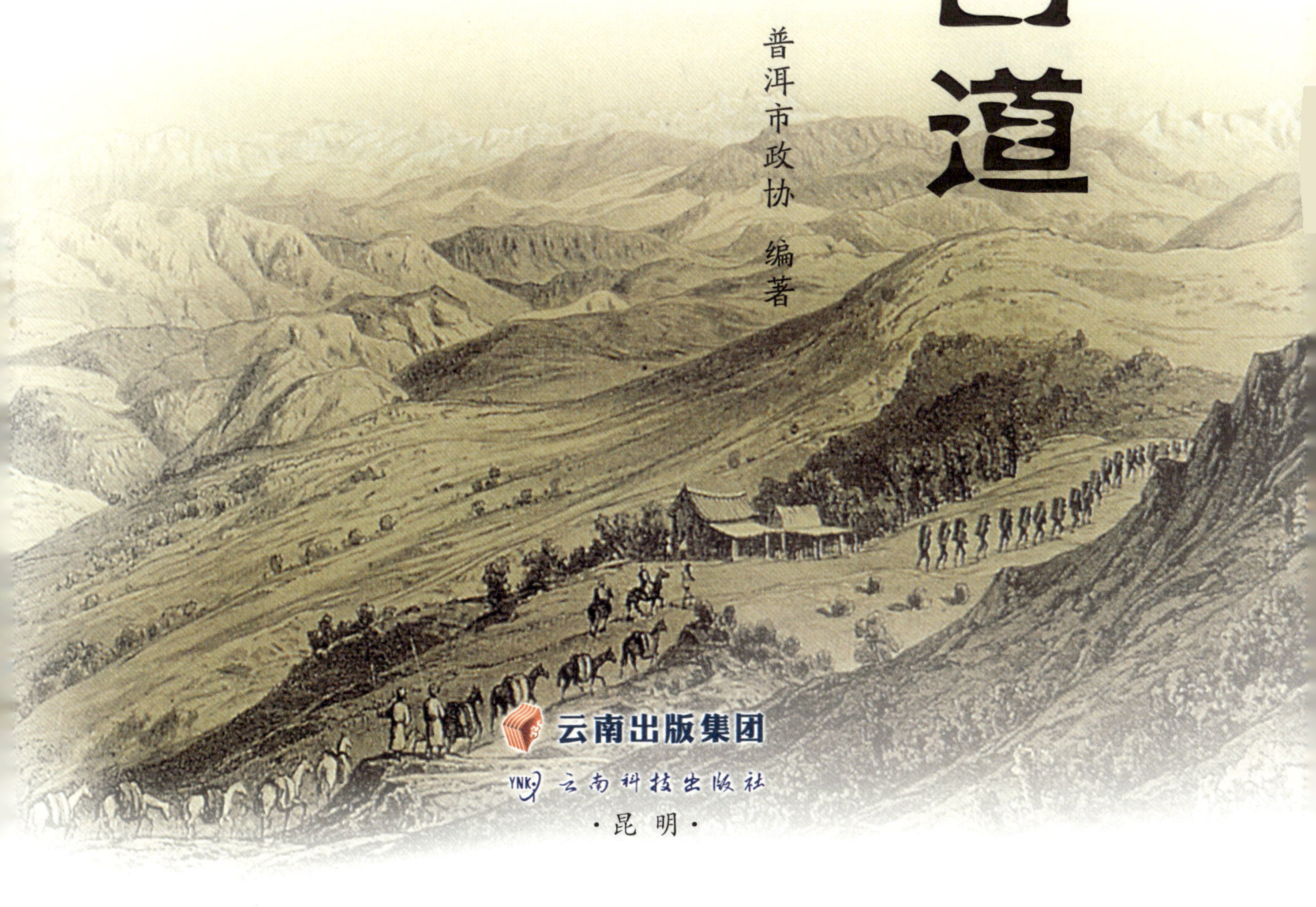

云南出版集团
云南科技出版社
·昆明·

图书在版编目（CIP）数据

普洱茶马古道 / 普洱市政协编著 . -- 昆明 : 云南科技出版社 , 2021.11
ISBN 978-7-5587-3870-8

Ⅰ . ①普… Ⅱ . ①普… Ⅲ . ①古道－介绍－西南地区 Ⅳ . ① K928.6

中国版本图书馆 CIP 数据核字 (2021) 第 226494 号

普洱茶马古道

PU'ER CHAMAGUDAO

普洱市政协　编著

出 版 人：温　翔
责任编辑：唐　慧　王首斌　张羽佳
封面设计：罗崇伟
装帧设计：罗崇伟
制图策划：冯周扬　黄克云
责任校对：张舒园
责任印制：蒋丽芬

书　　号：ISBN 978-7-5587-3870-8
排版设计：普洱方华印刷有限公司
印　　刷：昆明美林彩印包装有限公司
开　　本：787mm × 1092mm　1/16
印　　张：32
字　　数：850 千字
版　　次：2021 年 11 月第 1 版
印　　次：2021 年 11 月第 1 次印刷
定　　价：390.00 元
印　　数：1 ~ 3000 册

出版发行：云南出版集团　云南科技出版社
地　　址：昆明市环城西路 609 号
电　　话：0871-64192760

《普洱茶马古道》编辑委员会

目 录

前言 ······ **1**

第一章　古道概述

中国茶马古道 ······ 3
云南茶马古道 ······ 6
普洱茶马古道 ······ 9
普洱茶马古道文化特征 ······ 16

第二章　古道寻踪

宁洱茶马古道 ······ 23
思茅茶马古道 ······ 33
墨江茶马古道 ······ 40
景谷茶马古道 ······ 52
镇沅茶马古道 ······ 60
景东茶马古道 ······ 76
江城茶马古道 ······ 84
澜沧茶马古道 ······ 89
孟连茶马古道 ······ 94
西盟茶马古道 ······ 96

第三章　古道重镇

普洱府城 ······ 101
思茅古城 ······ 107
他郎古城 ······ 111
威远古城 ······ 115
磨黑古镇 ······ 118
碧溪古镇 ······ 120

通关古镇……124
景谷古镇……127
碧安古镇……129
安定古镇……133
振太古镇……135
勐烈古镇……137
整董古镇……138
清凉古街……140
那柯里古村……141

第四章　古道拾遗

普洱茶马古道经纬……145
普洱茶马古道之宁洱篇……147
被遗忘的普洱山茶区……166
百年谦岗风雨桥的追忆……169
墨江古桥——普洱茶马古道上的重要津梁……172
茶马古道上忠爱桥的前世今生……186
消失的墨江马店街……188
店房：茶马古道上的驿站……192
清水河畔消逝的马铃声……194
灵气磨黑……203
家乡墨江的茶马古道……206
普洱茶马古道之景谷篇……208
威远旧事　古道悠悠……215
江城茶马古道水路的起点——坝溜渡……218
被割断的茶马古道……221
茶马古道上的驮牛帮……225
龙马渡……228
消失的李仙江渡口……230
茶马古道上的土堡城——镇沅古城……236
振太古道上的望夫台……240

镶嵌在茶马古道上的一颗明珠——振太紫马街…… 242
镇沅通京山神庙…… 246
普洱茶马古道之景东篇…… 248
镶嵌在景东境内茶马古道上的三颗“明珠”…… 256
穿越“澜沧卫”的七条茶马古道…… 258
思易茶马青石古道浅谈…… 261
孔雀屏不是孔雀屏…… 266
探访孔雀屏…… 270
石膏井往事…… 272
途经大山老郭寨通往古六大茶山的官马大道初考…… 275
茶马古道上的普洱印记…… 279
普洱茶马古道思普段旧事…… 283
茶马古道鏖战激…… 286
《出门调》——茶马古道上的悲情…… 289
狗碑的传说…… 292
茶马古道上的“神舟渡”…… 294
李和才与茶马古道…… 296

第五章　古道马帮

茶马古道上的马帮文化…… 301
普洱马帮文化的价值…… 307
普洱茶马古城忠义驿站博物馆展品及故事…… 311
马帮见闻…… 317
景东的马帮与茶商…… 323
墨江县联珠镇马帮传说…… 327
茶马古道上的振太马帮…… 331
远去的马帮…… 341
爷爷的马背人生…… 344
最后的马锅头杨春林…… 347
古道马帮菜…… 349

第六章　古道抒怀

普洱茶马古道——一条人文精神的超越之路……353
一条穿越时空的悠悠古道……357
普洱茶马古道走笔……361
茶马古道赋……366
蹄印深深话墨江……367
茶马古道边的曼景湾……370
磨黑古镇难忘的两夜……373
在那柯里，回望另一种乡愁……375
那柯里美食老店——高老庄的前世今生……377
尘封的茶马古道……380
行走在普洱古城到磨黑的茶马古道上……382
孔雀屏——写在古道时光上的老故事……383
大山老郭寨遗存的官马大道……385
川藏茶马古道散记……387

第七章　古道茶香

普洱茶之恋……399
景谷谢家寨的古茶故事……402
江城县胜利号茶庄的记忆……406
千年古茶藏深山……408
探秘茶山箐茶……412
镇沅的老海塘茶……414
北行困鹿之巅……416

第八章　古道展望

关于保护茶马古道文化遗产的普洱共识……421
茶马古道研究和文化保护的几个问题……423
普洱茶马商道研究……429
关于普洱茶马古道保护和利用情况的调研报告……435

首届中国普洱茶马古道节…… 441
茶马古道第一渡——糯扎渡开发浅谈…… 445
普洱茶马古道的现状与保护…… 451
与新时代的马帮同行…… 458
探访那柯里：烂漫迷人的城市传说…… 461
孔雀屏——普洱茶马古道上的明珠…… 465
普洱茶马古道旅游景区建设回望…… 467

第九章　滇省古驿

云南驿…… 475
易武古镇…… 476
巍山古城…… 478
沙溪古镇…… 480
鲁史古镇…… 482
迤萨古镇…… 483
胜境关…… 485
豆沙关…… 486
束河古镇…… 487
奔子栏…… 488
独克宗古城…… 489
雾里村…… 490

后记…… 492
参考文献…… 497

前 言

茶马古道与蜀身毒道、丝绸之路，以及今天横跨欧亚大陆、海陆并进的“一带一路”在不同时空中交汇，在历史长河中延续，从古至今绵延不绝，历史脉络清晰可见，具有重要的经济价值、文物价值和文化价值。

2017 年 5 月 18 日，中共中央总书记、国家主席、中央军委主席习近平在致首届中国国际茶叶博览会贺信中指出：“中国是茶的故乡。茶叶深深融入中国人生活，成为传承中华文化的重要载体。从古代丝绸之路、茶马古道、茶船古道，到今天丝绸之路经济带、21 世纪海上丝绸之路，茶穿越历史、跨越国界，深受世界各国人民喜爱。”早在 2008 年 11 月 18 日，习近平总书记（时任国家副主席）在踏访普洱市宁洱县那柯里茶马古道时指出：茶马古道是一篇大文章，要认真做好茶马古道的保护、开发和合理利用工作，加快发展旅游业，增加群众收入。贯彻落实好习近平总书记的重要指示，做好中华茶文化的传承与发展，保护、开发和合理利用好茶马古道，切实做好茶马古道这篇大文章，既具有十分重要的意义，又是一项重要和紧迫的任务。

普洱在世界茶树演化发展和茶马古道形成过程中是一个独一无二的存在。普洱茶起源于“茶之源”的普洱，普洱是核心原产地、加工地、集散地。域内具有从 3540 万年前的茶树始祖景谷宽叶木兰化石、2500 万年的中华木兰化石，到镇沅千家寨 2700 余年野生型古茶树、澜沧邦崴 1700 余年过渡型古茶树，再到 19 万亩（1 亩约为 666.67 平方米，下文同）的栽培型古茶树、167 万亩现代茶园，在茶树演化发展史上形成环环相扣、依次递进的完整发展链条；茶马古道起源于“道之始”的普洱，普洱茶马古道从这里走向西北边疆、中原大地，走向京城，从这里通向南亚、东南亚各国。至今，在普洱茶马古道上还可以看到千百年来马帮行走留下的众多清晰的马蹄印，这些印迹见证了茶马古道曾经的兴盛，可谓“茶以城名、城以茶兴”，道也因茶而名。普洱实现了茶、城、道三者的完美结合，“茶源道始”是它特殊的身份代码。2006 年 4 月，云南省文化厅、交通厅、省茶马古道研究会在宁洱县竖立了“茶马古道零公里碑”，明确了茶马古道的起点；2013 年 5 月，国际茶叶委员会授予普洱市“世界茶源”称号；2021 年 6 月 11 日，云南省委、省政府普洱现场办公会指出“从普洱起源向国内外辐射的 5 条茶马古道，与著名的‘丝绸之路’一样声名远扬”，进一步确认了普洱是“茶之源，道之始”，是茶马古道的源头。

普洱茶马古道特指起源于古普洱府城（今宁洱县），不断向外延伸拓展，连接内地和边疆，连通中国与世界。以“普洱”命名的茶马古道，包括5条主道及其他若干通道，滇藏茶马古道是普洱茶马古道的重要组成部分和主要干道之一。普洱茶马古道源于古代民族迁徙和各民族生产生活、交流交往，兴于唐宋，盛于明清，与“丝绸之路”齐名。经过漫长的历史演变发展，最终形成了主次干道结合，相互连通、纵横交错的茶马古道网络体系。它历经了千年风雨，见证了历史兴衰。

普洱茶马古道的5条主道呈放射状分布，由内而外向四周辐射，向外延伸发展，形成一个极具动感的结构和开放的形态，具有对外开放最初的形式和内容；普洱茶马古道连通古茶山、古茶园，连通边疆内地、国内国外，马帮沿茶马古道将普洱茶驮运到西藏、内地乃至京城，驮运到东南亚、南亚各国，甚至更遥远的西方；普洱茶马古道历经唐、宋、元、明、清，直至现代，跨越千年时光，跨过千山万水，在茶马古道经过的地方，以时光和岁月刻下了众多历史文化印记，形成了丰富的文化积淀，留下了不胜枚举的珍贵文化遗迹。普洱市境内11段茶马古道被列为全国重点文物保护单位，凸显了普洱茶马古道的文化价值和文物价值；普洱茶马古道跨越东西南北，连通不同国度，连接不同文明，具有多元文化特征，中原文化、边地文化、民族文化、宗教文化、茶文化、生态文化等都在普洱茶马古道沿线得到呈现，并沿茶马古道交流、传播和互鉴。

普洱市委、市政府高度重视普洱茶马古道的保护、开发和利用工作，不断推进保护利用茶马古道的普洱实践，形成了保护利用茶马古道的普洱共识。普洱市政协发挥专门协商机构的作用，充分利用联系面广、智力密集的优势，以收集史料、开展调查研究、提交提案的方式，助推普洱茶马古道保护、开发和利用，组织编写了普洱茶文化三部曲系列（即《普洱古树茶》《普洱府史料》《普洱茶马古道》)。《普洱茶马古道》就是普洱茶文化三部曲的第三部，由普洱市政协文化文史和学习委牵头，联合市文化和旅游局、各县（区）政协共同编写。本书分古道概述、古道寻踪、古道重镇、古道拾遗、古道马帮、古道抒怀、古道茶香、古道展望、滇省古驿九个部分，邀请从事茶马古道研究和普洱地方史研究的专家、学者收集史料、撰写稿件。本书着眼于普洱茶马古道遗址遗迹的保护和利用，强化对茶马古道的保护意识，聚焦普洱茶马古道文化资源挖掘，推动茶马古道文化研究，梳理茶马古道文化的源流，讲好茶马古道故事，传承茶马古道精神，打造茶马古道文化品牌，为茶马古道申报世界文化遗产做一些基础性准备。同时，通过对普洱茶马古道保护和利用的研究，更好地服务和融入国家

“一带一路”建设。

本书以普洱为主，统筹考虑整个普洱茶马古道路线，既突出重点，又兼顾全局；本书在实地调查踏勘的基础上重新梳理了普洱茶马古道的一些具体路线走向，绘制了部分茶马古道主要路线图和主要遗址、遗迹分布图，便于读者直观了解普洱茶马古道的历史概貌和现存遗址遗迹状况；本书坚持“多说并存”原则，收入持不同观点的史料、文章，供读者研究参考；本书注重突出史料性特点，收集整理了一些普洱茶马古道的基础数据和基础资料，为普洱茶马古道文化研究提供可以参考的历史资料；本书注重普洱茶马古道历史价值和文化价值的挖掘，力图诠释茶马古道丰富的文化内涵、持久的文化影响力，以及历经千年升华形成的“坚韧、开拓、无畏”的茶马古道精神；本书没有严格限制文体风格，收入其中的有理论研究文章，也有部分抒情性较强又有一定史料价值的散文佳作，同时还有一些简短的介绍性材料，以增加多样性、通俗性、可读性。广大读者通过阅读此书可以获得关于普洱茶马古道一些新的资料和信息，有助于读者深入了解普洱茶马古道兴衰的历史和普洱茶马古道博大精深的文化。本书是广大普洱茶马古道爱好者、研究者了解普洱茶马古道不可或缺的工具类性质的图书，同时也是深入研究普洱茶马古道文化不可多得的参考书。

编　者

2021 年 12 月

矗立在宁洱县茶源广场的茶马古道零公里碑（白马辛荣 摄）

第一章　古道概述

茶马古道，是中国交通史上的一个伟大奇迹，与“丝绸之路”齐名。

茶马古道源于东汉，兴于唐宋，盛于明清，是我国历史上内地和边疆地区进行茶马贸易所形成的古代交通路线，是一个庞大的交通网络。茶马古道主要存在于中国西南地区，是以马帮为主要交通工具驮运茶叶的民间国际商贸通道，是中国西南经济文化交流的走廊，蕴藏着开发不尽的文化遗产。在进行茶叶贸易的过程中，由于运输的需要，茶马古道也随之孕育而生，并在广袤的中国大地上烙下了深深的足印。茶马古道主要分滇藏、通京、川藏、陕甘四条路线，连接云南、四川、西藏、陕西、甘肃、山西、河北等省区，通往北京，并延伸至印度和东南亚各国。

中国茶马古道

20世纪90年代初，云南学者木霁弘、陈保亚、徐涌涛、王晓松、李林、李旭6人考察了云南茶马古道的部分重要路段，并在他们出版于1991年的《滇藏川“大三角”文化探秘》一书中首次正式提出了“茶马古道”的概念，中国古代“北有丝绸之路，南有茶马古道”之说逐渐被人们所接受。2001年，木霁弘出版了《茶马古道考察纪事》一书，将茶马古道定位为文明文化传播古道、中外交流通道、民族迁徙走廊、宗教传播大道、民族和平之路。

茶马古道，起源于古代西南边疆和西北边疆的茶马互市。据史料记载，中国茶叶最早向海外传播，可追溯到南北朝时期。当时中国商人在与蒙古毗邻的边境通过以茶易物的方式，向土耳其输出茶叶。隋唐时期，随着边贸市场的发展壮大，加之丝绸之路的开通，中国茶叶以茶马互易的方式，经回纥及西域等地向西亚、北亚和阿拉伯等国输送，甚至辗转西伯利亚，最终抵达俄国及欧洲各国。从唐代开始，历代统治者都积极采取控制茶马交易的手段。唐肃宗至德元年（756年），蒙古回纥地区驱马茶市，开创了茶马交易的先河。北宋时期，茶马交易主要在陕甘地区，易马的茶叶主要就来源于云南。元代，官府废止了宋代实行的茶马治边政策。明代，又恢复了茶马政策，且把这项政策作为统治西北地区的重要手段，还制定了茶叶与马匹交易的规则，上等马一匹换茶三十箅（茶箅是明代边销茶的计量单位，约每3500克鲜叶蒸晒出的干茶为一箅），中等马一匹换茶二十箅，下等马一匹换茶十五箅。清代，茶马治边政策有所松弛，私茶商人较多，在茶马交易中则费茶多而获马少。雍正年间，官营茶马交易制度终止。茶马交易治边制度从隋唐始，至清代止，历经近千年。在茶马交易的漫长岁月里，一队队商人和马帮在西北、西南边陲，用自己的双脚辟出了一条崎岖绵延的茶马古道。所谓茶马古道，实际上就是一条地道的马帮行走之路。而这条马帮踏出的古道，却形成了一张庞大的交通网络，堪称中国交通史上的一个伟大奇迹。

中国茶马古道主要有四条，第一条是滇藏茶马古道，主要是云南马帮和藏区马帮互通往来的古道；第二条是通京茶马古道（贡茶道），是普洱茶从普洱起运至北京的古道；第三条是川藏茶马古道，主要是四川与藏区互通往来的古道；第四条是陕甘茶马古道，是内地茶叶西行并换回马匹的古道。现分别介绍于下：

滇藏茶马古道：滇藏茶马古道是云南普洱到西藏拉萨，以普洱茶与西藏马匹、货物进行贸易的交通线。滇藏茶马古道起于普洱茶的核心原产地、加工地和集散地宁洱（古普洱府所在地）。滇藏茶马古道主要路线为：从宁洱出发，经景谷、镇沅、景东、南涧，到巍山进入大理，然后从洱源、剑川、鹤庆、丽江、香格里拉、德钦出云南，进入西藏芒康，过昌都、林芝抵达拉萨。

另外，滇藏茶马古道次要路线为：从宁洱出发，经景谷出普洱境后，进入临沧、云县、凤庆，经巍山后进入大理，汇入主要路线后进入西藏。

通京茶马古道（贡茶道）：通京茶马古道的主要任务是运输进贡朝廷的贡茶入京，从宁洱出发，经墨江、元江、峨山、玉溪直达昆明，后经昭通进入四川成都，再经陕西、山西、河北到达北京。被称为“贡茶道”。

中国茶马古道主要路线图

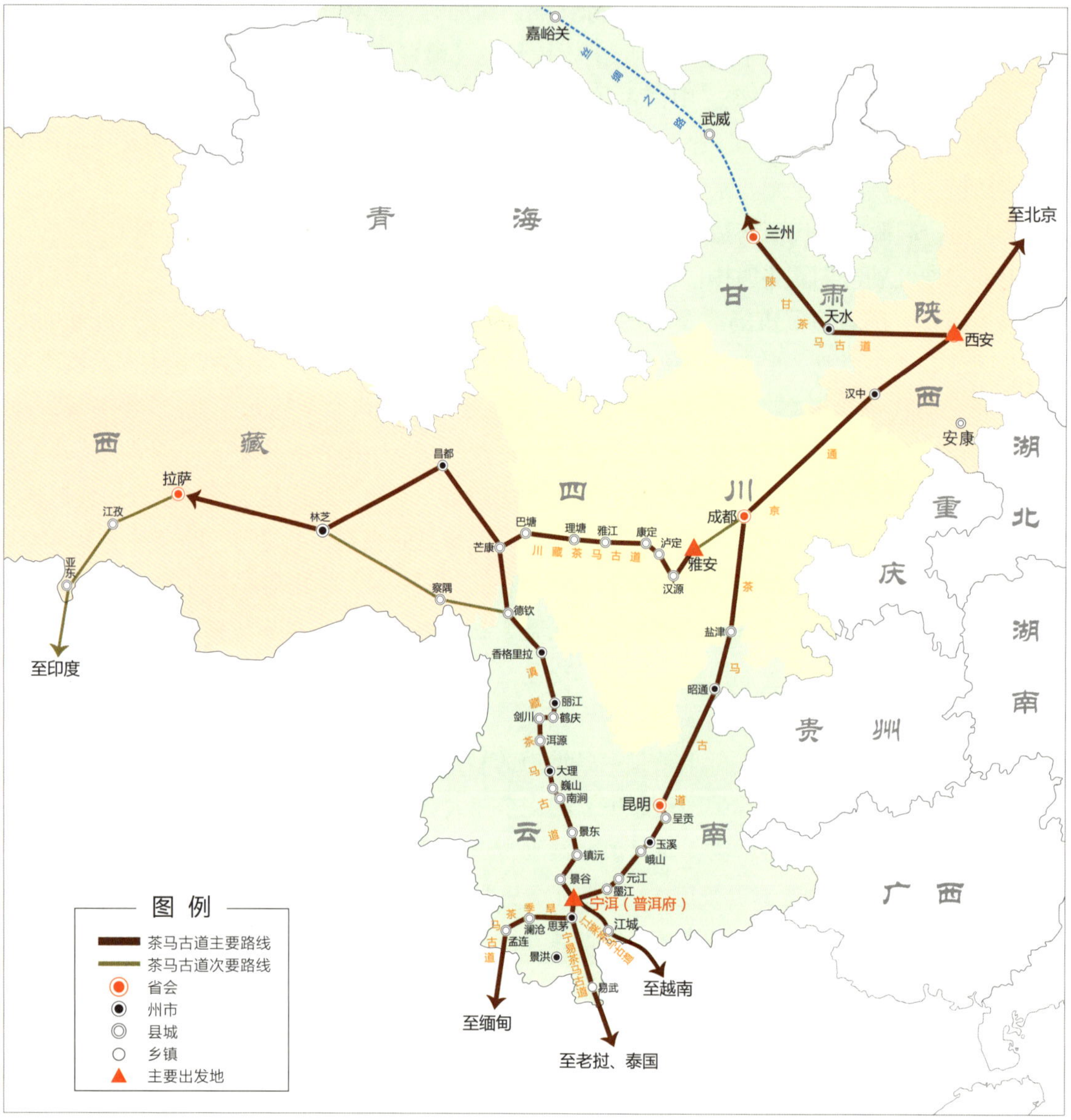

本图境界画法不作划界依据

（制图：张国华、黄克云）

川藏茶马古道：川藏茶马古道就是四川雅安到西藏拉萨，以雅安边茶与西藏马匹进行贸易的交通线。川藏茶马古道主要路线为：从雅安出发，经康定、理塘、巴塘、芒康、左贡到昌都、林芝，再运到拉萨。川藏茶马古道次线为两条：一条是从雅安出发经康定、道孚、炉霍、甘孜、雀儿山、德格、江达、昌都，最后到拉萨二蓬松；另一条是从雅安一带出发，经过成都、松潘进入青海，再由青海运往西藏。不管是哪一条路线，雅安都是川藏茶马古道的起始点，是川藏茶马古道的重要组成部分。

陕甘茶马古道：陕甘茶马古道是陕西商人在西北进行茶马互市的主要路线，从西安、汉中到甘肃，与丝绸之路相连，走向中亚和欧洲等。

云南茶马古道

历史上的普洱府府治所在地宁洱县作为普洱茶的核心原产地、集散地和最大交易中心，理所当然地成云南茶马古道的主要起始地。浩浩荡荡的马帮载着一驮驮普洱茶从“茶之源，道之始”的宁洱县出发，走过普洱，走出云南，走向西南，直至远方。马锅头们用自己的双脚丈量着山河大地、城郭村庄，他们挥舞着手中的马鞭，编织出一张巨大的交通网。山间铃响马帮来，马背上驮着茶叶、盐巴、药品、食品等交易物资，驮着各民族文化，驮着千家万户的生活希望，在祖国西南地区的乡镇村寨中缓缓流动。从普洱府（今宁洱县）出发，蜿蜒盘旋走向全国的云南茶马古道，在中华大地上缓缓铺开，用最传统的运输方式实现了云南边疆与全国各地的联动，使民族文化在这条路上交融、商品经济在这条路上繁荣、民族团结之花在这条路上绽放。

经探寻茶马古道遗址，查找相关文献，对照今人研究成果，我们可以把走出普洱的云南茶马古道归纳为三大条：茶马古道北道（通京茶马古道）、茶马古道西道、茶马古道南道。

一、茶马古道北道

茶马古道北道，又称“通京大道”“贡茶道”“官马大道”，是由普洱出发抵达北京的官道。茶马古道北道主要路线是由宁洱（普洱府）至省城昆明再从滇东北昭通进入四川，后经陕西至北京。即宁洱→墨江→元江→峨山→玉溪→昆明→昭通→盐津→屏山→成都→汉中→西安→北京。

另外，茶马古道北道还有一条次要路线：沿主要路线从宁洱到昆明后，经曲靖→富源胜境关→贵州→湖南→北京。

茶马古道北道主要运送云南贡茶——普洱茶。自清康熙元年（1662 年）始，清政府便“饬云南督抚派员，支库款，采买普洱茶 5 担（担为中国古代市制重量单位，一担等于一百斤）运送到京，供内廷饮用”。从此形成定例，每年进贡一次。到清嘉庆元年（1796 年）增至 10 担。贡茶品种名目繁多，据道光《云南通志·卷之七十·食货志六之四·物产四·普洱府》载：“福又检《贡茶案册》，知每年进贡之茶，例于布政司库铜息项下动支银一千两，由思茅厅（普洱府下辖三厅之一）领去转发采办，并置办收茶锡瓶、缎匣、木箱。其茶在思茅本地（普洱府大部分茶山均由思茅厅管理）收取，鲜茶时，须以三四斤鲜茶，方能折成一斤干茶。每年备贡者：五斤重团茶，三斤重团茶，一斤重团茶，四两重团茶，一两五钱重团茶；又瓶盛芽茶、蕊茶，匣盛茶膏，共八色。”共有各式各样的贡茶八种。普洱茶成为贡茶后，名声大振，清人阮福在《普洱茶记》中写道：“普洱茶名重天下，味最酽，京师尤重之。于二月间采，蕊极细而谓之毛尖以作贡。”就连曹雪芹在《红楼梦》中也写到女儿茶、普洱茶。足见当时普洱茶在清廷上层社会的流行程度。贡茶的采买运送由清政府每年派官员支库银到普洱采办就绪后，令总督官署派公差押运，且每年贡茶征购完备之后，民间才能对普洱茶进行售卖。贡茶运至昆明检验后由差员押运，驮运贡茶的马帮上均插有“奉旨纳贡”的黄旗。因此，人们将此路线称为“贡茶道”，也是商旅的通京大道。

云南茶马古道主要路线图

本图境界画法不作划界依据　　　　（制图：张国华、黄克云）

二、茶马古道西道

茶马古道西道，即滇藏茶马古道，该道是古代直至近现代茶马古道的主要路线之一，是从宁洱（普洱府）出发的马帮进入西藏，实现滇茶销藏、藏马入滇、茶马互易的重要路线。茶马古道西道路线最长，路况最为艰险，其对西南边疆民族关系、民族经济文化交流的作用也最大。该路线在军事上同样作用重大，如在元初忽必烈率领蒙古大军自川西松潘一带分兵三路进入云南，西路由今四川理塘、乡城一线沿滇藏道渡金沙江夺取丽江，经鹤庆、剑川而到达大理。蒙古军能由最险峻的滇西北横断山脉入滇，应该说得力于这条古道。该路线从普洱经景东、大理、丽江、香格里拉后进入西藏。

茶马古道西道的主要路线为：宁洱→景谷→镇沅→景东→南涧→巍山→大理→洱源→剑川→鹤庆→丽江→香格里拉→德钦→芒康→昌都→林芝→拉萨。进入拉萨后还可经江孜、亚东至印度。

另外，除了上述茶马古道西道主要路线，还有四条次要路线：一是从香格里拉、德钦，经察隅后与主线在林芝汇合；二是从芒康→巴塘→理塘→雅江→康定→泸定→天全→雅安；三是主要路线到大理后西行，经永平→保山→腾冲→缅甸→印度；四是主要路线到景谷后，经临沧→凤庆→大理。

清代中后期的驿运，承袭前路并不断扩大增长。改土归流后，乾隆初年，随着中甸、德钦、维西纳入云南省版图，正式划归云南管辖，云南藏区的流官由清政府从内地委派，云南与内地联系巩固，交通也日显重要，在元代和明代驿路基础上，滇藏路上不断增置驿站、驿马、军站及驿馆等，加强滇藏间驿运。清代及其以后时期，有不少官吏、商人沿滇藏茶马古道进入西藏，形成了一个又一个的交通集镇，并逐渐成为古道上的交通枢纽。

三、茶马古道南道

茶马古道南道主要路线有三条：一是宁洱→思茅→易武→勐腊，后出国境进入老挝、泰国等地；二是宁洱至江城后出国境进入越南莱州、海防，随后还可到我国的广东、香港等地；三是从宁洱→思茅→澜沧→孟连，后出国境进入缅甸。

另外，茶马古道南道有多条次要路线，重要的次要路线有：宁洱→思茅→景洪→勐海，后出国境进入缅甸，随后还可到印度，再到我国的西藏。再就是新茶道：从宁洱县→腾冲→缅甸，后分两条，一条从曼德勒至仰光港口，另一条从仰光至印度加尔各答港口。

茶马古道南道还有一条次要路线：沿主要路线到元江后东行，经石屏→蒙自→河口→越南。

茶马古道南道所经之地大多为普洱茶产地，既是普洱茶南下出境的通道，也是普洱茶运往宁洱加工的主要通道，所以清政府对古道修建十分重视。雍正十三年（1735 年），清政府便在思茅设驿丞，专门对各茶山茶叶运输进行管理。道光二十五年（1845 年），在修建普洱至昆明段官马大道的同时，地方政府组织茶马古道南道沿线茶商及百姓，用大青石铺设了从易武到宁洱的茶马驿道，全长 240 千米，宽 1.2 米至 1.6 米。这是在原来驿铺通道的路线上，沿旧古道不断开辟的马道。这不仅保证了贡茶、官茶的及时采办，同时也为各地茶商进入各茶山打开了方便之门。随着四川、江西、楚雄、石屏等地客商的到来，茶山人口日增，茶叶销售日趋兴旺。因此，清道光年间普洱各地山头的茶业贸易也进入了鼎盛时期，《普洱府志》中记载了“入山作茶者数万人”的繁荣景象。

普洱茶马古道

普洱茶马古道，是云南茶马古道的核心区。

普洱茶马古道，是一条因马帮驮运普洱茶而兴盛的古代商道，是一条经济文化交流的纽带，更是一条展现世界文化遗产的长廊。

普洱市是“茶之源，道之始”，是茶马古道的源头，普洱茶因普洱而得名，普洱因普洱茶而名扬天下。在很长一段时间里，很多学者对茶马古道的研究重点一直放在川藏茶马古道，或者从云南丽江到西藏的这段茶马古道上，而近年来，随着人们对茶马古道研究的进一步深入，众多的学者逐渐把研究目光转移到茶马古道的起点上来，普洱茶马古道作为茶马古道起点，更具有研究价值。从普洱向国内外辐射的 5 条茶马古道起源于 2000 年前的东汉，在唐宋时得到发展，至明清时达到鼎盛，是中国历史上西南地区商贸运输交通网络，是中国乃至世界交通史上的活化石，与著名的“丝绸之路”一样声名远扬。2006 年，云南省文化厅、云南省交通厅、云南省茶马古道研究会在宁洱县城茶源广场建立了“茶马古道零公里碑”。2008 年 11 月，时任国家副主席的习近平同志踏访宁洱县那柯里茶马古道时指出，茶马古道是一篇大文章，要认真做好茶马古道的保护、开发和合理利用工作。2013 年，普洱茶马古道中的 11 段遗址被列为全国重点文物保护单位。

一、普洱茶马古道的历史脉络

普洱茶马古道历史悠久。2020 年至 2021 年，经普洱市政协系统和文化部门联合对普洱市内茶马古道进行初步实地踏勘，据不完全统计，普洱市内茶马古道遗址保存较为完整的有 177 千米，茶马古道遗址主要文物 140 余段（处）。因此，可以说普洱市是拥有茶马古道遗址最长和覆盖范围最广的地级市。追寻普洱茶马古道起源，早在远古时期，先民们在这块充满生机的土地上生活劳作、繁衍后代，在长期生活实践中开辟出了最早的路，随着生存需要的变化与历史演进，早期的路逐渐演变成为步道，后来又成为驿道。在步、驿道的形成过程中，运输方式也随之发生了变化，由最早的手提、人背、肩挑等简单的方式逐渐转变成为马驮、牛驮、竹筏等方式。普洱境内的古驿道是古代普洱与内地物资运输交流的重要通道。

普洱古驿道的开辟、发展与普洱茶生产与销售有着紧密联系。唐代的相关史料中就有运销普洱茶的记载。同时，在普洱的江河溪流中出现了“履石渡水”的踏步及独木桥、小石桥、竹桥、藤桥等可供行人过往。唐宋时期，随着农业和畜牧业的兴起，特别是在茶马贸易政策的推动下，普洱茶对外销售量逐渐增大，物资交换与对外交往扩大，步驿道路已具雏形。

元代，至元十九年（1282 年），元朝大军沿着当时的驿道一路南下，征讨“八百媳妇国”（今泰国北部），途经澜沧江整控渡口时，在江岸西崖壁留下题刻，道光《普洱府志》将此处摩崖石刻称为“思茅元碑”。元朝的这次南征加强了普洱与内地的交流，元军南征所经过的驿道在史书中虽没有明确记载，但可以肯定的是，当时的普洱境内就已经拥有上达内地、下通邻国的道路，这条南征的路线从北到南贯穿普洱全境。从渡江题刻的位置、澜沧江整控渡口的相关史料记载可知，此渡口

普洱茶马古道主要路线图

本图境界画法不作划界依据

（制图：张国华、黄克云）

普洱茶马古道主要遗址遗迹分布图

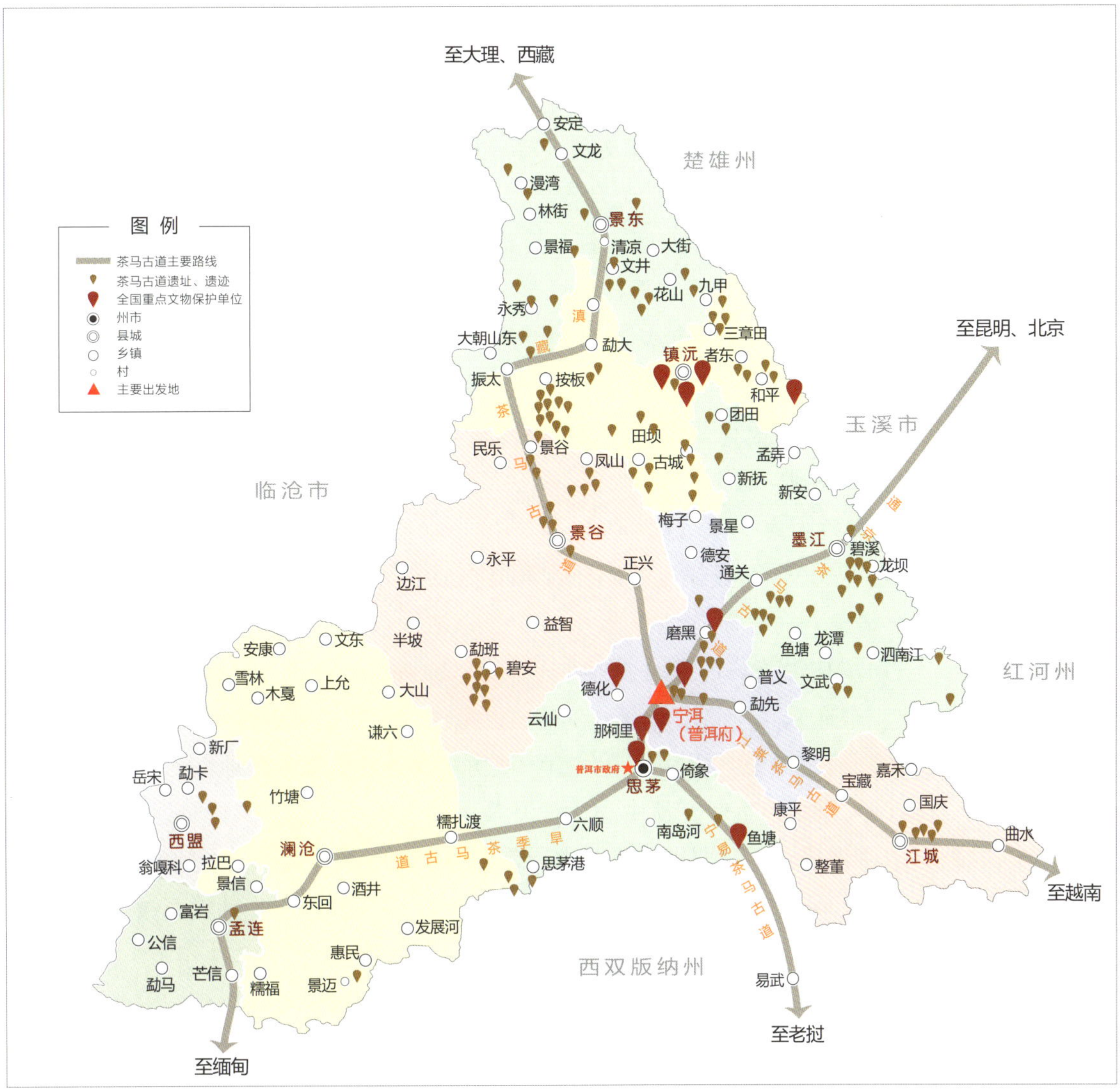

本图境界画法不作划界依据　　　　（制图：张国华、黄克云）

在唐代之前就一直使用，而且是往来澜沧江两岸的主要渡口，因此也可说明普洱在元代，甚至更早时间，就有了较为完整的陆路和水路并存的交通网络。

明代，洪武十五年（1382年），明朝大军进抵楚雄，在今普洱市景东县设板桥驿、景东驿，有驿马13匹，驿夫6名，负责驿递公文。板桥驿设土官管理，与楚雄府驿站衔接，成为明代普洱与周边地区的交通运输重要通道。永乐四年（1406年）四月，孟连傣族土司刀派送遣子沿官马驿道赴京贡象，朝廷授孟连长官司世职，命刀派送为长官，赐给官服、锦带和印章。随后，历代王朝向普洱土司征纳土珍方物，普洱的土司、部族首领沿着官马驿道向朝廷进贡，表示顺服。从以上史料可以得知，明代普洱交通已经列为政府统一管理，设置了驿站，供来往送公文的人或出差官员中途换马或暂住。

清代，普洱等地成为茶叶交易场所，大量茶叶运销内地。普洱驿道以修筑古驿道、石拱桥、木板桥，以及运输茶叶、盐巴等物资为主。据文献资料记载，顺治年间，每年沿茶马古道进京上贡的普洱茶达6.5万斤（清代1斤为596.82克）。

康熙元年（1662年），为加快邮驿发展，景东沿茶马古道邮路裁驿改铺，景东设5铺4哨。之后，递铺逐渐发展到镇沅、景谷、宁洱、墨江、思茅等地。

雍正三年（1725年），普洱开采磨黑盐井和勐野盐井，普洱通商古驿道逐渐成为茶叶、食盐等物资运输主要路线。

雍正七年（1729年），清政府设普洱府，按府治要求和规格进行驿道修筑，这为清代普洱茶马古道达到鼎盛打下坚实的基础。此时，普洱驿道站点完善，“官马支路”上连省城，下通边疆，出境周边国家，转向东南亚各国。

雍正十三年（1735年），为加强驿道管理，普洱府在原有的宁洱、通关、把边、磨黑、他郎、阿墨江驿站上加设军站，并在思茅等地设驿丞，专管驿站中仪仗、车马、迎送之事。雍正年间（1723—1735年），普洱境内沿茶马古道设置邮件递铺39处、铺兵75名，邮程达1000多千米。邮驿采取接力传递方式，东通元江，北达南涧。在茶马古道沿线设置递铺，递铺只为官府传递公文，普通民众不能使用。铺兵工食（薪俸）由官府发给，或由盐课开支，或向各地乡约摊派。

乾隆初年，普洱成为滇西南茶叶交易中心，普洱茶运销四川、甘肃、陕西、西康、西藏等地；乾隆元年（1736年），清政府设思茅同知，思茅成为普洱与西双版纳各大茶山之间的中转站。

道光元年（1821年）至道光三十年（1850年），思茅至昆明古驿道逐步铺设石镶路。至此，被誉为“茶马古道”的普洱历史上最著名的道路形成。其间，道光十四年（1834年）十月二十三日，景东直隶厅在者后里文会村山口立驿站告示碑一块，碑文直行楷书近五百字，记载着驿站费用摊派详情，说明了当时对驿站道路已经有了规范的管理。

光绪二十一年（1895年），清政府与法国签订《中法商务专条》，法国驻思茅领事馆成立，思茅被开辟为通商口岸。光绪二十三年（1897年），思茅海关设立。自此，普洱对外的传统的陆路运输方式被打破，水路运输开始发展起来。当时，普洱府下辖的思茅厅商贾云集，马帮四至，名盛一时，被誉为“东南亚陆路码头”，成为边内贸易衔接、商品交流货运中转地。光绪二十八年（1902年），思茅、宁洱、磨黑、他郎、因远、元江、青龙厂、宝秀、石屏步班邮路开通。在清代普洱交通运输达到兴盛。

抗日战争时期，为保障中国入缅对日作战部队情报传递及军需品运输，普洱境内茶马古道驿站中设专用军站6处，即宁洱站、磨黑站、把边江站、通关哨站、布固江站（阿墨江）、他郎厅站（墨江县城）至元江州之大歇场站，每站配驿马2匹、驿夫1名。

普洱境内在发展陆路运输的同时，还根据需要，在茶马驿道沿线发展水路运输到普洱，在清道光年间，单把边江渡口就有木船2只、船夫2人，用于摆渡行人和马帮。民国年间，在澜沧江两岸行人马帮必经之处，备有独木船和竹筏，供行人摆渡。1949年12月，各县人民政府接收各地大小渡口34处、木船和竹筏72只，多处依旧沿用。主要渡口有：景东的王家扒渡口（水文渡口）、曼等渡口，景谷的边江渡口（双江渡口）、南北渡口（打岗渡）、大蚌江渡口，思茅的腊撒渡口、虎跳石渡口、糯扎渡口、勐匡渡口，江城的坝溜江渡口、土卡河渡口，孟连的龙海渡口（缅甸称光洪渡）、翁窝渡口、下公信渡口、勐俄渡口等。

虽然普洱境内有相对原始的水路运输方式，但在清代和民国时期，更多的是靠畜力运输，主要有驮牛运输和驮马运输两种，两种方式各有特点。驮牛运输以牛帮为代表，牛帮是民间主要的短途运输方式，拥有驮牛较多的户主专门雇人赶运，小户主由三五家合并成“把”共同雇人赶运。每“把”有领头牛1头，专驮锅碗行李，脖子上带响铃，行走起来有响声，用铃和铓锣开道，便于互相避让。驮牛11头为1“把”，1人赶牛；5“把”为小帮（55头）；多至200～300头为大帮，结队而行。每日运行半天，行走15千米，露天“开稍”（吃饭），夜里烧火不灭，防止野兽伤害人畜，一般赶牛人都带有用于自卫的火药枪。驮马运输以马帮为代表，当时驮马运输以5匹驮马为一“把”，8“把”为小帮（40匹），3小帮为一大帮（120匹），结队而行。每一“把”有一个赶马人。在马帮中，每帮有大锅头、二锅头，各有骑马一匹、头骡一匹，头戴红缨彩绸明镜，脖子上带有大小响铃，插着三角彩旗，上书帮主字号，翻山越岭，过往村寨，行即有声。用铓锣开道，传音数里，便于互相避让，气势颇为壮观。赶马人都是男性，配有兽医。马帮途中休息一般选平坦、宽阔、有水、有草的地方，卸下驮子，组成四方阵，放马吃草饮水。赶马人则5人一锅煮饭吃，人睡于马驮下。为防野兽伤害人畜，昼夜烧火不灭，大多马帮均配有用于自卫的枪支。

茶马古道打破了西南边疆在地理上的隔绝与封闭，将普洱茶源源不断地输往全国各地及海外。茶马古道在滇、川、藏地区纵横交错，密如蛛网。古道、马帮、普洱茶的锁链构成了一幅漫长而宏大的历史画卷。普洱市的宁洱县，曾经是古普洱府的府治所在地，历史上，普洱茶在这里集散，并沿着悠悠古道，运往全国。所以，宁洱县又被称为“茶之源，道之始”。普洱茶马古道见证了普洱茶的沧桑和兴盛，记载了普洱茶及马帮的历史。以宁洱为起点，向国内外辐射的茶马古道共五条，分别是东北路、西北路、南路、东南路、西南路。

第一条东北路，即通京茶马古道，又称“贡茶道”“官马大道”。这是一条从普洱出发，上连省城昆明，贯通全省，连接内地，直达京城的线路。主要路线：宁洱→石桥寨→头酒房→茶庵塘→磨黑→回堂庙→孔雀屏→把边街→魁阁塘→把边江→哨牌→通关→墨江→元江→青龙场→扬武→峨山→玉溪→呈贡→昆明→昭通→盐津（豆沙关）→成都→汉中→西安→太原→北京。

第二条西北路，即滇藏茶马古道，又称“滇西后路茶马商道”。主要路线：宁洱→五里坡→气山丫口→硝井→谦岗→西萨→景谷→振太→勐大→里崴→景东→南涧→下关→丽江→中甸→德钦→西藏。

另外，西北路次要路线有：宁洱→景谷→按板（或从宁洱经磨黑→梅子街→古城）→恩乐→者后→景东→弥渡→下关→丽江→中甸→德钦→西藏。西北路次要路线还有一条：宁洱→景谷→临沧

→保山→大理→丽江→迪庆→西藏。

第三条南路，即宁易茶马古道。主要路线：宁洱→思茅→易武→倚邦→曼拱→革登→老挝。

另外，南路的次要路线：宁洱→思茅→景洪→勐海→缅甸景栋→曼德勒→仰光→印度加尔各答→西里古里→尼泊尔葛伦堡→亚东→进入西藏。在这条次要路线经缅甸景栋后，还可过泰国曼谷到中国香港等地。

第四条东南路，即江莱茶马古道。主要路线：宁洱→思茅→倚象坝→麻梨坪→石膏箐→曼克老→营盘山→阿树寨→江城→越南莱州→越南海防港→广东、香港等地

第五条西南路，即旱季茶马古道。主要路线：宁洱→那柯里→思茅→六顺→糯扎渡口→澜沧→勐滨→东回→孟连→缅甸。

另外，西南路次要路线有两条：一是宁洱→澜沧→竹塘→雪林→缅甸；二是宁洱→澜沧→竹塘→西盟→缅甸。

普洱茶马古道中的宁洱到易武的茶马古道是清雍正十三年（1735 年）在原来通道的基础上专门开通的茶马驿道。这条石镶古道有一段经过今天的普洱菜阳河自然保护区，其铺设道路所用的石头全为河里的硬沙石，小的有斗大，大的一尺宽（1 尺约为 33 厘米，下文同）、三四尺长、重 200 ~ 300 百公斤，系 1914 年思普沿边行政总局局长柯树勋招雇临时工程队修辟，当地百姓也称它为“柯家大道”。1951—1953 年，在昆洛公路建设中，普洱茶马古道在后勤运输上发挥了重要作用。自 20 世纪 70 年代末至 80 年代初，随着历史的发展与进步，历经千年的普洱茶马古道因历史的变迁沉寂，逐渐被人遗忘。民间有山歌唱道：“林深苔滑茶庵坡，猴子打秋鸟唱歌。自从汽车通普洱，官道长满茅草棵。”

现代交通兴起后，虽然茶马古道和马帮逐渐被边缘化，但普洱茶马古道因沉淀了普洱府的历史，逐渐发展为一个文化符号，演变成一种文化品牌，具有重要的社会历史价值。茶马古道上的古茶园、古茶树、古茶号、老茶厂、古城镇和集市、马店、道路、古桥、渡口等不可移动文物，以及马具、茶具、衡具、火器、乐器、服饰等可移动文物和丰富的马帮组织形式、艺术作品、历史记忆等诸多精神文化，都是值得珍视的遗产。

二、普洱茶马古道的当代延续

普洱茶马古道作为普洱历史上对外交流的重要道路，具有重要的历史文化价值。在普洱进入现代交通网络的今天，普洱各族人民并未忘却这条道路曾经为普洱带来的辉煌与功绩。因此，对普洱茶马古道的研究、保护也从未停止。茶马旧事在这条古道上流传，马帮精神在这条古道上延续。

1993 年，宁洱磨黑至思茅二级公路建设开工，在建设的过程中，普洱茶马古道遗址不可避免地受到了不同程度的损坏。在此情况下，宁洱县高度重视茶马古道的保护和管理工作，积极将普洱茶马古道宁洱段划为县级文物保护单位，划定保护范围和建设控制地带，树立标志说明牌进行保护，全面完成茶马古道文物保护单位的“四有”（即做出标志说明，建立记录档案，设置专门机构或专人负责管理）工作。经过多年努力，宁洱县本着修旧如旧的原则，恢复了茶庵塘石牌坊和接官坊、接官厅，尽力按古道原貌对茶庵塘至磨黑段部分残缺的茶马古道进行了修复。新修复的茶庵塘茶马古道全长约 12 千米，道边植被保护良好，石板路上还保留着当年马帮长期踩踏出的深深马蹄印，让今人依稀可体会到当时“径仄愁回马，峰危畏如去”的意境，以及数百年来马帮竞相争行的盛况。2008 年，宁洱县修复了那柯里至思茅坡脚段 4.38 千米的茶马古道，建成穿寨茶马古道、河道自然

景观、古道陈列室、水车拉风箱、千锤大马掌、驿站广场、洗马台、碾子房、实心树、连心桥等近20个旅游景点和基础设施项目。

2005年5月1日，由首届“马帮茶道·瑞贡京城”普洱茶文化北京行组委会举办的“马帮茶道·瑞贡京城”出发活动正式在宁洱县举行，全省11个民族43位赶马人和120匹骡马，驮有224筐14420片普洱茶，于5月1日由宁洱出发，途经云南、四川、陕西、山西、河北五省的80多个县、市，行程4000多千米，于10月9日到达北京，10月27日返回昆明。

2005年8月28日，云南省茶马古道研究会在普洱市宁洱县正式成立。

2006年4月9日，云南省文化厅、云南省交通厅、云南省茶马古道研究会在宁洱县城茶源广场竖立了“茶马古道零公里”碑，标志着古普洱府（今宁洱县）作为茶马古道源头的地位得到确立。

2007年3月19日，“百年贡茶回归普洱”主题活动在北京正式启动，将珍藏在故宫博物院的百年贡茶——“万寿龙团”迎出故宫，于4月8日顺利将贡茶迎回宁洱。

2008年11月18日，习近平总书记（时任国家副主席）踏访宁洱县那柯里茶马古道时指出：茶马古道是一篇大文章，要认真做好茶马古道的保护、开发和合理利用工作，加快发展旅游业，增加群众收入。要抓住茶马古道、老马店这条线，把握机遇，把握未来，发展旅游业。

2010年4月1日，由澳门民政总署主办，云南省文物局、云南大学茶马古道文化研究所协办的“千年印记——茶马古道风情展”在澳门卢园茶文化馆揭幕，这是海内外首次以茶马古道文化为主题举办的展览。

2010年6月3—4日，由国家文物局和云南省人民政府共同主办的“中国文化遗产保护普洱论坛”在云南省普洱市召开。论坛围绕茶马古道的保护与研究展开了广泛的交流与研讨，最终达成关于保护茶马古道文化遗产的普洱共识。

2010年10月22—24日，“首届中国普洱茶马古道节”在宁洱县隆重举行，搭建起传承历史、弘扬文化、连接友谊、交流合作的平台，来自全国各地的茶人相聚宁洱，共同分享先辈们留下来的茶马古道文化盛宴。

2013年3月，被国务院公布为第七批全国重点文物保护单位的普洱茶马古道遗址有：宁洱县那柯里茶马古道、宁洱县孔雀屏茶马古道、宁洱县茶庵塘茶马古道、宁洱县石膏井茶马古道、宁洱县石丫坡茶马古道、思茅区菜阳河茶马古道、思茅区斑鸠坡茶马古道、镇沅县广恩桥段茶马古道、镇沅县哀牢山金山丫口茶马古道、镇沅县小水井梁子关卡石刻、镇沅县半边崖茶马古道。

2013年5月，国际茶叶委员会授予普洱“世界茶源”称号并颁发牌匾。

2015年6月27日，由云南省测绘地理信息局和宁洱县共建的“茶马古道源头地理标识”碑落地宁洱县茶源广场，碑石高4.1米、宽3米、厚0.7米，刻着经度、纬度、海拔地理信息及“茶马古道”简介。

2021年6月11日，云南省委省政府普洱现场办公会议指出：“普洱茶因普洱而得名，普洱因普洱茶而名扬天下。从普洱起源向国内外辐射的5条茶马古道与著名的‘丝绸之路’一样声名远扬。”

普洱茶马古道文化特征

普洱茶马古道是普洱茶文化之源，承载着丰富的历史文化积淀，具有重要的历史文化价值。随着现代交通的兴起，这条自汉唐以来延续了1000多年并在不同民族之间发挥过重要纽带作用的茶马古道虽已丧失昔日的地位与功能，但作为中华交通史上的一个历史见证，作为今天中华多民族大家庭的一份珍贵的历史文化遗产却依然熠熠生辉，并随着时间的流逝其意义和价值日益凸显。普洱茶马古道，让普洱茶从历史的尘烟中，飘出了文化的茶香。千百年来，世序更替，人事浮沉，普洱茶马古道从始至终都在见证着普洱茶历史的变迁。普洱茶马古道，最终成为普洱茶文化的灵魂。以普洱为起点的茶马古道，是西南边疆各民族的一条经济发展之路，也是一条各民族文化交融、中华文明传播之路，更是祖国西南各民族多元共存、和谐共生的民族精神之路。

一、普洱茶马古道是普洱走向世界之路

据清嘉庆《重修一统志》卷四百八十六记载："茶产府（注：普洱府）境普洱山。""普洱山在府境。山产茶，性温味香，异于他产，名普洱茶，府以是名焉。"普洱是普洱茶的核心原产地和集散地，普洱茶因此而得名。普洱茶马古道是以普洱府驻地（今宁洱县城）为源头，以贩运普洱茶为主向国内外辐射出去的古代交通要道；是中国西南大地上对外经济文化交流、传播中国古代文明的国际大通道，与"丝绸之路"一样声名远扬。普洱自古就是中国面向南亚、东南亚开放的重要门户，清道光《云南通志》记载，普洱府上连内地，下接国外，"地衍平川，天开旷野，实南陲之屏蔽"。自唐代起，普洱茶就通过东南路、南路、西南路茶马古道远销东南亚国家乃至欧洲。普洱茶马古道还是祖国西南各民族经济文化交流的走廊，它对促进边疆民族团结、巩固祖国统一起到了不可估量的历史作用。2013年，茶马古道被国务院公布为第七批全国重点文物保护单位。现代交通兴起后，虽然茶马古道和马帮逐渐被现代交通所取代，但普洱茶马古道内在的巨大历史文化价值和意义仍然影响深远。

2006年4月9日茶马古道零公里碑在宁洱县竖立（白马辛荣 摄）

二、普洱茶马古道是民族团结共生之路

中国是统一的多民族国家，普洱茶马古道使西南各民族在历史发展进程中紧密地联系在一起。各民族在中国历史舞台上都发挥过重要作用，各民族成为中国多民族大家庭中的一员，虽然是由多种原因所促成的，但可以肯定，这条连接汉族与不同民族之间的茶马古道在其中发挥了非常重要的作用。汉族与少数民族之间在经济上的互补和相互依存，是使其共同成为

中华民族大家庭成员的一个重要原因。所以，普洱茶马古道的意义显然并不仅止于历史上的茶、马交换，事实上它既是历史上汉族与少数民族文化发生交流融合的一个重要渠道，也是促成茶马古道沿线不同民族之间进行沟通联系，并在情感、心理上彼此亲近和靠拢的主要纽带。所以，无论从历史还是从现实看，茶马古道都是汉族与少数民族团结的象征和纽带。正因有普洱茶马古道的存在，边疆各民族共同繁荣发展，最终才有了历史积淀和谐发展的基础，对中国的统一和社会进步、民族团结起到了不可估量的历史作用。普洱茶马古道促进了少数民族与汉族的文化交流，带动了边疆社会经济发展，促进了边疆城镇的兴起和繁荣。在茶马古道上的许多城镇中，不同民族之间亲密和睦，民族文化与汉文化、宗教文化、边地文化等不同文化并行不悖，而且在某些方面互相吸收，出现交流、复合、交融的情况。文化的和谐又促进了血缘的亲和，汉族与少数民族联姻的家庭在这里大量出现，民族团结之花盛开在普洱茶马古道之上。

三、普洱茶马古道是文化交流传播之路

普洱茶马古道经由经济活动带来多元文化交融，普洱本是多民族之地，相对封闭的文化单位孕育出风格迥异的语言、风俗、观念和信仰风貌，与外来文化的交融自然碰撞出更加绚烂的火花。在普洱茶马古道沿线，儒家文化、道教、佛教乃至少数民族原始信仰也融汇于某个驿站中。一路上，你可以看到不同民族之间的建筑风格、雕塑绘画、艺术气质相互借鉴。一个成功的马锅头，既要懂得马帮的组织，还要通晓不同民族的语言、风俗、禁忌，故而也成为文化交流的使者。对于民族地区来说，普洱茶马古道流通了边疆与内地的物资，也传播了边疆与内地的文化，包括相对先进的农业种植和纺织技术、建筑文化、器物文化等。普洱茶马古道也把普洱历史文化、普洱茶文化、边地各民族文化等多种文化传播到了沿线各地。普洱茶马古道蜿蜒在中国西南山川大地江河湖泊之间，联系着边疆与内地，1000 多年来，它将普洱茶输送到四川、西藏、北京等地，又将雪域高原的特产运到内地，沟通着内地与边疆的政治、经济和文化。在担负民间运输重任的同时，这条漫长而又艰险的古道也是各种文化传播交流的走廊。在文化交流的过程中，游走于不同民族之间的茶马商人群体也形成了自己独特的商业文化。由于普洱茶马古道途经地区多为高山丘陵，崇山峻岭，茂林修竹，地势险峻，自然环境相对恶劣，从事茶马贸易的商人便以地域为基础结成团体共克险阻。这些商帮往往有着严密的组织架构和规章制度，也在多民族环境的影响下形成了独具特色的生活方式和语言风格，培养出“坚韧、开拓、无畏”的普洱茶马古道精神，历经千百年的商帮们一直赓续和传承着普洱茶马古道精神，不同的商帮共同构成了普洱茶马古道上流动的文化载体。

2015 年 6 月 27 日在宁洱县竖立的茶马古道源头地理标识碑（白马辛荣 摄）

四、普洱茶马古道是极其险峻崎岖之路

普洱茶马古道是中国交通运输史上涉及面最广、覆盖面最大、使用时间最久、通行难度最大的文明古

道。“茗香只缘千年茶，古道直上万里路。”千百年来，普洱茶就是沿着这条古道走向世界的。回望过往，茶商们翻过无数险峻崎岖的高山密林，行过坎坷逼仄的羊肠小道，翻山越岭，经受着难以想象的风餐露宿，九死一生，硬生生地在没有路的地方开辟出了一条举世闻名的普洱茶马古道。中国的历史研究很重视丝绸之路，文化学者们给丝绸之路以较高的评价，是因为这条路的开辟是中华民族的生存发展史上惊心动魄、可歌可泣的一笔。如果说丝绸之路的开辟是通向异邦的文明探索，那茶马古道的开辟完全是开拓自身民族精神的文化跋涉。普洱茶马古道得以延伸发展，如血管密布于肌体，如今吸引探险者和背包客的滇藏、川藏路线，多是历史上普洱茶马古道的“主干血管”。普洱茶马古道从普洱府（今普洱市宁洱县）出发，有进京、进藏及前往越南和缅甸等方向。进藏路线的主干，正是如今宁洱至大理、丽江、香格里拉至西藏昌都的热门旅游路线，而这些城市的兴起，无不和茶马古道息息相关。这是一条悲壮的路，有野兽出没的原始森林、仅容飞鸟的山间绝壁小路、瘴气横行的坝子、鸟兽绝迹的雪山垭口、草木枯黄的干热河谷，一路上到处是令人惊心动魄的景象。道光《普洱府志》中《茶庵鸟道》诗写道：“茅堂连石栈，清磬半天闻；一径悬如线，两峰寒如云；晓霜维马力，秋月少鸿群；剩有雄心在，高吟对夕曛。”这是清代宁洱县知县单乾元描写茶马古道的诗，从诗中可以看出普洱茶马古道上的“茶庵鸟道”之险、马帮行人之难，诗人的感叹说出了亲历者的心声。茶马古道上的人马，在这条路上随时面临着各种生死考验。不管阴雨绵绵还是阳光灿烂、风霜雪冻，成百上千的马帮日复一日、年复一年地行走在茶马古道之上，当死亡来临时，他们只是往路边一躺，然后悲惨地死去，这样的事一次又一次地发生，让他们看透了生死。马

帮们像机器人一样从一块石板迈向另一块石板，是坎坷泥泞中的跋涉者，这就是马帮人的生活。从普洱出发的各路马帮多为相约组建起的，在马锅头的带领下跑“长途运输”。大的商号，一般拥有自己的马帮，或雇用有实力的大马锅头。为了沿途安全，及时应对来自方方面面的考验，外出的马帮一般都要配枪，都是武装押运，大商号的一支马帮足以打退一小股土匪的抢掠。赶马过程中，要随时应对土匪、野兽、拉兵抓夫和瞬息万变的天气，所以掌勺的马锅头要有相当丰富的人脉和赶马经验才行。总而言之，马帮之路是一条艰险之路、难行之路，除了极少数大商户们视赶马为盈利的活计，更多参与赶马的都是贫苦之人，都是为了讨生活，情不得已才舍命赶马。所以，在这条道路上，在川流不息的马帮中，也形成了团结包容、吃苦耐劳、不畏艰险、勇往直前的马帮精神。

普洱茶马古道崎岖坎坷、蜿蜒漫长，历尽千百

2008 年 11 月 18 日习近平同志走过的 30 余米的宁洱县那柯里茶马古道（周少仁 摄）

1867 年的普洱府茶马古道（［法］路易·德拉波特画，《普洱》杂志社提供）

年的风雨沧桑，已从一条马帮行走之路，成为一条人文精神的超越之路。从久远的汉唐开始，普洱茶马古道就像一条大走廊，连接着各个民族，进一步促进了各兄弟民族之间的经济往来和文化交流，增进了民族间的团结友谊。同时，马帮每次踏上征程，就是一次生与死的体验之旅。茶马古道的艰险超乎寻常，然而沿途壮丽的自然景观却可以激发人潜在的勇气、力量和忍耐，使人的灵魂得到升华，从而凸显出人生的意义和伟大。如今，在普洱茶马古道上，青石板留下的先人足迹和马蹄印迹，以及历史的千丝万缕记忆，凝结成中华民族崇高而执着的创业精神。这种生生不息的拼搏奋斗精神在中华民族发展历史上熔铸成一座座永恒丰碑，镌刻着中华民族的荣耀与光辉。

1867 年行进在茶马古道上的马帮和商队（[法] 路易 · 德拉波特画 《普洱》杂志社提供）

第二章　古道寻踪

普洱茶马古道是以普洱府驻地（今宁洱县）为源头，以马帮驮运普洱茶为主向国内外辐射的古代交通要道。普洱市下辖的10县区目前还保存有若干茶马古道遗址，其中有11段遗址在2013年被国务院公布为第七批全国重点文物保护单位。2020—2021年普洱市政协系统和文化部门联合对普洱市内茶马古道进行初步实地踏勘，据不完全统计，全市茶马古道遗址保存较为完整的有177千米，茶马古道遗址遗迹主要文物140余段（处）。普洱市是拥有茶马古道遗址长度最长和覆盖范围最广的地级市，这不得不再次让人们对其价值进行重新审视。茶马古道促进了祖国西南各民族的经济文化交流，促进了边疆民族团结进步，在西南边疆和经济社会发展中发挥了重要作用。现代交通兴起后，茶马古道和马帮逐渐回归历史深处，但这一段段记载了普洱茶历史的古道遗址却彰显出西南地区交通史上的辉煌。古道寻踪，我们看到，普洱茶马古道现存遗址讲述着普洱茶的悠久历史，并逐渐发展成为一个文化符号、一种文化品牌，发挥其独特的社会历史价值。

宁洱茶马古道

宁洱县是古普洱府的所在地，是普洱茶的核心原产地、加工地和集散中心，也是茶马古道的源头，向国内外辐射的5条茶马古道的源头和起点就在宁洱。因此，具有重要现实意义和历史意义的“茶马古道零公里碑”和“茶马古道源头地理标识碑”就竖立在宁洱县城中。2013年，国务院将宁洱县那柯里茶马古道、孔雀屏茶马古道、茶庵塘茶马古道、石膏井茶马古道、石丫坡茶马古道列为全国重点文物保护单位。宁洱县内茶马古道遗址主要路线长90余千米，保存较好的约27千米，有茶马古道遗址主要文物19段（处）。

一、宁洱茶马古道主要线路

宁洱茶马古道重点分布在同心镇、宁洱镇、磨黑镇、德化镇、德安乡5个乡镇。以宁洱县城为起点，呈放射状分布。

（1）从宁洱出发，经宁洱镇谦岗风雨桥，过景谷→镇沅→景东→南涧→大理→丽江→香格里拉，然后出云南，进入西藏。

（2）由宁洱出发，经磨黑镇孔雀屏，过墨江→元江→玉溪→昆明→昭通→北京。其中，宁洱到昆明约为470千米。

（3）从宁洱经过同心镇那柯里→思茅区→易武，至缅甸各地。

（4）从宁洱出发，经同心镇石膏井村→勐先镇→江城县，出境后入越南莱州再转至中国香港地区和东南亚等地。

（5）从宁洱经德化石丫坡，过澜沧，到孟连出缅甸等东南亚国家。

另外，从宁洱到西藏还有一条，即从宁洱经德安乡→梅子镇→镇沅→景东→南涧→大理→丽江→香格里拉→西藏。

二、宁洱茶马古道主要遗址

（一）那柯里茶马古道遗址

那柯里茶马古道遗址位于宁洱县南部，起于同心乡那柯里村，止于思茅区南屏镇三家村坡脚，地处北纬22° 54′，东经101° 03′，海拔1494米，全长4.38千米，以山地地貌和河谷地貌为主。该古道由人工打制条石和砾石铺就，路面宽1.5米至2米。清光绪时期称那柯里塘，驻兵6名，归中营左哨头司把总管辖。2005年5月宁洱县政府将其列为县级

那柯里茶马古道（田光胜 摄）

宁洱茶马古道主要路线图

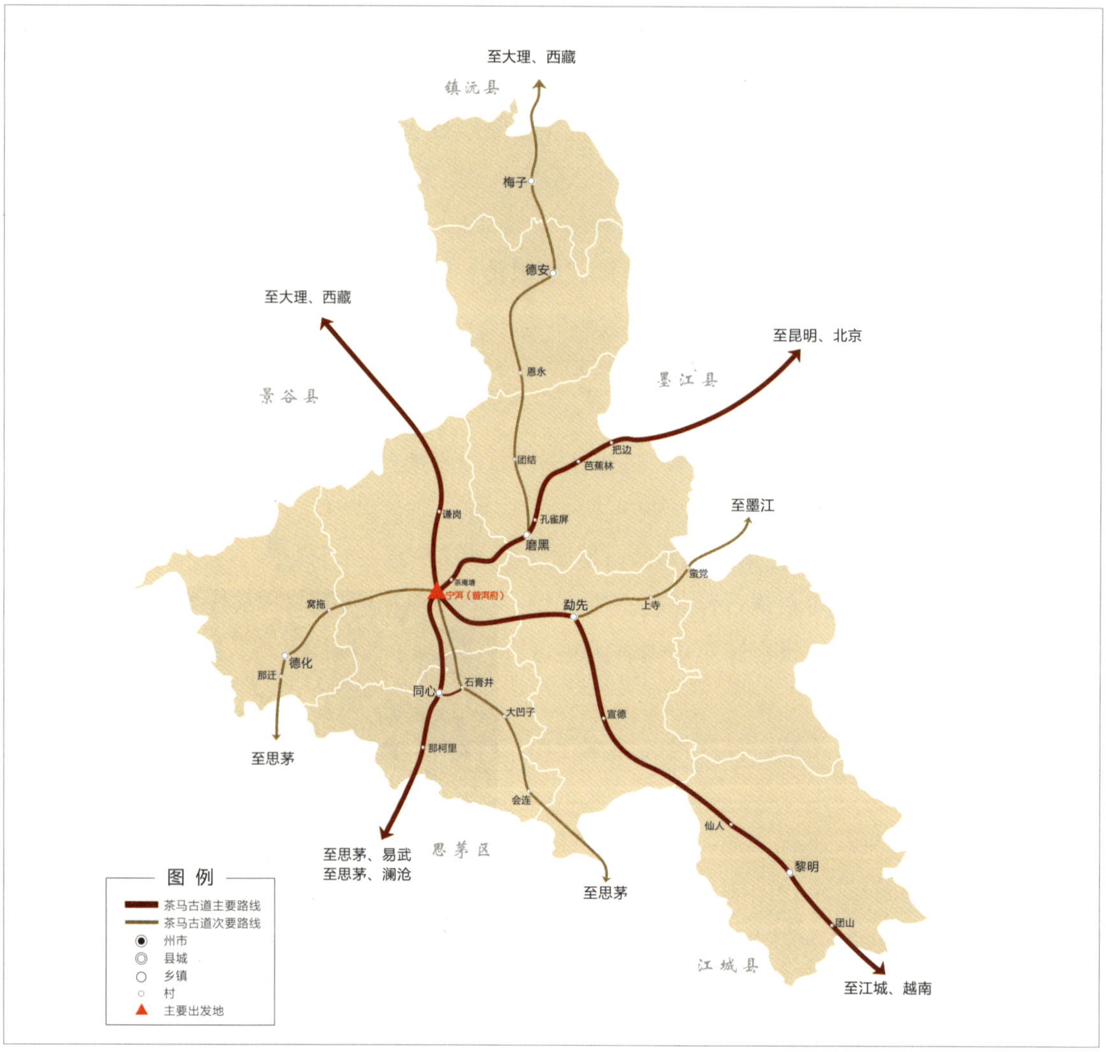

本图境界画法不作划界依据

（制图：张国华、杨麟、黄克云）

宁洱茶马古道主要遗址分布图

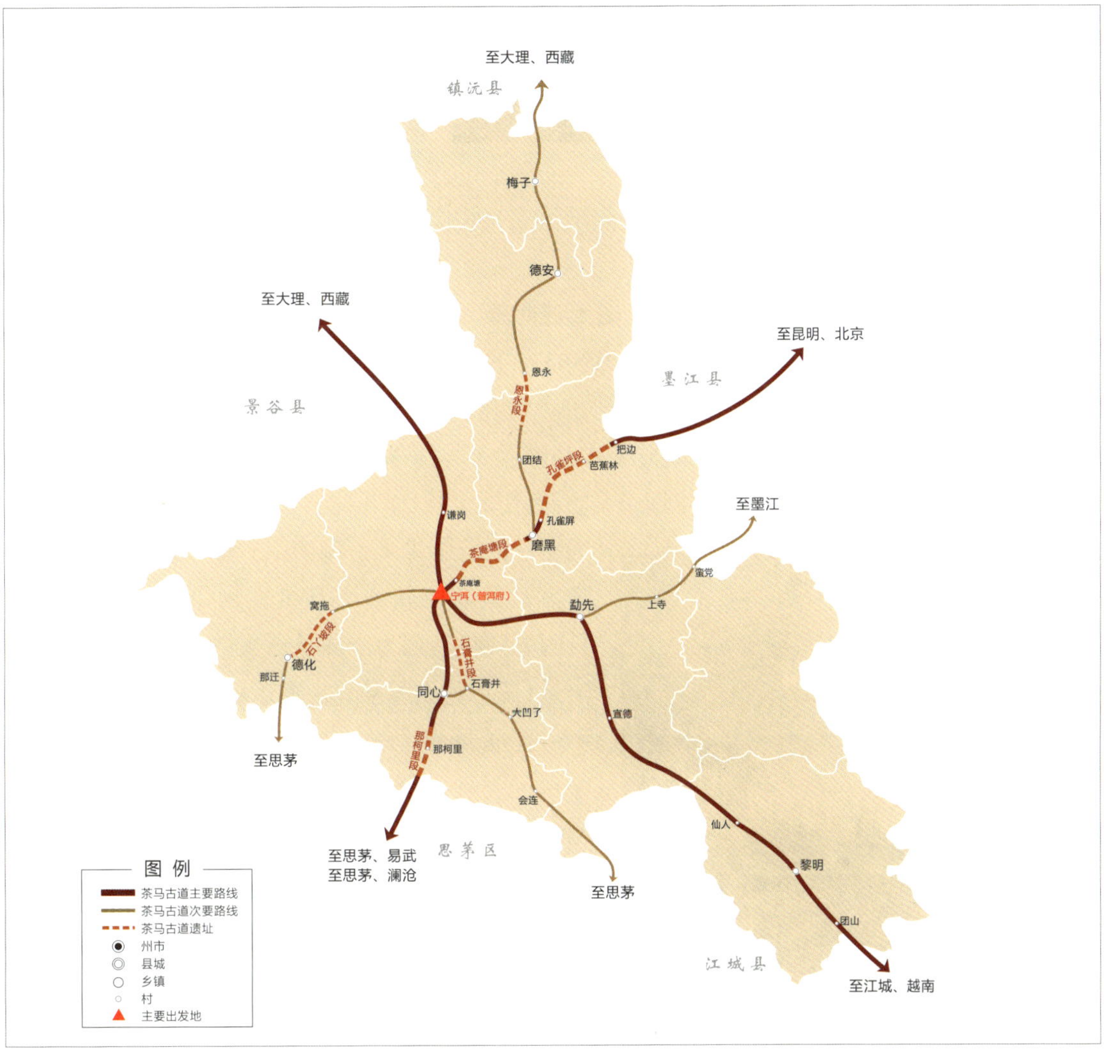

本图境界画法不作划界依据

（制图：张国华、杨麟、黄克云）

茶庵塘茶马古道（杨麟 摄）

茶庵塘茶马古道牌坊（刘庆明 摄）

文物保护单位。2013 年 3 月国务院将其列为全国重点文物保护单位。

（二）茶庵塘茶马古道遗址

茶庵塘茶马古道遗址位于宁洱县北部、磨黑镇西部，起于宁洱镇北部的民主村，止于磨黑镇星光村老胖田小组。地处北纬 23° 08′，东经 101° 03′，海拔 1654 米，是古普洱府经昆明至北京官道上的第一个驿站，曾设有接官厅、接官坊、普济寺、和尚庙、尼姑庵、茶馆和马店等。光绪年间，清政府曾在茶庵塘设驻守兵丁 5 名。因此处山高路险、林深鸟聚、被当地文人誉为“茶庵鸟道”，是清代普洱府“普阳八景”之首。茶庵塘茶马古道遗址全长 27 千米，以丘陵地貌为主。现保存较为完好的有 7 千米，宽约 1.5 米至 2 米。2005 年 5 月宁洱县政府将其列为县级文物保护单位。2013 年 3 月国务院将其列为全国重点文物保护单位。

孔雀屏茶马古道穿过村寨（高飞鸿 摄）

（三）孔雀屏茶马古道遗址

孔雀屏茶马古道遗址位于宁洱县磨黑镇，起于星光村孔雀屏小组，止于把边村，入口处为北纬 23° 12′ 21.4″，东经 101° 09′ 55.6″，海拔 1416 米（此处经纬度、海拔测量数据为本段遗址的某个点，下文记述同义）。以山地地貌和河谷地貌为主，是茶马古道北上南下的必经路段。因山高林深，百鸟齐聚，孔雀较多，故而得名“孔雀屏”。全长约 27 千米，宽 1.5 米至 2 米，茶马古道由各种不规整石材铺就，该段遗址保存较好的有 12 千米，上有马蹄印依稀可见，至今仍能通行，是云南遗存茶马古道中较有代表性的路段。2005 年 5 月宁洱县政府将其列为县级文物保护单位。2013 年 3 月国务院将其列为全国重点文物保护单位。

（四）石丫坡茶马古道遗址

石丫坡茶马古道遗址位于宁洱县德化镇荒田村上阿宽小组与窝拖村扎底寨小组中间。地处北纬 23° 02′，东经 100° 54′，海拔 1755 米，全长约 6.5 千米，保存较完好的石镶路面长约 500 米，最宽处约 2.6 米。2013 年 3 月国务院将其列为全国重点文物保护单位。

石丫坡茶马古道（高飞鸿 摄）

石膏井茶马古道（周少仁 摄）

（五）石膏井茶马古道遗址

石膏井茶马古道遗址位于宁洱县同心镇石膏井村，距离宁洱县城 16 千米。地处北纬 22° 58′，东经 101° 05′，海拔 1301 米，该茶马古道从石膏井往北与古普洱府驻地宁洱县城相连。该段茶马古道残存着零星石镶路面，稍完整的是南下途中的那勐勐村窝拖寨路段约 200 米。2013 年 3 月国务院将其列为全国重点文物保护单位。

（六）德安茶马古道遗址

德安茶马古道遗址分别位于德安乡恩永村界牌小组和文化村滑石板小组。地处北纬 23° 18′ 东经 101° 09′，海拔 1531 米。其中，界牌路段遗址保存较完整的长约 1.8 千米，宽 1.2 米至 1.8 米；滑石板路段遗址保存较完整的长约 1.78 千米，宽 1.2 米至 2 米。

（七）那渣箐茶马古道遗址

那渣箐茶马古道遗址位于宁洱县同心镇石膏井村那渣箐村民小组，距离宁洱县城 20 千米，地处北纬 22° 57′，东经 101° 06′，海拔 1271 米。那渣箐茶马古道是通往思茅、宁洱、江城、缅甸等

德安乡恩永村界牌小组路段（杨麟 摄）

滑石板茶马古道（杨麟 摄）

德安已经荒废不用的碾子房（杨丹 摄）

那渣箐茶马古道（宁洱县政协 提供）

毡帽山茶马古道（宁洱县政协 提供）

地的重要交通要道，蜿蜒在农田山地山林间，沿途山清水秀，地势崎岖不平。那渣箐茶马古道是全国重点文物保护单位“云南茶马古道石膏井路段”向南延伸的路段，途经宁洱县文物保护单位的青云桥（又名“火烧桥”），经那渣箐晒场田、大园圃地、二狗岩子脚、憨蛇洞，到那勐勐村窝拖寨河为止。该段茶马古道遗址全长约 3 千米，路面宽约 1 米，遗址现保存较好的有 200 多米。原先此条茶马古道为石镶路，在过窝拖寨河后，从狗头坡一直铺设到称杆树梁子，之后便是土路。

（八）毡帽山茶马古道遗址

毡帽山茶马古道遗址位于宁洱县同心镇大凹子村老郭寨，距离宁洱县城 28 千米，地处北纬 22° 93′，东经 101° 12′，海拔 1602 米。毡帽山茶马古道连接勐腊、景洪勐旺、江城和缅甸、老挝等的交通要道。古道在密林之中延伸，沿途风光秀丽，途经高山河流。该遗址保存较好的石镶路长约 100 米，路面宽 1.2 米。

（九）走马转角楼

走马转角楼位于宁洱县磨黑镇街道办事处新政街，为盐商张孟希出资修建的宅院。占地面积 2251 平方米，总建筑面积 1619.3 平方米，整个建筑坐南朝北，为四合院式走马转角楼，是穿斗式和抬梁式混用的砖木结构建筑，由门楼、左右厢房组成。正房为三层楼，门楼、左右厢房为二层楼，房屋相交处设有转角马头，二楼檐柱与金柱设走廊，二楼各坊明间走廊设有美人靠，各坊之间相互连通，有四道楼梯直通各楼层。2005 年 5 月 23 日宁洱县政府将其列为县级文物保护单位。

（十）磨黑新政街民居

磨黑新政街民居位于宁洱县磨黑镇城镇社区新政街 15 号。建于清末，为典型的三坊一照壁建筑，建造精美，雕梁画栋，坐西朝东，占地面积 301 平方米。四合院中间天井用石块铺就。房屋正厅地绘双狮戏球图，南北侧厢房雕有凤凰等吉兽，并绘有梅兰竹菊图。

走马转角楼二楼走廊（高飞鸿 摄）

（十一）磨黑石拱桥

磨黑石拱桥位于磨黑镇老街子小组，建于民国年间，横跨板底河。桥主体保存完整，南北跨向拱桥，整桥为石灰石砌嵌而成，至今仍在使用，村民多次出资出力维修该桥。该桥北侧通往板底箐，南接沙坝营小组。

磨黑石拱桥（高飞鸿 摄）

（十二）磨黑盐矿老矿区

磨黑盐矿矿区位于云贵高原的西南边缘山区，无量山脉的南段。磨黑盐矿自清雍正三年（1725年）开采以来，至今已有近300年的开采历史。全矿占地11.83万平方米。清代、民国时期为滇西南主要食盐生产基地。开采初期采用手工操作，处于作坊式落后生产状态。制锅盐工艺流程为：烧火→香油擦锅→进卤水→抄盐沙→加卤水→扎水成型→取盐→加碘→修边→进仓。1977年开始采用水溶吸卤采矿，工效及采矿量得到提高。该矿目前仍在生产食盐，现为云南四大盐矿之一，昔日盐矿灶井部分被保存下来。

磨黑盐矿老厂房（高飞鸿 摄）

（十三）那柯里风雨桥

那柯里风雨桥位于同心镇那柯里村，是茶马古道必经之地。始建于清代，历经多次修缮，该桥长16.5米，宽3.3米，桥面距水面6米，两岸桥头有砖墙悬山顶耳房与桥身连为一体，过桥人可在此休息躲避风雨。2020年12月被宁洱县政府将其列为第八批县级文物保护单位。

（十四）谦岗风雨桥

谦岗风雨桥位于宁洱镇谦岗村，距离宁洱县城17千米，建于清代。桥长12.35米，桥面两边建有木质护栏及供路人休息的长凳和靠背，整个桥房架子由左右两边8根柱子、4根横梁组成，桥面由70根湘木铺垫而成，桥墩两侧用宽0.5米、厚0.5米、长1米多的青石条，沿河两岸砌成5米多宽和10米多长的护河堤。该桥基本保存完好。

谦岗风雨桥（高飞鸿 摄）

（十五）青云石桥

青云石桥，又名火烧桥，桥名寓意“青云直上”“平步青云”。位于宁洱县石膏井，建于清道光二十二年（1842年），桥面长11.5米，宽3米，建

青云石桥（周少仁 摄）

锦袍山东塔（宁洱县文物管理所提供）

文昌宫门楼（高飞鸿 摄）

江西会馆（高飞鸿 摄）

那柯里荣发驿站（田光胜 摄）

在石膏井那渣箐、火烧桥寨子和那勐勐村秧草塘寨子三村交界处的清水河上。原有造桥石碑立在桥畔水沟边石头下，上刻文字“青云桥 道光壬寅夏月吉立”字样 。2020 年 12 月 21 日宁洱县政府将其列为县级文物保护单位。

（十六）锦袍山东塔

宁洱城郊锦袍山上东塔始建于清代中期，曾称凌云塔、文笔塔，塔身镌刻着“天济文昌”，意为上苍辅助宁洱文化昌盛，为“普阳八景”之一。

（十七）文昌宫门楼

文昌宫门楼位于宁洱县城凤新街头，建于清道光二十三年（1843 年），同治元年（1862 年）毁于兵燹，光绪六年（1880 年）重修，坐北朝南，共 3 间，12 米长，进深 5 米。房檐歇山顶，雕梁画栋，建造考究，结构组合严密，雕刻工艺精湛。后于 2004 年和 2020 年两次重修。

（十八）江西会馆

江西会馆位于宁洱县凤新街北段东侧，始建于清雍正七年（1729 年），建筑面积 6039 平方米。坐北朝南。又名“萧祠”“万寿宫”，为穿斗式木结构建筑。会馆由大殿、左右两间书斋和茶楼组成，庭院宽敞，原种有古柏、紫薇各两棵。2008 年宁洱县政府将其列为县级文物保护单位。

（十九）普洱中学

普洱中学位于宁洱县宏远路 2 号。占地面积 200 亩，建筑面积 21277.44 平方米。创办于清光绪二十八年（1902 年），是云南省第一所开设外语、数、理、化等新学的中学。

（二十）那柯里荣发马店

那柯里荣发马店始建于清代，是茶马古道上重要驿站之一，也是现存古道驿站中保存较好的。历经百余年，如今的荣发马店已发展成为集餐饮、民俗欣赏、普洱茶体验为一体的茶马古道旅游打卡点。

那柯里风雨桥（周少仁 摄）

云南省第一所中学——普洱中学（白马辛荣 摄）

全国重点文物保护单位

宁洱那柯里段保护标识碑（田光胜 摄）

宁洱石膏井段保护标识碑（周少仁 摄）

宁洱孔雀屏段保护标识碑（周少仁 摄）

宁洱茶庵塘段保护标识碑（周少仁 摄）

宁洱石丫坡段保护标识碑（周少仁 摄）

思茅茶马古道

思茅区古时为普洱府下辖的一个厅，现为普洱市政府所在地，是普洱茶重要产区之一，历史上很长一段时间普洱府专管茶叶的管理机构设在思茅。2013 年国务院将思茅区菜阳河茶马古道、斑鸠坡茶马古道列为全国重点文物保护单位。思茅区内茶马古道遗址主要线路长 100 余千米，其中保存较好的约 86 千米，茶马古道主要文物 7 段（处）。

一、思茅茶马古道主要路线

据《思茅县志》记载：清代，思茅至昆明有 19 站 545 千米，每站距离 20 千米至 30 千米；思茅至车里（今景洪）有 6 站 205 千米，每站距离 25 千米至 40 千米；思茅至镇边厅（今澜沧）有 9 站 240 千米，每站距离 15 千米至 40 千米；思茅至易武有 8 站 235 千米，每站距离 25 千米至 35 千米。思茅至普文，沿路设有 5 个驿站，每个驿站都配备有专用马匹。道光元年（1821 年）至道光三十年（1850 年），铺设昆明至思茅的石镶路。

1914 年，普思沿边行政总局局长柯树勋招雇临时工程队，修辟思茅至老金田的人马通行大道，经过麻栗坪、普腾坝、景东寨、关坪、小勐养、车里，驿道也随之增多、拓宽。1919 年以后，思茅疟疾流行，商旅减少，驿道年久失修，坍塌严重。1950 年，逐步修复驿道。1954 年以后，部分驿道被公路取代。

斑鸠坡茶马古道上的牌坊（田光胜 摄）

思茅茶马古道主要路线图

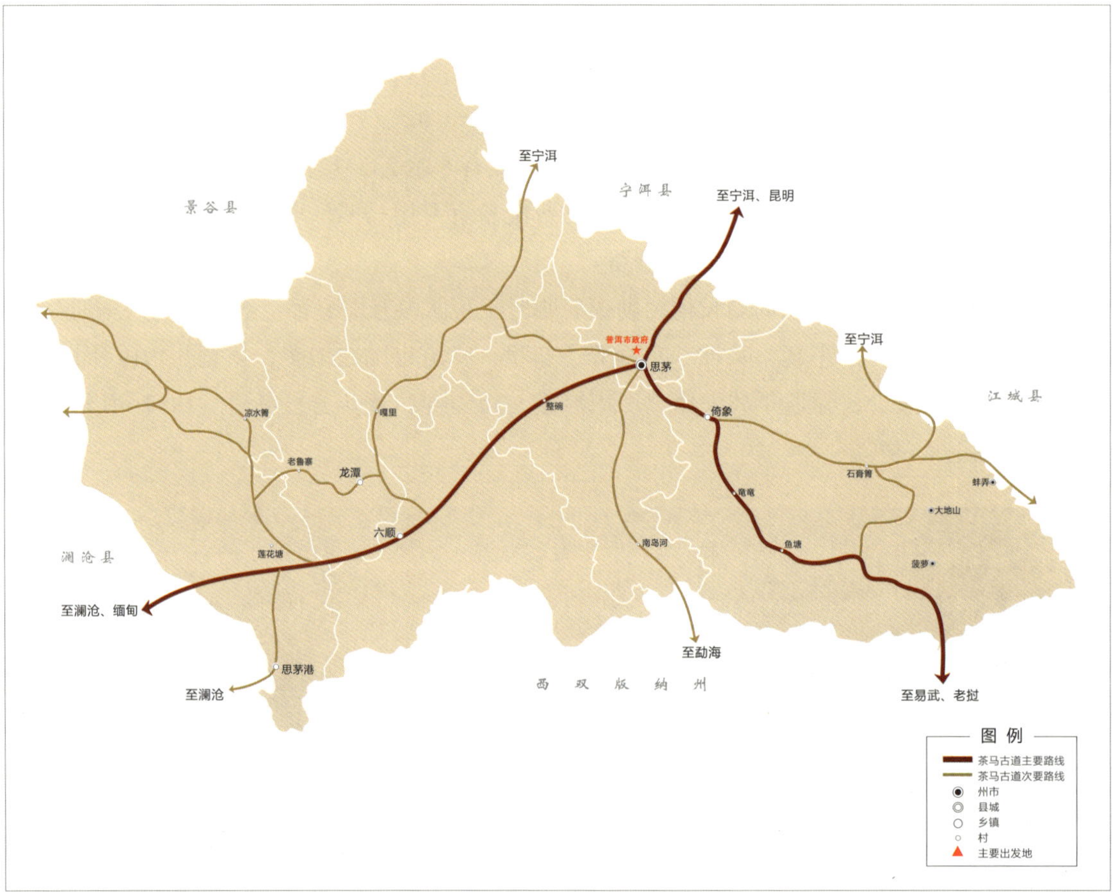

本图境界画法不作划界依据　　（制图：张国华、丁香、黄克云）

思茅茶马古道主要遗址分布图

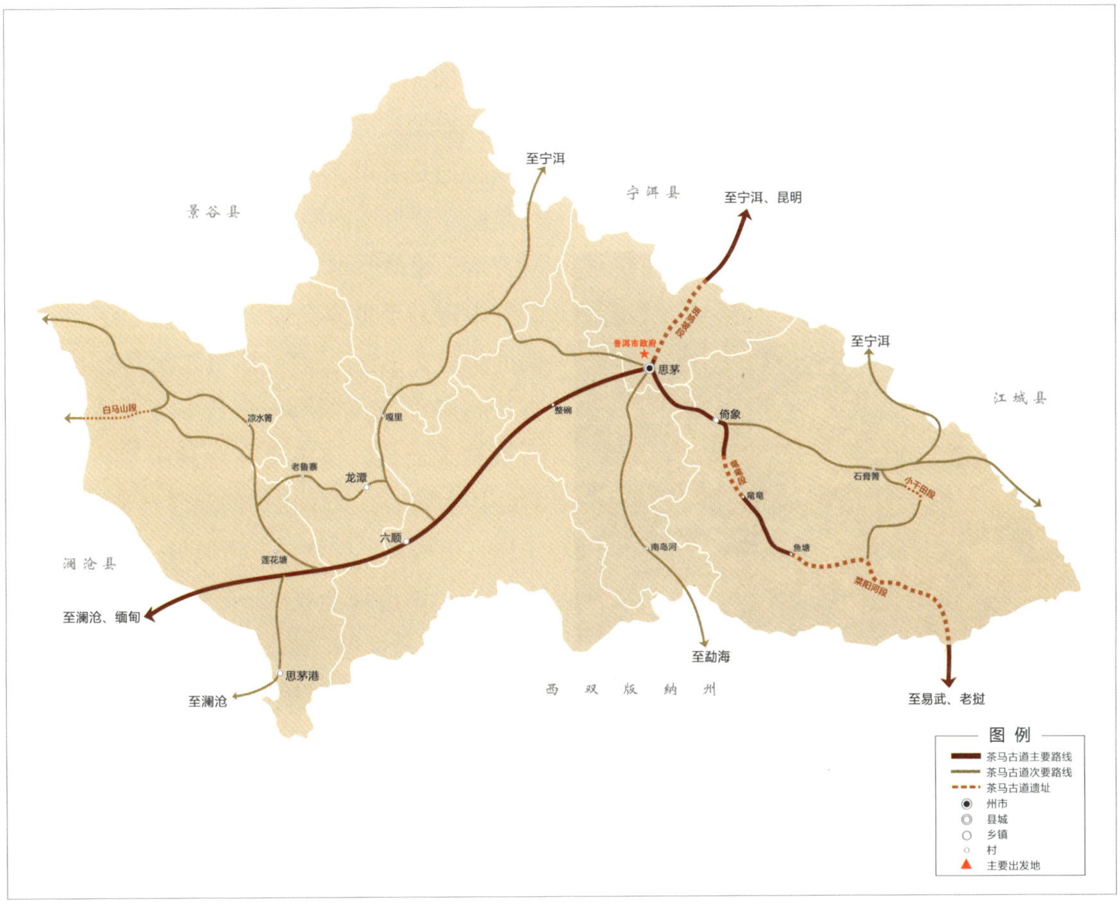

本图境界画法不作划界依据

（制图：张国华、丁香、黄克云）

（1）思茅至江城：思茅→倚象坝→麻栗坪→石膏箐→曼克老→营盘山→阿树寨→江城。

（2）思茅至易武：思茅→黄草坝→高酒房→勐旺→补远→补岗→倚邦→曼松→易武。

（3）思茅至澜沧：思茅→整碗→六顺→糯扎渡→火烧寨→油榨房→澜沧。

（4）思茅至宁洱：思茅→那柯里→宁洱。

（5）思茅至景洪：思茅→普文→关坪→勐养→景洪。

斑鸠坡茶马古道及古道上的马蹄窝（刘庆明 摄）

勐旺至南门山段菜阳河保护区内的茶马古道（丁香 摄）

菜阳河茶马古道（张国华 摄）

二、思茅茶马古道主要遗址

（一）斑鸠坡茶马古道遗址

斑鸠坡茶马古道遗址位于思茅城北，距离思茅城 3 千米，地处北纬 22° 49′，东经 100° 59′，海拔 1353 米（此处经纬度、海拔测量数据为本段遗址的某个点，下文记述同义），连接宁洱，是通往内地的大道，又称“官马大道”。斑鸠坡茶马古道是普洱茶马古道南北走向的重要一段，它是迄今普洱境内保存得最完整、里程最长、茶马古道文化最厚重、沿路生态最好的一段，被誉为“中国乃至世界交通史上的活化石”“一条流淌的茶马文化长河”“一段可以触摸的历史”。该古道自腊梅坡至坡脚，全长 14.5 千米，全部用石板铺筑而成。该古道在森林中穿行，野芳幽香，佳木繁荫，其中出名的路段有土地坛、细腰子坡、山楂洞、樱桃口、斑鸠坡、炮台丫口、二台坡等。该遗址全长 12 千米，路面宽 1.2 米至 3 米，保存较完好。2013 年 5 月 3 日被国务院列为全国重点文物保护单位。

（二）菜阳河茶马古道遗址

菜阳河茶马古道遗址位于思茅区太阳河森林公园，距离思茅城 45 千米，地处北纬 22° 35′，东经 101° 11′，海拔 1436 米。菜阳河茶马古道北连竜竜茶马古道，南至西双版纳州勐旺、易武古茶山，通往缅甸、老挝、越南等国家，是南来北往的通商官道。该遗址全长约 50 千米，路面宽 1.2 米至 2 米，保存较完好。2013 年 5 月 3 日被国务院列为全国重点文物保护单位。

（三）白马山茶马古道遗址

白马山茶马古道遗址位于思茅区思茅港镇弯手寨村西南 4 千米处的澜沧江东岸，距离思

白马山茶马古道，台阶在江边岩石上凿成（思茅区政协 提供）

小干田茶马古道（李浒 提供）

糯扎渡茶马古道（思茅区政协 提供）

茅城 125 千米，地处北纬 22° 44′，东经 100° 24′，海拔 1422 米。白马山茶马古道通往澜沧县邦崴后直至缅甸。该古道由人工直接在江边岩石上凿成近千级台阶，非常壮观。行走在茶马古道上，可以鸟瞰澜沧江，沿途风光秀丽。古道穿越傣族、布朗族、哈尼族等不同民族聚居区，古道现在仍然为当地民众的生产、生活发挥着重要作用。该遗址全长 12 千米，路面宽 0.6 米至 1.5 米，保存较完好。2013 年 12 月 2 日被列为普洱市文物保护单位。

糯扎渡茶马古道上山神庙神像（思茅区政协 提供）

（四）小干田茶马古道遗址

小干田茶马古道遗址位于思茅区倚象镇菠萝村，距离思茅城 50 千米，地处北纬 22° 40′，东经 101° 15′，海拔 1246 米。该遗址全长约 2 千米，路面宽 1.2 米至 1.5 米，保存较好。北可以至思茅，过永庆，直通宁洱，南可以至西双版纳的勐旺、易武，直至国外，规模较官道小。2012 年 6 月 18 日被列为思茅区文物保护单位。

竜竜茶马古道（思茅区政协 提供）

（五）糯扎渡茶马古道遗址

糯扎渡茶马古道遗址位于思茅区思茅港镇、澜沧江东岸，距离思茅城 105 千米，地处北纬 22° 38′，东经 100° 26′，海拔 964 米 。糯扎渡茶马古道是连接澜沧、勐海、孟连、缅甸等地的重要交通要道。古道在密林之中延伸，沿途风光秀丽，地势险要。途中有一座山神庙，有石刻联云：威镇山林驱虎豹，德庇边疆

修缮后的思雨桥（方荣庆 摄）

佑人民。横批：神灵保佑。该段茶马古道遗址长约 5 千米，路面宽 1 米至 1.2 米，保存较好。2012 年 6 月 18 日被列为思茅区文物保护单位。

（六）竜竜茶马古道遗址

竜竜茶马古道遗址位于思茅区倚象镇竜竜村，距离思茅城 30 千米，地处北纬 22° 42′，东经 101° 2′，海拔 1564 米。竜竜茶马古道连接菜阳河茶马古道可通往易武古茶山，过去六大古茶山所产的茶叶，多由此道路运往思茅。该遗址全长 5 千米，路面宽 1.2 米至 2 米，保存较好。

（七）思雨桥

思雨桥位于思茅区斑鸠坡脚，是思茅现存最古老的单孔石拱桥。桥长 35 米左右，宽 5.3 米，高 8.6 米，孔跨径 9.5 米，是普洱茶马古道经思茅北上、南下的必经之处。

1922 年，集市上有彩妆的骡马，远处是思茅海关（〔美〕洛克摄，图片来源：《普洱府史料》）

1922 年，在思茅海关楼前从缅甸景栋装运棉花的马帮商队正在等候报关检查
（〔美〕洛克摄，图片来源：《普洱府史料》）

全国重点文物保护单位

思茅斑鸠坡段保护标识碑（白允深 摄）

思茅莱阳河段保护标识碑（苏廷春 摄）

墨江茶马古道

墨江县古时为普洱府下辖的一个厅（他郎厅），是普洱茶重要产区之一，是普洱茶马古道到昆明的必经之地。县内的通关、碧溪等地均为普洱茶马古道上的重要驿站。墨江县内茶马古道遗址主要线路长约 72 千米，其中保存较好的约 12 千米，分布比较广泛，有茶马古道遗址主要文物 28 段（处）。

一、墨江茶马古道主要路线

清代至民国时期，墨江茶马古道主要路线有 7 条，出境茶马古道主要有 9 条，分为东线、西线、南线、北线、西北线、东南线。茶马古道跨江过河，翻山越岭，周边古树林立，树木葱茏，藤蔓交织，植被茂盛，以阔叶林或针阔混交林为主，古道沿线可见古榕树，可供马帮行人乘凉小憩。古道路面宽 1.2 米至 3 米不等，主要以土石或砂石路面为主。目前，保留较完好的尚有通关镇曼干河凉亭段、崩山段、石缸坡段、龙王庙段、深沟丫口段、丫期段、联珠镇水癸河段、团田镇大中山段、雅邑镇雅邑村瓦窑大小龙潭段、密切地村石缸坡段、龙潭乡冲头村平掌丫口段等。茶马古道上古镇遗址主要有联珠、碧溪、通关，驿站遗址有回龙、露水井、水癸河、癸能等小村寨，有桥梁或桥梁遗址 20 余座、津渡遗址 14 个，有庙宇遗址 20 余处，有传统古街场遗址 30 余处，有石缸、古井遗址 10 余处。

（1）墨江至元江：主要有 3 条：境内每段长约 19 千米。东北路为碧溪→甘岔→元江城。东路为水癸河→背阴山→三板桥→莫郎村→元江县城，全程约 72.5 千米。中路为坤勇村→上半坡寨→瓦那村→元江城，全程约 75 千米。

（2）墨江至普洱：境内里程约 60 千米。走向为连路→义勇→王明渡口→民兴→通关→哨牌→把边江→磨黑→普洱县城（今宁洱县城）。

（3）墨江至江城：主要有 2 条，境内每条长约 150 千米，偏东线为联珠镇水箐梁子→龙坝镇杩木→那哈乡格牙→牙牌→泗南江镇千岗→七星街→戏台街→坝溜镇骂尼→出洞街（旧称土洞街）→绿春县洒马→李仙江漫丢渡（或坝溜渡）→江城（或经泗南江镇戏台街→西岐→居浦渡→达江城）。偏西线为联珠镇水箐梁子→草皮坝→细腰子→雅邑镇牙骨街→山心街→螺蛳塘→普西江→龙潭乡山神庙→龙潭街→文武镇新街→扎牛场→曼兴大歇场→马场→龙马渡（旧称鲁马渡）→江城。

（4）墨江至绿春：墨江境内里程约 90 千米。走向为石头寨→黑树林→曼箐→猪街→绿春县城。

（5）墨江至镇沅：墨江境内里程约 75 千米。走向为联珠镇者铁→小猛连→布竜（新安镇布竜村）→宿南（新安镇挖岩村）→阿墨江→界牌街（新抚镇界牌村）→塘上街（新抚镇政府驻地），此后一是经过得河→羊子岭（新抚镇白沙村）→新抚江（川河）→镇沅县城；二是经过得河→白沙→班海垭口（团田镇政府驻地）→老围街（团田镇）→大中山梁子→镇沅县城。

（6）墨江至新平：墨江境内里程约 50 千米。走向为联珠镇须立→碧溪→克曼→南北河→石碑梁子→邦轰→新平县城。

（7）墨江县城至乡（镇）的古道：主要有 7 条：至碧溪约 10 千米；至白连（新安）约 30 千米；

墨江茶马古道主要路线图

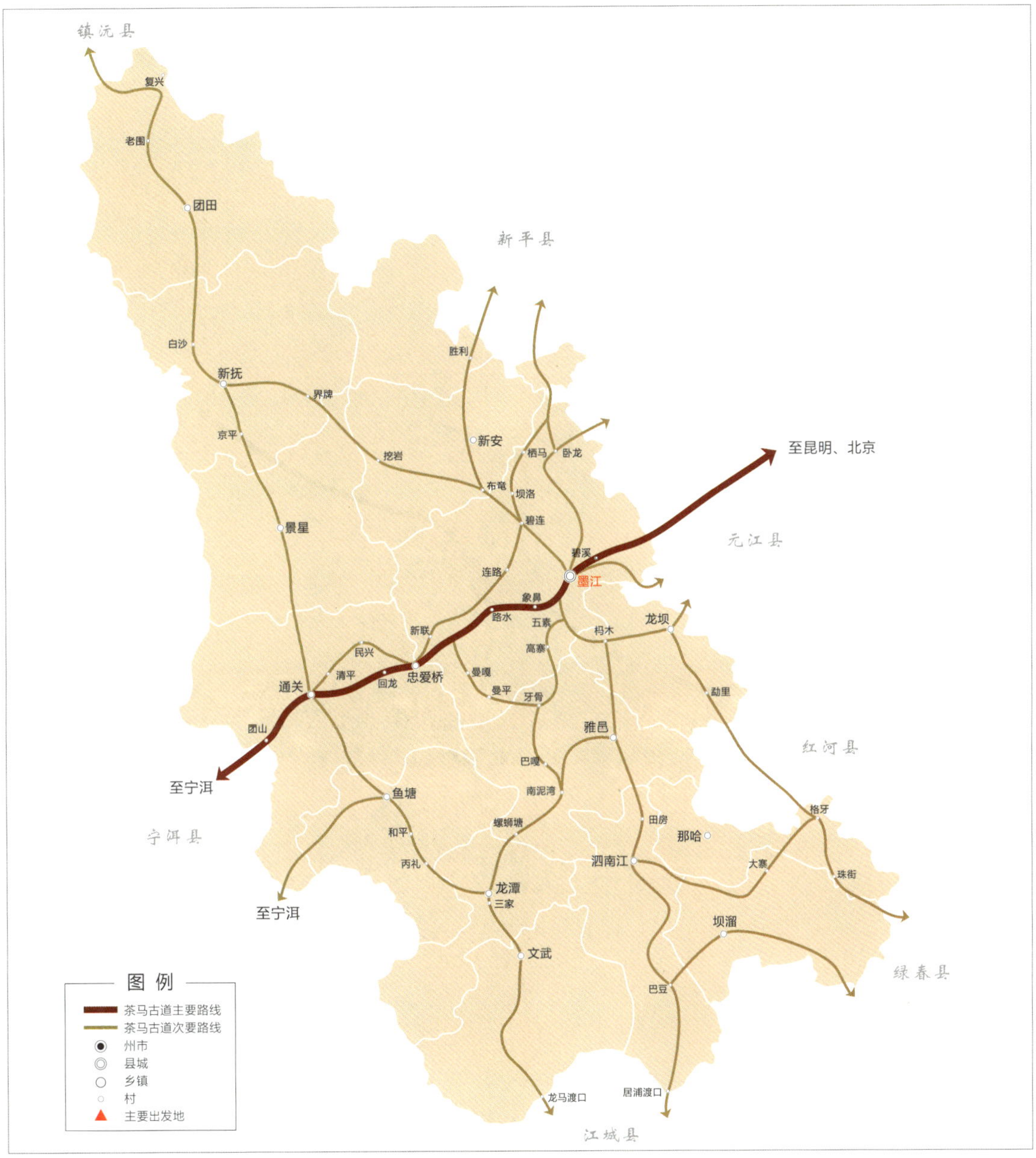

本图境界画法不作划界依据

（制图：张国华、徐青倩、黄克云）

墨江茶马古道主要遗址分布图

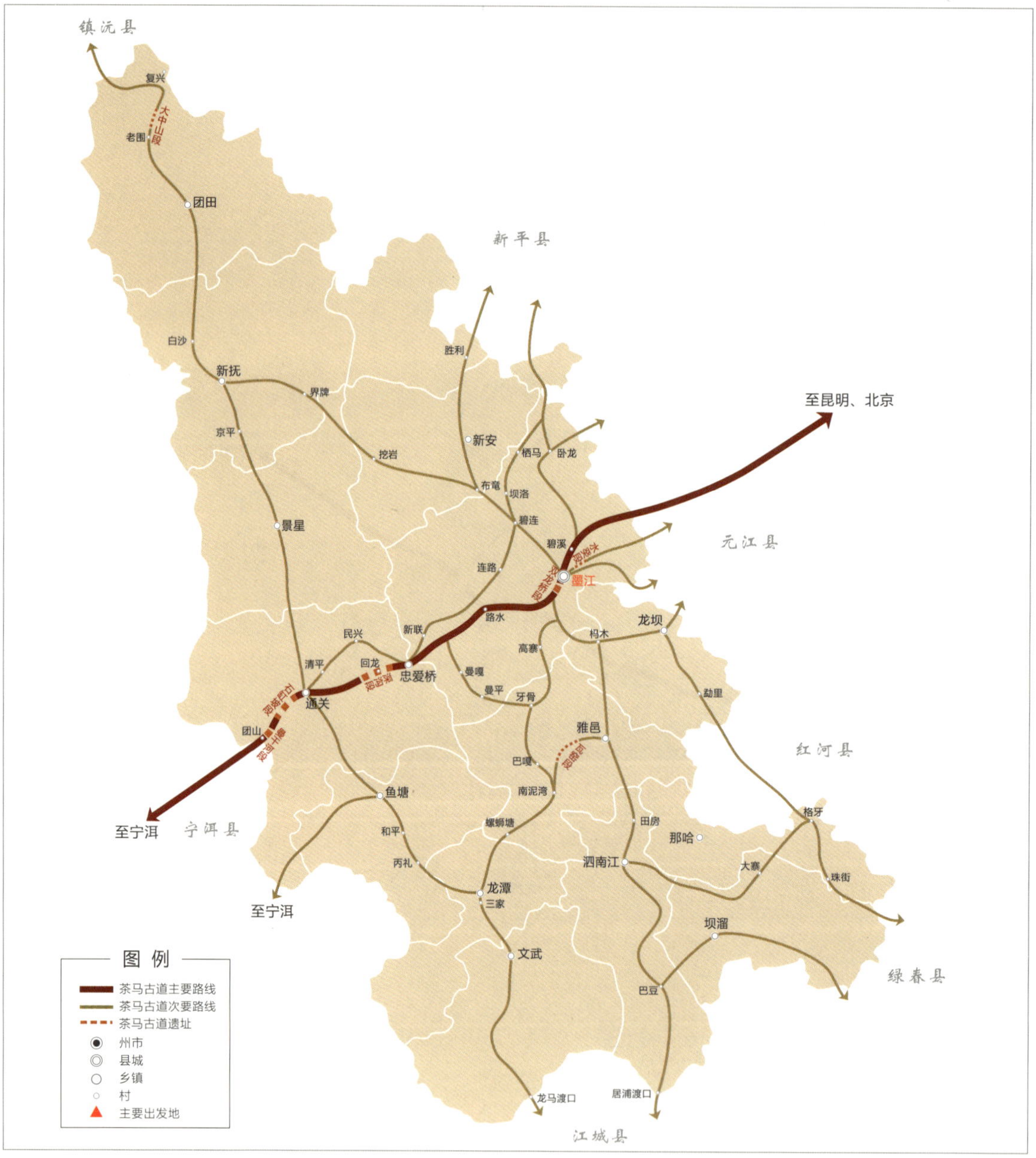

本图境界画法不作划界依据

（制图：张国华、徐青倩、黄克云）

至景星约 100 千米；至龙坝约 30 千米；至坝溜约 100 千米；至雅邑约 45 千米；至龙潭约 90 千米。此外还有多条乡与乡之间互通、从乡出境的驿道。

二、墨江茶马古道主要遗址

（一）曼干河凉亭茶马古道遗址

曼干河凉亭茶马古道遗址位于墨江县通关镇团山村曼干河凉亭梁子，地处北纬 23° 15′ 17″，东经 101° 20′ 96″，海拔 998.5 米（此处经纬度、海拔测量数据为本段遗址的某个点，下文记述同义）。该古道遗址全长约 3 千米，其中保存较好的约 112.5 米，路面宽 2 米至 3 米，为青石路面，路面被林木杂草覆盖，思茅松和酸浆木、麻栗树、栎树等针阔叶林混杂生长，沿路可见百年古榕树与其他古树相互缠绕、交融共生。古道遗址曼干河口有一株上百年的标志性酸角树，树围长 4.3 米，树高 15.5 米，冠幅 135 平方米。

曼干河凉亭茶马古道（刘德阳 摄）

（二）崩山茶马古道遗址

崩山茶马古道遗址位于墨江县通关镇新武村蕨蕨坝组，地处北纬 23° 16′ 25″，东经 101° 21′ 04″，海拔 1346.1 米。该古道遗址全长约 4 千米，其中保存较好的约 62 米，路面宽 1.8 米，路面石块呈黝黑色，古道遗址悬于山梁上，视野开阔，可环视四方，道旁小叶杜鹃等灌木丛生，生态植被茂盛。

（三）石缸坡茶马古道遗址

石缸坡茶马古道遗址位于墨江县通关镇新武村蕨蕨坝组小石缸山梁，北纬 23° 16′ 32″，东经 101° 21′ 26″，海拔 1382.9 米。该古道遗址全长约 3 千米，其中保存较好的约 20 米，路面宽 1 米，为红砂毛石路面。山梁平缓处为石缸坡管理房遗址，房屋和小石缸已无踪迹，基座里面已长满灌木，房屋后山石墙保存完好，石墙高 1.5 米、长 10 米左右，房屋遗址右前方有一株上百年的杧果树（胸围长 1.8 米，树高 11 米，冠幅 20 平方米）。房屋石墙背面为平缓的开阔地，为当年马帮卸垛饮水休息处，开阔地旁有一个 3 平方米左右的水塘子，为骡马饮水之用。

石缸坡茶马古道（刘德阳 摄）

（四）湾街龙王庙茶马古道遗址

湾街龙王庙茶马古道遗址位于墨江县通关镇新武村龙王庙组，地处北纬 23° 18′ 27″，东经 101° 26′ 52″，海拔 1464.9 米。该古道遗址全长约 1 千米，其中保存较好的约 200 米，路面宽 2.7 米，为青石板铺路面，古道遗址附近有龙王庙遗址、龙王井古井等。

湾街龙王庙茶马古道（刘德阳 摄）

大龙潭茶马古道（刘德阳 摄）

水癸河茶马古道（刘德阳 摄）

瓦窑茶马古道（刘德阳 摄）

（五）深沟丫口茶马古道遗址

深沟丫口茶马古道遗址位于墨江县通关镇回龙村深沟丫口，地处北纬 23° 18′ 27″，东经 101° 26′ 52″，海拔 1464.9 米。该古道遗址全长约 4 千米，保存较好的分别由长 5 米、宽 0.8 米和长 22 米、宽 2 米的两段组成，是古代宁洱县与他郎厅分界处。

（六）丫期茶马古道遗址

丫期茶马古道遗址位于墨江县通关镇回龙村至丫期社，地处北纬 23° 19′ 52″，东经 101° 29′ 02″，海拔 1288.1 米。该古道遗址全长约 6 千米，保存较好的约 100 米，路面宽 1.5 米，路面上有清晰的马蹄印痕迹。因滑坡损毁部分古道。

（七）大中山梁子茶马古道遗址

大中山梁子茶马古道遗址位于团田镇老围村大中山梁子，地处北纬 23° 53′ 42″，东经 101° 13′ 56″，海拔 2018.47 米，该古道遗址全长约 6 千米，其中保存较好的约 70 米，路面宽 2 米，白砂毛石路面，古道末端有一口小石头镶嵌的古井，常年有水，小水井旁有 1 平方米左右的马帮饮水塘，古道周边植被茂密，古树林立，主要以栎树为主，有小叶杜鹃、野生杨梅树、多依树等阔叶常绿树种，零星分布有杉木、思茅松。

（八）双龙桥茶马古道遗址

双龙桥茶马古道遗址位于墨江县联珠镇赖蚌村，地处北纬 23° 24′ 58″，东经 101° 38′ 40″，海拔 1300.3 米。该古道遗址全长约 1 千米，其中保存较好的约 70 米，路面宽 1 米。

（九）水癸茶马古道遗址

水癸茶马古道遗址位于墨江县联珠镇癸能村水癸大寨，北纬 23° 26′ 06″，东经 101° 44′ 03″，海拔 1321 米。该古道遗址全长约 2 千米，保存较好的路面有长 25 米、宽 1.5 米，长 65 米、宽 1 米和长 21 米、宽 1 米的三段。

（十）雅邑石缸坡茶马古道遗址

雅邑石缸坡茶马古道遗址位于雅邑镇密切地村石缸坡梁子，地处北纬 23° 9′ 58″，东经 101° 39′ 14″，海拔 1564.81 米，该古道遗址全长约 4 千米，其中保存较好的约 262 米，白砂石毛石路面，还保留有明显的马蹄印。茶马古道遗址周边主要有麻栗树、朱栎树、牛勒巴树、橄榄树等阔叶林木。

（十一）瓦窑大小龙潭茶马古道遗址

瓦窑大小龙潭茶马古道遗址位于墨江县雅邑镇雅邑村，古道遗址全长约 10 千米，以土砂石路面为主，有部分石头路面，自西往东穿过老雅邑街道，现保存较好的古道遗址主要有三段：一是瓦窑古道遗址，地处北纬 23° 14′ 10″，东经 101° 41′ 24″，海拔 1230.4 米，古道遗址保存较好的长约 180 米、宽 1.2 米，为红砂石毛石路面。二是小龙潭古道遗址，地处北纬 23° 13′ 34″，东经 101° 41′ 26″，海拔 1337.92 米，古道遗址保存较好的长约 480 米、宽 1.2 米，周边为雅邑大小龙潭，古道为红砂石、麻布石毛石路面。三是大龙潭古道遗址，地处北纬 23° 13′ 29″，东经 101° 41′ 27″，海拔 1408.09 米，古道遗址保存较好的长约 32 米，宽 1.3 米，为麻布石路面，周围分布有小叶榕树、麻栗树、柏树等。

丫口茶马古道（杨迎春 摄）

（十二）平掌丫口茶马古道遗址

平掌丫口茶马古道遗址位于墨江县龙潭乡冲头村平掌组丫口，地处北纬 23° 6′ 3″，东经 101° 33′ 9″，海拔 1607.46 米，该古道遗址全长约 2 千米，其中保存较好的长约 368 米、宽 1.2 米至 2 米，为白砂石毛石路面，整体保存现状一般。古道呈“之”字形走向，周边森林植被茂密，主要分布有喜树、樱桃树、栎树、木姜子树、木荷树等常绿阔叶树种，灌木丛和杂草互生，藤蔓随树摇缀，道路已被紫茎泽兰等杂草覆盖。

另外，墨江县其余茶马古道遗址分布于墨江县 15 个乡镇，均为砂石或土路面，累计长约 26 千米。

（十三）涟漪桥

涟漪桥位于县城南涟漪河与清溪河交汇处，据民国《墨江县志》中清墨江贡生金森《涟漪桥亭序》载：“言传建自清康熙初年，虽立有碑，并不注姓名年月，以前修建未功无从考核矣。盖此地为众流所归。”旧时称为从宁洱方向进入墨江县境第一关。道光、同治、光绪年间曾重修。该桥为省内唯一一座轿式建筑古桥，1962 年 3 月 8 日列为县级文物保护单位，2005 年县政府投资 74.6 万元修复。修复工作在严格遵循国家文物修复有关规定前提下，结合县城扩建、河道改直、河床升高的实际，桥身向东顺移 15 米，桥墩顺河而砌，整桥升高 2.2 米，全

涟漪桥旧照（墨江县政协 提供）

修复后的涟漪桥（墨江县政协 提供）

水癸桥（杨舒燕 摄）

水癸桥四块石碑（墨江县政协 提供）

双龙桥（墨江县政协 提供）

布新桥遗址（墨江县政协 提供）

长29.8米，河中心船形桥墩全长20米，中宽8.4米，建有长5.5米、宽5.8米、高10.6米轿形重檐攒尖顶锁水阁，中阁通过混梁木板面，栏杆瓦顶桥身与两端分别由长3.4米、宽4米、高5米的砖木小山门瓦房相连。

（十四）水癸桥

水癸桥也称孔乐桥，位于县城东6.5千米水癸村旁金厂河上。始建于清乾隆二十一年（1756年），同治十年（1871年）水涨冲垮，守备李应元率士民捐资重修，桥长4.3米、宽2.7米。该桥旁刻立有4块简介后人复修石桥的功德石碑。1997年，为便于保护，将四块碑组合镶嵌在一个碑座之上。碑座高0.80米，宽0.45米，厚0.80米。因年代久远，风吹日晒，自然毁损及人为破坏，大部分碑文已模糊不清。一是水癸河桥碑。碑高146厘米，宽65厘米，厚10厘米，立于清朝嘉庆十五年（1810年），碑首呈半圆形，硬阳刚石，线雕有双凤朝阳图案，整块碑保存完好，但大部分字迹已不清晰。碑文记述了当时重修水癸桥时捐资人姓名及所捐资数额、捐资银两的用途，以及水癸桥区域权属归谁的有关事宜。二是礼乐桥碑。碑高156厘米，宽75厘米，厚10厘米，此碑立于清朝乾隆二十一年（1756年），碑首呈半圆形，硬阳刚石，线雕有腾云驾雾水纹图案，碑头从右至左横刻“礼乐桥”三字，楷书繁体字。碑从中横断，大部分字迹已不清晰。碑文记述了当时重修礼乐碑时捐资人的姓名及捐资数额、捐资银两的用途，三是重修水癸桥碑。碑为四方碑，高85厘米，宽45厘米，厚10厘米，立于清朝嘉庆九年（1804年）碑首已破损，碑头从右至左横刻“重修水癸桥”五字，楷书繁体字。碑上半截文字字迹稍清晰，下半截部分不清晰。碑文内容记录了当时重修水癸河时捐银粮人的姓名及所捐数额。1988年，1992年，1997年县政府曾三次拨款复修加固。复修后桥长13米，净宽4.1米，高4米。

（十五）双龙桥

民国时的瓦房吊桥（墨江县政协 提供）

双龙桥位于县城南约5千米处联珠镇赖蚌村西南涟漪河与班茅河交汇下游百米处。东西走向，横跨于他郎河上，系单孔石拱桥。因处在两河之地，故名“双龙桥”，且在桥两侧拱洞顶端都雕刻有二龙抢宝。始建于1914年，1916年完工。1924年曾捐款重修。1962年3月8日被列为县级文物保护单位。桥面全长15米，桥面宽4米。该桥当时为境内石桥之最。重修时有建桥碑一块，碑高1.45米、宽0.58米、厚0.05米，青石楷书直行，共18行，每行37字，共666字，记述了集款、捐款、罚款修桥内容。碑额呈半圆形，素面无字。该桥至今仍在使用。

（十六）布新桥遗址

布新桥遗址位于联珠镇路水村那旧河。桥为东西方向，横跨于那旧河中段两岸，为单孔石拱桥，用不规则石块铺面。据记载，桥面宽4米、长8米、跨度8米、高8米余，近于半圆形。桥拱石为楔形砂石，拱基为长条石砌筑，东侧高2.7米，西侧高3米，桥面两侧为条石砌成的护栏，建于民国初年，桥在1999年因山洪暴发被洪水冲垮，现在河两侧仅剩桥墩残石，桥旁古驿道呈陡坡状，有花岗岩及沙石铺就的石级，宽1.4米，残长31余米。

（十七）忠爱桥

忠爱桥位于墨江县城西南方向阿墨江上，距墨江县城35千米。始建于清同治十二年（1873年），桥名取忠爱桥，即忠君爱国之意。忠爱桥起初为铁索桥，铁索木板桥面，桥两边建有桥头堡，为木梁瓦顶，堡上各悬“滇南第一桥”和“天际长虹”金字匾额。1953年修昆洛公路时，因铁索桥已不适应公路建设需要，遂拆去，重建为钢索吊桥。1964年又拆去钢索吊桥，改建为石拱桥。忠爱桥两端分别立有毛泽东主席和朱德总司令题词碑。毛泽东题词：“为了帮助各兄弟民族，不怕困难，努力筑路！”朱德总司令题词：“以一往无前的精神，战胜天险。打通昆洛交通，实现巩固国防，繁荣经济的光荣任务！”2013年因普西水电站建设，石拱桥被库区回水淹没，在该石拱桥北面比肩新建了一座混凝土大桥。无论是铁索桥、钢索桥、石拱桥，还是混凝土桥，均称“忠爱桥”。

（十八）清水河桥

清水河桥位于通关镇东北侧约6千米的清水河之上。桥总长13米，宽4.4米，高5米，毛石支砌、块石方拱。有一修桥碑。碑高1米、宽0.53米，共29行825字，碑文记录了当时重修清水河桥时捐助银粮人的姓名及所捐数额。

清水河桥（墨江县政协 提供）

清水河桥石碑（墨江县政协 提供）

雅轩桥（墨江县政协 提供）

永安桥（墨江县政协 提供）

南大桥（墨江县政协 提供）

永济桥（墨江县政协 提供）

（十九）雅轩桥

雅轩桥位于雅邑镇雅邑与轩秀两村之间。建于 1929 年。桥长 8.3 米，桥面主体宽 3.3 米，西偏北外延部分宽 3.8 米，东偏北外延部分宽 4.7 米。桥沿宽 0.3 米、高 0.2 米，两侧共有 4 个排水孔。桥面距河水 10.3 米（含拱厚 0.8 米），整桥系块石支砌翻拱，毛石铺面。1971 年 7 月，上游须立水库垮塌时，洪峰到此锁水口已冲击漫越桥面，但此桥除沿石、护坡有一定损坏，主体结构并未见影响。1975 年用毛石对桥护坡进行了加固。

（二十）永安桥

永安桥位于龙坝镇石头寨脚西北侧，桥长 5 米，桥面宽 2.7 米至 3.6 米，毛石铺面，面石围沿，北侧拱圈正中从右至左刻“永安桥”三个大字。该桥保存完好，至今仍在使用，但修建时间无考。

（二十一）南大桥

南大桥位于龙坝镇以南，龙坝至黑树林地区，公路以西约 200 余米南大河与东川河交汇锁水口处，为石拱桥，桥长 7.3 米，桥面内宽 2.2 米，两侧桥沿各宽 0.3 米、高 0.4 米。此桥建于民国年间。

（二十二）永济桥

永济桥位于墨江县联珠镇卧龙村与南北村之间的南北河上，为东西向单孔石拱桥，建于清光绪三十年（1904 年）。桥长 22 米、宽 5 米、高 5 米，桥沿高出桥面 0.5 米，拱跨径 10.1 米。南北河永济桥现保存完整，一直在使用。现存修桥碑刻 3 块，留在一农户家里。第一块碑刻为“永济桥小引”，第二块为落款碑，第三块为重修碑。三块碑石质均为因远石，碑文显示为修此桥捐款人数有 8 个单位 50 个社 647 人。

（二十三）德盛桥

德盛桥位于团田乡绿叶村岩子脚村民小组北侧绿野河上。该桥为石拱桥，桥长 13 米，其中拱宽 8.1 米，厚 0.3 米；桥面宽 3.25 米；桥面距河床 6.4 米。该桥保存较好。在拱桥西南侧的半坡上立有三块各高 0.9 米、宽 0.6 米的石碑，从左至右分别是神碑、功德碑和建桥碑记，碑石质为因远石。由于年代久远，神碑和功德碑的文字已无法辨清，因此修建年代无考。据工作组与有关人员分析，初步认定可能建于清末。

德盛桥（墨江县政协 提供）

德盛桥石碑（墨江县政协 提供）

（二十四）蛮杏嵌桥

蛮杏嵌桥位于墨江县团田镇团田村蛮杏组家脚蛮杏河上，为单孔石拱桥，桥长 13 米，桥面宽 5.5 米，拱宽 10 米，桥面距河床 10.4 米。该桥始建年代不清，据传建于清朝，中华人民共和国成立后有过两次修缮，该桥保存较好。南面桥头建有左右各一小座石庙。

蛮杏嵌桥（刘德阳 摄）

（二十五）磨铺盐井遗址

磨铺盐井遗址位于墨江县龙潭乡三家村小平掌家脚磨铺河边，由盐井、熬盐场和古庙遗址组成，距离墨江县城 100 余千米。磨铺盐井为四方形竖井，长 1.8 米、宽 1.2 米、深 20 米，外口稍大，内侧为规则的长方形。盐井凿于坚硬细砂岩石至河谷谷底，通过竹龙汲取卤水经竹井槽输送至熬盐场后煎煮出盐。盐井外侧 3 米外有一口斜井，与竖井相连，为排水之用。磨铺盐井遗址往南 300 ~ 400 米处为平坦开阔地，为熬盐场遗址，旁边建有古庙一座，古庙高 4.06 米、宽 3.6 米、进深 2.6 米，用红砂块石翻拱仿瓦屋面建筑，飞檐翘角，庙顶用石头雕刻成仿木斗拱形状，石拱上方正中央雕有双象托举的“威震千古”石匾一块，之上为雕有大象、喜鹊、花卉、祥云等吉祥图案若干的石刻斗拱，整个古庙精致大气、气势雄伟。据当地老人讲述，盐井经营期间，以盐、茶、粮食等为商品的互市交易很是热闹，聚焦了往来马帮、驮牛、背夫、商贩、行人。

磨铺盐井古庙遗址（刘德阳 摄）

磨铺盐井遗址（刘德阳 摄）

（二十六）观音石窟及石造像遗址

观音石窟及石造像遗址位于坝溜镇出洞村米地组的观音山和孔明山，系坝溜经长寨、出洞至绿春茶马古道上的遗址，观音石窟遗址位于观音山的悬崖溶洞上，现仅存石窟，已无观音像。

石造像遗址位于观音山下的两侧，两尊石造像相隔近 500 米，坐落于观音山北面的为螃蟹田石造像。

观音山石窟遗址（杨迎春 摄）

螃蟹田石造像（杨迎春 摄）

孔明山石造像（杨迎春 摄）

（二十七）李和才马帮仓房遗址

李和才马帮仓房遗址位于那哈乡格牙村各玛山组，是李和才马帮中途宿站。马帮仓房遗址背后 100 米处的山梁上有一间简易庙房，里面供奉着两尊石像，石像因被破坏过，已看不清面目、分不清身份。据当地老人讲述，马帮在经过各玛山时一赶马哥被老虎咬死。随后，为防虎患、祈求神灵保佑，马帮在此建了一座庙房，供奉了两尊石像，马帮行人每经过此地均要进庙祭拜，祈求一路平安。

庙房及石像（李进 摄）

马帮仓房旧址（杨迎春 摄）

（二十八）墨江渡口遗址

由于阿墨江、把边江、泗南江、他郎河、坝兰河、坝赶河、那卡河及众多溪流纵横全境。很多驿道行程涉水需加竹筏加木船而渡。且采用筏渡或船渡的渡口大多位于城西南江水较深的阿墨江、把边江、泗南江。中华人民共和国成立前主要渡口有以下 14 处，后因现代桥梁和水电站开发建设，这些渡口多数已不复存在。王明渡：位于阿墨江之上，现忠爱桥上游约 6 千米处，是嘉庆年前县城与通关互通的重要渡口。旱季江水面宽 40 米至 50 米，人、马可涉渡，雨季为竹筏渡。现渡口西岸有乾隆五十七年立的《赏示遵守》碑一块。东岸数百米处现还存有数 10 米长、4 米多宽石砌古道和住宅建筑遗址。布固渡：因船夫姓朱，又称“老朱渡”。位于今忠爱桥处，设木制猪槽船一条，该类船摆渡时左右颠簸危险异常，设船夫 2 名。谷麻渡：位于谷麻江段，设木制猪槽船一条、船夫 2 名。挖野渡：位于挖野江段，设木船一条、船夫 2 名。永安渡：位于永安江段，设木船一条、船夫 2 名。普西渡：位于通往江城的普西江段，设载重约 1.5 吨竹筏一架、船夫 2 名。渡行收价每人 0.1 元、物每 10 斤 0.05 元。李仙渡：位于李仙江段，与江城互通。设载重约 2.5 吨的木船 2 条、船夫 4 名。漫丢渡（后划归江城）：位于漫丢江段，与江城互通，设大船 2 条，船夫 4 名。龙马渡：位于李仙江干流鲁马江段，与易武茶山互通，设木船一条、船夫 2 名。设载重约 1.5 吨竹筏一架，船夫 2 名，渡行收价每人 0.1 元、物每 10 斤 0.02 元。居浦渡：位于李仙江上，与江城勐野互通，设载重约 1.5 吨竹筏一架、船夫 2 名。渡行收价每人 0.1 元、物每 10 斤 0.02 元。泗南渡：位于今泗南江乡三江口电站机房处，设竹筏一架、船夫 2 名。猛野渡：位于猛野江段，设木船一条、船夫 2 名。坝溜渡（后划归绿春县）：位于泗南江上，设载重约 2.5 吨木船 12 条，通往越南猛莱，行程 7 日，渡行收价每人 8 元、物每 10 斤 0.14 元。划筏潭渡：位于现泗南江电站发电机房上游数百米处，为竹筏摆渡。

王明渡口旁建筑遗址（墨江县政协 提供）

王明渡口旧址（墨江县政协 提供）

居浦渡渡口旧址（杨迎春 摄）

划筏潭渡口旧址（墨江县政协 提供）

景谷茶马古道

景谷县古时为普洱府下辖的一个厅（威远厅），是普洱茶重要产区之一，是普洱茶马古道北出普洱至西藏的必经之地。历史上进士纪襄廷引领民众种植茶树，李文相奠定“沱茶”制作的雏形，成为普洱茶马古道上的一段佳话。景谷县内茶马古道遗址长约 6 千米，其中保存较好的约 5 千米，共有茶马古道遗址主要文物 14 段（处）。

一、景谷茶马古道主要路线

景谷是滇西至滇南通往澜沧江东西必经的交通要道。从滇西大理通往滇南的主要道路由北转东，自镇沅县振太经景谷街、龙塘、芒冷、景谷县城、暖里、勐乃渡口、芒谷、西萨到宁洱县，县境内里程 3 马站约 100 千米。清代及民国时期，景谷县城至省城约 840 千米，盐、茶运销滇西、省城靠民间马、牛驮运。盐、茶等重要商品的频繁运销，促使四通八达的马帮古道形成。东出宁洱，可达昆明；南下思茅，可到景洪、勐海、澜沧、孟连，乃至邻国缅甸、泰国、老挝；西进临沧、双江、耿马、沧源；北上镇沅、景东、大理。

景谷茶马古道分为东线、南线、西线、北线。

（1）东线：一是县城至宁洱。从县城途经威远渡口→那养坡→勐丙→小白庙丫口→暖里→橄榄树丫口→勐乃→高桥→芒谷→铁厂→西萨→宁洱，全程 3 个马站（每站 30 千米）；再经磨黑→把边江→墨江→元江→扬武→峨山→玉溪→昆明，全程 15 马站，往返需 1 月。二是县城至磨黑。县城→铁厂→宽宏→岔河→刮风丫口→黄栗山→磨黑，全程 4 马站。

（2）南线：县城至勐主 ：经南景→香盐→益香→芒腊河→四十八道河→白掌村→沙松林→勐主，计 3.5 马站。从勐主至思茅有两条线路：一是经养水牛寨→过达→大昔本→芒打渡口→思茅，县境内 1.5 马站；二是经竜种→班海→一碗水→松毛林→松毛林渡口→思茅，县境内 2 马站。从勐主至澜沧有三条线路：一是经太平河→勐班→腊马河→赵家村→薅枝坝→磨乃渡口→澜沧，县境内 2.5 马站；二是经勐良→芒海→南北寨→南北渡口→谦六，县境内 1.5 马站；三是经那许→大寨→光明→腊撒渡口→澜沧老鲁寨，县境内 2.5 马站。还有是从勐主至普洱、经土地塘→长梁子→平掌→姚村→昔环岔江渡口→普洱，县境内 1.5 马站。

（3）西线：一是县城至临沧：经大海子→新村→旧角→凉荫→芒别→临沧沈家寨，县境内 2.5 马站。二是县城至勐戛：经大海子→文朗→冒水平掌→勐戛，计 2 马站。从勐戛至双江县有两条线路：一是经小磨刀河→大磨刀河→新塘→白沙坡→芒俄→大蚌渡口→双江县，县境内 2 马站；二是经亮山→薅枝坝→箐门口→戛里街→打环渡口→双江，县境内 2 马站。

从勐戛至澜沧：经昔俄坝→茂密→三尖山→大山神庙→半坡→戛控→蛮铁渡口→澜沧，县境内 2.5 马站。

香盐井至勐戛运盐道：经芒腊→响树梁子→中寨河渡口→井水河→新塔→长海梁子→大南哈→那拐→勐戛，计 2 马站。

益香井至勐戛运盐道：经丫口寨→三棵桩→芒稳→马头山坡→缅寺河渡口→戛岗→芒族→芒局

景谷茶马古道主要路线图

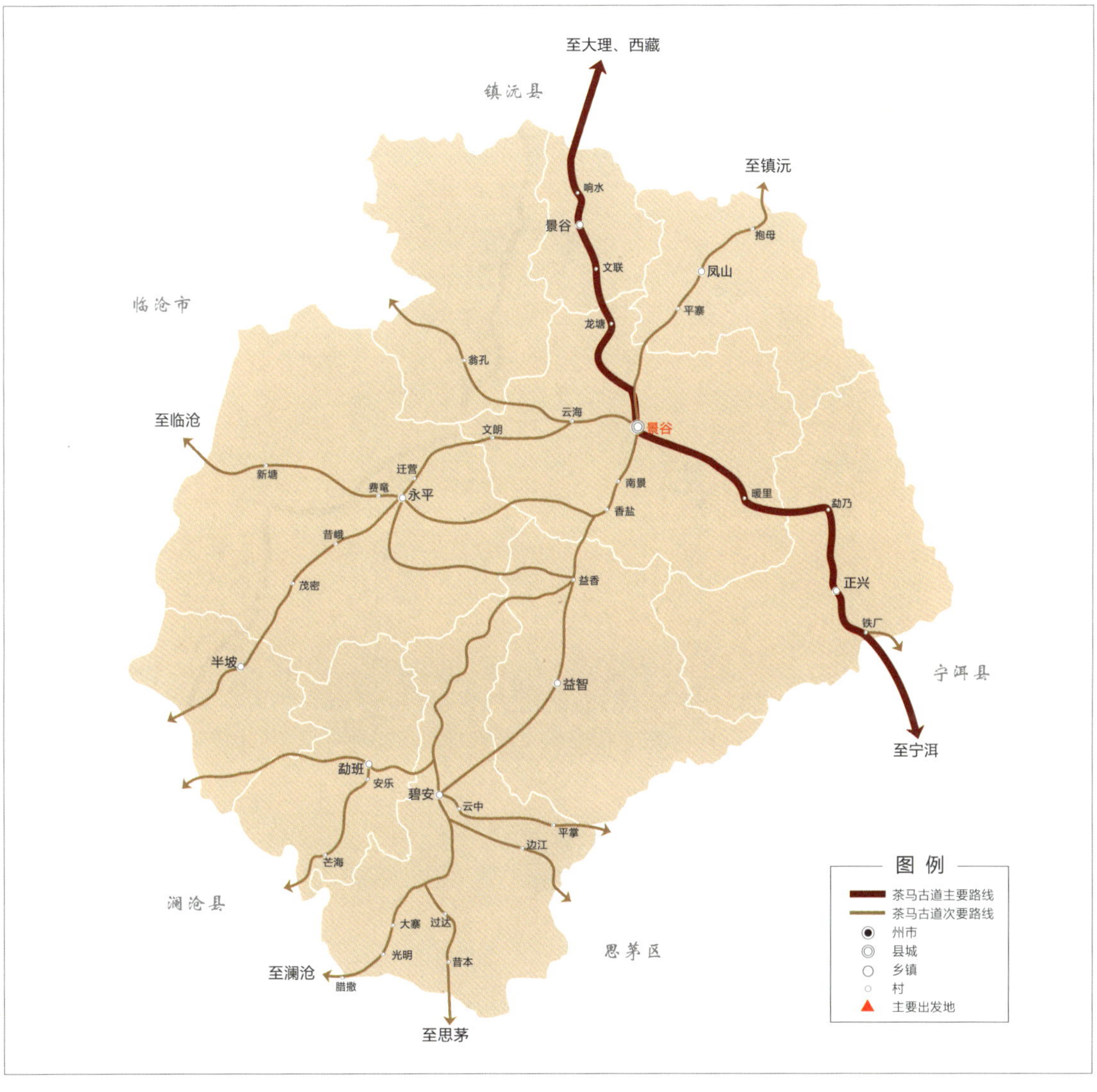

本图境界画法不作划界依据

（制图：张国华、李东、黄克云）

景谷茶马古道主要遗址分布图

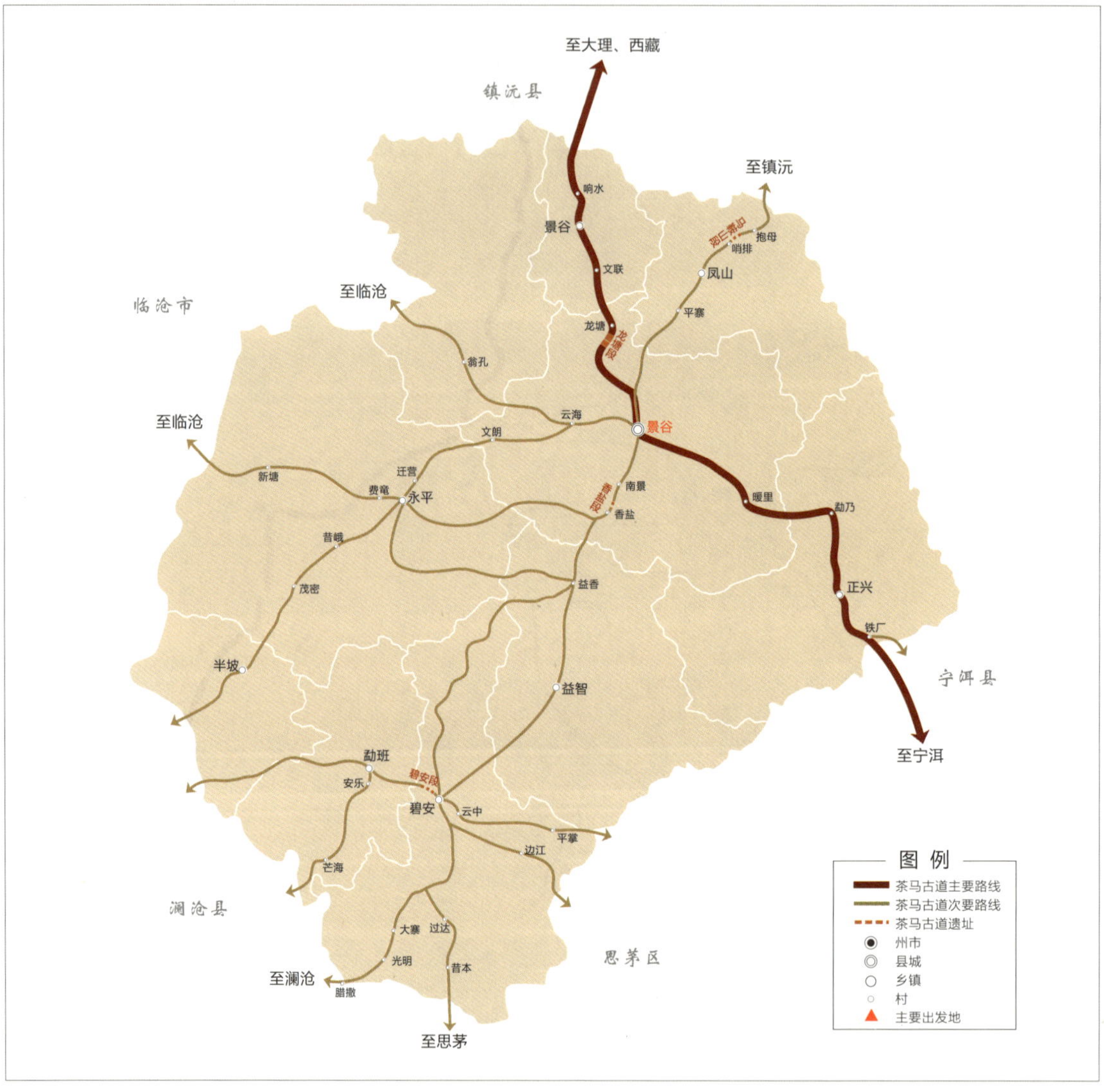

本图境界画法不作划界依据

（制图：张国华、李东、黄克云）

坡→芒品→芒腊→勐戛，计2马站。

(4) **北线：**一是县城至镇沅：途经芒冷→昔孔井→平寨→陆家山→抱母井→镇沅，全程2马站；二是县城至景东：经芒冷→芒玉→龙塘街→文联→景谷街→草皮街→里崴→文井→景东，全程5马站。

二、景谷茶马古道主要遗址

（一）香盐井茶马古道遗址

香盐井茶马古道遗址位于威远镇香盐村北面，地处北纬23°24′42″，东经100°39′51″，海拔1029米。该遗址保存较好，有石镶路面330米，其余多为土面，路面宽度1.6米至2.2米，铺路的石材为青石和红砂石。

（二）徐家村茶马古道遗址

徐家村茶马古道遗址位于景谷镇徐家村，地处北纬23°45′38″，东经100°37′26″，海拔1305米。该遗址保存较好，有石镶路面286米，其余多为土道，路面宽度为0.8米至1.8米，铺路的石材为青石和红砂石，是县城→景谷镇→振太镇路段中的一段。

（三）龙塘村茶马古道遗址

龙塘村茶马古道遗址位于威远镇龙塘村委会驻地西南面，地处北纬23°37′25″，东经100°39′47″，海拔1311米。该遗址保存较好，有石镶路面的1523米，其余多为土道，路面宽度为0.8米至1.8米，铺路的石材为红砂石，是县城→景谷镇→振太镇路段中的一段。

（四）碧安茶马古道遗址

碧安茶马古道遗址位于碧安乡蚂蟥冲山南面，地处北纬23°4′59″，东经100°25′18″，海拔1426米。该遗址保存较好，有石镶路面2058米，其余多为土道，路面宽度为1.2米至1.9米，

香盐井茶马古道（陈登辉 摄）

徐家村茶马古道（陈登辉 摄）

龙塘村茶马古道（陈登辉 摄）

碧安茶马古道（陈登辉 摄）

少数路段由于滑坡等自然灾害损毁，铺路石板散落古道周边，古道遗址清晰，铺路的石材为红砂石和青石。

马鞍山茶马古道（陈登辉 摄）

（五）马鞍山茶马古道遗址

马鞍山茶马古道遗址位于凤山镇哨排小组东北面，地处北纬23°43′19″，东经100°49′37″，海拔1050米。该遗址保存较好，有石镶路面约290米，其余多为土道，路面宽度为1.6米至2.2米，铺路的石材为红砂石和青石，是县城→抱母井→镇沅路段中的一段。

（六）徐家村风雨桥

徐家村风雨桥位于景谷镇徐家村南面，始建于清代。风雨桥桥长8.35米、宽2.7米，桥面两边建有木质护栏及供路人休息的长凳和靠背，整个桥房架子由左右两边14根柱子、5根横梁组成，桥面由横梁和木板铺垫而成，桥墩两侧用宽0.3米、厚0.5米、长1米多的红砂石条沿河顺两岸砌成2米多宽、4米多长的护河堤，常年受河水冲击的桥墩保存较好。

徐家村风雨桥（陈登辉 摄）

（七）营盘山石拱桥

营盘山石拱桥位于景谷镇响水村，海拔1370米，系红砂石构造单孔石拱桥。

营盘山石拱桥（陈登辉 摄）

（八）芒玉石拱桥

芒玉石拱桥位于威远镇联合村，系红砂石构造单孔石拱桥。建于清道光八年（1828 年），为当地士民所建。该桥长 18.9 米、宽 4.25 米、高 20.2 米、跨度 11.1 米，横跨景谷河，系昔日威远（景谷）至景东的茶马古道必经之路。1944 年景谷绅士集资重修。2013 年 12 月被列为市级文物保护单位。

芒玉石拱桥（谢如伟 摄）

（九）小瓦桥

小瓦桥位于威远镇联合村民委员会芒玉村民小组，系红砂石构造单孔石拱桥。建于清代，为当地士民所建。该桥长 20.6 米、宽 4.25 米、高 20.2 米、跨度 13.4 米，系昔日威远（景谷）至景东的茶马古道必经之路。

小瓦桥（陈登辉 摄）

（十）复兴桥

复兴桥位于凤山镇抱母村威远江上游，距离县城约 30 千米，始建于清乾隆年间，同治七年（1868 年）桥被毁，1938 年重修。该桥横跨抱母河东西两岸，为三孔石礅瓦桥，每孔距离 14.5 米，桥面为木枕木板，桥两端以条石为阶，瓦面为悬山顶，全桥 11 格，桥头有 1938 年修桥时立的石碑一块。该桥现在还在使用，是抱母村村民们生产生活的主要通道。2012 年 1 月被列为省级文物保护单位。

复兴桥（陈登辉 摄）

（十一）四远桥

四远桥，又称“四眼桥”，位于凤山镇抱母村，分别建在酒房箐、瓦房箐、凉家箐、凉水箐，其中建于凉家箐和凉水箐的石拱桥保存完好，都为红砂石构造单孔石拱桥，其余两座已经损毁，只余遗迹。建于凉水箐的石拱桥，目前建桥功德碑尚存，该石桥名为济远桥，修建于清代，系红砂石构造单孔石拱桥，该桥长 11.9 米、宽 3.25 米、高 3.2 米、跨度 6.3 米。

凉家箐石拱桥（陈登辉 摄）

凉水箐济远桥（陈登辉 摄）

（十二）碧光中学旧址

碧光中学旧址位于景谷县碧安乡勐主街，该学校原由地方人士于 1945 年捐款筹建，校舍由正房和厢房组成，穿斗式土木结构，硬山顶，正房五开间 17 米，进深三间 12 米，二楼一底共三层，

碧光中学旧址（陈登辉 摄）

厢房二幢，六开间 21 米，进深二间 4 米，一楼一底。总面积 369 平方米，有操场和球场。1948 年 4 月该校为中国共产党思普特别支部开展革命活动的地方，自 1948 年 4 月至 1949 年 10 月在这里举办了两期军政干部训练班，学员 100 余人，大多参加了解放思普区的“普光部队”。2019 年 2 月被列为省级文物保护单位。

（十三）罗正明家客栈

罗正明家客栈位于景谷县碧安乡，建于 1946 年，为一楼一底穿斗式土木结构硬山顶建筑，共 6 开间，长 24.5 米、宽 9.4 米，正面有五棵水泥方柱，柱头上有方形石雕，基座为修整过的五面石。2013 年 12 月被列为市级文物保护单位。

罗正明家客栈（陈登辉 摄）

（十四）段家大院

段家大院位于景谷县凤山乡抱母村，建于 1948 年，整幢房子由正房、左右厢房组成，占地面积 389.82 平方米，一楼一底土木结构穿斗式走马转角楼建筑，坐东朝西，正房、左右厢房为三开间，进深 5.6 米。2013 年 12 月被列为市级文物保护单位。

段家大院（陈登辉 摄）

镇沅茶马古道

镇沅县是普洱茶重要产区之一，2700多年的茶树王就位于镇沅千家寨。镇沅还是普洱茶马古道北出普洱直至西藏的必经之地，古道上搭建在河两岸悬崖峭壁之上的难搭桥因工程艰巨而闻名于世，为普洱茶马古道上雄奇壮丽的风景。2013年国务院将镇沅广恩桥段茶马古道遗址、哀牢山金山丫口茶马古道遗址、小水井梁子通行关卡石刻遗址、半边崖段茶马古道遗址，一共4处列为全国重点文物保护单位。镇沅县内茶马古道遗址约72千米，保存较好的约22千米，茶马古道遗址主要文物35段（处）。

一、镇沅茶马古道主要路线

清代至民国时，由于镇沅食盐生产的发展，按板井等地成为食盐生产、商品交换的主要市场，外地商人纷纷涌入镇沅开店经商，商品交换日益频繁，大量的商品交换带来了众多的商人、马帮，也走出了镇沅四通八达的古驿道。古驿道初多为土道，为了方便通行，一些商人或赶马人出资在村落附近或难以通行的地方铺上石头；也有一部分是在地形特殊的石崖地段开凿出来古驿道。至1935年，镇沅镜内有旧县道5条，未砌石，均系崎陡土路。

（1）**镇沅至宁洱：**镇沅→瓦桥街→三家村→箐头→文笔街→恩波→磨黑→宁洱县城。

（2）**镇沅至墨江：**镇沅→大园子→新抚→塘上街→介牌→偠多→布笼→墨江县城。

（3）**镇沅至景谷：**镇沅→抱母井→蛮卡→景谷县城。

（4）**镇沅至景东：**镇沅→勐统街→里崴街→文井→景东县城。

（5）**镇沅至新平：**镇沅→怕亮→恩乐→中坡→者东→波浪→火山→新平戛洒。

二、镇沅茶马古道主要遗址

（一）小水井梁子茶马古道遗址

小水井梁子茶马古道遗址位于恩乐镇政府驻地西南面，地处北纬23° 59′ 54″，东经101° 05′ 20″（此处经纬度、海拔测量数据为本段遗址的某个点，下文记述同

广恩桥遗存的桥基（李光华 摄）

小水井梁子茶马古道（刘庆鼎 摄）

镇沅茶马古道主要路线图

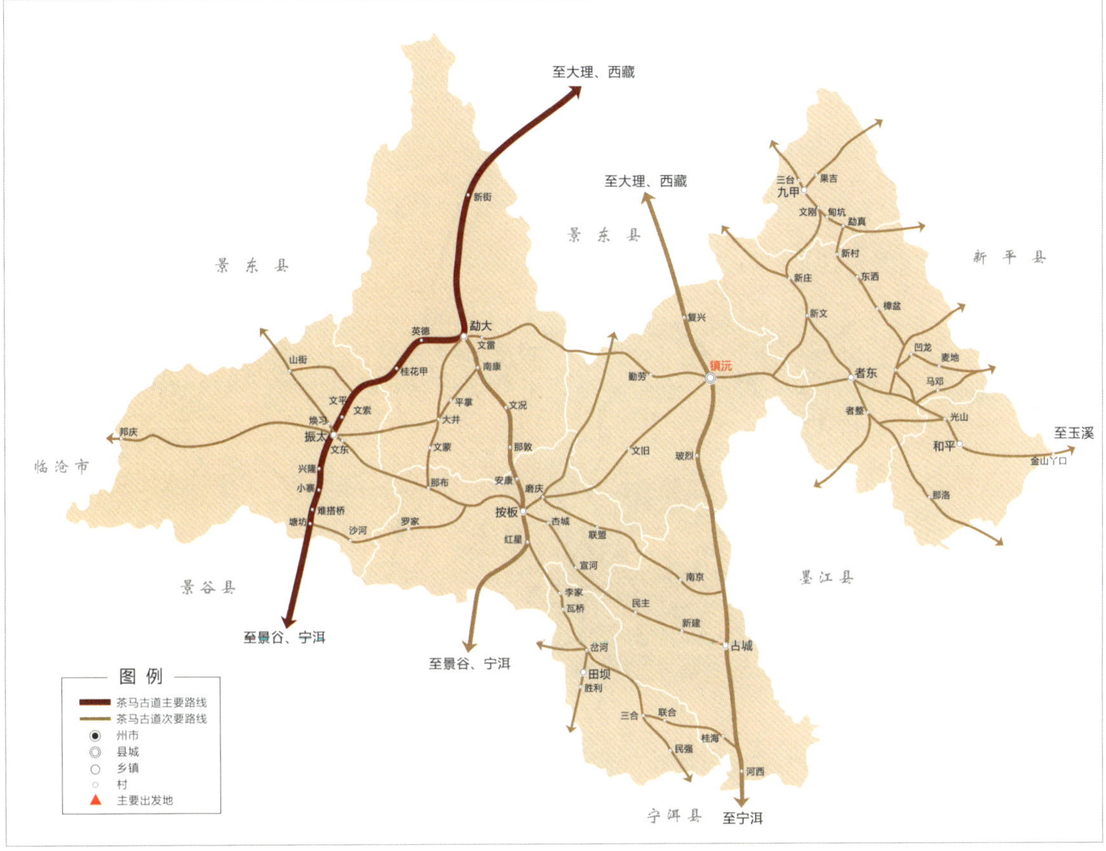

本图境界画法不作划界依据

（制图：张国华、唐金红、黄克云）

镇沅茶马古道主要遗址分布图

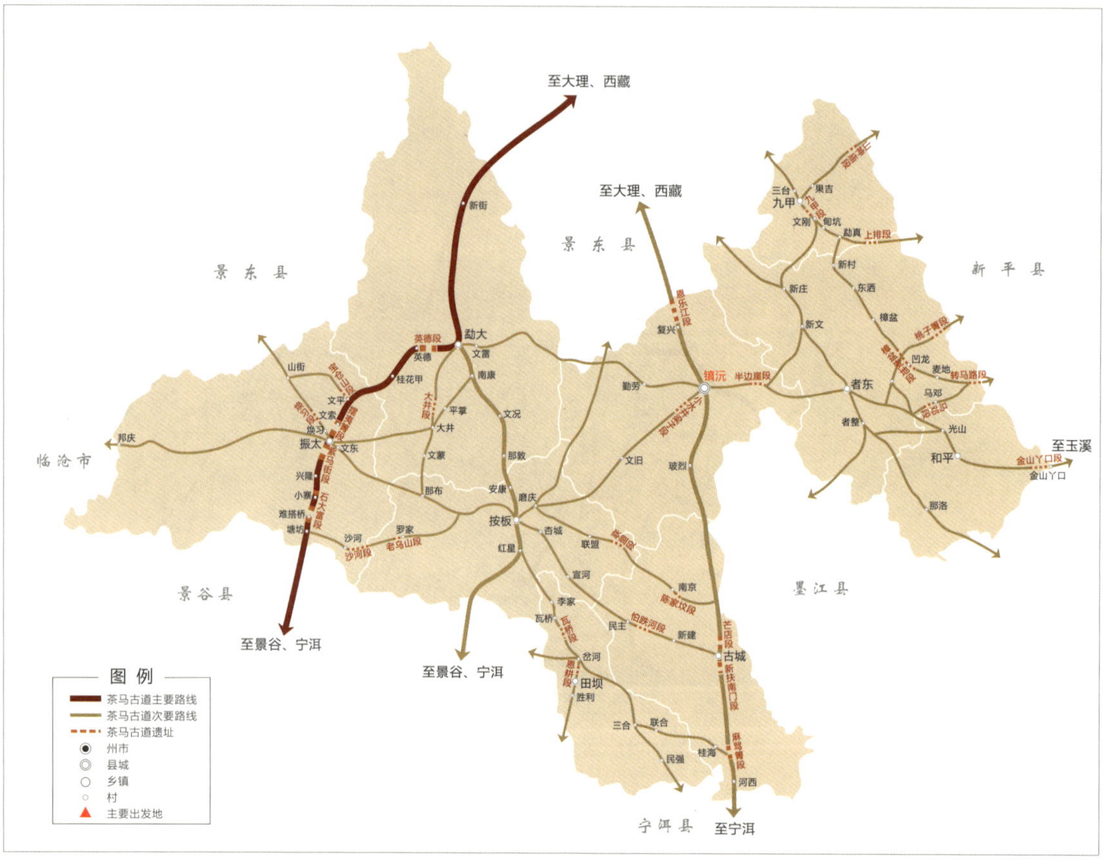

本图境界画法不作划界依据

（制图：张国华、唐金红、黄克云）

义），为恩乐至按板井古道中的一段，经恩乐镇民江村、广恩桥、梁子队、小水井、文旧下脚马、铺子、平掌田、文旧村委会、闪片房、地房、按板镇花山营等地。小水井梁子古道大多数为土道，少数为石道，保存较为完好的仅有长 50 米的小水井梁子石道和长 20 米的文旧村下脚马石道，路宽 1.5 米至 1.9 米，该古道现存有广恩桥遗址（现存桥墩 4 个，西岸桥墩长 9.7 米、宽 12.6 米、高 4.2 米），小水井梁子古道、下脚马古道和按板镇花山营脚南洪古道部分石铺古道已毁。2013 年 3 月该古道上的广恩桥段茶马古道遗址和小水井梁子通行关卡石刻遗址分别被国务院列为全国重点文物保护单位。

（二）哀牢山茶马古道遗址

哀牢山茶马古道遗址位于恩乐镇民江村，地处北纬 24° 01′ 32″，东经 101° 09′ 06″，海拔 1600 米，是恩乐通往玉溪、昆明的主干道。古道途经恩乐镇民江村、吕东树、半边崖、大坡头、中坡、者东镇新文、丙庙、八角碑、者东街子、锈水塘、拉练河、和平光山、金山丫口。哀牢山茶马古道由人工在陡峭山崖上开凿而成，有较深马蹄印，槽蹄较多，保存较好的一段古道长 200 米、宽 1.5 米至 2.1 米，路坎岩石高 1 米至 2 米，岩石上有深 30 厘米至 50 厘米、直径 20 厘米至 30 厘米的马蹄窝（总长 50 米），骡马通行痕迹非常清晰。2013 年 3 月，半边崖段茶马古道遗址、哀牢山金山丫口茶马古道遗址，被国务院列为全国重点文物保护单位。

哀牢山茶马古道和古道上的马蹄窝（陈海江 摄）

（三）恩乐江茶马古道遗址

恩乐江茶马古道遗址位于恩乐镇，地处北纬 23° 52′ 03″，东经 101° 07′ 51″，海拔 1055 米，经玻烈石拱桥、那丘田小组、河口、三家村、骂腊村、广恩桥、民江村、老街子、那本坝、邦武、上西勐，至景东县文井镇。恩乐江茶马古道是清代大理至景洪哀牢山中段主要的茶盐运输古道，全长约 30 千米。因年代久远，又多为土路，大多路段已被公路或农田占用，仅存玻烈村石拱桥、广恩附近保存较好的 100 余米。

恩乐江茶马古道（陈海江 摄）

（四）老乌山茶马古道遗址

老乌山茶马古道遗址位于按板镇西南面，地处北纬 23° 50′ 07″，东经 100° 43′ 08″，为按板井至振太古道中的一段，从罗家小乌

老乌山茶马古道（杨晓琼 摄）

老乌山茶马古道（杨晓琼 摄）

联盟茶马古道（杨晓琼 摄）

山至老乌山小石桥水库，海拔 1300 米至 2123 米。因开挖公路，古道多被毁或痕迹不明显，现存古道遗址清晰的有两段，共 80 米。其中小乌山一段 30 米，为宽 1.2 米至 1.6 米的石铺道，处于缓坡地带，虽然距离短，但原貌保留完好。另一段在老乌山丫口至小石桥水库长 50 米，宽 1.2 米，古道上的石头散落，但路面还清晰可见，在小箐上有用石条搭成的简易小桥，现被村民改成木桥，石条散落在桥旁。两段古道都处于山林间，两旁植被茂盛，气候湿润，现在已经很少有人行走。

（五）联盟茶马古道遗址

联盟茶马古道遗址位于按板镇联盟村，地处北纬 23° 50′ 54″，东经 100° 57′ 08″，是原按板镇通往恩乐、新平等地的古道。联盟茶马古道多为土道，保存较为完整的石道有花山营和久桥坡两段，总长 130 米，宽 1.2 米至 1.6 米，海拔 1595 米至 467 米，处于陡坡地段，两旁多为松树和阔叶林，植被茂盛，铺有部分石道，部分石头上有马蹄窝，道路原貌基本清晰，现在基本无人行走。

十八道河茶马古道（李梦云 摄）

（六）十八道河茶马古道遗址

十八道河茶马古道遗址位于按板镇磨庆村麻栗树组山林中，地处北纬 23° 88′ 32″，东经 100° 94′ 87″，海拔 1638 米。是原按板通往恩乐、者东、新平、玉溪等地的古道，古道被杂草树叶掩盖，有石铺道 275 米、宽 1.93 米。

（七）英德茶马古道遗址

英德茶马古道遗址位于勐大镇英德村，地处北纬 24° 02′ 28″，东经 100° 45′ 15″，曾是马帮便驿站，是景东至里崴、勐大、振太、景谷、景洪至缅甸等地的必经之路。现保存较为完好的遗址有 3 段，总长 1250 米。其中，英德村至临沧古道（乱石头坡），长 500 米、宽 1.2 米，石道较少，损毁严重；英德村至勐统街古道两段（文彦、勐统），共长 700 米（其

英德茶马古道（李应毓 摄）

中保存较为完好的石铺古道有 300 米）、宽 1.2 米；英德村至景东古道，长 50 米、宽 1.2 米。

（八）大井茶马古道遗址

大井茶马古道遗址位于勐大镇，地处北纬 23° 57′ 18″，东经 100° 46′ 51″，以勐大盐井为中心，南面经回药、坝卡、仰里、库果至按板井；东面经那拱凹、平掌、麻栗树、三道河、黄家窝、龚家窝、东边、云盘至勐统；东北经炳朗、小井、磨刀河、大文育、小文育、桂花甲、分水岭至振太；北面经大村坡头、蓝家组至紫马街；西北面过帮扫、李家窝。有保存完好盐井两口，盐井古道共 1443 米。其中，通往按板井段现存 243 米，为石铺道；通往勐统段现存 200 米，部分为石道；通往振太段现存 500 米，为石道；通往紫马街段保存 500 米，为石道。西北面均为土道。

大井茶马古道（杨晓琼 摄）

（九）南浩至马邓茶马古道遗址

南浩至马邓茶马古道遗址曾是新平马帮到镇沅、景东驮运盐、茶的必经之道，也是镇沅东边小马帮和新平马帮上昆明的主要通道。地处北纬 24° 06′，东经 101° 11′，海拔 1040 米，该古道经和平乡金山丫口进入者东马邓拉练河、绣水塘、南老河东兴桥、者东街、八角碑、邓光组、那壮田、新文、半坡、南浩。现存南老河三孔石拱桥一段和拉练河桥，现南老河桥名为东兴桥，拉练河桥已改建，其余古道被现代公路占用。

南浩至马邓茶马古道上的东兴桥（陈海江 摄）

樟盆至麦地茶马古道（王熙程 摄）

凹龙石拱桥（陈海江 摄）

（十）樟盆至麦地茶马古道遗址

樟盆至麦地茶马古道遗址位于者东镇政府驻地东部，横贯哀牢山大团山脉西面，谷深坡陡，为民国年间马帮从新平到者东、九甲、景东的必经之路。地处北纬24° 01′，东经101° 26′，海拔2130米，全长5千米，路面宽1.2米至4.2米，经者东镇新村丫口组、石门坎、竜村、下平掌、樟盆村、木厂隔界、何掌山、刘家村、麦地明子山神庙丫口。现古道沿途保存有樟盆、凹龙两座石拱桥及部分土道。

（十一）转马路茶马古道遗址

转马路茶马古道遗址位于者东镇麦地村转马路组山林中，地处北纬24° 01′ 54″，东经101° 44′ 13″，海拔2543米。哀牢山西麓森林茂密，植被保护完整，古道顺山而上，保存较好，多

转马路茶马古道（刘庆鼎 摄）

转马路茶马古道上的通京山神庙（刘庆鼎 摄）

转马路茶马古道（赵世频 摄）

为开凿石阶，长1.2千米。为原按板井通往恩乐、者东至新平、玉溪等地的通道，古道沿途有山神庙一座，占地490平方米。

（十二）桃子箐茶马古道遗址

桃子箐茶马古道遗址位于者东镇学堂村东北部哀牢山自然保护区内，地处北纬26° 65′ 04″，东经101° 23′ 33″，海拔2310米，长约8千米，其中石铺道长60余米，其余为土道。为按板经恩乐，过者东至新平、玉溪等地的通道。

（十三）山神庙茶马古道遗址

山神庙茶马古道遗址位于九甲镇，地处北纬24° 14′，东经101° 16′，海拔2420米，从九甲山神庙到哀牢山梁子大石彦坡头。该古道为旧时双柏县、新平县至九甲的挑夫路，始建年代不清。现大石彦坡道保存有岩石台阶，长约1千米，宽1米至1.2米。

（十四）上排茶马古道遗址

上排茶马古道遗址位于九甲镇政府驻地东面，地处北纬24° 09′，东经101° 19′，海拔2100米，从勐真村上排组至哀牢山大营梁子，经九甲镇、果吉村、文刚村、甸坑

桃子箐茶马古道（王学权 摄）

山神庙茶马古道（赵世频 摄）

上排茶马古道（龙亚南 摄）

九甲茶马古道（李忠 摄）

锁口河风雨桥（刘庆鼎 摄）

村、勐真扎表组、上排、大营（哀牢山）、嘎洒十八道进入新平县。该古道为清朝、民国年间新平嘎洒村民经哀牢山大营至九甲老街子人工挑盐的一条近道。现保存有勐真上排到哀牢山大营十八道石板道，全长 1 千米、宽 1 米至 1.5 米，海拔 3137 米。

（十五）九甲茶马古道遗址

九甲茶马古道遗址位于九甲镇凹古河和勐真河之间，地处北纬 24° 12′，东经 101° 12′，海拔 1860 米，经者东镇新庄、南浩、火害桥、小街组、锁口河风雨桥、仓彦组、九甲村外头田组、九甲上排、九甲老街子，是茶叶、盐等商品进入九甲的重要通道。现仅存锁口河古桥两端石道 150 米，其余均为土道，其中部分土道多被农田占用。古道旁有锁口河风雨桥和九甲关帝庙。

（十六）高榄槽茶马古道遗址

高榄槽茶马古道遗址位于振太镇小寨村，地处北纬 23° 49′ 11″，东经 100° 38′ 08″，海拔 1393 米，古时为振太及外地马帮南下景洪、澜沧等地及缅甸北上景东、大理的必经之路，由石大富马锅头出资修建。该古道由小寨村乱石头组至高笕槽组，长约 1 千米，路面宽 1.2 米至 1.6 米，其中 200 余米石道保存完好，其余古道痕迹依稀可见，大部分古道被村组公路取代。

高榄槽茶马古道（李光华 摄）

（十七）石大富茶马古道遗址

石大富茶马古道遗址位于振太镇小寨靠近景五线处，地处北纬 23° 51′ 04″，东经 100° 38′ 02″，海拔 1420 米，是振太及外地马帮南下车里、佛海、澜沧等地及缅甸和北上景东、南涧、大理的必经之路，由石大富马锅头出资修建。经三松树至景五线油路，往西北方向经茶地至难搭桥、石大富村，全长 1.2 千米，路面宽 1.2 米至 2 米。整段古道保存较好，小箐上有一座由长石条搭建的石桥，靠近石大富村保存有 200 余米完整的石板路，其余为土路。

石大富古道（李应毓 摄）

石大富茶马古道上的石桥（李应毓 摄）

难搭桥旁茶马古道（杨晓琼 摄）

（十八）紫马街茶马古道遗址

紫马街茶马古道遗址位于振太镇太和村紫马街，地处北纬 23° 51′ 48″，东经 100° 39′ 21″，海拔 1545 米，起于紫马街永安桥路口至紫马街出口，经上紫马、中紫马、下紫马。古道始建于明朝晚期，清朝中期改为石铺道路，是紫马街李氏家族马帮在清朝、民国年间南下泰国、缅甸等东南亚国家，北上景东、大理、昆明等地运送茶叶、盐、棉花、烟土等商品的主要道路。遗址全长 0.7 千米，路面宽 1.2 米至 4 米。现紫马街东面、西面城墙外古道、城门口及下紫马古道保存完好，其余古道已被改建为水泥路面，但整条古道痕迹清晰。

紫马街茶马古道上的永安桥（李光华 摄）

紫马街茶马古道（李光华 摄）

（十九）摆夷箐茶马古道遗址

摆夷箐茶马古道遗址位于振太镇文索村，地处北纬 23° 57′ 56″，东经 100° 39′ 52″，海拔 1625 米，从李家组至摆夷箐，清朝由马锅头集资修建。起于文索村李家组，经难搭桥、石大富、文索村杨家组、李家组、罗家组、大坡头组、焕习村委会，至振太镇政府。该栈道为文索村、焕习村等马帮与外地联系的便驿道，遗址全长 6.5 千米、宽 1.6 米至 2 米，缓坡，石铺道，现仅有文索村李家组至摆夷箐 510 米保存较为完整。

摆夷箐茶马古道（陈海江 摄）

（二十）沙河茶马古道遗址

沙河茶马古道遗址位于振太镇沙河村，地处北纬 23° 49′ 21″，东经 100° 40′ 51″，海拔 1600 米，为古时振太至按板镇运输食盐的马帮通行道路，起于沙河村，经上排、大樱桃树、大龙滩、大田、石刘家、孔家，遗址长 1.62 千米，路面宽 1.2 至 1.6 米。近年由于修建公路，沙河古道被分为几段保存，其中上排及孔家两段石铺古道保存原貌，部分石道上留有马蹄窝，为县境内保存最长、最完好的石铺茶马古道。

沙河茶马古道（杨晓琼 摄）

（二十一）宝仓山茶马古道遗址

宝仓山茶马古道遗址位于振太镇文平村宝仓山上，地处北纬 24° 60′ 56″，东经 100° 65′ 40″，海拔 2199 米。古道沿宝仓山而上，原是振太通

宝仓山茶马古道（李梦云 摄）

焕习茶马古道（兰有荣 摄）

老鹰岩茶马古道（陈海江 摄）

往景东永秀、临沧等地的古道，遗址长 1.6 千米，路面宽 1.4 米至 2 米，多为土道，少部分为石铺道。

（二十二）焕习茶马古道遗址

焕习茶马古道遗址位于振太镇焕习村田心组，地处北纬 23° 94′ 83″，东经 100° 65′ 24″，海拔 1557 米，原是振太上临沧下景洪等地的古道，现保存较好石铺道两段，全长 336 米。

（二十三）老鹰岩茶马古道遗址

老鹰岩茶马古道遗址位于振太镇文东村上、下保合组老鹰岩山林中，地处北纬 23° 93′ 22″，东经 100° 70′ 65″，海拔 2050 米。古道山势陡峭，树林茂密，原是振太通往勐大、按板等地的要道，古道长 3 千米，路面宽 1.5 米至 2.15 米，其中有保存较好的石铺道 600 米。

（二十四）塘坊小河口茶马古道遗址

塘坊小河口茶马古道遗址位于振太镇塘坊村小河口组山林中，地处北纬 23° 83′ 86″，东经 100° 64′ 78″，海拔 1491 米。原是振太通往勐大、按板等地的要道，古道顺山梁而上，有保存较好的石铺道 200 米，路面宽 1.1 米。

（二十五）金山丫口茶马古道遗址

金山丫口茶马古道遗址位于和平镇麻洋村马鹿塘组，地处北纬 23° 56′ 31″，东经 101° 29′ 55″，海拔 2416 米。沿途经恩乐、者干河至麻洋村，过金山丫口，到达新平、双柏、昆明等地。现保存完整的主要为石铺道路，自

塘坊小河口茶马古道（王熙程 摄）

金山丫口茶马古道（李应毓 摄）

麻洋村起至金山丫口，全长 200 米，宽 2 米，路面清晰可见。

（二十六）新抚南门茶马古道遗址

新抚南门茶马古道遗址位于古城镇政府驻地南面，地处北纬 23° 40′ 44″，东经 101° 09′ 09″，海拔 1204 米。现属桂海及古城两村的行政区域，曾是大理途经新抚城至景洪的交通要道，南北走向。保存较好的石铺古道有 5 段共长 570 米，路面宽 1.4 米至 3 米，其中古城村大路边 300 米、古城村大铺子 60 米、古城牌坊坡 120 米、古城芒甸 50 米、新抚城北门遗址前 40 米。

新抚南门茶马古道（李光华 摄）

芒甸茶马古道（杨晓琼 摄）

（二十七）芒甸茶马古道遗址

芒甸茶马古道遗址位于镇沅古城镇，地处北纬 23° 44′ 50″，东经 101° 08′ 26″，海拔 1056 米，为清代民国时期大理过镇沅、古城至景洪的茶盐主干道。该古道起于古城北向遗址，由古城古道台阶过江进入河东村、芒甸组、蛮甸巴河田间，后又过江进入清水河岸、京联林、松毛林至玻烈河石拱桥进入恩乐。现保存较好的遗址全长 0.5 千米、路面宽 1.4 米至 1.8 米，芒甸组村民尚在使用。

（二十八）陈家坟茶马古道遗址

陈家坟茶马古道遗址位于古城镇南京村区域内，地处北纬 23° 46′ 43″，东经 101° 05′ 28″，海拔 1455 米，起于古城梅子箐，经回放箐、南古组、陈家坟、烈洒组、南京村委会、大水平、姜家村、麻喳山、联合、刀家村，至按板镇联盟村。为清代、民国时期墨江新抚、古城村民到按板井运盐的一条通道。现古道路线清楚，陈家坟、联合及刀家村保存有石铺路，长 80 米，路面宽 1.2 米至 1.5 米，其中陈家坟段到烈洒组 40 米古道保存完

陈家坟茶马古道（李光华 摄）

怕跌河茶马古道（李光华 摄）

怕跌河茶马古道上的永安桥（刘庆鼎 摄）

麻骂箐茶马古道（刘庆鼎 摄）

恩耕茶马古道（陈海江 摄）

好，联合至刀家村有断断续续石铺路 40 米，其余为土坡路面。

（二十九）怕跌河茶马古道遗址

怕跌河茶马古道遗址起于田坝乡麦子地与古城乡民主村交接处，经田坝乡岔河村麦子地、古城乡民主村牛肩膀、陡坡、怕跌河永安桥、新建大园子、岩头组、水沟、回风箐、梅子箐走向。地处北纬 23° 45′ 05″，东经 101° 01′ 58″，海拔 1850 米，路面为清朝、民国年间墨江等地到田坝恩耕井运送茶盐的人工和马帮运输通道，全长 2 千米、路面宽 1.3 米至 1.8 米。现存陡坡桥、帮谷河桥、怕跌河永安桥 3 座石拱桥，桥面宽 3 米，其中永安桥建于嘉庆四年（1799 年）。古道多数为山坡土路面，现岩头组古道路保存完好，其余被农田占用。

（三十）麻骂箐茶马古道遗址

麻骂箐茶马古道遗址位于古城镇桂海村大路边组，地处北纬 23° 67′ 42″，东经 101° 15′ 24″，海拔 1198 米。该古道南至大丙州、磨黑、普洱，北至古城、玻烈、恩乐、景东、大理等地，现存石铺路 600 米，路面宽 1.9 米至 2.3 米。

（三十一）恩耕茶马古道遗址

恩耕茶马古道遗址位于田坝乡田坝村后家组恩耕盐井遗址旁，地处北纬 23° 70′ 52″，东经 100° 94′ 69″，海拔 1535 米。该古道清晰，沿大锅洞山而上，北上按板，西向景谷，南下宁洱，长 1.5 千米，路面宽 0.9 米至 2.5 米，道路两旁植被保护较好。

（三十二）瓦桥茶马古道遗址

瓦桥茶马古道遗址位于田坝乡瓦桥村岔路小组，地处北纬 23° 73′ 94″，东经 100° 95′ 17″，海拔 1675 米。为盐井古道中的一段，南到刺桐林、大平掌、大马场、盐井，北上按板等地。现保存石铺道一段，长 55 米，路面宽 1.8 米。

（三十三）难搭桥

难搭桥位于振太镇政府西南 9 千米的塘坊村南侧，建于清光绪六年（1880 年）。此桥系昔日

瓦桥茶马古道（周天雄 摄）

难搭桥（李应毓 摄）

景东至镇沅、景谷的古驿道重要桥梁，是振太至缅甸、泰国等地的必经之地。由于此桥建在悬崖峭壁之间，工程艰巨，难搭而得名。难搭桥建于景谷河上游，桥为单孔石拱桥，高 21 米，长 13 米，宽 3 米，单孔跨度 10 米。桥东面有 54.8 米古道保存完好。此桥地势险要，石拱桥凌空飞架，甚为壮观。目前保存完好，仍可正常通行。2013 年 12 月被列为普洱市文物保护单位。

玻烈河桥（李光华 摄）

（三十四）玻烈河桥

玻烈河桥位于镇沅县城南 19 千米的恩乐镇玻烈村玻烈河上，南北通向，建筑结构为单拱石拱桥，长 14 米、宽 4 米、高 10 米。建于清乾隆五十七年（1792 年），由 164 名群众集资修建，后被冲垮，道光十七年（1837 年）重修。该桥系昔日普洱至大理的古驿道，横跨把边江支流玻烈河上，因此得名。2013 年 12 月，被列为普洱市文物保护单位。

锁口河风雨桥（刘显东 摄）

（三十五）锁口河风雨桥

锁口河风雨桥位于九甲镇登高村果吉风雨桥锁口河小组，始建于清光绪十四年（1888 年）三月。桥头石墩用方石、沙、石灰、糯米粥搅拌匀后砌成。桥长 25 米、宽 4.68 米，桥梁中段用鞍架木作支撑分力，桥两面入口为斗拱阁框架。1962 年和 2006 年进行过两次维修。2003 年 9 月被列为镇沅县文物保护单位。

三台河边风雨桥（刘显东 摄）

转马路茶马古道上的马蹄窝（陈海江 摄）

全国重点文物保护单位

镇沅小水井梁子段保护标识碑（陈海江 摄）

镇沅广恩桥段保护标识碑（陈海江 摄）

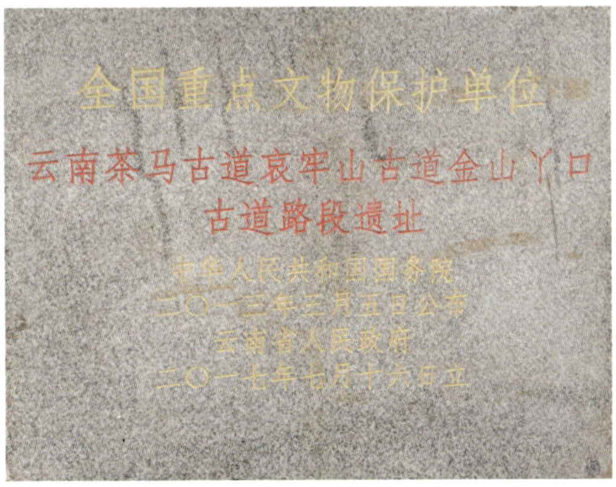

镇沅哀牢山金山丫口段保护标识碑（黎志东 摄）

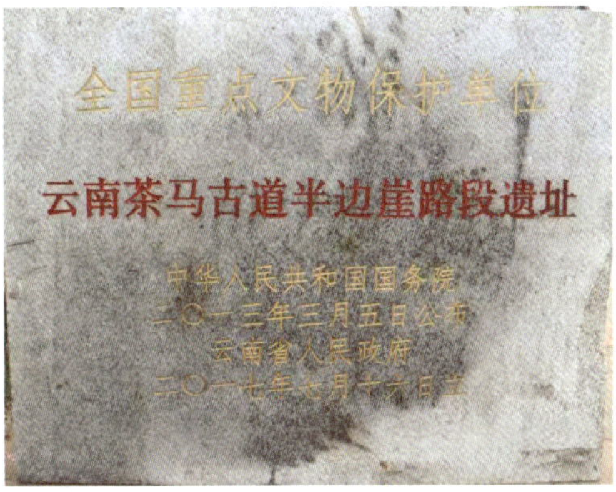

镇沅半边崖段保护标识碑（陈梦飞 摄）

景东茶马古道

景东县是普洱茶重要产区之一，是普洱茶马古道北出普洱至西藏一路普洱境内最后一个县，景东早在明代就曾设过板桥驿和景东驿，历史上很长一段时间是普洱与周边地区交通运输的重要通道。景东县内茶马古道遗址长约103千米，其中保存较好的约23千米，有茶马古道遗址主要文物21段（处）。

一、景东茶马古道主要路线

南诏时期，在景东专门设立了管理贸易机构，永昌（今保山）、银生（今景东）是南诏两处主要贸易交汇点。随着农业、种植业、畜牧业和食盐业的兴起，物资交换与对外交往的扩大，景东茶马古道初具雏形。银生节度区域就是南诏通往东南亚的重要贸易门户，之后的元、明、清至民国，景东茶马古道得以赓续发展，对地方经济文化发展起到了重要作用。1995年，景东县开展的古驿道普查显示，县境内主要茶马古道中，有45条连接各乡镇与县城，有13条通往昆明、思茅、下关等地。

（1）景东至下关（大理）：景东至下关需经锦屏镇望城坡→冷窝→阵营哨→文代→三岔河→安定镇界牌→安定街→南涧县无量山镇马街→宝华镇→南涧县城→巍山县→下关。另外，还有一条是景东西区的古道，从西区大朝山东镇大驮街→勐片河→曼等扎结村→丙拐街→曼等菜户村→林街乡水箐街→龙洞→林街→邦崩垭口→漫湾镇保甸→安乐街→无量山→景东→下关。

（2）景东至思茅：一是以景东县城为起点，文井镇者后→镇沅县恩乐→古城→宁洱县梅子→德安→磨黑→宁洱→思茅；二是从景东县城出发，从文井到者后街（原文会街）从川河过渡→文井挖萨→镇沅县恩乐镇五一村→按板镇→景谷→宁洱→思茅。

（3）景东至缅甸、保山：一是景东县城→文井镇开南→竹棚→镇沅县里崴→英德→振太→景谷县民乐→澜沧→西盟→缅甸；二是景东县城→文井镇开南→镇沅里崴→景东大朝山东镇→大朝山澜沧江嘎里渡→临沧市临翔→耿马→缅甸；三是从景东县城取道黄草岭→无量山→景福镇勐令街→大朝山东镇→澜沧江→临沧→缅甸；四是景东县城→温卜→无量山→曼等蛮别渡→云县后箐→云县县城→凤庆县城→昌宁县城→保山。

（4）景东至昆明：一是县城→龙街乡垭口村→小村→哀牢山大平掌→小火塘→石洋江→楚雄→昆明；二是景东县城→龙街垭口→石垭口→小抗马→红花坡→得之夸→西舍路→大过口→楚雄→昆明；三是景东县城→太忠镇→平掌街→徐家坝→嘎摩→镇南→大过口→楚雄→昆明；四是景东县城→者干（今大街、花山镇）→哀牢山→鄂嘉→双柏→昆明。也可经哀牢山→水塘→新平→玉溪；五是县城→文井镇文华→花山哀牢山→鄂嘉，分别达双柏和玉溪。

（5）县内乡镇之间翻越无量山的驿道：安定街→古德→外仓→中仓→迤仓→大风垭口→漫湾；安定街→三岔河→民福→无量山→漫湾王家箐→保甸；锦屏镇前所、利月→无量山→岩头→林街；锦屏镇→温卜→磨刀河→竹箐→景福；县城→老君殿→大箐→黄草岭→勐令；清凉→团田→大地→大河头→新厂河→镇沅罗家坡；文井→竹蓬→无量山→里崴；文井→速南→勐大。

景东茶马古道主要路线图

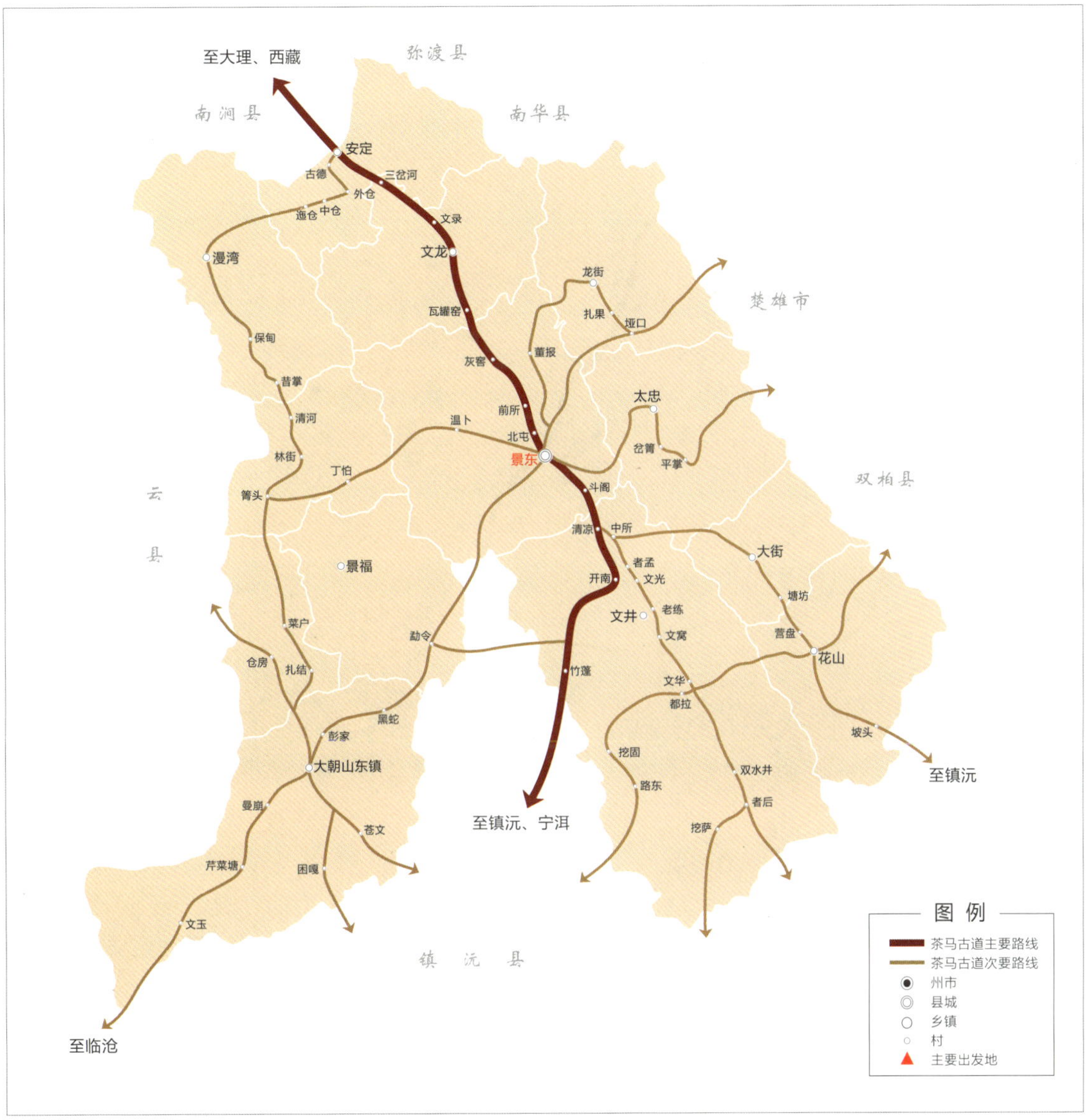

本图境界画法不作划界依据

（制图：张国华、周德翰、黄克云）

景东茶马古道主要遗址分布图

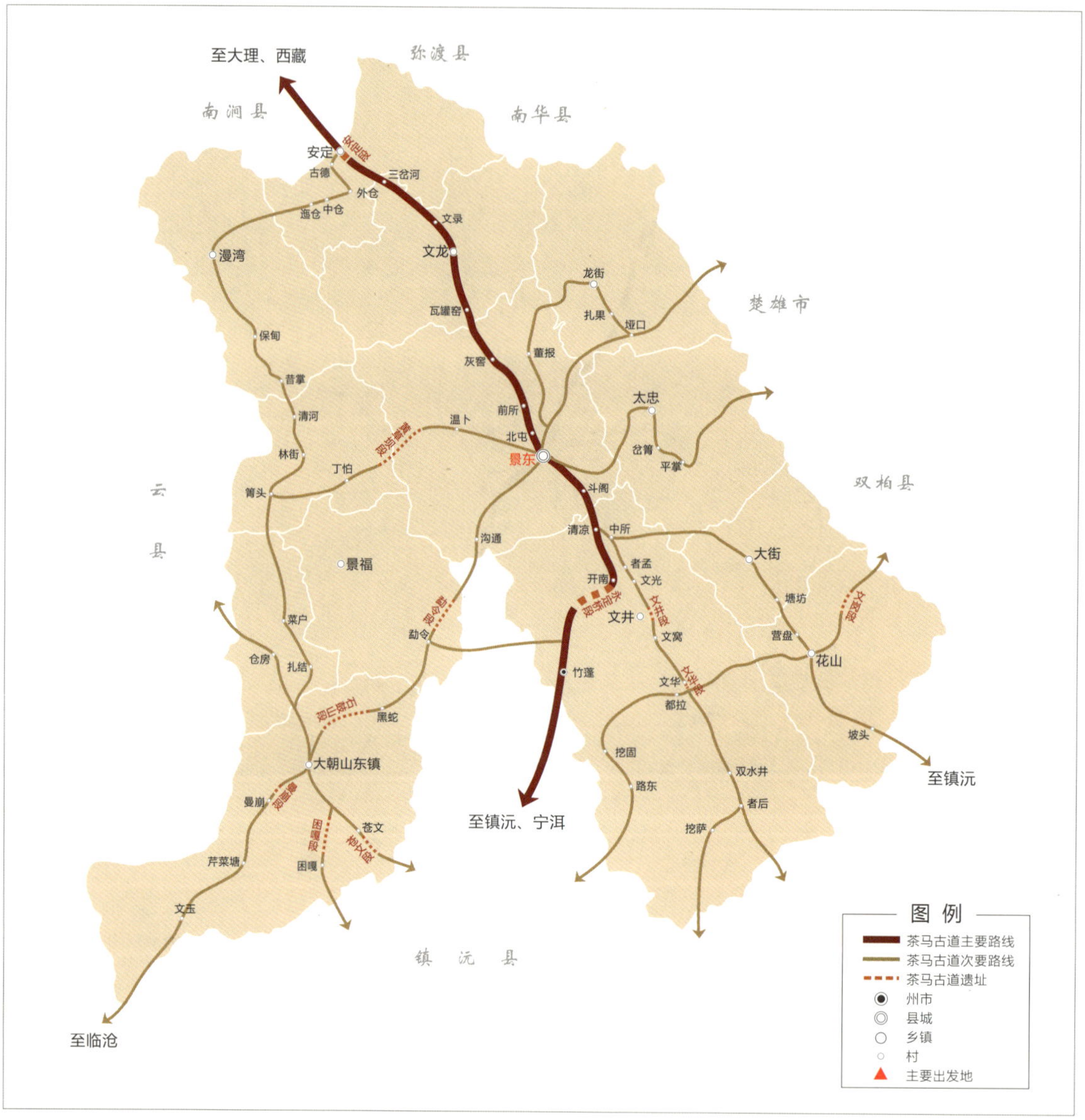

本图境界画法不作划界依据

（制图：张国华、周德翰、黄克云）

（6）县内乡镇之间翻越哀牢山乡镇的驿道：龙街→邦庆→西舍路；太忠→西舍路；大街→昆岗→双柏；花山→撇罗→双柏老厂。其余乡间驿道为安乐→五里；文井→老练→大街；太忠→平掌街→三营→大街；花山尖山桥→镇沅千家寨；安定→旧村→文龙→中山；花山→坡头→米雅街→镇沅九甲；大朝山东镇大驮→扎结→丙拐→瓦窑→后河→花地→水箐街。大朝山东镇大驮街→文玉→那庆→镇沅山街；保甸→安乐→温竹→五里→景云桥；龙街→扎果→丫口→叶家坡→太忠；龙街→南岸→和哨→寅街→兔街；景福→赵其山→菜户→曼等。随着公路建设的发展，通往各地的驿道逐渐被公路所取代，逐渐以车代步，徒步翻越无量山、哀牢山或行走山村之间者寥寥无几。

二、景东县茶马古道主要遗址

（一）安定茶马古道遗址

安定茶马古道遗址位于安定镇，呈南北走向，南过青胜河直上界碑丫口，北端与老弥宁公路相接，地处北纬 24° 44′，东经 100° 37′，海拔 1459 米（此处经纬度、海拔测量数据为本段遗址的某个点，下文记述同义）。该古道用毛石铺垫，用石板铺成中轴路，全长 500 余米，宽 2 米有余，全段保存较好。古道主路边上另有一条宽约 1.5 米、长 150 米的道路，路段用毛石铺筑，此段是景东进入安定关下坡路段，该段保存也较为完整。

（二）都拉茶马古道遗址

都拉茶马古道遗址位于文井镇都拉村。地处北纬 24° 13′，东经 100° 58′，海拔 1268 米。保存较好的古道长 500 米，路面宽 1 米左右，用不规则的毛石铺筑。

都拉茶马古道被落叶和杂草覆盖（周德翰 提供）

（三）文华茶马古道遗址

文华茶马古道遗址位于文井镇东南川河东岸，老文华街南门外，处于北纬 24° 14′，东经 100° 58′，海拔 1140 米。该遗址保留较好的古道长 50余米，路面宽 1.5 米左右，用规则的青石和红色石板条和部分不规则青石石板铺筑，部分石块上的马蹄痕迹明显。

（四）大柏树茶马古道遗址

大柏树茶马古道遗址位于文井镇文井村大柏树小组和昔固河小组，是古代文井镇通往镇沅、景谷的通道。处于北纬 24° 18′，东经 100° 55′，海拔

文华茶马古道（周德翰 提供）

大柏树茶马古道（周德翰 提供）

永定桥茶马古道（周德翰 提供）

黄草坝至磨刀河茶马古道（周德翰 提供）

黄草岭至上场河茶马古道（周德翰 提供）

石鼓山茶马古道（周德翰 提供）

1278 米。该遗址保存较好的古道长 500 余米，路面宽 2 米左右，用规则的青石和红色石板条和部分不规则青石石板铺筑。

（五）永定桥茶马古道遗址

永定桥茶马古道遗址位于文井镇上半段通往镇沅、景谷的古道上，地处北纬 24° 19′，东经 100° 54′，海拔 1224 米至 1900 米，道路全长 40 余千米，在跨越开南河的河上筑有永定石拱桥，此路为人工开凿的沿山土路，部分路段用不规则毛石铺垫路面，该遗址的石板路面大部分被破坏。

（六）黄草坝至磨刀河茶马古道遗址

黄草坝至磨刀河茶马古道遗址为古代景东县城至景东西区和云县、昌宁、保山等地翻越无量山的重要通道。地处北纬 24° 27′，东经 100° 35′，海拔 2200 米，此段保留有从锦屏镇温卜村黄草坝至林街乡丁帕村磨刀河小组部分大约 15 千米长，路面宽约 1.5 米。路段大部分为人工开挖而成，鸡跳河至树根坡段遇河处有供人畜通过的横木栈道。

（七）黄草岭至上场河茶马古道遗址

黄草岭至上场河茶马古道遗址为古代景东县城至景东南区和临沧、耿马、缅甸等地翻越无量山的重要通道。地处北纬 24° 27′，东经 100° 46′，海拔 2100 米，此段保留有从锦屏镇黄草岭沟通头小组至景福镇勐令村上场河大约 20 千米路段，路面宽 1.5 米至 2 米。路段大部分为人工开挖而成，通过景福黄草坝一带的 10 千米路段有少量用毛石铺垫。

（八）石鼓山茶马古道遗址

石鼓山茶马古道遗址位于大朝山东镇黑蛇村岩头小组石鼓山，地处北纬 24° 13′，东经 100° 39′，海拔 1605 米，距镇政府 6 千米。此段茶马古道全长 2 千米，是景东县城到临沧南路大朝山东镇的一段。此路段中保留着一段 30 米左右条石铺筑路段，路面宽 2 米，中间条石长短不一。马蹄痕迹较明显，大部分路段已经废弃不用。

（九）苍文村石楼梯茶马古道遗址

苍文村石楼梯茶马古道遗址位于大朝山东镇苍文村大垭口小组。地处北纬 24° 38′，东经 100° 38′，海拔 1847 米，此路段是茶马古道从镇沅按板井到云县、凤庆、昌宁、保山的重要通道，保留有古道约 5 千米，此段上坡路段如同蹬梯子，古人开凿出一条宽约 5 尺的山道，一部分用原来的石子台阶，一部分用条石铺成阶梯，台阶部分长约 30 余米，保存较好。

（十）曼崩望街垭口茶马古道遗址

曼崩望街垭口茶马古道遗址位于大朝山东镇曼崩村大平掌小组，地处北纬 24° 07′，东经 100° 32′，海拔 2100 米，为古代大朝山东镇通往澜沧江过云县的一条重要通道。该遗址保存有 100 余米毛石和条石铺筑的石板道路，路面宽 1 米至 2 米，石块铺筑最宽的地带宽约 1.5 米，狭窄的路段宽 1 米左右。

（十一）困嘎茶马古道遗址

困嘎茶马古道遗址位于大朝山东镇东南部，地处北纬 24° 04′，东经 100° 36′，海拔 2000 米，为古代镇沅县山街经困嘎至大朝山东镇的一条重要古道，该遗址长约 8 千米，路面宽 2 米左右，潮湿低洼和上坡地段用毛石块铺垫，平坦处保留原有土路，除少量被修建公路占用，大部分保存完整。

（十二）大驮村至彭家村茶马古道遗址

大驮村至彭家村茶马古道遗址位于大朝山东镇西北，地处北纬 24° 09′、东经 100° 35′ 至北纬 24° 11′、东经 100° 36′、海拔 1970 米至 2000 米。遗址全长约 9 千米，除少部分地段用毛石块铺垫，大部分为土路，保留最完整的是从柑橘河水库至彭家村石马垭口段。

（十三）卜勺茶马古道遗址

卜勺茶马古道遗址位于花山镇文岗村下文岗小组，地处北纬 24° 18′，东经 101° 08′，海拔 1560 米至 1700 米。该遗址保存有毛石和条石铺筑的石板路约 2 千米，路面宽 1.3 米至 2 米。

苍文村石楼梯茶马古道（周德翰 提供）

曼崩望街垭口茶马古道（周德翰 提供）

困嘎茶马古道（周德翰 提供）

大驮村至彭家村茶马古道（周德翰 提供）

卜勺茶马古道（周德翰 提供）

卜勺茶马古道上的石拱桥（周德翰 提供）

石岗箐茶马古道（周德翰 提供）

遗址小部分被修建公路破坏，大部分保存较好，河中有筑于清代的石拱桥，路段铺筑年代不详。至今仍然供当地村民出入使用。

（十四）石岗箐茶马古道遗址

石岗箐茶马古道遗址位于花山镇文召村酸枣树石岗箐，北纬 24° 14′，东经 101° 07′，海拔 1340 米。从河底石拱桥开始往上，有 200 米保存完好的本地毛石石块铺筑的路段，路面宽 1.5 米至 2 米。

（十五）永定桥

永定桥位于文井镇开南河石拱桥的上游，横跨开南河，建于道光十六年（1836 年），桥长 13.2 米，桥宽 3.86 米，桥高 6.6 米，跨径 8.26 米，桥体北岸为石岩，就左岸岩头为桥台，用五面石支砌拱圈，永定桥系过去通往无量山以西的驿道桥，保存完好。

景东永定桥（师跃 摄）

永定桥石碑（周德翰 提供）

（十六）曼等石拱桥

曼等石拱桥位于曼等村荒田黑狗箐河及大龙滩箐交汇处，始建于明代初年，为单孔拱桥，桥长 7.5 米，桥面宽 2.5 米，桥高 6 米，石拱桥建筑在两山狭窄交汇处的坚固岩石基础之上，整个石拱圈用打制工整的青石块砌筑，由 59 条青石块镶嵌而成，采用石灰砂浆连接，拱顶用双层拱石镶嵌，厚度为 0.3 米，顶峰雕有“水锁”二字，桥面两边有栏杆扶手。

（十七）嘎仰石拱桥

嘎仰石拱桥位于太忠乡嘎仰村东南 1 千米，横跨嘎仰河，建于清代，桥长 8.5 米，桥宽 2.8 米。

（十八）文新石拱桥

文新石拱桥位于文井镇文新村，横跨文新河，建于清代，桥长 9 米，桥宽 4 米，桥高 6.7 米。

（十九）花山福都石拱风雨桥

花山福都石拱风雨桥位于花山镇坡头村福都组东南约 1 千米，横跨福都河，桥长 9.45 米，桥高 4.45 米，桥面宽 3.85 米，始建于民国年间，石拱重修于 1986 年。

（二十）龙街扎果石拱桥

龙街扎果石拱桥位于龙街乡扎果村境内，横跨扎果河，建于清代，桥长 10 米，桥宽 2.6 米，桥高 4 米。

（二十一）古渡

景东江河纵横，澜沧江和川河流经之处，凡路站驿道口均设有船渡，以便马帮、行人过往。直至漫湾、大朝山电站建成后，船渡才不复存在。

清代至民国时期，澜沧江流经景东主要涉及的渡口有：嘎里渡口、曼崩渡口、蛮别渡口（曾设木船一只，每次能渡 30 余人）、一碗水渡口（曾设木船一只，每次可载 20 余人）、满富山渡口（曾设木船一只，每次可载 20 余人）、小新街渡口、课罗渡口、温元渡口、温令渡口、民乐新街渡口、保甸小汇出渡口、曼边渡口等。

清代至民国时期，川河流经景东主要涉及的渡口有：锦屏河东渡口、清凉渡口、中所渡口、蛮赖渡口、老练渡口、蛮窝口、那允渡口、都拉渡口、文会渡口等。

嘎仰石拱桥（周德翰 提供）

文新石拱桥（周德翰 提供）

福都风雨桥（周德翰 提供）

龙街扎果石拱桥（周德翰 提供）

江城茶马古道

江城县是普洱茶重要产区之一，是普洱茶马古道从东南出境至越南、老挝的必经之地。江城县内有保存较好的茶马古道遗址约 2 千米，茶马古道遗址主要文物 5 段（处）。

一、江城茶马古道主要路线

清代至民国初期江城不通公路，从县城到宁洱要步行 5 天，到省会昆明要 24 天，到思茅 5 天，到易武 5 天。由于县内到处有山河阻隔，没有畜力车，运输全靠人背马驮，加之山高箐深和多雨，交通运输十分艰难。为了改善交通状况，民国年间，江城发动了 5000 多位民工修筑驿道，用两年时间修筑了 10 条干道。即自县城经腊户坝、糯角、拉珠至坝溜渡；自糯角经磨棚寨、河边寨、坝伞、大地至中越边界；自县城经勐康大路边至中老边界；自县城经勐康、整董至镇越界，自勐康经营盘山、曼克老至思茅界；自曼克老经大树脚至宁洱界；自县城经勐野井、唱片梁子至宁洱界；自县城经阿渣寨、大路边、龙马江渡口至墨江界；自县城经么等、洛洒、江西、李仙江渡口至红河界；自么等经迷速、石头寨至江西。

清代至民国时由江城到几个邻县和老挝勐乌、越南莱州的茶马古道如下：

（1）**江城至墨江**：江城勐烈街→河口→半边寨→曼兴→龙塘街→三星街→墨江县城。

（2）**江城至普洱**：江城勐烈街→三家村→丫口寨→曼兴铁厂河→草皮街→普洱县城。

（3）**江城至思茅**：江城勐烈街→阿树→营盘山→曼克老→石膏箐→倚象坝→思茅县城。

（4）**江城至易武**：江城勐烈街→阿树→曼滩→曼乃→曼刹→易武。

（5）**江城至老挝勐乌**：江城勐烈街→大路边→老挝勐乌。

（6）**江城至越南莱州**：水路长约 100 千米，行程 5 日，江城勐烈街→糯角→坝溜渡口，然后改乘木船至越南莱州。

民国年间在一些较小的河流上修筑过 8 座桥梁，分布在中山阁、大寨箐、营盘山、朵把、么等、木易河、瓦科、迭甲。这些小桥多数是石墩、木面、瓦房顶，颇具地方特色。一些较大的江河上设有渡口，置竹筏或木船往来摆渡。每渡一人，收渡费银圆 2 角；每驮货物，收渡费 5 角。这种渡口捐是县政府重要的财政收入之一。

二、江城茶马古道主要遗址

江城山神庙丫口茶马古道遗址位于县城东北面，是清代和民国年间江城老街至越南莱州茶马古道必经之路，全长约 3 千米。遗址保存较好的一段石铺路从坡脚小箐（北纬 22° 35′ 45″，东经 101° 52′ 28″，海拔 1160 米）至山神庙丫口（北纬 22° 35′ 54″ 东经 101° 52′ 49″，海拔 1397 米），全长约 1.4 千米，路面宽 0.6 米至 1.6 米。

山神庙丫口茶马古道

江城茶马古道主要路线图

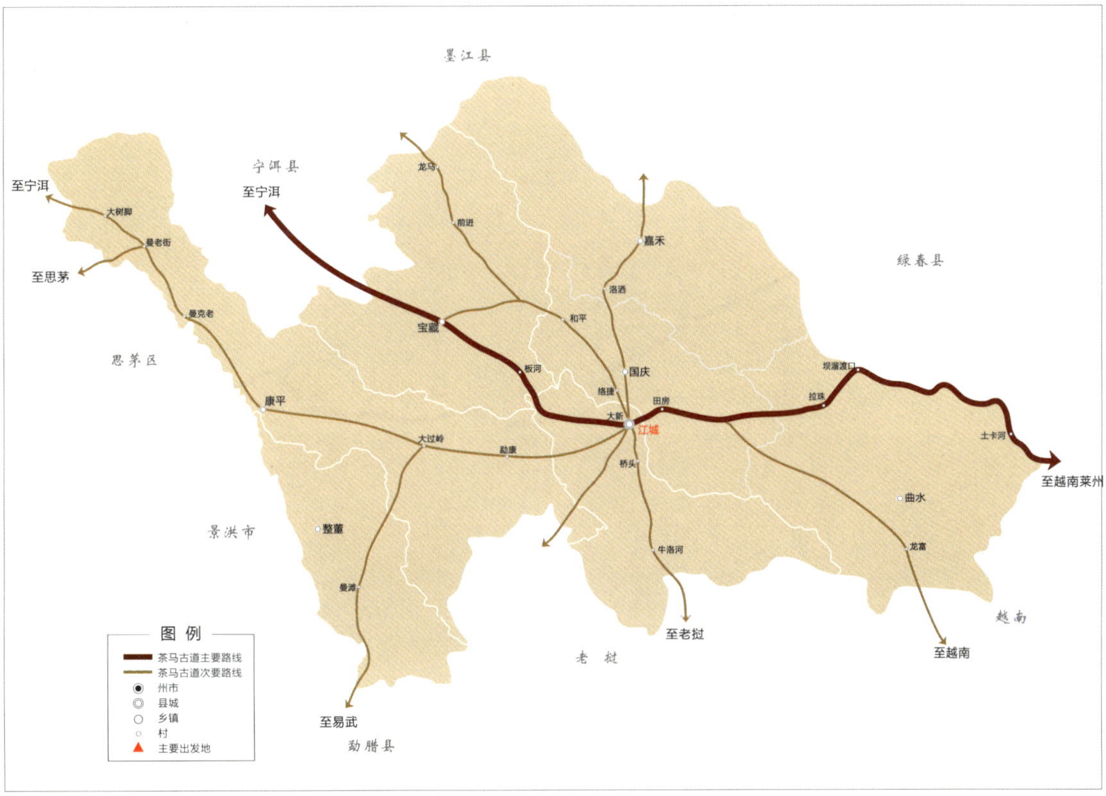

本图境界画法不作划界依据　　　　（制图：张国华、李启学、黄克云）

江城茶马古道主要遗址分布图

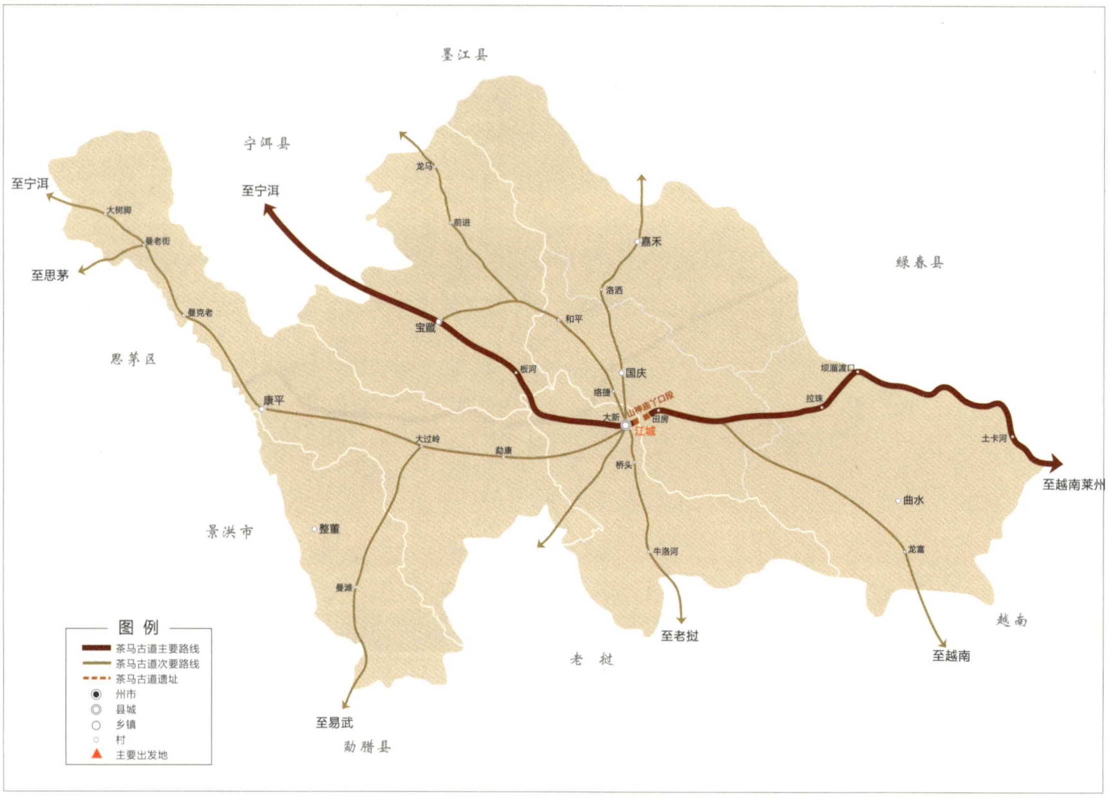

本图境界画法不作划界依据

（制图：张国华、李启学、黄克云）

江城茶马古道山神庙段（王健荣 摄）

山神庙茶马古道上歇气箐的石桌
（李骏 摄）

山神庙茶马古道清凉山上的石板路
（李骏 摄）

山神庙丫口茶马古道遗址主要有4段（处）。一是滚马坡遗址，位于陡坡地带，谷深坡陡。从海拔1160米的遗址起点坡脚小箐到海拔1397米的丫口，落差237米。特别是距离丫口30米的滚马坡是这段古道中最为陡峭之地。清代越南莱州刁氏土司的马帮驮着茶叶盐巴从勐野井返回途经这里时，一匹大红马不慎失蹄，翻滚进路下的深箐摔死，驮着的茶叶也掉入深箐。后来人们就把这段坡叫滚马坡。二是歇气箐遗址，山神庙丫口茶马古道下有四条小箐，其中距离丫口1000米，也是最靠近丫口的地方有两条小箐在此交汇，地势稍微平坦。这里箐水淙淙流淌，清冽回甘。道路两边朱栗树、榕树高大挺拔，遮天蔽日。许多路人来到这里免不了要喝水抽烟，休憩一下。渐渐地，人们就把这里叫作歇气箐。有几个马锅头叫驮工搬来石头当凳子使用。后来大寨箐寨子的李姓商人积德行善，花钱请石匠在此打了2个石桌和8个石凳。为使负重的马匹通过，还用石条在小箐上搭了简单的独石桥。其中一个石桌被破坏，现在还有一个石桌保存下来。三是清凉山遗址。清代在山神庙丫口茶马古道旁边有一座清凉山，建有一个道观，有一个叫李真人的道士居住于此，种植菠萝、橘子、黄果等水果。民国期间，历届县长都会在酷热季节到清凉

山神庙遗址（王健荣 摄）

山避暑。清凉山逐渐成为江城县风景胜地。四是山神庙遗址，山神庙丫口茶马古道距丫口西面约500米处原来有座山神庙。相传茶马古道南方的不敌山神和北部的锣锅山神为争夺茶马古道的管辖权常年作战，难分胜负，严重影响了当地群众和过往的商客。最后两个山神约定单独决战，双方抓签谁先动手。结果是不敌山神抽到先签，锣锅山神为后，不敌山神用不敌山上的金石砸向对方，锣锅山神被击中腹部，临死前锣锅山神拼尽全力将锣锅帽飞向不敌山神，不敌山神被锣锅帽击中脖子，削去头颅。两个山神同归于尽，战死在古道边。古道南部有一个叫不敌的寨子，相传是不敌山神的后代，现改名叫补底寨，划入田房村。锣锅山神的后代就居住在山脚下，取寨名为锣锅山脚，现归洛捷村。李仙江河神听说后把战死的两位山神埋在茶马古道的山上，还修建了山神庙，派人专门守护和供奉。这些人就居住在山神庙旁边，后来这个寨子就叫山神庙，属于田房村。

澜沧茶马古道

澜沧县自古就是普洱茶重要主产区，澜沧景迈千年万亩古茶园是目前已知的人工栽培型最大古茶园，其中千年古茶树的面积堪称茶山之最。因此，澜沧境内有着许多条向外连接的茶马古道，其中最主要的就是从普洱出发过澜沧经孟连或西盟出境至缅甸的古道。由于澜沧地理位置特殊，茶马古道大多沿江而过，由于电站建设，现只保留下来茶马古道遗址主要文物7处。

一、澜沧茶马古道主要路线

清代至民国时期，澜沧是普洱茶马古道重要据点，从澜沧出发的茶马古道就有5条，县内的也有多条。

（1）澜沧至六顺：县城→锦张→油榨房→火烧寨→糯扎渡→芒畔河→六顺城。

（2）澜沧至南峤：酒房→班中→勐满；澜沧→宁江→大林窝→扁担山→雅口→龙竹棚。

（3）澜沧至沧源：田坝→大塘子→富永→上允→南栅→岩帅→帕丘。

（4）澜沧至景谷勐主：黄草岭→大桥头→谦糯→芒丙→南北渡。

（5）澜沧至缅甸景栋：县城→东回→中嫩→芒信→货岛→勐累→江桥→坝尾→景栋。

（6）县城（佛房、勐朗坝）至乡镇驿道：县城→锦张→油榨房→雅口；包麦地→新营盘；酒房→东岗；大平掌→拉巴；东岗→糯福；田坝→大塘子→富永→邦奈；田坝→大塘子→富永→木嘎；田坝→大塘子→上允→文东；黄草岭→松山林→大拉巴；田坝→芒东→勐梭→西盟。

二、澜沧茶马古道主要遗址

（一）芒洪八角塔

芒洪八角塔位于景迈山古茶林的核心区，芒景村芒洪大寨后山上，海拔1399米，系南传上座部佛教佛塔，是布朗族收藏经书和晋升佛爷梯度的地方。这里原来是一座规模宏大的佛寺，有八角亭、袈裟厅、念经厅、佛堂、僧房、白塔、围墙，设南、北面两道大门，占地面积3335平方米。八角塔为重檐攒尖顶空心石塔，质地为红砂石，由塔基、塔身、塔顶三部分组成，塔高5.8米，八方须弥座式。塔的东北面设有一道双合门，门高1.65米、宽0.96米，门框及门楣雕刻有三龙现珠、花草雀攒，双合门为格子窗，上下窗板均雕刻有龙纹，中横板刻有凤纹。塔身内空心，直径3.36米，为晋升佛爷和收藏经书处。两层重檐翘角分别雕有云纹、花草、蝙蝠和象鼻穿草。顶部为葫芦宝顶。塔上有23块浮雕图案，分别镶嵌在塔上，一层有8副，二层有7副，三层有8副。

（二）整控摩崖石刻（思茅元碑）

整控摩崖位于澜沧县糯扎渡镇勐矿村下勐矿寨东北侧200米远的一个摩崖岩石壁上。是思茅、澜沧、勐海三县交界点。海拔610米。刻于元至元十九年（1282年），故又称为“思茅元碑”。摩崖记载元代中道总兵都不花领军征战的事迹。整控渡摩崖，镌刻在一个长7米、高9米的独立的岩石上，共有汉字3行，直行楷体阴刻，长1.4米，宽0.5米，经考证还有32个字可辨认。该石刻于1984年文物普查期间发现。1985年3月18日，澜沧县将其列为第一批县级文物保护单位。1987年12月21日，云南省将其列为第三批省级文物保护单位。

澜沧茶马古道主要路线图

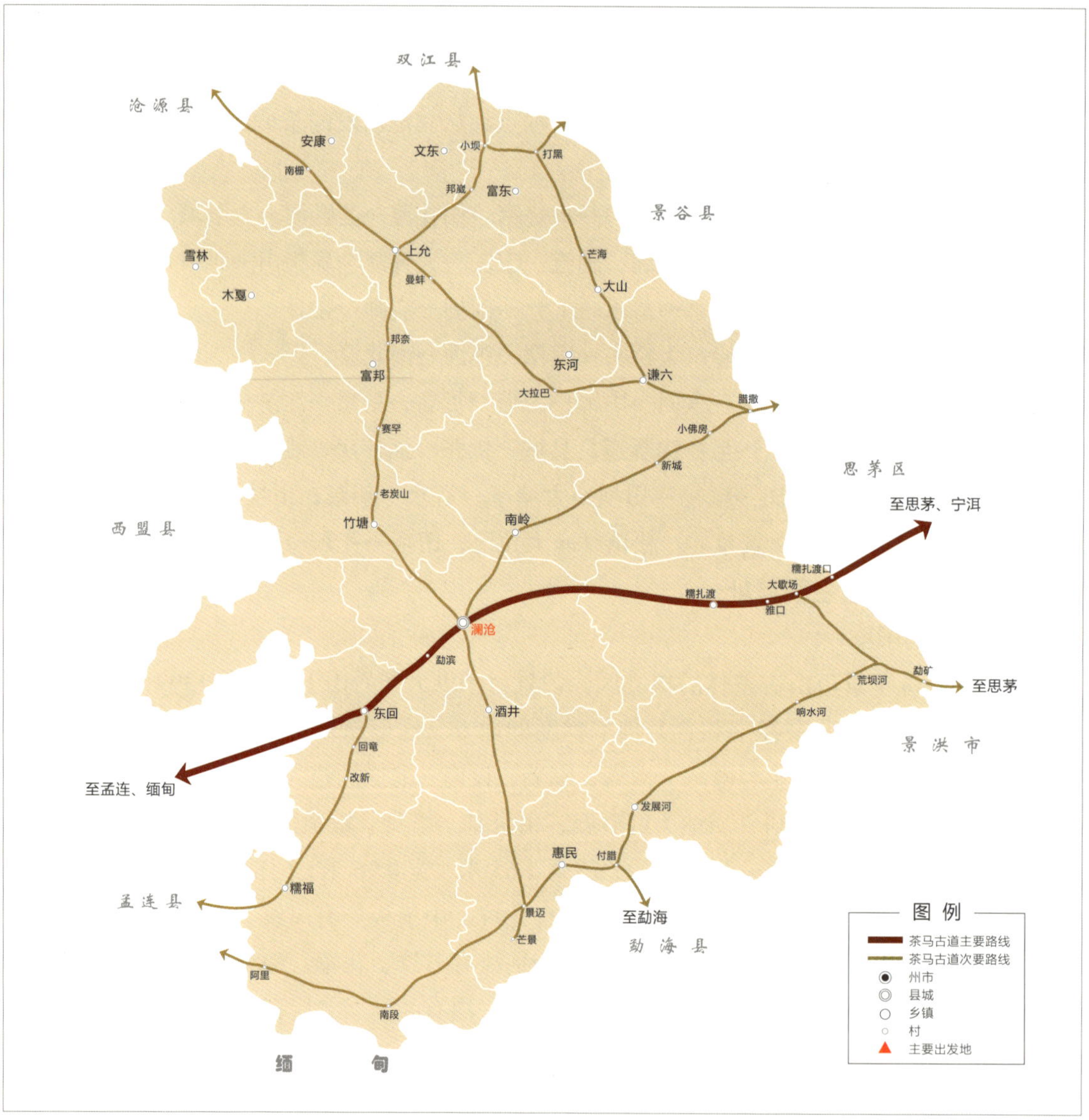

本图境界画法不作划界依据

（制图：张国华、王鹏、黄克云）

澜沧茶马古道主要遗址分布图

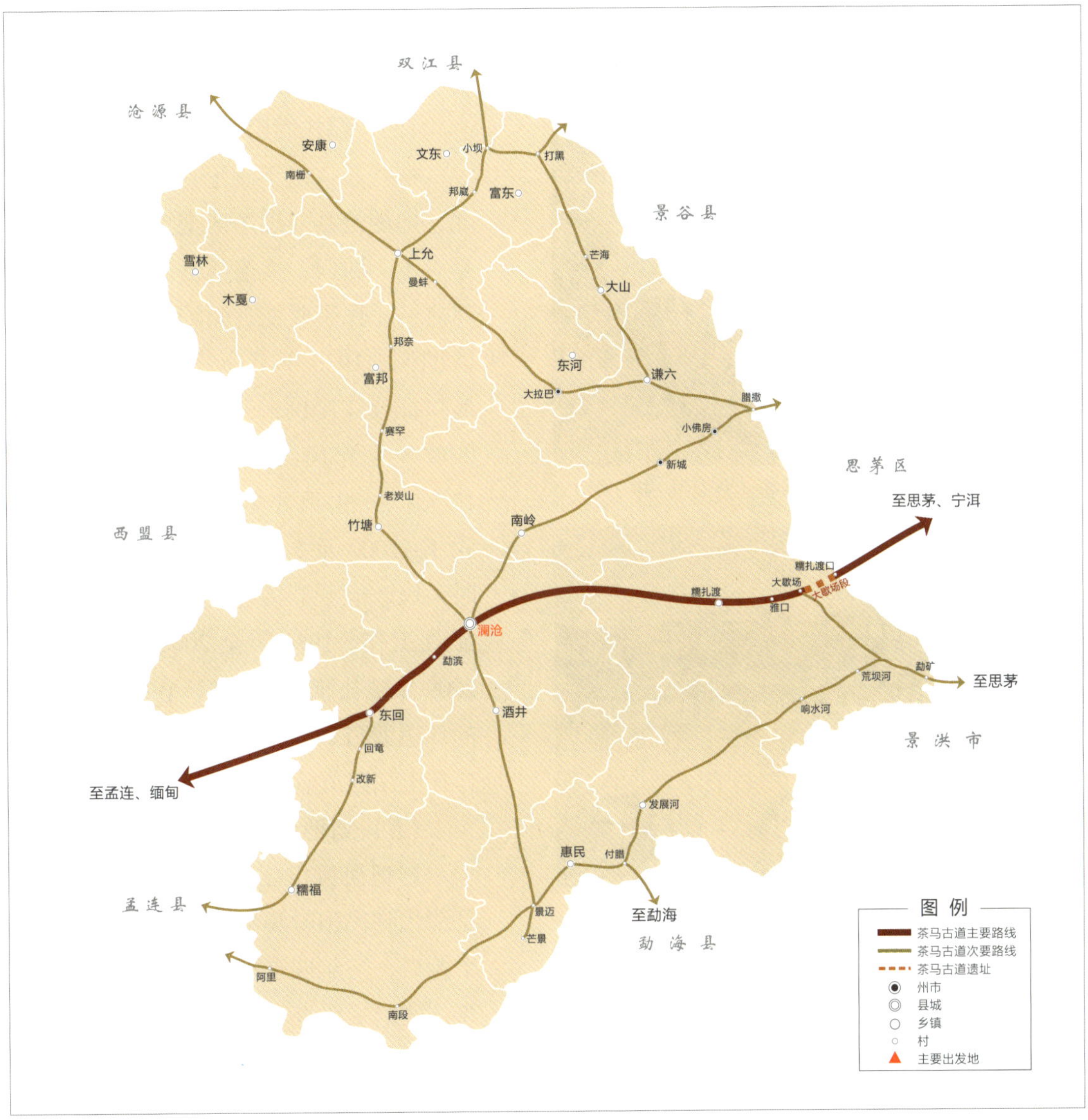

本图境界画法不作划界依据

（制图：张国华、王鹏、黄克云）

澜沧江畔糯扎渡镇南现村，后因糯扎渡电站修建而淹没（李剑锋 摄）

澜沧县富东乡小坝村古石板桥（彭荣梅 摄）

澜沧县糯扎渡镇勐矿村整控渡口（彭荣梅 摄）

澜沧县富东乡打黑村江边渡口（彭荣梅 摄）

（三）仙火山指路碑

仙火山指路碑位于荒坝河村仙火山小组右侧山梁，此地段有通往不同方向的三条茶马古道，为给马帮及行人辨识方向故立此碑。原碑为普通红砂石，高 80 厘米、宽 65 厘米，碑上镌刻有“指路碑、左走老雅口、中走上行山、右走糯扎江”字样，共 18 字，字体为宋体字，字迹端庄工整。由于自然原因原碑已破损，县文物部门于 2010 年 4 月复制了一块重立于此处。

（四）糯扎渡口

糯扎渡口位于澜沧县糯扎渡镇盐店旁以北，即澜沧县与思茅区交界处，该渡口一直是澜沧、西盟、孟连等县通往内地的重要渡口之一。民国时期，澜沧苛征江渡税是沿前清旧制，1930 年奉命停征。1944 年又恢复渡口征收江渡税，一驮盐巴收 5 元，百货布匹收 3 元至 10 元，渡一驮银圆（半开）收 10 元，一驮鸦片烟收 10 元，仅 1944 年就收了 12000 元（半开）。1949 年 2 月澜沧临时人民政府派员接管了雅口区糯扎渡口税收征收工作。1980 年至 2008 年由私人摆渡，2009 年糯扎渡电站开工。包括糯扎渡口在内的江边渡口、南北渡口、腊撒渡口、整控渡口在电站建成后均被淹没。

（五）划耙河渡口

划耙河渡口位于文东乡水塘村芒令组，是清代到民国时澜沧渡口中人流量最多的一个渡口，一年四季都有人进行运营摆渡，从事摆渡的主要有 4 家人，是忙糯村、水塘村、帕赛村的村民过江首选的渡口。

（六）大嘎箐渡口

大嘎箐渡口位于文东乡水塘村大荒田，江对面是小邦歪寨子的田地。该渡口只在旱季进行划耙摆渡，过江的人主要前往双江县。

（七）秀树河渡口

秀树河渡口位于文东乡帕赛村下那拱。该渡口只在旱季进行划耙摆渡，从事摆渡的人主要是下那拱村民。过江的人员有帕赛、上下那拱等寨的村民，过往人主要前往双江县。文东乡境内的毛茶在思澜公路建成通车之前，靠马帮驮至双江、景洪。

孟连茶马古道

孟连县对外贸易历史悠久，早在明清时期就是普洱茶马古道至缅甸、泰国等东南亚国家的重要通道，在原茶马古道水路上建起的勐阿口岸，一直承担着中缅边民往来接亲和互市的功能，在茶马古道商贸往来中发挥着重要作用。县内孟连宣抚司署为全国文物保护单位，是云南省边疆民族地区土司衙门中保存最完整的一座。

一、孟连茶马古道主要线路

孟连在元代设立土司府，土司为扩大势力，增强根基，与版纳、西盟、澜沧、缅甸等周边地区加强相互往来，加快信息传递的速度，开辟了信息传递的通道，在每一条线路的相同距离设立站点（驿站），安排人员值守。之后，随着茶马贸易的繁荣，孟连的茶马古道亦形成和发展起来。

孟连茶马古道，是普洱茶马古道在国内的末梢之一，是通往南亚、东南亚的前沿，在通商贸易、解放战争、巩固边疆发展和稳定中发挥了重要作用，今天的勐阿口岸和芒信通道就是沿用了茶马古道的两个出口通道。

孟连茶马古道，是以象帮、马帮、牛帮为主要交通工具的民间国际商贸通道，是民族经济文化交流的走廊，是连接边疆和祖国内地的纽带。娜允古镇是茶马古道上的重要站点，是孟连通往内陆和境外的必经之地。1991 年，孟连口岸被省政府批准为以县城为中心的国家二类开放口岸，是连接缅甸佤联邦、掸邦的重要通道。

孟连茶马古道主要路线：从宁洱出发的普洱茶马古道经澜沧、勐滨、东回，到孟连后，经勐阿出境到缅甸邦康。其他路线还有多条，其中有经芒信出境到缅甸贺岛的茶马古道。

二、孟连茶马古道主要遗址

孟连宣抚司署位于云南省孟连县娜允古镇，至今保存完好，融傣、汉建筑特色为一体，始建于明永乐四年 (1406 年)，毁于清乾隆二十七年 (1762 年)，现存的建筑重建于清光绪四年 (1878 年)，坐北朝南，占地面积约 6700 平方米，建筑面积约 3400 平方米。由议事厅、正厅、东厢房、西厢房、门堂、厨房等组成。议事厅为孟连宣抚司署的主体建筑，为三重檐歇山顶干栏式木楼房，长约 23 米，宽约 10 米，高约 10 米，基柱共 6 排 47 根，对称排列。2006 年，孟连宣抚司署作为清代的古建筑，被国务院列为第六批全国重点文物保护单位。

孟连宣抚司署（郑静 摄）

孟连茶马古道主要路线图

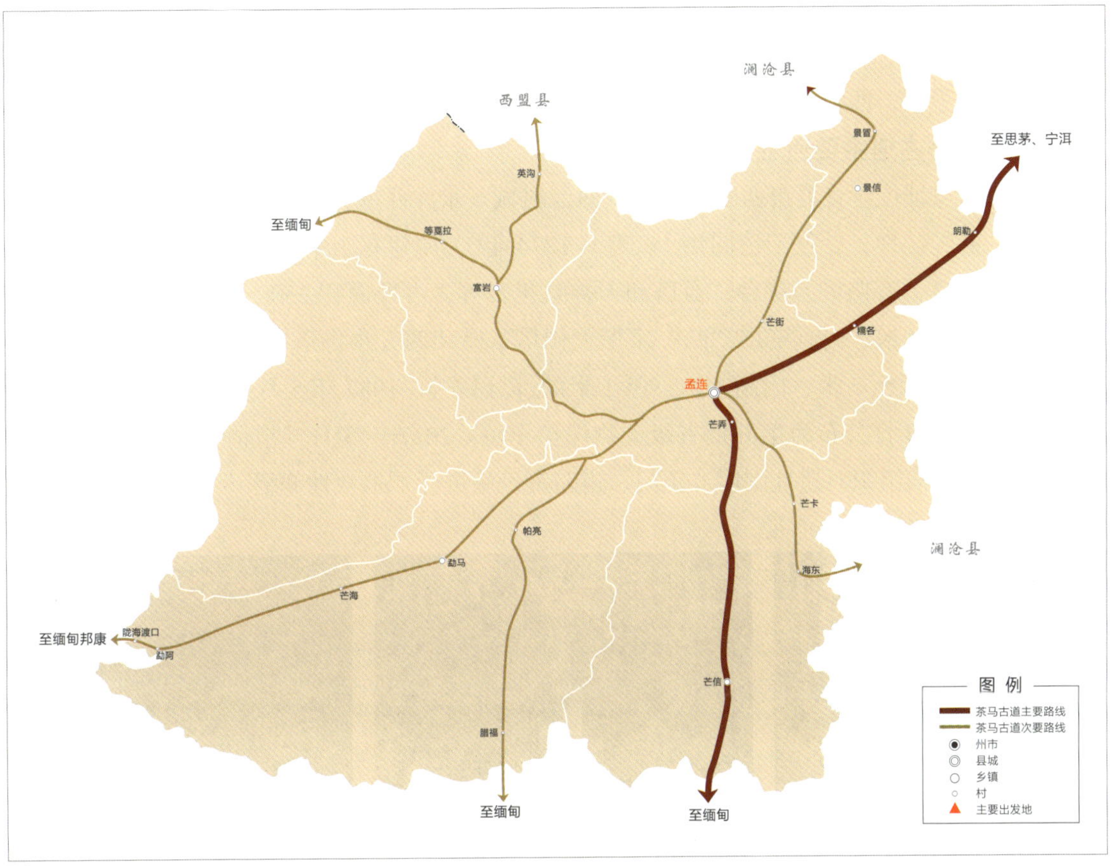

本图境界画法不作划界依据

（制图：张国华、刘克、黄克云）

西盟茶马古道

西盟县是普洱茶马古道至缅甸的通道，国境线长约 90 千米，所以历史上茶马古道在西盟有多处出境点，现保存的茶马古道遗址文物也比较零星，较为明显的有 4 处。

一、西盟茶马古道主要路线

（1）西盟至缅甸：从宁洱出发的普洱茶马古道经澜沧、竹塘，到西盟后，出境至缅甸。

（2）西盟至宁洱：西盟→募乃→佛房→谦六→勐主→德化→宁洱城。

（3）西盟至思茅：西盟→募乃→佛房→雅口→六顺→思茅城。

二、西盟茶马古道主要遗址

佛殿山佛房遗址位于普洱市西盟县勐卡镇西盟村城子水库西南方向 700 米的山顶上，是茶马古道通往缅甸的必经之地，始建于清同治十三年（1874 年），原建有土木结构佛房 4 栋，殿内有佛龛和铜佛像大小 6 尊，有佛塔、花台、石塔和天神祭祀台等，占地面积 2500 平方米。现存遗址南北长 93 米，东西宽 43 米，内有三层“凸”字形大佛塔 1 座和四方小佛塔 5 座，塔用河中石块砌成，围墙保存有外高 1 米至 3 米、内高 1 米、厚 1 米的部分残迹。1987 年 5 月公布为县级文物保护单位。1998 年 11 月 13 日公布为第五批省级文物保护单位。2017 年 3 月经报请上级文物主管部门批准，县文物保护机构组织对遗址围墙、正门、道路等设施进行了抢救性修缮。

佛房遗址马弁的垒石为桌（杜建华 摄）

嶂地茶马古道（杜建华 摄）

通往缅甸的古驿道遗址（杜建华 摄）

西盟茶马古道主要路线图

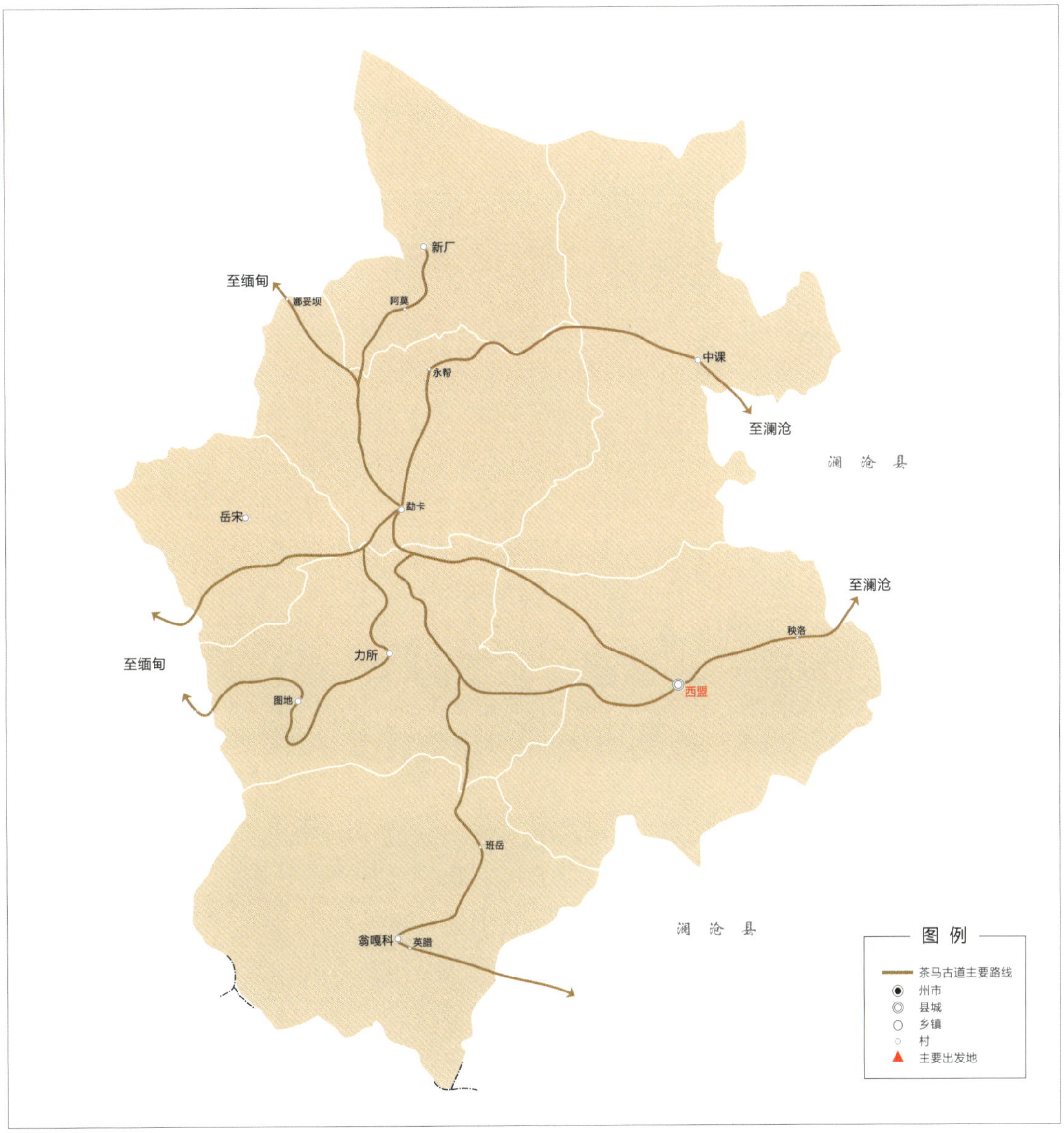

本图境界画法不作划界依据

（制图：张国华、李尚朝、黄克云）

第三章　古道重镇

马帮活跃了茶马古道沿线的乡村市镇经济，同时也成为边地村镇上传递文化、繁荣经贸的一个重要角色。自古及今，在茶马古道这张巨大的交通网上，星星点点地分布着一个个重要城镇，这些镇甸为马帮提供了沿途所需的各类物资，也接纳着马帮所带来的外部世界。走南闯北的各路马帮，在这些村镇上汇集，演绎着一曲曲茶马古道的长歌。

南来北往的马帮、熙来攘往的客商、迎来送往的店铺，带动着一村一镇的发展，长此以往，便形成了一个个古道重镇，成为茶马古道上的一个个独特坐标。

普洱府城

普洱府城——茶马古道上的中心城市。

普洱府城是历史上普洱府的府治所在地，即今宁洱县城，是一座与普洱茶、茶马古道息息相关的古城。历史上，普洱茶因普洱府而得名，普洱府因普洱茶名扬天下。今天，古普洱府所在地的宁洱县城依旧茶庄林立、茶旗飘扬、茶韵弥香，茶马古道零公里碑矗立在这里，依稀可见布满马蹄印的古道在山林草莽间延伸，一座座古茶园里参天而立的古茶树仍在向世人昭告这座古城与普洱茶和茶马古道的不解之缘。

随着鄂尔泰所推行的“改土归流”的不断深入以及清政府对边疆管控的进一步加强，雍正七年（1729 年）普洱府正式设立，为流官制。普洱府建立之后，即撤销清康熙三年（1664 年）设置的普洱通判，移通判驻思茅，兼设攸乐同知于景洪的攸乐（今基诺山）。雍正十三年（1735 年）裁思茅通判，移攸乐同知驻思茅，改称思茅同知，并增设宁洱县。乾隆三十一年（1766 年），添设迤南道与普洱府同城而抚，迤南道为滇三迤（云南分为迤东、迤西、迤南）之一。乾隆三十五年（1770 年），元江、镇沅两府降为直隶州，仍归迤南道管辖；以镇沅府属之威远同知（驻今景谷城）、元江府属之他郎通判（驻今墨江城）改隶普洱府。至此，普洱府辖一县三厅，即宁洱县、思茅厅（含车

1867 年的普洱府城图（[法]路易·德拉波特画 《普洱》杂志社 提供）

清代普洱府城南门（图片来源：《普洱府史料》）

里宣慰司）、威远厅、他郎厅。光绪四年（1878 年），临安府划出、顺宁府划入，迤南兵备道辖有普洱、顺宁二府和镇沅、元江二直隶州及景东直隶厅。光绪十三年（1887 年）添设临开广关务道，移迤南道临安府隶之，移迤西道顺宁府归迤南道，共辖普洱、顺宁、元江、镇沅、景东、镇边、直隶六府（州、厅）。1913 年将迤南兵备道改为滇南道，同年撤府，全省改为省、县两级制。1929 年撤销普洱道。

普洱府的设立是清政府对西南边疆加强管理统治的一个重大举措，自此，普洱不再附属于其他州府，成为下辖的又一极边的王化府治，拥有了属于自己的城池。随着普洱府的设立，云南巡抚张允随奏请清政府批准修建普洱府城。府城的具体建设规格为外砖内土的城墙，有齿状城垛（古称雉堞），拦马墙；首建拱券式城门四道，在门洞上建盖砖木结构楼二层，重檐歇山，三间转屋，镂花门窗，雕梁画栋；屋脊上安有葫芦、瓦兽等陶制涂釉饰物；檐牙下悬挂檐马（即风铃）。整个建筑造型古朴雄伟，与高大敦实的城墙有机地连接在一起，互相辉映，蔚为壮观。各门洞上嵌有石刻横匾的城门名称，东门为“朝阳”门、南门为“怀远”门、西门为“宣威”门、北门为“拱极”门，在东、西门外各建小月城（古称“闉阇”），东名“迎恩”、西名“绥安”，并置凸凹形的短墙（古称女墙），无拦马墙。城四角建炮台，无护城壕（古称“池”）。普洱府城起建于普洱坝子靠北边的凤凰山脚，东洱河、西洱河、金鸡河、温泉河、虾洞河五条河齐汇形成风景如画的平坝。普洱从最早称之为“步日”的寨子到最终成为“普洱府”，历经近千年，可谓历史悠久。古普洱府城外墙就是现在宁洱县城“一环”公路以内，即今普洱中学门口到茶源广场、到凤凰楼，再到文昌宫后面的路口。从现在的凤凰楼往上走的这个路口，就是古时候的东门，南门是新民街头，西门是宁洱镇中学路与普洱中学的交叉路口，北门则在文昌宫后面的路口。府城内北门起直到南门是整个府城的主街，也就是所谓的“凤凰衔书”，这本“大书”的轴心，叫作“凤新街”。凤新街因街北接凤凰山和南通新民街而得名。新民街在南门外，与凤新街在一条主线上，是普洱府城外最热闹的地方。历史上，往来的马帮只能住城外新民街，不能入住城内。进入南门的马帮每天只能从新民街沿凤新街而上，不能直上到关帝庙（武庙），只能拐入马人巷（从现大酒店和新华书店这里转入新华书店后边巷道），经过建水会馆、两湖会馆、两广会馆等，然后出东城门；同样，北来的马帮也不能走北城门，只能绕到东城门入，然后顺着这条道出南城门。新民街因是府城修好后逐渐迁来居民，故得此名。

普洱府茶叶贸易兴盛，成为普洱茶的重要原产地、集散地、茶马古道的源头。普洱府设立之后，普洱茶正式列入清宫《贡茶案册》。鄂尔泰任云贵总督期间，在云南设立茶叶局统管云南茶叶贸易，亲自督办皇家贡茶，在统一收购监制并核验通过的紧压茶上钤盖有相关印鉴印，再用马帮驮运进贡朝廷。至今在故宫里储存的云南茶叶上还有“鄂尔泰”的印鉴，成为该段历史的有力证明。贡茶拣选完成之后，其余等级茶叶才准许进入大众消费市场。此后的数十年间，普洱茶贸易逐渐兴盛，大量外地百姓迁入茶山，形成家家有茶树、村村有茶山的繁荣景象；每年马帮驮茶进京的盛况更是增加了云南到北京沿途地区的百姓对云南的认知与向往。马帮除了运贡茶进京，平时主要是将普洱茶驮运到西藏、边关销售，然后将藏区的马匹购回销售，这一模式被称为“茶马贸易”，而曾经的马帮走过的道路被今天的人们称为“茶马古道”。随着时间的推移，围绕茶产业逐步形成了以普洱府为中心的大规模的加工和贸易业，普洱成了茶马古道的源头。茶商沿着茶马古道将普洱茶传播、销售到世界各地，世界因此得知和共享普洱茶。道光《普洱府志》载，当时的普洱府会馆林立，酒楼茶肆鳞次栉比，中外茶商摩肩接踵，普洱俨然已是西南的商贸重镇。

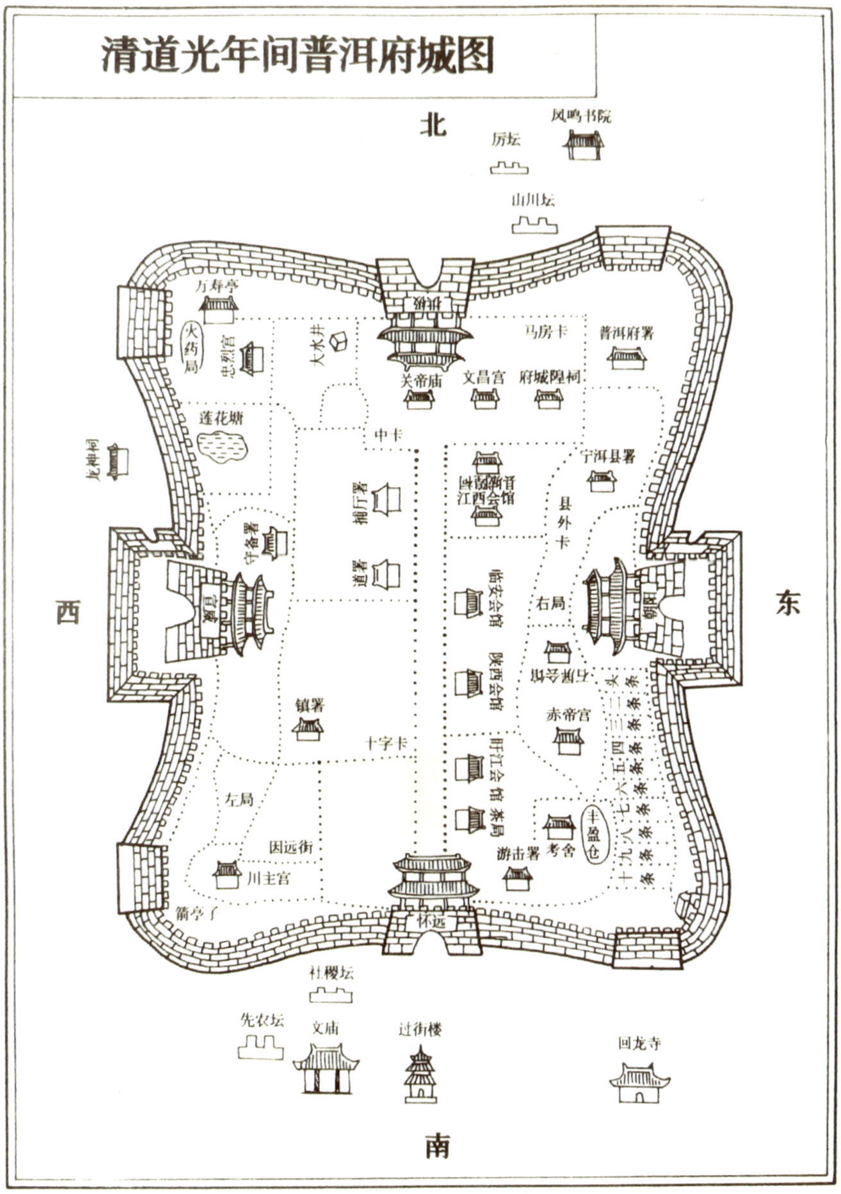

道光普洱府城图（图片来源：《普洱府史料》）

宁洱县城今貌（图片来源：《普洱府史料》，陈发坤 摄）

普洱府的交通与经济在茶叶带动下获得了良好发展。普洱府是省府昆明和滇西南通往东南亚的交通要道，府治时期的茶马驿道以昆洛、弥宁、思澜、思江和思易驿道为主，并向周边扩展延伸。为加强与内地的沟通和交流，普洱府在雍正年间境内有递铺 39 处、铺兵 75 名，邮程约 1000 千米。到了光绪年间，清政府在他郎（今墨江）、宁洱、思茅设电报局，并在思茅设邮政总局，为当时全国 31 个邮政总局之一。交通的拓展使得普洱境内商贾云集，马帮四至，被誉为“东南亚陆路码头”，是衔接边内贸易、商品交流的货运中转之地。同时，为加强贸易，普洱府的思茅厅被辟为商埠，设置海关，成为进出口贸易的陆地通商口岸。蒙自、石屏、建水、楚雄、弥渡、镇南（今南华县）、缅宁（今临翔区）、玉溪、新平、通海等地及湖南、湖北、广东、广西、四川、贵州等省的商人陆续到普洱经商，促进了商业发展。据统计，光绪二十三年（1897 年）至宣统三年（1911 年），思茅海关年进出口总值从 18.2 万两关平银增加到了 27.7 万两关平银。在对外贸易得以发展的同时，府内的经济也越发繁荣，当时集市有百货交易市场，布匹、粉丝、糖、挂面、银、铜、铁、丝棉织品、烟丝、药品等由内地输入，转销边地；茶叶、棉花、山货等由边疆各县和境外输入，转销内地。其中尤以茶叶为大宗，宣统二年（1910 年），仅经思茅关出口的红茶就达 655 担，金额 7553 两关平银，单这一项就占了全省茶叶出口总额的 26.2%。普洱府生产的，仅团茶一项，从普洱经昆明销往滇东及四川、贵州、广东、江西等省年销量达到 8000 担；仅“紧茶”一项，由骡马运至川边和西康、西藏的年销量就达万担以上。府治期间，茶、盐贸易繁荣，境内“商旅云集，商务繁荣，以茶为市，盐茶通商”。除了人们所熟知的普洱茶，府内的盐井有宁洱县属磨黑井、石膏井等，威远厅属抱母井、香盐井，镇沅厅属按板井、恩耕井等，道光《普洱府志》里有“盐井税课充盈”的记载。在众多盐井之中，数“磨黑盐”受推崇，一度有“磨黑盐，天下咸”之说。

普洱府的文化教育源远流长，开云南新学教育之先河。从历史上看，普洱境内设置正规教育始于明代，普洱府的教育则以置府当年设“训导”为开端。普洱府依照地方区划设立府学、厅学、县学，各级官学均设有学官 1 人，府学称“教授”，州学称“学正”，县学、厅学称“教谕”。明清两代，普洱府设有凤鸣书院、宏远书院、凤山书院、玉屏书院等多所书院。清王朝先后派遣了诸多文武官员在这片西南边陲大地上维护边陲的安定，大批官员带来了中原文化，在普洱府各大书院亲自授课，启智发蒙；结诗社，倡吟诵，讲习经典，传播儒风。例如，迤南道道尹陈灿，云南盐法道道台、著名诗人沈寿榕，开南书院山长、著名学者刘大绅等，他们都是积学有素的文官，一度将儒家文化传播到西南“极边之地”，让这片一直在史书上被认为是蛮荒之地的地方有了夏弦春诵，让边地的读书人开始迈向“学而优则仕”的道路。书院教育为普洱近代教育的开启做了铺垫，其中最为著名的应当为创办于清光绪二十八年（1902 年）的普洱中学，这是近代以来云南省第一所开设新学的学堂，可谓开风气之先，在云南近代教育史上具有重要的意义。20 世纪 80 年代，曾任云南省教育厅厅长的张继康在《云南教育大事记》中写道：“1902 年，普洱中学堂的创办，云南才有了第一所现代新型学校。”普洱中学曾培育出云南省第一批留学生柳灿坤、云南护国运动重要将领庾恩旸、中共早期党员杨正元、全国英模张培英等一批杰出人才。现在还保存于世的宁洱文昌宫就是普洱府教育文化繁荣的历史见证。

普洱府山川天赐，胜景可观。清雍正十年（1732 年）三月，普洱知府漆扶助到任后，在创办普阳书院的同时，对普洱山水人文进行了考察，并提炼出传诵至今的“普阳八景”，即：（1）天壁

清嘉庆普洱府图

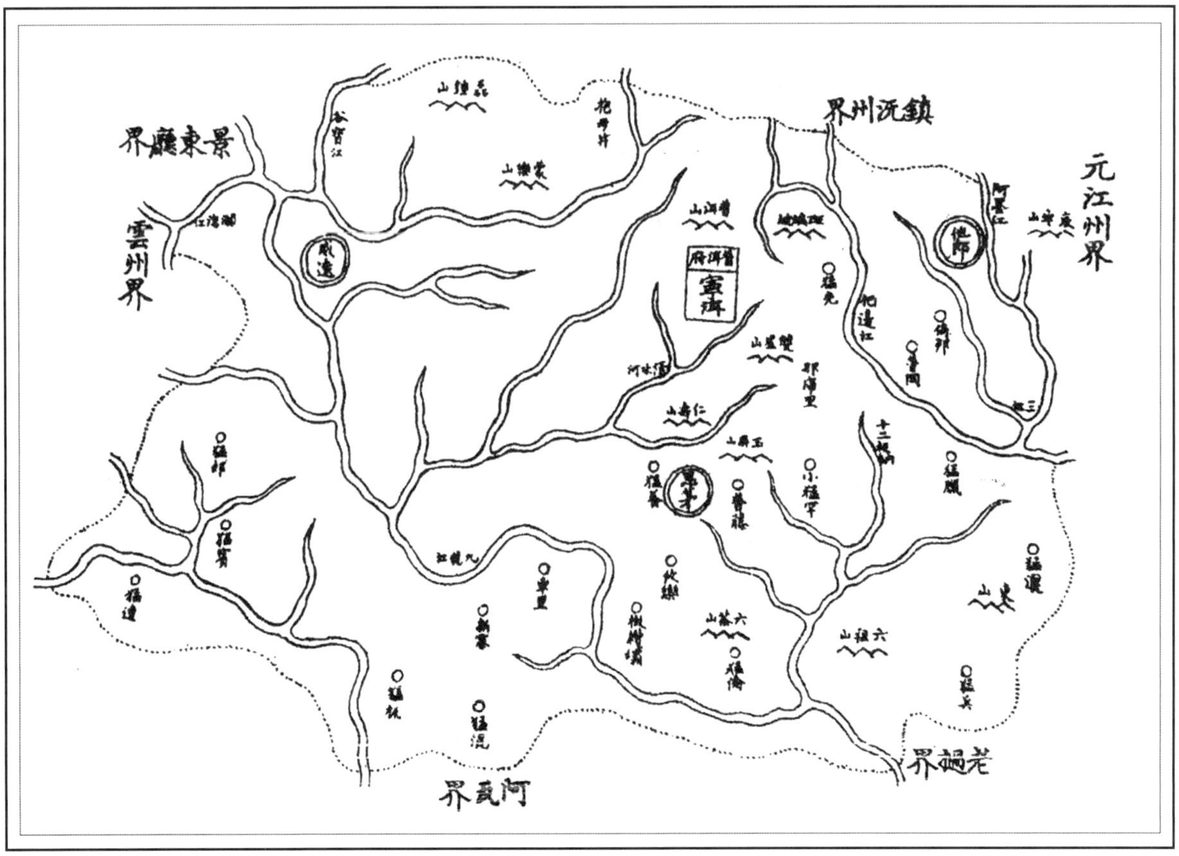

标有“普洱山”和“六茶山”的普洱府图（图片来源：《嘉庆重修一统志》卷四百八十六，师顺 提供）

晓霞：位于城西郊普洱山，为一堵笔直峭壁，于晨曦初照，薄雾缭绕中呈现飞霞烯彩的瑰丽景观，故称。至今峭壁仍在，奇景仍可观赏。（2）仙洞春云：位于天壁晓霞之上，有一天然岩洞，可容百余人；洞前一平台，自然景观秀丽。冬末春初，洞前云雾缭绕，似有云气从洞内散出，如飞烟吐雾，故名。（3）龙潭秋月：在西门龙潭。当秋月映入龙潭水，静影沉璧，堪称奇观，故名。（4）回龙夕照：位于城郊仁寿山顶，上面建有回龙寺。每年冬至节前后，夕阳余晖从普洱山两峰射出，形成光柱，照射在回龙寺红墙黄瓦上，美如仙宫胜景，因此得名。（5）东岩兰萼：位于城东锦袍山上，昔有钟鼓楼一座。内有铜钟报时辰。东岭多兰萼 ，阴历三月，各色兰花盛开，清香四溢，引来满城游人。（6）城畔荷风：荷池在城南，有“方塘不满亩”的诗句，不知何时形成20亩荷塘。秋季荷花怒放，金风吹拂，清香四溢，前人列为一景观。（7）西岭温泉：城西7千米处阳广河头，有热水冒出。塘宽不盈丈，水深6尺，清澈见底，水含硫黄，浴后周身舒爽，可防治皮肤病。（8）茶庵鸟道：位于城北10千米处，旧为普洱至昆明驿站。从此向北行走，驿道盘山而上，古木参天，道路狭窄，鸟鸣虫吟。此处旧有驿站、茶站、庙房，故名茶庵塘，景名茶庵鸟道。

普洱府民族众多，团结进步。早在普洱府设置之前，就有不同的民族在普洱生活，普洱府多民族的形成经历了长期的过程。现存的清代绘本《皇清职贡图》《伯麟图说》《普洱府图说》《普洱夷人图说》等珍贵资料均描绘和反映了清代云南普洱府属及另外一些地方，包括境外若干少数民族的生产、生活情景，图中对当时各民族的称谓、风俗活动、居住环境等做了详细描绘。据光绪《普洱府志》统计，宣统二年（ 1910年）普洱府城驻地宁洱县就有6.5万人，整个普洱府人口近70万。中华人民共和国成立之后，把人口从历史、文化和语言等角度划分为56个民族，普洱市有14个世居民族，即哈尼族、彝族、拉祜族、佤族、傣族、布朗族、回族、白族、瑶族、傈僳族、苗族、蒙古族、景颇族和汉族，其中，哈尼族、彝族、拉祜族、佤族、傣族为5大主体民族。其中，佤族、布朗族是普洱境内最古老的世居民族，其他各民族迁入的途径和时间不一，但迁入定居的原因基本相同，就是普洱资源丰富，可为各族人民生息繁衍提供广阔的空间。府治期间，管理者对府内少数民族风俗专设“礼防”，主要“司学务礼俗”，将部分群众文化活动纳入官府管理范畴，各民族民俗得以传承，众多民族传统节日流传至今，民族文化丰富灿烂。同时，各民族在普洱这片土地上和谐共处、相融共生、团结进步。在普洱府治地普洱县（今宁洱县），还诞生了被誉为“新中国民族团结第一碑”和“新中国民族工作第一碑”的民族团结誓词碑。

普洱府地处边界，与东南亚诸国山水相连，其政治、军事等方面的重要作用不言而喻，加之此地拥有普洱茶贸易及盐井开发等关乎国计民生的要务，是名副其实的南方重镇、云南名府、茶马古道中心城市。 普洱府自设立至裁撤，历时184年。普洱府城几经沧桑，依然雄镇天南，普洱茶的瑞贡天朝、茶马古道的开辟、马帮经济的繁荣是历史上浓墨重彩的一笔。

思茅古城

雍正七年（1729 年），普洱府建立后，按照惯例，朝廷迅速在此修筑了驿道，并沿途建立了驿、铺、站、汛、塘等单位，供部队、官员传递文书，同时也供驮运茶、盐的马帮、牛帮使用。茶马古道的修筑，不仅使普洱府加强了与内地，特别是与朝廷的联系，加强了国防，而且促进了本府内部经济文化的繁荣和发展。清代的思茅厅，就是在这种情况下诞生和发展起来的。

思茅原为思茅村，普洱府建立以前，属车里宣慰司。广袤的坝子上，零散居住着傣、拉祜、彝和布朗等民族，没有行政建制。普洱府建立后，原属元江府的普洱通判移驻思茅。此为思茅行政机关设置之始。巡抚张允随即在此筑土城，周二里（1 里为 500 米，下文同），设东、南、西、北四门，无池。雍正十三年（1735 年），为加强茶山和边防管理，清廷又将思茅通判裁撤，将位置边远的攸乐同知移驻思茅，思茅改设为知，即思茅厅。

思茅虽为蛮荒之地，但靠近“名重天下”的普洱茶的主要产地“六大茶山”，即倚邦、架布、嶍崆、蛮砖、革登、易武，而且规模宏大，“周八百里，入山作茶者数十万人”（《普洱府志稿卷之十九・食货志六・物产》）。因此，清廷将普洱通判迁下思茅，将攸乐同知移驻思茅，并将思茅设置为厅，除了可加强边防和对土司的管控，主要就是为了加强对茶的管理。普洱茶不仅是给朝廷的贡茶，更是用来换“西番之马”的极其重要的国防战略物资。因此，思茅通判刚移驻思茅，就在蛮洛山头通判厅旁设立茶叶总店，规定茶山纳为公家管理，茶叶一律卖到茶叶总店，私人互相买卖者“罪之”。可见当时朝廷对普洱茶的重视程度。

带动思茅繁荣起来的，主要是驮运茶叶的马帮。每天，成百上千的马帮在这里进进出出，有的在这里歇宿，有的在这里“开亮”。整个坝子上，成天人喊马叫，热闹非凡。老一辈人相传，当时的思茅坝子周边，比如现在的砖瓦厂、曼连家脚、刀光寨附近乃至百庙附近，地上钉着许多木桩。这些木桩都是用来拴马的，说明这些地方原先都是马帮的歇场。据说如今的砖瓦场附近，就是西藏马帮的歇脚处，人称“老火塘”。思茅当时马帮来往之盛，于此可见一斑。茶叶生产和交易的发展，使思茅迅速发展繁盛起来，马店大量出现。马帮

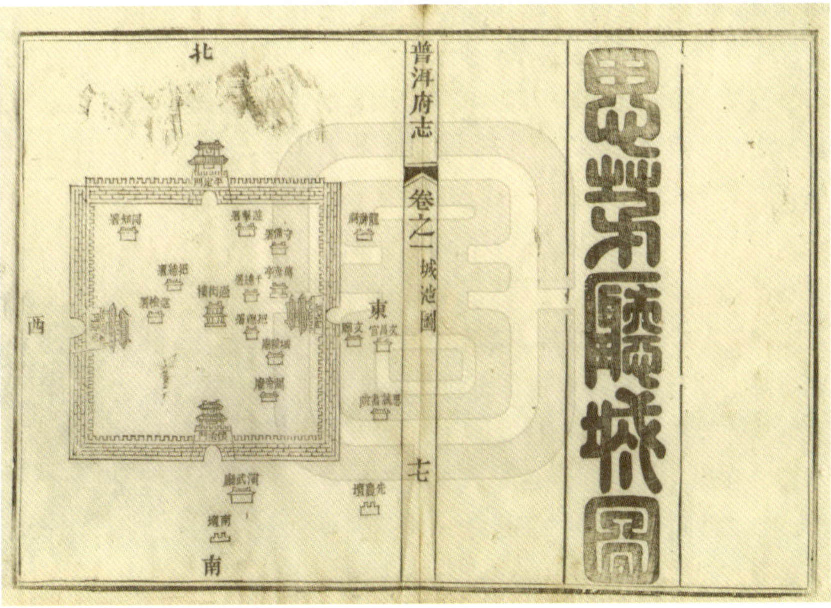

《道光普洱府志》载思茅厅城图 （图片来源：《普洱府史料》）

民国时的思茅街景（图片来源：《普洱府史料》）

白天走路，驮运货物，非常疲累，长期在外风餐露宿对马非常不好。当时清政府对交通工具马的管理非常严格。如果管理不善，不按站里歇宿，或长途跋涉、风餐露宿，导致马匹生病甚至死亡，是要追究主人责任的。因此，随着马帮来往增多，思茅城边的坝子上就出现了许多马店。直到20世纪50年代初，顺城街旁尚保存着一家马店，高房大瓦，左右两边的门墙上，用红笔大书“歇宿骡马”“安寓客商”两行大字。屋后场面宽阔，据说当年是宽大的十几间马圈，一次能关上几十，甚至上百匹马。当年思茅马店的规模可见一斑。

在普洱茶贸易兴盛的背景下，思茅的制茶店也如雨后春笋般纷纷涌现。当时的思茅茶店所卖的茶，都是自己制作的。据《普洱府史料》中《思茅厅制茶与税》记载，当时的茶“概由六山输入。制造之法：先将老嫩拣出，然后用铜锅蒸软，用布包而揉之。俟其干，乃用笋叶包裹。分细茶、粗茶两种。全境业茶之商号约十余家。”其中比较著名的有“雷永丰茶号”“鼎春利茶庄”“大有庆茶号”“裕兴茶庄”“钧义祥茶号”“瑞丰茶号”“同和祥茶号”“恒和元茶号”“源茂盛茶号”“李记谷茶号”等。此外还有一些小茶庄，这些茶庄、茶号，都有较大的规模和较多的工人。同时，随着大量马帮的来往和大批茶号、茶商的产生，思茅的人口急剧增加。茶商做茶、蒸茶、揉茶、包装、搬运都需要很多劳动力。仅“拣茶”一项，把干茶叶分老、嫩拣出来，没有较多的人力是绝对不行的。何况还有其他许多行业，如商业、饮食业、与马帮和茶叶制造业有关的手工业（如皮革、银器、铁器、铜器、木器加工等）等，都需要大量的劳动力。据《思茅县志》记载，这些人口，来自全国各地。江西、两湖、两广、贵州、四川、迤西（今大理、下关、祥云、丽江等地）的都有。但以来自临安府（今红河）的石屏、建水者为多。这些人员大多会经商，或有一技之长，会加工各种器具。他们到了思茅后，能很快找到用武之地并定居下来。这样，思茅不但人口急剧增加，而且各行各业也都蓬勃发展起来。大约从乾隆、嘉庆年间开始，为保护乡友的利益，在思茅的各同乡友先后成立了同乡会。如江西同乡会、两湖同乡会、贵州同乡会、迤西同乡会、石屏同乡会等。此外，木匠、铁匠、银匠、中草医等行业，还建立了

马恩桥（图片来源：《普洱府史料》）

保护本行业的行会。这些同乡会、行会，一般都建立有会馆。其中规模较大的石屏会馆一直保留到现在。

远眺思茅城（图片来源：思茅区政府网）

乾隆三十二年（1767年）、乾隆四十二年（1777年）思茅曾先后两次借改筑砖城之机，把思茅古城范围扩大；“咸同之乱”中，思茅城几乎变成一片废墟，同治三年（1864年）古城进行了修复（《普洱府志稿·卷之十·建置志二》），范围也进一步扩大，但占地面积也只有729亩，仍然满足不了思茅蓬勃发展的需求。于是，思茅古城的发展就由城内扩展到城外。根据地势，特别是向南门和西门外发展。结果，古城内仅有厅署机关，如同知署、游击署、把总署、巡检署等，此外就是关帝庙、岳王庙、城隍庙、万寿亭、过街楼等；而城外，则是铺天盖地的商铺、商号、马店，形成了许许多多、大大小小、纵横交错的街巷。据20世纪80年代出版的《思茅县志》统计，当时，思茅古城有大小街道49条（还不包括街道之间的巷道）。所有街道都“北至半边街接官厅，西至西门街，南至珠市街”。其中最著名的有商业区南正街、农贸市场菜市街、珠宝市场珠市街、茶店和客栈集中的天民街。这些街道全用石板铺成，平坦宽阔。街道两侧商号、客栈林立，酒肆、店铺、茶楼成排。每天人马熙来攘往，摩肩接踵，热闹非凡。

随着思茅古城的繁荣，思茅的教育、文化也迅速得到发展。雍正十三年（1735年），思茅古城开始出现义学、私塾；嘉庆十九年（1814年），思茅厅在城外玉屏山开办“玉屏书院”，同时逐渐出现了学宫、大成殿、思诚书院等封建高等教育机关。经过科举，思茅古城出现进士（如文进士封汝弼、武进士封奏凯等）、举人等。与此同时，一批颇具特色的建筑也逐渐产生。据《普洱府志稿卷之十三·建置志五·津梁》记载，为改善交通，思茅古城先后在古城四周建起了永靖桥、象河桥、南关桥、环翠桥、玉屏桥等桥梁19座。这些古桥，全是用石块建成的石拱桥，不但坚固耐用，而且在水面上犹如一轮弯月，造型非常优美。另外，思茅古城还以八大风景闻名。据普洱市政协出版的《普洱府史料》记载，“思茅八景”（鸠峰挺拔、木井甘泉、梅兰夕照、象岭春深、树包古塔、玉屏耸翠、南涧荷香和诸葛故垒）在思茅古城也非常有名。

思茅古城还非常重视茶马古道的建设与管理。茶马古道虽然翻山越岭，跨河钻箐，绵延百里、千里，但都有专门的机构和人员管理，路途通畅，路面平坦，桥梁整洁，沿途都设有“开亮”场地或服务店铺。以斑鸠坡管理为例，斑鸠坡是思茅与普洱（今宁洱）的重要通道。有人把它比作两地之间的“咽喉”。因此，思茅和普洱对斑鸠坡的管理非常重视，除经常对道路进行整修，沿途还建起了一些很有特点的设施，如思乡井、望乡台、土地塘、橄榄坡等，山顶一带还安置有歇脚马店、餐饮店，方便马帮和过往客商。

随着通往缅甸、泰国、老挝和越南等国的茶马古道的开通，思茅开始与国外有了交往。此后马帮运来的，不仅仅是茶叶，还有大宗棉花等外国货物。这些货物，经过茶马古道，分别输送到普洱府各地甚至内地。同时，普洱府当时最重要的物资盐巴也通过思茅，由马帮驮到东南亚各国出售，思茅逐渐成为中国对外贸易的重要场所。

19 世纪下半叶，东南亚各国先后沦为帝国主义的殖民地或侵略对象。为谋取更大更多的利益，这些侵略者逐渐把罪恶的黑手伸向我国的西南边境。光绪二十一年（1895 年）和二十三年（1897 年），清政府被迫先后与法国和英国签订《中法界务专条附章》《中法商务专条》和《中缅条约附款暨专条》，思茅被开设为通商口岸。同年，思茅海关正式开关，税务司先后由法、英等国人员担任，思茅同知为名誉监督。法、英两国在思茅建立了领事馆，设立了海关。从此，许多西方资本主义国家的商品"洋货"，如洋伞（雨伞）、洋碗（瓷碗）、洋柴（火柴）、洋油（煤油、汽油）、洋纱、洋靛（染料）、洋碱（肥皂）、洋烟（鸦片）就通过茶马古道进入并占领了思茅和普洱府的市场。而普洱府和思茅的重要物资石膏井盐和茶叶也通过茶马古道大量输出到东南亚国家，甚至欧美各国。当然，这些极其重要的经济资源和财政收入，绝大多数都落入了英、法等帝国主义侵略者的腰包。据有关资料记载，光绪二十三年（1897 年），思茅海关设立后，当年出口货物值 121378 两白银，进口货物值 154586 两白银，入超 33218 两白银，海关税收 6870 两白银；而到次年，出口货物值 35554 两白银，进口 226156 两白银，入超 190602 两白银，海关税收 8788 两白银（张有泽:《思茅正关》，见《普洱文史资料・第二十一集》第 4 页）。大量的入超，充分显示了外国帝国主义对中国市场的广泛占领。按照八国联军进攻中国，强迫清政府于光绪二十七年（1901 年）签订的《辛丑条约》的规定，海关税收，全部属于帝国主义侵略者。

随着经济往来的扩大和交易的增加，思茅古城的面貌也得到极大改观，由原先的普洱茶集散地迅速成为边贸繁荣的城镇，甚至获得"银思茅"的美称。光绪二十三年（1897 年），思茅开设电报分局，并架起通海至元江、他郎、宁洱、思茅、勐烈（今江城）至老挝的线路，并设立寄信局，由海关兼办业务。次年，思茅海关所属分关在勐烈、易武开关。同年，思茅邮政总局成立。随着海关的开办，为满足驻海关的外国官员及其家属的需要，在海关附近办起了法国医院，从此，思茅有了西医和西药。光绪三十年（1904 年），清廷公布"癸卯学制"，废除科举，兴办学校。当年，思茅就办起了高等小学一所、初等小学四所，并派出了第一批留学生刘仲华、吕志伊、段雄、何汉等人到日本留学。宣统二年（1910 年），思茅成立商会。宣统三年（1911 年），思茅邮政脱离海关，改设邮政分局。这些，都使思茅古城面貌大大改观。

总之，茶马古道使思茅由蛮荒之地，逐渐摆脱落后，跟上时代。可以说，茶马古道是思茅之根、思茅之源。没有茶马古道，就没有思茅古城的产生和发展。

他郎古城

普洱为茶马古道上的茶之源，道之始。马帮运输茶叶的道路（后称“茶马古道”）从普洱出发，经磨黑、哨牌、通关、回龙、露水到他郎，这是茶马古道中官马大道的其中一段。他郎是普洱进入内地的东大门，同时是一个重要的交通枢纽。由他郎经碧朔、瓦那到元江后，可上玉溪、昆明进入内地，亦可到红河、石屏、建水、蒙自、河口出境越南等地。由他郎经布竜、洛多、界牌、塘上街、新抚，可到镇沅、景东、大理，此为后路。

“他郎”是墨江的曾用名，这一称谓沿用了相当长的时间。在现存的史料中，最早有关“他郎”的记述是：“元宪宗四年（1254 年），他郎内附，立为二千户，隶属宁州万户府；七年复叛……”这一表述，字少但信息量大，即在元宪宗四年（1254 年）之前，就有“他郎”存在，但不受中央政府管辖；直到元宪宗四年（1254 年）才归顺朝廷，有了建制，确定了格级，隶属宁州万户府；才归顺了 3 年时间，又闹分离，说明这片徼外之地着实不好管理。“元世祖十三年，遥设元江万户府以羁縻之。”“至元二十五年（1288 年），设他郎寨（甸）长官司，司署设在他郎寨（今墨江县城），先后隶属元江路和元江宣慰司府，由土司治理。明永乐三年（1405 年），改他郎寨（甸）长官司为恭顺州，州署设在碧朔（今碧溪古镇），隶属元江军民府。弘治年间（1488—1505 年）改隶临安府（今建水县）；正德元年（1506 年）起改隶元江军民府；嘉靖十二年（1533 年），州署由碧朔移至他郎寨，仍由土司治理。”从元代起至 21 世纪初，墨江建置设置经历了他郎二千户所、他郎寨（甸）长官司、恭顺州、他郎厅、他郎县、墨江县、墨江哈尼族自治县的演变过程。“他郎”一名从有记载开始，一直沿用到 1915 年更名为“墨江”止，前后长达 661 年（1254—1915 年）。

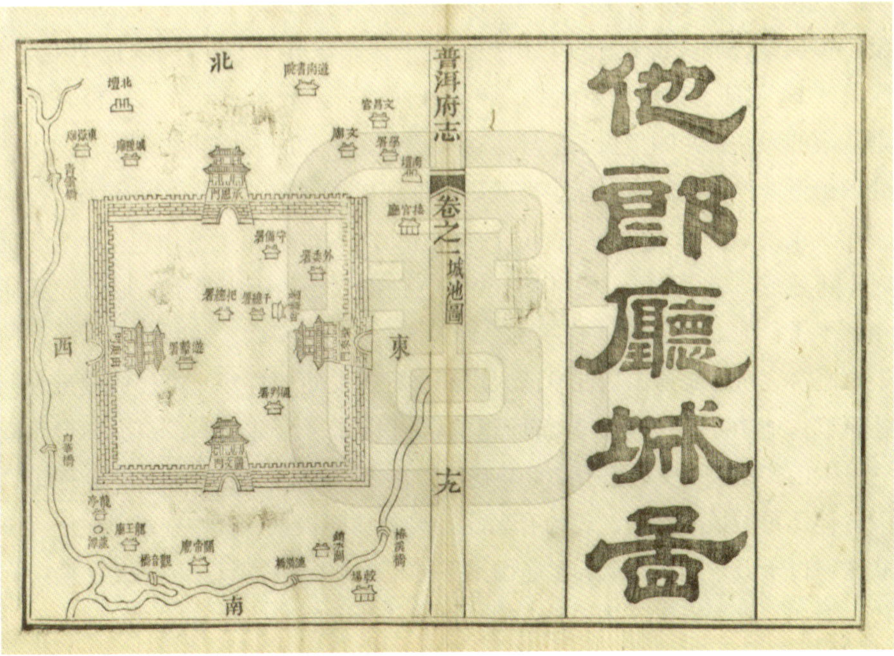

《道光普洱府志》载他郎厅城图 （图片来源：《普洱府史料》）

他郎建置之初并无城池，直到雍正十年，始建土城，官署仍隶属于元江军民府。由此可知，他郎古城从始建到更名，存续时间为 183 年。然而，他郎古城并未因为更名而马上消失，而是在中华人民共和国成立后，随着城市建设的加快才逐步被新型城市取代。他郎古城的城池在联珠山的第八个山包上，古人认为这里除了两条河流相拥的八个山峦，前方左右还有狮子山、登高山、马肺山相互照应，更有天时、地利、人和，比较适合建立城池，加上这里本来就是他郎寨长官司的土司府所在地，城址就这样确定下来了。史料记载“清雍正十年（1732年），撤恭顺州，设他郎抚彝厅，厅治在他郎寨，隶属元江府。同年，云贵总督鄂尔泰提请准元江府通判分驻他郎，建土城，城墙周长一里七分，高一丈四尺，设四门，建四楼。东门称紫来门，南门称丽文门，西门称由庚门，北门称承恩门，以西南门外河流环绕作池”。至此，他郎有了真正意义上的城池。城池的建立，使各种军政机构有了安放之所。中军守备署，在元江城内，雍正九年（1731年）移住他郎。雍正十年（1732年）建通判署，地址在南门内大街。嘉庆十七年（1812年）建知事署，由李兆榜请款新建，地址在城内通判署后，同治二年（1863年）被毁。游击署在南门内正街，道光三十年（1850年）设，通判文定仲领款新建，同治初兵燹毁，光绪八年（1882年）游击苏应瑞重修。守备署在北城内，通判文定仲领款以营房改建，在城内还建有汛防千总署、汛防把总署、汛防外委署等军事机构。官署之外沿街住户房宅多为四合院，保存下来的古建筑多为土木结构瓦房，实力较强的人家为砖木结构瓦房。街道边每隔一段距离就有一眼水井。市井居民多数都是生意人，沿街方向一般都建成商铺，里面住人兼作仓库。

他郎古城建有许多庙宇寺观，足见曾经的繁荣。比较有名的有：山神庙、中岳庙、圆珠寺、玉皇阁、慈云寺、普净庵、大佛寺、城隍庙、财神庙、武庙、文庙，兹择其要者简述于后。（1）山神庙：位于厅城东北约3千米处的茶马古道上，面积不大，是座土木结构的一层小庙，供有一尊象征山神的泥制塑像。庙前种有一棵万年青树，树下设有一个能装一挑水左右的石缸，旁放两三只土碗，供前往安定、因远、元江的行人饮水解渴。（2）玉皇阁（玄天阁）：在东门外联珠山顶，先系土司那氏家庙，明朝改定为寺，世远年湮，难以备考。同治二年（1863年）经兵燹坍塌大半，1869年，邑人孙世恒等重建为玉皇阁，并准提阁和关帝庙，两廊上下厢房概行修理。庙内供有古佛八尊，一时巍峨森严，焕然鼎新。之后随时修补，颇具游观之美，为墨江第一游览处所。1935年，经县长李时提议，将玉皇阁改建为“中山公园”。阁内神像尽毁，堂内正面悬挂孙中山手书“天下为公”金字横匾，公园大门建于联珠山麓，上书“联珠胜景”。因园内设“中山纪念堂”，故名“中山公园”。（3）武庙：位于城东南侧，该庙从西往东共分为三台，第一台为大门；进门后的第二台正中是宽敞的天井，两侧是长条形耳房；第三台是高大的飞檐翘角正堂，内供“关老爷”铜像。武庙所处的街道被称为武庙街，庙宇被毁后原址建成了现在的文化馆和图书馆。（4）文庙：文庙是他郎古城建筑规模最为宏大的庙宇，位于厅城东北九叠联珠第七叠山包上。建于道光元年（1821年），历时十年建成。乾隆三十一年（1766年），他郎人杨衍嗣中进士，取得建文庙资格。嘉庆九年（1804年）甲子科他郎人金棠、张交泰2人中举。金棠中举后，通判龚正谦等开始谋划筹建文庙。金棠趁上京赶考之机，绕道山东曲阜请人用高粱秆按孔庙原样穿斗黏接成模型带回他郎，依样建设。文庙建筑群占地7600平方米，建筑面积1600平方米。坐北朝南，系纵向台阶庭院式组合，扣木榫、重檐、歇山式建筑。文庙已有200年历史，屡经修缮，是至今保存最为完好的他郎古建筑群。

他郎古城风光秀丽，较为有名的经典为他郎八景，其中在城郊的五个景点较为出名：（1）九叠联珠：位于城东偏北，从天圣庙山梁下的土地塘山包算起，从东北往西南有八个相连的山包迤逦起伏，形如一串翠绿色珍珠。后人建议在第八叠山包下曲香河与天溪河交汇处建盖一座砖木结构的观音阁，天然的山峦加上人工建造的寺观，恰好组成“九”这个吉祥的“阳”数，故名“九叠联珠”。

（2）双溪绕阁：位于他郎古城西南角，球香河与天溪河交汇处。嘉庆年间，何怀道上任他郎通判，召集绅士集资将两河之上的观音阁扩建成寺，并亲笔题名“圆珠寺”，同时为寺门题写了“九叠联珠三宝地，双环玉宝小西天”的对联。随着时间流逝，该景已毁（现为联珠农贸市场），但遗存的古诗可以略见当年双溪绕阁的景致。（3）笔架连峰：位于城南约5千米的桑田村后山，三峰耸立，形如笔架，故名。在山脉的山包上，清乾隆年间建了一座文笔塔，该塔用石材砌成，高大雄伟，与文庙遥遥相对。造塔者以此寄望他郎文风典胜人才辈出。（4）龙泉滚珠：位于城南笔架山腰桑田村旁竜树林脚，树荫下有一池塘，泉水从塘底向上翻涌，冲动池底白沙，滚动如珠，故名“龙泉滚珠”。此地四周古木参天、水汽弥漫，尤其盛夏人临其境，凉风习习，暑气顿消，是避暑游玩的好地方。（5）青烟古洞：位于城西北3.5千米的埔佐村旁。早年，山坳中一棵大树旁通一窍，遇吉期，有气如烟袅袅出窍腾空而逝。

他郎在历史上为本区通省大道，交通畅行无阻，运输方式皆为人背马驮，而以马骡驮运为主。因为商业比较发达，马帮运输曾盛极一时。他郎古城地处交通要道，上可至元江、新平、玉溪、昆明、石屏、建水、通海，下可至磨黑、普洱、思茅、西双版纳、缅甸、泰国，往南可到江城、越南、老挝，往来商贾络绎不绝，所有的物资运输都靠骡马、驮牛完成。为适应这种情况，大约在清末民初，从东门顺城街而下至天溪桥头建了好几家马店，供过往马帮住宿，由此形成了一条街道，称之为“马店街”。途经墨江的马帮难计其数，既有外地马帮也有本地马帮，通海大回村金喜祥（回族）、元江咪哩李和才、本地坐商马同恭，都是当地有名的大马帮。他郎还是普洱府辖区内最先通电话的地方。史料记载：“光绪二十一年十月十二日，准法国施使照：按约议设云南思茅与越南猛阿营（即猛乌）中法接线。嗣于二十二年九月开办勘路，由通海分线经由元江、他郎、普洱以达思茅，再出猛烈中法交界，与法接线，计线路一千三百里。普洱所属设分局三：曰他郎，曰普洱，曰思茅。”

他郎商业发达。清朝末年，他郎县城就是一个商贸发达的市镇。当时除本地居民从事经商，还

墨江县城今貌（敏塔敏吉 摄）

有昆明、玉溪、石屏、建水、元江、思茅、普洱（今宁洱）等地商人到他郎经商，县城从事商务活动的坐商、行商和小贩达上百户。抗日战争爆发以后，云南成了抗战的大后方、国际援助的唯一陆上通道，大量的外省商人涌入云南，和泰国、老挝、缅甸等国的周边贸易日益发达。墨江商业乘此东风得到长足发展，据1942年统计，县城商号达111户，经营十余个行业，其中资本达国币5000元以上的有70户。

墨江文庙（杨億秦 摄）

他郎教育兴盛。雍正十年（1732年），元江知府祝宏倡设他郎义学，馆址在厅城西观音阁。雍正十三年（1735年），元江知府胡承璘请留他郎公费银200两，年拨24两，永供束脩。乾隆三十一年（1766年）他郎人杨衍嗣中式丙午科张书勋榜进士；乾隆三十八年（1773年），添设他郎训导一员，此后文风渐盛；乾隆四十五年（1780年），他郎厅建南书院于厅城北；嘉庆二十一年（1816年），他郎武生李万清中戊寅恩科武解元；道光十七年（1837年），通判李天锡、邑绅段人英等改建书院于黉宫之旁，改名为“联珠书院”；光绪十五年（1889年），他郎李定辉中己丑科武进士。明清时期，他郎共出1名文进士、2名武进士、35名举人。光绪二十九年（1903年），他郎厅人庾恩旸被选派为云南省首批赴日本学习军事的留学生。庾毕业回国后，在云南辛亥重九起义和以后的护国、护法运动中，积极参与领导，功勋卓著，先后荣获二等文虎章、二等嘉禾章，被授予陆军中将，担任云南都督府、督军公署、护国军政府参谋厅长、总参谋长、军长等职，北伐时在贵州毕节行营被刺身亡，死后追赠陆军上将。光绪三十三年（1907年），他郎创办两级小学堂一所，校址设在联珠书院内，当年有学生87人、教师2人。1912年，县城设立新学制学堂，招收学生50余名；首任他郎厅长赵鹤清开办女子学堂，由其女赵小泉任教习，开创了他郎厅女子入学先例。从此，教育得到重视，办学之风兴起，学生逐年增多，至1948年底，全县有公办小学48所、在校生2033人、教职工137人，入学人数占适龄儿童总数的9.25%。

威远古城

据《普洱府志》记载，由普洱出境的茶马商道有东北路、南路、西北路、东南路、西南路五条。在这五条从普洱出境的通道中，从景谷方向延伸至西藏的西北茶马古道已有上千年的历史。

景谷，原称威远。威远厅是西北茶马古道线路中一个重要的站点。西汉元封二年（前 109 年），景谷属益州郡缴外哀牢地。隋朝（581—618 年）为濮部地。唐（南诏）时，于永泰元年（765 年）设威远城，属银生节度（今景东）。乾符六年（879 年），南诏置威远睑（赕），属银生节度。南唐升元元年（937 年，大义宁国大明七年），置孟谷县。元世祖至元八年（1271 年），设碌必陇管民头目，至元十二年（1275 年）改立威远州，至元二十九年（1292 年）改为威远蛮栅府，属威楚路。明洪武十五年（1382 年）置威远土知州，允许土司世袭土知州职。洪武十七年（1384 年）升为威远府，直隶省承宣布政使司。建文三年（1401 年）改为威远土知州。清雍正二年（1724 年）“改土归流”。雍正三年（1725 年）设威远厅抚夷清饷同知。1912 年废厅设威远县。1914 年改为景谷县。

威远地处边陲，历史悠久，史料记载其面积为：“东二百四十里，北八十里，西一百三十里，南四百里。三勐十七乡土地，人民数百里之遥。东至圈岗塘五里坡，接普洱府，交界二百四十里；南至勐撒江，接孟连土司界四百里；西至翁哄乡，交缅宁属那判河界一百三十里；北至蛮良村，接景东蛮忠箐界八十里；东南至小黑江，接普洱思茅界三百二十里；东北至黄土坡，接镇沅州界一百三十里；西南至大莽江，接勐勐土司界二百七十里；西北至坝戛村，接景东小孟界一百二十里。威城在厅南一百二十里，三勐在厅南四百里之内。三猛十七乡俱属威远厅地。厅署距普洱府三百六十里，距省一千六百八十里。”清雍正二年（1724 年）以前，下辖勐卧（今威远）、勐戛（今永平）、勐班、勐乃（今正兴）、宣化（今凤山）五土司领地。雍正二年（1724 年）改土归流后，行政区划为 3 勐（勐卧、勐戛、勐班）17 乡（宣化、高平、抱母、芒缅、扛哄、芒洒、课里、整角、勐乃、西萨、勐烈、习环、蚌东、勐堆、茂密、勐主、翁孔乡）。雍正四年（1726 年）设勐戛经历和勐班巡检司。

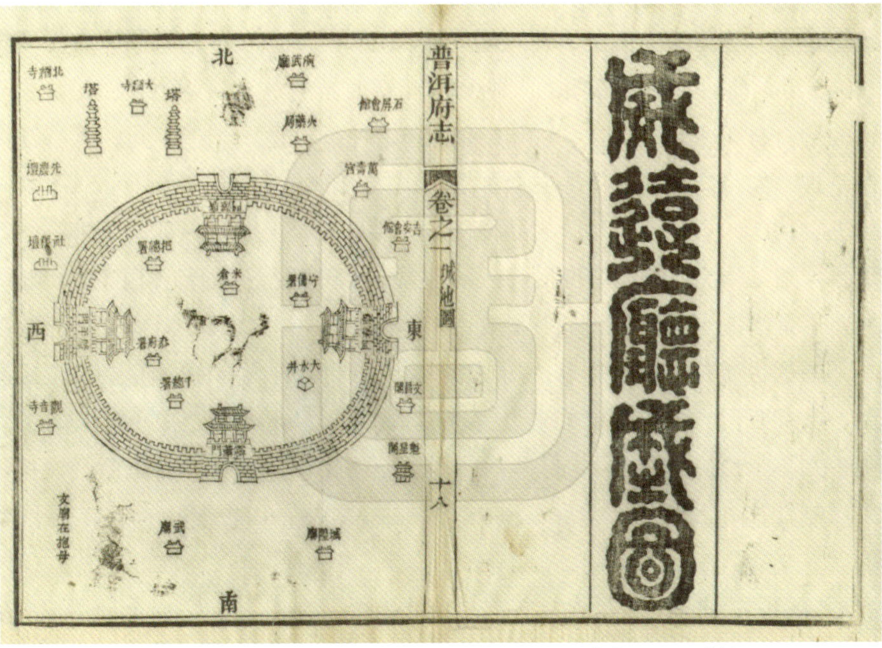

《道光普洱府志》威远厅城图 （图片来源：《普洱府史料》）

远眺景谷县城（图片来源：景谷县政府网）

乾隆元年（1736年）撤销勐戛经历。乾隆八年（1743年）撤销勐班巡检司。

威远是普洱茶的重要原产地、加工地和集散地，历史上就是普洱茶主要产区之一，据唐·樊绰《蛮书》所载："茶出银生城界诸山。散收。无采造法，蒙舍蛮以椒、姜、桂和烹而饮之。"唐南诏蒙氏置威远睑（今景谷）属银生府之地。在今正兴乡黄草坝村困庄大地尚有成片的野生茶及大茶树生存。茶树栽培，已有200多年历史，据正兴乡黄草坝董、杨二姓家谱所记载，在清乾隆初期，先辈从恩乐搬家到黄草坝时，带来"南宋茶"栽种自食，以后渐为商品出售，至今已有9代人。随着栽培传播，清道光年间，大村秧塔（今民乐镇）、勐麻、龙塘等地农民引进茶种栽培。道光二十年（1840年）前后，秧塔陈氏老人到澜沧江迤西做生意，从茶山坝引进大白茶栽培。咸丰初年，景谷镇的荆竹林（今苦竹山）、马鹿山农民开始种茶自食。光绪年间，景谷镇纪家营的纪襄廷从双江引进茶种，先行试种，后倡导群众种植。民国初期，栽培地域渐有扩大。其中秧塔大白茶还曾作为贡品进贡朝廷，主要特点是茶树品种优良、芽叶满披毛、成茶肥硕重实、白毫显露、条索银白、气味清香、茶汤清亮、滋味醇和回甜、耐泡饮，以产地特色命名。白茶与其他茶不同，外形特白，卖样好。于是当地土官责令精心采制成"白龙须贡茶"，向朝廷纳贡，成为稀有珍品。

威远古城盐矿资源丰富，历史悠久，据唐樊绰《蛮书》记载："蛮民制盐为颗数，以作交易之用，大都听民自煎自卖，并未设官董理其事。"明代威远土知州已产盐，由当地人民私煎私卖。清雍正二年（1724年），设抱母井盐课司大使，管理威远盐务。先后开发抱母、昔孔、茂密、芒冒等采卤制盐盐井和香盐、益香、风岗采矿制盐盐井。1949年以前，矿井设备简陋，工具原始，工艺落后，全靠人工开采煎制。盐工世代相传"口含孤魂灯，脚踩阎王路，身披麻袋片，肚装猪狗食"的顺口溜，逼真地描述出矿工的苦难生产和生活状况。加之社会动荡、交通不便、销路不畅，盐井时开时停，盐业生产发展缓慢。境内盐矿资源丰富，分布于威远江沿岸的有凤山乡的抱母、平寨、芒卡、磨腊、回族井、昔孔井；钟山乡的凤岗、香盐、芒洪、芒赛、马家箐井；益智乡的益香井，从北到南绵延 70 多千米。分布于永平镇的有茂密、芒冒井，境内不少地名因产盐得名，如威远（傣语“猛卧”意为有盐井的地方）、香盐（“卧弄”意为有大盐井的地方）、抱母（“卧猛”意为有盐井的地方）、茂密（曾称“盐宝乡”）。

威远古城是茶马古道兴起的无数城镇中的一个重镇，是独具特点的贸易文化中心，依靠其丰富的茶叶和盐业资源，成为茶马古道西北线上的经济文化重镇。作为滇南的产盐重镇，威远的盐产品远销西藏、西双版纳、临沧及缅甸等周边地区与国家。

景谷勐卧总佛寺（罗洪波 摄）

磨黑古镇

远眺磨黑古镇（白马辛荣 摄）

磨黑古镇，被誉为“中国茶马古道第一镇”。

磨黑古镇现为宁洱县下辖的磨黑镇，位于宁洱县东北部，素有“滇南盐都”“茶马古镇”“革命老区”“丽人故里”之称。磨黑古镇雄踞宁洱县东北大门，东以把边江自然为界与墨江县隔江而临；西与宁洱镇山岭唇齿相依，首尾相连；南与勐先乡、普义乡群山交汇，江水并流；北与德安、梅子乡山水相望。磨黑镇距普洱市区 60 多千米，昆明至曼谷高等级公路和即将建成的泛亚铁路中线穿境而过，境内高速公路段有 3 个出入通道，具有优越的交通区位优势。历史上，磨黑古镇是茶马古道上的重要驿站，从内地和藏区来的商贾、马帮要进入滇南和东南亚必经磨黑，它是连疆和中原及东南

中国茶马古道第一镇标志性建筑（白马辛荣 摄）

磨黑古镇老街

亚经济文化交流的交通咽喉要地。伴随着普洱茶交易的兴盛，磨黑古镇日趋繁荣，商贾云集，店铺林立，南来北往的马帮客商进进出出，热闹非凡，他们在这里休整、销售、采购，磨黑古镇因此成为茶马古道的重镇。马店、商铺、古宅、古桥、古道等众多历史文化遗迹仍保留得较为完整，故而赢得了“中国茶马古道第一镇”的称号。

“磨黑”是傣语音译地名，磨为“盐”、黑为“井”，“磨黑”即盐井之意，历史上的磨黑，也因盐而得名。这里早在汉朝时期就开采盐矿，元、明、清时期设盐政，民国时期设盐政公署。清雍正三年（1725 年）扩大生产规模，大量生产食盐，此后一直是食盐的主要生产基地，也是云南的四大盐矿区之一。磨黑盐，为旱采盐，品味高，盐矿所含杂质仅为石膏，洞中的矿盐，几乎可以直接食用。正因为是旱盐，所以味道独特，有“磨黑盐、天下咸”的美誉。20 世纪 40 年代，因经营盐业大发横财的元江县富豪李和才，拥有 5 个马队、500 余匹马，他从元江运大米卖往磨黑，又从磨黑购盐运回元江。磨黑盐运至元江交易后，北上云南峨山县，经玉溪到达省会昆明，在昆明经商户流转至省内外。

磨黑古镇有着丰富的历史文化资源。例如，现存的建于清朝末年、典型的“三房一照壁”的四合院，整幢建筑为二层土木结构，分为正房、左右厢房，房屋中的楼道均有木雕花门联，房檐门窗上布满各种动物和花草浮雕，其前方照壁上写有大红“福”字，中间是石铺天井，整个四合院古香古色、精致典雅。另外，“走马转角楼”是县级文物保护单位，始建于 1946 年，总建筑面积 1672 平方米，共有大小房屋 43 间。“走马转角楼”属三井四合院布局，内部有两重走廊相连，房屋间间相通，可以走遍每一个房间，故名。整座建筑设计精巧、威严而有气势，是磨黑较为壮观的建筑之一。

另外，这里还是革命老区，有云南省爱国主义教育基地、国防教育基地——磨黑中学。1941 年，由当时的盐井灶家筹建磨黑私立中学；1942 年春，磨黑中学正式开学；1943 年 3 月，中共党员陈盛年、黄平、卢华泽和进步学生于士奇、刘希光、钱宏、刘和夔应聘到磨黑中学任教；1946 年，中共云南省工委在磨黑中学建立思普特支，形成了以磨黑中学为中心的思普革命根据地，为后来思普特支的建立打下牢固基础。1997 年，中共云南省委、省人民政府将磨黑中学定为云南省爱国主义教育基地；2005 年，云南省人民政府将磨黑中学定为“云南省国防教育基地”。值得一提的是，中华人民共和国成立前，著名的国学大师、庄子研究专家——刘文典先生还在磨黑中学执教过一段时间。

磨黑古镇居住着哈尼、彝、傣、回等多个少数民族，具有多姿多彩的民族民间文化。在这样的文化环境下，诞生了主演《五朵金花》和《阿诗玛》电影的著名电影演员杨丽坤，以及全国英模，号称“中国保尔”的张培英。

2013 年 1 月，经中国茶马古道研究中心研究同意，磨黑古镇被授予“中国茶马古道第一镇”称号。

杨丽坤故居（白马辛荣 摄）

杨丽坤

碧溪古镇

碧溪古镇（杨志坚 摄）

碧溪古镇——茶马古道上的商贸重埠。位于云南省普洱市墨哈尼族自治县县城北部，距离县城9千米，是一座群山环绕的纯朴宁静的小古镇。据《云南通志》记载：明永乐四年（1406年）设恭顺州时，碧溪古镇为恭顺州驻地，建有城垣。历来儒风浓厚，文化较为发达。碧溪古镇在历史上是茶马古道上的一个重要驿站，商客云集，南来北往。

碧溪古镇，是一片具有悠久历史文化和极具包容性的热土，哈尼、汉、彝、拉祜、傣等民族交融杂居，共同创造了碧溪绚丽的民族文化。碧溪古镇是“茶马古道”上的一个重要“驿栈”，是北走楚雄、大理、丽江，东走玉溪、昆明，南到普洱、西双版纳的商人、马帮必经的重要驿站，形成了滇南多民族互通共容的人文大环境，显示出碧溪古镇文化的多元性和开放性，向世人展示着它古朴淳厚的人文魅力。

碧溪古镇占地面积（护城河以内）0.6平方千米，四周环山面积为4.52平方千米。所在小坝子三面高山环绕，东面是那雷山，西面是箭场山，南面是田坝，北面是大龙树山（以前是哈尼族碧约人的神山），中间是阡陌纵横的稻田和耕地。

碧溪古镇坐落在北靠大龙树的缓坡上，坐北朝南。古镇东门、西门、北门各有一眼大水井，以解决日常生活中的用水问题；镇内还有五眼公用的小水井，用来洗涤各类物品。此外，部分居民家中还有一些小水井。1997 年以工代赈饮水工程实施后，大部分人家都饮用自来水。古镇前是碧溪中学，背面为碧溪小学，东面为省道 0538 线（楚江公路），东南面为元磨高速公路。古镇周围的森林植被保护较好，森林覆盖率达 24.6%，植被以南亚热带常绿阔叶林树种为主。

碧溪原名碧朔，碧朔为当时恭顺州驻地，镇内建有城垣，至今仍有遗迹可寻。恭顺州设州于碧朔小镇有 127 年历史，即明永乐四年（1406 年）至明嘉靖十二年（1533 年），后迁至他郎寨，即今天的墨江县城。1919 年改碧朔为碧溪，1932 年称碧溪区，1939 年扩大乡镇时改称碧溪镇，1949 年中华人民共和国成立后称碧溪区，1966 年全县调整行政区划时改称碧溪公社，1984 年又改为碧溪区，1987 年撤区改乡，2005 年撤乡并镇即撤销碧溪乡并入联珠镇管辖至今。

碧溪古镇建筑特色。碧溪古镇原有城门、城楼、城墙，有南北一条直街和东西一条直街，四面各设城门，中间设八角楼，上楼可侧观整个古城风貌。古镇内的民居都以“四合五天井”“跑马转角楼”以及“一颗印”等不同建筑汇聚而成。

碧溪古镇十字街是古镇的中心，是东西、南北两条街的必经之路。根据古镇老人回忆，以前十字街有四个石凳子，这些石凳子是乡绅议事时用的，一般的老百姓不能坐；此外，十字街旁还有一块牌坊，上面刻有“元江军民府”几个字。沧海桑田，岁月悠悠，十字街的石凳已经淹没在历史的尘埃中，“元江军民府”牌坊只留下残躯，剩下的只有深深的巷道、幽幽的老路。

八角楼：八角楼位于十字形街道的中心，高三层，是古镇的标志性建筑物。底层四向通畅，人畜均能自由通行。平时二三层楼大门紧锁，三楼房檐飞翘，中间亭直的尖顶上置大铜葫芦。外观雄伟、壮观、气派。每月初一、十五有人登临三楼烧香。屋脊檐口、墙体、门窗、台柱、围栏、石雕，有木雕、砖雕、石色彩绘，美轮美奂。2004 年底至 2005 年初重建修复。

义仓楼：南门城楼三层土木构造，专为公田收粮储存之用。义仓楼底楼平日供年轻人聚集玩耍，偶尔士绅在此举行会议。遇有丧事，义仓楼内灯火彻夜不灭，守灵的、玩牛角牌的、唱洞经的等，好不热闹。

财神庙：庙内供财神，村民会在财神庙内召开参议会，商议古镇需要修缮建设的大事，如修桥、发动群众集资公益事业等。遇出殡时不准从财神庙所在北门经过。现为碧溪完小校址。

大庙：四合院式扣隼式庙宇建筑，四周树木掩映，古树参天，庙堂两边有形态各异的五百罗汉，平时有善男信女烧香祈祷。古镇上遇有小孩生病亦到大庙内求佛保佑。庙内每年有一次大的斋会。现为碧溪中学校址。

观音阁：旧时有四方乞丐聚集观音阁落脚安身。据传说，观音阁旁边有一眼水井能赠人碗筷使用，人们为方便起见都到此处煮狗肉汤锅，后因被无赖之人用六口大铁锅盖住井口，从此就再也求不得碗筷使用。现为碧溪中学体育活动场地。

地母庙：是旧时妇女吃斋祈祷的地方，现为本地人胡永昌家宅。

碧溪古镇历史名人——庾氏三杰：庾恩旸（1884—1918 年），原名恩赐，后改名为恩旸。1904 年值云南省首次选派留学生赴日本学习军事，恩旸应考及格，与李根源、唐继尧等 26 人遂东渡留学，直到 1909 年 26 岁才离开日本奉召回国。庾恩旸在日本留学期间，经老同盟会员、孙中山的追随者思茅人吕志伊等人介绍加入同盟会，他是当时屈指可数的云南籍同盟会员之一。从 26 岁到 30 岁，瘐恩旸由一个炮兵营长，擢升至少将咨议官，四年之中连升三级。1913 年 12 月，平大理之乱，瘐恩旸以参赞戎机有功，加陆军中将衔，一年之中，更调了几个军职，甚至身兼数职。1915 年春，

碧溪老街（杨志坚 摄）

庾恩旸任普防巡阅使，代云南开武将军唐继尧巡普防各属，问民间疾苦，考各属应革兴事宜。庾恩旸著述颇多，有：《中国对外三十六年大军事家》《云南拥护共和始末记》《再造共和唐会泽大事记》《援黔纪事》《普防巡阅管见录》《中华护国三杰传》《护国军神蔡公传》《庾枫渔诗集》共 8 部。

庾恩荣（1878—1953 年），字臣尧，墨江碧溪人。20 岁父母双亡，克承父业，立意经商，并抚育诸弟成长。清末在昆明登仕街开设荣庆和商号，经常往来京、沪、奥、汉等处经商，并赴日本考察过商务，庾恩荣重义轻财，曾在省城任墨江旅省同乡会会长，常资助在省城的墨江学生和同乡。他除了经商，还投身政界和社会活动。1929 年任富滇银行总办和云南省整理金融委员会委员，1930 年担任中国红十字会昆明分会会长，1949 年当选为省参议员。

庾恩锡（1886—1950 年），字晋候，号空谷散人，幼年父母俱丧，由长兄庾恩荣抚养成人，随长兄经商，为驻沪分号经理，常来往于京、汉、奥、港之间经商。1922 年，独资创办云南第一家机制卷烟工厂“亚细亚烟草公司”，所生产的名牌“重九”烟，即为纪念其兄庾恩旸曾领导云南辛亥重九起义。1939 年独资开办凤仪金丹矿。此外，他还致力于政界和其他社会活动。1916 年 8 月任云南水利局副司务长，同年 11 月任局长。1929 年任昆明市市长，重城市建设，在一年多的任期中，拓宽街道、整修道路、整顿市容，修建金碧古幢、圆通公园、翠湖公园、大观公园、龙泉公园和太华公园等。庾恩锡在大观楼附近的院宅“庾园”现在成为旅游风景点，称为“庾家花园”。

碧溪古镇茶马驿栈：碧溪古镇在历史上是云南“茶马古道”的一个重要“驿栈”。它繁荣、辉煌而灿烂。碧溪茶马古道的路线为：北走新平经楚雄到大理、丽江和拉萨；东走元江经玉溪到昆明、蒙自和河内；南到普洱、思茅和西双版纳。是古道上商人、马帮的必经之路和歇息之所。

普洱的茶叶、磨黑的盐巴被源源不断地运到昆明、省外乃至国外，每天至少有 1000 多匹马从碧溪经过。一到傍晚，挂着各大商家名号马旗的马帮在镖局的护送下，伴着叮叮当当悦耳的马铃声进驻碧溪古镇，场面甚为壮观。马帮的进驻、古道的兴旺，极大地推动了碧溪的经济发展。碧溪古镇基本上家家都有饮马井，家家都有拴马柱，有一定规模的马店就有八九家，其中最大规模的马店可容纳上百匹马的马帮，为其提供优良的服务。

须立贡茶：碧溪是须立贡茶的产地。据《墨江县志》记载："墨江是普洱茶出产地之一，而域内碧溪须立所产的须立茶是清代的贡品茶。"民间故事《他郎茶》对"须立茶"做了详细记录："云南普洱府管辖的他郎抚彝厅有个碧朔城，碧朔城南面有座须立山。须立山上有几百棵大叶子茶树。云雾缭绕着这小小的茶园，阳光雨露滋润着这小小的茶山，每日里茶香飘逸山野，芳香醉人。须立山中有个须立寨，寨里有个哈尼人，人们都喊他王老哥，他是这茶山的主人。"须立茶喝了能使人长精神、添力气、除疾病。它的名声在他郎抚彝厅传开了，于是他郎抚彝厅通判献茶给府尹，府尹又献茶给巡抚，巡抚又将他郎须立茶送进京城，正赶上皇亲国戚举行盛宴。"文武百官闻见这扑鼻喷香的好茶，都围拢来仔细过目，只见外形直如细针，毫尖显色如银，油滑光泽秀丽。"开水冲泡，治好了老大臣的高血压，治好了老将帅的眼病，皇帝亲自品尝后称赞："朕尝了一盅你（巡抚）从云南普洱府弄来的茶，真乃世间稀罕也。你（巡抚）想得周全，办得很好，以后每年送些这样的好茶来。"他郎抚彝厅的碧溪须立茶，就这样成了朝廷的贡茶。

通关古镇

通关马店（杨志坚 摄）

通关古镇，现为墨江县的通关镇，位于墨江县西部，是普洱茶马古道上的重要驿站，茶马古道南北贯通通关全境，沿途经过哨牌、通关、回龙三个驿站。历史上，通关每天往来通行的驮马、驮牛、人力挑运无以计数，繁荣了通关的经贸往来，丰富了通关的历史积淀。

清雍正时在普洱设府（宁洱），由于通关位于两江之间，地理位置日显重要，乾隆时期在通关设哨。哨是边防机构中最小、最基层的单位。在民国绘制的行政地图中沿用了哨的提法，称通关为“哨”。

通关既为哨卡，当然就有驻军，通关镇小学校大门内一带旧称“营盘”，驻有少量军队并建有办公的衙门。衙门长官行使着维护社会治安、缉拿匪盗、诉讼审理等权力；文案为过往边地的官民办理通关文书，通关的称谓就这样固定下来了。

通关老街为普洱市“十大历史”街道之一，老街旁原有许多古建筑，如朱居山的魁阁、武房寨下的锁水阁、蕨芨坝的金庙等。老街的繁荣与茶马古道紧密联系在一起，街上居住着通关乡的大部分富人，还居住着一些商人和工匠。商人经商，开设马店；工匠加工制作银、铜器等装饰品。龙洞冲的柳氏家族，是明朝工匠的后裔，他们烧制的陶器享誉边地两江。

在途经通关的茶马古道中，有一条被遗忘的古道，它比通关、回龙、雅期、獐鹿坪这条还要古老，它就是从獐鹿坪沿江而上经王明渡口、过者、官厅、公馆、柴居湾、滑竹箐、大岔路、毛稗地、牛滚塘到通关的古道。那时武官骑马、文官坐轿，官厅和公馆是接待过往官员的地方。

通关各地各村的先民十分爱惜土地，他们从不占用平坦的土地，总是把村寨建在耕地的上方，不但规避了地质灾害，而且村寨里产生的有机质会沿着水道流入下方的田地里，这就是肥水不入外人田。那种自然轮回循环的设计理念，充分展示了通关先民们的聪明才智和独特的创造力。

为了更有效地管理边地，清政府在强化行政管理的同时，采取一系列措施加强思想控制。弘扬儒学、修建庙宇、推动神权是最有效的手段。在修建的庙宇中，最有影响和规模较大的是文庙、武庙和金庙。通关虽然不大，但由于地处交通要冲，因此庙宇较多，除前面提到的几座，还有岳飞庙、观音庙、子孙庙、土地庙、城隍庙，在主要的山峰还建有管理森林山火的山神庙，各路神仙管理着人们精神世界的方方面面。

金庙在蕨蕨坝，是一座土木结构明式建筑，楼上楼下分成小格，分别供奉着日月星辰及二十八宿，这些泥塑的神像比常人小许多，形象逼真精美。

武庙在通关镇小学校的所在地，坐西朝东，依山而建，是由戏楼、大殿、后殿组成的建筑群。戏楼前是石阶，人们经石阶进入戏楼底层通道，戏楼是明式建筑，修建于民国早期。底层通道两边各有一匹泥塑白马，形态逼真有神。20 世纪 40 年代通关的一些才艺人士还在戏楼表演滇剧。大殿与戏楼间有两块平台，下面的平台，现在是通关中心小学的广场。原来平台两边各有一平房，左边是土主庙，右边是阎王庙。大殿修建于乾隆初期，它的主神是关公，他的泥塑坐像像三国志里描绘的一样，面如重枣、五绺长须，手捧兵书端坐在神龛里。供桌前还塑着相对而立的关平和周仓。关平合手捧印，周仓手执大刀。他们的形象很威武，人们进入大殿不由得心生畏惧。关公的左侧是火神爷，右边是财神爷。大殿里还有一把铁铸大刀，很重，是大殿的镇殿之器。关公是忠义的化身，是社会标榜的神灵。

武庙标榜忠义，文庙则是以弘扬儒学为宗旨。为了迎合清政府的文治武功，小寨张氏的先祖张天发凭借自己的经济基础和社会影响力，倡议捐资修建文庙，并带头捐白银 30 两，该义举得到通关各界人士响应。经过紧张有序的施工，乾隆二十八年（1763 年）孔子诞辰这天，在张天发的主持下，举行了隆重的开光典礼，向社会正式开放。当时工人的工资很低，技工的工资每日只需白银二钱，善款尚有节余。为了聘请专人对文庙进行维护，用节余的款项购置了 20 多亩香火田，以租谷来维持日常开支。从此，这座哀牢山脉的灵

墨江马帮（刁翠林　提供）

秀山峰便以庙为名，称为文庙山或魁阁山。文庙坐北朝南，与武庙隔小寨坝相望，文武兼备。

文庙依山而建，分前殿和后殿。前殿称魁星楼，后殿称文昌宫，占地约6亩，两殿之间有一花园平台。东厢有耳楼连接两殿。魁星楼是土木结构的两层楼房，东西开间为三格。底层是空的，主要用作通往文昌宫的通道，左边靠墙的地方设一木梯，通过木梯可登上二楼。二楼中央后壁前设一神龛，后壁上绘有一轮耀眼夺目的初升太阳挂在湛蓝的海面上，霞光万里。霞光下的海面碧波荡漾，风和日丽，一派祥和。神龛上塑着右脚足踏鳌鱼头，左腿向后微弯的魁星像，塑像比常人稍小，目光深邃有神，似乎能穿透人们的内心。传说魁星执掌着天下学子的命运，评定他们文章的优劣，决定他们仕途的走向。二楼斗拱飞檐四角上，各挂一个铜质风铃。文庙的结构设计不算复杂，工艺也不够细腻，但选料却十分考究，主要的大料是直径60厘米以上的百年栗木，连白蚁也无法啃动。

文庙山上古木遮天蔽日、环境优美，庙内寂静幽深。每年的阳春三月，满山翠绿，树树新妆。掉落下来的松针铺满坡面，满眼金黄。躺在厚厚的松针，呼吸着清香，倾听着微风送来风铃声和时紧时慢的松涛声。铃声和松涛声融合在一起，把人们带进了时光的隧道中，思绪翩翩，此刻，对先辈的崇敬和对大自然的赞美油然而生，人们沉浸在无限的遐想之中。

远眺通关镇（李昔俊 提供）

景谷古镇

景谷古镇，即今景谷县下辖的景谷镇，为了与景谷县区别开来，当地群众一般称景谷镇为“小景谷”。景谷镇为茶马古道上的重镇之一，有独特的茶马印记人文景观，茶文化底蕴深厚，是普洱茶原产地和主产区之一，素有“万担茶叶之乡”的美誉。

景谷镇地处景谷县北部，位于景谷河上游，镇政府驻地距县城 41 千米。东与凤山镇相连，南与威远镇接壤，西与民乐镇毗邻，北与镇沅县振太镇接界，全镇总面积 263.5 平方千米。景谷镇境内有丰富的森林资源、水资源、茶叶资源、石材资源等，全镇地形以山区半山区为主，森林覆盖率达 82%。景谷河自北向南贯穿全境，镇境内有丰富的自然资源和人文资源，生态环境良好，主要有省级重点文物保护单位道教圣地“大石寺”、拥有数百年历史的古茶树群落以及部分茶马古道遗迹等自然人文景观等。

历史上景谷古镇的发展与茶叶种植息息相关。据史载，早在清代咸丰年间，景谷古镇的民众就在文笔山、苦竹山、马鹿山等地种茶自食自用。清朝光绪末年，景谷古镇纪家村的前清进士纪襄廷弃官还乡，潜心研读《茶经》。考察发现景谷的气候、土质宜于种茶，便向外选购种子，先于陶家园试种百株，复于塘房山续种数十万株，精心培植，数年之后蔚然成林，可供采摘，于是广泛倡导，资助开荒恢复老茶园和新植茶园。使景谷荒山变为茶山、景谷河两岸形成茶区。在纪襄廷的引领倡导下，茶叶种植在小景谷得到全面推广，并影响到相邻的民乐、威远、振太等附近乡镇。景谷古镇所产之茶因其处于进藏茶马古道要冲的区位优势而受到众多商贾的青睐。清代，景谷古镇街上商贾云集，驮马往来穿梭，热闹非凡。这里的茶叶沿着茶马古道，源源不断地运往四川、西藏乃至国外。如今文笔山、苦竹山的栽培型古茶园面积还有 1500 亩。这些老茶树散生于箐边杂树林中，绝大多数直径有碗口粗细，树龄约 200 年，历史上茶农一直从此采摘、加工、销售茶业。1912 年，纪襄廷与本家纪仁寿在小景谷街创办了“恒丰源”茶庄，并在昆明南正街设立分号，销售普

景谷镇团山村老街（图片源：百度百科）

建于清代的景谷镇内的石拱桥和八角亭（龙麟 摄）

洱茶。“恒丰源”茶庄依托景谷河两岸茶园出产的优质普洱茶，生意日益红火。“恒丰源”茶庄之后，经营茶叶生意的茶庄在景谷街如雨后春笋般出现，除了本地人康韶音、杨茂兴、董大老爷开的美利康、振兴祥、董家茶铺之外，景东土豪梁星楼也到景谷街开设“同裕昌”号茶庄，随之先后有四川、昆明、大理、巍山、新平、镇沅、宁洱等地茶商到景谷镇开设茶庄，景谷古镇茶庄多达27家，并有好儿家在昆明设有分号，可见当时景谷古镇的茶叶市场的繁荣。1937年是景谷镇茶叶历史上不平凡的一年，这一年，是景谷镇茶市产销的顶峰，而也就是这一年，景谷街一场大火烧毁了“恒丰源”茶庄库存茶叶1000多担，纪襄廷也在这一年撒手人寰。纪襄廷去世后，景谷的茶业并没有停止，景谷镇的二十几家茶号仍在继续收茶，景谷镇的茶叶仍在向昆明、四川等地发售。故当时的学者王毓嵩先生赠送纪襄廷的挽联为：“景谷之茶衣食万姓，庄蹻而后见公一人。”纪襄廷的墓志碑上刻有这样的文字：“昔日的穷乡僻壤之地区，一变而为商贾云集之市镇，国计民生，日以富裕，地方文化日以发展。”足见人们对纪襄廷以及景谷镇茶叶生产销售的评价之高。

在纪襄廷大力推广种茶的同时，另一个景谷镇人李文相创办了私营茶叶加工作坊。1900年，家业小有所成的李文相在景谷镇创办了自己的制茶作坊李记谷庄。李文相家的“谷庄茶”，系用景谷晒青茶作为原料，送往下关加工，故称“景关茶”，质量甚佳，经过昆明、昭通运到四川的宜宾、沱江一带销售。茶商称之为“沱江水，下关茶，香高味醇品质佳”。该茶被誉为“沱茶”。李文相的私营茶叶加工作坊对团茶的加工，奠定了“沱茶”的雏形，也打通并了景谷镇茶叶的销路。1951年，下关茶厂在小景谷设立茶叶收购站，随后景谷县又有了中茶公司以及外贸公司收购站；1958年，景谷县茶产过万担；1959年，成立县属的精制茶厂景谷茶厂；20世纪70年代，景谷镇茶叶产量过万担。

景谷古镇的古树生茶具有茶香高扬，水甜柔，甘醇顺滑，回甘绵长的特点。这种特性既与其叶种、当地的土地环境、气候有关，更与其制作方法有关。景谷镇人制茶与其他茶区的制茶的最大区别在于揉捻较轻，茶叶内含的苦涩味物质揉出较小，这种独特的工艺极大地保存了茶叶内含的茶多酚、儿茶素、氨基酸、糖类物质和咖啡碱等有效物质，还保持了云南大叶种茶的高香，因此甘甜、韵长、气足、耐泡。如今的景谷镇家家户户种茶、经营茶，靠茶致富，李记谷庄、昌泰、恒丰源等现代化的普洱茶加工厂出现在景谷镇的街上。景谷古镇在岁月中经历了跌宕起伏，恒丰源、美利康、振兴祥、董家茶铺等茶号也湮没在历史的长河中，但永远不变的是景谷镇茶叶“香高、味醇、品质佳”的美誉，景谷镇茶叶仍然继续着其“衣食万姓”的不朽传奇。

除了悠久的种茶历史，景谷镇还有境内有名的名胜古迹——大石寺，该寺位于景谷镇文山村委会海孜自然村，距离镇政府20千米，海拔2227米，是全镇最高峰。大石寺史传始建于清道光年间，续建于咸丰年间，岩高坡陡，有陕西华山之险；石寺凌云，有厦门鼓浪屿日光岩之奇，在此登高望远，群山低矮，蓝天接顶，云飞下界，松涛有声，景色迷人。大石寺包括三皇宫、天生寺、祖孙殿、杨四将军庙、玉皇阁五个宫庙殿阁，此外还有“摸子洞”“积米洞”“一洞天”“鹊桥石”等奇景。历代文人韵士，登临观赏，刻石题词，赞叹这不可多得的天工奇观。此地也成为人们度假的旅游之地。

景谷古镇民俗文化丰富，有独具地方特色的牛撒撇、烧鱼、腌鱼、手抓糯米饭等特色小吃。节庆期间，还有陀螺赛、撒火把、泼水、跳笙等传统地方民族特色活动。

碧安古镇

碧安古镇位于今景谷县（古威远厅）西南部，东与景谷县益智乡接壤，南与思茅区云仙乡隔小黑江相望，西与勐班乡、澜沧县山水相依，北与永平镇接壤。历史上，碧安称“勐主”，商业、手工业发达，加之地处云南省南部地区与缅甸、泰国通商的交通要道上，碧安成为茶马古道上的一个重要驿站。

1948 年碧安勐主全景

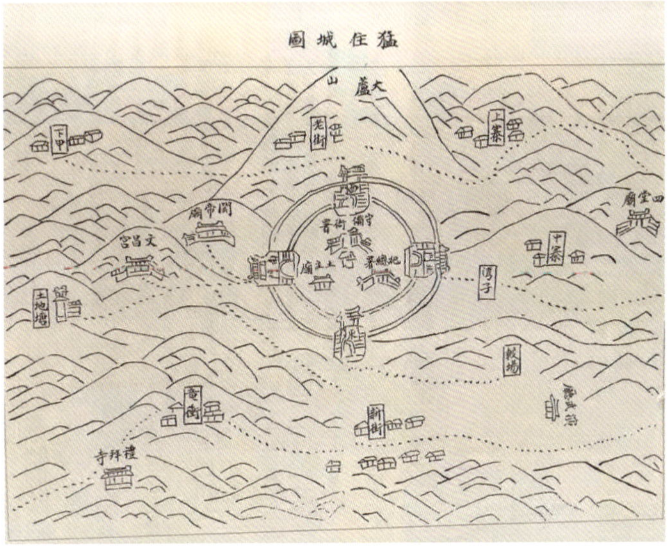

清代勐主城图（图片来源：《道光威远厅志》，龙麟 提供）

碧安古镇是一个商业和手工业比较发达的小镇。尤其是清末至民国时期，商业最为兴旺。当时，碧安古镇共有数百户人家，城墙高筑，各种商行、摊贩密布，各路马帮络绎不绝；夜间气灯、马灯、煤油灯彻夜通明，繁华热闹。是东出宁洱、思茅，北上镇沅、景谷，西到澜沧、临沧，南下车里（今景洪市）、佛海县（今勐海县）、南峤县（今勐遮镇），并经西南路到达缅甸、泰国的必经之道。在碧安商贸的带动下，街道建设也突出勐主的“主”字特点，商家建立一些新式楼房，初步形成自北向南约一千米的一条主街，加上西门顺城一条、中间到北门一条，两条南北向的街形成“王”字的三横；正中由碧安中学到西门方向东高西低的一条正街，构成了“王”字的一竖。市场越来越繁荣，街道初步形成，但街道坎坷，与繁荣的商业贸易不相适应，结构也不完整协调，乡绅商定再建盖街头大仓房（大仓库），其意是在“王”字头上加一点，构成完整的勐主的“主”字。最终由碧安乡绅林直中承担大部分费用，建立崭新的大仓库兀立碧安街头。逐步形成了碧安古镇街面，这一格局保留至今。

茶马古道上的“小昆明”“小延安”

“小昆明”：碧安上达镇沅、景谷、玉溪、昆明至全国各地，下可至景洪、勐海、勐遮，到达缅甸、泰国乃至世界各地，且气候宜人，又处澜沧江与威远江、小黑江邻边，水资源丰富，碧安古镇周边水井众多，在农耕时代无疑得天独厚，因此物产丰富，所以，行走商贩络绎不绝，经济发展较快，曾被称为“小昆明”。

“小延安”：碧安商贸繁荣，往来商旅众多，开展党组织活动较为便利也较为隐蔽，为思普区（包括现普洱市、西双版纳州全境及玉溪市、临沧市部分）地下党和革命武装斗争提供了得天独厚的条件，因此，许多革命志士在碧安历史上画上了浓墨重彩的一笔，如碧安革命斗争引路人何宏年、碧安革命斗争急先锋肖源、碧安“国际联络官”刘亚南、归国党组卓孟晋，等等，都在碧安留下了革命的遗迹。碧安在1948年6月建立了景谷县第一个党组织——中共思普特支碧光中学分支，7月成立景澜六（景谷县、澜沧县、六顺县）军政委员会，9月成立中共勐主支部，11月归国党组到达碧安；1949年2月成立普光部队，形成在黑暗中领导和指挥澜沧江两岸各族人民推翻反动统治的坚强战斗指挥部，曾以民主进步享誉思普地区，被称为思普地区的“小延安”。

碧安茶马古道遗迹追寻

在碧安古图（勐主城图）核心区可看到，有东、南、西、北四门，出入碧安的通道上至今留存着许多遗迹。

北路遗迹：

水井：“井”与人们生活密不可分，与人们繁衍生息密切相关。碧安人民对挖井这件事非常慎重，挖井需注意选址、开挖时间、井口大小、深度、维护、土质等。如今古老的水井上架满了现代化气息浓厚的引水工具。水井是永恒的生命之泉，给碧安人民带来生机、财富，井水不涸，勐主长青。北门可至上寨大平滩，上寨古井古桥遗留颇多，看水井裂开的石板，野草倔强地从中间钻出，体现碧安人民不屈不挠、刚毅顽强的精神。古井以它的温润和朴素见证了悠久历史。

碧安上寨水井（龙麟 摄）

碧安陈家大院（龙麟 摄）

四庙堂：碧安四庙堂，其门顶半为拱形，每块砖都刻有独特的图案，庙顶的瓦呈条状倾斜排列，庙前方有无数台阶，图案渐渐淡化。“夜投佛寺上高阁，星月掩映云曈昽”，夜色降临，四庙堂分外沉寂肃穆，抬头仰望那拱形的大门，上面有中西结合的壁画，两边高大的柱体上也有绘画。

陈家大院：是勐主开明人士陈华藻的住址，建于1947年，由一座主楼及东、西两面三座厢房构成，是典型的家居转角合院建筑风格。陈家大院是早期勐主地下党组织的秘密活动地点，为地下党组织提供会议场所，帮助储备革命活动所需物资，是碧安乡开展革命活动的重要地点。

西路遗迹：

三友桥：该桥由林直中、陈耀武、陶士彦三人合建，故称为“三友桥”。该桥是中西合璧建筑的典型代表，是中国乡村变迁的见证。如今，桥下小溪默默奔向远方，而土木结构已然被钢筋水泥代替，它静静地见证着碧安乡村的变迁。

窝箩箐石拱桥：碧安窝箩箐石拱桥建筑年代约为清代，是从勐班方向进入碧安后过勐主河的主要通道，是碧安水阁桥、三友桥没有建成之前过勐主河进入碧安的唯一通道，也是现在城内保存最好、一直沿用的石拱桥。

碧安窝箩箐石拱桥（龙麟 摄）

碧安茶马古道石镶路：出了西门过了三友桥往前走，就到了碧安至勐班的茶马古道石镶路，长度3千米。距离景谷县城106千米，距离勐班乡5千米，距离碧安乡3千米。中华人民共和国成立前，是连接勐班和碧安的重要通道。

碧安至勐班石镶路（孔晓宏 提供）

南门、东门遗迹：

碧光中学：碧安在民国时期是澜沧、六顺、思茅等县通往景谷的要塞，又是内地外出缅甸的必经之地，商业较为发达，殷实人家颇多，开明绅士们认识到，地方经济之繁荣，有赖于有文化的人。为此，以罗正明为首的一些地方绅士商定，每年筹款保送一批品学兼优的高小毕业生到昆明深造（每人以600块大洋作为学习费用，1943年首批选送了刘国桢、张太康、杨春和等9人赴昆明学习）。事后，当地绅士林直中等人建议：采用保送升学的办法困难较多，向外聘请教师就地创办中学方为长久之计，此建议得到绅民们的赞同。1944年5月，经绅民筹商，决定开办中学。推举罗正明为校长，并成立校董事会，陶士彦任董事长，林直中任常务董事，成员有陶士荣、舒代富、刘亚南等19人，他们着手动员捐款，拟定学校组织章程，确定校址、校舍、校名、分工等事项，并决定建盖两楼一底一幢正房、一楼一底两间厢房。1945年2月，校舍落成。因罗正明在勐主及江迤一带影响大，故以碧岭乡的“碧”字和罗正明之字“光亮”的“光”字合起来定名为“私立碧光中学”。聘请日本京都帝国大学机械工程系毕业生高杰夫为教务主任，委托常驻昆明的陶铸吾先生在昆明登报，重金聘请教师和制作校徽。第一批教师为胡文静、夏纯芝、姚家碧、刘景松、徐子龙、陈建华、陈春田（马来西亚华侨，校歌作曲者）、欧阳熙、李开运、高杰夫。同年9月开始招新生，一班32人，同时办一班高小毕业生实习班，有34人。在伟大的解放战争中，碧光中学是碧安党组织领导景澜六革命活动的重要据点。党组织的许多同志即以碧光中学教师身份前往碧安开展革命工作，为配合全国解放做出了贡献。

碧光中学大门（罗永 摄）

古时威远八景之一“长堤烟柳”的景象依然可见（龙麟 摄）

磨刀河：磨刀河石拱桥建筑年代已不可考，但从外貌看曾是被骡马踏出深槽的古道。因为马帮途经此地，为更好地前行，他们需要披荆斩棘，难免刀钝人乏，就在此河里用石头磨刀，也借机休息片刻，“磨刀河”这名便由此而来。现在，磨刀河旁的小路平坦宽阔，随着曲径通幽的小径一路寻去，我们可以听到蜜蜂的嗡嗡哼唱声，因为这里有养蜂基地和一群勤劳的村民。这里四季如春，山清水秀，流水潺潺，让人们感叹大自然的慷慨。

渡口：碧安光明村白云渡口连接澜沧江小黑江，置有渡船若干、渡工数名，以济往来。渡口很窄，每天从这里通过的不仅仅是挑着几十斤货物和闲散访友的人们，同时也有众多东南亚及西双版纳澜沧思茅一带把茶叶及其他货物运到渡口的客商，渡口成为两岸经济发展的见证者。渡口在糯扎渡电站建成后被淹没。

古道建筑文化：

镇兽：位于碧安大西门，大西门又称“星华门”，门屋脊正中有一物，为陶制品，据说为镇兽。碧安一地，从清代到民国瘟疫盛行，在历史资料记载中较大的流行鼠疫就有三次，分别为1902年、1914年、1917年，其中1917年的鼠疫导致碧安500人死亡。据健在的碧安老人讲，西门屋脊上的为“都天角”。当时勐主流行一种叫作“羊滋病”的疾病碧安人谈之色变，恐怖至极。为祛除此病，而置镇兽。

寿福寺：寿福寺位于碧安南门外一山包上，沿着永碧公路，你便可以寻到它古老的踪迹。当地百姓乃至四面八方的游客都会来到这座庙中祈求自己长寿安康，为家人祈祷长命百岁，健康生活。寿福寺还有一个功能，就是往来马帮人员在途中不幸身亡后，由该寺负责将不幸身亡的马帮人员的遗骸送回原籍。可以说，在普洱众多茶马古道驿站中，碧安驿站是功能较为齐全的了。

观音庙：观音庙位于碧安河上寨段旁边，现在还有几棵柏树。观音庙含有送子祈福之意。旧社会观音庙是热闹之地，传统社会需要大量男丁劳作耕地，致使百姓对观音庙有着深厚的感情。

安定古镇

安定，系傣语，意为富饶的盆地。安定镇是景东县北大门，是古代茶马古道从普洱进入大理并且一直往北入藏的重要通道。

安定古镇在明代初年开始设关，是茶马古道上马帮运输货物必经的关口和马帮货物的重要集散地。安定古镇分上街和下街，上街是出入的关门所在，后因地点狭窄，于1932年停止赶街后搬迁至下街，此后上街成为专门供马帮运输查验和税收之所。

古街道铺设于明代初年，遗存的古街道呈南北走向，清雍正《景东府志·卷一》记载："安定关，在郡北百四十里，乃入郡之咽喉，为景蒙之北界，接壤南涧。"又"安定日中为市场，子名鼠街，沿袭三百余年"。中华人民共和国成立之前，有一些临街铺面经营土杂百货，日中为市。景东是通往南涧、大理的必经之地，西部连接川河，北部有条小河流入川河，称为南涧河，小河北为南涧县，南为景东地，距景东县城49千米。古镇保留有古德堡、安定铺、瓦厂哨塘、大司藩、南涧河瓦桥、川河瓦桥、鼠街都督府、嘎埂营、帽花山营、杨土司旧居、上街、下街等地名和遗址。

上街保留着完好的石板铺筑古街，大部分遗址就保留在上街。古街呈南北走向，北至弥宁公路边罗开南家宅右侧，南边跨青胜河过界碑丫口，现存遗迹长500余米，临街住户34户。古街道现有古井还能正常使用，民居老屋还有木匾、古旧家具。据传街道两端曾设有南北门（称栅栏门），今已毁。古道过老街一段路面曾铺石板，西边铺卵石、块石。上街的繁荣兴旺与唐南诏时期茶马古道的开通和引种茶叶生产有直接关系。这条茶马古道上到大理、丽江、迪庆、西藏；下到普洱、景洪、缅甸、老挝；左通云县、耿马、镇康、凤庆、保山、缅甸。这条茶马古道从三岔河上英东山到鱼塘，过平掌到界碑大箐住马场，再到鼠街小箐上街，又过南涧雀田村。鼠街是这条茶马古道必经的要口，不论上大理、丽江的马帮还是下普洱、景洪的马帮，都要在鼠街住宿和休息，有名的马帮住宿店是谢家修建的谢家大店。马帮往来不断和安定茶叶的引种发展，带来了鼠街的不断繁荣兴旺。安定有许多有名的马哥头，毕文秀就是代表。毕文秀统领安定东西两山马帮，往返茶马古道运输货物，此人忠厚老实、讲信用，

安定老街

大小老板、生意人都很喜欢他。不幸的是，1917 年他在赶马途中于普洱商会会馆得急病死亡，年仅 49 岁。像这样的马锅头安定还有很多。随着公路的修通，茶马古道渐渐被淹没在深山中，马锅头亦越来越少，茶马古道和马锅头只能作为历史及一种特有的人文现象留在人们的记忆中。

在安定，还保存着景东最古老桥梁之一的南涧河瓦桥，该桥初建于唐代，位于安定古镇农贸市场旁的南涧河上，清末民国初年再次架设瓦桥。大司藩和鼠街都督府属清代杜文秀起义军管制，大元帅下设 18 名大司，大司藩属第 18 名，官阶仅次于大元帅。清朝咸丰、同治年间杜文秀、李文学起义军曾在安定鼠街设立鼠街都督府，是当时 8 个都督府之一。彝族起义将领罗自美，曾任鼠街都督府都督。上街营盘山嘎埂营即鼠街都督府兵营，分先锋营、中营和后营，后人曾在此立祠祭祀，名为“大司藩”。现仅存断壁残垣，为县级文物保护单位。

安定古镇曾经是普洱茶马古道上重要的茶叶、盐巴、陶瓷以及药材等集散地，马帮在此歇脚、食宿、饮马、交易，当时的上街呈现出一片繁忙景象。1951 年以后，相继在此设立国有贸易小组、茶叶收购组、供销社、食品站、综合转运站、批发公司，批发公司负责县境内文龙、漫湾、林街以及鼠街的物资转运、批发。每到街天，除来自县内各地的客商，还有来自南涧、弥渡、巍山、南华、楚雄等地的，热闹异常。

远眺安定镇（周德翰 摄）

振太古镇

鸟瞰振太（林昌云 提供）

振太古镇即今镇沅县下辖的振太镇，位于普洱市镇沅县西部，地处“两市（普洱市与临沧市）四县（镇沅、景东、景谷和澜沧县）”交界地带，属茶马古道重镇，历史悠久、人文荟萃。历史上振太镇又称“太和镇”，意为“平安、和睦相处之地”。振太镇盛产茶叶，是历史上茶叶、盐巴、牲畜交易集散地，被人们誉为茶马古道上马背驮出来的古镇之一。振太镇距县城 90 千米，全镇总面积 661 平方千米，东接景东县，南接景谷县，西临临沧县（今临翔区），北与临沧的云县隔江相望。1957 年 11 月，原景东县的振太乡、勐大、里崴划归镇沅县。历史上，振太的经济、文化中心在太和村紫马街，1984 年 9 月，振太乡政府迁建紫云街。

从振太镇出发，可沿澜沧江东岸而上，经景东、南涧、大理、丽江、香格里拉进入西藏；也可到东南的抱母井、恩坑井等地驮盐巴至小景谷一带贩卖；从南出发，经威远厅（今景谷县）、普洱府（今宁洱县）可入夷方（今东南亚）；从北边经桂花甲、文井可入银生古城（今景东县）。茶马古道的兴盛带动了振太的经济发展。

振太古镇上遗留的文化遗址较多。其中，以典型的难搭桥为代表。难搭桥位于镇沅县振太镇政府南面 9 千米的塘坊村南侧南达河上，为市级文物保护单位，建于清光绪六年（1880 年），据《新纂云南通志·地理考·津梁》记载：“此桥建于两岸峭壁间，就崖砌墩，嵌为弓形石桥，工程浩大。”故称为“难搭桥”，是历史上临沧、景谷、思茅、普洱通往景东、大理、西藏、四川、巍山等地的必经之地，至今仍行人不绝。另外，太和小河上还有保存完整的风雨桥，也是普洱市内少有的古桥。

振太石大富拴马桩

振太石大富喂马槽

振太石大富上马台

振太自古就是茶马古道重要驿站，商贸文化发达，带动了教育事业的发展。雍正十三年（1735年），创办了兴隆书院；1939年，太和中学创办，为镇沅一带创办时间较早的现代中学。振太人自古崇尚教育和经商，过去有很多振太人在缅甸、老挝、泰国等地经商。目前，振太在东南亚国家和中国香港、澳门、台湾等地区旅居的华人华侨有500多人，振太成为知名的“侨乡”。

振太还保留着著名的古村落群，该村落群由郑家村、石大富村、子马街、文索中村四个自然村构成。振太古村落至今已有上百年的历史，经过百年的风雨洗礼，错落有致的百年老屋、古朴深沉的石门坎，还有古道、古桥、古牌坊，无不铭刻着世事变迁，记录着振太侨乡古村落悠长远久的马帮历史。其中，郑家村因郑姓村民较多而得名，村内有保存较好的古宅三幢，三幢古宅的门、窗及梁枋均有龙、凤、狮形及花卉等精美雕刻，墙头也有龙、花卉图案绘画。石大富村因石姓较多、较富裕，故名“石大富村”，现改为“大付村”，是杨家、李家、姜家等众多振太马帮及外地马帮的必经之地，曾开有马店，生意兴隆。村落内现有古宅31幢、石铺古道1310米，保存有完好的拴马石、上下马石、饮马槽、马圈等遗址。

值得一提的是，振太紫马街为当时茶马古道上的繁荣集市。据说此处曾是古代练兵之地，因首领常骑一匹紫色大马，故称“紫马街”，后改称为“子马街”，曾是振太区公所和太和镇驻地，曾一度成为振太古镇政治商业中心。

振太古镇拥有历史久远的马帮文化、侨乡文化，丰富的历史底蕴留存，秀美的田园风光。使振太古镇在2013年荣获市级文明乡镇称号、2015年荣获省级文明小城镇称号。

勐烈古镇

勐烈老街上的房椽木雕（张毅 提供）

勐烈古镇位于江城县城西北方向。“勐烈”系傣语，意为“河边之平坝”。江城勐烈古镇真实地反映了江城一定历史时期的传统风貌、民族和地方特色，现保护完好并具有一定规模的近现代建筑，见证了江城县城的变迁，是江城历史文化发展的实物例证。乾隆年间，很多外地人因经商、戍边、避难、逃荒等迁至江城县勐烈镇。乾隆三十五年（1770 年），开始用石条、石块等材料铺设勐烈街道，街宽约 5 米。勐烈古镇总面积约 16000 平方米，古镇内有两条道路：一条是勐烈老街街面，另一条是勐烈老街云盘路。其中，老街街面道路长约 463 米，宽约 4 米，面积约 1900 平方米；老街云盘路长约 400 米，宽 4 米，面积约 1700 平方米；该片区居住着以哈尼族、彝族为主的多个民族。

清代，江城经水路与越南互通有无的商品交易繁荣发展，大量茶叶由此出口，逐渐有商人来勐烈街开办茶庄、茶号经营茶叶生意，开设有驿站、马店、马帮等。勐烈古镇曾先后开办过敬昌号、胜利号、江城号、福泰隆、群记茶庄、四合公等有名的茶庄。民国时期，县内绅商倡议建盖瓦房，县教育局也筹措了一笔教育基金垫支盖房，然后出售给居民，几年后，勐烈镇正街和岔街基本盖满了土木结构一楼一底的瓦房。

现在的勐烈老街（李启学 摄）

整董古镇

整董曼滩村（图片来源：江城县政府网）

清末至民国年间，江城至越南的这条路成为普洱茶出口主要通道，江城成为重要的中转站。各地通往江城的茶马古道大致有十条，其中有一条是从今天西双版纳州勐腊县易武镇沿中老边境线到江城县的古道，人们称为“江易古道”。

整董，是位于江易茶马古道必经之地的一座傣族古村落，坐落在红泥河与那哈河交界处，视野开阔。传说佛祖帕召果达麻来到曼中董时站在小山上远眺前方，看见了景董，说这是适合人们聚居的城子，故名为整董。于是人们就开始在整董河谷这一带居住繁衍，逐步发展成整董、中董、漫滩等 7 个村落，其中整董又发展成曼贺景、曼贺、曼乱 3 个村落，后来称为“城子三寨”。其实整董这个地名按常规应该叫景东或景栋。清朝道光时的《思茅厅志》记载：“凡营城及人居萃聚之处皆称整。”意思就是人群聚居的地方称为“整”。“整”为傣语，汉语取其读音，一般翻译为景、井、整，如景东、景谷、井罕等。《江城地名志》中明确记载：“整董系傣语景董转音过来，景为大地方或城子，董是看见的意思。”

乾隆年间，处于江易茶马古道上的整董古镇，在第二代土司召国南带领下普遍种植普洱茶，连佛寺旁边的空地都不闲置。可惜 20 世纪六七十年代，整董农场大规模种植橡胶和改良茶叶品种时，这些古茶树遭到毁灭性清除，连佛寺周边的那些大茶树也被砍掉，仅剩下石头角落里的 7 棵。残活下来的这 7 棵茶树现在成了整董著名的古茶树，采下的茶被召家人命名为“土司古茶”，价格不菲。

整董古镇傣族不仅普遍种茶还积极加入贩运茶叶的行列。召永明回忆说当时他的外公召国顺长得高大魁梧，会武术，通傣文，年轻时就到越南做过茶盐生意，组建了自家牛帮 10 把，每把 11 条牛。刚当土司那几年身体还强健，曾组织本地傣族的牛帮给易武商人驮茶盐到越南莱州。小牛驮 8 桶茶，大牛驮 12 桶茶。平均每头牛给 3 元工钱。每把牛帮里有一头牛负责驮米油等食物，不付工钱。牛帮走路慢，从易武出发到莱州，来回需 3 个月，旅途充满了艰难曲折、酸甜苦辣。

认真推算起来，整董建村应该在 12 世纪宋朝时期，当时为曼景龙王国的属地，历史上曾是车里宣慰司所辖的十二版纳之一。根据《泐史》记载，澜沧江以东的六版纳中，整董、倚邦和易武为一版纳。清雍正七年（1729 年），清政府在勐乌和整董二处各设盐课大使一员，隶属普洱府。清雍正时，整董的召音成为七个村寨之首领。召音带傣兵从征普思有功，被正式授职为土把总，为云南 55 个土把总之一。召音成为整董土司，领土面积突然扩大。据记载，整董土司管辖范围在“宁洱县境内距城六程，其地东至元江州界（李仙江）一百八十里，南至乌得界（老挝约乌县）一百四十里，西至勐旺界（思茅区）一百里，北至宁洱界三百里”。面积相当于今天的半个江城县。

把总是清代前中期基层军官名，正七品，正规把总下有士兵440人，因此又称“百总”，仅次于统率千名战兵的千总（守备）。土把总是清政府任命的官职，可以世袭，也称为“土司”。意思是当地的司令。召音的召是傣族对首领的称呼，音才是人名。久而久之，召成首领家庭的姓。后来召也改成了赵。第一位土司召音受封后建造了整董土司官署，面积约五千平方米，有东、西、南、北四道大门。2013年时还有土石围墙痕迹。土司官署建成后这个寨子正式称为曼贺景。曼贺景是傣语，译成汉语为土司寨，曼意为寨子，贺景意为土司。整董土司历代世袭，直至解放时共承袭八代217年。

据召永明回忆，整董土司中最有传奇色彩也是最长寿的是第七代召国顺。1852年生的召国顺傣名叫孟捧玛，早年到过越南经商，1912年召凤章死后，已经60岁的族侄召国顺继承。1940年已经88岁的国顺年老体弱，只好让大儿子存仁接任。但1948年时存仁到了景洪。二儿子存信已在抗战前就到景洪闹革命了。无奈之下，国顺重新拾起儿子放弃的土司之职，成为整董历史上唯一的两任土司。1954年病死时已经102岁了，实属罕见。他的二儿子就是后来在西双版纳州当了40年州长的传奇人物召存信。

召音建土司官署时在土司官署右边建了一座大佛寺。但这座佛寺在道光二年（1822年）被今天老挝约乌县的勐乌土司烧毁了。因为年代久远，无法知晓被烧缘由，传说是勐乌土司和整董土司争夺土地失败，双方结仇。勐乌土司见打不过整董，就偷偷摸摸派人放火烧寺，实施报复。据传勐乌人晚上来到无人守护的大佛寺放火，但火无法点燃。勐乌人就磕头发咒说：“老天帮助我点燃火，我今生再也不踏进整董一步，如有违背天打雷劈。”结果勐乌人点着火烧了佛寺。火势很大，连佛寺旁边的树木都被烧死了。20世纪80年代文化馆普查时发现了佛寺的石鼓柱脚、六方大砖、佛像坐墩。2016年，在原址上用钢筋混凝土建成一座崭新亮丽的大佛寺。因其在整董镇中心，故以傣语命名为哈萨坦佛寺。

第五代土司召承恩在寨子后面的小山峦上建设了一个佛塔。因是土司所建故称为“贺景塔”，意为土司塔。据说当时贺景塔占地面积有五百平方米。当时的贺景塔是一座砖石砌成的葫芦状菱形佛塔，塔身为砖体结构，石灰沙三合泥抹面。塔高7.3米，分四层。一层高1.8米，四周边宽4.1米。二层塔身如悬挂棱角铜钟，高1.8米，下宽2.8米，上宽1米，塔身四周刻有突出1厘米的棱角图案。三层为上下对称的两个四方棱台，高1.2米，上下边宽1米。四层如四方花瓶，高2.7米，塔刹呈葫芦形，开始配有圆球和两面铜旗。整个塔涂有金粉，绘有仰莲等图案，后被风雨剥蚀。中国的佛塔大都为金刚塔、密檐塔、覆钵塔、藏经塔、墓塔、风水塔等式样，傣族地方的大都为须弥座塔、一支笔塔、多边多角塔，只有江城的贺景塔是方瓶方钟式的佛塔，是云南乃至全国难得的独特造型，塔形艺术价值极高。据说在1985年的云南省文物普查成果汇报展览中，贺景塔文物图片引起了很多观众的赞赏，还引起了学术研究部门的关注。

整董古镇在民国时称为“鼎和乡”，1953年划归西双版纳；1959年划回江城县康平区1963年又划到西双版纳；1966年再划回江城县康平公社，成立五一大队，后改为整董大队；1984年改为整董傣族乡；1988年成立整董镇，现辖整董、曼滩、滑石板（移民）3个村，面积300多平方千米，人口1万多。镇政府驻整董村城子三寨。整董镇被评为首批“全省少数民族特色小镇”，整董村获“省级美丽乡村”称号。整董城子三寨是江城县保留最为完整的古村落，现已建成傣族民俗旅游村。

清凉古街

清凉老街（周德翰 提供）

清凉，地处无量山和哀牢山支脉交汇地带，因东、西、北三面为山，悠悠南流的川河水（古称“银江”）把两座山脉一分为二，在南部形成一马平川的川河坝子，由于地理条件特殊，这里气候四季如春，故得名清凉。1940 年设清凉乡，1950 年设清凉区，1957 年撤销区建制归文井镇管辖。

清凉最初为南诏国开南（开南节度撤销设银生节度）首任节度赵龙细利的山庄，之后逐渐演变成商贸街道驿站。清代中前期已发展成上、中、下三条主街，形成三纵三横，以高三层过街楼为中心的集镇。街上商铺林立，商贾云集。主街主要建筑还有四川会馆、土主庙、关帝庙等。同时关马场有土地上百亩。清代咸丰、同治年间，当地发生农民起义，街场被毁严重，仅有中街保留较为完好。1952 年弥宁公路通车后，街场重心上移至上街一带。2010 年，文井镇党委政府与农户共同出资重修主街。

清凉是古代无量山和哀牢山山区中段最大的茶叶和盐巴集散地，是目前普洱市茶马古道上保存最完整的古街道和驿站。普洱一带所产茶叶都要通过清凉古街周转进入藏区。当时，清凉还是重要的食盐和陶瓷集散地，者干河熙龙陶瓷以及时为景东管辖的年产多达 41 万担的食盐都需通过清凉周转各地。

茶马古道南起普洱，经景东、大理、丽江进入藏区，并接入印度等中亚诸国。往来于清凉各地的马帮主要有驮运土产、铁器、茶叶的大理、保山、景东后路马帮；贩卖杂货的有往来于昆明、玉溪、新平、景东的前路马帮；另外还有从景东到东南亚各地的本地商旅马帮；规模最大的是贩卖黄蜡、氆氇、虫草，往来于藏区、大理、景东的藏族商旅马帮（又称“古宗马帮”）。因藏商马帮多惧热带瘴气和疟疾，就把清凉作为南下的最后一站，藏商一到，数百匹藏马威风凛凛，使清凉下街和川河岸边的沙坝平添一道风景。待货物售罄，茶叶收齐，便浩浩荡荡北返藏区。

清凉自古人杰地灵，清代有“云南著名五诗人”之称的戴家政（原属清凉区），曾任山东知县的诗人、书法家曹鹤鸣，诗人梁必恒、梁必仁以及著名抗日将军梁星楼、梁得翼等都是清凉人。中华人民共和国成立后更是人才济济，出现了一批著名教授和诗人、作家。

那柯里古村

那柯里古村位于宁洱县同心乡，距离宁洱县城16千米、普洱市区25千米，在国道213线上，是古普洱府茶马古道上的一个重要驿站。那柯里村依山傍水，生态环境良好，两条小河盘旋相汇，村旁森林茂密，具有保存较为完好的茶马古道遗址，拥有深厚的普洱茶文化、茶马古道文化和马帮文化。古村吸引了来自全国各地的游客前来旅游观光，美国、日本、中国香港等地探险人士多次到此探访。

茶马驿站那柯里（图片来源：《宁洱词汇》）

那柯里街道（肖宏贵 摄）

“那柯里”为傣语发音，“那”为田，“柯”为桥，“里”为好，“那柯里”的意思是桥旁的好田地，寓意村庄沃土肥田，景色宜人。但那柯里被赶马人称为“马哭里”。相传，无论从磨黑孔雀屏下来走夷方，还是从思茅上来，经通京大道前往北京，马帮都需在那柯里马店歇脚过夜。进出马店的马帮需涉水蹚过马店前的一条水流湍急的小河，劳累或者睡眼惺忪的马儿面对清凉的河水会流下伤心的泪，因而得名“马哭里”。视马为生命的马锅头几次上书官府建议在此地修桥，官府遂了马锅头的心愿，修建了一座长20余米的规格为五格的“风雨桥”，从此结束了“马哭里”的历史。

那柯里的先辈们创造性地开通了这样一条与外界进行商贸交流、沟通的路线，茶马古道的不断发展带来茶业的兴盛，马帮也成了普洱茶名扬天下的促进者。茶马古道沿途的地域风光、民风民俗、文化差异使其成为中国独特的旅游黄金线路。那

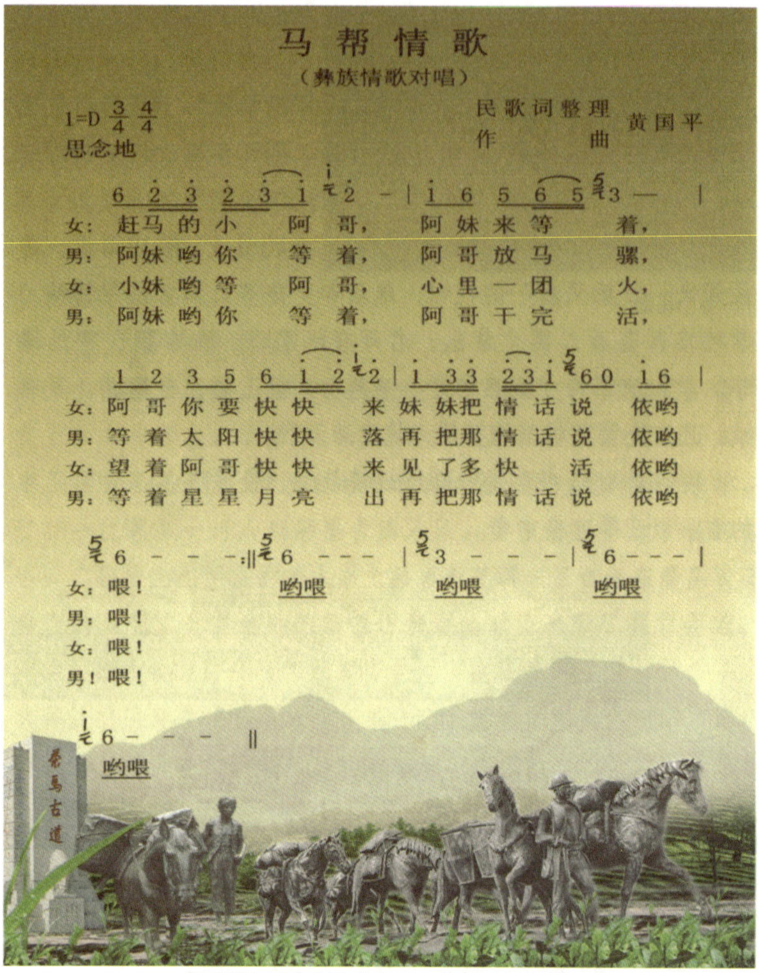

《马帮情歌》（图片来源：《宁洱词汇》）

柯里就是这条黄金旅游线路上的一颗珍珠。那柯里村保存有较为完好的茶马古道遗址、风雨桥、百年荣发马店，部分当年马帮用的马灯、马饮水石槽等历史遗迹、遗物等古迹保存完好。那柯里从古代至今一直保存着传统的马帮菜，马帮菜主要有竹筒螃蟹香肠、腊肉、火烧干巴、小红尾巴鱼、野芭蕉心、火烤臭豆豉、锣锅杂菜，还有那柯里出名的豆腐四吃：豆浆、豆花、豆渣和豆腐块。

那柯里古村是唱响中央电视台的《马帮情歌》的诞生地。《马帮情歌》是一首流传于茶马古道驿站那柯里一带的民间曲调，由宁洱县文化馆收集、整理而成。歌曲表达了赶马的马锅头与青春女子之间执着、缠绵、热辣的爱情誓言，更展示了茶马古道沿途人们对幸福、自由生活的向往和追求。该歌曲言语淳朴、旋律优美，广为流传，被誉为云南省第二首《小河淌水》。2006 年《马帮情歌》参加全国原创歌曲大赛获词曲一等奖。

那柯里村水碓（肖宏贵 摄）

2008 年 11 月，时任国家副主席习近平同志亲临那柯里荣发马店，踏访那柯里茶马古道，进村入户和村组群众深入交谈，称赞那柯里是个“记得住乡愁的地方”。2013 年，那柯里茶马古道遗址被国务院定为全国重点文物保护单位。2015 年 10 月，那柯里村被住房和城乡建设部、国家旅游局列入第三批全国特色景观旅游名镇名村示范名单。2019 年 7 月 28 日，那柯里村入选首批全国乡村旅游重点村，12 月 25 日，被评为国家森林乡村。

第四章　古道拾遗

蜿蜒流动的茶马古道，联通了西南大地上的村村寨寨。沉重的马驮、深深的马蹄、行色匆匆的赶马人穿梭在一条条山间小道上，留下了许许多多动人的故事。在这一条条古道上，一家驿站、一条街子、一个村庄、一座小城的兴衰似乎都与马帮有着密切的联系，都记录下了当年的马帮旧事。当马帮在岁月深处渐行渐远，古道上的村寨、驿站、城镇在新时代的今天发生了翻天覆地的变化，但它们所承载的茶马历史依然久远流传。

古道拾遗，捡拾起的是一段段值得一辈辈人、一个个村、一座座城镌刻的历史记忆。

普洱茶马古道经纬

历史往往并不热闹，而且显得孤独和冰冷，因为它已经孤零零地躲在岁月深处，藏在泛黄的史志之中。然而，今天的人见惯了太多的纷繁和天上地下日行千里的飞驰，又觉得腻了，总想躲开城市、躲开高楼，于是，不时会怀起旧来。这一怀旧，作为历史，普洱古道忽地就热闹起来，人们总想对曾经那个铺陈在普洱大地上如同经纬一般的古道，做一番探究。

探究出的一个基本结果，那就是普洱如同蛛网的古道，都同茶马有关，渐渐人们统称它为茶马古道。过了几年，人们所理解的茶马古道的蕴含，就成了普洱是产茶之地，然后大量的茶叶需要通过较为原始的运力——骡马来完成。按这个逻辑往下推论，嬗变成这是一条由骡马专门运输普洱茶叶的古道。

这个认识其实是不准确的。

茶马连为一体，甚至成为一个名词，最初起于南北朝时的“茶马互市”，而最直接的原因，是唐代推行的茶马互市政策。唐王朝为了抑制西北、西南少数民族的壮大和侵扰，把茶作为战略物资，以茶易马并形成制度，直至清早期的雍正朝，这个制度才渐渐取消，茶叶回归普通商品属性，成为民间贸易的一项商品。

自唐代起，喝茶之风日盛，茶叶也逐渐进入藏区及周边地区人们的生活。因康藏属高寒地区，海拔在三四千米以上，人体需要摄入大量高脂肪食物以补充热量，藏民主要以糌粑、奶类、酥油、牛羊肉为主食，蔬菜极少，肉食的消化成了很大的问题。而茶叶的出现正好解决了这个问题。

回到茶马古道的源点，那是唐玄宗时期，西南地区南昭、吐蕃渐次壮大，对大唐形成了巨大压力。长期以来，唐朝对吐蕃采取的策略通常以联姻为主，同时把茶叶作为战略物资换取吐蕃的马匹，而大唐的茶叶最大宗产地是福建、四川。由于吐蕃势力不断壮大，唐朝对吐蕃的茶马互市渐渐收紧，而对西南一隅南昭则采取笼络政策，册封南昭首领为云南王，以此制约吐蕃。在三方博弈中，吐蕃加大了与南昭政治军事商贸各方面的通联。为了打通南昭的普洱地区（含今天的西双版纳）的产茶区，产生了弥宁道。

镇沅金山丫口茶马古道（师跃 摄）

弥宁古道自西藏拉萨一路向南经德钦、中甸、丽江、鹤庆、大理、弥渡、景东、景谷、宁洱、思茅、西双版纳。每年春季到来，大量的藏族商贸骡马队涌入普洱采办茶叶；同时也沿途销售藏区的藏药、金银器皿。唐朝设立的茶马互市制度被打开了一个缺口。直至天宝战争爆发，唐军二度败于南昭。从此弥宁古道的茶叶贸易正式形成。普洱茶叶的销售对象从那时起就以藏区为主。

值得一提的是，那个时期的普洱乃至云南人口稀少，又处于原始的小农经济形态之下。小农经济最大特征就是自给自足，商贸往来十分稀少。弥宁古道茶叶贸易的出现，是普洱历史上商贸活动的起源。

自此之后，各种商贸活动频繁出现。特别是元代将普洱正式纳入版图后，官方沿线开设驿站，更加促进了商品物资的交流。到明代，在普洱境内推行民屯、军屯政策，使云南人口迅速增加。随着民屯军屯的推行，各种手工匠人进入云南，他们带来了中原腹地的生产生活模式，普洱原先自给自足的小农经济发生了变化。商品种类日渐繁多。银矿和铜矿的开采，又吸引了大量的工匠，如慕乃古银厂，工匠最多时达十余万人，大量的铜、银需要运输出去；矿山工匠的日常生活用品也需要从异地输入。大量的运输往来，使普洱的古道像一条条经纬之线编织在普洱的广袤山河中。

除了起于唐代的弥宁古道，较负盛名的还有：

昆洛驿道：此道上通省城，贯通全省连接内地，下往边疆，经周边国家转向东南亚各国；沿途经思茅北上，过宁洱、磨黑、通关、墨江、元江、青龙厂、杨武、峨山、呈贡至昆明；向南是思茅，南下经普藤坝、官坪、勐养、车里、佛海、打洛，然后从打洛出境经缅甸到景栋；另由墨江、元江、石屏、建水、蒙自、曼耗与滇越铁路相接，连通越南。

思澜驿道：此道是江外驿道的一个圆点，可通八方。从思茅向西南而行，经整碗、翠云、糯扎、火烧寨、油榨房、锦章先到达澜沧，从这个圆点出发，辐射开来。例如，从澜沧雪林乡出境可达缅甸腊戍；还可经澜沧至孟连、芒信出境至缅甸万霍道；由澜沧至西盟出境与缅甸大道小径相接。

思江驿道：从思茅向东南而行，经倚象坝、石膏箐、曼克老、营盘山、阿树至江城，由江城、李仙江坝溜渡口顺江而下至越南莱州，直达港口海防；从江城勐康村出境与老挝丰沙里通道相接。

思易驿道：从思茅向南行，经黄草坝、高酒房、勐班、补远、补冈、倚邦、曼拱、曼乃至镇越（易武）。这是一条真正为茶而生的茶马道。

到了清雍正七年，普洱改土归流，于普洱开设七大官营盐井，形成工业体系，年产数十万担食盐。这些食盐需要运出，同时，煎制食盐所需的柴火又需运入。于是靠近盐井的村庄开始出现牛帮，村民们农忙时驾牛耕地，农闲时则赶起牛驮起柴火运往盐井销售。牛帮的出现，又使各主要古道分出大量支道。

普洱古商道历经千年，每一段路都是人、马、牛，一年年、一脚脚踩踏而出。而普洱输出外地最为有名也最为大宗的就是普洱茶，或许为了铭记这段最令普洱人引以为豪的茶马往事，人们更愿意把它称为茶马古道。事实上，如此繁密的古道，它曾经起到过的作用绝不仅仅是运茶，它承载起了将中原与边疆连为一体的责任。

“二战”时期，茶马古道成为中国通往外界的主要通道，大批远征军自普洱茶马古道出境抗日的，大量援华物资也通过茶马古道运往国内抗日战场。“二战”结束后，由于地理条件等因素，茶马古道渐渐荒废，只用于乡村间的短途运输。不过，这条繁荣了十几个世纪的商道，作为普洱的一个文化记忆，沿途的古迹、古桥、古镇、古村，成为今天的我们凭吊古老往事的一道道窗口。

普洱茶马古道之宁洱篇

茶庵塘

文本中的“茶庵鸟道”

位于古代官马大道昆洛道上的茶庵塘驿道，自明末清初以来，一直是普洱上京进贡普洱茶的官道。这里又是古代重要的关哨汛塘之一，光绪年间，清政府在茶庵塘设兵丁五名驻守。

茶庵塘驿道因雄奇险秀而被当地文人骚客誉为“茶庵鸟道”，是清代普洱郡普阳八景之一。清道光《普洱府志》中载有清代诗人吟咏“茶庵鸟道”的诗六首，其中宁洱贡生舒熙盛的七律《茶庵鸟道》一诗生动地描绘了茶庵塘驿道的雄奇惊险以及运茶马帮走过茶庵塘的情景：

崎岖鸟道锁雄边，一路青云直上天。木叶轻风猿穴外，藤花细雨马蹄前。山坡晓度荒村月，石栈春含野墅烟。指顾中原从此去，莺声催送祖生鞭。

尽管远去了藤花细雨马蹄声，崎岖鸟道锁雄边的辉煌也早已湮没在历史的尘埃里，但今天的茶庵塘，依然遗留下宽约 2 米、长约 5 千米的砾石古道。

曾经，就在这迂回曲折的古驿道上，马蹄铁踏出了火花，马铃声摇落了太阳。不知有多少个夜晚，马帮就曾在这路边歇息，通红的篝火洞穿了黑夜，也温暖了赶马人思乡的梦。当月明星稀，飞鸟远遁，赶马人粗犷而又伤情的吟唱如诉如颂，在古道上飘荡。偶尔会有一声长长的马嘶，如同对整个世界的诘问，在大山里久久回荡……

这样的场景被定格在众多的诗文典籍中。在清代宁洱知县单乾元的诗句中，鸟道夜宿的情景被勾勒得尤为鲜明：

茅堂连石栈，清磬半天闻。一径悬如线，两峰寒如云。晚霜维马力，秋月少鸿群。剩有雄心在，高吟对夕曛。

直到今天，当我一次次徘徊于茶庵塘若断若续的残存驿道时，这些场景便会在眼前鲜活起来，我甚至闻到了扑面而来的热烘烘的汗水，以及马粪、尘埃和岁月的味道。

茶庵塘官马大道（白马辛荣 摄）

土布驿道图上的一个圈点

十多年前，我的一个朋友曾接待过一位专程前来普洱寻访茶庵鸟道的英国人罗伯特。在朋友家宽大的茶几上，那位英国人摊开一张陈旧的手绘驿道图。几条叶脉般伸展开来的线路就绘制在这方手工织就的白色土布之上。经岁月洗涤的白色土布早已泛黄，悉心描画的线条也被折痕弄得若断若续，只有标注在线路上的几个圈点依然清晰可辨。

英国人罗伯特指着其中的一个圈点，那圈点的下边用工整的小楷标注着“茶庵塘”三个字。高鼻子的老外凝视着这个圈点，蓝眼睛里充满了神往。

其实要去茶庵塘并不难，它就在普洱市的宁洱县城外12.5千米处，为了圆一个外国人不远万里追寻的梦，第二天，朋友便带他去寻访了茶庵塘。

当朋友向我讲述这个故事的时候，那位老外已得偿所愿十多年了。此时，绘就在那方土布上叶脉般伸展开来的驿道也早已有了一个极富内涵的名词——茶马古道。然而，让我好奇不已的是，一个英国人何以会拥有那样一方驿道图？又缘何对茶庵塘拥有如此绵长的情节，以至于万里迢迢专程寻访？在这件事的背后，又封存着怎样的烂漫与传奇？我曾喋喋不休地追问我的朋友，可他并没有给我细致满意的答复。

一天晚上，我随手翻阅一些普洱地方史料，当看到古代的官马大道昆洛道这一章节时，一段记载映入眼帘：百年前，一个叫戴维斯的英国人，曾随马帮在此道上游历。他在游记中写道：“思茅城里有很多藏族客商。我同三四百匹马同行。马帮走过高坡后，来到那柯里住宿。马帮并不住店，而是像刺猬一样团起住宿，外围用凶猛的狗看守着。”

寥寥几行记载却引发了我无尽的遐思，我想到了英国人罗伯特手中那方发黄的土布驿道图，我想到了图上毗邻茶庵塘的又一个圈点是否就是那柯里驿站。因为从我所知道的古驿道分布情况看，要到达那柯里住宿是一定要经过茶庵塘的！我甚至想：百年前的英国人戴维斯随马帮经茶庵塘到达那柯里露宿，是否在茶庵塘驿站有过一次难以忘怀的艳遇？如果是这样，这个英国人戴维斯和英国人罗伯特之间是否具有延续一百多年的烂漫或传奇的承继关系？这些想法一度让我兴奋，我曾以小说的方式构思过其间种种的情节和答案，很长时间都沉浸在自己的推测和想象中而陶醉不已。

直到后来，我才明白，其实英国人戴维斯并不是到过茶庵塘的第一个外国人。我的挚友并老师何真、王洪波在泰国清迈的一个旧书店淘得一本法国出版的铜版画集，作者为法国人路易·德拉波特。令人惊讶的是在这些创作于1867年的铜版画里有众多的篇幅是记录古普洱府的山水人文的。画册以艺术的语言向我讲述了又一段真实而遥远的历史。

早在140多年前，一支法国探险队沿澜沧江—湄公河流域考察，他们在普洱境内流连了两年。面对普洱的山水，他们赞美道：天空湛蓝，万里无云，连绵起伏的山丘上面，红墙和白墙旁边时而会有几棵树，很吸引人的目光，我们仿佛到了东方的普罗旺斯。探险队中，一位烂漫的海军军官路易·德拉波特，被美丽的普洱所感动，他以铜版画的方式记录这里的山水人物。正是这本画册，把180多年前的普洱府城、思茅老街及部分老建筑、他郎城（今墨江县城）磨黑盐井小镇等如实地刻画下来。在画集里，我注意到一幅古道图，画面上的驿道如九曲回肠，窄窄的仅够一匹马通行，背夫、脚夫、马帮在险峻的古道上络绎不绝。

如果不是路易·德拉波特忠实的记录，这样的场景只能出现在我们的想象里。这幅画和“路边的盐井小镇”排在一起绝非巧合，因为那条被众多的文人墨客叹之为“茶庵鸟道”的茶庵塘驿道就在磨黑小镇附近。在戴维斯之前几十年，法国人路易·德拉波特就被它那峰危路险、古木参天的景致打动了。

140多年以前的路易·德拉波特，100余年以前的戴维斯，100年以后的罗伯特，法国人、英国人，后来还有很多日本人纷至沓来。原来茶庵鸟道依然活着，即使它已成为一段风干的历史，只要遇到那湿润的目光、感性的心灵，它便会重新鲜活起来，连同那些镌刻在砾石上的蹄痕、蔓延在古道边的藤蔓一起穿越时空，牵动着古往今来所有在意过它的人。

孔雀屏

封存在大山深处的古驿站

孔雀屏位于磨黑到把边之间，是官马大道上的一个重要驿站。由于它所处的位置已远离今天的213国道，因而茶马古道的遗存遗俗保留得相对完整。

在过去的时光里，孔雀屏也曾是个繁华之地。一条规整的镶石路将村庄分为两半，路两边是一家接着一家紧密相连的当街门店。那时，就在这几百米长的街道上，拥有着64“口”（孔雀屏人习惯将马店的量词称为“口”）马店，每一口马店均可容纳120匹马歇脚。如今这些人家的住房格局几乎都保持着原来的样子，随便进入一户人家，大致都能分出哪里是“上店”，哪是“下店”。

每家门前的滑石板

在孔雀屏，如今还流传着这样一句俗话：“家家门前都有一块滑石板。”意思是说，谁也不要瞧不起谁，谁都是有点儿家底的人。而被隐喻为“家底”的“滑石板”就是马店的重要标志。但凡开马店的人家，都会在大门前的门槛下镶上长约1.5米、宽约80厘米的青石板，以防止骡马进出门时踏坏门前的路面。如今在孔雀屏，这样的“滑石板”依然随处可见。

我外公的古道传奇

其实在我很小的时候，就曾听我的外公讲起过孔雀屏。我外公年轻时曾在这条古道上演绎过一个让我崇拜不已的壮举。

旧时的马帮道，也是草寇流匪出没之地，那时匪徒活动较为猖獗的是孔雀屏以北的把边江一带。

有一次，我外公带着我三舅公和一个叫“黑脚杆”的挑夫，租了四匹马从通关到磨黑驮盐巴，在把边江畔行走时，遇到了一群土匪，土匪们抢走了外公他们的钱物，抢走了他们的马，就连身上穿的衣服也被剥了个精光。外公他们势单力薄，为了保命没有反抗，匪徒要外公等人抱着头蹲在路边不许动。打劫得手后，那一干土匪扬长而去，为首的那人竟得意地脱下自己身上的衣服，光着膀子，一边打着唿哨，一边兴奋地甩着手中的衣服从外公的头上跳过去。就在这时，一包东西从土匪的衣袋里甩了出来，重重地落在外公的脚边。没等那土匪发现，外公就一脚将那东西踢到路边草丛中。

看着土匪们去得远了，外公等人才起身扯了几片芭蕉叶，遮住身子，因为担心土匪回头来找东西，外公他们急忙赶路。天近晌午时，来到孔雀屏，大家才松了口气。那时候，很少有匪徒敢涉足孔雀屏，这不仅仅是匪徒自己势力范围的约束，更因为孔雀屏地处官马大道和普洱西藏茶马大道的交会要塞，东西南北的人气震慑了盗匪。到了民国年间，孔雀屏被磨黑地霸张孟希的势力所控制，因而一般的“小毛贼”更是对此敬而远之。

孔雀屏（刘庆明 摄）

孔雀屏的吊脚楼（刘庆明 摄）

外公他们找了一家小店投宿，店老板看他们如此狼狈，就知道他们遇上强盗了。老板是个古道热肠之人，连忙找来自己的衣服给他们换上，还给他们端上了热腾腾的饭菜。吃过饭后，外公就对他的伙伴们说：“现在我们身上没有一分钱，别说是买盐，连住店吃饭的钱都没有了，还有那四匹马，回去怎么跟东家交代？”

三舅公和“黑脚杆”叹息着不言不语。外公说：“方才我看到从那贼头的包里掉出了东西，我们一起回去看看，说不定有用呢！”

惊魂未定的三舅公和“黑脚杆”吓得直摇头，外公只好向老板借了把长刀带着，一个人飞快地返回遭劫的地方。

那天是农历十五，月亮早早地升上了天空，借着月光外公很快就找到了那包东西，打开来一看，竟然是白花花的银圆，数了数，有好几十块。外公心中大喜，急忙将东西包好藏在胸前，正在此时，他看见有个身影远远地疾奔过来。外公心想，不好，肯定是那贼头回来找东西了，于是急忙匍匐在草丛中。不一会儿，那人影就来到了眼前，果然是先前那贼头！外公见只有他一人，于是大叫道：“毛贼，看你还敢抢老子！”从草窠中一跃而起，将那贼人按倒在地，抽出长刀“哧”的一声，割下了那贼人的耳朵，手一扬，扔进了滔滔滚滚的把边江中。那贼人被这突如其来的变故吓得屁滚尿流，抱着脑袋哭着喊着一溜烟地逃走了。

后来，外公用那银子买了盐巴，返回时，在孔雀屏买了一支银烟锅，到了通关还赔偿了东家的马，那支银烟锅一直陪着我外公走完了他的漫漫人生。

直到今天，每当我想起这个故事的时候，都会对我外公当年演绎的这段古道传奇啧啧赞叹，而孔雀屏这个古道驿站也让我神往已久。

百年老屋与神秘宝物

不久前，我终于有机会探访了传说中的孔雀屏驿站村。

展现在我面前的孔雀屏，是一个古朴沉静的小村庄。因为要拍照，我们到得很早，冬末的晨雾还没有散尽，太阳照着更高一些的山头，长长的石板街仿佛还飘散着久远的马汗气息。街两边的房子，几乎都保留着旧时的样子，只是家家铺面的店门板都静静地关闭着不再开启，还有门前的青石板，在晨曦初照中寂寞地守候在陈旧的门槛边。此时的街道特别宁静，只有偶尔传来的鸡叫声，会划破这份宁静，让我们蓦然感受到宁静背后暖暖的烟火气息。

顺着村口一直往上走，陪同我前往的磨黑镇王镇长带我们去看古道边上立着的一块指路碑，据说指路碑立于前路官马大道与后路茶马大道的分道处，然而当我们去到那里的时候，此碑已经荡然无存。

带着满心的遗憾，我们回头重新踏上石板街，这时，一间坐北朝南的老房子引起了我的注意，这是一间土木结构的老式四合院，看起来已经有百年以上的历史，雕花镂凤的大门斗拱依旧清晰地留存着历史的余温。两扇厚重的木门紧闭，左右两边画着两位门神，画像几乎铺满了整整两扇门。虽然历经了近百年的风吹雨打，画像的色彩依然鲜明。木门框以朱砂红饰底，左右有手书的门对，只是字迹已经变得模糊了，大家对着那门联仔细辨认，终于认出上联：天地间诗书最贵，下联：家庭里孝顺为先，横批呢？我们不约而同地抬起头来，只见门方之上，赫然四个大字：民国长春。

看着这墨迹清晰的横批，我不禁暗自感慨，这个昔日里商贾云集、信息通灵的驿站，就这样随着一个时代的淡出而被岁月封存在茫茫山岭中，仿佛一位遗世独立、终日与闲云野鹤相伴的隐者，面对他，仿佛面对一个遥远的年代，让人顿生恍若隔世之感。

在门外沉吟片刻后，我忍不住抬起手，轻轻地叩响木门。“吱”的一声，两扇门开了，犹如厚重的时光隧道之门正向我们慢慢地开启，一位六七十岁的老人出现在我们面前。

听我表明来意后，老人热情地将我们迎进了这个散发着久远年代神秘气息的院落。气势不凡的院落里，陈旧的木格窗、纹饰精美但却尘埃落定的“美人靠”，还有雕着六畜兴旺的石台阶，以及刻着梅竹兰菊岁寒四君子的四棵柱石一一呈现在我们眼前。庭院与厅堂建造井然，又极其讲究整体的布局。尽管岁月磨蚀了这些庭院曾经的风采与色泽，但依旧不能淹没主人家崇尚儒学、耕读传家的历史陈韵。

老人对我们的到来尤为高兴，他看我们喜欢他的房子，更是来了兴致，索性引领我们沿着古旧的楼梯登到耳房的楼上，先是通过一个临街的石窗俯瞰街道，然后又将他收藏在楼上的宝贝展示给我们看。

小楼上的东西五花八门，有从前用来割马掌的刀，有马帮挂在头骡脖子上的铜铃，还有用银打制的花圈，这银花圈是头骡的“护脖”，防止虎豹偷袭头骡。老人将这两样东西提起来，清脆的铃声在阴暗陈旧的楼里响起，就在那天我才知道，原来在马身上挂铃铛，不仅仅是为了排遣古道的寂寞，也不仅仅是为了传递马帮行走的信息，更重要的是为了安抚马儿们。当马帮行进在寂静的山野中的时候，马会变得特别敏感，稍有风吹草动，都会惊慌失措。而马帮的铃声，正是为了分散干扰马的听觉，安抚它们敏感的心。

和老人聊开了之后才知道，他并不是这房子的原主人，房子是很多年前他花5000块钱从房子原主人的亲戚那里买下的，至于房主何去何从，他自己也不知道。

下楼后，我们在院子里小坐，等着摄影师在那里用心地拍照。我笑着问老人，还有没有稀奇的东西让我们参观一下，开开眼界，老人想了想，进了堂屋，不一会儿还真拿出了几样东西。老人先递给我用细铁丝串起的一串铜钱，我数了数，大约有三四十枚，一枚一枚细细观察，有明永乐年间的，有清代雍正、乾隆、道光直至光绪的，有几枚已经被铜绿锈蚀得模糊不清了。他说这都是自己在田间地头捡到的，有些也是自己家里的。

欣赏完铜钱后，我又开始欣赏另外一件“宝物”。一面用红木镶嵌的长方形的镜子，底座有个小抽屉，没有华丽的修饰，但朴素中透着一种雅致。老人说，这是他母亲的陪嫁。我在心里算了一下，按老人的年纪，就算他母亲18岁出嫁，这些东西最少也是七八十年了。我好奇地打开小抽屉只见里面有一盒没有用完的胭脂。和镜子配套的还有一个非常精致的首饰盒，也是红木质地，工艺十分精巧，首饰盒由三层小抽屉组成，边沿镶嵌着梅花形的玉石和翡翠，第一层抽屉里面放着一枚玉石戒指；第二层抽屉里也是戒指，金质的，滑箍，没有饰文；第三层抽屉里还是一枚戒指，银的，看起来硕大无比。得多粗的手指才能适合这只戒指呢？我好奇地拿起这枚银戒指细细欣赏，这应该是一枚男式戒指，工艺看起来很是复杂，方形的戒面上镌刻着一串藏文，我一看就知道，那是藏区最常见的“六字真言”。

老人告诉我，这些东西都是他母亲的遗物，母亲在世的时候还经常看见她看着这些东西发呆，母亲过世后，他再也没有动过，都好多年了。遗憾的是，老人对那几枚戒指的来历一无所知。

我细细地端详着手中那枚镌刻着“六字箴言”的戒指，心想，孔雀屏是旧日前道和后道的分路之处，那这枚刻有藏文的戒指出现在这里，也并不是什么奇怪的事，只是一个女性的首饰盒里珍存着一枚藏族汉子的戒指，这就有些蹊跷了。或许，在这个精巧的首饰盒里还装着一个“恨不相逢未嫁时”的爱情故事呢！这么一想，思绪不禁随风飞扬。

想那物主，一位是清丽可人的小家碧玉，在孔雀屏这个地方，守得一口马店过活；一位是来自雪域高原的“藏帮”汉子，在茶马古道上赶马驮茶，在无数次过往中两情相悦，却又相见恨晚，只能相约无人之处，互赠信物以寄托相思。那首流传至今的《孔雀屏情歌》，是描述他们的烂漫情致吗？

男：阿妹哟，头顶蓝天天无边，大江大河试深浅。
　　选择一个好地方，悄悄说句知心话。
女：阿哥哟，脚踩茶山山无边，太阳会把头晒昏。
　　露水淋湿妹的发，望哥再把地方选。
　　……

柔情似水，佳期如梦，可怜曲终人散之后，该走的在一步三回头中远远地走了，该留的在无边无际的牵挂中红颜老去。这样的故事，最终化作了我托在手心里的一枚戒指，以及眼前红木镜子上的点点落尘。

沉浸在这些神秘宝物的遐思中好一阵子之后，我才忽地记起，应该了解一下孔雀屏这个地名的来历，因为之前我曾听到过两种解释，一说是因为这个村子所靠的山势形如孔雀开屏；二说是因为此地孔雀很多，清代时官府还在此收购孔雀羽毛进贡朝廷，作为朝廷官员的顶戴花翎之用。问老人时，他说应是两者兼而有之。他告诉我，在自己小时候，孔雀屏的山箐里飞满了孔雀，每天天刚亮时整个山谷都回荡着孔雀的鸣叫。

这完全是一种出神入化的烂漫情景，我有些不敢相信，于是随口问道：“你们家留有过去的孔雀羽毛吗？”

“有！”老人回答道。他看我有些不信，转身进入堂屋之中，不一会儿，真拿出了好大一把孔雀羽毛，只是看起来有些年代了。看着它，我真是感慨不已，雕花门、木格窗、百年老宅、精致的嫁妆、神秘的戒指，这一切都给予我接连不断的惊喜。我不禁暗自问道：在这个古老的驿站里，在孔雀屏近百户寻常百姓家中，究竟还封存着多少历史留给他们的“宝物”呢？

老人家里留存的孔雀羽毛
（图片来源：《宁洱记忆》）

开过“人店”的百岁奶奶

从前的孔雀屏驿站，除了有64口马店，还有3家“人店”。这是年近百岁的龙凤仙奶奶告诉我的。可别误会，这“人店”不是你想的那意思，而是相对于马店而言的，就是我们今天的旅社，可那时过往孔雀屏的人和今天孔雀屏的人都叫它“人店”。

大约是70多年前，龙凤仙奶奶坐着大红花轿、蒙着红盖头嫁到了孔雀屏，婚后就和比自己大6岁的丈夫一起在这里开“人店”。

“人店”里往来的都是马帮外的出门人，挑盐的、贩布的、做珠宝玉石生意的，甚至还有很多外国人和替外国人挑东西的脚夫。那时，龙凤仙奶奶家的“人店”就建在她家今天的原址上。

我们是从百年老宅子出来之后游转到她家门口的。蓝蓝的天，悠悠的风，灿烂的阳光下，各家各户的院子里都有各种鲜花在静静地开放。徜徉在古驿站宁静而美丽的风景中，不知不觉就来到这座新建的房前，在敞开着的大门里我看到了坐在院子里晒太阳的老奶奶。

年近百岁的龙凤仙奶奶对自己的日子很满意，她虽然只生了一个儿子，但儿子为她开枝散叶，现在已经是四代同堂了。

健谈的老奶奶头脑清楚，记忆力很好，虽然嘴里就只剩下一颗顽强的门牙，但口齿依然清晰，说话很客气，我想这一定是她年轻时开“人店”见多识广的缘故。老奶奶见过的人很多，随便点了几个，竟然都是宁洱历史上赫赫有名的人物。

比如曾庆铨、蒋仲明两位老师，他们是惨遭张孟希杀害的，是普洱人民耳熟能详的烈士。龙奶奶说，那是一块钱买一斗米的年代，曾、蒋老师发动自己的学生捐钱买米救济穷人时，好几次到过孔雀屏；比如巴西姆，这是一位曾在磨黑居住了两年的传教士，龙奶奶说他很胖，一个大男人怎么喜欢穿裙子？

龙奶奶对经常过往孔雀屏的那些外国人印象很好，原因是“他们给人看病不收钱”。她还给我们讲述了一个自己亲身经历的故事。

那时，美国人在磨黑办医院，龙奶奶因妹妹身上长了严重的牛皮癣，也准备带妹妹到这洋医院看看，当时，村里有一位无儿无女的大妈下巴脱臼了，话也不能说，水也喝不了，龙奶奶就去到她家对她说：“不要担心，我要带妹妹到外国人的医院里，我去求他们来帮你医好。”到了那个医院，

那柯里（杨志坚 摄）

那柯里（白马辛荣 摄）

龙奶奶找到了一位黑人姑娘，大家都叫她王小姐，是医院的护士。龙奶奶将大妈的情况和这位黑人小姐说了，并请他们上孔雀屏去。那位王小姐一口答应了，还叫她别担心，他们明天一早会去。龙奶奶将信将疑地离开了医院，回去告诉那位大妈说："那些洋人医生倒是答应了，但是不是真能来我也说不清楚。"没想到，第二天，王小姐果然带着医生来了。龙奶奶心想，这些人看病又不收钱，走了那么远的路，总得请人家吃顿饭吧。于是赶紧烧火做饭，做好饭去请他们时，大妈的下巴已经治好，能说话了，而那几个医生，连水都不喝一口就离开孔雀屏了。

开"人店"的龙奶奶是个热心肠的人，这种真正意义的古道热肠是做这个行业所必需的，虽说古道边、驿站里的"人店"相对于今天的宾馆酒楼来说最多也就是个鸡毛小店，或仅是一个可遮风避雨的栖身之所。但在这里，一个离家在外的人不单能获得最起码的温暖，而且在长途劳顿中，一看到它，心就踏实了，它让你想起可以去除眼前黑暗的一盏油灯，想起可以为你洗去疲惫的一盆热水，在那朴素但不乏温暖的木板床上，蓄积再出发的力量。

我突然想到，当年我外公遭打劫的时候，借给他衣服穿、为他们端上热汤热饭的是否就是这家"人店"呢？于是，我又想到，其实驿站里的小店，不仅是古道上的景观和点缀，也是带着种种旅途境遇的人们心中的希望与归宿，甚至它就是一种文化，无数旅途上的故事，都如古道的千曲百折、绵延无尽……

关于孔雀屏，我想写的很多，这里的物、这里的人、这里犹在的古风，以及这里远离喧嚣的淡泊与宁静。但篇幅所限，且让它存放在我的心中，只待来日酿成一杯滋味甘醇的沉香普洱。

那柯里

情歌缭绕的驿站

那柯里驿站是清光绪年间的关哨汛塘之一，称为"那柯里塘"。清代实行绿营兵制，所有的镇、协、营都在一个固定地区分防驻守，称为汛地，委任千总、把总领兵驻扎，那柯里归普洱府中营左哨头司把总管辖，是出普洱府南门关后一个重要的茶马古道驿站。从那柯里驿站到思茅腊梅坡之间的这段茶马古道全长约 30 千米，至今保存完好。大多数路段用人工打制的条石和砾石铺就，在陡坡路段，铺有石阶逐级而上，传说当年那些负重的马行走到这里时会忍不住掉眼泪，所以人们称这儿为“马哭里”，后转音为“那柯里”。

那柯里驿站占地约 70 亩，这里青山环抱、森林葱郁，山花修竹掩隐农舍、小桥流水装点村庄。两条清澈的小河在此交汇之后一路欢歌向西流淌。这里自古马店集中，美食丰富，南来北往的马帮大都在此检修马掌，犒劳马匹，休整体力。那柯里驿站，终日人欢马叫，在古往今来的岁月中演绎出无数风云一时的传奇，也演绎出不少风花雪月的故事。

歌声伴你走天涯

在迄今犹存的百年老马店“荣发马店”的门楣上，还保存着一副对联，上联是：关山难越谁为主，下联为：萍水相逢我做东。

这份豪迈与侠情，不知引得多少官家商贾、骚人墨客、各路马帮，在尝尽漫漫长路的艰辛与寂寞之后，至此把酒放歌，极尽“四海之内皆兄弟”之豪情，或是占得一方矮桌，小酌浅饮，叙说“同是天涯沦落人”的感慨。

对于长途跋涉的商旅、经年奔波的马帮，那柯里就是他们旅途上温馨的家。既然是家，光有豪情是不够的，还需要柔情，这才会让南来北往的人们有宾至如归之感，也才会让这个古道驿站平添许多撩人的魅力。那柯里却也不乏这样的柔情，只不过这份情总是像雾像云又像风，它忽而飘荡在山间，忽而流淌在溪旁，若即若离，含情脉脉地缭绕在驿站的四面八方。

——早晨，山坡上出现了姑娘们采茶的身影，采茶是最愉快的劳动，这样的时候，姑娘们总是要唱歌的：

石榴花开好春光，采茶姑娘满山冈，
背着背箩把茶采，片片嫩茶片片香。
边采春茶边唱歌，隔着茶树瞧情哥，
坡下阿哥千千万，阿妹只看情哥哥。

此时，山下的赶马人正忙着给马儿们添草料、钉马掌，听见这歌声，免不了也要吼上一嗓子：

哥是茶树一只雀，飞到妹家不敢落，
脚踩茶树站不稳，话到嘴边不好说。

在一阵开心的哄笑声中，赶马人枯燥乏味的日子顿时变得有声有色，寂寞的心在歌声中充满了激情。

——夜幕降临的时候，有几个急急忙忙卸好驮子、毛手毛脚收拾停当的小伙子早已抱着小三弦守候在桥头。不一会儿，小河边出现了姑娘们的身影，她们背着汲水的竹筒踩着银色的月光，身形袅娜、步履轻盈。小伙子们按捺不住心头的激动，七嘴八舌地朝着姑娘们唱起来：

清清的河水有鲤鱼，不来上钩哥着急，
不管河深水深又冷，跳进河里捞起你。

唱着山歌长大的姑娘们个个都是伶牙俐齿，这头小伙子的歌声才落，那边姑娘们的回应就飞了过来：

小河淌水慢悠悠，妹是鲤鱼在水头，
哥要有心快下水，妹在水中等着你。

走南闯北的小伙子也不甘示弱：

正月山箐淌水悠，妹是鲤鱼在里头，

金钩等你整三年，你东游西游不上钩。

姑娘的歌声更让人忍俊不禁：

阿哥是个滑芋头，光下鱼线不拴钩，

一天到晚水中游，从未见哥下着钩。

在一阵阵无拘无束的歌声与笑声中，小伙子们流浪的心就这样被包裹起来了。其实，那柯里给予赶马人的热情还不仅仅是这样空灵的歌声，有时更是实实在在的。曾经有个名为“那柯里姐妹驿站”的马店，店主的善良、热情和细心，被赶马人编成山歌传送到十里八乡：

大姐出门来拉马，二姐出来摘马鞍，

三姐出来喂马水，四姐出来喂草料，

五姐出来搬桌凳，六姐出来摆饭菜，

七姐端来洗脚水，八姐抬出老陈酒，

九姐划拳陪伴郎，十姐唱起迎客调。

这样欢乐有趣的情景，这样热情周到的服务，是那柯里驿站给予赶马人的心灵抚慰，而所有这些，对于一个漂泊异乡的人来说，不仅是一种踏实，也是一份美好的回忆。当人一天天老去时，不老的永远是记忆中被歌声包裹着的驿站。

《马帮情歌》背后的故事

一个情歌缭绕的地方，往往是多情和烂漫的。而茶马古道驿站的多情和烂漫又总是和马帮分不开。在那柯里诞生并传唱至今的《马帮情歌》，以朴实无华的歌词、意味深长的意境、优美流畅的旋律、感人至深的情节被誉为云南的第二首《小河淌水》。其实，在这首歌的背后，还有一个美丽动人的故事。

那还是清光绪末年的时候，那柯里驿站有一家李姓铁匠，专做打制马掌的营生。李铁匠中年丧妻，独自一人与年方16的女儿素素相依为命。好在那时过往那柯里的马帮很多，打制马掌的生意很好，李铁匠和女儿的日子过得倒也衣食无忧。

素素不仅长得美丽乖巧，还做得一手好绣活，歌也唱得很好听。平日里，父亲忙着打铁赶活的时候，素素就会坐在炉灶前帮着拉风箱，红红的火光映在素素的脸上显得越发娇媚，这时，那些来来往往的赶马人有事没事就和父亲搭讪，其实眼睛都在看着她呢！

父亲生意不太忙的时候，她就一边帮父亲看店一边绣花，绣着绣着素素就唱起歌来，那些年轻的赶马哥就会围着她家的马掌店和她对歌。每当这时素素就不唱了，那些赶马哥讨了个没趣，只得散了。

父亲说：“素素大了，该找个男人嫁了。”

素素说：“素素不嫁，素素要服侍爹一辈子。”

父亲说：“姑娘长大是留不得的，莫非素素要当个老姑娘？喜欢着那家的小伙子就告诉爹，爹为你上门去提亲。”

素素说：“爹爹真是糊涂了，哪有姑娘家里上门提亲的？若是我要嫁，定要嫁个合心合意的好郎君。”

父亲说:“爹晓不得什么样的郎君合你的心，素素你呀，一定要多留心，千万不要七挑八挑挑花眼，最后又哭哭啼啼来找爹。”

素素笑了，两颊飞出了红霞。其实素素心中已经有了心仪的人，那是每年都在这条路上来来去去的罗家马帮，帮里有个年轻英俊的小阿哥，那是罗家大锅头的小徒弟。那一年到店里买马掌，小伙子看着素素只是笑啊笑。第二年来到店门口，小跟帮已经成了二锅头，他送给素素一把牛角梳，说那是藏族地方的牦牛角做成的，用来梳头，长发会顺得像水中的青苔。

素素天天用牛角梳子梳头，乌黑的头发早已经长到了腰际，可是从那之后，整整两年的时光里，再也没看到罗家马帮的踪影。

父亲说:“素素已经一十九了，再不出嫁人家要笑了，若是你喜欢赶马人，这驿站里可多的是，你说说哪家的小哥合你的心？”

素素说:“不对山歌，怎么知道合不合心，爹爹你去告诉那些赶马哥，哪个唱歌唱赢我，我就嫁给哪个做娇妻。”

消息传出去，来来往往的马帮里那些早就喜欢素素的赶马哥，每到闲暇就会跑到素素家的马掌铺子对山歌，但最后总是一个个败下阵来。有一回，来了一个大大咧咧的小伙子，看到素素开口就唱:

都说姑娘好口才，我问你答回过来，

什么就叫双合拢？什么就叫两让开？

素素头也没抬，随口就答:

阿哥夸我好口才，你问我答回过来:

晚上关门双合拢，早上开门两让开。

听到这边开始对歌，看热闹的人们又开始围拢过来，大家七嘴八舌地怂恿着小伙子:“再问再问，给她来点怪的。”小伙子在众人的鼓励下来了劲，开口又唱:

什么就叫仰着睡？什么就叫扑下来？

什么就叫胯叉叉？什么就叫搂搂腰？

什么就叫高棚坐？什么就叫地上蹲？

哈哈哈，看她怎么答！小伙子，这俏姑娘归你了！大家开心地起哄。

素素不慌不忙，清了清嗓子，甩了甩辫子，清脆流畅的歌声就响了起来:

板瓦就叫仰着睡，筒瓦就叫扑下来。

火钳就叫胯叉叉，甑子就叫搂搂腰。

豇豆就叫高棚坐，冬瓜就叫地下蹲。

哎呀！这姑娘太机灵了！看来没有人能唱赢她了。大家正议论着，忽听得一阵歌声又飘过来了:

月亮出来亮堂堂，我想小妹配成双。

日思夜想不见妹，不知哪天才成双。

山上种瓜不用灰，哥妹说情不用媒，

唱支山歌表心意，阿哥盼着阿妹回。

听到歌声，素素急忙抬起头，原来是自己朝思暮想的罗家小阿哥！两年没见面，小阿哥长得越发英俊了，素素的心变得美美的、甜甜的。于是，藏在心中整整两年的歌此时深情地飞出了心窝窝:

磨黑古镇古村落（杨志坚 摄）

赶马的小阿哥，阿妹来等着，

阿哥你要快快来，妹妹把情话说。

此时的罗家小阿哥，已经变成了年轻的罗家帮大锅头，他一边唱歌一边拨开众人，来到素素身边：

阿妹哟你等着，阿哥放马啰，

等着太阳快快落，再把情话说！

"还等什么呀？人家都等了两年了！"众人你一言我一语地凑着趣。

阿妹呀等阿哥，心里一团火，

望着哥哥快快来，心里多快活！

在众人的祝福声中，这对有情人终成了眷属。而《马帮情歌》也因此传唱开来，后经宁洱县文化馆的黄国平先生整理提升，成为整个普洱大地耳熟能详的经典老歌。

而那柯里，也因为这个一曲定终身的故事，成为茶马古道上最烂漫迷人的古驿站。

品味磨黑

磨黑，一个面积不大、人口不多的小镇，却有着四个响当当的名头：滇南盐都、茶马古镇、革命老区、丽人故里。

走进磨黑，浓郁的市井气息扑面而来，宁静、古朴、温暖之中带着岁月的滋味，咸咸的，融化在你无尽的遐思中。

深深的盐井，古老的建筑，悠悠的蹄声，红色的足迹……在一幕幕如烟往事中，让我们一起品味磨黑古镇独特的风情与神韵……

磨黑是咸的

磨黑古镇不大，呈月牙形镶嵌在山脚下。小河缓缓地从它身旁流过，形成了群山环抱、一水相依的独特景致。磨黑最值得骄傲的是它悠久的盐文化。

磨黑的盐井至今依然在源源不断地生产着食盐。如今，在古老而又宁静的镇子里，依然还能听到盐井输矿和盐水流淌的声音。一切都仿佛浸泡在一个绵延了千百年的意境中。在盐井被发现后的漫漫岁月里，盐业一直是磨黑的主要经济来源。

磨黑的盐井，在靠近山麓的地方，由汩汩的流泉从山涧里流出，可以想见，远古时期的第一支部族，经过长途迁徙来到这里，他们用双手捧起清汪汪的泉水，希望以此来缓解长途劳顿带来的饥渴。没想到这泉水却是咸咸的，富含盐分，于是他们就在这大山沟里住了下来，就因为这股咸水。

然而在磨黑的民间传说中，盐的发现比人们想象的要有趣得多。传说很早的时候，磨黑一带还是荒山野岭，毒蛇猛兽占据着这里的山箐，很少有人会到这里来。一天，一位老猎人，走到了一座树木茂密的山下休息，看着眼前的山并不算高，但三座山峰起伏有致，很像一个巨大的元宝，老人不禁想，这三山叠成元宝状，是否暗示着这里是一块风水宝地呢？想得正入神，忽然看到头顶的树杈上歇着一只毛色洁白的白鹇鸟，白鹇鸟扇动翅膀绕着他飞了三圈，然后缓缓地朝着对面的山下飞去。

老猎人暗暗称奇，起身随白鹇鸟而去。来到对面的山下，一条流泉汩汩流淌，流泉边有一个古藤缠绕的山洞，洞口似乎还有淡淡的白雾在飘荡。就在这时，白鹇鸟却不见了踪影，只见河边聚集着几只怀有身孕的麂子，它们毫不惊慌地在山涧喝水。老猎人很守规矩，这一带的猎人从来不打怀孕的猎物，他看着那些麂子喝饱了水后大摇大摆地从身边走过后才发现，山涧边的岩石上有洁白的晶体在阳光下闪闪烁烁。老猎人随手掰了一点用舌头舔了一下，居然是咸的，他掬一捧水想要漱口，那水也是咸的。猎人心下大喜，因为他明白，自己得用打几只麂子、马鹿的代价才能换到一点点的盐。于是，老猎人丢下打猎的营生，干起了卖盐的生意。

当然，这只是个传说，但这传说至少在汉朝时就有了，因为磨黑的盐井开采始于汉代，元、明、清时期设盐政，后设盐场公署，至清雍正三年（1725 年），磨黑开始大量开采食盐，之后才成为云南四大著名盐矿之一。历史上，磨黑盐以味纯、杂质少而一直深受人们青睐。磨黑盐矿属于旱采盐矿，据说，从前下矿的盐工中，有胆大的，悄悄藏上一块巴掌大的盐矿，所换之钱足以维持一家人一周的生计。

清代宁洱生员徐太和的《盐井》一诗，生动地描绘了当时采盐运盐的繁忙状况：

盐硐深无际，开采已有年。人随灯入地，锤振响惊天。

井近名分二，厢长级欲千。东升红日候，辘轳运绵绵。

如此繁忙的磨黑，曾在 1867 年的某一天引得一位法国人为之驻足，这位叫路易·德拉伯特的年轻的海军军官，在随一个法国探险队沿澜沧江—湄公河考察时路过磨黑，他用铜版画的方式记录了这个他认为值得载入画册的地方，并为这幅画题名为“路边的盐井小镇”。

成百上千匹骡马出入磨黑井场的盛况至今仍是那些上了年纪的老人津津乐道的话题。作为茶马古道的重镇，磨黑是进京官马大道与进藏茶马大道的枢纽。那时的磨黑，商铺、马店林立，狭窄的老街上，每日里人欢马嘶好不热闹！源源不断的食盐是一条充盈的经济命脉，它令磨黑兴起，而茶马古道重镇的枢纽位置更平添了磨黑的热闹，盐商、灶家每户修屋造房，镇内乡绅也纷纷效仿一些有识之士，兴资办学，小镇磨黑被自古以来由统治者严格控制着的盐巴、茶叶托到了发展的顶峰。这群山紧缩的边地一隅，一度成为滇南地区重要的商业活动中心，后来也成为战斗力覆盖了云南半壁江山的“红色小延安”，并架构起边疆、内地与东南亚邻国往来商贸的国际通道。

磨黑是红的

漫步磨黑古镇，沿着古老的街道往南走，不一会就可以来到被命名为“云南省爱国主义教育基地”和“云南省国防教育基地”的磨黑中学。两块横匾上，镌刻着磨黑儿女用青春和热血铸就的风采。这是一片被红色浸染的热土，作为云南边地的革命摇篮，革命斗争的星星之火正是在这里点燃的。这里培养出了大批民族解放事业的骨干

磨黑走马转角楼（杨志坚 摄）

精英，为滇南人民的解放事业做出了卓越的贡献。

从抗日战争到解放战争期间，先后有五十名地下党员和优秀青年来到磨黑中学任教，他们积极宣传进步思想，唤起民众，培养骨干力量，壮大革命队伍，为解放思普乃至建设新中国培养了大批栋梁之材。

如今，在磨黑中学的校园内，一间古朴典雅的大厅中展示着先辈们在这片热土上工作、生活、学习、奋斗、牺牲的感人事迹和部分实物。迈进大厅，敬仰之情油然而生。厅堂正中，有一个实物展示区。我们的目光停留在了那一面面大小不一的锦旗上。

深深地凝视，细细地品味，眼前的这些红黄蓝绿丰富多彩的锦旗，陈列在被玻璃阻隔了的空间里，岁月无一例外地剥蚀了它们的艳丽，但我们却惊喜地发现，它们依然是活的，遇到湿润的目光、有血性的心灵，它们便在刹那间重现生机，连同那些青春焕发、声情并茂的细节：

这是一个充满欢声笑语的校园，那时大约是冬季，草地上的小雏菊还没有绽开，花坛中的蜀葵花才刚刚冒出蓓蕾，灰色天空下面，一阵阵清脆嘹亮的歌声却在展翅飞翔：

在这边疆的群山里，
我们是新文化的先锋。
我们在人类生活的需要下，
接受新时代的滋养。
实事求是，追求真理，
痛革极腐，共同努力，
走向幸福的光明大道。
啊！磨中，
锻炼我们的熔炉，
武装我们的脑手，
铲除内在外来的残敌。
前进创造人民的新世纪。
（1946 年《磨黑中学校歌》）

从 1941 年抗日战争时期开始，大批进步学生通过磨黑中学发起的“社会科学学习小组”活动，思想得到了启蒙和进步，革命斗争的足迹踏遍了滇南的山山水水。通过磨黑中学，革命火种在茶马古道沿线的各地区点燃。而不少英烈忠魂守边地，鲜血沃磨黑。这是一块英雄辈出的红色沃土，从革命斗争时期英勇就义的曾庆铨、蒋仲明烈士，到和平年代为党旗增辉的革命英模张培英，正是他们谱写了磨黑的红色记忆、焕发了磨黑的光彩，更让人真切地感受到：磨黑的历史，不仅是盐的历史，也是革命的历史。磨黑人世代以盐为荣，而盐，不单是磨黑的物产，更是磨黑的品质。

磨黑是美的

磨黑是著名表演艺术家杨丽坤的故乡。1941 年，杨丽坤出生于磨黑镇一户经营盐井的家庭。在 12 个子妹中，她排行第九，所以，磨黑人都叫她“小九”。杨丽坤 10 岁那年，母亲去世了，家里托人把她送到了昆明，住在在昆明工作的二姐家里。1954 年，13 岁的杨丽坤到了省歌舞团。1959 年拍摄的电影《五朵金花》里的副社长金花，是杨丽坤的第一个银幕形象，初上银幕的杨丽坤成功地塑造了一个勤劳、善良、美丽的白族姑娘形象。

《阿诗玛》是 1964 年由上海海燕电影制片厂拍摄的，采用了当时投巨资进口的我国第一部七彩宽银幕立体声大型拷贝，杨丽坤在片中展示了她深厚的舞蹈功底和绝妙的演技，再次成功地塑造了一位美丽动人的撒尼姑娘阿诗玛的形象。

直到今天，提到大理人们就会想起《五朵金花》，提起石林就会想起《阿诗玛》，杨丽坤演活了云南的风土人情，演红了大理白族自治州，演火了神秘的石林，成就了云南的民族文化品牌。但对磨黑人民来说，她永远还是那个暖在心窝里的小九妹，靠在阁楼的美人靠上梳妆的小九妹。

磨黑民居的美人靠多建在那些土砖木结构的小楼上，小楼大多临街。走过这些老街道，抬头看见美人靠，不免让人浮想联翩。有人说："美人靠，靠美人，美人不靠靠不美。"或许，正是这些举目可见的"美人靠"才"靠"出了杨丽坤这位闻名遐迩的大美人，磨黑也才有了"丽人故里"的美称。

如今，磨黑古镇还保留着许多全木质结构的民房，它们一间与一间紧密相连，房屋一律是青瓦白墙红木靠栏，尽管有的已因年代的久远而落寞了，但只要你有心，循着房顶上影影绰绰的衰草与瓦松、灰白的瓦泥、图案质朴的瓦当，以及那些印迹斑驳的照壁、木格窗棂、雕花门楣上剥落的红漆，依旧可以想见古镇当年的繁华与风采。

新镇街十字路向西，有一座于民国初年建造的"走马转角楼"。这是一间极为典型的四合大院，分为正楼、左右厢房和门楼。正楼有三层，厢房和门楼各有两层。中间有 150 平方米用青石铺就的天井，左右厢房两侧各有两道楼梯，共四道楼梯直通楼顶。二楼设有游廊，可团团走遍各楼各房，故称"走马转角楼"。整幢建筑散发着浓郁的传统特色，但房屋对外的窗棂却一律用石材镶饰，采用的是西方建筑风格，表达着古镇磨黑文化的多元性与融合性。

作为盛产"百味之祖"的盐都磨黑，它的一整天都会包裹在各种食物层次丰富的味道之中。早晨的磨黑，是那种揉碎的薄荷、芫荽，伴着街头巷尾热闹的市井味道；到人流最集中的十字街边的农贸市场里走一趟，各种早点冒着腾腾的热气直逼你的味蕾。午后的磨黑风中流淌着新鲜姜蒜和油炸辣子的味道，路边的小吃摊上摆满了各种凉拌：米凉粉、豌豆凉粉、芭蕉芋凉粉，酸酸辣辣，滋味俱全。傍晚，大都是烹煮土鸡、腊肉的味道，在磨黑，都说无鸡不成宴，所以不论是亲友相聚，还是大宴宾客，鸡肉都是离不了的主打菜，而磨黑人也将这个食材用到了极致，蒸、煮、闷、烤随心所欲。更极尽配料、火候之能事，尝上一次让你欲罢不能、欲走还休。

磨黑是甜的

地处北回归线上的磨黑，是一个适合万物生长的地方，这里的灵性和甘饴都凝聚在蓝天白云下的那一片绿色的土地上和宁静的田园中。

槟榔芋是其中的佼佼者。它与众不同的芋肉有紫色的槟榔花纹，肉质细腻，煮熟后甘香酥软，风味独特。作为宁洱县的特色农产品，在磨黑得到广泛种植。磨黑槟榔芋营养丰富，含有精蛋白、淀粉、多种维生素和无机盐等成分。具有补气养肾、健脾胃之功效，既是制作饮食点心、佳肴的上乘原料，又是滋补身体的营养佳品。

那一年，随着《宰相刘锣锅》的热播，广西的荔浦芋头竟然一下子从田间地头一步登天，带着"皇室贡品"的称号成了京城餐桌上的盘中珍馐，甚至造成了"洛阳纸贵"的热销局面。其实，荔浦芋头和磨黑芋头有许多共同点：芋肉都呈紫色，都带有槟榔花纹，形状大都呈纺锤形，磨黑槟榔芋无论从口感、肉质、香型，还是其所具有的健脾、利湿、解毒、消痒功效，以及能够合理运送营养物质，使皮肤润泽，同时可提高机体免疫力等方面，都堪与荔浦芋头媲美。

从春夏之交开始，雨季就匆匆来临，山坡之上、田边地角，一丛丛甘蔗开始抽芽，磨黑的甘蔗从来不占据良田美土，却拥有着天生的品质——水分足、纤维少、口感酥脆，作为深受人们喜爱的冬令水果之一，磨黑甘蔗含糖量十分丰富，还含有多量的铁、钙、磷、锰、锌等人体必需的微量元素，其中铁的含量特别多，每公斤达9毫克，居水果之首。

磨黑的田野，总是大度而包容，诸如甘蔗、芋头之类并非本土原产的植物，一经磨黑的水土滋润，品质已然嬗变为极致。而在这个初夏，宣告第一抹甘甜成熟的，竟然又是一位长途迁徙而来的新居民——欧美杂交种，黑旋风无核葡萄。2010年，磨黑镇在把边村岔河小组试种的21亩黑旋风无核葡萄，于2011年挂果，试种成功。每亩产值达1.5万元。如今，在岔河，清清的小河环绕着的葡萄园内碧云层叠，密匝匝的葡萄，穗形漂亮、紧凑，似一座座珍珠塔，如一堆堆玛瑙珠，每一颗都天然无核，饱含浓郁的香味，果肉肥厚、坚脆，口感极佳，让人口生蜜意，甜沁心脾。

磨黑是一片被绿色浸染的沃土，从绵延起伏的山峦到阡陌纵横的田野，满眼都是生机，大地和蓝天之间，空气清澈、透明，更有自然给予人类的最为原生、最为纯粹的清甜和甘冽，亘古不变地滋养着生于斯长于斯的百姓和生灵……

普洱古桥

“桥具有某种神性，连接了天与地。”这话好像是德国哲学家海德格尔说的。另一位德国哲学家西美尔说：“桥是人类战胜自然的意志力的延伸。”当我们沿着古道一步步走向远方的时候，寻觅着古桥的踪迹，我突然觉得，海德格尔及西美尔所说的就是茶马古道上的桥。

茶马古道上人烟稀少，河流成了阻隔路途的最大障碍，每座桥都是马帮前行的希望。而有时候，这些桥看起来是那么单薄，那么瘦小，那么简陋。用细小的藤条编织而成的藤桥、摇荡的铁索桥、水涨桥高的浮桥。这些在风雨中飘飘摇摇的桥，总是出现在人迹罕至、山高水急的危险地段，它们以超常的坚韧串接起人们前进的希望。

风雨桥，是茶马古道上的地标性建筑。宁洱县境内的谦岗风雨桥，是茶马古道上唯一一座保存完好的石台水面瓦房古桥。

谦岗风雨桥长12.35米，宽2.7米，桥两头建有用砖和土砌做基础的亭子，坚硬和牢实的大木做基层，厚实的木板铺设桥面，桥面上立有坚固的木房架，房顶覆盖着青瓦。桥的两边有雕花木栏杆及仿美人靠的木凳，为长途跋涉的人们躲避突如其来的风雨提供些许庇护。这座风雨桥结构坚固、造型古朴，虽然经历了沧桑巨变，但却静静地独处一隅，任凭脚下的流水千回百转，川流而过，它依然坚强地、真实地存在于天地之间。

我曾多次流连在谦岗风雨桥上，有时坐在桥上凭栏远眺，在车辆如梭的今天，古桥尚存，马帮不再，蜿蜒于山林间的古道听不到清脆的马铃声，只有风过林梢时摇响松涛阵阵。有时，双脚踏着桥面上布满尘土的木板，就像踩着一段光阴，恍恍惚惚步入历史深处，去领会我们的祖先，从桥面延伸至千山万水的战胜自然的意志力。

单孔石拱桥，是茶马古道上遗存数量最多的桥。大都建造在地势险要、水流湍急的地方，有意思的是，茶马古道上关于桥的种种神话和传说，大都和建造这样的桥有关。

那柯里驿站至思茅腊梅坡的这段古道上，有一个叫坡脚的小村子，坡脚村头至今遗存着一座石拱桥，桥不是很大，但却很坚固，经历无数山洪的冲击，依然牢固地将古道连接在一起。

传说在很久以前，坡脚还是傣族土司管辖的地方，那时这条河上没有桥。雨季，不仅马帮来往不方便，就连土司的象队也难经过。后来有个土司征了一些银子在这儿修桥，奇怪的是，筑起的桥孔总是垮塌。土司听信巫师的话，用1男童和1女童来祭桥。石桥建成的时候，土司带着他的象队来了，他威武地骑在象背上，想成为第一个过桥的人。不料，象队到了桥头便停住了脚步，不管象奴怎么驱赶，大象就是不肯踏上桥面一步。最后在头象的率领下，象群径直走下河谷，绕开这座桥走到了对面。

我至今走到那座桥前时，都有点背脊发凉的感觉。前不久，桥头有人垒了个香台，立马就有人前去点香烧纸，也不知道是不是在祭奠、在感谢那一对稚嫩的生命，感谢人类在战胜自然时的牺牲。关于古桥的神话传说总是这么千奇百怪，而在精彩纷呈的故事中，镇沅县的玻烈桥的传说更是充满了神性。玻烈桥所处之地是普洱府至大理、西藏的茶马古道上。现距离下关—恩乐—宁洱公路主干道不足1千米。玻烈桥始建于乾隆年间，后被洪水冲垮，道光十七年（1837年）过往马帮与庶民集资在原址下游数十米处的悬崖峭壁上重建。

直到今天，镇沅县恩乐镇玻烈村的老百姓都熟知一首充满玄机的打油诗：“石楼对石鼓，造桥银余三百五。欲知存何处？请问半坡老祖。”这首诗中蕴藏着玻烈桥的传奇故事。

据说，始建于清乾隆年间的玻烈桥桥址的河床相对平缓，跨度也大。古时这里是南来北往的必经之地，过往行人、马帮昼夜不断。就在乾隆玻烈桥建好的若干年后的某一天，晴朗的天空突然电闪雷鸣，暴雨骤降，连续几个时辰不止。临近黄昏时，玻烈河洪水暴涨，湍急的洪流如脱缰的野马从几十千米的上游狂泻而下，河床很快爆满，但玻烈桥仍伫立在洪流中岿然不动。面对来势汹涌的洪水，过路马帮正犹豫着是否上桥通过时，只听有人惊呼道：“大蛇！……龙！龙！”

只见一条又粗又长的巨蟒之尾上扬至桥面正中，随即将桥身紧紧勾住，在众人魂飞魄散的刹那间，桥身轰然倒垮，滔滔洪流顷刻之间席卷而下，咆哮着闯进了离桥不到1千米的恩乐大河。

谦岗风雨桥（刘庆明 摄）

玻烈桥毁了，但马帮和路人有增无减，人们只好晴通雨阻。然而，让人心惊胆寒的是，河北岸的悬崖上仿佛居住着一个庞大的蟒蛇家族，大大小小的蟒蛇不时出没于此，有时甚至公然捕食过往的零星马匹和当地百姓的牛羊。

一天，一位鹤发童颜的老道云游至此，察觉这一代有妖气在飘荡。于是前往查看，发现果然有一条修炼千年但已走火入魔的巨蟒，道士还算出，当年毁坏玻烈桥的，就是这条巨蟒。

为消除蟒患，道士建议众人募集银两，在老桥址下游的要害之地建一座“蜈蚣桥”以降压邪气。

为建成此桥，人们多方奔走，募集资金，甚至在路旁设点让过往马帮、行人捐资，无论多少一律计入造桥功德簿，此举深得人心，大家有钱出钱、有力出力，就连一个过路乞丐也捐出了三文钱，很快资金就够了。由于桥址选在了两岸悬崖峭壁之间，工程无比艰巨，好在资金和劳力都很充裕，三个月后，一座气势不凡的单孔石拱桥眼看就要合拢竣工了。但是，奇怪的事情又发生了，最后一块合拢石竟然让无数经验丰富的工匠苦干了七天七夜都不能嵌合。

领头的长者摆起香案，召集所有造桥者，让大家反省是不是做了什么得罪神灵或是有违良知的事。正在众人议论猜测之时，长者恍然入梦，耳边传来一个声音：“若要石桥嵌得拢，三文铜钱要捡起。”长者忽地醒了过来，说起梦中之言，收银和记账的两个年轻人才猛然想起，过路乞丐的三文钱忘了入账计入功德碑了。长者再次焚香，向神灵磕头谢罪并将三文钱入账，乞丐之名计入功德碑。礼毕，众工匠齐心合力打制好合拢石，合拢一次成功。

新建成的单孔石拱桥跨径 14 米，宽 4 米，高 10 米。拱顶两方的披水石上各有一节石条对称伸出，面向河上游造型为凤，面向河下游造型为龙，桥栏两端各有一对石鼓。桥体南高北低，既像待发之弓，又似蜈蚣。当地百姓又称其为蜈蚣桥。据说，此桥造好之后当地的蟒蛇逐渐消失藏匿起来，大蟒出没的情况再也没有发生过。

为纪念给予此桥支持的各方人士，组织者特意在南岸桥头和古城附近的大路边各立一块碑，并在其中一块碑上刻了那首流传至今的打油诗。

时光流逝，当日造桥的亲历者们渐渐作古，留下的打油诗却不断向人们暗示着一个悬念：当日修桥所募之银还剩三百五。我想，其实这个暗示是留给有心的人们，再修缮古桥时，可别忘了去问“李老祖”取得银钱。然而，世事变迁人心不古，更有那贪财之人，一心想寻得银子，发不义之财，这样的人又往往是心智迟钝、不能悟透玄机的。可怜居住在半坡村附近的李姓人家，常常遭到威逼甚至酿成灾难。多年以后，一位女画家随马帮路过此地，见此桥空灵之至，就在此写生，听说这诗后，心有所悟，于是寻到半坡村为此村画了一幅风景画，画上题诗一首：“造桥银剩三百五，埋在半坡李老祖。世人皆迷离，我画李花破迷津。”

人们在她的指点下，果然在老李子树下挖出了“剩银三百五”。

这个故事真是一波三折、扑朔迷离，不仅充满神秘色彩和扣人心弦的传奇，更将世事演变、人情纷繁隐于其间，让人生出无尽的思索与想象。这也是迄今为止我所听到过、读到过的茶马古道上关于古桥最完整详尽的传说。如今，这样的场景、这样的故事已经被时光一点点地剥蚀，昔日的古桥，落在史料中时，只剩下几行干巴巴的文字，枯涩而又单调。

我沿着茶马古道上的人文流向，寻找着古桥的踪迹，磨黑的永安桥、士堂庙桥、把边吊桥，墨江的忠爱桥、涟漪桥，景谷的芒玉古桥，镇沅的难搭桥……我惊奇地发现，其实，这些古桥依然活着，即使有的桥已经不复存在，但它却新新鲜鲜地活在民间的种种传说中，活在老人的依稀的记忆里。可别小看这记忆的依稀，只要遇到湿润的目光，有血性的心灵，就能从支离破碎的记忆里掰开一砖一瓦，从而收获一段完整的历史和故事。

又想起了海德格尔的哲言：桥具有某种神性，连接了天与地。是啊，倘若没有神性，它又如何能遗世独立于哀牢无量乃至整个横断山主脉密集的大峡谷群中，连接起这个星球上的两“极”——北回归线上的灵性普洱和让人仰视雪山、仰视神灵的喜马拉雅？又如何将生长于山野草莽间的青枝绿叶演绎成那时皇城天朝竞相追捧的金枝玉叶？而这神性，恰恰就是西美尔所说的人类战胜自然的意志力的延伸。

被遗忘的普洱山茶区

一

一场斗茶，还原一个久违的传统普洱茶产区。2019 年春，是一个注定属于普洱山普洱茶区的好季节，古普洱府城宁洱县城东边的贰龙山（也叫温泉村营盘山）茶园内，举办了一场声势浩大的“普洱山核心 20 村斗茶大赛”。这是一场斗茶赛事，两家媒体同时开通了现场直播。事后，我看了一家媒体的直播点击率，发现有 30 余万人同时在线观看。一场无意间的赛事，还原了一个久违的普洱茶古茶区。

“普洱山核心 20 村斗茶大赛”的最初策划，来源于宁洱镇董书记，对于斗茶的目的，他有一个思考：古普洱府城所在地宁洱镇，辖 20 个行政村，各个村都种植茶，茶园面积达 3 万余亩，还有以困鹿山为代表的一批古茶园和古茶树。但除了困鹿山古茶园，外界对这里的其他茶园知之甚少，一度还传出此地不产茶的信息。董书记的思路是通过全镇 20 个村斗茶，逐步实现三个目的：一是提升知名度，以组织好民间斗茶活动，吸引外界关注宁洱镇的普洱茶；二是提升茶品质，让宁洱镇所辖的这 20 个行政村通过斗茶，找出各村茶园山头茶的特点和优势，制作出具有各村特点的普洱茶；三是提升茶农素质，通过斗茶，让茶农们形成一种爱茶、研茶、做茶的好氛围，提升宁洱镇地域普洱茶文化。最终向外界推介宁洱镇的好茶，让群众摆脱“端着金饭碗讨饭吃的日子”，真正在茶叶的发展中获益。

围绕宁洱镇的茶叶发展思考，古普洱府城斗茶协会深入实地调查，挖掘这一区域的普洱茶文化，提出于 2019 年利用古普洱府城所在地宁洱镇所辖 20 个行政村的普洱茶资源，以他们制出的 2019 年明前晒青茶，举行“普洱山核心 20 村斗茶大赛”。活动一是完成 20 村茶样的收集，由宁洱镇组织，按统一时间、统一数量、统一茶青，交普洱贡茶小镇古普洱府城斗茶协会封存；二是评委确定，为了保证这次斗茶达到预期目的，古普洱府城斗茶协会专门邀请了台湾三代制茶世家的代表邱宽武先生、多次参加国内茶叶赛事活动的中国普洱茶艺学校副校长杜红英女士、国家级非物质文化“贡茶技艺”省级传承人李兴昌先生、倾心做茶几十年的普洱茶厂有限公司总经理赵华琼女士等茶界知名人士，以及长期从事普洱茶销售制作等方面的代表共 9 人组成评委；三是斗茶的组织，斗茶地点安排在温泉村贰龙山茶园中；四是斗茶时间确定在每年的古普洱府城民间传统祭茶结束后。聘请有丰富普洱茶冲泡经验的茶艺师冲泡，让评委以形、香和口感等打分制的形式，依次品出名次。同时，斗茶现场还另外安排一名茶艺师同泡一款样茶，让观众与评委互动，参与到斗茶品饮活动中来。

2019 年 3 月 16 日，斗茶大赛隆重举办，斗茶结果如下：

金奖 1 名：曼连村；银奖 2 名：宽宏村、肖井村；铜奖 3 名：西萨村、谦岗村、新塘村。

这个结果，既是情理之中，又在意料之外。从获奖村所处的地理位置上发现了一个规律，就是所有的获奖行政村排列起来，均分布在无量山余脉这条线上：西萨→宽宏→谦岗→肖井→新塘，从西萨村开始，形成一条线延伸到古普洱府城的新塘村，整个地形围绕着困鹿山皇家古茶园辐射开来，而曼连村又恰好在普洱山主峰西坡脚的位置，这就显现出了那个传统的普洱山茶区，这是一个普洱府普洱茶久违的老茶区，也许因离普洱府城太近，人们对茶区的存在熟视无睹，遗忘了它。

二

困鹿山皇家古茶园，应该就是历史上普洱山茶区的核心区域。这个茶园，也是因为独特优良的普洱茶质，才得到了凸显。郝连奇教授在他的著作《普洱帝国》中，对困鹿山有一个定位："不与班章争名，不与冰岛争利"，我本人也赞同这个观点。事实上，早在20世纪80年代，台湾著名的普洱茶学者、台湾师范大学的邓世海教授就专门对这一片区进行过系统的研究和考证，他所著的《普洱茶》一书中就明确指出，这一茶区是历史上重要的贡茶茶区，包括西萨村、宽宏村、谦岗村、整展丫口一带，这个地域与我们斗茶产生的普洱山茶区的地域轮廓不谋而合。据《普洱府志》记载，百草地梁子一带有原始的古茶树群落，该古茶树群落面积10122亩，是境内较大的古茶树群落。除了原始森林中的古茶树群落分布，这一带还有历史遗存的古茶树茶园，如西萨柏木林古茶树茶园、谦刚村魁阁、红土坡、许家寨古茶树园。事实上，无量山余脉一带的这几个村都分布着古茶树茶园，一直延伸到普洱府城回族村马文彪家院子中的古茶树。普洱山茶区地域主峰标志的普洱山位于普洱府城西二里，人道是"先有普洱山，再有普洱茶，后有普洱府"。

普洱山普洱茶区的地域形成，也是历史的必然。15年前，国内一批茶界知名专家就给这里下过一个科学的定论。2004年11月19日至21日，中国国家茶科所的虞富莲研究员带队，云南农业大学蔡新教授，云南茶科所原所长王平盛、张俊等茶界专家对这个区域的茶进行了全面的考察，对这一茶区的茶树树龄、分布密度和长势进行综合分析，最后对这个区域的古茶树资源充分肯定，并明确指出，这是一个独特的古茶区。《走进茶树王国》一书，专门介绍了困鹿山古茶区，这个茶区范围与普洱山茶区是一个区域，属普洱山普洱茶茶区。

三

普洱府城，从普洱山旁边的一个叫作水湾寨的寨子发展起来，它的发展要归功于澜沧江流域的云南大叶种普洱茶。茶叶的集散、加工和仓储，繁荣了水湾寨，成就了普洱府城。《普洱府志》记载，清道光年间，普洱茶在普洱府城贸易活动达到高潮，府城内外众商云集，足有300家堂馆店铺，有茶庄六七十家，每年销量570吨。较大的商号有协太昌、同心号、庆益号、义盛昌、元盛号和广昌隆等20余家。所销售的普洱茶，有府城附近普洱山茶区生产的，也有其他茶区集散到这里的，府城内形成了普洱茶加工和仓储文化，派生出了斗茶、茶艺、包装等一系列文化，形成了独特的普洱茶文化。

春暖花开，水到渠成。正是有这样一个普洱茶文化氛围，2008年6月7日，宁洱县以普洱山普洱茶区一带文化为基础，整理出"普洱茶制作技艺・贡茶制作技艺"进行申报，后被《国务院关于公布第二批国家级非物质文化遗产名录和第一批国家级非物质文化遗产扩展名录的通知》批准并公布为国家级非物质文化遗产。从此，普洱山普洱茶文化区域被国家以非物质文化遗产的形式固定下来。

普洱山茶区内分布着几个大的野生古茶树群落，最具代表的就是谦岗村红土坡小豹子洞古茶树群落、张国立先生认养的困鹿山野生古茶树群落等。无量山余脉普洱山系山顶原始树林内主要分布着这些野生古茶树群落，山系中间和靠近河谷的地方主要分布着栽培型古茶树古茶园、茶马古道和一些茶文化遗迹。与这一条山系平行的茶马古道，是从普洱府城出发的西北路，通往西藏。《普洱府志》记载，这条古道在谦岗红土坡、西萨街设有两个塘防，驻兵 4 ~ 5 人；现在，谦岗村还有一座这一带保留完整的百年谦刚风雨桥，还有谦刚村许家寨发现的乡绅许维翰先生率领民众发展茶叶种植的碑文；普洱山茶区主峰普洱山以西，是紧靠着普洱山主峰的曼连村，这个村种植茶叶面积 3000 余亩，茶园一直延伸到该村的山神庙。《普洱府志》记载，山神庙这里有设一个塘防，驻兵 4 ~ 5 人。目前，还有大山神庙大殿的遗址，大殿前古茶树已历经百年。现在的“山神庙国家标准有机茶园”形成了古茶树、大茶树、群体种茶园和良种佛香、紫娟、雪芽等茶园并存的立体茶园，成为普洱山普洱茶区的代表性茶园，按社会对普洱茶的需求，生产出传统晒青普洱、普洱白茶和普洱红茶，丰富着普洱茶产品。

紧靠普洱山主峰西脚的这个区域，历史上还是普洱府青砂陶器的产地。环绕着公母龙潭周边的曼连村、搬海村的龙潭坝、龙洞、曼夺等几个寨子，都是普洱府青砂陶的传统制作点。百年来，这里的人们在公母龙潭干季水位下沉后，在龙潭边深挖，取出青色塘泥，制作陶器，以传统龙窑烧制出来，销往普洱府城及周边。

茶与器共存，相辅相成、相得益彰，共同丰富着普洱山普洱茶区的文化。

茶马古道之丛林栈桥（作者：尚明朋）

百年谦岗风雨桥的追忆

宁洱谦岗风雨桥（白马辛荣 摄）

普洱茶的兴起，让更多的人关注起普洱府以及茶马大道，而现存的宁洱镇谦岗风雨桥曾经是茶马古道上的重要桥梁，距普洱府城（今宁洱县）仅十余里。近年来，谦岗风雨桥成为普洱文化聚焦的热点，透过这里看普洱古府，可以进一步研究普洱茶和茶马古道兴衰的进程。

我家就在茶马古道西北路谦岗风雨桥旁，百年的谦岗小学就建在紧挨风雨桥的地方。我在谦岗小学读完了初小，那段记忆至今犹新，每天放学后，我和小伙伴们就会去风雨桥，或在桥上打闹，或到桥下河塘戏水捉鱼。在我的成长中，那些爷辈、父辈们会把建桥的情况当成故事，零零散散、有意无意地讲给我听，所以我对谦岗风雨桥的感受就特别深，有一种特殊的感情。现在我已是 70 多岁的人了，回忆过去，把那段建桥的历史写出来供人们了解，从而更好地保护风雨桥，为研究普洱茶、普洱古府和茶马大道提供一点佐证。

我所写的风雨桥建桥故事，为口头的零星转述，又大多为儿时的记忆，时间跨度较长，在一些节点上难免有遗漏和偏差，但这些并不影响风雨桥的真实存在，重要的是保留一段历史和传承一个故事。

大约是 1914 年的七八月，一场当地少见的大雨过后，河水冲走了谦岗河上简易的木桥。这时，驻防普洱府的最高军事长官总兵马秀庭将军从威远（景谷）巡防回到了谦岗，正遇河水满岸，没有了木桥，自然无法过河回城，因此只好留宿在路边的邓青云贡爷家。邓是晚清贡生，当地人称他为“贡爷”。邓贡爷看到府城的总兵官不请自到，十分高兴，为了接待好马大人，他邀请了当地好友、乡绅作陪。席间闲聊起当地的风土人文，河中冲走的桥成了大家谈论的焦点，马大人也说要不是被河水隔住，现在他应该回到了家中。众乡绅说，是天意，马大人停留在这里是与谦岗的缘分，是谦岗的荣耀。不过，话又说回来，每年的运茶马帮到这里都会受阻，特别是有一年那些古宗（西藏）人马帮过不了河，把我们大寨子的粮食都买光了。马大人说这的确应该建一座大桥了，等他回去后，跟知府商量一下，争取知府和知县的支持，让众乡绅也搞一个主事会，商量个建桥的办法，不过要把桥建“雄”（大气）一点，这样就方便南来北往的马帮、商人、行人，也方便本地人生产、生活的出行。马大人的话正符合人们的愿望，建桥的事就这样商量确定下来了。

马大人回城后，很长时间这建桥的事不见动静。最后，还是在马大人的一再催促下，邓贡爷才去找红土坡、徐家寨、白沙水等几个寨子商量，确定每个寨子出一个人和谦岗村的几个乡绅组成建桥主事会，并具体研究建桥的主要事情，主事会共同议决在谦岗大河茶马古道过口处建一座石墩木面的大桥。方案出来后，邓青云又专门进了一趟普洱府城，找到普洱府城的总兵府衙门向马秀庭将军做汇报，将军非常赞同这个方案，并预算出所需费用白银 2000 两左右。同时说明，城内的知府、知县出部分银子。也要求邓青云他们也别闲着，一方面发动各村寨民间捐一点；另一方面分头去景谷和磨黑向富商和盐家请求支持一些银两。

经过一段时间的努力，主事会拿到了普洱府城内马将军协调来的四五百两白银。这些银两到账后，主事们开始犯了难，毕竟离修桥的数目差距还很大，于是大家决定把筹到的银两用在刀刃上，先购买瓦片及建房用的必需品以及支付石木工匠、画匠的工钱，其他开支如石、木、沙的搬运，土建基础都靠附近各村寨百姓投工出力、以劳代银，冲抵建桥资金的不足。

终于，建桥工程有序开展了起来。首先择日派工清河道，挖护堤和桥墩基坑，派工到老王箐烧红土，在徐家寨碾子房田沙坝取细河沙，在马鞍山烧石灰（红土、沙、石灰三合为泥用于支砌护堤和桥墩）。以上工程安排妥当后，主事们又马不停蹄地爬山、穿林过箐，寻找四根过桥木，这四根过桥木一要大，二要结实，三要经久耐用。经过反复查看、多次商议，最后决定在龙洞箐河大秧田、红土坡、母象山田边、公象山岔箐田脚这四个地点各选定一棵上好的椿树作为建桥的枕木，并决定选吉日派工砍伐。同时安排了砍伐铺桥面的木板和建房木料。

建桥工程全面启动后，主事们仍然在东奔西跑地忙碌着，统筹督促工程进度，检查所备材料质量，组织派工搬运物料。

这里要说的是那四根大木头的搬运，多少年过去了，参与过搬运四根大木的人讲起那段故事还是眉飞色舞、激情飞扬。当时四根大木头在几乎 2 千米外，每根木材重量均上吨。当时无便捷的运输工具，无平坦的道路，也没有现在的尼龙绳和钢绳，全靠人们的双手、双肩，利用山上砍来的藤索和驮牛用的鞍架绳，采用杠杆原理和使力气的办法，把四根大木头硬生生地搬运到桥上。据说，拉运一根大木头需七八十人同时拉动绳索。此外，还有抬着备用的绳索、圆形木杆的人，抬着刀斧和锄头清除路障的人，也有一些人尾在拉木头的现场准备随时替换拉绳索的人。

当搬运大木头遇到水田时，田埂被压垮，泥浪向前滚，拉绳索的人一个个变成了泥人，大木头所过之处，压坏了田埂和草木，一天只能前行一两百米。如遇到深箐、高坎和石旮旯，就会影响前行速度。老人们讲，指挥拉木头的主事，有时会站在大木头上，指挥大家喊着统一的口号。把那四根大木头搬到桥头工地上，足足花了近两个月时间。

四根过桥枕木平稳安放好后，就开始铺设桥面、建护栏、盖桥房。还专门从普洱府城请画匠在西引桥房山尖外墙面上，画了“双鹤报春”“迎接藏马”两幅画。在东引桥房外山尖的墙面上，画了“南北通商”“农耕大地”两幅画。建好后的大桥包括东西两岸引桥在内，跨度为 20 米。由四根 15 米长、0.8 米宽、0.9 米高的椿树木头做过桥木（称过江木）。桥面用长 5 米、宽 0.2 米、厚 0.1 米的木板铺成。桥的两边设双层护栏，里护栏不设护桩，起保护过往的马帮、行人的安全作用。正桥体和引桥建盖瓦房，一则供歇息的人们遮风挡雨，二则保证桥体本身不受风吹雨淋。东西桥头的引桥房和正桥房部直接连在一起，但紧靠正桥房，略高于正桥房。实际使用功能上正桥房、引桥房已融为一体。桥头东西两岸用五面石砌成坚实的桥墩，在东桥头路旁北面和西桥头路旁南面各建一个能容纳 20 ~ 30 匹马的稍场，也就是人做饭吃、喂马料的地方，供来往的马帮放马开稍。

桥建好后，主事会专门为建桥出资人在东桥头路边竖起了十二块功德碑。1918 年 12 月，选择吉日正式举行完工仪式。举行完工仪式那天，桥头稍场上、大路边人头攒动，好不热闹。桥头两边的稍场上，槓槽（收稻谷的工具）里装着米饭，大锅里烀熟了牛肉，木盆里装满了猪肉，木桶里装着各种小菜，还摆了几坛自烤酒。被犒劳的人们以及参加完工仪式的百姓均参与会餐。下午四时，马将军从普洱府城赶来，站在新修好的桥头讲话，对建桥者的功劳给予了肯定。接下来就是会餐了，参加会餐的人还有由主事会邀请来的官员、政要、商人等建桥的支持者。入夜，又燃起了几个火堆，人们围着火堆，唱起了山歌，跳起了三跺脚。三更，人们才纷纷散去。只有那崭新的茶马古道谦岗风雨桥雄伟地屹立在谦岗河上，为南来北往的官商客人以及当地两岸人民的生产生活做出了巨大贡献。

据我所知，百年的谦岗风雨桥，进行过两次小修和一次大修保护。两次小修，只是对部分桥面、护栏和屋顶进行维修，都是民间自发组织维修的。第三次是 2012 年由宁洱县有关部门拨款维修的。从河底处的桥墩到桥面、护栏、屋顶都进行了维修，引桥房原来的土坯墙换成了砖墙，外墙墙面上重新画了四幅画。从此，历经百年的谦岗风雨桥又以崭新姿态出现在世人面前了。

遗憾的是，建桥时立的十二块功德碑因种种原因有十一块已经无法寻觅，唯一留下的就是刻着“马公秀庭大人德政”的石碑，歪斜地靠在路边的草丛中。

谦岗风雨桥过去和现在都对社会经济发展起了重要作用。因此，宁洱县里把它列为县级保护文物，这是对历史的肯定。更为难得的是建桥主事者之一的邓青云贡生的儿子贡生重孙子邓懋林先生，曾专门回到此地，在风雨桥东引桥房横梁上挂了一块写有“贡爷建桥后人修”的大牌子，它警示人们：要记得那段建桥历史，保护好谦岗风雨桥！

墨江古桥——普洱茶马古道上的重要津梁

近年来，我对普洱茶和茶马古道文化进行了初步的研究，特别是对茶马古道文化实施田野考察和寻访遗物时，接触到了工艺独特、建造秀美宏伟的石拱桥、风雨桥（又称廊桥）、铁索桥（又称吊桥）。有的桥梁历经数百年的岁月，留存至今日，泽被后人。

平凡的人民亦有伟大的创造。建筑在山水之中的桥梁就是这种伟大创造的最好例证，具有地理地质、水系水文、建筑雕塑、碑刻书法、民俗心理、环境美学、民族融合、文化交流等学科的内容。可以说，一座桥梁就是一座多门综合学科完美结合的实物载体，所以一座桥梁就是一座劳动创造奇迹的丰碑。

茶马古道上的水癸桥（邓起文 摄）

墨江涟漪桥（杨明祥 摄）

墨江是研究普洱茶和茶马古道的核心区域（因为茶马古道的北路贯穿墨江），对这一区域里在中华人民共和国成立以前建筑的桥梁，我从文化建筑学的视野进行了深入的田野考察。

在流失的岁月里，我们的先民创造的美轮美奂的桥梁，有的被洪水冲垮，有的因种种原因被改建或拆除，大部分桥梁早已无影无踪，仅留下个名字而已。

我想，崇山峻岭间一座座线条流畅、风雨可歇的各类桥梁，是劳动人民智慧的结晶，已完美无瑕地融合于山水间。

龙坝三桥：古桥建筑的艺术瑰宝

当我再次踏入位于墨江哈尼族自治县龙坝乡的八道河（亦称措乐河）想对建筑于此的双星桥建筑年代做进一步的考察时，有一种异样的感觉让我不安。原来平缓细流的八道河床扩大了近两倍，大大小小的石头铺在河床上，一眼就知不久以前这条河曾发生过泥石流。

八道河发生泥石流，双星桥还安然无恙吗？

墨江的龙坝乡是我拍摄和考察古桥建筑的重点地区之一。在这八道河上就有一座造型十分优美的古桥——双星桥。经过多方了解，除了双星桥，龙坝还有三座建筑于中华人民共和国成立前的古桥，即建在石头寨脚一条小河上的永安桥，建在距竜巴大寨 1 千米左右一小河上的竜巴石拱桥（此桥于 1999 年秋被洪水冲垮），以及建在南大河和竜巴小河交汇处的南大古石拱桥。

龙坝地处墨江县的东部，处于黑树林核心区，山河纵横，交通闭塞，一直被人们认为是蛮荒之地。但就是在这样的蛮荒之地，生活在这里的先人们却建造了四座石拱桥（也许还有我没有发现的石拱桥呢），不能不说是一个滇南边疆建筑史上的奇迹。

众人皆知，墨江是全国唯一的哈尼族自治县，而龙坝则是滇南哈尼族分布最为集中的地区之一。无疑，这些建造于中华人民共和国成立前的石拱桥是哈尼族先民与居住在周围的其他民族共同的劳动成果，代表了当时建筑艺术的最高成就，是前人留给我们的建筑文化瑰宝。

龙坝乡政府所在地叫石头寨，是哈尼族豪尼支系人的村庄，是一个人口超过 1000 人的大寨子。我们穿过石头寨，来到了八道河，溯河而上两千余米，就是双星桥所在地。

站在河边，看着泥石流过后已经几乎拓宽了两倍的河床，原来犹如长虹连接两岸青山的双星桥，早已无影无踪，连河两边的桥墩都无处寻觅，只有流水哗哗向南而去，留给我无限惆怅。陪我前往八道河的龙坝乡宣传干事王建林告诉我，2007 年 7 月 13 日，龙坝乡遭遇特大暴雨，引发山洪，双星桥也许就是那天冲走的。古桥的建造要付出诸多的辛劳，而流失则如此简单。

在空空荡荡的河床上，我认真地寻找。在河床左边的一个石坎上，找到了建筑桥梁时立下的《双星桥碑记》。碑记也在那次洪水中受到了严重破坏，一块完整的被远青石击碎成两块，一块还立在原处，一块倒在一边，还被击去了顶部的一大块。

我把倒在一边的那块重新立在原地，但已无法完整地复原了。仔细阅读抄录碑文，只零零碎碎地读懂几行字："元墨两县双星桥引……发上古无桥梁之制……河桥之行，至周以下始有之吾，读孟子之书，有曰……岁十月……因远……"等。要完整地解读和弄清建桥的目的和意义，需把碑上的苔衣清洗后，借助拓印后的拓片。

虽然不能完整地解读碑文，但残碎的碑文也透露出一些重要的信息，双星桥是元江县因远镇和墨江县龙坝乡的村民们共同捐资修造的，而从"读孟子之书"等语句来看，当时这些地方已经深受中原汉文化影响。从双星桥沿河而上，3 千米之外，是元江县因远镇的马鲁村、三合寨、奔扛、安仁、卡腊等村寨，主要居住着哈尼、白、彝、汉等民族，是唐宋以后逐渐建立的"东方三十七蛮"之首"和尼路"（哈尼族先民）地方政权的核心区域；而沿河而下，2 千米左右，就是哈尼族大寨石头寨、竜巴、阿拉坝、龙达、错乐等，都是大寨子，且清一色是哈尼族。显然是这些村寨的前人建造了双星桥。

为了弄清双星桥的建筑年代，我查阅了《墨江哈尼族自治县志》和《元江哈尼族彝族傣族县志》,《墨江县志》里把"双星桥"记成了"三星桥"，说"建桥年代无考"，而《元江县志》则说"民国 15 年建"。对于桥的跨径、高、宽，两书所载差别很大,《墨江县志》无桥高数字，说"桥长 4 米，宽 2 米";《元江县志》说"跨径 4 米，宽 5 米，高 5 米"。《元江县志》记载较为完整，也许更确切些。

龙坝乡境内的另一座石拱桥叫永安桥，距石头寨1千米左右，站在桥上，可以看到石头寨全貌和不远处的阿拉坝、龙达等村寨。此桥无疑就是这些村寨的先民们修建的。桥至今完好如初，福泽来往行人。

在王建林的协助下，我对永安桥进行了测量，桥跨径4米、宽2米、高4.5米，桥的两侧有高出桥面少许的石块，看得出原来有护桥栏杆，下方拱桥中心处写着“永安桥”三字，字体苍劲有力，与建桥的石条融为一体，美观大方。一般情况下，我们的先辈造桥修路，都要勒石凿字竖碑，认认真真地遣词造句，写明造桥的原因，记录下每一位捐资者的名字和捐资数目，甚至是造桥的工艺、石匠、监工、什么时候始建、什么时候完工等，所以一些碑记成为今天我们研究当时社会经济、石雕建筑工艺、生活水平、山川水系、商贸往来、民俗习惯、农耕生产，甚至是审美等方面弥足珍贵的实物资料。

遗憾的是在永安桥周围，寻觅多时，未获碑刻。

另一座桥在竜巴河和南大河交汇处，此桥的东北面是南大寨子，路程约有1.5千米，而往下则是山高林密的沟箐，少有人涉足，但以前这里是墨江和元江南部的人们通往红河各地和越南的必经之地，具有十分重要的交通意义。此桥没有桥名，当地的人们称之为南大古石拱桥。在我考察、拍摄此桥时，有位60多岁的老者在桥边放牧，他告诉我，他爷爷曾告诉他，在他们还很小的时候，桥就建在这河上了。

因南大古石拱桥位于人迹罕至的深山沟箐间，所以以往所出版的各种地方史料中，从未记载过，虽然我们的先人们早已建造了它。我对它作了测量，桥跨径5米、宽3米、桥高6米，在桥的右边有一棵参天古木，桥下，清澈的河水缓缓奔流。令人遗憾的是，多方寻找，我没有找到建桥的碑记。

从桥的外观上看，南大古石拱桥和永安桥的设计似乎是出自一人之手，这两座古桥的桥面都是平平的，没有建造成拱面，而是在桥的一端设计了石阶，一台一台地做了抬高，而另一端直抵河的对岸，这正是它们有别于其他古石拱桥的地方。

至于建桥的材料，几乎全是硬度很好的青石，石匠把它们打制成条石，一块一块地镶嵌起来。当时还没有水泥，仅用石块镶嵌显然是不行的。经过多方考证和走访民间工匠得知，我们的先人在实践中总结出了一套建桥工艺，解决了石块镶嵌间不牢固的问题。他们采来一种叫华皮树的树皮，碾成末，后拌在蒸熟的糯米上，再配上适当的牛粪、糠皮、晒干的松叶、石灰（哈尼族很早就掌握了石灰的烧制技术）等，不断研揉、捶打，使之完全调和，做成黏性极强的黏合剂，而且这种黏合剂嵌在石块之间，时间久了，慢慢就风化成石，与别的石块完全融为一体。也许这就是一些古桥能够历经数百年甚至更长时间的风风雨雨留存至今的原因吧。

龙坝乡的哈尼族主要以豪尼（俗称布都）和白宏（俗称补孔）两个支系为主，他们在元代时期广泛分布在今元江领域的“和尼路”，曾形成雄霸滇南一隅的地方政权“罗槃国”，后被赛典赤屠城。从汉籍石料记载和各种传说、故事及一些哈尼族谱来看，就是在那次战事中，这些哈尼族支系迁居到墨江龙坝一带。在哈尼族到来之前，这一代的原居民族是傣族，许多以傣语命名的村寨名字，沿用至今，如南大、竜巴、勐里、竜宾、蚌海等都是傣语，而傣族则早已往南而去。现居住在这一带的哈尼族并未忘记远去的傣族，有些寨子每年春天都会在原来傣族的龙树下杀牲祭祀，以表对他们的怀念。蚌海大寨就年年如此，从不间断。

在目前我所考察的古桥建筑中，年代最远的清朝中期，近的建于民国末年（在这一时期，傣族参与建造这些石拱桥的可能性已经很小了)。当然，随着考察的深入，会有一些建筑年代久远的古桥被发现，我相信这一点，并等待着。

或大或小，古桥建筑都是我们先民建筑艺术与智慧的最高代表，是留给我们后人的宝贵遗产。

“花桥”水云间

在一个秋雨初晴的中午，我走进了墨江哈尼族自治县新安乡和孟弄乡交界处的新生村九头山下，对建造在那卡河上游九头山脚的花桥进行全面的考察。

按一代建筑宗师梁思成对建筑的定义，“从建筑上可以反映建造它的时代和地方的多方面的生活状况、政治和经济制度，在文化方面，建筑也有最高的代表性”。正因如此，我对花桥进行了考察。

在这远离城镇和交通要道的大山深处，很久很久以前，在运输材料的方法和科技都很落后的哈尼、彝、拉祜、傣等少数民族聚居的山村建造出这样的桥梁，实在是一种奇迹。

站在离那卡河约500米处的蚂蚁堆街的梁子上，只见那卡河从高耸云天的滑竹箐梁子轰然而下，颇有一泻千里之势，河右侧是当地有名的九头山，而左边是滑竹箐梁子南下的一小支脉，两山之间是层层叠叠的梯田，河流就在梯田间流过，在九头山脚折西而去。花桥就建造在那卡河西去上游150米的地方。

现在我们所见的花桥是一座石拱桥，是中华人民共和国成立以后重建的，可以供10吨以上的汽车通过。据当地的老人介绍，原来的花桥建在那卡河折西而去上游20米处。我站在九头山第九个山头鸟瞰，老人所指的20米处河床很窄，河两岸是河水冲刷形成的巨石，在茂密疯长的紫茎泽兰和一些矮灌木丛中，依稀还能辨认出当年人往马踏的弯曲路径。

从老人们的介绍中得知，第一次建造的花桥纯粹是木梁结构，当地的哈尼族、彝族的头人发动民众，请了能工巧匠，从高高的滑竹箐老林里伐来百年的楠木和滇南红椿，采用榫扣、穿梁等传统的建筑方式，建造了一间瓦房桥。桥的两侧置有供过往行人歇息纳凉的椅凳，甚至还有供过往行人和当地村民到此地周围耕作或放牧时烧煮饭菜的三脚石灶。因环境优美、有桥有水，当地情窦初开的年轻人常常到桥上幽会，唱歌述情，互赠绣花物品，成全了许多有情人。久而久之，人们便称之为“花桥”，这一名字沿用至今。花桥建成以后，极大地方便了过往行人。可惜，在20世纪40年代初期的一次大洪水中花桥被冲毁了。没有了桥，一到雨季，那卡河掠沙卷石、击岸咆哮，威胁着过往行人的安全，人畜被河水掠走的事时有发生。这样，周围村寨的人们协商重建花桥，考虑到前次桥身全是木梁结构，易被洪水卷走，就决定建石拱桥，再在石拱桥上仿原样建瓦房。周围各村寨的哈尼、彝、拉祜、傣、汉等民族积极主动地参与到重建工作中来，纷纷伐木凿石。人多力量大，人们很快重建了花桥。20世纪90年代，新安乡邓控建了一座白糖厂，新生村九头山一带纳入了甘蔗种植区，为了甘蔗运输的方便，当地政府和糖厂在花桥上游100米左右的那卡河上修建了一座能通过10吨以上车辆的桥梁。可惜的是在修建的同时，把原来的花桥撤除了，把撤下来的石块当成了现成的石料。我在原来花桥的河床周围苦苦寻找，丝毫未获。据说，原来在桥头立有三块碑刻，我与一同考察的其他同志寻找半天，也未获半点残碑断石。也许，就连这三块碑刻也抬去镶嵌进了现在我们看到的桥中。

在墨江境内，纵横密布着大大小小的河流。从思普北上的最有名的一条“茶马古道”穿过墨江，在所过的一些河流上也建造了桥，但并非所有的河上都有桥。

站在花桥上，云高水长，空旷阔远。

桥之上，云去云来；桥之下，长水不息。

风风雨雨涟漪桥

在以普洱为中心通向昆明和中原的闻名遐迩的“茶马古道”北路上，有一座以水波命名的桥梁——涟漪桥。它是“茶马古道”进入思普境内最宏伟美观的桥、房、亭结合的桥梁。被人们称为“千里迤南古道第一桥”。

涟漪桥坐落在具有双子星城美誉的墨江县城南郊联珠河和清溪河交汇处。随着社会和经济的发展，墨江这个昔日“茶马古道”的重要驿站，发生了翻天覆地的变化，城市日渐繁荣。涟漪桥已经成了县城的一部分了。

据《墨江哈尼族自治县志》和《墨江哈尼族自治县地名志》记载，涟漪桥始建于康熙初年，道光二年（1822 年）被洪水冲毁，道光四年（1824 年）重修。同治元年（1862 年）墨江大水，又被冲毁。为方便过往马帮、商贾，他郎厅署游击将军孙世恒等邑绅捐资于同治九年（1870 年）重修，光绪二年（1876 年）落成。桥身系土砖木混合结构，木梁、木板铺桥面，木架筒、板瓦造屋面。桥正中魁阁楼瓦屋面为四面分水。桥身长 27 米，宽 4 米。桥中心魁阁为 5.5 米 ×5.8 米，高 16 米。河中桥墩以条石顺水方向砌成梭形，使流水顺畅，岸坡稳固。桥墩长 22.8 米，宽 8.4 米，每孔净跨 8 米。修桥投资共用了白银 2384 两。涟漪桥的特别之处是桥中心的魁阁楼是一座方形二层楼亭，并与两边的两座小魁阁楼浑然一体，青瓦粉墙，四角飞檐，错落有序，美观大方，看起来结构严谨、古朴优雅、玲珑标致。桥上的过道左右，木板相连，置有椅凳，供游人或过客歇脚休息。

孙世恒是墨江有史籍记载以来的第一位将军，他的发家史与“茶马古道”紧紧相连。他对朝廷最大的功劳是在从元江至普洱的这段茶马驿道上，调兵遣将，跨马挥刀，东征西讨，在当时的通关哨与以哈尼族反清民族英雄田以政为首的起义队伍决战。田以政战败后，退往团田石叠崖。孙世恒穷追至石叠崖，围困田部起义军，扑灭了在哀牢山燃烧了十六年的抗清烽火。听到孙世恒消灭了田以政，清朝黄帝传令封孙世恒为游击将军，赠巴图鲁勇士称号，挥笔题赠“将军第”门匾。他家的“将军第”门匾，一直挂到 1951 年土改时，今不知流落何方。

孙世恒担任游击将军数十年，刀光剑影，为清朝屡立战功，赏赐得到的田地山场不计其数。磨黑盐厂、李仙江的几个渡口、绿春坝留、元江大歇场等都是他家的田产，甚至远离墨江的建水的几个寨子和田地也是他家的。可见家产之广。

孙世恒当然不仅仅会东征西讨，他也拿出银子来，做一些修桥铺路的事。“茶马古道”从墨江至赖蚌就是在他的倡导下铺筑成石板路的，修筑涟漪桥的 2384 两银子他出了大部分。另外，“茶马古道”要津阿墨江上的忠爱桥古铁索桥和大开门大开河上的古铁索桥都是他掏钱组织人员建成的。

涟漪桥见证了墨江风风雨雨的发展历史和普洱茶通过“茶马古道”输入中原大地、滋润天下的种种传奇。

从唐朝银生节度时期的通镫川至明朝恭顺州、清代他郎抚彝厅、民国时期改称墨江至今，上千年的历史长河中，墨江都是滇中腹地，乃至中原与滇南边疆、东南亚诸国联系的重要驿站，更是氐羌、百越、百濮三大群族部落分化、重组成若干独立民族后南迁的途经地之一，留下了许多有关他们的故事和传说。这些先民应该是“茶马古道”最早的开拓者。

雄峰叠嶂，江河纵横，终究挡不住人们的脚步。当时渐年南去的人们，时时梦想回归故里，一路上留下族人定居。就以哈尼族为例，现在零星生活在昆明市的禄劝、晋宁，玉溪市红塔区、通海、峨山，红河州建水、石屏等地的哈尼族就是他们先祖南下时留下的。巧的是“茶马古道”北路的大体走向跟哈尼族的迁徙路线相一致。所以，“茶马古道”是一条民族迁徙的古道。各民族在这条古道上交流来往，创造了博大、纷呈、深厚的灿烂文化。我们的先人在古道上建筑的融自然美与建筑美于一体的涟漪桥就是见证我们的先民相互学习、融合、南下的物证。数百年风风雨雨，抵挡住了几多洪涝的掠袭、地震的颤抖，躲过了无数兵戮烽火，涟漪桥至今依然屹立在墨江联珠河畔。

墨江自古就是普洱茶销往内地的必经驿道，亦是普洱茶重要的生产基地，生活在这片热土上的各族人民，参与了对普洱茶的驯化，培育出了“须立”和“迷帝”两个上贡朝廷的贡茶。而“须立”茶的原产地就在涟漪桥不远的地方。时至今日，在墨江的联珠、景星、雅邑、新抚等乡镇还有许多的古茶树。

据民国墨江县志稿的记述，墨江大规模种植茶叶是在 1937 年，墨江人庾晋候、聂雨南、李子忠等人集资 6 万银圆，在景星开办兴华茶厂，李子忠担任经理，设有种植部、制茶部，年可制茶 1000 余斤。产品有红茶、绿茶、龙井。全部通过“茶马古道”千里迢迢销往石屏和昆明，墨江茶叶渐年有了市场。1942 年，茶厂职工已达 40 余人，李子忠从浙江重金请来了两名制茶师，生产出烘青、炒青，研制出“玫瑰花熏红茶”“寿眉”“玉露”等名茶。至 1943 年，年生产规模已达 40 ~ 50 担，为此，李子忠在昆明崇仁街设茶庄，专门销售墨江景星生产的茶叶。

墨江不仅生产出了优质的茶叶，墨江人还积极投身到“茶马古道”的贩运营销中去，其主要商品就是普洱茶和磨黑盐。“山间铃响马帮来，涟漪桥上元宝来”的俗语，道尽了当年墨江驿站人往马嘶、商贾云集的繁荣场面。

在李子忠等人的带动下，墨江形成了千里“茶马古道”上有名的马店街，据有关地方史籍记载，当年仅马店街就有较大的马店七家，家家门口悬挂大红灯笼。通海大回村金喜祥、元江咪哩王李和才等大马帮常常歇足马店街。他们在晨辉从马店街出发，穿过墨江小巷，沿联珠河而下，踏过涟漪桥向南而去；或在夕阳余晖中，走过涟漪桥，一路尘埃，走向马店街。

在墨江本地，马同恭是最大的马帮了。他专门经营茶叶的商号“源馨斋”就是后来赫赫有名的“源馨昌”商号。他的茶叶商号先后在思茅设“源馨昌”、磨黑设“源馨昌”分号，在泰国曼谷开设“原信昌”商号，在江城开茶厂，生产“七子饼茶”，开设“敬昌”茶号。仅他的茶庄商号每年通过“茶马古道”销往越南、老挝、缅甸、泰国的茶叶就有 1000 多担。据说，曼谷的“原信昌”茶号至今还在，已经是老字号的茶庄了。

马帮已经远去，涟漪桥至今犹存。踏上修葺一新的联珠河上的涟漪桥，脚下流水波光粼粼，涟漪成调。凭栏远眺，叮咚水声，使人遐想。“茶马古道”从遥远的历史带着普洱茶香，走进你我的生活之中。

水癸河桥及水癸寨

从墨江县城出发往东，穿过紧连县城的玉皇阁旧址后，一条山路向大山里延伸，翻过大山，就可以看见坐落在水癸河边的水癸寨了，幢幢青瓦灰墙的房子静静地卧在竹子和棕榈树丛中，一条弯弯曲曲的河流缓缓流过阡陌田畴，从水癸寨脚流向东南。就在水癸寨脚的水癸河上，完好地保留着一座小巧古朴的石拱桥，这桥是千里“茶马古道”出思普地区的最后一座桥了，过了桥，越过背阴山就进入了玉溪市的元江县。

在水癸河桥的南桥头北侧，高高低低地立着八九块石碑，每块碑上都记载着建桥或修缮此桥的经过。河水在桥下悠悠流淌，离桥不远处有一棵盘根错节的古榕树，寨里的村民们正吆喝着牛出工，马帮铃声已经远远地淹没在历史中了，取而代之的则是“哐当——哐当”的牛铃声。我一一抚摸石碑，辨认碑文，最远的一块碑立于清朝乾隆二十一年（1756 年），最近的一块碑立于 1992 年。除了几块碑文能够清晰地辨认字句，大部分石碑的内容在风霜雨蚀中风化，不能解读了，费了很大的劲儿我才弄清水癸河桥始建于清乾隆二十一年，同治十年（1871 年）水涨冲垮，他郎守备李应元率士民张树宇、蒋春秀、杨恒兴等捐资重修，桥长 4.3 米、宽 2.7 米、高 4 米。1988 年、1992 年墨江县人民政府曾两次拨款修复加固，使这一古桥至今亦发挥着人畜通达的作用。

从建筑风格就可以看出，水癸寨是因“茶马古道”而建立起来的村寨，一条石板和鹅卵石镶嵌的路穿过寨子，沿路两边建盖的房屋一律门朝路边开，房屋建得比一般的专用农房稍高，配有让马帮的牲畜喂料过夜的厢房，有些房子至今还保留着当年的格式，即正房之外有厢房和堆放稻草等马料的铺有地板的耳房，甚至在几幢房旁，我还寻访到了当年拴马的木桩，让人欣喜。

我在水癸河桥头东摸西瞧，不停地拍照和在笔记本上记录，引起了一位老人的注意，当他知道我是来寻访“茶马古道”时，他就在桥头的古道上，跟我讲述当年水癸寨马帮不绝、人来人往的繁闹往事。

据老人说，因为水癸寨离墨江城不远，许多从昆明、玉溪来的马帮到了水癸寨就放马做饭，让马在水癸河边的田野里吃草饮水，吃饱喝足后好一口气赶到墨江。从思普等驮了茶叶的马帮在水癸河休息后，就可以一鼓作气翻过背阴山，直抵元江因远坝了。据老人讲，中华人民共和国成立前水癸寨的村民大部分人家都是以为过往马帮提供服务为主业的，种田种地只是副业而已。昆洛公路修通后，马帮运输被汽车代替，再无马帮来往于古道上了。

曾经喧闹一时的水癸寨静静地藏在深山中，穿寨而过的古道上长满了绿绿的野草，扒开野草，是密密麻麻的马蹄印，许多地方的古道石板，都被人们撬走，用来盖房修牲畜厩舍，甚至是抬去做台地的埂脚，而水癸寨的这段却被寨人们完整地保留了下来，使我们有了捉摸那段历史的物证，走近它，发现它，了解它，解读它。

忠爱桥：滇南桥梁建筑史上的一座丰碑

位于墨江县境内阿墨江上的忠爱桥，自古以来就是滇南边疆各民族通往内地的咽喉要冲，是闻名天下的“茶马古道”北路上的重要关卡，常年有兵把守。忠爱桥，因建造艰巨、历史悠久、磅礴宏伟，被人们誉为“滇南第一桥。”

普洱市旧称思普地区，其域包括今普洱市、西双版纳州全境以及临沧市的一部分，虽然地处边陲，远离中原，但万水千山、高山峡谷终挡不住文化的交流和人员的往来，早在唐代就渐渐形成了以今宁洱、思茅为中心通向四面八方的“茶马古道”。以当时的思普为起点，通过磨黑过把边江吊桥到通关，从通关过忠爱桥上墨江后入玉溪市元江县到昆明的“茶马古道”北路于唐代渐渐形成。而忠爱桥（当时尚没有桥，称之为阿墨江瞻鲁平渡口）两岸因山高谷险、江水湍急而成为“茶马古道”上的重要据点。此古道的大部分路线走向就是后来昆洛公路所经过的地方。

唐宋以后，因内地和藏区对盛产于思普地区的普洱茶的需求量大增，大量的商贾驮着内地的产品到思普等地交易后购买普洱茶，古道上终日人流不断、马铃不绝，仅以简易的木筏等摆渡远远满足不了过往行人的需求。因此，清道光十二年（1832年）在阿墨江瞻鲁平渡口附近修建了瞻鲁平铁索桥，在铁链上铺上木板为桥面。南来北往的商贾爬山越岭，来到江边总是想歇歇脚，江上仅有铺上木板的桥面是远远不够的。当时，他郎城（墨江旧称）里的文人绅士们受中原文化的影响，正在积极地筛选“他郎八景”，他们选来选去，选中了这个阿墨江上的铁索桥，如此一来多方筹资于清代同治十二年（1873年）把铁索桥改建成风雨桥。改建后的风雨桥桥面长125米、宽3.2米，桥两侧有伸臂木梁，下有八字形圆木撑架，桥上有瓦顶、楹柱、廊阁，桥墩两面有两间飞角翘檐的瓦房，牌坊上各悬着“滇南第一桥”和“长虹天际”的金匾。人们把瞻鲁平铁索桥改名为忠爱桥，意为此桥来之不易，过往行人要忠心爱护此桥。

有江，有桥，桥上有房，两端有牌坊，牌坊上有金字匾，看上去风雅多了。如此一来，忠爱桥就成为“他郎八景”之第七景“墨江锦澜”了。

到了民国时期，当时的云南省政府提出要在思普地区修筑昆洛公路，曾于1930年、1936年、1941年、1944年、1948年5次筹建。

1936年，当时的国民党墨江县政府按户籍摊派民工，要求民工自带行李、工具、炊具及口粮修筑公路。施工期间，当时的政府只派监工，对民工衣食住行一概不管。管工者还常常毒打民工，民工无力继续坚持下去，致使公路挖挖停停，仅捡容易的地方挖，一旦碰到艰难的工程就搁置下来，所挖公路累计不足10千米，草草了事。

1951年1月24日，云南省人民政府转发政务院（现称国务院）总理周恩来批准的昆洛公路测设要点，对路基宽度、平曲线最小半径、最大纵坡、山路面宽等公路主要指标做了明确规定。昆洛公路由政务院交通部（现交通运输部）西南公路工程测设组组织施工。1951年9月，昆洛公路建设于玉溪县（今玉溪市）大栗园破土动工，1953年昆洛路全线修通。为了修建能够通行汽车的桥梁而撤除了存在121年之久的忠爱桥铁索桥，另建钢索吊桥，桥两头各置一对石狮子，仍沿用旧称“忠爱桥”，但赋予了其“忠于祖国，热爱人民”的新意。

在各族兄弟姐妹满怀信心、热火朝天地修建昆洛路的1952年，中央慰问团来到当时的普洱区专员公署（1952年1月始称，辖今普洱市、西双版纳州）所在地普洱（今宁洱县），代表中央在普洱县（今宁洱县）公路工程局举行授旗仪式。授予的两面锦旗上分别有毛泽东主席、朱德总司令的亲笔题词，随后，题词分别拓印镌刻在忠爱桥两头的狮蹲石上。

1964年，因车辆的不断增加，特别是大吨位的车辆增多，忠爱桥钢索吊桥已远远不能满足车辆通行的需要，于是另修建大跨径的石拱桥，桥全长79.53米，单跨径58米。石拱桥建成后，再次拓印毛泽东主席和朱德总司令的题词，选用元江县因远镇的“因远石”镌刻两位领袖的手书，镶嵌在桥两头岗房（守卫大桥站岗用房）墙上。北面的是毛泽东主席的题词石碑，碑长1.13米、宽0.77米、厚0.08米，题词为“为了帮助各兄弟民族，不怕困难，努力筑路！——毛泽东”。南面的是朱德总司令的题词石碑，碑长1.17米、宽0.78米、厚0.08米，题词为“以一往无前的精神，战胜天险。打通昆洛交通，实现巩固国防，繁荣经济的光荣任务！——朱德”。

嵌桥如虹

初见嵌桥，那还是10年前的事情。

那时，我刚从部队回到地方工作，被分配到墨江县的团田乡，一次我和同事董福彪深入各村寨调查畜牧业的发展状况，我们沿一条古道徒步从坝干村前往岔河村，抵曼杏河处，让我们都想不到的是在曼杏河的悬崖峭壁上，竟然横卧着一座精美绝伦的桥梁。

我刚回到地方，对地方风物知之甚少，对古道和古道上的桥梁的价值，尚未思量。离开嵌桥后，它的雄姿常常出现在记忆中。随后，因工作关系，接触了许多具有地方特色的建筑，进一步了解了它们担承的历史文化和折射出的种种文化信息，就这样开始了对遗留至今的古道和古道上的桥梁进行深入考察，在这一工作中，嵌桥成为必须深入考察的一座桥梁。

在墨江境内，至今我所考察过的21座古桥建筑中，最宏伟、优美，最能够集中体现石拱桥建筑特色的应该还是嵌桥。

站在离桥稍远的河中，观看桥梁，在两岸灌木树茂叶中，嵌桥就像一枚硕大中空的桃子，稳稳地嵌在两山之间，设计之精巧、建筑技巧之流畅、拱形之优美，与周遭山水结合得浑然一体，令人叫绝，一览不能忘怀。

在随同前往的艾党、刘秀达两位先生的协助下，我对嵌桥进行了测量：桥跨度15米、宽7米、高20米。

建造这样一座桥梁，该花去多少银两呢？遗憾的是，在桥两头反复寻找，都没有找到建桥碑记。只在桥西头找到了两块“杨四将军神位”碑，类别与作用跟绿叶河上德胜桥头的“杨四将军神位”碑一致，初步考察也是后人竖刻的，不是建桥时候的遗物。

因为没有找到建桥的碑刻，我无法知道嵌桥建设的始末和耗银情况及其确切的年代，从桥身石条的剥蚀和石灰等物的硬化来判断，建桥不晚于清朝中期。至于它的耗银我只好根据同类桥梁南北桥推理出大概。南北桥耗银1303.9两银子，嵌桥比南北桥大三分之一，耗银应在2000银两以上。当时的1两银子，放到今天，市值在500元以上，实在是一笔不小的巨资了。

嵌桥附近没有村寨，最近的一个村落曼杏寨离桥亦有2千米，说得上是人烟稀少、人迹罕至。是谁设计和筹资，建造了如此宏伟、美观的桥梁呢？

从地理位置上看，离嵌桥下域4千米就是谷麻江（又称布谷江或啊墨江）的主要支流坝干河，沿河而下，有条古道抵达谷麻江登云古渡口，过渡口可以直接进入今新平西部，从而与哀牢山中部的“昔日古道”相连接，直抵今双柏，直至楚雄、大理等地；而从嵌桥往西南方向，则可达镇沅、景谷、景东，与茶马古道西路（俗称茶马古道后路，是南方丝绸之路的一部分）相连接；往北则过新抚、景星，抵当年茶马古道北路上的重要关隘——通关。可以说，嵌桥所在的这条古道是哀牢山上“昔日古道”的一个分道。这些分道的存在，把当时的滇南茶马古道连成了纵横连接的古道网络。

双柏县志载：“双柏为古滇缅走廊，是南方丝绸之路中一条捷径。昔日从昆明到安宁、易门经双柏翻越哀牢山到景东过临沧到达缅甸。也从景东思茅到西双版纳过老挝到达泰国。每天都有成百上千的马帮，在这条路上来回出入。马铃叮当、铿锣铿锵，人欢马叫热闹非凡。”可见古道商贸往来的频繁。

据对各种文史资料的查阅和实地考察，在嵌桥周围方圆数十千米之内，历史上并没有出现过显赫的大富人家，都是平常人家而已。曼杏、陈家寨、大平掌、错洛、小河、坝干、三家村、崖子脚、团田、曼别、邦海、者法、漂娘、丙票等是离嵌桥最近的村落了，无疑，是这些村落的先民们建造了嵌桥。

上述村落居民以哈尼族和汉族为主，亦有很少的傣族和拉祜族。虽然生活在这一带的傣族人数很少，但留下了无数的傣语地名，离嵌桥最近的曼杏寨就是傣语地名，曼为“寨”、杏为“石头”，曼杏即“石头寨”，因乱石极多而得名。而寨子里目前已没有一户傣家了。其余如坝干、曼别、邦海、者法、漂娘、丙票等都是傣语地名。往昔，这些地方都是傣族的村庄，在随后的民族交往和融合中，大部分傣族往南迁徙走了，一部分融入其他民族中。石安达先生在他的《哀牢山下花腰傣》一文中早就推测，哀牢山是傣族南迁的必走之路。这些留下的地名，我想就是石先生这一推测的有力证据吧。没有一个民族会莫名其妙地去用其他民族语来命名自己生活的村庄。最合理的解释无非就是哈尼族、汉族来到这里，而傣族则迁走了，后来者无暇再取别名，直接沿用原名了吧。

从史籍可知，宋、明以后，这一地区已经有大量的哈尼族聚集，是当时“哈尼路”（治所在今元江）的中心区，随后汉族亦大量迁入，人口兴旺起来，人流物流所需，修路建桥就成为必然。

那个年代的人们，虽然来往极为不便，山隔水阻，但热衷于公益事业，只要有人牵头，都满腔热情地去参与，直至做得尽美才歇止。正因如此，他们给我们留下了无数精美绝伦的文化遗产，古桥梁就是这些文化遗产的杰出代表。

在走访曼杏寨时，从 60 多岁的胡开荣先生的讲述中得知，嵌桥虽处偏僻的大山深处，以前，桥西 100 米处却有个古老的草皮街，在每月固定的日子里，人民来此以物易物地进行交易，也曾繁闹一时。来此实在是不易，就慢慢地冷落下来，至 1980 后，就完全地荒废了。得此信息，我前往街场遗址考察，因地处亚热带河谷，热量充沛，雨水又足，街场遗址，树木葱茏，杂草遍野，自然造化得彻底干净，让人震惊，丝毫看不出这里曾经是一个街场了。

我看到，嵌桥关门石处，在石缝中狂长着一株扫把苗草，而扫把苗草根边是建桥时为了震慑传说中的龙而雕刻的石龙，怒目望着日日奔流不息的河水。

山水双龙桥

弯弯曲曲的联珠河，穿过墨江县城，穿过广野阡陌、田畦人家，悠然南去。在流至离县城 5 千余米外与从双龙方向流来的班茅河交汇。当年远游四方的道人何怀道为当时的墨江县城他郎写下“九叠联珠三宝地，双环玉抱小西天”的楹联，因对墨江山水环境描写恰如其分，又朗朗上口，此联早已收入各种书籍，成为是云南名联之一。据说，道士何怀道还说过，墨江必须在联珠河上建两座桥，才能昌盛繁荣。所以，在建好涟漪桥后，墨江人于 1914 年筹资银圆在“茶马古道”上，兴建双龙桥，历时两年终告竣工，成为千里“茶马古道”上一座留存至今日、便利行人的古桥。

那个年代滇南地区的路，不过是人马之路，修得最豪华的亦只是在路面上镶嵌了条石，这路上的桥梁也不必考虑多大的承载力，仅供人马往来，会有多大的重量呢？

现在从墨江县城到双龙桥，已经极为方便，几分钟就有一辆公交车往还。我们到来的时候，太阳刚刚爬上坡头，银色的阳光照着古桥、流水、竹林、村庄，似一幅优美的山水画。

有些人跟我介绍说，双龙桥有碑记，但我和女儿寻访多时，桥两头的草丛及其周围找遍也没有发现。也许是被好事之徒或什么人毁了抑或抬到了哪里去。这样的事情在这几年的地方文史考察中时常碰到，如哈尼族卡多人于清代咸丰元年（1851 年）立在今墨江和新平两县交界处对该民族婚姻制度具有划时代意义的“婚姻碑”、在地方建桥史上极具参考价值的南北石拱桥碑刻等都被一些村民抬回家去，当作一般的石材使用，破坏极其严重，极为可惜，堪不容睹。

我从不同的角度拍摄，想多留下一些相关的图片资料。因年久失修、古桥倒塌或被洪水冲圮的事年年发生，有名的步仙桥、双星桥、南北桥等集诸多工匠技艺于一身的桥梁都被洪水掠走，留给我无限的遗憾。有的我已经拍摄过了，好歹留下了图片资料，让后人追寻这些精妙绝美的建筑艺术时可以从我的劳动成果中一睹它的雄姿。

初步进行勘测，双龙桥长 16 米、宽 4 米、高 8 米。令人赞叹的是，当时双龙桥虽说只是驿道上普通的驿道桥而已，而它的载重量却是数十吨，不能不称赞设计者和建筑者的久远眼光。

从建筑的风格来看，双龙桥可以看作从古代的拱凸明显的石拱桥（如南北桥、曼杏嵌桥）向现代的公路石拱桥过渡的典型代表，单孔，桥面平展，这为后来人把它改造成公路桥留下了极大的空间，实在是建桥者的高明之处。现在，数十吨的载重卡车在桥上驰过也安然无恙。

因没有找到建桥的碑记，要进一步研究建桥的工艺和当年建造耗时耗工及筹银收支情况等细节是极为困难的。从环境选择上来说，双龙桥建在涟漪河（又称联珠河）与斑茅河的交汇处，亦是狭长的墨江坝的尾端，此处建桥亦有“墨江财富不外流”之意，充分体现了先民环境风水学说的精髓。

我和女儿在考察了双龙桥后，到不远处的赖蚌寨子走访，得知在双龙桥上游 400 米的涟漪河上当年还建了一座风雨桥，可惜早已被拆除。

从地方史籍上可知，清末被清朝皇帝任命为游击将军的墨江人孙世恒，深知“裹尸布上没有口袋”的道理，他晚年热衷于修桥筑路，曾捐银发动民众把从墨江县城至双龙桥的古驿道铺成石板路，还出了大把的银子，在当年茶马古道北路上修建了忠爱桥、大开河桥、红河上游的普济铁索桥等。

雅轩桥与普西铁索桥

雅轩桥与普西铁索桥的修建和一个人有关，那就是人称“咪哩王”的哈尼族李和才。

李和才是民国后期在茶马古道上崛起的代表性人物。为了马帮出行的方便和安全，他于 1929 年和 1931 年筹资组织修建了雅轩桥和普西铁索桥。两桥都在墨江境内，雅轩桥修建在他郎河上，普西铁索桥修建在阿墨江上，两桥相距约 15 千米。

雅轩桥和普西铁索桥都在茶马古道的关隘上，是元江、墨江、红河等县的马帮通往宁洱磨黑和江城及境外老挝的必经之路。

雅轩桥单孔跨河，因桥东平缓，便于洪水季节分洪导流，桥东设一导孔，所以看上去是两孔的石拱桥。对桥进行测量，桥长 8.3 米、宽 2.7 米、高 7 米。没有发现建桥时留下的碑记。

雅轩桥巧妙地利用了两岸的岩石，拱座稳如磐石，关门石处虽然很薄，但很好地分流了桥身的重量，历经无数洪荒暴雨掠袭和地震摧残，至今如故。我看到，在桥东有人开了一个石场，危及桥基，若不采取措施保护，雅轩桥的倒塌为时不久矣。

从雅轩桥往东，古道往山脊而上，过古老的雅邑大寨，翻越山心街大山，沿有名的石缸坡，穿过普西螺螄塘，就可抵达阿墨江峡谷深处的普西铁索桥。

古道开通后，当地生活的哈尼族人看到，从普西桥头沿陡峭的山脊爬到山心街大山梁子，十多里长坡，犹如走到天上去。途中无一水源，他们就相互邀约，在路上打凿出石缸，每天清晨挑来水注满，供过往马帮商贾饮用，从而诞生了一个地名——石缸坡。

考察普西铁索桥时，河之上仅剩粗大的铁链，无一块木板，10 根铁链和左右两扶手链高高悬空挂在阿墨江的悬崖峭壁上。我踏上桥头东边铁链，想到桥西去，看着滚滚河水，头昏眼花，令人生畏，久久不敢迈步。

显然，铁链上是铺有木板的，看样了是有人撤走了桥上木板，如果是自然腐朽，不至于如此彻底、干净。

桥东 50 米的地方有两株参天榕树，树下过往行人插着无数的香柱，挂着用桃木和柳条制成的小弓箭，显然，这是行人旅途平安的祈福遗物。行走江湖的不易，可见一番。

过了桥往西爬山，就可抵龙潭大寨，这里因为 1949 年边纵南下思普根据地的一支部队在此整训而载入史册。从龙潭，古道分成两路，西南一路过把边江入今宁洱的磨黑盐井，东南一路过龙马江入今江城猛野盐井，或出猛烈镇（今江城县城）走乌得、猛乌（原西双版纳十三版纳之一，1898 年法国殖民者从清朝霸占，今属老挝丰沙里省）。

普西铁索桥长 50 米、净宽 3 米、高 10 米。没有找到碑记，建桥的因缘和耗资不得而知。

建桥时代的 1931 年，滇南地区十分缺乏钢材，建造铁索桥的铁链得来极为不易，这一切的解决，因为没有找到碑记，无法考证来龙去脉。在随后抗战时期的滇缅公路建设中，建造功果桥、昌淦桥、惠通桥等的铁链都是从欧美购买、从缅甸转运，人背马驮地运入滇西，人民付出了极大的代价。在组织修建者李和才的传记中，也没有发现有关普西铁索桥修建的记录。

据说，桥建成后，为了有效地管护，确保驿道的畅通，李和才在桥东不远处购买了田产，派人耕种，同时守护桥梁。桥东头有断壁残垣，想必就是守桥人的家了。

和李和才同时期在茶马古道北路上崛起的人物还有新平的李润之、普洱（今宁洱）的张孟希，他们三人都是茶马古道上呼风唤雨的人物，但李润之和张孟希显然没有把握住历史发展的命脉，有时支持共产党，有时跑到国民党那一边，就像蝙蝠一样，搞不清自己是禽是兽，反复无常，没有主心骨，最终成为历史风云巨变中的殉葬品。而“咪哩王”李和才却不一样，虽然动摇、徘徊过，但在党组织的说服、帮助下，没有什么文化的他，在茶马古道上亦商亦政，成为哈尼族的一面旗帜和党的一名中高级干部，书写了传奇的人生。

中华人民共和国成立后，李和才在重庆受到邓小平、刘伯承等首长的接见；之后，党和国家领导人毛泽东、周恩来、朱德等都亲切接见过他。历任石屏县县长、蒙自专区副专员、红河州长、云南省政治协商会议副主席，一、二、三、四、五、六届全国人大代表，云南省人大常委会副主任等职。

普西铁索桥下游，正在筹建中型电站。电站建成之时，铁索桥也就结束它的历史使命了。

通关清水河石桥

在云南的交通发展史上，有一条驿道极为有名，那就是迤南道，即“昆明车里道”。此道从昆明始一路南行经今天的玉溪、峨山、元江、墨江、通关、宁洱、普洱抵景洪。史料记载，此道元代为中庆通景东八百宣慰司（今缅甸东北及泰国北部）道。西南通缅甸，南通老挝，东南通越南。清雍正十三年（1735 年），在思茅设驿丞，开辟思茅至易武驿道。运茶去越南、缅甸、印度。这就是我们今天所说的茶马古道北路。

在这茶马古道北路上，有一个重要的关隘要津——通关。《普洱府志》和《他郎厅志》上记载，通关古镇自古以来就是茶马古道北路上一个十分重要的驿站，是商家、兵家的必争之地。据史料记载，清乾隆年间通关设“汛”（当时的一种部队机构），驻有兵丁。光绪以前（1875 年前）属中营管辖，光绪二十六年（1900 年）后属他郎左营管辖，1912 年设普洱县通关分县（俗称普洱上半县），1949 年与磨黑合称磨通区，1958 年划入墨江县。

一份民国年间的统计表显示，当时通关镇居民有 200 多户 1000 余人，客栈有 20 户，专为过往马帮服务的马店有 17 家，日可接待近千匹骡马，杂货店 14 户，商号 2 家，银匠铺 6 家。茶马古道北路通关境内有 60 千米，设有哨牌、通关、回龙三个驿站。每天通行的驮骡马 1000 多匹、驮牛 500 多头，人力挑运的有数百人。

在一些地方史料中，我查到在通关的马茅树有一块清朝年间立下的古碑，详细记录了通关的建制史和古道一路南去的种种奇闻趣事，便去寻考。当地的一些知情者告知，在集镇建设中，该古碑不知去向，下落不明，成为史料中的遗物了。

清水河桥就在离通关 5 千米的清水河寨脚的清水河上。

在今墨江境内考察过的古桥梁中，清水河桥是保存最为完整的，就连建桥时立下的碑记也完好无损，可一字不遗地认读出来。

《通关清水河石桥记》，全文如下：

“距通关十余里之地有清水河，为迤南大道所必经，人马往来如织。河向无桥，每当夏秋之交，水深数尺，涉水而过诸多危险。屡饬绅筹款建桥，因无人专司其事，议久无成。邻县墨江善士何君自直、通关阁绅许君纯祖，同心协力，提倡兴修。遂与乡绅议决，先由各绅劝捐，不足之数由两君担任，所有鸠工庀材及指挥工作，两君愿负完全责任。众知两君经验素富，又感两君热心公益，输资相助。遂同声赞允，即择吉兴工，八月而工竣。报县立案。余乐观厥成故记其缘，如右捐资芳名例得书左。——署理宁洱县知事周汝钊。”

在周汝钊撰写的序后，是长长的“计开状入功德项下”的捐资名单，从宁洱县县长到通关小学教员许存坊，从通关分县长陈祖培到民众李琼辉，除发起者何树桂、许纯祖，共有 30 人捐资造桥，“以上共收入功德，捐花银壹佰陆拾陆元玖角柒（仙）”。

这些先人们在建桥的同时，对清水河周围的道路等进行了整治，碑刻中说“外由磨井（今宁洱磨黑，因出产优质食盐而闻名西南）桥功项颂米修路，银壹佰元，桥东修路四拾伍；又桥西修伍拾元……共修路壹佰肆拾丈后，花银玖拾陆元余四元……”。

建桥所有的开支详细记录在碑中：“开支项下”，曰“一出支石匠包工银及加找共花银壹佰玖拾元；一出开支碑头座子及买碑心驮脚、刻字立碑共花银贰拾壹元伍角；一买石灰贰千捌百玖拾斤，共花银贰拾元零贰角叁仙；一出支闭龙口零星及踩桥办席拾贰棹，共花银拾玖元伍角捌现。以上四柱共出支花银贰佰伍拾壹元叁角壹仙，入出两抵外，下不敷花银玖拾元零叁角四仙，系监修员何树桂、许纯祖垫出两清。中华民国六年冬月二十四日立。前清武生钦加都司衔何树桂，现充通关圆首二等银质梅花奖章、州同衔东四区两等小学校校长许纯祖监修。”

1944 年，那是抗日战争进入最后反攻的艰难岁月，侵入滇西的日军在全省人民的抗击下，退出境外，云南在全国率先收复失地，抗战胜利即在眼前。生活在滇南一隅通关的何树桂、许纯祖先生深知要繁荣通商就要维护通道的要意，组织、发动、捐修了清水河桥。

查阅《墨江县志》《普洱县志》等志书，都没有找到何树桂、许纯祖两位先生的资料。有关他们更多的详情，不得而知。

测得结果，清水河桥跨径 3 米、宽 2 米、高 2 米。

离桥东数十米之遥就是农户人家，桥头两株榕树，枝繁叶茂，田畦阡陌，蕉林稀疏，青竹摇曳，村民吆牛荷锄，走向田间。

茶马古道上忠爱桥的前世今生

位于云南省普洱市墨江县境内阿墨江上的忠爱桥，自古以来就是滇南边疆各民族通往内地的咽喉要冲，更是闻名天下的“茶马古道”北上之路的重要关卡。

阿墨江瞻鲁坪渡口铁索桥：自唐代起，以当时的思普地区为起点，通过磨黑过把边江吊桥到通关，从通关过忠爱桥上墨江后入玉溪市元江县到昆明进而北上的“茶马古道”渐渐形成。因阿墨江两岸山高谷险、江水湍急，瞻鲁坪渡口成为“茶马古道”上的重要据点。随着内地和藏区对普洱茶的需求量大增，大量的商贾驮着内地的产品到思普等地交易后购买普洱茶，古道上终日人流不断、马铃不绝，仅以简易的木筏等摆渡，不仅安全得不到保障，而且远远满足不了人流和物流的需求。于是，清朝道光十二年（1832 年），在阿墨江瞻鲁坪渡口附近修建了铁索桥，在铁链上铺上木板为桥面，从此结束了摆渡的历史，极大地方便了行人过往和普洱茶的运输。

忠爱桥风雨桥：为方便南来北往的商贾稍顿休息，加之墨江县“他郎八景”之一“墨江锦澜”的筹建，清代同治十二年（1873 年），把瞻鲁坪渡口铁索桥改建成风雨桥。风雨桥桥面长 125 米、宽 3.2 米，为古道商贸顺畅进行发挥了重要作用，是茶马古道上的一个重要节点，也是普洱茶扬名海内外的康庄大道。

忠爱桥石拱桥：1951 年昆洛公路破土动工，1953 年昆洛公路全线修通。因铁索桥已不适应公路建设需要，遂拆去，建成钢索吊桥。中央慰问团曾代表中央在普洱县（今宁洱县）公路工程局举行授旗仪式。授予的两面锦旗上分别有毛泽东主席、朱德总司令的亲笔题词，题词分别拓印镌刻在忠爱桥两头的狮蹲石上。2013 年，毛泽东、朱德题词碑被列为第一批普洱市级文物保护单位。1964 年，因车辆的不断增加，特别是大吨位车辆的增多，忠爱桥钢索吊桥已远远不能满足车辆通行，修建了全长 79.5 米、单跨径 58 米大跨径的石拱桥。忠爱桥曾是国道 213 线上重要的交通枢纽，对边疆国防巩固和经济发展起到了积极作用。

元磨高速阿墨江高架桥：随着经济、社会的飞速发展，昆洛公路已处于超负荷状态。为此，2000 年开工建设元磨高速公路，2003 年 12 月 28 日通车。阿墨江高架桥是元磨高速公路上的一座重要桥梁。高架桥的建成，在墨江县桥梁建筑史上具有划时代的意义，标志着墨江公路交通进入高速时代。阿墨江高架桥与当时的亚洲第一高桥——红河大桥（165 米）是孪生兄弟，桥顶到谷底近 130 米。元磨高速公路是昆明至曼谷国际大通道的重要组成部分，是云南省南部的经济运输大动脉，更是中国云南与缅甸、老挝、泰国及整个东南亚进行经济贸易往来的国际运输大通道。

新忠爱桥：时间进入 21 世纪，墨江县进行大规模水电开发。其中阿墨江流域设计建设 3 座水电站，分别为三江口电站、普西桥电站和忠爱桥电站。当普西桥电站蓄水达到最大高程时，忠爱桥原先石拱桥的部分被淹没，对石拱桥的安全构成了威胁。为保障国道 213 线正常通行，于 2013 年 11 月动工兴建新忠爱桥。新忠爱桥宽 8.5 米，与改造提升后的国道 213 线同宽，长 92.1 米。新忠爱桥与原石拱桥比肩而建，只是高度比石拱桥高了 6 米。目前，新忠爱桥与石拱桥并排而立，高低错落、结构迥异，成为难得一见的建筑景观。

中老铁路阿墨江双线特大桥：中国老挝昆（明）万（象）铁路是“一带一路”倡议提出后，首条以中方为主投资建设，全线采用中国技术标准，使用中国设备并与中国铁路网直接联通的国际铁路，线路全长1000多千米。其中，阿墨江双线特大桥是中老铁路玉磨段施工组织难度最大、地质条件最复杂、安全风险最高的八大控制性工程之一。阿墨江双线特大桥全长617米，共有9个桥墩，主墩高超过180米，相当于60层楼的高度。桥址地质复杂，先后攻克了5个技术难题，获得省部级和国家科技成果奖。2020年10月20日，全国同类型最大跨度双线铁路刚构连续梁——阿墨江特大桥成功合龙，这也是该铁路最后一座合龙的连续梁，为全线架梁通道的畅通打下了坚实基础。目前，中老昆（明）万（象）铁路国内段建设进展顺利，各车站土建工程基本完工，正线铺轨紧张有序推进，预计2021年底建成通车。中老铁路建成后，中国与东亚、南亚各国之间的经济交流将以此为契机得到进一步强化，将加速建成区域经济发展体系。与此同时，时间与通行成本降低后，两地民生与文化互动也将更加密切，中老两地人民的友谊将在这条铁路线上持续升华，其意义深刻久远，不言而喻。

阿墨江水滚滚流，马帮铃声渐依稀；今朝天堑多通途，一日往返东南亚。至今，在阿墨江上、忠爱桥这个节点上，于不同年代建成的6座材质、结构不同的大桥，印证了茶马古道从开辟到现在的几度沧桑、几度变迁、几度升华，但有一样东西不仅没有淡忘，反而更加凸显出来，那就是各族人民开辟和建设茶马古道的精神：是一种爱国爱家、睦邻安邦、民族共荣、繁荣边疆的精神，是一种不畏艰险、坚韧不拔、团结互助、一往无前的精神。

消失的墨江马店街

骡马装驮（杨志坚 摄）

在普洱市墨江县，有一条街因为马帮而建，因马帮兴盛而繁荣，因马帮消失而衰败，这条街就是马店街。在货物运输主要靠骡马和驮牛的年代，墨江是从滇南进入内地官马大道上的一个重要驿站。大量马帮在墨江县城歇脚，为马帮提供食宿及物资的马店街应时而生。马店街曾经是墨江县城最宽敞的街，对墨江经济建设发挥过重要作用。然而时过境迁，马店街逐步淡出人们的记忆，现在30岁以下的年轻人大多不知道墨江曾经有过一条繁华的马店街。

1951年以前，墨江县境内无公路，水路、航运落后，物资运输主要靠山间驿道，商品流通全靠人畜。若逢雨季江河暴涨，无便桥之处，则以竹筏、木船划渡。未设船夫的渡口，则待汛期过后涉渡。短途用人力背、挑，长途则靠牛、马、骡驮运。墨江人畜运输的历史较长。据《墨江县志》记载，1949年以前，全县拥有驮牛5000多头，驮马（含骡、驴）1500多匹，年货运量0.4万吨，周转量60万吨/千米，人均年货运量25千克。县城玖联镇商务繁忙，每天有近500头（匹）驮牛、驮马往来，将本地的茶叶、木耳、笋片、皮革等土特产品运销外地，又将外地的棉花、布匹、盐巴、铁具、日用百货运回本地销售。驮牛、驮马对当地的商品流通起到了重要作用。

墨江地处交通要道，上可至元江、新平、玉溪、昆明、石屏、建水、通海，下可至磨黑、普洱、思茅、西双版纳、缅甸、泰国，往南可到江城、越南、老挝，往来商贾络绎不绝，所有的物资运输都靠骡马、驮牛完成。为适应这种情况，大约在清末民初，从东门顺城街而下至天溪桥头建了好几家马店，让过往马帮住宿，马店街因此而得名。1932年原土城拆除，1933年东、西、北三门均被拆除，拓宽道路，便利交通。当时城内有主要街道14条、巷道10余条。南正街、十字街为主要商业区，沿街有商户120余户，主要经营百货、土杂、烟酒、棉纱、饮食、理发等业，马店街、顺城街等处主要是旅店及马牛歇店。

原墨江县公路管理段党支部书记马存贵（男，回族，1932年1月生，1992年退休）撰写的文字资料记载，马店街的位置从过去的东门街口（现在的县财政局）环城路15号开始，到现在的小河边86号至106号（即瓦房桥）止。比较大的马店有7家，段民生、杨慎三、陈贡廷、杨茂芝是墨江人，解秉伍、吴华廷、马贵兴（回族）是通海人。7家店主的儿子段德厚、杨文渊、解德伟、陈之良、吴朝清等都是马存贵的同学，自然有很多交往；加之马存贵家当时住在东门街头，经常去马店街玩，所以比较熟悉，这一记述应该是真实可信的。我还采访过墨江县人民政府法制办主任李元，他本人于20世纪60年代出生在马店街，并在那里居住了40多年，对马店街了如指掌。我采访他的时候，他边说边画出草图，哪家马店在什么位置，哪里是门面、正房、厢房、偏厦或马棚，甚至水井，哪家院子中有一棵树，哪家院坝外面有个大鱼塘等，都能标注清楚。另外，我还采访过在这一地段开书斋的何万清（男，65岁）和刻碑的马镶连（男，70余岁）先生，他们都还记得当时马店街的状况。当然，马店街不仅有经营马店的，也有开铺子做其他生意的。著名作家马青（年轻时代生活在墨江）在其作品中阐述，马店街是当时墨江最宽敞的街道，共有大小店铺近30家。

马店多以院子的形式存在，沿街方向一楼是铺面，矮墙之上设铺台，台面上是由若干块木板构成的铺门，开门时一块一块拆下放到一边，关门时逐块往左右两边合上，最中间的一块合上后从里面插上插销，门就关好了。门楼上是相对高档的客房，只有马锅头和实力比较雄厚的客商才会住这样的店，一般伙计是在厢房的地面上打地铺住宿的。院子两边是厢房，一般作为厨房和简易客房、马厩。院子中间有水井，洗漱用水、饮马用水一般就用院子中的井水。后院多作为仓库，用于仓储或临时保管马帮驮运的物品。也许是街面地皮比较珍贵的原因，这些马店都有一个特点，铺面不是很大、院子却很深。店主一般会在院子里养些鸽子、鸡这样的家禽，以利用撒泼在地上的玉米、蚕豆之类的马料。

马帮是马店的衣食父母，一有马帮入店，主人就乐得心花怒放，牵马卸驮热情服务，以期赢得更多的顾客。其实，马店主人是很辛苦的，每天深更半夜得在马店周围巡回检查，以防小偷撬墙偷货，每天凌晨五点钟就要起床煮早饭给赶马人吃。徐朝南先生写过有关茶马驿站的文章，据他总结开马店必须做到五好：第一是铡刀要好，要磨快。马帮进店首先要把草铡好，才去洗脸、洗脚、吃饭。如果铡刀不快，赶马人铡草就会手酸、腰痛。每家店户都备有三四把铡刀。第二是马店卫生要好，店地要平。赶马人睡地铺，地平才睡得安稳。第三是马槽不能有漏洞，这样马料才不会漏掉。如果发现马槽通洞，店主马上就会用胶泥补好。第四是灯光要好，彻夜通亮。20世纪30年代时点马灯，点四方玻璃灯；40年代改用煤石灯，煤石灯从天黑点到天亮，因为夜间赶马人要喂马水、加料、上草。第五是服务要好，必须热情周到，时常能喝上开水、用上热水，且菜饭好。

在一些特殊的时间点上，马店、马帮还有一些特殊的礼遇。比如春节马帮进店，要放鞭炮；晚上店主会用盘子装上6市尺（1米为3市尺）长的两块彩红布，送去给赶马锅头系在头、二骡子头上表示有礼还礼。第二天清早马帮出门，店主放鞭炮送行。迎来送往的鞭炮声一直要响到正月十六过小年时候。从初一到小年这几天，饭菜比平时要好，有肉有蛋，每顿八碗或六碗菜数，称之为“八大碗”“六福菜”，祝福马帮主人福禄双全、六畜兴旺。

途经墨江的马帮难计其数，既有外地马帮又有本地马帮。大马帮都有自己的旗号，头骡、二骡鞍架上都插有一面斜三角形上面绣商号主人姓氏的旗帜，旗子材质为红绸。大马帮有自己的武装力量，防盗防抢能力较强。小马帮出于安全考虑，大多会与大马帮结伴而行。有的马帮名气很大，令盗匪闻风丧胆。通海大回村金喜祥（回族）、元江咪哩李和才、本地坐商马同恭，都是当地有名的大马帮。

说起马同恭（1900—1995年），他可是墨江马店街上的传奇人物。算是本地坐商，其实他是玉溪通海大回村人，在兄弟中排行老四，人称马四老板。幼时家贫，且兄妹甚多，在家乡河西县（现通海县河西镇）大回村无法生活。16岁时同二哥马政和，肩挑河西土布、黄烟到墨江售卖，然后买回墨江土特产到河西售卖，往返一次约一月余，因本小利厚，加上兄弟二人省吃俭用，资本逐步增多。二年后，马家兄弟二人，一人在墨江收购和售卖货物，另一人则仍肩挑货物往返于河西—墨江之间，一个月可来回两次，获利有所增加。

1919年，马家在墨江开设“源馨斋”杂货店，卖百货，兼卖瓷货。因货物价格比别家低，童叟无欺，铺面虽设在背街，生意仍然兴隆。马家的大宗买卖是茶叶，马同恭在江城开设“敬昌号”茶庄，用上等茶叶加工成茶饼，销往香港、河内，获利颇丰。其他如紫梗（虫胶）等山货，因马家信誉好，价钱公道，所以生意兴隆。抗战时期，美国的黄金充斥云南，马家乘机做黄金、白银生意，从中也发了大财。由于资本扩大，马家在各地增设了办事处、经营点、购销站、转运站。总办事处是设在昆明崇仁街的“原信昌”，是马家购销各种货物的主要阵地，老板马泽如；抗日战争胜利后，在昆明开办“明德厚”染织厂；玉溪设中转站，收转昆明和墨江运进、运出的货物，并在玉溪、河西一带批购批销某些大宗货物，老板马政和；元江设有“信昌号”，主要经营由磨黑运出销到逈萨（现红河县）、建水、石屏一带的食盐；墨江“源馨斋”商号，老板马同恭；磨黑设有“源馨斋”商号，经营项目与墨江相似；在思茅开设了“原信昌”杂货店，由老大的儿子马子厚、马子明主持，专收獭皮、鹿茸、麝香、象牙等山货卖给昆明的福林堂；江城设有“敬昌号”，又叫“敬昌茶庄”，收购和加工茶叶，兼营百货。元江、江城、磨黑的商店都属于墨江源馨斋的分支商号，归马同恭统筹管理和指挥。思茅“原信昌”，有较多的独立经营权，但由马同恭统筹指挥。另外，马家在缅甸红楼，泰国曼谷、南邦设有商店和转运站。马家除买卖普通商品，还兼营资金汇兑业务，从中收取汇费，利用收汇资金扩大经营，获取更多利润。

此外，马家在思茅有1000多亩土地，还从元江、莫沙招来100多户人家在此种稻养牛，发展养殖业。马家还在墨江开采金矿，在开采金矿的同时，从事养马业。经过几十年的经营，马家资产从最初的几百块本钱发展到几百万元银圆。源馨斋已成为滇南数一数二的商号，马同恭也成为云南及东南亚一带的知名人物。

马同恭对墨江市场的繁荣、城乡经济的发展，都有很大的影响。最突出的就是在五素、坝子附近数村的许多人，从马家贷款到老挝、缅甸、泰国北部捉獭打猎，再把这些山货卖给马家，双方各取所需，这几村的人也逐渐富裕起来。竜灰、须立、景星、双龙以及元江安定等地，也在源馨斋的带动下发展起来，而且培训了很多地方上的商业人才。由于马家的带动，墨江出国经商、留学的人也日渐增多，部分墨江在昆明的旅读生也是靠马家汇款、借款完成学业的。马家暴富之后，做了许多善事，如支持抗战、捐资办学、赈济灾民、修桥补路等。马同恭于中华人民共和国成立前夕前往泰国经商，后到缅甸景栋定居，成为缅籍华人，1994年回到家乡通海，1995年9月28日逝世，享年96岁。

清朝末年，墨江县城是一个商贸较发达的市镇，当时除本地居民从事经商，还有昆明、玉溪、石屏、建水、元江、思茅、普洱（今宁洱）等地商人到墨江经商，县城从事商务活动的坐商、行商和小贩达上百户。民国时期，墨江县的私营商业得到了进一步发展，1922年统计，县城有名号的商家达数十户，资本在银圆千元以上的商家35户，还有数百户资本在1000元以下的小商小贩。抗日战争爆发以后，云南成了抗战的大后方、运输国际援助的唯一陆上通道，大量的外省商人涌入云南，和泰国、老挝、缅甸等国的周边贸易日益发达。墨江商业乘此东风得到长足发展，据1942年统计，县城商号达111户，经营十余个行业，其中资本达国币5000元以上的有70户，实力最雄厚的马四老板资本达十余万元。

中华人民共和国成立之初，墨江县的私营商业仍占主要地位。据 1949 年统计，全县有个体工商户 640 户，当年全县商品零售额 118 万元，除 58 万元出自农民贸易，其余 60 万元均为个体工商户销售所得。1950 年和 1953 年先后成立国营贸易公司和供销合作社后，私营商业比重才有所下降，至 1955 年全县个体工商户减至 533 户，资本总额 3.32 万元。1956 年，墨江县开展对资本主义工商业的社会主义改造。是年 1 月，组织 20 余人的工作队，以县城玖联镇为中心进行私改工作，至 2 月底，玖联镇个体工商户全行业实现公私合营和合作化，分别成立了百货、土杂、国药、酱菜、饮食、照相 6 个公私合营行业，参加人数 152 人；组建 6 个合作组，入组人数 86 人；同时，还将 7 户个体工商户直接过渡到国有部门。随着私营商业的锐减，繁荣的马店街变得萧条。

中华人民共和国成立之后，县人民政府号召从事民间运输者积极支援国家建设，大量牛帮、马帮积极投入军用物资、生活日用品及生产资料的运输。1955 年全县有马车 8 部，1956 年增至 164 部。其中，县运输社 48 部，农村 116 部。1960 年畜力运输的运力、运量达到高峰，当年参加民间运输的马车 123 部，驮马 1335 匹，驮牛 4661 头，完成货运量 3.9 万吨，周转量 58.7 万吨 / 千米。以当时人口计算，每人年均货运量达 193 千克，比 1949 年的 25 千克提高了 6.7 倍。在此期间，墨江县国营马车队和玖联镇马车队，都还在原先的马店街经营着它们的老本行。

1954 年，县城拆除大南门和几道栅栏子门，并将马店街、顺城街部分旧房拆除，新建了环城路。原先的马店街一段成了环城路，一段成了小河边路。从此，马店街的名称在县城街道名称中被正式抹去了。当然，在民间直到 20 世纪 80 年代，还习惯把这一地段称为马店街。墨江县志记载：环城路，1954 年修建，北起大坟头，环绕城东转南至照相馆止，两端均与新建路连接，长 750 米、宽 10 米，从 1970 年至 1980 年分段铺设成水泥路面。

马店街改造之后，依然是当时墨江的商业中心，贸易公司、医药公司、粮管所、政府招待所、食盐仓库、酱菜厂、五金厂等经营场所均在原马店街范围之内。直到 20 世纪 70 年代以后（以新建路建成为标志，主要商业网点移至新建路两侧），墨江县城商业中心逐步南移，这一地段被财政局、手管局、农机站、建设局（设计室、质量监督站）、税务局等行政事业单位占据。区域功能的改变，使马店街的称谓也慢慢地淡出了人们记忆中。

1952 年底，昆洛公路建成通车，畅通了墨江县城至昆明及西双版纳的交通。1954 年，墨江县联社购进第一辆美制福特牌旧汽车，负责县城至昆明的物资运输，开启了汽车货运历史。1958 年 5 月，县联社又增购 3 辆苏产吉尔牌货运汽车，7 月成立地方国有运输站，把全县仅有的 4 辆货运汽车与县运输社、县民间运输站合并，下设汽车组、马车组、驮牛组、驮马组，负责全县的货运任务。1961 年 4 月，县运输站改称公交车队。1963 年，公交车队撤销，汽车并转县联社，马车组、驮牛组、驮马组转归运输社和马车队。1971 年，组建墨江汽车运输连，1983 年改为汽车运输公司。同时，墨江黄金公司、石油公司、粮食局等企事业单位都建立了车队。至 1979 年末，全县汽车发展到 111 辆；当年完成货运量 8.9 万吨，周转量 909.4 万吨 / 千米。1982 年开始出现个体汽车营运户，1983 年有 8 辆私营货运汽车，以后逐年增多。1985 年以后，公路运输网络逐步完善，负责物资运输的机动车辆快速增多，县内牛车、马车基本消失，只有少数边远山区仍保持畜力运输。马店街的产生与发展，见证了墨江经济发展的一段历史。马店街的消失，是运输方式转变的必然结果，它既反映了经济发展，又体现了社会进步。谨以此文，记录墨江县城曾经有过一条马店街。

店房：茶马古道上的驿站

店房位于墨江县联珠镇的癸能村委会，是当年茶马古道交通网络的重要组成部分。

《墨江哈尼族自治县地名志》里记载，店房是修通昆洛（昆明至打洛）公路前来往于墨江和元江马帮的一个重要的食宿地，即茶马古道的一部分，因此店房这一称呼沿袭至今。沿着水癸河溯河而上，河水虽然不多，河床却平坦、宽阔。该河是从有名的墨江金矿山流下来的，河沙里含有金沙。以前，居住在河之两岸的哈尼族在河里淘金。现在，已经看不到淘金的人只能看到淘沙的人了。农村经济的发展，让人们有钱对村寨和房屋进行改造，这就需要大量的河沙，所以河里有许多村民淘沙。河水在沙堆和沙沟间缓缓流淌。在河里就能看到店房寨子，远远地依山偎水，寨后的店房谷主大山上是密密的思茅松，而寨下是层层梯田，从寨脚连到河里。我在河里行走了 20 分钟后，终于站在店房了。店房的居民清一色是哈尼族中的豪尼人，以前他们在农耕之余主要是为过往的马帮服务，现在这一业务早已淡出了他们的生活。为马帮服务时人来人往，铃响马嘶的热闹场面，只留在了老人的记忆里，在火塘边讲给那些年轻的后辈们。对于后辈来说，马帮的故事已经成为一种遥不可及的传奇。

店房不大，仅 20 来户人家。知道我的来意后，乡亲们都十分热情。他们说，原来的古道都是用石头铺设的。后来，马帮不走了，他们就撬路上的石头，盖房子时做石脚，或抬去盖猪圈、牛圈，省时省力，得来不费工夫。前几年，修公路，保留下来的大部分茶马古道也推掉了，人们用那些石头去砌挡墙。听了，十分惋惜。几位老乡领着我去寻找茶马古道，在村寨旁，我们找到了用条石、圆石等不规则的石头镶嵌的茶马古道，古道没在紫茎泽兰等荒草中，完整地遗留有 300 余米。茶马古道上曾经十分重要的一个驿站，就剩下这么一点点古道了。坐在古道上，午后的阳光照在身上，惬意舒畅。茶马古道无疑是我们普洱这片大地上生活的各民族参与创造的文明，它完全可以骄人地存留下去，佐证曾经的文明。但这样的文明，在我们的不经意间，就从我们的身边流失了。

我第二次去店房是在一个下午前往的，正是秋天，店房脚金黄色的稻谷层层叠叠地铺到河边。这一带是中国名米之一“墨江紫谷”的生产核心区，水癸河流域出产的“墨江紫米”颗粒细长，色泽赤墨，糯而不粘，香味独特，历来受市场追捧。看着即将开镰收割的层层梯田，心生喜悦。认真对遗留的古道进行了测量，路宽约 1 米，均用不规则的条石等铺筑，尚有 200 米左右，没有人管理，荒草萋萋。

我最近一次到店房的时候发现，因为村落的扩张和历年洪水的侵扰，遗留的古道有多处坍塌，加之人们在古道边建房，就地取石，古道已经零碎不成型，完整的一条古道就此退出舞台，成为往事。

从店房沿着水癸河而下约 4 千米，就是历史上赫赫有名的思普边地甚至是东南亚诸国通往中原内地的“官马大道”，现在人们习惯性地称之为茶马古道，在水癸河上至今还完整地留存有一座石拱桥，桥的周遭亦还有一些古道遗存。难能可贵的是石拱桥边就是国家“一带一路”重点建设项目泛亚铁路中线墨江火车站，在火车站的建设中该石拱桥被完整地保护下来，形成了最传统的古代交通和最现代化的高铁交通相望共存，可谓墨江交通发展史上的一大奇观。伏波将军马援、抗倭名将邓子龙、民族英雄林则徐、大西将军李定国、大清重臣刘藻、茶学泰斗李拂一、国学大儒刘文典……都曾经在这条茶马古道上走过。茶马古道上，店房不过是一个小小的山中驿站，但也是这闻名天下的交通网络的重要组成部分。马帮已经远去，留在店房的人们则开垦梯田、植下茶叶、种桑养蚕……早已过上了日出而作，日暮而歇的田野生活。

茶马古道之古城马帮（作者：尚明朋）

清水河畔消逝的马铃声

——探寻墨江县通关镇清平村茶马古道

马帮用的铃铛（刘庆明 摄）

茶马古道，是一条连通中国和中东、南亚、东南亚的交通大动脉。而墨江通关，作为连接北上碧溪重镇和南下磨黑古镇的茶盐古道驿站，千百年来，无数的马帮曾在这条道路上行走，悠远的马铃声回荡在山谷、溪流、山涧和村寨上空。随着时间的推移、交通的提速、文明的演变，古道已然荒弃，驿站变得荒凉，马帮文化渐行渐远，古道上踢踏踢踏的马蹄声，伴随着清悠的马铃声最终消逝在历史的长河中。

提及通关茶马古道，大家想得更多的是回龙街、通关哨、哨牌等驿站。随着时代的发展，茶马古道留存的印记已经不多，古道驿站的马店更是所剩无几，而位于通关镇东北角8千米的清平村清水河组内，一座历经百年风雨的石桥安详地躺在清水河上，一块历经百年沧桑的石碑静静地屹立着，一座石桥和一块石碑，仿佛在诉说着那一段撩人的马帮故事、记忆着那一片迷人的古道风景、倾听着那一串悦耳的马帮铃声……

一、清水河石桥记

2019年至2020年，我被派驻到墨江县通关镇清平村驻村，在清平村驻村入户时，偶然在清水河组发现一座古老的石砌拱桥，桥边有一石碑，石碑记载了石桥建设的事宜。这一桥一碑，揭开了探究通关清水河段茶马古道的序幕。

在发现有清水河古石桥和古石碑之后，我决定前去解读碑文，以便进一步了解修桥事宜背后的马帮故事。2020年6月10日中午，我邀请驻组同事李定华一同前往清水河古石桥，解读石桥边石碑上的碑文，由于石碑表面风化剥落比较严重，部分字迹侵蚀严重，字迹难辨，经过认真细致地逐一辨认，碑文如下：

碑额：以垂永久

标题：通关清水河石桥记

碑文：

距通关十余里地有清水河，为迤南大道所必经，人马往来如织。河向无桥，每当夏秋之交，水深数尺，涉水而过，诸多危险。屡饬绅筹款建桥，因无人专司其事，议久无成。邻县墨江善士何君自直、通关团绅许君纯祖，同心协力，提倡兴修。遂于乡绅议决，先由各绅劝捐，不足之数，由两君担任，所有鸠工庀材及指挥工作，两君愿负完全责任。众知两君经验素富，又感两君热心公益，输资相助，遂同声赞允。即择吉兴工，阅八月而工竣，报县立案。余乐观厥成，故记其缘起如右，捐资芳名例得书左。署理宁洱县知事周汝钊。

计开收入功德项下：

宁洱县县长周汝钊捐花银叁拾圆，通关分县长陈祖培捐花银叁圆，猛野井兼销员李荫棠捐花银叁元，普洱殖边队队长马执中捐花银壹元，通关高小教员许存坊捐花银肆元，通关两等小学校教员温湘芹捐花银贰元，石膏井场长李琮书捐花银伍角，磨黑井田桥功项目捐花银壹百元，宁洱县长周拨入罚金花银伍元。徐道平捐花银贰元伍角，兰增良捐花银贰元，苏应祥捐花银贰元，武定奎捐花银壹元，卫佐臣捐花银壹元，李琮荣捐花银壹元，姚绍成捐花银壹元，张恩科捐花银壹元，韩汝翼捐花银壹元，王兴宁捐花银壹元。许副安捐花银玖角，郭甫仁捐花银伍角，张发昌捐花银伍角，施朝选捐花银伍角，温湘光捐花银伍角，许鸿顺捐花银伍角，彭祥林捐花银伍角，高云汉捐花银肆角，陈绍廷捐花银贰角，朱金生捐铜钱伍佰文，李琮辉捐铜钱叁佰文。

以上共收入功德捐花银壹佰陆拾陆元玖角柒仙。

外由磨井桥功项领来修路银壹佰元，桥东修路四拾伍丈，桥西修伍拾乙（余）丈，小土掌修贰拾丈，桥头田内四丈，共修路壹佰贰拾丈，每丈花银捌角，出包共去花银玖拾陆元，余四元重修桥东，入出两清。

开支项下：一出支石匠包工银及加找共花银壹佰玖拾元；一出支打碑头座子及买碑心驮脚、刻字立碑共花银贰拾壹元伍角；一买石灰贰千捌百玖拾斤，去花银贰拾元零贰角叁仙；一出支闭龙口零星及踊桥办席拾贰桌，共花银拾玖元伍角捌仙。

以上四组共出支花银贰佰伍拾壹元叁角壹仙，入出两抵外，下不敷花银玖拾元零叁角四仙，系监修员何树桂、许纯祖垫出，两清。

中华民国六年冬月二十四日立。

前清武生钦加都司御何树桂

前清州同衔东四区两等小学校校长、现充通关团首二等银资梅花奖章许纯祖

监修（碑文完，标点为我所加）

二、清水河段茶马古道线路

清平村位于通关镇东北部，东北邻回龙村和民兴村，西与新武社区和大寨村相接，北以拉勒河为界与荣平村和公馆村隔河相望，西南以沙松坡梁子与景坝村和曼博相依相邻，距通关镇政府 8 千米，是 20 世纪通关北上墨江县城的必经之地。村委会驻地清水河小组，名气堪比清平村，20 世纪 90 年代高速公路通车之前，国道 213 线横穿清水河寨子而过，路边小吃店、住宿店、修车店、补胎店、加水站比比皆是，被人戏称为“小香港”，为南来北往的车辆和路人提供了诸多方便。2003 年，随着昆曼国际大通道元磨高速段的建成通车，过往清水河的车辆和路人逐渐减少，国道 213 线上，除个别大货车和地方车辆，更多的是或步行或骑车或自驾的“驴友”们，昔日川流不息的人流车流已经不复存在。

如今，清水河的溪流仍在大地梁子下方静静地流淌，河水源头，是忽隐忽现的茶马古道；河水左岸，是曲折迂回的国道公路；河水右岸，是笔直平坦的高速公路。从古道到国道再到高速公路，三条跨越两个世纪的交通枢纽，依旧围绕着清水河布局，足以证明清水河自古至今的交通区位优势。岁月轮回，风雨兼程，守望村寨的清水河，用自己的方式不断见证着人类文明带来的交通蝶变，纵

贯南北的昆曼大通道，展现着21世纪祖国基建的神奇速度；蜿蜒盘旋的清水河山路，折射着20世纪末期国道公路运输的繁华；而渡人无数的清水河石桥，依然诉说着20世纪末期清水河古道上马帮们的传奇故事。

清水河石桥和石桥记石碑的出现，进一步激发了我探寻清水河茶马古道的欲望。上网查阅资料和翻阅相关古典书籍，都没发现清水河茶马古道的只言片语。为保存这些珍贵的马帮文化遗产，追逐茶马古道上远逝的铃声，了解清水河近代马帮状况，我在驻村之余，通过寻找马帮马锅头后人、村寨德高望重的老人、村干部以及马帮活动知情老人，对马锅头和赶马人较出名而又集中的清水河、芭蕉箐、深沟等村组进行集中探访调查，并将所见所闻的古道线路、马帮故事、民风民俗、马帮家世、人际关系等马帮文化进行挖掘整理。以真人、真事、亲见、亲闻为原则，还原清水河段茶马古道线路，具体路线如下：

清水河段的茶马古道，属云南三大古道之一迤南大道的一段（清水河石桥记里有载“清水河，为迤南大道所必经”），这条悠久漫长的茶马古道，因夹杂在通关哨和回龙街两个马帮驿站之间而名不见经传，周边民众耳熟能详的都是马帮过路护路、防贼防抢、休息打尖的故事。清水河段茶马古道，西南接通关哨，东北接回龙街，为两个驿站之间的唯一马帮通道，途中不做饭不住宿，属时任（元江—墨江）护路大队长咪哩王李和才的势力范围，两地之间的距离为马帮半天行程。清水河段的茶马古道，主要隐藏在莽莽哀牢山的原始密林中，分布在国道213线两侧，古道、国道和高速公路有时在山包帽脑或垭口处互为交错，古道多在山梁顶部或山腰阳坡段布局。古道自南向北，依次为通关哨→顶塘坡→大花碑→白沙水（沿途顺驾校周边，部分区域有石板路印迹）→横穿昆曼高速通关隧道口附近（墨江方向）→沿高速公路同向→清水河老明寨寨脚→清水河石桥（清水河下寨）→横穿国道213线→柏枝树→大塘子（有片近百亩的平地）→沿过瑶公路→清水河组林区岔路口→沿清水河组林区路→风吹垭口→沿清水河组林区路前行到石缸坡段→小石缸（供过往马锅头和挑夫们休息喝水）→沿清水河组林区路→李开垭口→沿清水河组林区路→保路房（当地人又称“烂庙”）→沿清水河组林区路→石坎坎→清水河组林区路尽头→大路坡头→深沟垭口→横穿国道213线409→深沟坡头（部分路段有明显的石板路印迹）→紫柚木树垭口（牛歇场）→多依树垭口（有一块平掌地）→沿如今深沟垭口至回龙寨子的小路→回龙街。

清水河石桥到保路房这段古道，均可从清水河驾车前往，据清水河、芭蕉箐一带上年纪的老人讲，五六十年前，这段古道上的青石板路面还有很多，到2000年修建元磨高速公路之时，由于要砌筑大量的挡墙和路基，古道上大量铺就的青石板被附近投机取巧的小包工头和筑路民工合伙倒卖到高速公路建筑工地，随后清水河林区公路的修建，更是使古道仅存不多的石料被洗劫一空。如今古道石板已然不在，但古道遗风犹存，沿原清水河茶马古道沿线修建的清水河林区路踏青漫步，颇有曲径通幽回归自然的意境，可以一并体验探寻的茶马古道神秘之旅，感受迤南大道的繁荣盛景和那些关于马帮们的传奇故事。

三、风吹垭口黄栎棒

风吹垭口，是清水河寨子后山主峰与次峰的连接垭口，也是清水河古道上的第一道关隘，两边的山包对中间一条六尺有余的古道形成包夹，夹道有20余米，道路两侧设伏，即可形成一夫当关、万夫莫开的险峻关卡。据居住在清水河的县供销社退休干部陈联销（清水河人均称“陈二”）口述，古道兴盛时期，风吹垭口往北直至回龙街，一路杳无人家，古道穿行在莽莽哀牢山的原始密林之中，自然环境异常危险艰苦，山高箐深、野兽出没、毒虫遍地，瘟疫肆虐、疾病来袭，随时随地都能置马帮于死地。而且自古以来，通关坝子一带的土匪非常猖獗，马帮尽管配有武器，但仍不时遭到通关坝子土匪强盗的袭击，货损马伤人亡的事时有发生。据传，当地的土匪有两种，一种是以张祖弼为代表的匪帮，势力较大，有一定的武器装备，敢对大马帮下手，敢大抢明抢；另一种是小蟊贼，这类小蟊贼一般是穷苦人民出身，由于生活所迫，不得不上山干些小偷小抢的勾当，这类蟊贼一般没有武器装备，对马帮有所忌惮，只敢对落单或人数较少的挑夫们下手。

这种弱肉强食的生存境况，造就了马帮人与清水河寨子的老乡们的深厚感情，马锅头与商客在长期求生存的道路上，学会了与古道周边的乡亲们共荣共生，通过常年走南闯北的有利时机，不时为村民们捎上一盒洋柴、一撮盐巴等山里人难得一见的商货，为的是拉拢乡亲们共同抵抗土匪强盗。茶马古道同时也磨炼出了马帮们非凡的毅力、勇敢的气魄和超人的胆识。据陈联铕老人叙述，在他很小很小的时候，老人们会约上寨子里面的年轻人，一同上山砍柴，同时会削制十来根胳膊或小腿大小的黄栎棒棒，整齐地摆放在风吹垭口关隘两边的古道上，专供北上回龙的客商、马帮和挑夫使用，一可防身对敌，二可对付猛兽毒蛇，到保路房一带，再将黄栎棒棒放在李和才为护路而修建的房子之内，供南下通关的客商、马帮和挑夫防身之用。

另外，听清水河人白存发老人讲述，小时候与小伙伴到风吹垭口去砍松树，时不时会在大松树上砍到子弹头，子弹头在树内的位置深浅不一，据说是在树干表皮砍到的子弹头是汉阳造 79 式步枪的子弹，这类子弹头居多，有时也会在松树干心位置砍到日本大盖板（应该是日本三八大盖步枪）的子弹头，这类步枪应该威力更大，射入树的深度更深。听完白存发老人的讲述，我知道在昔日的古道上，在清水河后山的风吹垭口，马锅头们与地方土匪武装曾经发生过激烈的交火，可以肯定的是，枪战肯定不止一场，在那民不聊生的年代，大家为了生存活命，甚至为了一口暖饭，不得不在恶劣的自然环境下进行残酷的杀戮角逐。

如今，从过瑶公路岔入清水河组林区路，一直到风吹垭口这段后期修建的林区公路沿线，在快到风吹垭口的公路上方有一小段保存尚好的茶马古道。原公路有一小段沿原古道修建，后因坡度太大而降低了路基，原茶马古道的路基，位于林区公路上方 1 ~ 3 米的地方，古道路宽五尺有余，路面上镶嵌有石板，部分石板上仍有明显的马蹄印记。另据清水河民众介绍，风吹垭口正当腰的清水河林区道路有 20 余米，是沿原茶马古道线路修建的，只是因为坡度高差太大，公路在茶马古道原线路的路基上，降低了 1 ~ 3 米不等，路宽与原古道相差无几，这段 20 余米的公路，依然被风吹垭口两边的山包形成包夹之势，依山而建的道路在风吹垭口形成一道天然屏障和天险。

四、石缸坡的传说

翻过风吹垭口，有一段斜平的下坡路，当地人习惯将这一地段称作石缸坡。关于小石缸的传说，民间有两种说法，一种说法是孔明拐杖点水，据说是三国时期的孔明南征凯旋，途经清水河茶马古道，将士们从清水河石桥一路向北一路上坡，爬柏枝树梁子，过大塘子平地，好不容易翻过风吹垭口，才发现一段平路，在石缸坡小憩时大家都觉得口干舌燥，心想此处有口井该有多好，于是孔明用拐杖一点，地上便冒出一股清泉，随军将士们就地取材，在冒出清泉的地方砌筑了一个石缸用以屯水；另一种说法是马锅头施法出水，据传是一位道行深厚的马锅头大哥施法引出了小石缸内的泉水。风吹垭口一带，正好处于通关哨和回龙街之间的中点区域，不管南下还是北上，马帮到此经常是马乏人渴，这位道行深厚的马锅头为解决这一地段的马帮饮水之困，专门到佛海学习法术，到这一路段施法施出一碗清水，同行的马夫赶紧围绕这碗清水砌筑了小石缸，直至形成现在的小石缸。

不管是孔明拐杖点水也好，还是马锅头施法出水也罢，仅仅只是村民们对小石缸来历的种种猜测，并没有真正的历史出处，我更倾向于马帮大哥们动手砌筑了小石缸，方便了南来北往的商贾宾客。据清水河陈联销介绍，在他刚刚记事的时候，清水河还没有开通国道213线，很多往返墨江县城的通关民众，依然还在古道上来回奔波，古道上还有少量的马帮往返，那时候，寨子里的大人还会领着一班读书娃，或抬水或挑水到石缸坡，把小石缸的水加满，以便过往的人们在劳累之余喝上一口清凉的石缸水，既解渴又解困，方便过往人群轻装上路。

我探寻石缸坡，重走茶马古道是在2020年6月9日，我邀请了驻村驻组的两个同事一同前往，同时邀请了清平村村医陈会琼做我们的向导。村医陈会琼是清水河本地人，对清水河的山山水水比较熟悉。据她介绍，20世纪90年代，小石缸内一年四季都出水，附近砍柴、放牛、割松脂的群众都会到小石缸取水喝水；到20世纪初，小石缸内的水逐年减少，石缸坡周围会经常见到野猪、麂子等大型野生动物的粪便，这是动物前来喝水留下的踪迹。随着生态环境和气候的变化，雨季小石缸内的水一年比一年少，近三年来小石缸内的泉水彻底枯竭，只有到了五六月上山捡菌子时，小石缸内才会积有一些水。眼下虽然正是雨季，但小石缸内没有一滴水。站在林区便道仰视小石缸，我惊奇地发现，在小石缸的左边，有一个五六见方的小窝塘，很像农村地区的牛滚塘，但又没有牛滚塘大，这小窝塘肯定也出过水，我在猜测，这或许是当年马帮过路时候自然形成的马匹饮水的水塘，脑海中依稀浮现一幅“人饮右边小石缸，马饮左边小水塘”的马帮小憩、人马共饮的温馨画面。

如今，小石缸已完成了历史使命，退出了历史舞台，石缸前没有了昔日川流不息的马帮，没有了往昔的热闹喧嚣，有的只是山林的寂静，石缸独自感受着吹过山涧的清风，聆听着黑头翁欢快的鸣叫，或许，小石缸也在静静地期待着失落已久的古道文化得以早日复兴。

五、保路房的由来

顺着石缸坡往前，林区便道沿着茶马古道的马帮行路轨迹一路向北，道路在松树林和杂树林间交替穿行，段路较为平缓，据说李开垭口附近的茶马古道，古道原址要稍微低于目前的林区公路，部分地段可找到古道的痕迹。翻过李开垭口后，眼前豁然开朗，前面就是保路房。林区便道公路外埂下方，紧挨着一段破败不堪的残垣断壁，这是一间10多平米的房屋旧址，屋面早已荡然无存，石头砌筑的地基和石头墙体，如今只剩1米左右的墙体。原房屋墙体呈正方形，墙体前面还有一段人工砌筑的平台，比房屋墙体稍长，估计是当时的房屋走廊。林区便道公路上方，是个地势平缓、起伏不大的小山包，可供车辆通行的便道直通保路房上方的小山包，登上小山包，视野开阔，可远眺山对面的路水尖山和金矿梁子，可俯视山峦下方的阿墨江河谷，对面不远处，蜿蜒的深沟梁子像条巨龙，起伏延绵在深沟垭口和回龙寨子之间。小山包周围往西的缓坡地上，是一片伐木后换代新植的人工林，山包上比人还高的山茅草，在新植不久的思茅松林内努力地生长。这是一片肥沃的土地，林地之间长满了各种野生的叫不上名的牛草马料，可以想象，以往马帮路过此地，一定会卸鞍驻马，让马儿在山坡草地上美美地饱餐一顿。

据清平村委会主任沙春生介绍，清水河组和芭蕉箐组一带的村民又称保路房为白路房、庙房、烂庙。在古道兴盛时期，时任（元江—墨江）护路大队长咪哩王李和才，为确保清水河段茶马古道的防卫，在如今保路房旧址出资兴建一座房子，主要用于修路护路，也许，保路房在当时的作用，类似于如今地方公路养护段中的道班房。另据芭蕉箐赵忠祥老人介绍，保路房除了给修路人提供方便，还有另外一个作用，就是为南来北往的马帮提供小憩之处，为挑夫们提供休息做饭或住宿的安身之所。在当时，茶马古道又称“茶盐古道”，墨江到磨黑的茶马古道，也是元江和墨江等地的民众到磨黑挑盐的必经之地，也是墨江通关等地的挑脚们将自己精制的瓦制品挑到元江和普洱贩卖的唯一通道，一些落单的挑脚们，由于前方后方匪患严重，基本不敢一个人前去冒险闯关，来到清水河段茶马古道保路房后，一定要停下等人，只有等到三五个挑夫结伴，或者等到马帮过路时同行，才能确保行路安全。

在匪患横行的年代，身为护路大队长的李和才，颇有商人的精明之处，其修建保路房的最初目的，也就是以房养路。据清水河白存发叙述，修建保路房后，李和才差人在房子内供奉了一尊神像，供来往的人们跪拜。出行过往保路房的马帮锅头、挑夫和商贾们，为确保出行平安，都会向保路房供奉的神像上香投钱，李和才则会安排他手下的马锅头定期清点并上缴神像内的奉钱。当然，神像内的奉钱，也免不了被出没在这一地带的土匪和蟊贼顺手牵羊，席卷而去。

因此，我认为，清水河和芭蕉箐一带村民口中的保路房、庙房、烂庙等地名的起源，均以此地保路建房、建房供神的传说有关，关于烂庙，则是近代房屋年久失修、破败萧条后对保路房的戏称。当地村民对保路房的解释为：保路房是个大地名，包含了庙房（烂庙）、石坎坎等大片山梁山洼和山坡，而庙房（烂庙）是小地名，仅指原李和才修建的那间保路房所在位置周边。

六、大路坡头草皮街

沿保路房顺坡而下，要经过一处山涧，长年的雨水汇聚到此，下方形成一个小箐沟叫作大涧槽箐，此处地势险要，小地名称“石坎坎”，石坎坎也是大涧槽箐的源头，芭蕉箐人习惯称作“老骒马摔死地”，据说是原先马帮路过此处的时候，由于地形较陡，加之马帮走得急，赶路过程中马匹受惊，相互闯帮，导致有匹马连马带鞍摔到山涧，造成货损马亡的古道马帮交通事故，当地人为该地起名“老骒马摔死地”，其实是一种自我警示的表现，目的是提醒当地村民，此路段非常危险，特别是提醒那些招呼牛马牲畜的人及过路的行人，要注意安全；也有当地人戏称当时马帮铃声的谐音为“滚呢滚死、掼呢掼死、本利本多”，从一个侧面反映出当时马帮行路的艰辛和不易。走出“老骒马摔死地”，地势又复平缓，来到一个小山包包，就是大路坡头。

据村监委主任邱树介绍其父赶马的经历，大路坡头以前有个草皮街，是专门为了赶路的马帮服务的，每当马帮过路，附近芭蕉箐寨子的妇女们会自发到大路坡头草皮街，摆卖草鞋和熟玉米、红薯、芭蕉等特产，我走访时，就发现芭蕉箐组目前健在的赵才妹就曾经到大路坡头卖过草鞋。与此同时，马帮中的赶马大哥，也会向村民兜售马鞍、马灯、马镫、洋柴、铜碗、生盐、烟丝等商品。因此，大路坡头草皮街，成为古道周边芭蕉箐、平掌、红旗和深沟群众与马帮文化交流碰撞的地方。芭蕉箐、平掌、红旗和深沟等地，在当时有不少人曾为咪哩王李和才等较大的马帮赶过马，如芭蕉箐的施乔顺、王忠有、施丛发、赵德胜、杨万有、赵正发、白应清、邱玉才，平掌寨的普定发、董三、李石甲，红旗寨子的许发祥、杨万增、李正清，深沟寨子的普小外等，年轻时都曾经参与到赶马帮的壮举中，他们抛家别子，风餐露宿，常常逾年不归，随时要与恶劣的自然环境和糟糕的天气做卓绝的抗争，少部分人通过自己的努力发展成马帮的掌班锅头，只可惜上述赶马人目前均已过世。

大路坡头草皮街，虽然可算是乡村集市的雏形，有点类似于今天高速公路的服务区，但马帮有马帮的规定，此处不准驻马卸鞍休息，村民与赶马大哥的交流与交易，都是在马帮行进过程中进行的。马帮出行一趟，少则十天半月，多则一月有余才能走一个来回，多数时候路过村寨也不能回去和家人小聚。芭蕉箐附近的赶马大哥们，同样只能在大路坡头匆匆与家中妻儿小聚，马帮中赶马大哥的小媳妇们则会算着时间等待自己的赶马大哥路过，在送来一点吃的和御寒的衣物的同时，见上难得的一面。

七、马班锅头普小外

茶马古道周边清水河、芭蕉箐、平掌、红旗和深沟等地的老一辈们，充分利用茶马古道在村寨周边横穿而过的机遇，纷纷加入马帮赶马人行列。据所走访村寨村民口述，古道繁盛之时，周边参与赶马的多达 20 余人，这些赶马人更多的是在李和才的马帮中打下手，而少部分赶马大哥靠自己的努力发展成为马帮中的马班锅头或掌班锅头，深沟上组的普小外就是其中之一，他从一般赶马人干到马帮主管，成了清平为数不多的马班锅头，享受过马帮主人李和才的犒劳。

据普小外之子普春芳和普春云介绍，普小外由于家境贫困，无田无地，十四五岁便外出帮工。外出帮工之初，跟随通关街的李景房赶马，过了三五年，才辗转到元江李和才的马帮下，一干就是 20 多年。父亲普小外对赶马这一活计相当珍惜，深知“马无夜草不肥”的道理，对马儿精心伺候，经常加班割草给自己照管的马匹喂夜草，他所带的马一直膘肥体壮、毛光水滑、屁股圆润，他也因此受到马锅头和马帮老板李和才的赏识。随着时间的推移和赶马经验的增长，普小外的忠心、公心、朴实、勤快、机灵等优点被李和才发现并认可，并提携他为马班锅头。

马帮锅头俗称“马锅头”，为马帮首领，是马帮运输活动中的一线指挥者，也是一队马帮的核心和头儿，马锅头负责马帮内各种采购和所有开销，到了站头，既要联系买家贩卖运送的货物，还要联系卖家采购马帮需要驮运的货物；甚至马帮在野外开稍吃饭时，也要由马锅头掌勺分饭分菜，马帮中所有赶马人必须听从马锅头的指挥。而掌班锅头则主要负责一些马帮的管理工作，重点是带好马帮的尾马，每趟赶路下来，少部分的马帮雇主会将马帮中一两匹马的本次驮运收入作为奖励打赏给掌帮锅头。

据传，贫苦农民出身的李和才，非常爱护手下的马锅头、赶马人和马帮的马匹，并且奖罚分明。李和才对马帮有两件事绝对不能容忍，一是马锅头落钱或者克扣赶马人工钱；二是赶马人不认真照料马匹，导致马儿变廋或病死，或者有骡马带病赶驮，只要让李和才知道，都少不了被李和才勒在柱子上吊打一顿。据普春芳老人介绍，其父普小外前半生基本都在为李和才家赶马，元江到磨黑这段路，是普小外跑得最多的经典马帮线路，主要驮运茶叶、粮食、盐巴，一个来回需要十天或者个把星期，赶马生涯后期，父亲普小外在深沟已经有了妻室儿女，每次马帮过路在回龙街歇息过夜的时候，便会赶回深沟老家歇上一夜，第二天一大早便匆匆上路追赶马帮。普小外一直从普通赶马人干到了马锅头，在被提携为马锅头后，他手下掌管着 14 个人 70 多匹骡马，手下的赶马人每人负责 5 匹马，当时他还负责分发马帮中赶马人的工钱，赶马大哥们每月的工钱在 7 块花钱左右，而马锅头每月的工钱基本在 10 块花钱以上。当上马锅头后，普小外更是处处小心，在管人、管钱、管马、管货四件大事上基本没出过差错，更不会克扣赶马人工钱，深得李和才信任和表扬，是李和才手下为数不多的没有被吊打过的马锅头之一。

中华人民共和国成立前夕，李和才分析当时形势后，认为中国共产党将取得革命胜利，随即找来跟随他多年的普小外，对他说：“不出几年，天下要大变，赶马可能也讨不了生活，你也不能一直跟着我过日子，自己回家置办田产过日子算了。”普小外离开李和才的马帮时，李和才一次性给普小外补奖了 300 块钱银圆，衣锦还乡的普小外，出钱在深沟寨子购置田产，安居乐业。据普春芳老人回忆，大约在1946年至1947年，父亲普小外从元江回家定居长住，当时他才四五岁。据普春云叙述，他父亲当时购买的田地叫白土坎，3亩左右，属于平掌寨人杨四家位于深沟寨子的田产，位于目前深沟下组李张明家房子旁边，他在很小很小的时候还与父母一起到白土坎干过活计，也正是父亲买下的这块地，使得他家在中华人民共和国成立前能有自己的一点田地，全家老小方能勉强度日。普春云抹去眼角的泪珠，接着说："中华人民共和国成立后，大约在20世纪60年代中期，已经当了大官的李和才，因公到景洪市参加西双版纳自治州州庆活动，从景洪回来时在通关国营食堂休息吃饭时，曾经问起父亲普小外的情况，只可惜当时父亲已经去世。"说到这儿，普春云表情有一丝丝遗憾。从那以后，再也没听到李和才的消息。

关于李和才和普小外之间的交往，也随着普小外告别李和才回到深沟定居而画上了遗憾的句号。

八、深沟坡头有古道

在通关划入墨江之前，深沟垭口，自古就是墨江县和宁洱县的分界线，民国时期，也是李和才和张孟希地盘的分界线（但对清水河周边村寨走访发现，村民均认为清水河茶马古道地段，均属于李和才势力范围）。国道213线从深沟垭口横穿而过，同时也是茶马古道的必经之地。茶马古道在深沟垭口与国道213线呈十字交汇，穿过国道后，茶马古道与国道213线在深沟梁子后山基本同向布局，只是国道下坡，而古道上坡，目的只有一个，绕过或者翻过深沟梁子继续向东北方向行进。深沟垭口东北方向，紧接着是深沟坡头，茶马古道深沟坡头段，有一段清水河茶马古道上难得一见的石板路，目前虽然保存不算完好，但部分路段的路基、路沿、路心仍然清晰可辨。另据回龙街寨子的村民讲，从回龙寨子出发，过深沟梁子，直到深沟垭口213国道，现在还有一条可供人畜过往的小路，与原茶马古道线路大致相同，回龙寨子里面摩托驾驶技术娴熟的年轻人，还偶尔会沿这条小路骑行到通关街，据说走这条小路，相比沿目前公路前往通关街，可节省近半小时。

岁月更替，年代久远的古道所剩无几，部分幸存的青石板路段杂草丛生，厚厚的松叶和着堆积多年的腐质土，掩盖着凹凸不平的石板路。扒开路面上的落叶，切割和打磨后铺在泥土路上的青石板，经过马帮的洗礼和风雨的磨蚀，变得更加光滑、清亮，让人们体会到先祖们披荆斩棘开路的沧桑与艰辛。据深沟寨子老人陈述，深沟坡头路段前期并没有铺石板路，这一地段土壤又红又糯，一到雨天，路面泥泞，马匹一脚下去一个坑，经常滑倒，行路非常困难，马帮大哥得经常为滑倒的马匹卸鞍下货，甚至需要人工抬货翻山，到了好路段再给马匹备鞍上货。身为护路大队长的李和才，得知深沟坡头马帮行路困难的情况后，出资兴修深沟坡头石板路，在雨季来临之前，组织马帮从深沟垭口驮运石料上山，在深沟坡头泥泞路段铺就了一段段、一截截的石板路，只可惜如今幸存的完好路段已经不多。

据马帮后人介绍，经过清水河的这条茶马古道，向北经回龙、墨江、碧朔等驿站，可进入元江、石屏、建水、个旧、峨山、玉溪、昆明等地，从清水河到昆明需14天途经13站，清水河茶马古道向南经通关、哨牌、磨黑等驿站，可下到思茅、南雀、佛海等坝子地区，并且可直达英国地（英国殖民地下的缅甸）和泰国地。据邱树发介绍，其父亲邱玉才在帮通关老街许大地主家赶马时，最远下过一次泰国地，回国时驮了些象牙回来，当时最厉害的骡马，最多只能驮4只象牙。听邱玉才讲，从通关一带到当时的英国地，只需12个站头（一个马帮一天的行程算一个站头），只可惜没记住当时各站头的站名，当时往下驮送的货物以红糖、布匹和烟丝等商品类为主，往上驮的主要以茶叶、粮食、盐巴等当地物产为主。

九、消逝的马铃声

一条沧桑的清水河茶马古道在哀牢山余脉的高山峡谷和丛林草莽沟壑之中绵延盘旋，这是一条完全由马蹄印和赶马人的脚步一步一步踏出来的永恒之路，这是一条山路最险、距离最远的古代商道，文化交流和文明传播在这条古道上交织延续。随着时代的变迁，茶马古道所承载的贸易功能早已被现代公路网所代替，悠悠古道逐渐安静下来，却遗留了一路厚重的人文历史和马帮动人的故事。

放眼清水河茶马古道，清水河边已不见蹄痕深深的青石板，风吹垭口也不闻清脆悠扬的马铃声，石缸坡头不见仰天长啸的骏马身影，李开垭口不见手执马缰的赶马汉子，保路房边不见风餐露宿的勇敢挑夫，大路坡头不见日夜守望的马帮女人，只有河上的那座石桥、河边那座石碑、垭口那道关隘、山上那口石缸、路边半截石墙、山涧那道坎坎、深沟那截古道，在静静地诉说着茶马古道曾经的繁荣与昌盛，承载着一段古老的文明。

无独有偶，在脱贫攻坚奔小康的道路上，清平村芭蕉箐组的年轻一代，完完全全续写了马帮的故事。据统计，芭蕉箐组外出务工的男性中，十有八九从事汽车驾驶营生，目前全组共有 20 人长期外出务工，均与汽车、驾驶或者物流有关，其中开出租车的 2 人，开网约车的 3 人，开挖掘机的 1 人，开大货车的 4 人，从事教练的 2 人，从事汽车修理的 2 人，从事轮胎生产和补胎的 2 人，从事海关物流 4 人。伫立清水河畔，马帮已远，留给人们的是深深的马蹄印记和山间铃响马帮来的回忆，巧的是，赶马世家的后人不忘祖业，沿着马帮的足迹，用滚滚车轮续写先辈们坚忍不拔、自强不息的马帮精神。

驻村之余，我常常在茶马古道上驻足、观望和沉思，凝视着当前破败的古道文物遗迹，想象着茶马古道曾经的热闹繁华，赞叹着马帮对云南商品经济发展的推动作用。面对茶马古道马帮文化的日渐没落，清水河茶马古道的消失，何尝不是万千个茶马古道遗址没落的其中个案，马帮铃声最终在茶马古道上慢慢远去，失落的马帮文化和民族文化又该如何拯救？我们期待，能有更多的专家、学者和社会组织参与到挖掘和抢救茶马古道马帮文化之中；我们希望，茶马古道必将成为著名的历史古文化遗产，无论在自然资源还是文化资源上，都是一条具有国际影响力的古通道，它的旅游品牌效应具有不可复制性，拥有着巨大的国际国内旅游市场潜力和开发商机。

我相信，不久之后，清水河石桥已修复为廊桥，清水河石碑上方建盖碑亭，小石缸内冒出汩汩清泉，保路房内烂庙已经修葺如初，风吹垭口、石缸坡头、李开垭口、保路房山头、大路坡头、深沟垭口等地，修建了一个又一个的休息凉亭，一条条整齐的街条石还原了原先的茶马古道，一条崭新的茶马古道将在我们面前复原再现，这将是一条山川风景秀丽、文化内涵深厚、旅游资源丰富、探访之旅神秘的黄金旅游线路。茶马古道必将成为云南旅游强省的突破口，在乡村振兴战略的引领下，继续带领思普人民乃至云南各族人民脱贫致富奔小康，犹如一幅展开的画卷，在云岭大地熠熠生辉。

灵气磨黑

山水的灵气在于人文的展现，人文在于山水的孕育，这就是人杰地灵。于是，我们知道“人杰才能地灵，地灵也才会人杰”。从人文上看，磨黑是有灵气的。

巍巍无量山延伸到普洱府城（宁洱镇），东北边的余脉是白草地梁子，这是一个很有意思的地理位置，这支山脉东边的山脚就是磨黑，西边则是普洱府城，山脉成为红河和澜沧江两大水系的分水岭，也就是说山脉东坡的水汇集流向了红河，这边是磨黑镇；山脉西坡的水汇集流向了澜沧江湄公河，这边是普洱府城。无量山余脉到这里就来了个龙摆尾，东坡脚山势形成“凹”字形地势，小镇依山就势建在凹口中，凹窝中夹着几个凸起的小山包，普洱市委党校黄雁老师著的《宁洱记忆》一书中，把这个地形象地比作“大银宝”。一条清澈的小溪绕着银宝缓缓向北流去，流进红河。凹地最南的那个小山包下就是小镇所在，而茶马古道从磨黑翻过分开这两大水系的岭干白草地梁子，就到了普洱府“普阳八景”之一的茶庵鸟道位置，从这里可以看见十里外的普洱府城，普洱府城到磨黑镇刚好是马帮一天的路程，地理位置使磨黑成为普洱府进京路上第一镇。终于，古道边一个默默无名的寨子，因为盐矿的开采和普洱府城连接京城要道的优势，往来人员在这里停留的多了起来，至清末民初，异常繁荣起来。货流带动了人流，人流带动了文化流，热闹的磨黑，逐渐积淀了属于自己的文化符号，优美的自然景观，逐步添加着人文灵气。

磨黑的灵气体现在女性美上，不光是长相，性格也很特别。有人说：“宁吃三斤姜，不讨（娶）磨黑姑娘做婆娘。”但是，磨黑姑娘从来没因这句话而嫁不出去，反倒是大受欢迎。真实的历史事实说明这是一个很褒义的句子，一般的百姓人家，只要有幸找到磨黑姑娘做媳妇的，几乎都能勤俭持家，而且能够让自己的丈夫慢慢变成一个勤俭持家的好丈夫。磨黑姑娘大胆泼辣、聪明美丽、勤劳能干的品质和“旺夫像”慢慢凸显出来，简朴而清晰的描述如素描般勾勒出磨黑女性的美。其实，平凡见伟大，真实即美丽，磨黑出了两位让世人无法小看的女性，适时地走上了历史的前台，这两位女神般的女人，是阿诗玛和金花化身的杨丽坤及全国军队英模张培英。

杨丽坤，这位塑造大理白族美女的金花，在荧屏上惊人的成就，让我们土生土长而朴质的磨黑人都不敢与之相认，一直以为这是一个纯正的大理白族姑娘。但是，能说一口标准磨黑话的荧屏巨星，的的确确让我们磨黑人感到她真实地出生在小镇。于是，慢慢地也才有人敢大胆地说她真的是我们磨黑人！是熬盐大灶老杨家的小九儿。这个磨黑山水灵秀气孕育出的小女孩，应了那句“是金子放在哪里都要发光的老话”，在她 16 岁那一年，正在云南歌舞团擦窗子的杨丽坤，一回眸与在焦急出入各演出单位挑选演员的长春电影制片厂王家乙导演的目光相遇，王家乙导演用他的慧眼，锁定了这个磨黑杨家小九儿。这是导演对演员的认可，是伯乐对千里马的审视。2009 年，杨丽坤被《南方人物周刊》评为“共和国六十年来最美的十二人”之一，排名第三。

张培英，是国家的骄傲，是磨黑山水养育的女儿。她作为一名解放军医科战士，在平凡岗位上创造了近乎神奇的贡献，感动了时任国家主席江泽民，并写下了“向张培英学习，把一切献给党”

的题词；她的事迹，也感动了共和国的元帅聂荣臻，并挥毫题写下了“向优秀共产党员张培英学习”的题词。这就是磨黑山水积淀的灵气，人杰地灵。

磨黑镇里的大姑娘和小媳妇，不用出家门，就可以在自家楼上走廊中自由展示自己。南来北往的人们，走上磨黑小镇的街道，观看楼廊里的美女，这是一种视觉的享受，这里完全允许女性自由展示自我的美丽，她们在走廊上，很自然地看书、做女红、闲聊和休息，她们无拘无束，天长日久，培育出开朗大方的性格，所以，磨黑的女性是环境造就的。

磨黑女性的美和灵气还源于思想的前卫，在民国期间，一位美国的传教士巴斯姆来到磨黑，她从地球的另一端，跋山涉水，跨过太平洋，不远万里来到这里，这本身就是一个传奇。而且，一住就是30余年，她融入这块土地，并把世界先进的文化思想带到这里，自然地影响和渗透到这里的女性当中，她的思想，悄悄将受中国传统封建文化、原始落后文化压迫的妇女们感染，磨黑女性在不知不觉中，从巴斯姆的身上感受到自主、自由和自信，感受到世界新近的文化思想，品尝到学习带来的好处和快乐，于是，塑造出了有个性的磨黑女性。

磨黑的灵气体现在古镇街道的建筑上，磨黑小镇也很特别，十字形状的街道是小镇的中心，每一条从中心分出去的街道上都整齐地排列着街坊和商铺，沿街而建的砖木结构楼房，或二层或三层，每一层走廊都打造得很精致，楼廊也是这里人文的体现。

磨黑的灵气还体现在商业的繁荣和教育上，清末民初，磨黑制盐原始工业繁荣起来，熬盐的100余口大锅，日复一日，熊熊燃烧着大火，不知要烧掉多少树木和森林，但是，思维超前的磨黑人，在那个时代就用可持续发展的眼光保护着这里的青山绿水，他们根据实际需求划分出股份林场（注：磨黑孔雀屏的山上还保留着原来股份林产的界碑），有计划地进行砍伐培育用材，于是，这里优美的环境得到保护，山水的灵气得以延续。这里最终没有因为制盐工业的发展破坏生态。用现在的话说，就是做到没有以牺牲环境为代价换发展。保护环境可持续发展的理念，磨黑人早在100多年前就做出了认真的思考和实践。

盐的开采使小镇有了资本的原始积累，有钱就得发展文化，有文化才会有灵气，才更有前途，磨黑人有了发展的新思维。磨黑小镇上，靠制盐发财的乡绅们，第一个想到的还是办学。几个大的灶家就成立了当时先进的出资办学机构——学校董事会，毫不吝啬地拿出家财筹建学校，使建校工作很快进入正轨。到省城昆明聘请最好的老师，这是他们一致的想法，他们知道，这是办好学的前提。

而此时的昆明，革命活动已经开展起来，中国共产党借此机会把党员派到这里，随着学校的筹建，党组织的筹建也同步开展起来。很快，磨黑有了一所像样的中学，也有了中国共产党的特别支部，共产主义的思想以这里为核心开始悄悄辐射着古普洱府属的地域，这就是后来的思普革命老区。

在国民党执政时期的磨黑，追求上进的乡绅和群众使共产党的活动在这里不断壮大，革命火种有了星星燎原之势。党组织的发展，也源于这里的群众基础，通过不断的努力，在磨黑附近老街子的农民也很快被组织起来，这里有了中国共产党历史上云南省第一个农村党支部。轰轰烈烈的革命活动就这样开始了，一时间，磨黑被称为革命的“小延安”。

兵荒马乱的民国时期，从省府昆明到这里，要经历很多的山回路转和风餐露宿，路上要花费半月以上。而就在这个时期，国学大师刘文典也被磨黑的乡绅邀请到了这里。国学文化给这里留下了灵气，大师带来的国学精彩魅力深深地渗透进磨黑。磨黑中学的老人们回忆，刘文典老先生到磨黑中学讲学，单一个“三点水”就讲了三天（有可能是三课，每天一课），把一个三点水从形象造字的起源到不断变化的组合，以及历史进程中不同的使用、各类书法艺术中的展示剖析得淋漓尽致，让磨黑人真正领教了国学文化的深奥和魅力，从而奠定了磨黑镇浓厚的文化氛围。

磨黑的灵气还体现在饮食文化上，磨黑的饮食也很独特。磨黑吃得独特不仅仅是做工上的手法独特，更是吃的东西独特。由于土壤的关系，磨黑甘蔗的酥和甜是出了名的，这里的甘蔗用牙齿就可以啃开皮，然后，一嚼就流出蜜甜的蔗水，包围你的味蕾。秋冬季节，街上一篮篮、一捆捆的甘蔗摆满了街头，磨黑甘蔗就从这里流向附近的城镇和农村，同时也把磨黑的名声一起传播出去；再就是磨黑的芋头，入口软腻润滑，成为这一带的特殊产品。另外，磨黑小吃独特在制作态度及手法的研究改进上，随着时间的推移，形成了独特的饮食文化，主要就体现在磨黑香辣俱全的烧烤上。同时还有口感鲜嫩香甜的肘子、臭出特色的浸豆腐、保留了完整传统制作程序的豆汤米干……有人说，普洱府吃在磨黑。

磨黑古镇（李清 摄）

家乡墨江的茶马古道

我的家乡——墨江螺蛳塘，是一个阿墨江下游的江边大寨子。这里有一条上至墨江、元江，下至江城、勐腊的茶马古道（昔日民间称为“赶马大路”），蜿蜒曲折的茶马古道，上坡下坡，穿林过寨，涉水过桥……

从阿墨江下游的普西铁索桥到墨江城的这段茶马古道，途经普西、螺蛳塘、马歇场、老董坟坡、石缸坡、望乡台坡，过山心街、牙骨街、细腰子、快发大田、他郎河、水箐梁子后到达墨江城。距螺蛳塘三四千米处，有一片开阔、平缓的田坝，为当年古道上的马歇场，马帮行人在此驻足休息过夜。过了马歇场便到了坡陡路长的老董坟坡（因坡一侧有一年代久远的石屋顶大坟——老董坟而得名）。过了此坡，便是石缸坡，其坡脚路旁有一株丈余高、两人才能合抱过来的朱栎树，其树根立着一块2尺高1尺宽的菱形无字石碑。上石缸坡的行人，到此便向树和碑磕头，据说这样做，在上石缸坡时脚不酸软能保平安。过了磕头树，就要攀爬一段百米长、5米宽的石阶梯——石缸坡。石缸坡是一段用一块块重达几十斤乃至上百斤的石板或石头铺就的阶梯石板路，有的石板上留有颇似人脚掌和马蹄的印迹，有的留有浅浅的圆形小窝窝，这些印迹，被人们传为“仙人脚迹”“龙马蹄印”和“仙人的拐杖迹印”。石板路上方是刀削般的石缸崖子，路下方是陡峭的土石坡，这是一段人马通行必经的要道险路。

从普西螺蛳塘和马歇场到山心街，走到石缸坡顶，此地有一个民国年间设置的石缸（可装八九担水）。当地让附近的王合庄人杞三,五天一次挑水满缸，并划拨一份机动田给杞三耕种。在石缸旁立一石碑，碑上刻着：缸水不许喂过路的牛马牲畜，不许用缸水做饭，缸水仅供过路人饮用。

过了石缸，就要上望乡台坡了。此坡长且陡，是从普西铁索桥到山心街的最后一道山坡。当你站在坡顶，眺望四周，可见远近星星点点的哈尼山寨和起起伏伏的山岭、无数的森林、田地……山风拂面，心旷神怡，浮想联翩。在望乡台坡路一侧，有一大堆成年累月积聚而成的卵石堆，为上下坡者所投。据说下坡人到此向卵石堆投一小石，就能像滚石般轻快地下坡；而上此坡者，向石堆投一小枝叶，就能如同树叶般轻飘地爬完坡。上完望乡台坡，疲累的人马再走一段较为平缓的山梁洼地之路，便到了山心街。

山心街是一个古老的山巅集市，有几户人家、商店，街中心有一口常年不干涸的清泉古井；石头铺就的宽阔街面，有专人清扫。五天赶一街，每月逢古历初三、初八、十三……为山心街日。街天，从四面八方而来的人，成群结队，挤满街面，农副产品应有尽有，畜禽山货也不少。而每年农历二月初八，是山心街传统的“二月八街”，也称“姑娘伙子街”。这天上街的人特别多，人声鼎沸，热闹非凡。而男女青年占绝大多数，因此这一天是青年们选择对象、谈情说爱、结交朋友的良机。

古道又从山心街下缓坡，迎着起伏的山势，经过牙骨街，过他郎河，到细腰子……进入墨江城。

昔日，民间有“冬天冷死不留家，夏天热死不出门”之说，其意是，冬季天冷地寒疾病少，可出门下坝做生意，而夏天炎热多雨，许多疾病蔓延，不宜到外地做买卖。在我的记忆中，每年冬春是马帮驮运的旺季。此时，在家乡的这条茶马古道上，一队队南来北往的马帮和地方驮牛，络绎不绝地往返于悠悠古道上。那些穿着土布衣的赶马人，有的戴着毡帽，有的背着水烟筒，有的扛着长枪，有的挎着长刀、匕首，有的一路哼着《赶马调》或民歌，有的马帮带着爱犬，夜间让它为主人站岗放哨，确保人财安全。马哥们把内地的布匹、毛毡、针线、铁货、日用杂货等运到边地，再把边地的棉花、茶叶、盐巴、药材、染料、紫胶等特产运回内地进行交易。

马帮常将村寨旁的干田、空地或山间水草丰盛的平地作为“马歇场”露宿。马帮行走了一定的古道里程到达了“马歇场”或村寨旁，便歇脚卸驮、放马搭棚、支锅做饭。饭后吆马回棚，有的钉马掌，有的饮马喂料，有的修整鞍架，有的料理卧床马驮。马帮在村寨旁住宿时，当地的男女老少便会去看新奇热闹。孩子们去捡钉马掌时遗漏丢弃的马掌钉做陀螺脚钉。有的捡回废弃的U形马掌铁，用在有关农具或生活用具上。老人们会与赶马人交谈，询问外界的风土人情、生产生活，了解社会新闻……

赶马人露宿在荒山野坝的“马歇场”时，为防猛兽袭击，夜晚便在人、马、驮子周围架起篝火，时不时燃放彪皮（据说彪是猛兽的天敌），来犯的猛兽嗅到彪皮的焦味，便会逃之夭夭。还传说，赶马人为防夜贼的偷劫，让马哥头垫一张豺狗皮（说是当晚若有人来偷抢马驮货物，豺狗皮就会使夜贼奇痒难耐）防范。

赶马人为求一路平安无事，会给一些事物起别称：把水称作“龙”；做饭用的毛柴叫“欠子”；大米叫“蚂蚁蛋”；碗叫“莲花”；筷子叫“捣别棒”；饭勺叫“毛驴蹄”；匕首叫“小快口”；老虎叫“大猫猫”；月亮叫“天灯”；猪油叫“滑水”……

一队队的马帮上路时，健壮高大的带头马，辔头上缀着大红缨花，镶嵌着一面圆镜和红红绿绿的玻璃或陶制珠子；脖颈上戴着两个大碗般的圆钢铃，铃声清脆响亮；二马和三马同样戴着缨花辔头。二马颈上戴水杯口大的三四个“吵铃”，声音尖脆；三马戴一串乒乓球大小的铜质“蚂蚱铃”，声音尖细。有的赶马人，边走边敲一面小铜锣，一路上大小马铃声和铜锣声，回响在古道山林中，为马帮队伍开路壮胆，驱走拦路猛兽，使马帮走得更有劲，同时昭示着马帮的到来。有的大商贩老板的马驮上插着马匹户主的商号彩色布旗，并在布旗上书写着“卖田卖地，小本生意，谁敢抢劫，人头落地”的字样，以此警示路贼强盗。

马帮是当时重要的交通工具，进行着物资的交流，促进着人们的生产生活，对社会的发展进步起到了一定的作用。

改革开放后，家乡的经济社会迎来发展，农村建设日新月异，村村寨寨通公路。1998年，公路修到家门前，昔日的家乡茶马古道变成了乡村公路，马帮已被来来往往的客货车辆代替了。昔日的赶马人远去了，马蹄铃声早已湮没于历史的烟尘中，但是这条茶马古道上的故事也将永远留在民间。

普洱茶马古道之景谷篇

古道悠悠，亦盐亦茶达四方

盐为“百味之祖”“食肴之将”。自从发现了盐，这个从舌尖上到血液里都不可或缺的物质很快就成了人们的普遍需求，同时也成为悠悠古道上运销最为频繁的商品。作为茶马古道重镇，景谷是北上“当藏客”，南下“走夷方”的必经之地。而盐的开发利用，更使得这条穿越北回归线的物流通道上留下了盐的身影。

景谷的盐水大都出于河边或是河中，为便于抽取盐水，人们在河中凿井。为保证盐水浓度，人们又将盐井砌成双层井，外井为淡水，内井为盐水。用竹筒把淡水直接抽进河中，再用牛皮斗绞车把内井盐水提到井口，这个工序叫“拉龙”。盐水拉到井口，再用竹槽引流到各灶户的卤水池内。熬盐的灶户用黏土砌成梅花灶，每灶设煮盐锅 7 口，在灶的右上方建黏土盛卤池，或以石缸、木缸储卤。由于天然卤水浓度较低，在灶的左边制作老底盐土坑，坑上放置树枝扎把，盐灶生火，将铁锅烤热，先用菜油涂抹锅底，然后放卤水煎煮。卤水煮沸后，不停地用木瓢舀出，浇在老底盐坑的树枝扎把上，滴入坑内冷凝，即成老底盐。之后取出老底盐盛放于竹箩再放入储卤池浸泡，以提高天然卤水的浓度，加快成盐速度以节省人工和燃料。在煮熬的过程中，水分渐渐蒸发，盐锅内慢慢形成了盐沙，捞出盐沙，滤去水分填入木制方块模子，压实后取出，置于灶门炭火烤干，即成古老的方块盐。

清道光《威远厅志》中收录的一首《竹枝词》，生动地描述了这一场景：

井卤担来活火煎，打成盐块实而坚。

家家上店偿清款，趁得银钱好过年。

这种实而坚的方块盐每块重约 0.8 两，用竹笋叶包装，40 ~ 50 块为一捆，用藤绳捆扎，1000 块一篮，两篮为一驮，用于马帮运输。销售时无须过秤。这种方块盐曾作为盐币流通使用，在云南大地有千年的历史。

作为滇南的产盐重镇，景谷的盐产品远销西藏、西双版纳及临沧等周边地区。于是，古道悠悠，马蹄声声，南来北往，亦盐亦茶。绵延了千百年的茶马古道载着一路茶香一路盐延伸向四面八方。

从遥远的秦汉时代开始，这条悠远的古道就已经穿过岁月，一直延伸到明、清、民国直至中华人民共和国成立之初。

历史上的景谷茶盐古道有东线、南线、西线和北线。

东线从威远城发往威远渡口、那养坡、猛丙、小白庙丫口、暖里、橄榄树丫口、勐乃、高桥、芒谷、铁厂、西萨到普洱，全程三个马站（一个马站 30 千米）；再经磨黑东上把边江、通关、墨江、元江、扬武、峨山、玉溪到昆明，全程 15 个马站，往返需一个月，这叫“官马大路”。

这条古道虽然遥远漫长，但为了那独一无二的秧塔大白茶，马蹄踏出了火花，被山道磨蚀的铁掌一如半轮残月。进贡的马帮用双脚丈量大地，从太阳升起之处，一直走到日落之乡。来自景谷大地的草木，终于化作了缠绵于皇城天朝的王者之香。

北线从县城沿官马大路经芒冷、芒玉、龙塘街、文连至景谷街，又经振太草皮街、里崴、文井至景东，再往南涧、弥渡，到下关、中甸、德钦达西藏。滇西后路马道中的景谷茶叶出境运销，多走东线和北线两条“官马大路”。

景谷凤山抱母井古建筑（杨志坚 摄）

景谷抱母井四合院（杨志坚 摄）

北线的古道常常是崎岖险峻的，犹如挂在悬崖上的藤蔓，在巍巍群峰、空谷流泉中起起伏伏，时而攀上云端，时而坠入谷底。宽阔、笔直、平坦绝不是它的形象和个性，有时它甚至细如游丝，若断若续。这样的时候，戴红缨、挂明镜、身插帮旗的头骡打着响鼻踟蹰不前，赶马人仰着脖子皱着眉头费力端详，头上的天很近，蓝得让人发怵，脚下的山箐望不见底，只听见水声如雷。脚下的路虽然难于上青天，但是，为了那些不同寻常的“景谷沱茶”，这些来自雪域高原的骏马在古道石板上踏出了深深的蹄痕，牵引着骏马的汉子，用双脚走出了茶叶进藏的传奇。当帐篷里的姑娘们欢呼着“加察热！加霞热！加梭热！”（茶是血、茶是肉、茶是生命！）热情地奔向他们时，这些征服了千山万水的勇士，朗朗的笑声里泛起了浓酽的茶香。

南线从威远城到勐主，从勐主到思茅，从勐主到澜沧。西线从县城到临沧，从县城到勐戛、双江，到缅甸。这是两条白色的生命线，是沧桑厚重的盐业古道。在这两线上奔波劳碌的，除了马帮，还有挑夫、背夫。走盐茶古道是很艰苦的，很多人为生计所迫才走上盐茶古道漫长的路途。

千年古道走盐夫，深陷脚窝苔藓铺。

背篓压肩涂汗面，草鞋放踵血模糊。

有古诗这样描写盐夫背盐的艰辛。

走过一村又一乡，翻山越岭到凤岗。

白白盐巴买两块，闪闪扁担回澜沧。

有山歌这样描述人们沿着古道从澜沧到景谷挑盐巴的鲜活画面。

就这样，马帮、脚夫抛家别子、风餐露宿，从一个山谷到又一个山谷，从一个村寨到另一个村寨，一步一步踏出了一条条山道，终于踏出了各地间相互沟通的“生命”大动脉，这条大动脉成为滇南地区的交通纽带，成为中国与外面世界沟通的又一条通道。那些马帮脚力集中驻足停留、进行商品集散的驿站，成了后来的城镇。

这一条条以盐茶为纽带的商贸古道最终编织成了亚洲大陆的一个古代网络，它既是商品交换的渠道，又是传播文明的古道；既是中外交流的通道，又是民族迁徙的走廊；既是佛教南传之路，也是旅游探险之途。马帮、脚力在不断地游动，盐和茶从一个商人手中转到另一个商人手中，中国人、缅甸人、越南人、老挝人……一站转一站，盐成了“白色的金子”，茶送到了世界的另一边。于是，这条以盐茶贯通的古道，不仅成就了盐茶产业，而且使得各民族的文明文化互相渗透、互相影响、相互交汇。正是马帮、挑夫用双脚走出了博大精深、斑斓多姿的盐茶古道文化。

哀牢山、无量山古道，沿途穿越密林深谷、旷野平坝，宽敞之处可放歌抒怀，险峻之处则“心频惊而畏缩，足将进而趑趄”“雾从人面起，云自马头生”。尽管如此，穿山越岭的古道还是给景谷的经济带来了繁荣。据有关资料记载，清至民国初，景谷与滇南几大盐矿一起，支撑起了云南财政的半壁江山。就是在今天，省城昆明还保留着一条街，名为威远街。这条街长 500 米，东至青年路，西至正义路。清代曾名藩台衙门（西段）、白鹤桥（东段）。1912 年，由景谷盐商出资购买并以威远命名，改名为威远街。

随着历史的发展和社会的进步，昔日商贾往来、人声鼎沸的盐茶古道渐渐淡出人们的视线，其作用亦渐渐消散在历史的尘烟里，留给人们的是无尽的思索和对历史的记忆。如今，盐茶古道对我们来说，不再是一条经济纽带，而是边地历史和文化发展之路。

岁月静静流逝，古道上写满了沧桑。在祖先们歇过脚的古桥边，我聆听一位老人向我讲述风云一时的盐茶传奇。桥下的一尊石头，缄默无言，仿佛依旧在等候曾经的脚步。风从远方吹来，我听到了盐茶汉子的吆喝穿过澜沧江，听到岁月深处的脚步声，走出了曾经的威远盐城……

沿着芬芳的茶路走进纪襄廷

一进入景谷盆地，湿润的风儿就贴着威远江的江面吹拂而来，携带着雨林和茶叶的气息，这样的芬芳我们期待已久。景谷，一片茶香氤氲的大地，这个冬季我们注定成为你的行者，让我们追随一片神奇的绿叶，沿着千回百转的茶路，去寻觅来自时间和大地深处的悠远的芳香……

沿着芬芳的茶路驱车而行，第一站到了景谷镇，当地人称其为“小景谷”。作为茶马古道上的“万担茶乡”，无论是产出数量还是品质，小景谷的茶叶都十分出众。如今，全镇 17571 人，拥有茶园 3 万多亩，人均拥有茶园近 2 亩，这个数字创下了普洱市、云南省乃至全国人均拥有茶园面积之最。

“吃叶子，穿叶子，没有叶子没裤子。”这是在小景谷传唱了 100 多年的民谣。掀开这首民谣的枝枝蔓蔓寻到根底处，那里长眠着一位叫纪襄廷的人。一个多世纪以来，小景谷茶市的繁荣，百姓的富庶都与这位晚清进士有着千丝万缕的关联。我们对景谷茶的人文探寻理当从拜谒这位中国古代十大茶人、清朝四大茶人之一的纪襄廷开始。

在景谷镇塘房山纪家村以西，纪襄廷的陵墓静卧于茶园边上。这位茶界先贤生于清咸丰八年（1858 年），卒于 1937 年，是土生土长的景谷县景谷镇纪家村人。自幼家贫的纪襄廷发奋勤学，尔后考取秀才，补禀，至岁进士，并赏六品衔。是清朝景谷为数不多的进士。

纪襄廷墓碑上刻有民国年间东陆大学校长董泽为其撰写的墓志铭，共计2040字的碑文主要记述了墓主人生前在景谷镇引种茶叶的经过。怀着无比崇敬的心情伫立于墓碑前，我细细研读虽历经近80个春秋的风雨剥蚀，但字迹依旧清晰可辨的墓志铭，100多年前这位仁者“曾抱先天下之忧而忧，后天下之乐而乐之怀抱，初不以谋一人一家之幸福为己足”，胼手胝足在景谷镇的荒坡野岭引种茶叶的情景跃然眼前。

纪襄廷目睹了景谷山脉重重、农田稀少，每年谷米所出不敷食用，民生日困的实情，一心想要改变家乡的贫困面貌。经研究考察，他发现景谷镇的气候、土质适宜种植茶叶。于是从外地选购种子，先在陶家园种植数百株，然后于塘房山续种数十万株，精心培植，数年后蔚然成林，可供采摘。

为了在民间推广种植，他开办“恒丰源”茶庄，以引进、推广茶种为主，并以自己亲种的茶园为示范，供人观摩，广泛倡导，于是民众群起仿照大量种植，景谷镇的荒野变茶园。从穷乡僻壤到商贾云集、百姓日益富足、地方文化更加繁盛。在纪襄廷的引领倡导下，茶叶种植在小景谷全面推广，并影响到相邻的民乐、钟山、振太等乡村，从此，地处普洱西北一隅的景谷镇成了新的普洱茶集散地。又因其位居进藏茶马古道要冲以及更接近藏区而深受众多客商的青睐。小景谷街一时商贾云集，驮马往来穿梭，热闹非凡。这里的茶叶沿着茶马古道源源不断地运往四川、西藏乃至国外。史料记载，1937年，小景谷街共销售茶叶550吨。后茶业在当地长盛不衰，在20世纪70年代，小景谷还以年产万担茶的业绩，被云南省命名为“万担茶之乡”，受到表彰奖励。

在纪襄廷墓碑两旁，还有民国初著名学者王毓嵩先生的题联：“景谷之茶衣食万姓，庄蹻而后见公一人。”庄蹻是有史料记载的中国第一个开发云南边疆的历史人物，他将楚国的先进文化和生产技术带到滇池地区，加速了当地社会和经济的发展，为秦、汉时期在云南设置郡县创造了条件。王毓嵩先生将纪襄廷与战国时开发治理云南的庄蹻相提并论，足见当时的政府与百姓对其首倡制茶、兴边富民的壮举所给予的高度认可。

100多年之后，我们慕名来到他的墓前拜谒凭吊时，正值小景谷的赶集天，街道上人头涌动，熙来攘往。街道两边店铺大开，一家接着一家的茶店前，妇女们用簸箕摊开青毛茶，专心致志地筛拣着茶梗，浓浓的茶香在长长的街道上飘荡。

顺着流香的街道，我们随意走进一家茶店，店里坐着一位老人，一番交谈后得知老人名叫陈启芳，89岁，小景谷人。陈启芳老人十分健谈，他向我们讲述了100多年前他的爷爷奶奶跟随纪襄廷种茶的故事。

陈家祖居景谷镇龙扯塘村，那里是山区，爷爷奶奶曾开荒种地，以种玉米、苦荞为生。刀耕火种的原始耕作方式使一家人的生活难以为继。一年有大半年吃了上顿没下顿。冬天的夜晚只能用麻袋包脚，蓑衣当被。1912年，在纪襄廷的倡导下，爷爷奶奶开始开辟茶园，爷爷亲自到“恒丰源”茶庄观摩种茶，学习种茶技术。回到家教奶奶用竹竿丈量行距栽种茶苗。爷爷对行距要求十分严格，稍有差错就会责罚奶奶。就这样，爷爷奶奶带着家人连年开荒种茶百余亩，茶叶产量逐年增加，经济收入逐年好转，于是开始建盖房子，建设家园。到陈启芳出生，家里的生活已经变得殷实，因此陈启芳还有幸到景东读完师范。

如今，陈启芳老人的儿子女儿都在做茶叶生意，祖上留下的老茶园依旧润泽养育着后辈儿孙。

说到纪襄廷，陈启芳老人的感念之情溢于言表，他向我们介绍说，在小景谷，大多数人都是像他家一样“吃叶子，穿叶子”。是纪襄廷为他们找到了一条山区的致富之路。为了纪念纪襄廷，人们把去纪家村的路称为“襄廷路”。一百多年过去了，如今的小景谷家家户户种茶、经营茶，靠茶致富，仍然继续着“景谷之茶衣食万姓”的不朽传奇。

沏一壶斑斓的茶事

天空一直飘着清冽的雨，满眼都是雨丝和轻雾。烟雨笼罩下的茶园被勤劳的茶农修剪得整整齐齐，山坡上随意生长的老茶树也在休养生息，只待春风一吹、春雨一润，漫山满园便都春茶吐芽，茶香四溢了。

在这样的季节里作寻茶之旅自然别有一番滋味，到达的地方，或许是一户农家、一个茶店，抑或一座小茶厂、一所小客栈。无论在哪里，主人都会笼上一炉烧得通红的炭火，沏上一壶热腾腾的茶，大家围炉而坐，把盏话茶。于是，那些远远近近的茶事，泛着被时间酝酿过的陈香，缤纷来袭。

沱茶缘起谷庄茶。在位于小景谷街的李记谷庄茶楼里，我们了解到云南沱茶的缘起。听这个故事的时候雨下得特别大，明清风格的青瓦屋檐雨帘长挂，茶庄的陈列室里却很暖和，茶桌洁净宽绰，陈年普洱汤色明亮，雪白的墙上挂着一位清代装束男子的大幅照片。

给我们讲故事的人一边泡茶一边引经据典。《中国茶经》中记载：“沱茶原产于云南省景谷县，又称谷茶。谷庄沱茶多采用景谷附近地区生产的滇青茶揉压。”那么，谷茶的创始人又是谁呢？就是照片上的男子，名叫李文相。《景谷县志》里记载：“清光绪二十六年（1900 年），景谷人李文相创办制茶作坊，用优质晒青毛茶做原料，土法蒸压月饼形团茶，又名谷茶。”光绪二十八年（1902 年），团茶运销下关，被私商“茂恒”“永昌祥”仿制成“碗形茶”，经昆明、昭通运到四川叙府（今宜宾）、沱江一带销售。茶商大做广告“沱江水，下关茶，香高味醇品质佳”。于是该茶畅销无余，并被誉名沱茶，随后又以产地作名称为下关沱茶、云南沱茶。团茶的加工，奠定了沱茶的雏形，景谷为云南沱茶的原产地。

李文相就是今日李记谷庄庄主李明的曾祖父。李明继承了祖父的衣钵并将制茶工艺、经营理念发扬光大。在茶庄陈列室的墙上，还悬挂着木刻的李氏家训《谷庄铭》，记载了李文相在光绪年间艰苦卓绝的创业史：“披风沐浴，浸寒犯暑，履凶险，貌失石，虽九死其犹未止”……品读着字字珠玑的《谷庄铭》，一个家族的百年茶事正如一杯陈韵十足的普洱，让人感怀，让人回味！

苦竹山上将军茶。去到苦竹山古茶园的时候天终于放晴，大朵大朵的白云在湛蓝如水的天空娴静地游走。太阳朗照茶园，枝叶上雨珠闪烁。此茶园距乡政府 12 千米，海拔 2200 米。云缠雾绕的生态环境造就了苦竹山茶独特的口感和优良的品质。

满目的茶树大都有百年以上的历史。在几家农户的围墙后面，还有几棵高大粗壮得让人惊叹的人工栽培型古茶树，粗壮苍劲的树身和嶙峋的枝干上长满了深绿色的树苔与寄生植物，其中有两棵高约八九米。两年前，我还在《普洱》杂志社兼职副社长，曾带记者到此采访。那时，一位老奶奶告诉我们，这些茶树是他们的祖先种下的，迄今已经 300 多年了。原来，当年吴三桂落败，尾随他的副将李龙和李虎两人，被清军围剿败退后分道扬镳，其中副将李龙跑到了苦竹山，隐姓埋名隐居于此，当时的苦竹山土地肥沃但百姓生活比较贫穷，几乎没有经济作物，为了改变这一状况，李龙带着山里的人开始种植茶树，依靠茶叶摆脱穷苦的生活。现在，苦竹山上居住的基本都是李姓人家，他们几乎都是李龙的后裔，苦竹山的茶在过去很有名气，人们将其称为“将军茶”。

我一直相信老奶奶为我们所述故事的真实性，因为她以自家的家谱作为佐证。这次再上苦竹山，没能见到那位老人家，只有那几棵大茶树在土墙青瓦的农舍边站立成为永恒的风景。

瑞贡佳茗“白龙须”。白毫显露，条索银白，气味清香，茶汤清亮，滋味醇和回甜。我们在位于民乐镇新街的大白茶有限责任公司的品鉴室里与大名鼎鼎的清代皇室贡茶相遇。

传说160多年前的清道光20年（1840年），秧塔村子里有位生意人，从外地得了几粒白茶种子，在回村的路上遭遇土匪，生意人钱财尽失，所幸他将白茶种子藏在挑担的竹扁担里带回了村，将茶种种下，精心培育，几年后颇有收益。大白茶生长在青山环抱的山谷小盆地里，那里海拔1800米，山高多雾，气候寒凉，促使茶芽生长出一层厚厚的茸毛，以适应高山气候环境，因此外形银白，卖样极好，于是当地土官责令精心采制成“白龙须贡茶”，向朝廷纳贡，成为稀有珍品。

清代雍正以来，宫廷将普洱茶列为贡茶，视为朝廷进贡珍品，清政府规定，贡茶由思茅厅置办。清《普洱府志》卷十九有载：“每年贡茶为四种：团茶（五斤重团茶、三斤重团茶、一斤重团茶、四两重团茶、一两五钱重团茶）、瓶盛芽茶、蕊茶、匣盛茶膏共八色。”瓶盛的芽茶、蕊茶中，就有秧塔大白茶“白龙须贡茶”。

我们一进到公司品鉴室，就欣赏到了去年的春茶，粗长的条索，颜色银白，闪闪发亮，带着与生俱来的独特光泽。而冲泡在杯中的黄白色芽叶，宛如朵朵白莲悬浮在水中，美轮美奂。

秧塔大白茶是名贵的单株，在茶芽盛发季节，远看满树金叶纷披，与四周的绿树互为辉映，构成万树碧绿、一树金黄的美好景色。老叶卵圆形，叶长15.4厘米，叶宽7.9厘米，叶质厚软，叶色碧绿，它的花黄心白瓣，特别素雅，花冠直径3.8厘米×5厘米，花瓣6～7片，萼片5片，萼里有毛，花柱三裂，大小蕊等高，子房多毛，茶花发育成果实的甚少，很难采集到茶籽。

如今，当年所种的老种树尚存400多棵，20多年来，在中科院的支持下，省、地、县三级政府全力推广，采用无性繁殖的方法大力引种，仅民乐镇种植就接近4万亩。所加工的茶品已得到市场的认可。

可贵的是秧塔大白茶适宜制作多种茶类。制作传统晒青茶，以春茶为佳，谷花茶次之，尤以清明前最好，称明前春尖；制成炒青、烘青茶类，香气更好，毫色银灰，汤青绿。制成红茶：金毫显露，条索肥硕、口感甚佳。1981年，大白茶被评为云南八大名茶之一，被列为地方名茶良种。从前只有皇室才能享用的贡茶，如今已经占有了一定的市场份额，真是“旧时王谢堂前燕，飞入寻常百姓家”啊！

碧安大山“润老奶”。用“润老奶”来命名碧安大山核心区的茶，我想到的第一个字就是“酷”！这好比武侠小说中那些侠士们的名号，越是通俗简单的，功夫越发出神入化；附庸风雅的，大都花拳绣腿。

“润老奶”古茶园位于海拔1800米的碧安原始森林，与困鹿山、景迈山古树茶共同代表着普洱茶区三种不同的高香型古树茶。而碧安大山茶更以“雅”胜。核心区的“润老奶”古茶更是香气高扬而明快清雅，甘甜清润，回韵持久，满口生香。此茶产量极少，多由识者藏而自珍，市场难得一见，弥足珍贵。其实，在“润老奶”的命名中，还蕴藏着一段鲜为人知的故事。

碧安大山茶产于碧安镇内一户陶姓富绅家的茶园，据说种植于明末清初。陶家茶园所产之茶品质上佳享誉茶马古道。陶家三公子陶仕铭曾参加北伐军和护国运动。32岁那年（1922年）回家省亲的路上在呈贡遇刺身亡，其兄亲自前往呈贡为其扶灵柩归乡；其父在碧安为其修桥入乡，此桥名为“接寿桥”；其妻为其殉身与陶仕铭双双葬于陶家茶园内，90多年过去，藏在古茶园一隅至今依然安在的陵寝和碑文在默默地述说着一段传奇。

中华人民共和国成立后，陶家茶园分给了碧安镇上寨村村民，所产之茶不再属于陶家。“润老奶”原本是陶家一位手艺超群的老茶工，于是大家便以平素对她的称呼来命名陶家茶园之茶。如今“润老奶”茶已成立专业合作社进行统一收购、统一加工、统一销售。与原始森林伴生的碧安大山“润老奶”茶汤黏稠油润，滋味醇和，苦、涩、甜、回甘，变化丰富，韵味无穷，越喝越甘甜，被众多做茶研究的老茶人称为云南最甘甜的茶。

岁月深处“南宋茶”。景谷地处无量山脉西南侧，历史上就是普洱茶主要产区。唐代樊绰《蛮书》记载了“茶出银生城界诸山”，唐南诏时置威远睑（今景谷）属银生府之辖地。景谷的茶叶栽培历史也较长，据正兴乡黄草坝董、杨二姓家谱记载，清乾隆初期，先辈从恩乐（镇沅县）搬家来时，带来“南宋茶”栽种自食，以后渐为商品出售，这些茶树发展成茶园，至今已养育了9代人。

黄草坝村地处景谷县最东边，东邻宁洱县梅子安，南接翁安界，西毗凤山乡文会，北迎凤山南板，属于山区，空气清新，山河壮丽，风光奇秀，堪称世外桃源。虽不能作为避世之地，却绝对是最佳的旅游探险之乡。置身其中，天蓝风清，山高水凉，鸟鸣阵阵，花香袭人，是个诗情画意的好地方。

那些被当地村民称为“南宋茶”的古茶树就生长在这样的生态环境之中。种茶、制茶、饮茶也就一直是当地老百姓最重要的生产与生活活动。

但是很显然，“南宋茶”的名气与其悠远历史相差太多。如今，随着人们生态意识的增强，黄草坝这样远离喧嚣之地成了人们心目中最为向往的地方，这里出产的茶叶、花果等更是成了人们眼中的香饽饽。对普洱茶了解得稍微多一点的人而言，黄草坝、“南宋茶”、大尖山一定不是陌生的名字，它的神奇与神秘，也必将引发更多人的探索兴趣。

如果不能前往，那么请品一品来自那幽兰之地、灵秀之壤的仙枝玉叶吧。“南宋茶”的产量不算大，甚至可以说比较低，但是茶叶的质量非常好，当然更重要的是茶叶的内质因得天独厚而特具灵秀之气，在清雅脱俗中尽显高洁品性。

威远旧事　古道悠悠

景谷历史悠久，曾在正兴等乡（镇）发现新石器时代的文物，证明三四千年前景谷这块土地上就有人类生存。景谷建制始于西汉元封二年（前109年），景谷属益州郡哀牢地；唐（南诏）时，于永泰元年（765年）设威远城，属银生节度（今景东）；元至元十二年（1275年）改立威远州，属威楚路（今楚雄）；明洪武十五年（1382年）设威远土知州，属楚雄府；明洪武十七年（1384年）升为威远府，直隶省承宣布政使司；清雍正二年（1724年）“改土归流”后，设威远厅，属镇沅府；乾隆三十五年（1770年），威远厅改属普洱府；1912年改为威远县。因县名与四川省威远县相同，1914年改威远县为景谷县。

傣语称景谷为“勐卧”，“勐”为地方、“卧”为井，意思为有盐井的地方。纵观景谷的发展历史，其社会经济的发展因盐而兴、因茶而盛，成为旧时北上“当藏客”、南下“走夷方”的必经之地，开辟了一条悠远的、亦盐亦茶、颇具特色的盐茶古道。

景谷之茶，衣食百姓。作为历史上普洱茶重要主产区，在品种资源、种植加工、茶庄商贸、茶马古道、标样品牌等方面，有着深厚的历史、文化底蕴，在普洱茶界谱写了辉煌的篇章。据有关史料记载，清乾隆五年（1740年），正兴镇黄草坝董、杨二姓家就开始栽种“南宋茶”，至今已传九代人。道光年间，民乐镇大村秧塔、威远镇联合勐麻村、龙塘村等地农民种植茶树。民乐秧塔种植的大白茶，俗称“秧塔大白茶”，当地土官责令精心采制成“白龙须贡茶”，向朝廷纳贡，是少有的有明确史料记载的普洱贡茶。咸丰初年，景谷镇苦竹山、马鹿山农民开始种茶自食。光绪年间，已中进士的景谷镇纪家村人纪襄廷（1858—1937年）弃官回乡，亲自种植和推广茶树种植。在其引领倡导下，民众群起仿照而大量种植，景谷镇大量荒山变为茶园，数年之后，景谷河两岸形成重要茶叶产区。宣统三年（1911年），景谷县境内四方有茶分布。1934年，景谷县属茶区有8个区18个乡成为云南著名茶区。

清光绪二十六年（1900年）景谷街人李文相创办制茶作坊，用优质晒青毛茶做原料，土法蒸压月饼形团茶，又名谷茶。光绪二十八年（1902年），团茶运销下关，被私商“茂恒”“永昌祥”仿制成“碗形茶”，经昆明、昭通运到四川叙府（今宜宾）、沱江一带销售。茶商大做广告“沱江水，下关茶，香高味醇品质佳”。于是该茶畅销无余，并被命名为沱茶，随后又以产地称为下关沱茶、云南沱茶。团茶的加工，奠定了沱茶的雏形，景谷成为云南沱茶的原产地。

景谷茶叶贸易在清代为官商经营，茶商多为官吏。据有关史料记载，清雍正七年（1729年）设普洱府，攸乐设同知，威远（今景谷县）、镇沅、恩乐设流官，争茶山之利。清光绪二十六年（1900年）景谷街人李文相创办私营茶叶加工作坊。后至民国期间，景谷茶叶贸易有较大发展，经贸扩大，商家增多，县内先后开办有：“何双福”“刘四左撇”“德茂生”“何昌明”“何成培”“艾福清”“万丕声”“段世昌”“杨华荣”“钟庆成”“潘德良”“纪文英”“董大维”“高国兴（普洱茶商）”等制茶作坊15家，在景谷街和威远大街加工经营，加工品种有小饼茶、大饼茶、团茶、方茶、茶膏等。1912年，纪襄廷、纪仁寿在景谷街创办“恒丰源”茶庄，并在昆明南正街设分店。后“同裕昌”“三元利”“三合祥”茶庄相继开办，茶庄逐渐增多。至1948年，县内开办茶庄、茶号30多个，仅景谷街就有27家。景谷街成了景谷、景东、镇沅三县的茶叶交易中心，周围茶区振太、塘房、民乐、钟山、凤山等地出产之茶，云集入市，交易兴旺。县内其他茶叶集市还有龙塘街、勐倮（民乐）街、海孜街、抱母街、威远大街等。据有关史料记载，1920年，县属茶区年产茶30万斤，运销滇西。1937年，仅景谷街年成交茶叶1.1万余老担。昔日景谷茶市茶庄林立，内外茶商络绎不绝，兴盛一时。

清代以来，景谷茶叶加工全部过程均为手工操作，茶农把茶叶从茶树上采摘下来，先杀青，再揉捻，晒干成毛茶。各类毛茶初加工后，还要进行人工拣剔，把老叶、粗茶、黄片、茶梗、杂物剔除，作为商品毛茶出售。晒青茶的手工加工方法，一直沿用至今。景谷茶叶按采制季节分为春茶、二水茶、谷花茶、阳春茶四类，以季划等，看质论价。中华人民共和国成立后，国家根据不同茶类自然形成的品质范围和内质外形的优次及其高低差别，参照历史上划分的等级，制定收购标准样，实行对样收购。1953年全国统一建立毛茶收购标准样，景谷被国务院特定为云南晒青毛茶的代表样区和制样单位，每年制定1次标准样报商业部审定配发全省执行。标准样茶，由专人管理，收购时公开陈列，民主对样评级，分级过磅计价开票，分级归堆，分级包装入库，购销同等对样。从1953年起至1985年，景谷县的晒青毛茶一直是全省的大叶晒青毛茶标准样。由此可见，当时景谷茶叶在原料品质上是全省的标杆。

1949年前，由于战乱、匪患，茶园荒芜。1950年后，开始贯彻中央“大力垦复荒芜茶园，迅速恢复生产”的方针，至1956年，全县茶叶生产超万担，进入万担产茶县，列为全省万担产区。1958年，景谷县重点产茶区景谷公社，注重茶园管理，广泛施肥，茶叶产量超过万担，名列全省万担茶乡。1959年2月出席全国群英大会，国务院授予奖状。从清末延续至今，景谷镇茶园面积现达3.1万亩，人均约2亩，仍然是名副其实的“万担茶乡”。

景谷茶叶与藏区关系密切，清光绪二十八年（1902年），谷庄团茶、饼茶、方茶销入下关后，有转销西藏及中甸、维西藏民区的。民国期间，有景谷晒青毛茶经下关加工成“景关茶”散销省内外藏区。中华人民共和国成立后，商业部确定景谷为边销茶产区。边销茶是由中央政府控制，专供边疆少数民族饮用的特种茶。1959年以前，县内因无精制加工厂，茶叶原料调往下关茶厂、昆明茶厂精制后销往藏区。1959年景谷县茶厂在县城建成后投产，以县内原料加工心脏形宝焰牌紧压茶调省边销。1967年改制长方形砖茶即“景谷砖茶”，供销西藏及省内藏民区，其中不乏当今茶人追捧的“文革砖”和深受台湾茶人赞喜的“七九景谷砖”。1978年，云南省定景谷边销茶为政治任务，年加工成品250吨，调供下关茶厂原料150吨。当年县茶厂实际加工了441吨，为历史最高。1960—1990年，30年间县茶厂共加工边销茶7446吨，年均销售248.2吨，为年均总销量的61.8%。茶叶是藏区人民的生活必需品，景谷茶叶更是与藏区人民的日常生活息息相关。

景谷是滇西至滇南，沟通澜沧江东西的交通要道。从滇西大理通往滇南的主要道路即“官马大路”由北转东，自镇沅县振太经景谷街、龙塘、芒冷、县城、暖里、勐乃渡口、芒谷、西萨到普洱县（今宁洱县），县境内里程3马站约100千米。清代及民国时期，景谷县城至省城约1680里，盐、茶运销滇西、省城，靠民间马、牛驮运。盐、茶等的频繁运销，促使四通八达的马帮古道逐渐形成。全县有民间道路29条，总长达2270千米。东出普洱（今宁洱县），可达昆明；南下思茅，可到景洪、勐海、澜沧、孟连，乃至邻国缅甸、泰国、老挝；西进临沧、双江、耿马、沧源；北上镇沅、景东、大理。

昔日景谷马帮古道分为东线、南线、西线、北线。

东线：一是县城至普洱。沿“官马大路”途经威远渡口、那养坡、勐丙、小白庙丫口、暖里、橄榄树丫口、勐乃、高桥、芒谷、铁厂、西萨到普洱。全程 3 个马站（每站 30 千米），再经磨黑、把边江、墨江、元江、扬武、峨山、玉溪至昆明，全程 15 马站、往返需 1 月。二是县城至磨黑。县城至铁厂、宽宏、岔河、刮风丫口、黄栗山至磨黑，全程 4 马站。

南线：县城至勐主。经南景、香盐、益香、芒腊河、48 道河、白掌村、沙松林至勐主，计 3.5 马站。从勐主至思茅线二条：一是经养水牛寨、过达、大昔本、过芒打渡口入思茅县，县境 1.5 马站。二是经竜种、班海、一碗水、松毛林，过松毛林渡口入思茅县，县境 2 马站。从勐主至澜沧线三条：一是经太平河、勐班、腊马河、赵家村、薅枝坝，过磨乃渡口入澜沧县，县境 2.5 马站。二是经勐良、芒海、南北寨，过南北渡口至谦六，县境 1.5 马站。三是经那许、大寨、光明，过腊撒渡口至澜沧老鲁寨，县境 2.5 马站，从勐主至普洱，经土地塘、长梁子、平掌、姚村，过昔环岔江渡口入普洱县，县境 1.5 马站。

西线：一是县城至临沧。经大海子、新村、旧角、凉荫等、芒别，入临沧县沈家寨，县境 2.5 马站。二是县城至勐戛 。经大海子、文朗、冒水平掌至勐戛，计 2 马站。从勐戛至双江县二条：一是经小磨刀河、大磨刀河、新塘、白沙坡、芒俄，过大蚌渡口入双江县，县境 2 马站；二是经亮山、薅枝坝、箐门口、戛里街，过打环渡口入双江县，县境 2 马站。从勐戛至澜沧。经昔俄坝、茂密、三尖山、大山神庙、半坡、戛控，过蛮铁渡口入澜沧县，县境 2.5 马站。

香盐井至勐戛运盐道。经芒腊、响树梁子、中寨河渡口、井水河、新塔、长海梁子、大南哈、那拐至勐戛，计 2 马站。

益香井至勐戛运盐道。经丫口寨、三棵桩、芒稳、马头山坡、缅寺河渡口、戛岗、芒族、芒局坡、芒品、芒腊至勐戛，计 2 马站。

北线：一是县城至镇沅。途经芒冷、昔孔井、平寨、陆家山、抱母井入镇沅县城，全程 2 马站。二是县城至景东。沿“官马大路”经芒冷、芒玉、龙塘街、文联至景谷街，又经草皮街、里崴、文井至景东，全程 5 马站。

随着新中国交通运输业的发展，景谷上述马帮古道已被公路取代，只有少数遗址还隐约可寻。距离景谷县城 43 千米的抱母井，曾是清代雍正、乾隆、嘉庆、道光、咸丰、光绪、宣统及民国年间威远厅厅署所在地，一个具有千年产盐历史、250 余年厅署建制史的因盐而兴的古城，已踪迹难觅只留下一个大院和一座“复兴桥”；崎岖险峻的北线马帮古道，马蹄声声，驮马穿梭，只是一个传说，遗留在悬崖上的几座石拱桥诉说着昔日出行的艰辛；因茶而盛、沱茶之源的小景谷街，也只剩纪家营孤立的石斗和花园凉亭一角；古镇勐主，驿站马帮、挑夫已不再集中驻足停留。然而正是这一条条马帮古道，将景谷与外界沟通起来，以盐茶为主的商贸交流往来，促进了各方文明文化的传播、交融，走出了独具一格的盐茶古道文化及佛教南传之路。

江城茶马古道水路的起点——坝溜渡

坝溜，是江城县曲水乡的一个自然村，坝溜距离勐烈街60多千米，是李仙江边的一个村子，李仙江从寨前流过，这段江水比较顺直、平缓，往来江城—墨江—绿春的人们由此而渡江，又因木船停泊、商品在此地集散，被称为坝溜渡码头，中华人民共和国成立前是中国通往越南边贸进出口商品的集散地。这里居住着20多户傣族人，主要以捕鱼为生，家家户户都有小木船。木船既是他们的生产工具，也是主要的交通工具。他们不做农活，专门为来这里做边贸生意的老板划船、运输货物。

江城茶叶作为商品销售，已有近百年的历史。清朝光绪年间，勐烈街有茶叶上市，但产量少，主要是满足本地需要，很少运到内地销售。民国初年，当地一些商人收购毛茶，加工成方茶，运到80多里外的坝溜渡口，水运到越南勐莱出售。每百斤茶收购价15元，运输杂费6元，销售价35元，百斤茶利润14元，利润66%。茶叶市场好，利润高，带动了生产发展。江城茶园面积迅速扩大，产量增加。1923年，江城茶叶出口达到50多吨，采摘面积估计达到130多公顷。茶商抓住这一出口机遇，将易武茶叶经江城出口到越南。易武茶叶包装规格为圆茶，为了与易武茶叶竞争，江城方茶改为圆茶。每4.5斤茶叶压成一管，装上竹笋和竹叶，12管一筐，2筐一担。每100斤茶叶的采购、加工、包装、运费、税金等总成本为35元。在越南勐腊，售价45元，利润28.6元。1931年前，江城茶叶生产和出口都有所增加。

宁洱江城茶马大道从宁洱到思茅→倚象坝→石膏箐→曼克老→整董→圆盘山→阿树寨→勐烈街→坝溜渡口→土卡河→越南莱州→海防港口，全程需要一个月左右的时间，再经海防转运中国香港、澳门、南洋各地，在当时是普洱茶销往国外最快捷的一条水上茶叶之路。因此坝溜渡成了转运茶叶等物资的商业码头，一片繁忙景象。

李仙江源自大理州南涧县，103千米在江城境内，到达罗那河交界处后流入越南，称为黑水河，在越南境内与藤条河汇合后注入红河，红河55%的水量来自黑水河。李仙江全长974千米，中国境内河道长488千米，越南境内河道长486千米。

法国亨利·奥尔良也曾在坝溜渡由李仙江北岸渡江到南岸进入江城。他在《云南游记——从东京湾到印度》一书中这样描述："1895年3月26日，我们到达了黑水河左岸，只见浑红的河水滔滔奔流，河宽约80米，两岸峰峦如聚，一派青葱，但没有红河沿岸的山峰那么高。我们刚才沿河而下的小溪清澈白润，跟这里的河水颜色形成明显的反差。但在东京湾地区，黑水河的河水又褪掉了色泽。黑水河在这里叫李仙江，上游称为把边江，下游称为沱江，从这里走8天水路可以到达莱州……我们分几次乘坐长长的独木舟，很容易地过了河。牲口都是凫水过河，它们开始做这种练习了。有两头牲畜脾气很犟，只好把它们的笼头拴在船尾。驮茶的骡子每头会钱五文，行人的价格不固定，给点小费就了事。"

马帮的规矩：5匹马为1把，8把（40匹）为"小帮"，3个"小帮"为一个"大帮"（120匹），

1 把有一个赶马人。对马帮来讲，渡江是一件很困难的事，既要大费周折，又很危险。旱季还好，可以选择江面较宽、流水平缓、水中石头不滑的溜子过去，如果遇上洪水，不渡江等不起，渡江又有畜财都被冲走的危险。所以，头年的秋末到下年的夏初这段少雨的时节，是马帮往来运输频次最多，也是“帮次”量最大的时候。而且来往于低海拔的盐坝区可以避开酷热和疟疾。所以，一般情况下，马帮到了坝溜渡就要卸驮装船了。

江城的商人利用这个码头与越南莱州、河内的商人做生意。江城的茶庄敬昌号，商人朱辉文、张继高、刘汉忠、李发相等都在这里做过生意。绿春县人李兴唐、白志唐、白宏昌因在坝溜做生意亏了回不去，就留下来娶妻生子。曾经在曲水乡任过副乡长的白万松老人回忆当年说，坝溜自他记事以来就是做生意的地方。白万松、白万能、普国良等都当过船工。运到越南的货物主要是勐野井的锅盐，江城、易武的茶叶，有时也运一些大米、猪肉等货物；运回的货物并不多，主要有洋柴（火柴）、日用品。从越南运回的日用品一般都是上海生产，出口法国转到越南又卖回中国（当时越南是法国的殖民地）。商人们回来时很少带货物，主要是把法币换成银圆带回。渡口生意兴旺时期，除做边贸生意的，还有淘金的、杀猪杀牛卖的、摆赌的，好不热闹。

商人雇船运货物到莱州，每条船装盐 1500 斤，运茶则能装多少就装多少，每趟来回约需一个月，每年可通航时间 8 个月左右，每条船每趟运费半开银圆 150 元，人手充足的自己驾船，有的船主因人手不足只得雇用船工。雇用船工要负责来回的吃住并付工钱，撑船头的每趟半开 30 元，撑船尾的每趟半开 20 元。商家在出发前，要先付一半运费，等回到坝溜再付另一半。若在运输途中翻船，商家不再付给另一半运费，船主也不需赔偿损失。在多年的货物运输中，曾有船翻过，也有人员伤亡。当时，江城的锅盐在越南每斤可卖 1 法币，1 法币可兑换 4 块银圆，船工每趟可带 50 斤盐作为自己的私房钱。在坝溜渡口，江城县设有海关和税务管理部门，海关卡长为谭进之，每年海关、税务经常派人到码头进行检查。

运输货物到越南都要结队为伴，少时每次 5 ~ 6 艘，一般 20 艘左右，最多时达 30 艘。从 1937 年至中华人民共和国前夕，坝溜渡口的生意都比较红火。1943 年，白万松、张继高、张天平和一个老挝的翻译一起到过河内。到 1953 年，坝溜至越南的生意还在做，白万松还去过莱州，从莱州带回三块手表被江城海关没收了。

过去，行驶在李仙江中的独木船，是傣家人自制的木制猪槽船，从江边山上采来红椿、黄杨木、红木嘎、楠木等优质木材作为原料，把一根长 10 余米、直径 1 米多的巨木整块劈成板和槽，两面加固，船头高高翘起，呈三角形，后尾有一个小平台，由于船的外形特像喂猪用的猪槽因而得名猪槽船。这种小船穿梭于江面上，速度快，方便灵活，小巧耐用。一般两人便可操作，一人撑舵，另一人负责应急。

据土卡河村傣族老人汪成清回忆，他曾随父亲用木船运茶叶、盐巴等沿李仙江而下到勐莱（越南莱州）。一般是雨水收后 9 月开始航运，到第二年 5 月航运结束，每条船装运货物 1200 市斤左右，茶叶则装满为止，往返约一个月，运费 120 块花钱（旧时货币），这在当时是一笔不菲的收入。为了使小船更平稳，在船的两侧绑上几棵大龙竹。因在越南境内有几段险滩河道，要全部卸下货物才能通过，逆流而上时需众人用绳索牵拉。兴盛时期，往来于坝溜码头的小船多达 100 多条，有部分坝溜和土卡河人一家就有几条船，要雇其他地方的人来做船工。每次到越南至少要有 3 条船才能出发，多时 8 ~ 9 条。当时从越南运回的货物主要有洋柴（火柴）、煤油、药材、象牙等。

1931年以后，印度、日本茶叶在越南市场逐渐增多，售价下跌，江城茶叶出口量急剧下降。1936年，法国殖民者当局禁止中国茶叶在勐莱市场销售。经勐莱、海防转运中国香港地区的茶叶，必须用麻袋包装，铁丝缝合，每百斤茶叶还征收过境税5元，稍不合规定，随时禁运，并处以罚金。商人们感到经营茶叶获利甚微，风险巨大，得不偿失。因此，茶叶出口锐减，县内茶叶市场萧条，茶叶生产受到严重打击，进入了衰败期。

抗日战争期间，特别是日军全面占领越南以后，对越出口完全断绝，江城的茶叶失去了对外销路，如果运往内地，路程太远，驮运费昂贵，无法与墨江等地竞争。有关材料反映，当时"茶叶价格一落千丈，不少弃之于地殊为可惜"。农村的大片茶园任其荒芜，甚至不少茶树被砍伐，改种粮食。到1949年，全县茶叶产量只有225担。1951年以后，水运物资停止。

2006年底，土卡河电站大坝下闸蓄水，曾经的渡口被淹没在江底。

被割断的茶马古道

普洱茶以其悠久的历史、特殊的工艺、陈香的滋味为世界公认，为世人喜爱。有书记载普洱茶“其性精清，其味浩浩，其用涤烦，其功致和。参百品而不混，越众饮而独高”。天赐普洱一方独特的青山绿水，孕育出名茶之首的普洱茶，而南来北往的商贾牛马又在崇山峻岭中踏出了茶马古道。茶马古道因普洱茶在不断地拓展延伸，从乡村至城市，从国内到国外。

普洱因与三国接壤，不可避免地延伸出通往三国的茶马古道，历史上曾有一条从普洱市通往老挝丰沙里省的茶马古道，这条古道从普洱出发经过一个叫乌得的地方直达老挝丰沙里。

历史上勐乌和乌得为西双版纳之一部分。据傣文《勐泐史》记载，西双版纳古代叫勐泐，分布着 12 个傣泐部落。元朝时勐泐国被划为彻里路，勐乌和乌得也正式纳入大元帝国的版图。明朝穆宗隆庆四年（1570 年），车里第十三代宣慰使召应勐将其辖区改称为西双版纳。西双版纳为傣语，“西双”翻译成汉语是十二的，“版纳”译成汉语是一千亩田之意，是田赋单位，每个田赋单位都被叫作版纳。勐乌和乌得两勐划为第十版纳。清雍正七年（1729 年），清政府实行改土归流政策，设普洱府，“……整董（江城县整董）、猛乌、乌得五土司版纳地……角隶宁洱县”。正式把澜沧江以东十版纳中的五版纳划归宁洱管辖。故《云南通志》和道光《普洱府志》记载“由乌得走整发隘出口至南掌（澜沧，老挝古国名）”。由此观之，清朝时的勐乌和乌得为普洱府宁洱县所管辖，与南掌（澜沧，老挝古国名）国接壤，乌得成为云南极边。

清政府在勐乌和乌得任命当地傣族头人为土把总，并派军队驻守。旧《云南通志》记载清政府在乌得派一武官率 50 名士兵守卫猛乌和乌得两地。乾隆至道光年间，车里四次受到缅甸军和暹罗（今泰国）军侵扰。勐乌和乌得土司率军民参与了抗敌保疆的斗争。清政府在两乌设官派兵的同时也派摊赋税，两个土司每年必须交纳规定田赋。《普洱府志 · 食货志》记载：“额征猛乌土把总条丁银 105.269 两，折征秋粮米 135.447 石。额征乌得土把总条丁银 147.0786 两，折征秋粮米 150.69 石。”两乌还产盐，因盐税重，当地走私盐过多，冲击了国家专卖盐。旧《云南通志》记载道光十四年（1834 年）勐乌乌得的九口盐井被填埋五口。

由于政治经济和军事上的需要，形成了几条从普洱府通往老挝丰沙里省的驿道，在驿道基础上又不断延伸形成了茶马古道。

历史上从普洱府经乌得到丰沙里省的茶马古道主要有五条：（1）宁洱→思茅→勐腊→乌得→丰沙里，约 18 马站 540 千米；（2）宁洱→江城宝藏→坝卡→乌得→丰沙里，约 14 站 420 千米；（3）墨江→李仙江渡口→江城老街→坝卡→乌得→丰沙里，约 15 马站 450 千米；（4）江城→坝卡→乌得→丰沙里，约 7 马站 210 千米；（5）江城→红毛树→乌得→丰沙里，约 9 马站 270 千米。

普洱府经思茅至丰沙里的茶马古道是最长的一条。《普洱县志》记载，普洱府所在地宁洱出发经扎拉丫口到思茅约为 2 马站 60 千米。《思茅县志》记载“思茅至易武 8 站 235 千米”，思茅的商队从思茅出发经易武进入乌得。今天的勐腊县清朝时属普洱府，民国时曾为思茅县属地，后设镇越县。《勐腊县志》记载：与老挝接壤的勐腊为五大古茶山，是普洱茶主产区，茶叶事业兴旺发达时，政府、商贾、民众筹资修路架桥，清后期和民国时期曾专修勐腊至乌得的驿道，其中通往国外的线路为：易武→曼洒→曼腊→丁家寨→乌得，共4站120千米，其中境内2站60千米。乌得当时与老挝接壤，从乌得出国至老挝丰沙里省城丰沙里县具体线路为：乌得→曼通→阿卡寨→勐洪→本怒→丰沙里，约5马站近150千米。根据《普洱府志》记载："自普洱府东宁洱到所属乌得接南掌（又译为澜沧，老挝古国名）界，七百二十里"。两个马站之间的距离约30千米。如果从茶马古道计算，国内这段应该为13个马站约400千米。加上乌得到丰沙里这一段的150千米，从宁洱经思茅勐腊到丰沙里有18个马站，大概有550千米，行程18天。这是从普洱府进入老挝最长的一条茶马古道。

从普洱府驻地宁洱进入丰沙里的茶马古道还有另外一条，就是经江城县进入乌得再到丰沙里。这条道在国内距离也就是从宁洱过坝卡进入乌得约为9马站270千米，加上乌得至丰沙里的5马站150千米，全长约14站420千米。

普洱府还有一条从墨江进入丰沙里的茶马古道也比较长。《普洱府志》记载"雍正十年（1732年）设他郎抚彝厅，厅治设他郎寨，隶属元江府""由他郎厅至南掌国界五百六十里"。《墨江县城》记载"乾隆三十五年（1770年），他郎厅划为普洱府"。当时从墨江到丰沙里的茶马古道有两条：一条经江城老街进丰沙里。线路大致如下：他郎→李仙江渡口→江西村→江城老街→坝卡→乌得→丰沙里。墨江至江城老街5个马站约160千米，江城老街过乌得至丰沙里7个马站约220千米，全长12个马站380千米。另外一条线路是：他郎→三星街→龙塘街→龙马渡口→勐野井→坝卡→乌得→丰沙里。墨江至勐野井4个马站约120千米，勐野井过乌得至丰沙里7个马站约220千米，全长11个马站340千米。

普洱进老挝丰沙里最近的茶马古道是江城至丰沙里这一条。1929年江城县不设治，分别属元江路、他郎厅、普洱府。设治后上述提到的勐野井、坝卡等地皆划属江城县。据《江城县志》记载，当时从江城勐烈街通往老挝丰沙里的茶马古道有两条。最近的一条是：勐烈街→坝卡→乌得→丰沙里。勐烈至乌得2马站60千米，乌得至丰沙里5个马站约150千米，全长7个马站210千米。今天从江城县城经勐康口岸进入老挝约乌县再到丰沙里省城，全长224千米，与茶马古道距离比较一致。另外更长一点的线路是：勐烈老街→红毛树丫口→马里头→乌得→丰沙里，长9站约270千米。

勐乌和乌得也是普洱茶的重要产地。时至今日，老挝约乌县还有许多上百年的古茶树，产出的茶叶被大量的古树茶贩运到普洱和西双版纳甚至销往中国各地。与之接壤的江城县和勐腊县各茶店几乎都在售卖标有"老挝古树茶""老挝丰沙里古树茶"字样的普洱茶饼。

勐乌和乌得更是普洱至丰沙里省茶马古道的重要驿站和马站，是普洱茶的重要中转站。普洱府包括两乌所产的一部分普洱茶经勐乌和乌得进入老挝丰沙里转口到越南和泰国，成为勐乌和乌得群众的重要经济来源。勐乌和乌得也因此兴盛。

近代史上中国领土遭到大规模的侵割，其中最鲜为人知的一块，就是3000多平方千米的勐乌和乌得，即今天老挝的约乌县。

中法战争结束后，中法于1885年签订《中法新约》，法国最后确立了在越南的殖民统治，建立了由越南、柬埔寨和老挝组成的印度支那联邦。法国占领印度支那三国后，以越南为跳板，开始把矛头直接指向我国广西和云南等省，处心积虑地蚕食我国南疆领土。19世纪末期，法国又以勘界名义掠夺与侵占中国领土。光绪十九年（1893年）底，中法双方开始在云南普洱府和法属领地接界处重新勘定界碑。云贵总督菘蕃委任思茅同知黎肇元、参将刀丕文为中方勘界委员，会同法方代表巴威勘绘界图。巴威擅自把属于中国的勐乌、乌得两地及磨丁、磨别、磨杏三盐井划入法属地。参将刀丕文愤而率军包围法军，迫使勘界谈判停下来。中法两国的勘界陷入僵局，法国想利用勘界侵占我国领土的企图没有得逞。

1894年中日甲午战争爆发，中国战败，被迫割地赔款。后在法、俄、德三国干涉下由中国花3000万两白银赎回了辽东半岛。1895年，法国仗恃其参加三国干涉还辽有功，向清政府要求重启已经中断的勘界谈判，并勘绘界图。清政府又令黎肇元为勘界钦差会同法方代表巴威勘绘界图。新一轮勘界会谈地点就在今天江城县的县城勐烈镇，当时为普洱府他郎厅下的一个小镇。同为勘界绘图，这次形势已今非昔比。中日之战中国元气大伤，谈判中巴威拿出早已准备好的1893年画好的界图让黎肇元盖章，黎肇元开始据理力争，坚决不从。但巴威言语激烈，威胁黎肇元要罢谈，全部责任由中方特别是黎肇元负责。黎肇元深知不能在自己手中丧失国土，不能签订丧权辱国的界图，但弱国无外交，强盗面前没有讲理之地。最后担心会谈破裂招致清廷追究的黎肇元在巴威的威胁下，被迫盖上勘界委员会的公印。普洱知府陈宗海得知黎肇元在界图上盖章，向云贵总督菘蕃禀报“法员欲占勐乌乌得有三谋也：一则内多盐井，其盐甚旺，彼如谋踞，则取其盐，而收无穷之利；一则勐乌乌得距思茅六茶山仅二百里，彼如谋踞，则侵夺茶山，以害我之权利；一则勐乌乌得为迤南之关键，其地广而最险，彼如谋踞”。菘蕃致电总理衙门说：“勐乌地界东西距有三百四十里，南北距有一百五十五里；乌得地界东西距有二百里，南北距有一百四十里，幅员甚广，势难弃置。”1895年5月28日，总理衙门奕劻和法国公使施阿兰正式签订《续议界务专条》，割十二版纳之勐乌和乌得给法属老挝。6月20日，又签订了中法《续议界务专条附章》重定了中法边界，云南境内的勐乌、乌得以及化邦、哈当、贺联盟、猛地等处划归法属老挝。勐乌和乌得成为法属印度支那。

1895年，法国割占此地后，驻兵守防，封关抢劫。勐乌和乌得大量种植罂粟，并蔓延到云南，严重冲击茶产业。特别是思茅海关在易武和坝卡设关增收茶叶“落地厘金”后，使普洱茶销路受阻，茶叶产量锐减。20世纪30年代后期，法国人禁止普洱茶进入印度支那联邦，更造成普洱和西双版纳的茶叶生产下滑，茶庄倒闭，茶农毁茶种粮，茶园荒芜。

皮之不存，毛将附焉。勐乌和乌得被法国割占后，普洱经乌得通往丰沙里的茶马古道被迫废弃，从此中断。

1954年法国在印度支那的殖民统治结束后，老挝独立，勐乌和乌得成为其领土。1975年老挝人民民主共和国成立后把勐乌和乌得合并，称为“约乌县”，隶属丰沙里省，面积3456平方千米（不含1895年割让的现为老挝南塔省的磨丁口岸等三个地方），有97村，3万多人。约乌县政府驻地乌得大寨，许多中国人仍然称为“乌得县”。

1964年中国派出工程兵进入老挝修建公路，其中有一条从勐腊中老帕卡口岸出发经本怒县进入丰沙里的丰帕公路，长81千米。至此本怒到丰沙里42千米长的茶马古道被废弃。2002年从江城通往本怒的江本公路全线通车。至此，从江城出发经乌得和本怒进入丰沙里的公路全线贯通，曾经从江城到丰沙里7个马站的茶马古道成为历史。

1999年6月，我在勐乌老城南乌河边找到了清道光年间在此建桥时立的石碑，上面有清晰的中文“广济桥”三个大字，右上角刻有“世袭管理猛乌一带地方……事于军……”，左下角刻有“大清道光十六年季春之初”字样。同时刻有傣文，可惜我看不懂。碑文由于岁月侵蚀大都模糊不清。2001 年 12 月，一个名叫吉姆卡姆的当地姑娘又带我到乌得大庙时，广济桥石碑已经被抬进寺庙一个角落放置。2010 年 3 月到老挝考察茶马古道时，我特地到这个寺庙拍摄石碑。这时，当地傣族人把石碑供立在庙里了。

山河依旧，感时溅泪。普洱到丰沙里的这条茶马古道被迫中断废弃，也是一段尘烟往事。就让这条曾经熙熙攘攘的茶马古道永存于历史的回忆中吧。

茶马古道上的驮牛帮

一

在普洱历史上，有四条到易武和从易武出来的通道都要经过江城县整董镇，因为整董是澜沧江北岸南下易武、蛮砖、倚邦等六大古茶山的周转点，也是北上连接普洱府至大理、丽江、玉溪、昆明的一个休憩点，除了马帮，黄牛驮运也是这些辐射通道上一支短途运输的主要力量。这四条线分别是：

（1）江城（勐烈）→二官寨→大过岭→曼滩—曼乃→曼洒→落水洞→易武。

（2）整董→洛得旧衙门→倚邦→象明→易武。

（3）江城（勐烈）→半坡→甘蔗园→大过岭→曼滩→勐腊杨柳沟→勐里坝→易武。

（4）易武至宁洱，曼洒→曼乃→象庄→整董→曼克老→曼老街→大树脚→石膏井。

民国时期江城不通公路，从县城到普洱（专署驻地）要步行 5 天；到省会昆明要 24 天；到邻县思茅 5 天，易武 5 天，墨江 7 天。由于县内到处是山河阻隔，加之山高箐深和多雨，没有畜力车，运输全靠人背马驮，交通运输十分困难。

为了改善交通状况，1931 年开始，江城县发动了 5000 多民工修筑驿道，用两年时间修筑了 10 条干道。自县城经勐康、整董至镇越界也是其中之一。

历史上，江城农村一般不用黄牛耕田耕地，黄牛普遍用于驮运，未修公路以前，驮牛是主要的运输工具。1977 年参加社会运输的畜力最多，达 4305 头（包括少数骡马）。江城骡马历来较少，1949 年仅有 353 匹。

二

据整董曼贺井召朋勒（末代土司的外甥）说，坝区傣族早期运输曾使用象，建屋盖房时粗大笨重的木料都是用象拉，整董哈萨坦大佛寺内大柱子就是用象拉的。民间造房用料多用水牛拉；生产资料、粮食、物资的调运在山区多用马拉，坝区多用黄牛驮。但牛行缓慢，马行 1 日牛需行 3 日。远途运输多雇用骡马。牛多用于运送粮食、食盐等。马帮与牛帮对比，马帮走得快、走得远、驮得多，但马要吃精料，如吃谷子或豆子，要休息好，还要钉马掌；牛帮相对驮得少一点、走得慢一点，但只要有草就可以。生产资料、生活用品的运输以人力为主，畜力运输为辅。男挑女背，负重 40 ~ 50 公斤，主要运输工具有扁担、箩筐、口袋等。整董土司府曾经就有 10 把 100 多头驮牛，是江（城）越（镇越）一带的主要驮运帮。还有白家俊家有 1 把专门驮茶，曼贺景有 2 把，曼坡、曼景湾、曼景宰也有。

清乾隆至光绪年间，镇越县内茶叶年产量上万担，每年运输茶叶的牛、马达千头，雨季过后，要到墨江、思茅、景东、江城等县雇大批马帮进山运茶外销，运回生产、生活日用百货。江城的牛帮以整董土司府的为主帮，会合其他零星牛帮到易武、倚邦等茶山驮运茶叶。有的牛帮除了短驮运，也有长途驮运的，有的甚至运到老挝的琅勃拉邦，出去一趟两三个月，甚至半年以上。

三

据整董曼景宰傣文化传承人赵志清说："听老人们讲曼景宰有牛帮，在中华人民共和国成立前曾参与驮盐、茶到老挝琅勃拉邦。去后发现那个地方太阳落在田埂上，他们都没有见过那么大的坝子。江河里鱼多，森林里野兽多，另外，语言也相通，所以寨子里曾经有人搬到了琅勃拉邦。于是，许多赶牛驮货的人回来以后动员全寨杀了猪，收拾了家当，准备到那里去安家，恰在这时候中华人民共和国成立了就没有搬去。"

一般来说，牛帮以"把"为单位，一把有 11 头驮牛，10 头驮物资，有 1 头驮赶牛人的生活用品。如驮茶叶是用笋叶包好，再用竹篾扎紧，1 筒 12 斤，一般 8 筒为 1 驮，畜力强一点的驮 12 筒（约为 70 千克）。锅盐也用笋叶包好，防止路上被雨水、露水浸湿融化。

出行的时候最少有 2 把，形成一个"火塘"。一个火塘会有四五个人，上下驮子相互配合。在牛帮中，每帮有头牛一头，头牛一般是身高体壮的，牛头上戴着红缨色的丝绸和镜子，脖子上挂着大大小小的铃铛，越过高山峻岭，穿过村庄，走路时能听到铃声。头牛走后其他驮牛紧随其后，有时会与对方的驮牛相遇，若是在路窄的地方那就有可能碰掉驮子。赶牛人用铜锣开道，传音数里，便于路上互相避让，气势颇为壮观。每个赶牛人都要随身携带长刀、大刀、锄头，以备不时之需。而且要能够辨别道路的位置，熟悉各种方言，能够算账，生火，做饭，修理途中损坏的马鞍、驮架、笼头等，修整难以通行的驿道，打整帐篷，拿枪自卫，乃至为人畜看病治病。

和头牛相反的是牛帮里有一头叫"老把梢"的牛，它驮着一把赶牛人用的生活器具，用一个大篾箩放入米、油、盐、腌菜、肉，锣锅、碗、勺、筷，晚上睡觉用的席、被等，启驮以后它跟在一把牛的最后位置，听话，有耐力，但走得较慢，有时赶牛人等不了它就会朝前走，到了歇场当赶牛人把驮子卸完后，这条"老把梢"也就到了，刚好可以卸下它驮的驮子烧火做饭。牛场的选择关系到物资运输能否顺利到达。

牛帮途中吃饭称"开晌"，牛帮歇下来开晌的时候，最担心的是牲口吃着草越走越远，跑了岔路、前路或回头路。遇到这种事，牛帮只好在"开晌"处停下来等，赶牛人背了盐巴和马料去追。见到它，不能从后面去撵，只能绕行过去，在它前面堵，并且用盐巴去哄，有时甚至追出去半天多的路。如果从开晌处动身，往往黑时赶不到牲口，就只好找一处有水有草的地方开晾。开晾是指牛帮夜间在山间露宿。每天露宿时卸下驮子，组成一个方阵，放牛吃草饮水，赶牛人则五人一锅煮饭吃。晚上，找来足够的干柴，烧起篝火，留下两个人守火，不时添柴；其余的人，一些睡在牲口旁，一些睡在驮子下、驮子边。轮值守的人责任重大：既要防牲口挣脱跑去，又要防野兽的侵害。下雨时，睡在连接起来的牛驮中间，上用牛鞍竖横绑架枝棍，盖以蓑衣、油布遮挡。为防野兽伤害人畜和驱赶蚊虫，晚上须长夜烧火不灭。这就是牛帮人的日常。

1947 年，迤萨商人郭德图等 8 人赶骡马运载货物出境，行至整董曼滩附近的小水箐口，突遭法军伏击，郭家佑等 3 人被打死，李二等 4 人受伤。抢去骡马 38 匹及所驮布匹杂货。法军抢劫商队以后，又扫射康平勐板田、二塘两个村寨，打死耕牛 28 头，放火焚烧两寨房屋，烧死耕牛 11 头，许多猪、鸡、鹅、鸭也惨遭烧毁，各家大量粮食毁于一旦，数十户农民流离失所。对法军的暴行，民国党中央政府外交部和驻云南特派员曾分别向法国驻华大使馆和驻云南领事馆照会，法方虽承认因“追匪入中国境内五十余里”，也承认在曼滩小水箐口遇到人马疑是土匪进行射击，但拒不承认烧杀抢劫，最后不了了之，商人农民损失惨重。

四

据整董曼景宰年近九旬的岩桑（白永和）讲述，他们年轻时从整董到勐腊勐醒，脚力比较好的人也要 3 天。赶牛顺利的话一个来回 45 天左右，如果路途中牛丢失再去找牛那就要 60 天左右。马站一般是歇在曼景湾。

赶牛至少要有 2 ~ 3 把，这样在路上才好有一个相互的照应，如上驮下驮，一起做饭时要分工，有人去放牛，有人去打水，有人去找柴火，有人搭帐篷。到了晚上聚集在一起睡觉，晚上火塘里的火是不能熄的，一是为了保暖，二是为了防御野兽的侵犯。即使这样也不时会遇到豹子把驮牛咬吃了的情况。有一次，牛帮到老挝时，歇在懒碓到勐乌中间河边田坝的一个较平整的草地上。那一晚大家都有些累了，几个伙伴在火塘边拉了几筒烟就早早睡下了，到了半夜，几头牛惊叫起来，他们赶紧把火塘的火烧旺，敲响铓锣驱赶，可是那头花斑牛还是被老豹子咬死了。在赶牛的过程中，火把是驱逐虎豹最好的武器。

五

曼景宰东侧一条小干箐边上，有一段路叫老象坡。坡脚下建有一个石拱桥，在国民时期曾在坡头的垭口设立过海关。

据寨子里的老人们讲，这是一条通往勐乌、乌得及易武、倚邦的茶、盐通道。一种说法是，以前勐整董与其他勐的土司娶、送亲都要用象，而且都要从这里经过，外勐来娶亲的新郎到了老象坡头就要从象轿下来步行到土司府，送亲的也把嫁女送到老象坡头再上象轿；同样，勐整董的到外勐去娶亲也是要到老象坡头才上象轿或骑上马，娶回新娘时也一样到老象坡头就下象轿、下马了。再一种说法是，勐整董的土司骑着大象到河里让大象洗澡经过此坡所以叫“老象坡”。为证实这一段古道遗址和拱桥的存在，我穿草丛、拨刺藤、驱蚊虫，弯腰低头，有时要抓住藤条才能不让自己滑倒，有时又要手脚并用爬行才能穿过荆棘。恰好西下的夕阳穿过树枝竹杈、藤蔓与叶子，细碎斑驳地洒在这一段坡地上，在箐边一棵硕大的野生杧果树下找到了被竹枝、竹叶、藤萝覆盖的石板铺垫的古道老象坡。我折一枝树叶扫开覆盖在石板上的厚厚的杂枝杂叶，露出了或大或小、或长或短、或宽或窄的石板台阶。我坐在石板上，竹叶轻轻地从我的头上飘下，又柔柔地盖在我刚刚扫开的台阶上，匍匐在那里是那样地安然。再往箐里走，我没有找到拱桥的石头，也许是被箐水冲走了。后来召朋勒大叔说，石板路是从易武的华龙洞开始，经整董→大树脚→勐先→磨黑上昆明。中华人民共和国成立后，拱桥的石头和老象坡的石板被拿去建了电站，也算是为社会主义革命和建设做了新贡献。

龙马渡

龙马渡，当地的老人们称之为“大船口”。位于勐野江与把边江汇合处，顺流而下，江的右岸是江城县宝藏乡龙马村的清水河口，江的左岸是墨江县的文武镇，可通宁洱、墨江、绿春。因“金鸡飞亮山，龙马跳进江”民间传说而得名龙马渡。它是勐烈老街→南天门→卡别冲→阿渣寨→老母牛坡→河口→麻栗树→大路边→半边寨→老乌坝→龙马渡→墨江→龙潭街这条通道的一个渡口，全长约 260 千米。

这也是元江、墨江一带老百姓称为“咪利阿波”李和才的武装马帮常走之路。马帮常年运送大量的勐野井盐巴到玉溪、昆明、石屏、临安（建水）、通海等地贩卖。这条通道所运输的物品，更多的是南下的布匹、生产物资和北上的食盐及一些土特产。

云南哈尼王李和才的骡马运输队分为五个中队，每个中队一百匹骡子，骡子的毛色基本统一。每个赶马人负责管理五匹骡子，驮什么、在什么地方放哨、在什么地方卸货，以及经费收支全由中队长统一负责安排，每小队马帮都插上“第二路军指挥部骡马运输大队”旗号，头骡脖子上还带上大铃，行路时，用于前后联络，用一对铓锣联络，一面在前，一面在后，边走边敲，“铓——波——”之声绵延不绝，互相呼应。走马帮，一般不用武装护送，只在地下工作人员随马帮行路或驮运大烟、半开等贵重财物时，才派出武装护送。由于李和才的名声大，一般小股响马从不抢劫李和才的马帮。龙马的刘三当年跟着马帮到墨江去做生意，回来的时候也想跟着马帮回来，他在墨江碧溪等马帮，等了两三天还没有马帮的消息，有些心急，一天早上，他还在朋友家睡着没有起床，就听见有人叫喊：“阿波李和才的马帮来了！”他一听匆匆忙忙起床，告别朋友，还有些懵就走出了朋友家，他来到寨边的马道上没见着马帮也没听见马铃声，他刚方便了一下，突然就被人用布罩蒙住了头，身上的物品瞬间就被抢得一干二净。原来是一伙盗贼知道了他做生意赚了钱，要搭伙跟着咪哩王李和才的马帮回龙马，就对其设计进行抢劫。

而其他马帮则不时会遭到绿春的响马苏时宝抢掠。20 世纪三四十年代，苏时在当地无恶不作，李仙江沿岸的老百姓无不深受其害。鉴于此，当时的江城、宁洱、墨江县政府曾出兵进行过清剿，但收效甚微，直到中华人民共和国成立后才彻底解决这一匪患 。

站在龙马金鸡石旁的山坡上，举目远望向东北流去的龙马江，江面阴雨蒙蒙，江岸的橡胶林也被云雾缠绕。我想到渡口实地看看，杨红学书记说以前的渡口已被下游的居甫渡电站大坝水淹没。这个历史上曾经辉煌过的渡口，已完成了它的历史使命，沉寂在了电站的淹没区。

渡口不是很大，江两岸的山脚上被江水冲刷后有一小片的沙坝，江面水流相对也要平缓得多。每年摆渡的主要季节也是集中在冬春，这样既可避开勐野坝的疟疾也可错开龙马江水的洪峰期。

如果马帮从勐野井驮上盐巴向墨江龙潭出发，那就需要走出酷热的勐野坝，爬上高井槽坡，翻过山神庙丫口，蹚过柏木河，到大路边、箐头，过龙马老乌坝，再过三步两井水，从金鸡龙马石旁走过就到了龙马渡。

马帮多的时候大船小船，长篙短桨，江面水花翻飞，渡船争流。渡口，一派喧嚣繁忙的景象。

现在的龙马村半边寨旁边有一个叫“小铺子”的地方，就是当年马帮歇脚的地方。2020 年 6 月，我们请村委会主任当向导，沿生产道路，约走了两三千米，到一个种着苞谷，也有些芭蕉和柚子、野生杧果树的地方。村委会主任告诉我们这里就是小铺子。我环顾四周，有台地，有小凹潭，还有几处约 1 米多的舂土墙，我问村主任：这个地方什么时候不再住人了？他说：老人们说，这个地方曾经有 99 户人家，后来着了“烂病”（鼠疫）全寨人死的死、逃的逃，逃不了的在 20 世纪 40 年代后就全部搬往现在的半边寨了。

“小铺子”是后来的人依据有马帮往来的时候，这个地方有一个打马掌钉的铺子起的名。那时，从龙马江边到小铺子山梁全是草山，每年惊蛰过后开始放火烧荒，山火会烧几天几夜，有时甚至是半月或 20 来天，谷雨过后草逐渐茂盛，为过往的马帮提供了天然的牧草。南来北往的马帮看到这里有草有水，寨里的人也比较平和，就在寨边的一块平地上卸驮解鞍，做饭露宿。马锅头会去寨子里买米、买马料，或用随身携带的物品换。有时遇到马病了不能驮行就会把它留下，请寨子的人代为医管。这样这里就慢慢有了为马帮服务的马掌铺，也有做（修理）马鞍、笼头、蓑衣、马料……还有为马帮放马和照料生病马匹的。甚至有人开了酒馆，到了夜晚马帮露宿的旁边会有人烧起篝火，弹起小三弦，围着火塘对歌和跳三跺脚。当然也就有了赶马哥留下来或漂亮的阿妹跟着赶马哥走了的事。村主任告诉我，半边寨的王文才当过赶马哥，去过易武、老挝的勐乌。

消失的李仙江渡口

一、与李仙江连在一起的茶马古道

江城，江城，与江密不可分。江城县南与老挝、越南以山相隔，其余三面江水环绕。与西边的景洪、思茅之间以湄公河支流曼老江为界，北部和东部都被红河支流李仙江围绕，对岸为墨江和绿春两县。1929 年江城正式设立县治时因“江水环绕，犹如城池”，故取名江城。以前人们想要进入犹如城池的江城，如不选择好季节，只能望江兴叹。

如果从昆明元江取道墨江进入江城，必须走联勐路。据《江城县志》和《墨江县志》记载，从墨江县城联珠到江城县城勐烈的联勐驿道（也就是茶马古道）有两条。一条是渡过龙马江（以前叫鲁马江）进入宝藏到江城；另一条是过李仙江进入江城，具体路线是从联珠镇南下那哈乡、泗南江乡、坝溜乡、绿春大黑山乡老柏寨村，过李仙江进入江城县江西村、洛洒村、么等村到县城，全程7 个马站 190 千米，行程 7 天。过江必须有渡口，于是在李仙寨这个小村下的宽阔之地逐步形成了李仙渡。老柏村李仙寨的老人告诉我，李仙寨原来叫李先在，意思是姓李的人先在的地方，后来演变成李仙寨，这条江也叫成李仙江了。李仙寨原来和红毛绿这个寨子一起在半山腰，20 多年前才搬迁到通公路的江边。

1895 年奥尔良过李仙江

1895 年奥尔良行走在茶马古道

清雍正年间，当时的他郎厅在李仙渡正式设立渡口，安排两名船夫用小木船摆渡。江城河流众多，然河床较陡，难以通行。李仙江上游乱石林立，水流湍急，只有李仙渡这里才能行驶小船，还可以顺江经坝溜渡进入越南莱州。

在这里必须提到一个叫亨利·奥尔良的法国探险家。奥尔良带领考察队曾到达红河县城迤萨镇，后经元江县的大羊街、老孟河、拉牛河，到达李仙江左岸。

奥尔良在《云南游记》中这样描

述："3 月 26 日，我们到达了黑水河左岸，只见浑红的河水滔滔奔流，河宽约 80 米，两岸峰峦如聚，一派青葱，但没有红河沿岸的山峰那么高。我们刚才沿河而下的小溪清澈白润，跟这里的河水颜色形成明显的反差。但在东京湾地区，黑水河的河水又褪掉了色泽。黑水河在这里叫李仙江，上游称为把边江，下游称为沱江，从这里走 8 天水路可以到达莱州。"

我们无法知道奥尔良是从哪个渡口过的李仙江。当时他郎厅在今天江城与绿春县交界的李仙江设有两个渡口，一个是李仙渡，另一个是坝溜渡。李仙渡和坝溜渡都属于坝溜乡，只是李仙渡在李仙寨寨脚，坝溜渡在坝溜寨旁边。但外来商旅常混淆，分不清坝溜渡到底是指坝溜乡驻地下面的李仙渡还是指距离坝溜乡驻地 30 千米的坝溜寨那个渡口。许多史志上也把李仙渡称为坝溜渡。我曾认真查阅《云南游记》和相关史料，但一直寻找不到他书中提到的老孟河和拉牛河，奥尔良在书中也没有提到渡口名称，因此无法判定奥尔良过江的地方。

李仙江未建梯级电站前我多次在李仙江峡谷漂流和行走，根据记忆李仙渡口河面窄，水流较急；坝溜渡河面宽水流缓。他们到达的应该是坝溜渡口。奥尔良在书中提到从渡口到莱州要走 8 天水路，但据相关资料记载，从江城勐烈到莱州，陆路要两天，水路只需要 3 天。从莱州返回时逆流而上，水路可能需要 6 天。如果从李仙渡计算，从莱州返回正好 8 天。今年三月采访绿春县老柏寨群众时，他们又说李仙渡旁边的那条匹马河就是奥尔良书中提到的拉牛河。因此我又怀疑奥尔良他们是从李仙渡过江进入江城的。现在李仙江已经建成了梯级电站，想要认真考证李仙渡和坝溜渡已无可能。奥尔良他们从何处渡过李仙江也就成为难以破解的疑问。

奥尔良在书中写道："我坐在江岸的石头上，领受着脚下激流的呜咽哀愁。骡子待在我们周围，静静地等待着过渡的当儿，尾巴不停地摆来摆去，驱赶着徘徊不去的苍蝇。在这惬意舒心的环境里，我渐渐地陶醉在四围周遭简洁纯净的氛围中，仿佛流连忘返。"可以想象奥尔良坐在石头上看着喧嚣南去的李仙江，看着即将坠入山后的太阳，看着宁静的峡谷，内心百味杂陈。自己从遥远的法国来到陌生的山川峡谷，前不见古人后不见来者，念天地之悠悠，独怆然而涕下，犹如做了一场梦。

就在他冥想之时，可能骡马一个响亮的喷嚏将他拉回到现实，拉回到李仙江的沙滩上，恍如隔世。流连忘返也罢，怆然涕下也罢，人还得渡过李仙江继续朝要考察的湄公河方向行进。

"我们分几次乘坐长长的独木舟，很容易地过了河。牲口都是凫水过河，它们开始做这种练习了。有两头牲畜脾气很犟，只好把它们的笼头拴在了船尾。驮茶的骡子每头付钱 5 文，行人的价格不固定。"

长长的独木舟就是当地哈尼人口中的猪槽船，今天在库区以下也就是土卡河电站以下，在李仙江里行驶的还有木质小舟，只是加了现代的发动机。今年二月我到坝溜下游土卡河寨调研水上茶马古道时，还看见当地群众在制造这种猪槽船，只是材料换成了铁。据志书记载，清后期和民国时李仙渡口的独木舟只能摆渡 250 公斤左右的货物。1895 年时船夫只收奥尔良他们的骡子 1 匹 5 文，算是比较便宜的了。清晚期 1 银毫等 100 文，15 文可买 1 升米。民国初期摆渡的收费标准是每人一银毫，货物 10 公斤 2 银毫。民国后期上涨到每人两银毫，一驮货物 5 银毫。渡口捐成为他郎厅和后来墨江县的重要财政收入。因此，连土匪也把渡口看作聚宝盆，争相抢夺。

二、茶马古道上的匪患

民国时期内地战争不断，严重的匪患也导致地处云南边疆的李仙江峡谷特别是洒马和坝溜一带也战争连绵。

1915 年，洒马头领杨发昌引发了最早的战乱。洒马就是今天绿春县大水沟乡，绿春建县前归墨江县管辖。杨发昌曾是陈定邦结拜弟兄，也是陈定邦叛乱时的部下。光绪十三年（1887 年），江城木嘎土目陈定邦进攻勐烈，在败退中设计击毙勐烈武举邓炳锟。陈定邦再次攻至勐烈街，勐烈民团和壮丁严防死守，普洱道急派军队进剿。次年正月，清军分三路攻破木嘎，残杀陈定邦家眷子女 41 人。陈定邦坐小木舟渡过李仙江撤到洒马，与杨发昌在处糯箐死守。清军将领马化龙重金收买杨发昌，杨发昌见陈定邦失势本有降意，见利忘义，派人将熟睡的陈定邦献给清军，陈定邦被清军所杀。陈定邦砍头时怒骂杨发昌："你这种反复无常的小人，肯定不得好死！"杨发昌又向马化龙献计献策，带着清兵四处追杀陈定邦余部。

出卖陈定邦的杨发昌怕被报复，跟随马化龙到昆明，三年后回到洒马，四处放话说已经被授予洒马土官，于是洒马的地盘全被杨发昌占领。杨发昌四处招兵买马，势力迅速扩张到李仙江一带，成为李仙江一霸，李仙江渡口也被其控制。1915 年杨发昌在儿子杨春藻蛊惑下反叛，烧杀抢劫无恶不作，成为当地公害。云南督军公署派朱培德营长率领一营士兵联合他郎县民团共同围剿。朱培德来到江城驻扎在勐烈镇老街，并不急于进剿，而是派熟悉地情的民团细作到杨发昌老巢侦察，摸清情况后突然发动进攻。杨发昌父子来不及防备，被朱培德捕获枪毙。朱培德后来成为陆军一级上将、北伐名将，官至参谋总长、代理总司令、江西省主席。民团带队的孙祚周战死。李仙江渡口回归政府管辖。

1939 年成立的坝溜乡位于墨江、江城、红河、绿春四县交界处，是墨江的一个大乡，曾下辖 26 个村。1954 年时把下辖的老柏、卧马等 7 个村划入六村（建县时叫绿春）；1966 年划出土堆、格牙等 6 个大队成立那哈公社；1984 年时又将巴豆、广丰等 4 个村划入泗南江乡；现在的坝溜只剩下 9 个村 90 多个寨子了。

1934 年，李仙江一带匪患特别严重，竟然形成了九股势力比较大的土匪，其中最大的是当时属墨江县坝溜乡老柏村牛其角寨子的苏石宝。当时的老柏村有十七八个寨子，除牛其角等周边寨子，苏石宝连本村的寨子也抢劫，比如李仙江边的阿巴巴底寨一年被抢三次。土匪抢劫耕牛、粮食、财物的同时还杀害村民。不堪其苦的群众逃亡到对岸的江城，以为李仙江险要能够阻挡土匪。李仙寨的人逃到对岸也叫李仙寨，于是今天李仙江两岸都有同名的寨子。比如坝溜、格界、半坡、大地房，可见匪患的严重程度。

但苏石宝的手脚伸到了对岸江城县嘉禾乡李仙、巴嘎、江西、格界等村，群众深受其害。1940 年，驻江城的思普独立大队派兵到牛其角剿匪，但他们惧怕土匪，于是先放出风声再围剿。等独立大队到了老柏寨，得到消息的苏石宝带人渡过李仙江到今天江城县格界村的大地房寨子盘踞，进而深入江城县城附近的村寨抢劫。独立大队到老柏寨后诬陷富裕人家通匪，没收财物满载而归。1943 年驻江城的工兵 38 营派一个连再次围剿，结果中了苏石宝的埋伏死伤许多。士兵们又以通匪之名洗劫当地群众。苏石宝招兵买马逐渐做大，控制了墨江经李仙江到江城的道路，还把控李仙江渡口收取高额费用。人们只好改走经宝藏龙马江到江城的另一条道路，经李仙江的这条茶马古道由此荒废。

苏石宝又到宝藏那条古道抢劫马帮商旅。1943 年，江城、墨江、宁洱三县联合围剿，买通内线马文才击毙了 25 岁的土匪头子苏石宝，这股土匪才被铲除。

苏石宝被剿灭后墨江到江城的茶马古道上又出现了商旅行人的身影，李仙渡渐渐恢复生机。

规模最大、时间最长、破坏最重的一次战乱发生在1950年。

坝溜烈士纪念碑

坝溜区山大谷深，森林茂盛，交通闭塞，经济落后，多民族长期受乡保长、地主恶霸、土司头人的统治，群众生活非常困难。坝溜又处于四县交界，可顺江进入越南。由于坝溜独特的自然地理环境和历史，中华人民共和国成立初期，国民党的残渣、余孽、土匪都汇集到这里，组成了反共、反人民的政治武装。其中主要有曾德兴、李时、杨德高三支反共势力。

曾德兴是坝溜区沙甫乡鹿角箐人，后做了上六村大兴镇孙土司的女婿。墨江中华人民共和国成立后曾德兴进入坝溜，与洒马杨发昌后代杨德高控制了洒马和坝溜一带，其部下有500多人。20世纪30年代曾任墨江县长的云南镇雄人李时，被免职后到坝溜开办农场，后勾结恶霸、地痞、流氓组织80多人的土匪武装控制了格牙和猪街两乡。杨德高是红河县洒马区（现为绿春县大水沟乡）少数民族头人。杨德高从小瘫痪不能行走，主要依靠其妻杨绍仙指挥。边纵部队进驻坝溜时，杨德高曾被逮捕关押，但被杨绍仙带领众匪抢出。1950年初，曾德兴和杨德高互相勾结成立反共救国团。曾德兴任团长，孙敏初、杨绍仙任副团长，下设5个营600余人，有430多支步枪、2支冲锋枪、14挺机枪。

1950年2月，反共救国团以洒马杨德高老家为总部，叛匪1000多人分两路进攻坝溜区，一路从东部厄尼村进攻，另一路绕道广丰村进攻。许多少数民族群众或受骗上当，或恐惧裹胁，参加了叛乱。叛匪相继攻占了厄尼、哈布孔、常寨、联珠、骂尼、广丰、巴豆等14个乡。

叛乱发生后，中国人民解放军先后派出115团、116团、蒙自基干一团、宁洱边防一团和墨江县大队进驻坝溜，一边建政一边剿匪。到1952年5月，叛乱开始得到平定。曾德兴、李时、周顺等匪首逃往越南，杨德高夫妇向解放军投降后被任命为洒马乡乡长、副乡长。1952年底，坝溜开始土地改革，杨德高和杨绍仙带领40多人逃往国外。派人做思想工作后，又带20余人回国投诚。至此坝溜全境内匪患全部肃清。共击毙土匪160多人，击伤土匪130多人。

在坝溜剿匪战斗中。中国人民解放军、边纵九支队、墨江县大队、县公安局等人民武装牺牲了37人，受伤8人；民兵牺牲32人，被俘5人，群众被害3人，损失牛1000多头、马羊110只、民房100多间，被抢仓库11间、粮食15万斤、枪支32支、子弹600多发。为了纪念这些革命英烈，1953年在坝溜区政府所在地骂尼街建立了“坝溜烈士纪念碑”。

坝溜叛乱时，李时也乘机率叛匪攻占了龙坝区政府，杀害干部群众14人，掠走步枪7支、公粮20余石、公款1000多银圆，放走80多个犯人。

曾经的下江桥

下江桥岗亭

曾经的上江桥

现在的上江桥

坝溜叛乱后，江城也深受其害。驻江城李仙渡口的边防一连被派去平叛，原嘉禾区长杨益清发动叛乱攻占区政府，抓走2名工作人员，抢劫9支步枪。受其影响，全县四个区出现了反革命叛乱。

三、消失的李仙渡

李仙江流域的江城、墨江和绿春地处云南最南边，山高箐深，多雨多河，交通艰难，中华人民共和国成立几十年后运输仍然靠人畜之力。据县志记载，江城骡马较少，中华人民共和国成立时只有300多匹，“文革”开始的1966年达1000余匹。江城的运输工具主要是黄犏牛，“文革”结束的1976年有4000多头犏牛。墨江大县稍好一些，1949年10月时有犏牛5000多头，骡马1500多匹。1966年时有犏牛1400多头，骡马530多匹。可以推断，肩负李仙江茶马古道运输任务的其实还是以人力为主，牛马辅之。这种状况直到三县之间建成公路才有所改善。

1967年全长163千米的江城至绿春公路正式建成通车。1965年在距离江城县城53千米的李仙江渡口处建成铁索吊桥，长96米，宽6米，载重10吨。1967年12月建成石拱桥，全长116米，高20米，宽7米，载重15吨。

1971年全长165千米的江城至墨江公路也建成通车。不知道什么原因，这条公路并没有在下江桥处与江绿公路汇合，而是在距离下江桥6千米、距离江城县城47千米的李仙江上另建了当时滇南第一座钢混结构的双曲拱桥。227线国道江墨公路从这里过江18千米后在嘉禾乡政府旁边与219线国道红绿公路合并。人们为区别两桥，称之为“上江桥”和“下江桥”。上江桥1969年开工建设，1970年底建成，长121米，路径65.7米，高22米，宽7米。当时施工设备简陋，浇铸钢混大拱梁时，依靠的是钢绳和俗称葫芦的简易吊装。负责施工的是云南省工程一团八连。1970年4月6日，两大拱梁合拢时发生接口移位，随着山崩地裂的巨响，吊装的钢绳因超负荷而突然崩断，悬空20多米的钢混桥体坠落江中。正在桥上施工的40多名工人随之跌落，李瑞彪、王连章等12名工人为此牺牲。他们的遗体就埋葬在江城境内的桥头公路上。后来为了纪念付出青春和生命的八连工人们，人们把这座上江桥命名为“八连桥”。现在也同样沿袭旧称。

江城至绿春和墨江的公路建成通车后，曾经的李仙江渡口和茶马古道随之废弃。

1956年云南省勘察设计院对李仙江流域水力资源进行全面普查，1960年提出了梯级开发方案，1980年在全国水力资源普查报告中提出五级开发建议。1998年云南省组成综合小组对李仙江干流中国段进行踏勘，确定在江城境内开发四座梯级中型水电站。2003年北京大唐李仙江流域水电开发公司开工建设四座电站，2008年建成发电。戈兰滩电站是李仙江干流第六级电站，是6个电站中最大的，坝高113米，年发电量20多亿千瓦。2007年因为建设戈兰滩电站，大唐公司炸除旧的上江桥和下江桥，在原公路接口旁边提升高度和跨度，重新建设了两座长约210米的钢混结构大桥横跨湖面。八连桥旁边的烈士墓也迁到江城县烈士陵园中。

（本文图片由李启学提供）

茶马古道上的土堡城——镇沅古城

古城，因古时有土堡城而得名，南来北往的茶马古道曾经从这里经过，马帮驮来了茶文化，驮来了各民族之间的相互交融，土堡城曾经有过繁荣。随着时光的流逝，土堡城已经不复存在，为了再现那段历史，我查阅了有关资料，走访了退休老干部白兆明（生于古城龙王井），走访了农民吴家兰（生于土堡城内的吴家）、退休职工周灿雄（原古城供销社主任）等老同志，根据他们的口述及有关史料，将土堡城相关资料整理如下。

古城的历史由来

“古城”原来叫“新抚”。据《云南省镇沅县地名志》记载：“镇沅府，领长官司一，永乐十年（1412 年）四月以禄谷寨置长官司，今地镇沅新抚一带。”据传为今古城镇南京村河口（清水河），设新抚巡检司前撤销。“清雍正十三年（1735 年）镇沅府于新抚设巡检司。乾隆三年（1738 年）始建土堡城。1912 年镇沅厅改为县，新抚改为县佐，1931 年撤销县佐。”1949 年中华人民共和国成立，1950 年设新抚区人民政府，驻地塘上街（现属墨江县），原新抚街改名古城。1958 年冬公社化时，将原属新抚区西部的古城、南京、文广、桂海、建民 5 个乡（现为村）和原属按板区的宣河乡的民主划出合并新建一个公社，以驻地名古城公社。这样，原古城的“新抚”一名就留在了现在墨江县新抚镇，而古城则因为历史上有个土堡城得名古城街。在这一称谓习惯的基础上，“古城”一名一直沿用至今。

土堡城，始建于乾隆三年（1738 年），距今已经有 200 多年的历史了，见证土堡城的人们早已作古，现在七八十岁的老人，也只见到过残垣断壁了，而更多的关于土堡城的故事都是从他们的祖辈、父辈那里得知的。据白兆明回忆，土堡城，城墙基石为鹅卵石，很少见块石。底宽 1.5 ~ 2 米，墙体往上逐渐收缩，至墙顶可能不足 1 米，墙高 3.5 ~ 4 米，墙头用瓦片遮盖，以防雨水侵蚀。墙用土坯砌成，每个土坯长约 1 尺、宽约 5 寸、高约 6 寸，土坯较重，都是用本地的土混合水合成泥拓成的。土城占地面积约 0.5 平方千米，土城墙周长不超过 1.5 千米。土堡城地势呈多边形样，与其他地方的城池相比有所不同。土堡城是谁出资，由谁修建已无从考证。

白兆明老同志回忆说：“土堡城按东、西、南、北的地理方位分四道大门。东、西门只是百姓出入，不大，两开门；南、北门较大，每道大门共分四间，中间两开门，两边各有一间空房，有门楼，木质结构，门板较为厚实，门闩也很大，一旦关上门，从外面很难推开。门楼上设有垛口和枪眼，用来防止外敌入侵。南北大门是南来北往的马帮、客商必经之地，是进入土堡城的重要通道。老人们说过去有兵丁把守，晨开，夜闭，十分森严，保护着土堡城内的安宁。”

茶马古道的必经之地

茶马古道，人们称它为南方丝绸之路，源于普洱，通向八方。有那么一条，穿过莽莽苍苍的哀牢山、无量山，向北伸延，可达西藏。土堡城就位于哀牢山与无量山中段，坐落在无量山东南麓、把边江西岸。站在东门外，远望哀牢山，连绵起伏，近看把边江，滚滚南流。从普洱出发的马帮经过磨黑古镇、德安、梅子就进入了古城的地界大丙洲。沿把边江西岸北上，翻过旧独垭口，经过大铺子、大路边、跌马箐、石牌坊、那洛田、龙王井，便来到土堡城外，再从南大门进入土堡城。此时，日落西山，人困马乏，马帮卸下马鞍，给劳累一天的马添草加料，马锅头和弟兄们烧水、做饭，找土堡城里的头人，请求在此歇息一夜。于是，这里就成了一个站口。第二天，天刚蒙蒙亮，马锅头一声吆喝，一阵忙碌，马铃声声，马帮出北门，告别土堡城，又踏上了新的征程，继续沿江北上。经过四叠岩对岸，跨过玻烈古桥，翻过有理山，进入恩乐地界，一直到景东、大理、丽江，直到藏区。白兆明老人回忆说："儿时只知道，老维西（藏族），喝酥油茶，吹唢呐，唱我们听不懂的歌（藏族民歌），赶着驮马。长大了才知道他们就是马帮，是藏族同胞，他们走过的路就是茶马古道。"

古城北门（刀正富 提供）

茶马古道翻山越岭，蹚过一条条溪水，连起了一个个坝子、连起了一个个寨子，土堡城就是其中之一。"山间铃响马帮来"，他们带来了茶文化，促进了各民族之间的交融，古老的土堡城里，不知演绎了多少故事。但是，随着历史的发展，多少往事随风飘散，离我们远去，更遗憾的是土堡城在风雨的侵蚀下，在历史的变迁中，已经荡然无存，就连那断砖、烂瓦、残垣断壁也已经灰飞烟灭，消失在漫漫的历史长河中，无处可寻。

古城全貌（刀正富 提供）

土堡城的兴衰

土堡城建于清乾隆年间，随茶马古道而兴，因茶马古道而成为一个站口。马帮驮来了物资，也驮来了大山外的故事。1735 年，清朝政府开始在这里设立新抚巡检司，是史料记载中在古城设立的最早的行政机构。

古城西门（刀正富 提供）

土堡城内客商云集，熙熙攘攘。

古城今貌（刀正富 提供）

白兆明老人回忆：直到民国和解放初期，古城街子还保留着古时的样子，大致上呈一个“十”字形，南北街道较长，东西街道较短。还有一块石碑，碑文是用繁体字撰写的。那时年幼识字不多，读不懂，记不下碑文，可能是建街道的记载，现在石碑已毁，实在可惜。听老人们讲，过去的塘上街、老围街、嘎洒街、宽尼街等好多街，都不如古城街热闹。并且只有古城街有石板铺成的街道，有城墙，有城门。1965 年调到原古城供销社的周灿雄回忆：“我刚调来时，古城街是热闹的，十天赶一街，赶街人很多，街子是在茶马古道两边赶的，供销社的门面就在道的两边。周围还有许多老房子。我们的两三幢房子是中华人民共和国成立前地主家的。”民国和中华人民共和国成立初古城街已是如此，更不用说康乾盛世那时是何等兴旺、如何繁荣了。

土堡城外也是人丁兴旺。那几百亩的“雷响田”（雨季来时才有水耕种的田），有名的长路田、湾子田、那洛田、凹子田、碾子田就是从那个时候留下的名称。城外的大片田地供养了城内、城外的人们。

根据地方志的注释，那时居住古城的多为傣族，像南药、蛮海、蛮殿、那卡等都是傣族的译音，全乡范围内的村名、地名都带有民族语言中吉祥美好的含义。各族和谐共处，团结互助。由于当时的社会、文化相对落后，多数人们的信仰还停留在神、鬼、祖宗上，同时又因为茶马古道带来外来文化交流，城内、城外有许多庙、祠堂（碑）。

据几位老人回忆，直到中华人民共和国成立初期都还有几处古庙遗址。有城隍庙，位于城内西北，现为粮管所晒场。有供奉土地爷的土地庙，用于保佑城内人畜安宁。城内正东（现农贸市场），有一座子孙庙，供奉观世音菩萨，用于保佑子孙后代。若夫妻不能生育儿女，到那里烧香祈求，可生儿育女。中华人民共和国成立后这里改建成铁业社（现已解散）。城外东南 0.5 千米，有一座福广庙，据说此庙是从河对岸的寿福搬迁过来的，是由江西、福建、广东籍的白、吴、姚、陶等五姓人家共建的祠堂，每逢农历十月初十，五姓人家到这里祭祖。城外西北约 400 米，有一座杨四庙，供奉杨四郎将军，用于保佑船口潭渡船及过往行人的安宁，1953 年改建为古城乡中心校。城外以西 0.5 千米处的山腰上有文昌宫，曾经办过学校。城外西南的山包上有君殿一座（早年已毁），旁边还有一座四川籍同乡立的川主庙。距城 2 千米左右的西南山梁上有一座白家始祖碑，是唯一现存的可供考证的祠碑。现镇人民政府右侧还有一座缪家祠堂。现镇中学教师住宿区还有一座龙王庙，供奉龙王爷，人们到那里烧香，祈求风调雨顺。

土堡城曾有过繁荣，土堡城曾有过辉煌。岁月悠悠，沧海桑田，清咸丰五年（1855 年），墨江、镇沅一带爆发了田四浪领导的农民起义，起义军誓师地——四叠岩（现墨江地界）距土堡城也只有 10 多千米。起义军首先攻占的就是土堡城以南七八百米的新抚巡检司，于是土堡城便成了起义军的第一个战场。虽然这次起义是反清农民起义，但是它给地方经济、社会发展带来严重破坏，也给地方百姓带来了严重的灾难。起义军活动的十多年里，多次与清军交战，多次出入土堡城，清军也有过多次的围剿。土堡城几经战火，多处受到重创。人们再也无人力财力修复，城墙多处塌陷。战争过后，盗匪猖獗，经常出入土堡城大肆掠夺百姓财物。老人们说这里“地方乱，贼多”。气候的变化又使土堡城内外变为瘴疠之地。土堡城内外的人们死的死，伤的伤，走的走，搬的搬。民谣流传：“新抚坝子一条槽，燕子过了要落毛。”“人口只有几十个，大肚子来烂脚杆。”据老人杨武祥回忆，清末的一位县长杨游贤过新抚曾留下一首诗：“昔时新抚今荒凉，十里平原城占乡。一水横流云去涌，四山环抱树色苍。古城高阁空相对，短碣残碑寻旧章。野老闲谈兴衰事，渔歌一曲送斜阳。”这些就是那个时代的真实写照。土堡城内外人口逐渐变得稀少，一派萧条景象。直到中华人民共和国成立后，古城的面貌才焕然一新。

镇沅哀牢山茶马古道马蹄印（陈海江 摄）

振太古道上的望夫台

在镇沅县振太镇，至今还流传着这么一句顺口溜："紫马梁子两条河，树根坐着望夫婆。树动水动她不动，望夫望成老太婆！"现为纪念忠贞的紫马街女子，诠释其对爱情的坚贞，振太人在望夫台上建盖了漂亮的小凉亭，将望夫台更名为"望夫亭"。

相传在清朝年间，紫马街人的祖辈们就有了自己经商的马帮，每年的秋收一过就赶马外出。出行时间约在八月初六前后，之前就要准备好春、夏两季收购来的茶叶、红糖、蜂蜜、核桃和村里妇女们纺织的粗麻布、麻线等物资，然后挑选一个良辰吉日（一般都选在八月初四、初六或初八，从来不选初五），吉日选定，到紫云庙拜神灵后，紫马街的青壮男子按时背上足够的吃食和生活用具，赶着骡马，结队出发。他们一直往南走，到东南亚的缅甸、泰国、南洋（新加坡）等国家销售振太的山货。

马帮一走就是近半年，直到年尾春节前 10 天，才回到家乡，驮回大量商品物资，最多的是棉花、洋线、洋靛（染料）、夷子、草标（香皂、肥皂）。马帮在草皮街市场上一边出售运回的货物，一边收购振太的山货，准备秋后走夷方的货物。这段时间，村里非常热闹，骡马成群，各种美食的香味铺满了整个村庄。

马帮出走夷方后，村里只剩妇女、老人和小孩，妇女们用马帮运回的棉花纺织粗麻布、麻线，年纪不大的老人打理自家田地，小孩放猪放牛，村里没闲人。妇女们每天晚上都聚集在望夫台上，看着对门山，马帮离开视线的地方，唱着一支支山歌，山歌声在紫云山谷回荡，在妇女们的心里翻卷成泪，这如丝如缕的山歌倾诉出日夜思念丈夫的无奈。据说，有一天晚上，一个女子在望夫台上睡着了，梦见自己的丈夫赶着骡马走在深山老林的山谷中，突然，从密林深处窜出一队人马，高声喊道："站住，这回终于拿着你了。"随即领头的那个黑煞神一刀砍死了自己的丈夫，五六个彪形大汉抢走了所有的银两、货物和骡马。梦中，一个白胡子老公公对她说道"姑娘，这是你的劫数，不要太难过，今后，你要告诫人们，自己的丈夫出去赶马经商之前，应在风雨桥下栽上树桩，绑上铁链，买一把心锁，锁在铁链上。这样，就能拴住丈夫，锁定终身，锁定幸福了。"话音刚落，白胡子老公公就不见了，女人从睡梦中惊醒，哭成了泪人。她每天都以泪洗面，在焦急中等待丈夫，但丈夫始终没有归来。回来的人告诉她的，也和自己梦里的一模一样。从此，她削发为尼，从对门山的白庙里求来木桩和铁链，在风雨桥上下栽上一排排木桩，绑上长长的铁链。并在旁边建盖了一间小小的房子，以卖香纸、红布和锁为生，人们把她卖的锁，称之为心锁，把这个女人叫作斋饭婆。据传，从那里许愿后求来的心锁，锁在铁链上，过后，非常灵验。一时间，这里的香火非常兴旺，邻县的人听说后，即使背上米走三天三夜，也要来到这里求得一块红布拴住自己心爱的人，求得一把心锁，锁定终身、锁定幸福。从此，紫马街的马帮远行时，再也没有遭遇过土匪的抢劫，生意越做越大。到清光绪元年（1875 年），紫马街的马帮到了鼎盛时期，成为当时景东县南五区最大最有威望的商帮。

还有一个传说故事，1939 年秋收过后，紫马街 16 岁的李塾道和 14 岁的张翠花赶在马帮出发前一天结婚了，因时间太紧，双方没有来得及到风雨桥旁求得红布和心锁来拴住自己心爱的人锁定自己的幸福。新婚第二天，丈夫就随马帮出门经商去了，从此音讯全无。张翠花后悔不已，发誓要忠贞一生，来弥补自己的过错。时间长了，村里的长辈们劝张翠花改嫁，但张翠花一直以坚信丈夫李塾道还会回家团圆为由拒绝，公公婆婆归终后也没有改嫁。

张翠花 84 岁后，再也无法下地劳动了，于是，她就每天从家里带点干粮，坐在村口的望夫台上等待丈夫归来。但是，直到张翠花 88 岁，也没有等到丈夫的消息。在生命的尽头，两行无声的清泪从她沧桑的脸颊上滑落，带着无尽的遗恨，张翠花永远地离开了世界。张翠花用 74 年的时间来眷恋自己的丈夫，多少个夜晚，她坐在望夫台上，望着丈夫离开的地方，诉说着自己一生的心碎与无奈。

斋饭婆和张翠花坚贞执着、凄美哀婉的爱情故事，令多少痴情儿女潸然泪下。今天，振太镇党委、政府在风雨桥上新建了栈道，并设有木桩和铁链，也希望新时代的我们，能在这里锁定幸福、锁定终身。

镇沅振太古镇老宅（杨志坚 摄）

镶嵌在茶马古道上的一颗明珠——振太紫马街

振太紫马街，究竟为何街，得知目前已经很难有人说清楚，据1986年镇沅县人民政府编写的《云南省镇沅县地名志》及多方考证，现在紫马街村寨在明天启四年（1624年）前荒无人烟，只有沙滩、水草、杂树林一片，最早的居民也是住在半山上，随着汉民迁入，变得热闹起来。据说，明朝时，一支军队为打仗需要，选择了现在紫马街这片水草荒地作为练兵场，一个首领骑着一匹紫色战马指挥士兵在这片土地上搭建营帐，所建营帐纵横交错，路路相通，白天只见骑着紫色战马的首领穿梭在训练场上指挥训练，晚上各营帐明火通亮，如同街市。军队撤走后，住在河对面的夷家人便把这块地叫作“紫马练兵场”。

明末，从江西吉安府安福县游学到滇的李时芳，来到现在的勐大大井定居，李时芳去世后，其妻杨氏带着儿子李芝藻到振太东边半山名叫马鹿塘（现在上索岗村）的一个小山冲定居，后李芝藻查看到河边这块紫马练兵场，便迁居于此，逐年开垦，后来这里成了李氏家族在振太繁衍生息之地。随着时间的推移，这块紫马练兵场便盖满了房子，成为一个大家庭，住房与住房之间仍像当年明朝军营帐房一样，路路相通，相互照应。李氏家族在这块紫马练兵场立基建寨百年后，振太的商业也逐步繁荣起来，李氏家族的儿孙们也开始向外做起了粮食、牲口交易，时间久了，紫马练兵场就变成了紫马街。紫马街村寨从李氏先祖建基立寨到现在已有近400年历史，整个紫马街村庄由一条大路顺着村寨周边环绕成一个很不规整的四边形，一条主道由北向南从村中间穿过，几条由东向西的小路把村寨切割成上、中、下几片，每条小路又都通向中间或周边的大路。由于上百间民房密集地建盖在一起，到处都有各家出入的路口，致使陌生人进入村寨后就会找不到出口而迷失方向，只能在村子中打转转。

镇沅难搭桥（罗洪波 摄）

走进振太紫马街，映入眼帘的是一条条油亮光滑的青石板路。说到青石板路还得追溯到咸丰九年（1859 年），李文光的祖上到思茅打工，看到思茅有的道路用石板铺面，美观实用，回家后就开始在自家门前的路段上打石铺路，并号召紫马街李氏宗族的人都出工出钱打石铺路，经过几代人的改造，紫马街的大小道路全部铺上了青石板，整个村庄雨天出门路不滑，晴天出门灰尘不飞，成为振太最早比较文明、整洁的村寨道路。由于李文光带头出钱出力打石铺路，他的功德被人们铭记在心，他死后，后人为他题写碑文："窄大路成康庄因君勤勤忙，修庙宇盖学堂好事多多难斗量。"

振太紫马街上还残留着围墙。围墙的来历，据说是 1928 年 10 月 16 日，镇沅里崴的杨伍、杨六带领一帮土匪闯入振太烧了草皮街，土匪的猖獗引起了紫马街李氏家族的高度警惕，在族长的号召下，李氏宗族的子孙们开始在村寨周边修建围墙，原则上属于哪家地界由哪家修建，全寨人相互帮忙。围墙墙脚用石头支砌，入土 1 米左右、厚 0.8 米左右，石脚高度离地面 0.8 米至 1 米，墙脚上面大多是土石混合的舂墙，厚 0.8 米，高度根据地势而定，地势平缓处墙高 2 ~ 3 米。舂墙时，墙体中间一般还用竹片做墙筋，使墙体连接牢固，墙头盖瓦片，防止雨淋损坏墙体。砌墙时每隔 10 米左右留一个枪眼，从枪眼可以看到外边的动静，便于射击来犯的土匪。几年后，除河边有一小段没打围墙，整个村寨都被高高的围墙围在了中间。土匪猖獗、社会治安混乱，紫马街居住在主要路口的人家又建起了炮楼，在炮楼上可以看到外边的动静，一有土匪来犯，紫马街李氏宗族的人们便凭借村寨周边的围墙、炮楼狠狠地打击土匪，紫马街李氏宗族儿孙们的团结行动，保卫了整个紫马街村寨的安宁。

振太紫马街还留有抗日军人李英所建的法式小洋房。小洋房位于紫马街村中西边，1945 年抗战结束后，结束了军旅生涯的李英，带着抗战胜利的喜悦回到了自己的家乡，在自己的地上自行设计，聘请祥云泥工、峨山砖工建盖了自己的庭院。庭院周边是围墙，中间是小洋楼，东边围墙边是一幢石头支砌的楼房，整个庭院花、草、树相间搭配，尽显大方、典雅、幽静之风格。小洋楼墙体为砖体，木屋架、瓦屋面，前后左右厢房自成一体，楼阁高出，整体相连，屋面阁顶直立，屋檐大角飞翘，洋味十足。内室各个厢房开大窗，通风透明，层高 3 米有余，屋内顶面用本地竹片火烤后编织成网钉在上面，在竹网上又用石灰混合泥粉刷，平整、光亮、美观、牢固。建盖在庭院东边的石木结构楼房也尽显它的壮观，墙体前后左右全部用碗样大小的石头加石灰混合支砌而成，整幢房子墙面笔直光滑，经数十年的风霜雨打无一损坏，可见建筑师们技艺的精湛，李英家所建的法式洋楼可称当地建筑一绝。

镇沅子马街民居建筑（李晓文 摄）

除李英家的法式小洋楼，人们还会被李氏家族其他民居所吸引，那里的墙脚石、大门石、正房前坷蹬石、马头墙、木栏花窗、铁栏花窗等建筑物都具有较高的艺术水准。石头是民居建筑的基础材料，在紫马街的民居建筑基础中，人们可以看到的是选料较好的石头，每个石头面都是用铁錾子修出狗牙线条按一定的高矮要求支砌起来的，据说，石头与石头中间是用糯米饭舂拢石灰粘连在一起的，相当稳固。马头墙上的烽火砖飞翘挺立，重心平稳，支砌在正房厦子两边，如同奋进的骏马。还有那马头墙或是正房墙横头或是大门外围墙上的图案，线条流畅、图案各异，据说是画匠用“金墨”画出来的，至今还是那样清晰可观。走近房前，你还会看到那些架在门栏两边的木花窗、铁花窗。木窗多数是大理剑川木匠制作的，每根木料有着自身的图案，数根木料拼接起来又是一个或是几个图案，据说，木匠师傅在雕刻这些图案时，每天的工钱以雕刻出来的木渣重量计付，一两木渣付一两银子。铁花窗是从外边购买用骡马驮回家的，房门两边安上木花窗、铁花窗，一是通风透明，二是美观大方，各家都自有特色，尽显阔气。

走进振太紫马街，一口口吊井会使你感到好奇。有的吊井在自家院子里，有的吊井开在大门外，也有的吊井开在离家稍远的河边，也许是与水源有关，也许是把自家用的吊井与众人用的吊井区别开来的缘故吧。这些吊井开凿时，先是把土挖开，根据水源情况，深达 5 ~ 10 米，然后用规整的石头支砌成直径 1 ~ 2 米的圆柱体，把渗透出来的地下水储存在井里，井口边多数用弧形石条围砌成圆形井照，也有的是六边形的井照，起到安全防护及防止井边脏水回流到井里的作用，有的井照光滑坚实，有的井照周边还雕刻有各种图案。紫马街人吊水不同于北方人，北方人吊水时，在井边安装一个辘轳，把绳索一头拴在辘轳上，另一头拴在吊水桶上，只要转动辘轳，吊水桶往下放就能盛满水，再把辘轳摇动拉出盛满水的水桶就成了。紫马街人吊水井边不安装辘轳，要吊水时，把绳索一头拴在桶上，另一头用手捏好，把桶放下井用手一拽绳子，井里的桶便会翻身打满水，人在井边往上拉动绳子一桶水就算吊到了，不会用力拽绳子是不可能吊到水的。虽然现在已经被自来水代替了，不过，多数吊井还在，有兴趣你可以去试一试。

走进振太紫马街，青石板上深一脚浅一脚的马蹄窝会勾起你对昔日马帮的联想，那摇响富裕、摇响春光的马铃声又会回响在你的耳际。在过去振太还只有天上的飞机路而没有地上车路的时代，紫马街李氏宗族的儿孙们凭自己的智慧和胆识，利用当时最先进的交通工具骡马，走夷方、走省城，把一驮驮茶叶、土特产从家乡驮往外地，把一驮驮生产用具、生活用品、棉花、洋货从外地驮回家乡，从中谋取利润，收获财富、收获幸福。中华人民共和国成立前，紫马街常年走商道的马帮多达30余把，还有很多人家是半农半商。紫马街的马帮不论走夷方还是走省城，都结帮而行，团结互助，买卖诚实守信，赚钱有道，常年在商道上走，本着人不犯我我不犯人的原则共谋利益，同时结帮而行的队伍防范意识强，赶马哥们个个有胆有识，抬枪护卫身手不凡，一般识相的土匪是不敢抢的。多少代紫马街商人用自己的脚板丈量着商道的长与宽，丈量着商道的险与恶，一个个深深的马蹄窝渗透着他们的汗水和艰辛，装载着他们的商情和银圆。

在振太紫马街，人们最不会忘记的是推动振太文化教育前进的先辈们。早在1834年，振太上索岗李上清就考中举人，被聘为威远厅（今景谷县）风山书院院长，从事教育工作。1909年，紫马街李实带头捐银160两，创办振太第一所高初两等新式小学（今振太中心校前身）。1939年，李恕庵带头捐款2000元，创办振太第一所中学（今镇沅二中前身）。在当时政府及振太民众的支持下，李氏宗族的先辈们积极行动，不但兴办教育还积极植树，现在振太卫生院旁边长得笔直挺拔的思茅松就是在李恕庵的号召下于1939年种植的，这是思茅地区最早的人造林。这是紫马街团结一心办教育，团结一心育人的功绩。

振太因有紫马街先辈们的高瞻远瞩，才有今天“文化之乡”的美称。至今，振太紫马街的学子们更是奋力向上，永攀高峰，向名牌大学、重点大学迈进，为传承祖德、实现理想而奋斗。

走进振太紫马街，你会领略到振太一个古老村落的起源与发展，你会感悟到一个民族精神的伟大所在。

梦回草皮街（绘画：沈康华）

镇沅通京山神庙

通京山神庙，位于镇沅县者东镇麦地村转马路组，地处哀牢山自然保护区西坡中段，是镇沅县横跨哀牢山的五条通京茶马古道中保存最为完整、集庙宇与驿站为一体的古建筑，被誉为“茶马古道上的活化石”。

山神庙占地面积490平方米，坐北朝南，建筑面积326平方米。山神庙园林区围墙用当地石块堆砌，高1.4米、宽0.6米，内有栎树4株，最大一株周长0.72米，直径0.23米。进门10米往右，朝正北大殿向有马厩2间，每间16平方米，东侧马厩长有核桃树一株，周长1.6米，直径0.51米。过了马厩通道，便进入大殿区，由主殿、客房（驿站）、伙房、院场组成。

主殿位于正北，面积55.18平方米，用十二棵木柱支撑，其中两根木柱石墩雕刻道家法器及花鸟吉祥图案。从院场上主殿共九级石阶，过两个门神供台，依次供奉有山神、玉皇大帝、观音菩萨、财神。大殿东侧有部分文物遗存，其中一块石刻残缺的伏虎神像，栩栩如生，底座有“棋阳”楷体阴刻字样，查证为捐赠信士姓名。东南侧一块石砌祭台，当地人称杀鸡处。西南侧有两个供台，当地人称以前此处供奉日常菩萨，护佑五谷丰登、六畜兴旺。

通往通京山神庙的古道（刘庆鼎 摄）

通京山神庙遗址（陈海江 摄）

大殿中间有一院场，当地人称为“天地”。宽10.3米，进深6.9米，面积71.07平方米，正中有一块八边形天柱石，一面雕有“信士董穆言、董南有敬立”楷体阴刻字样，另三面有插花图案，分别是红花、白藕、青莲叶。东南有两个供台，是“太阴”“太阳”供台。

西侧是客房遗址，面积44平方米，是过往客商、香客的住所。东侧是伙房，面积44平方米，是山神庙道士住所，也是过往客商、香客做饭的伙房，此房正北供奉着道人祖师。山神庙东南侧30米处，有石砌古井遗存。

据转马路组村民李明昆讲述，大清年间，缅甸入侵云南普洱地区，清军反击，清廷派新平水塘尉迟大人翻越哀牢山出征，途间忽雨忽晴，山高路滑，因粮草、烟瘴等，将士们死伤无数。尉迟大人请奏朝廷，在此处建盖山神庙作为镇山庙，超度阵亡将士英灵。获准后，大人亲募附近土民，堆砌石块，搭建草房，安放神像，祈福拜神。

据当地老人讲，通京山神庙是哀牢山最兴旺的庙宇，也是最灵验的庙宇，正月初一、小年十五、二月十九观音圣诞、八月十五等日子，周边村组及邻县信众来敬香者络绎不绝。马帮从按板驮盐巴、马邓驮茶叶，横跨哀牢山，过新平，到昆明，换回布匹、日用品。马帮过山神庙必须拜山敬神，取得通关平安符，保一路平安。

转马路组村民刘志华留存“通京山神庙通关平安符”一枚，符章镌刻“天师敕令 道经天宝 诛妖斩邪罡”“龙门灵符镇皂王赵马殷”“三界魔王皆拱手 十方外道悉皈依”等文字，对研究茶马古道文化及沿途风土人情有着极其重要的意义。

中华人民共和国成立后，山神庙共经过 5 次修缮，1984 年转马路村民刘汝柏（已故）第 1 次修缮，1999 年刘汝柏第 2 次修缮，2004 年李明舜、刘汝柏组织第 3 次修缮，2009 年李明舜、刘汝柏第 4 次修缮，2014 年县自然保护区实施遗产地项目，进行第 5 次修缮。

当地人对山神十分虔诚，因此在山神庙有一定的禁忌，在庙宇周围不能狂言妄语，更不能做出亵渎神灵的举动。听说，有一位外地人因不知禁忌，在庙宇前说了不该说的话，当即晕迷不知所终，三天后才寻找到。中华人民共和国成立前，有个新平来的马锅头驮布匹，到山神庙杀鸡祭祀，因赶路太紧，拜山敬神仪式后，反手把鸡拴在马背上就走。结果马帮下到细腰子，山间一只斑斓猛虎迎面扑来，吓得马匹四窜而逃，马锅头瘫倒在地，这时山神庙方向传来一声低沉的吼声，老虎才退去。从这些传说中，我们领悟到人要与自然和谐相处，人类不得违背自然规律的道理。

从山神庙出来，我们向着新平界碑（“自然保护区镇沅 100”号界碑）走去，古道曲径通幽、崎岖难行；古木繁盛茂密、遮天蔽日。这是一段在岩石上开凿的台阶，马蹄印深深浅浅，历经沧桑与风雨。一阵凉爽的山风拂过，这时，我们仿佛听到了马帮铃铛的声响、马锅头悠扬的山歌，我们一起走在过去与现实之间，感受着茶马古道带给我们的一份馈赠。

通京山神庙现状（陈海江 摄）

普洱茶马古道之景东篇

景东安定：茶马古道咽喉关

安定镇位于景东县北部，是普洱市的北大门。东临大理州弥渡县和楚雄州南华县，南与文龙乡毗邻，西与漫湾镇以无量山脊为界，北和大理州南涧县接壤。镇政府所在地叫鼠街，这个面积不大的小山镇地处无量山东坡和哀牢山西坡之间，是“昆明—下关—普洱—景洪”这条黄金旅游线的必经之地。川河自大理南涧县的宝华乡发源，在安定这片热土上曲折迂回。

虽说在安定，我只是一介过客，而且是匆匆的过客。然而，一脚踏进这里，那浓得化不开的沉香古韵便让我禁不住对这个与众不同的小镇一见倾心。正如它的名号一样，安定是个一走进去就会让人心绪安然的地方。对这个小山镇而言，大多数人也和我一样都是过客，但与它短暂地相遇后，对它便会分外牵挂。

安定是普洱至西藏茶马古道的咽喉要地。早在明代以前就在此设立了关卡。旧志载：“安定关在郡北四十里，乃入郡之咽喉，为景蒙之北界，接壤南涧。”据说，鼠街上街的两端街口曾设南北门，虽说现已被毁，但两个端口依然还被村民们叫作大栅栏门。

历史上的安定关曾经是盛极一时的山镇繁华地，这个三面依山、一面临河的小山镇，早在一千多年前的唐朝南诏时期就是进藏茶马古道的重要枢纽。千百年来，通过这小小的咽喉要塞，往北可以到达大理、丽江、迪庆、西藏；往南可以前往普洱、勐腊进入缅甸、老挝；往西可以进入云县，经耿马、镇康、凤庆、瑞丽抵达缅甸。曾几何时，这座大山深处的小镇子，随着南来北往的马帮商贾们匆匆的脚步、不倦的马蹄而声名远播。如今，在弯弯曲曲的街道两旁遗留着的大都是拥有百年历史的老宅子，其一庭一院，建造井然。民居大都属于明清风格，青瓦盖顶，斗拱木壁，兼具明代疏朗淡雅和清朝精美繁复的特点。临街的小木屋都有外柱廊，出檐数尺，供行人遮阳避雨。传统的四合院回廊曲径、古雅幽翠。

在一户人家的院子里，我们和一位老人攀谈了许久。问及当年的茶马盛事，他手指一掰就道出了几代赶马的祖先。驮茶叶、驮草纸、驮滑竹、驮盐巴、驮瓦货……他们的祖先就是在这个关口上来来去去的。其实我知道，和安定人的祖先一起在这里来来去去的还有藏帮、回帮、纳西帮，他们或南下走“夷方”，或北上当“藏客”，在这小小的山镇中演绎着风云传奇。提及当年，这位老人的记忆显然还在那段历史中流连。他絮絮叨叨地告诉我们，原来安定有户谢姓人家修建了一个马店叫谢家大店，中华人民共和国成立后，1951 年国家还在谢家大店建立了茶叶收购站；安定有许多名气很大的马锅头，有一个叫毕文秀的，他统领着安定东西两山的 100 多匹马，在这条古道上运输物资。上到大理、丽江，下到普洱、勐腊。因为忠厚老实讲诚信，沿途的大小老板、各类生意人都很喜欢他，可惜在 1917 年赶马途中得了急病，死在了普洱商会会馆。

推动鼠街盛极一时的，除了南诏时期茶马古道的开通，还有历史上大量茶叶的引种。

南诏国时的普洱茶已经作为一种土特产品传至中原，还进入皇宫朝廷，宋李石《续博物志》就有“西番之用普茶已自唐时，普茶名重天下，京师尤重之”（这里的“普茶”就是“普洱茶”的简称）的记载。后又随文成公主陪嫁给松赞干布而进入西藏，因为品质上乘、解毒祛寒、消食去腻等备受藏族青睐，被视为“酥油茶”的极佳配料。加之自唐代已开始的茶马互市，唐初，吐蕃南下，在中甸境内金沙江上架设铁桥，打通了滇藏往来的通道，“银生城界诸山”广泛种植的茶叶就这样翻雪山、漂金沙江、过丽江运往雪域高原，远销藏区。为了满足日益增长的茶叶需求，作为茶马古道咽喉关的安定也开始广泛种植茶叶，如今依然有许多古茶园茶山得以留存。

在诸多的百年以上的老茶园茶山中，最为著名的就是老仓福德古茶山。这座古茶山涵盖了无量山东坡安定乡辖区内的迤仓、中仓、外仓、河底、民福等村，面积约463平方千米。茶山上的村落大都是彝族聚居区，茶园大多在村寨边。那天，安定镇的书记、镇长一起带我们去参观了这座古茶山，在一座叫冒花山的山顶上，是一望无际的古茶园，茶树的历史大约都在百年以上。由于海拔均在2000米以上，离村寨有一定的距离，除采茶季节，人们几乎不太去管理，茶园完全处于原生态自然放养状态。冒花山顶的土质中夹有大量未风化的红砂石砾，沙性很重，所以这里的茶树生长得极为缓慢。

在迤仓村，我们看到村寨边有大量树龄古老的茶树，由于日照充足、雨水丰盛、土质肥沃，茶树不仅身形茁壮，芽头也格外肥嫩。1923年，中仓村人罗俊卿用老仓福德古茶山春茶精心制作的“老仓”牌春茶获得了云南省劝业会颁发的优等奖，云南省劝业会总裁、省长唐继尧亲自为他颁发奖章和证书。

茶马古道上的安定关，以它的咽喉要塞、以它的普洱茶香成为漫漫古道上不可或缺的重要一环。直到今天，这条普洱至西藏茶马古道，仍然包容着各种民族、各种宗教和文化。沿古道而行，就像进入一条色彩斑斓的文化长廊，而安定就是这个文化长廊里承上启下的精彩一笔。

安定镇政府所在地鼠街三面环山，古老的与新建的商铺民居混杂着一直延伸至山脚。半山腰上，有一条古朴别致的小街，名叫上街。这条街道至少也有几百年历史。如果说安定是茶马古道的咽喉要塞，那么上街就是这条咽喉的“喉管”。石板铺就的古道穿街而过，古时在街的两端分别设有两道栅栏门，称为南门和北门，两道门均有官兵把守。如今，栅栏门荡然无存，但上街依旧静静地在岁月中延伸。

我敢说，这是我所见过的最为淡定而又静美的古街，从街头至街尾几乎找不到任何浮躁的痕迹。没有刺眼的瓷砖，没有突兀的钢筋平顶房，更没有横七竖八的电缆线，有的只是清一色的青瓦、石阶、木板壁、格子窗。一层或两层的砖木结构建筑，随高就低，顺势而建，邻里相接，唇齿相依，街倚房建，房与街齐，由近及远，呼应顾盼。上街的居民有着养花种草的习俗，家家门前种花种草，君子兰在窗台上绽放着耀眼的色彩，四季海棠在墙角边静静地盛开，一棵紫薇在一扇古老的窗前默默地舒展着枝叶。正如“安定”这个小镇的名字一样，街上的一切都是那样静好。

陪我们逛街的罗书记是在这条街道上长大的，就像熟悉自己的掌纹一样，他熟知这条街道每一个细微的地方。他带着我们从街的这端走向那端，又从街的那端走向这端，说着一街的故事，也和一街的人亲切地打着招呼。在一户饶姓人家的堂房门前，我们看到一块古老的匾额，朱红色的底子已经有些斑驳了，匾额上书“耆德可风”。这是一块立于光绪十四年的牌匾。罗书记告诉我们，这块牌匾是清光绪年间云南省翰林院和督学院授予的，是对饶家祖先遵纪守法、家风淳朴、乐善好施的嘉奖。据说，悬挂此匾额时，整个鼠街喜气洋洋、热闹非凡。地方官员、乡绅邻里、亲朋好友纷纷前来恭贺。饶家杀猪宰羊，大宴宾客，整整热闹了三天。正当我们一行人怀着敬仰的心情立于匾额之下时，堂房的木门吱呀一声启开了，我们的面前出现了一位白发苍苍的奶奶，她正是这家的女主人。她看我们对匾额如此感兴趣，就高兴地和我们聊天，她告诉我们，她家祖上吃斋念佛，曾传下来一套木雕的经书，那是光绪、宣统年间，祖上从省外请来工匠，用梨树木雕刻而成的，刻工刻一个字五文铜钱。她说，1989 年的时候，来了一位地区的研究人员，这些经书被他收集去了。

离开饶氏奶奶家，我们继续悠闲地逛着。有时大家会停下脚步来看一看某一个细节，一边触摸着过去光阴留下的旧迹，一边寻觅着久在城市里迷失的性情，然后感慨一番。这时，天空忽然飘起了细细密密的雨丝，抬头看时，上街所依靠的青山被云雾遮挡住了，众多的峰峦在云雾中若隐若现，神秘莫测。上街脚下的整个鼠街小镇，也在一片烟雨迷蒙之中，如梦如幻，实在是美极了。后来在翻阅《安定乡志》的时候才发现，早在一两百年前，就有人和我一样站在上街的某一个地方仰望青山，并留下“出云复入云，行地不在地”的感慨。

时光拂去了马帮给上街带来的繁华和喧嚣。今天，由于茶马古道的衰落，这里变得古朴宁静，空气清新。上街上仍居住着心性恬淡的老人，他们就像时间雕刻的作品，静静地陈列在上街两旁，和这条古街一起，成为时光的展品。

游览古战场，去感受曾经的刀光剑影、烽火边城，像苏轼游赤壁一样脱口而出：“乱石穿空，惊涛拍岸，卷起千堆雪”；像辛弃疾在京口北固亭怀古道：“想当年，金戈铁马，气吞万里如虎”，这样的场景和气魄令很多旅游爱好者心驰神往的，没想到，我居然能在安定寻找到这样的感受。

上街的后山顶，当地人称之为营盘山。这里东连哀牢山脉，地势极为险要。南面是陡峭的山坡，只有西南方有一条崎岖小路直通山顶；北面是悬崖绝壁。山顶如今还保留着清代末年李文学率领的农民起义军营地遗址——嘎哽营。营地面积 12911 平方米。当年李文学率军驻扎时曾在此地设一营、二营和后营。后营 700 多米处，如今立了一座保护古战场遗址碑。

漫步在这蒿草丛生的古营地，仿佛还能感受到一股萧瑟的战场气息。山顶还遗存着当年起义军营盘古堡一角，为方形，高 4.5 米、宽 12 米。下半部用石块砌成，上半部用土夯实。每间隔一米便有射击孔和观察口。古堡外围是不规则的石块砌成的工事和战壕，上到山顶的小路两侧还残留着 20 多个步哨工事。

我徘徊在古兵营地中，抚今追昔，仿佛看到了当年军旗猎猎、鼓金齐鸣、士兵巡逻、严格操练的肃杀场面。

李文学领导的哀牢山彝族人民起义爆发于 1856 年 5 月，是云南杜文秀起义外，影响最大的一次起义。起义军先后占领了 3 万余平方千米的土地，坚持斗争了 20 年。李文学积极发展农、牧业，善于团结各族反清力量，赢得了当地汉、夷民众的广泛支持。起义失败后，一位参加过起义的清朝贡生撰写了一部《哀劳夷雄列传》，以记载起义军的事迹，并且评价说：“ 十八载励马磨刀，当世英雄，志在灭清兴汉，完整河山成一统；千百户馨香俎豆，今日人民，心有覆浪翻江，口碑青史颂达人。”

所幸，我们生长在和平年代，不用体验战场上非生即死的血刃之争。但当你去古战场凭吊时，就会寻找到我们永远都不应丧失的东西：对生的意义的品悟、冲向利刃的勇气，以及碧血染青山的英雄气概……

景东清凉：一条古街与一座古村的风景

清凉是一个行政村，那里有一条古街叫清凉街；响水是清凉的一个自然村，这是个拥有漫长历史的村庄。

第一次到清凉街是在 3 年前的夏季，那个夏天一直在下雨。我带着《普洱》杂志的记者寻访哀牢、无量古茶山以及茶马古道沿线的重要村镇，到清凉的那天刚好碰到了一个好天气。明媚的阳光中，满眼的草木都显得格外洁净。微风中还夹带着昨夜雨水留下的气息，湿漉漉的正如这个村庄的名字一样，让人觉得清凉无比。一下车，深深地吸了一口迎面扑来的新鲜空气，迫不及待地踏上了这条清静得几乎听不到一丝杂音的古街。

古老的石板路在湛蓝的天色映照下显得素净无比，街道两旁清一色土木结构建筑，完整地保存着明清时期的瓦顶木架结构，只是落尽了往日的色彩，被时光浸染的木本色泛着岁月和尘埃的味道。面朝街面的底层一律是小店铺，不动声色地看着我们这些一大早就来打搅它们安睡的不速之客。只有偶尔从某家院落里传出来的狗叫声才使得这宁静的氛围稍稍被打破。

一间接着一间的店铺门板或许已经很久没有开启过了，但依然能让我联想起它们昔日的繁华和热闹。茶马古道上的马帮运输让清凉古街拥有过盛极一时的繁荣：一队又一队大大小小的商贾马帮，伴着清越的马蹄声，带着一身疲惫来到清凉古街后，稍做休息，吃饭、喝茶、钉马掌，充实补给，然后又沿着古镇不宽的石板路面，浩浩荡荡或南下“走夷方”，或北上当“藏客”。

由于地理位置特殊，清凉街一度成为“茶马古道第一街”。

自从有了普洱茶的藏区市场，就有了茶马互市，茶马古道的开辟，成就了清凉街的繁盛。在千百年的历史里，走过路过清凉街的商旅俱增，使之成为北上大理、丽江、迪庆、西藏；南下普洱、勐腊的重要通道，成为中原文化向边缘地域渗透的必经之地。

而此刻，古旧的街道已经失去了往日的繁华，恰似一位曾经沧海、须发皆白的隐者。行走在狭长的街道上，不时会看到深浅不一、大小不同的马蹄印，循着岁月的痕迹，就这样走进深远的历史，耳畔响着马蹄声、马铃声、赶马汉子的吆喝声，空气中仿佛也飘荡着浓浓的马汗气息。

清凉街算得上古风犹存。偶然朝某个门洞大开的小院一瞥，庭院深处全是兰花、文竹，还有雀舌黄杨木（万年青）。这些花草清清淡淡，毫不张扬，正如古街道上的居民一样，带着他们的气质，与世无争地生活。信步迈入街道上方一座颇有气势的四合院，院内宽大的天井是用古老的青砖铺就，四围台阶是精心打制的条石，让人感觉到它的不俗。主人淡淡地告诉我们，这间宅子是他家的祖产，中华人民共和国成立后收归国有，改革开放后，弟兄几个凑钱将它买了回来。说这话的时

景东清凉老街（周德翰 提供）

候，他的表情很淡然，丝毫没有觉得有什么不平，就像是做了一桩顺理成章的买卖一样。

出了这家的门，街道上也多了些人声，有三五个孩童在嬉闹耍乐，他们踩着阳光投射在街道上的房檐影子相互追逐。满脸皱得似核桃壳一样的老人也走出了老屋，悠闲地坐在自家门前石阶上，宁静地看着偶尔来往人影，孤独地咀嚼着往日的故事。

不忍心惊扰老人家的清静，我们放轻脚步，穿过洒满阳光的街道，带着满心期待走进了响水古村落的风景中。

清凉响水古村安静地处于川河坝一隅，散发着浓浓的景东地域特色。这里还保存着具有一定规模的装饰精美、富有南诏风情的古建筑群。

正是人们的劳作时间，村里静悄悄的，只有我们一行人的身影在慢慢摇晃，一切都恍然如梦。村口既没有牌楼也没有大幅标志，只有一棵百年古榕树在唱着亘古不变的歌谣。

村中的道路至今仍为石板与青砖原貌，只是有的地方已被风雨残蚀得若断如续。一间间门当户对的古宅都是那种"三房一照壁""五井四合天"的架构，兼有大理南诏和江南民居的风格，都是雕梁画栋，刻着鸟兽、花瓶、吉祥八宝等图案。这样的木雕只有在江南一带才可以见到，在边地应该算是凤毛麟角了，可是现在却满眼皆是，加上村里有潺潺流水，村后有青山叠翠，村中房屋青砖黛瓦、飞檐翘角，大有一种回归江南的感觉。

漫步在响水古村落，就像是翻开一段尘封的日子，好似走进了旧时的光阴中，让人有恍若隔世的感觉。微风不断地吹拂着，能听到风儿穿过窗棂的木格时发出的声响，

弯弯曲曲的小巷将我们引入了一所大宅子里。这是在景东赫赫有名的梁家大院，虽然现在看起来已经是歪倾颓圮了，但仍然展现着走马转阁的恢宏、雕花镀金的精致、高屋建瓴的气势。1894年的一天，云南抗日名将梁星楼就出生在这所大宅子里。这间深宅大院承载着梁星楼幸福的童年。那时，他在村中读私塾，继而到昆明省立第一中学求学，毕业后考上了云南讲武堂，学成后在滇军中任职，之后又被选入陆军大学深造。1937年回滇后率部参加了诸多抗日战役，特别是在他任少将副军长兼岳浏师管区司令期间，更是战功卓著。有一次，在湘北半月防御战中，梁星楼率部顽强抵抗，打退了日军一次又一次的进攻。就在最后一天的阵地争夺战中，友军突然撤退，致使梁星楼受到日军包围，但梁星楼率部英勇作战，立下了赫赫战功。

今天，岁月和尘埃封存了这所豪宅，但那依然存在着的青砖黛瓦、镂空窗格、雕梁上衔泥的燕子仿佛都在讲述那些真实的过往。即使是在光线微弱泛着烟尘的幽暗角落里，只要用心倾听，都能听到这古宅里的故事在光阴中轻轻流动。

梁家大院的后门就是响水村的中心，几棵巨型榕树在蓝天下舒展着古老的身姿。榕树下的古井闪耀着幽幽的水光，像岁月的眼睛，静静地注视着人间变幻，又似时光的镜子，明鉴着世态风云。井水，是自然给予响水村的恩赐。在井边洗菜的村民说，井水的泉源有两股，一股是无量山上流淌的溪水，另一股是井底渗出的泉水。遇上干旱时节，溪床露出了鹅卵石，而井水始终齐平井沿；雨水季节，井水也不漫溢。他说："天越旱，井水越冒得欢。"无论多少人打水，无论打去多少水，井水总能及时补上，恰到好处。

古井边潺潺的溪水依村而流，一群白鹅在水里惬意地洗浴。说实话，当我一脚跨进这个小村的时候，还真以为自己到了江南的某一个古镇，相似的曲径通幽，相似的水流婉转，更难得的是相似的安静。可抬头看到那些高耸入云的山峰时，才又忽地意识到，我身处的地方是无量山麓一个散发

着南诏遗风的村庄。

深山藏古村，世人未曾识，能在这样一个远离纷扰与喧嚣的隐逸之处生活是一种福分。此刻我在这本色天然的村中走走停停，扑面而来的是难得的祥和、宁静与温馨，仿佛古典的时光和节奏从来就未远去……

景东古桥

景东县境内保存着普洱大地上存量最多，年代最久远，保存最为完整的古桥。这是我在遍访景东各乡镇，探寻景东古桥之后所得出的结论。

景东境内河流众多，流域在 10 平方千米以上的就有 46 条，水多桥也多。旧志载流传在民间的顺口溜说景东城南有七步三桥："七步路，三道桥，过了桥，不见桥。"形象地说明了景东古桥的数量之多。仅于明代进入志书的桥梁就有上百座。景东史上最早的桥首推澜津桥，它距今已有 1900 多年的历史。这是一座铁索桥，为景东通往云县的交通要道。从汉代开始，景东就是滇省重要通道。北通楚雄、昆明，南达思茅、景洪及东南亚诸地，西连临沧、德宏、缅甸并通印度，是一个南通北往的重要地方。东汉永平元年（58 年），为加强与澜沧江西部的联系，统治西南的地方官下令在澜沧江流急滩险的峡谷中修建"笮桥"，即铁索桥，时称澜津桥。据旧志记载，澜津桥建桥之处两岩峭壁林立，急峡复磴，高广千仞，自古称为天险。

在澜沧江上造桥，一直都是百姓的心愿，为了这个心愿，民间演绎出了很多故事。说自古以来每到雨季来临，澜沧江就奔腾咆哮，击起冲天巨浪，隔断两岸百姓的友好往来，在欢乐大喜的吉日，都只能隔江相望叹息，不能相互庆祝，不能对歌同舞，人们多么希望能在澜沧江上搭起一座大桥啊！娥劳布（彝族传说中的英雄）了解到两岸百姓的心愿后，决心在澜沧江上搭座大石桥。一天，娥劳布约妹子娥老囡到山上找石头来造桥。他们选了三个大石头，娥劳布挑两个，娥老囡背一个，一前一后向江边走去。娥劳布的担子重，走得慢。娥老囡的担子轻，走得快，很快就把大石头背到澜沧江，放在江心上，等着哥哥娥劳布挑来两个大石头做桥墩，就可以把桥搭起来。

可是娥老囡等着等着，忽然传来"啪啦"一声巨响，吓得娥老囡回头一看，只见娥劳布的扁担断成两截，两个大石头重重地砸在江边，而两截扁担腾空飞起，落到很远的九龙江那里去了。娥劳布也突然被一股气流卷起，慢慢升向天空不见了。

两岸百姓闻讯赶来，失声痛哭。人们跪着向天空哭啊哭啊，流下的眼泪汇成山洪，冲进澜沧江里，使江水发怒，腾起冲天巨浪，吼着冲向天空。突然，天空中飘下一张黄表纸，人们急忙抓住一看，才知道天神看重娥劳布勇敢能干，把他请到天宫做佣人去了。而娥劳布和他妹子娥老囡搬来的 3 块大石头，没有人能搬得动，没有人能搭起桥，就永远沉睡在澜沧江江心了。

漫漫古道，山高水长，河流成了阻隔路途的最大障碍，每座桥都是人们前行的希望。这些桥，总是出现在人迹罕至、山高水急的危险地段，它们以超常的坚韧，串接起人们前进的脚步。

造桥当然希望能天长地久地给交通带来便捷，基于这个美好愿望，几百年前的景东人造侨之初必定选址拜神看风水，根据风水原理选择造桥的材料、决定桥的形态及桥梁上的石雕饰物。县城西北边有一座始建于明代的桥叫通化桥，风水先生认为"山主富贵，水主财"。景东城西北方菊河、川河两河交汇之后向城外流去，为了留住财气必须建桥扼住关口。于是，一座颇具规模的石拱桥横跨在川河与菊河交汇的水流湍急处。几百年来，通化桥一直发挥着它的交通功能，而桥中间的锁水

景东龙街石拱桥（周德翰 提供）

景东花山风雨桥（周德翰 提供）

犀牛、桥两端镇锁关口的石狮子几百年来也默默地为景东人守护着滚滚财源。

风雨桥，是茶马古道上的地标性建筑。景东县境内的花山风雨桥，是茶马古道上一座保存最为完好的石台水面瓦房古桥之一。桥两头建有用砖和土砌成基础的亭子，坚硬和牢实的大木做基层，厚实的木板铺设桥面，桥面上立有坚固的木房架，房顶覆盖着青瓦。桥的两边有木栏杆及长木凳，为长途跋涉的人们躲避突如其来的风雨提供庇护。这座风雨桥结构坚固、造型古朴，虽然经历了沧桑巨变，但它却静静地独处一隅，任凭脚下的流水千回百转，川流而过，它依然坚强地、真实地存在于天地之间。我曾坐在桥上凭栏远眺，在车辆如梭的今天，古桥尚存，马帮不再，蜿蜒于山林间的古道听不到清脆的马铃声，只有风过林梢时摇响起松涛阵阵。有时，双脚踏着桥面上布满尘土的木板，就像踩着一段光阴，恍恍惚惚步入历史深处，去领会景东人的祖先从桥面延伸至千山万水战胜自然的意志力。

单孔石拱桥，是景东遗存数量最多的古桥，大都建造在地势险要、水流湍急的地方。我们曾沿着川河的支流嘎根河寻找古桥的踪影，在不到 5 千米的范围内，就发现了三座单孔石拱桥，这些古桥掩映在一河柳树中，桥面都以青石铺就，磨得光滑的石板泛着青光，桥孔浑圆有型，颇具江南小桥的风范。

在太忠乡的嘎仰村村口，我们还看到一座老得说不清修建年代的桥，当地人称之为“杨四将军桥”。据说，这座桥是具有神性的，它可以回应人们的祈愿，为人们带来平安。于是，在桥头茂盛的大榕树下，人们建起了一座小庙，庙中供着桥神“杨四将军”，还题有一副对联，上联是“身披军甲除水怪”，下联为“手持铁斧斩地妖”。“杨四将军”的形象就雕刻在一块石碑上，目光炯炯，长须飘拂。谁也说不清楚这“杨四将军”为何方神圣，但村民们坚信，他就是无所不能的桥神，景仰和崇拜他的便会获得他的庇护。所以，方圆十几个村寨的人们，有病有灾时，都会请桥神消解；

人逢喜事时，对桥神拜谢；小孩不听话，就拜继给桥神做干儿，求桥神帮忙调教；孩子身体弱，或是八字不好，也拜继给桥神，再取个“桥保”“桥顺”“桥福”之类的名字，以保孩子一生平安……

其实，就桥而言，在所有的人类建筑中，它具有完全不同于其他建筑的文化内涵。人类建筑无非三种，房屋宫殿、庙宇陵墓和道路桥梁，房屋是人类恐惧和抵御自然灾害的产物，庙宇陵墓是人类敬畏和膜拜自然的产物，只有桥梁具有强烈的与自然抗争的内涵，这种对自然的征服能力被人们看作神力而加以崇拜也是顺理成章的。

提到景东的古桥，就不能不提景东太忠人。如今遗存在景东境内的上百座明清古桥，大多为太忠人所造，因而太忠又有“桥工之乡”的美誉。从古至今，太忠人造桥的足迹北到大理、丽江，南到西双版纳，邻里县乡的桥更是不乏太忠人的智慧和力量。

在太忠乡的岔箐村，我们看望了一位老桥工，年近90的老人独自住在河边一座小院里。老人告诉我们，他是63岁时才入行造桥的。虽说才有20多年的造桥经验，但他曾用自己身为木工的优势改良了拱桥建造技术，让造桥变得更加省时、省料又省力。原来，这位老人还是太忠造桥技术的推动者。老人住的小院与村子还有一段距离，已经耄耋之年的他，耳朵聋了，手脚也笨了，但依然不肯离开这个地方去和儿女同住，我们问他为什么，他笑了笑说，这屋的门外是他建造的最后一座桥。

离开这位老桥工后，我在他家门外的这座简朴的小桥边久久伫立，心里生出无尽的思索与想象。眼前的这座小桥是平凡的，但它所承载的故事是鲜活的。不仅如此，我在景东看到的所有古桥都活着，即使有的桥已经不复存在，但它却新新鲜鲜地活在民间的种种传说中，活在老人的依稀的记忆里。可别小看这依稀的记忆，只要遇到湿润的目光、有血性的心灵，就能从支离破碎的记忆里掰开一砖一瓦，从而收获一段完整的历史和故事。

镶嵌在景东境内茶马古道上的三颗“明珠”

景东县城老街

景东县城老街，是茶马古道上的历史古镇。而景东城，则是五龙朝凤的风水宝地，是理地地貌极为奇特的好地方。“五龙”即指城西的御笔山、玉屏山、翠屏山、瑞屏山和锦屏山五座山；“凤”即指城东部有川河相隔的凤山。从城东边看五座山，神似五条腾飞的巨龙；从城西边看凤山，更像一只展翅飞翔的凤凰。而且，五座山还像是无量山向东伸出的一只掌心向上的巨掌上的五个指头，景东城就被托在这只巨掌的五个指头尖上。大拇指的北边，是流水清清的菊河，五指前面是蜿蜒曲折的川河。

县城老街位于整座县城的西北部，建于汉代，原称柘南城，也称柘南寨；柘南城，傣语意为水淹之城。南诏统一六诏后，完成对滇西南地区统治，设立银生节度，于县城老街建立银生城。南绍城成为南诏时的南方重镇，同时为通往东南亚的交通要道和战略要塞，是“婆罗门、波斯、阇婆、勃泥、昆仑等处贸易之所”，进行诸多珍宝交易，银生茶叶也从此盛销各地。后来城池几经战火，但历朝在修复时，基本上均在老街原址上建设。到民国时期，老街格局日臻完善，形成了以十字街为中心，依山沿河而建，南北街道长、东西街道短的格局。

民国时期，老街以十字街为中心，分东街、南街、西街、北街、文化街和武庙街等 6 条街，有三湾、中兴、毛家和余家等 12 条巷道；街道及巷道均用青石条或青毛石铺设。

十字街为老街主城区，是主要街道的交汇中心，建有一座层角檐的木架结构街楼，俗称过街楼。老街街道宽 5 ~ 7 米，路面中心用三块石条铺设，两旁铺垫稍微平整的毛石；巷道铺设鹅卵石，凸凹不平；老街建筑为传统的土基墙木架结构的房屋。1949 年，老街人口仅为 3054 人，老街占地面积约为 1000 平方米。

老街东正街从过街楼至魁阁楼，长 490 米，宽 5.5 米，占地面积 2695 平方米；西正街从过街楼至玉屏路，长 354.5 米，宽 5.2 米，占地面积 1843.4 平方米；南正街从过街楼至县人民政府门口的玉屏路，长 220 米，宽 5 米，占地面积 1100 平方米；北正街从过街楼至县人民医院大门，长 158 米，宽 6.8 米，占地面积 1074.4 平方米；武庙街由虹桥路（原卡子房）到玉屏路（原关圣庙），长 199 米，宽 7 米，占地面积 1393 平方米；文化街由小街口（南正街）至玉屏路（文庙）长 99.8 米，宽 4.2 米，占地面积 419.2 平方米。

景东文井清凉老街

清凉老街位于景东县文井镇清凉村清凉组中心区，地处川河西岸的平坝乡村，北距县城约 12 千米，南距文井镇人民政府约 20 千米。选取街道北端向南第一拐点的住户大门前 4 米为 GPS 测点，坐标纬度 24°23′ 44"、经度 100°53′ 07"，海拔高程为 1140 米。

清凉老街最初为茶马古道上马帮歇脚驿站。唐代银生节度时期已经演变为商贸街道及驿站，并逐渐发展成为上、中、下三条主街，形成三纵三横，以高三层的过街楼为中心的集镇，商铺林立，商贾云集，名传四方；并以距离清凉老街不远的中所街和那托街为子街。主街道建筑有四川会馆、家族祠堂、土主庙、关帝庙等；还设有马帮关马用的关马场，位置在今清凉大桥西岸桥下川河边的沙坝地上，面积达几百亩之多，是无量山和哀牢山中段茶马古道上最大的茶叶和盐巴集散地。《普洱府志》记载："以茶为市，衣食仰给茶山，男女贸易，盐茶通商。"由于那时边疆疟疾多发，内地商旅马帮及藏区商旅马帮（民间称为古宗马帮）把清凉老街作为最前沿的据点，到此完成茶叶、黄蜡、虫草、氆氇、黄金、麝香以及珠宝玉石等产品交易，然后带上藏獒，敲锣打鼓地打道回府。藏区商旅马帮是最吸引眼球的，藏区商旅马帮一到，驮子摆满了街道，数百匹藏马威风凛凛地在川河岸边草地上吃草，成为一道风景。

清凉老街分布面积约10000平方米，建筑占地面积约5000平方米，街道以两块石条为中轴线，两边铺毛石，呈"S"形布局，长约240米，宽约3米。街道两边台基上建有穿斗式三架梁或五架梁悬山顶单檐或重檐一楼一底的前店后院的房屋建筑，一般面阔三间约15米，进深约10米。街区内历史文化内涵较丰富，保留有较完整的古渡码头、镇水阁遗址、刘氏祠堂、四川会馆等古迹。清凉老街，空五赶六，曾经是一条熙熙攘攘、热闹喧嚣的乡村老街。随着时代发展和人口增多，清凉老街每逢街天，人流密集，到1953年省道弥宁公路通车后，集市贸易逐渐西移到公路边以路为市，赶街人也逐步随之外移；到20世纪70年代末，清凉老街闲置，演变成农民住宅区。

现存的清凉老街，基本上保持原有规制，大部分建筑能正常使用，少部分被破坏，店铺失存。主要原因是地处川河平坝地域，高温多湿，地势低矮，建筑木料受潮糟朽，墙体潮湿碱酥，出现断椽塌瓦，呈破败凄凉景象。此外，街道失去通商功能后，部分建筑已经改变了原有格局，且时有侵占街道现象发生。21世纪初，在维修清凉老街道时，毁坏了老街道以两块石条铺设的中轴线及两边用毛石铺成的街道，重新铺设了红砂石的街道。

景东安定上街

上街位于景东县安定镇人民政府以北约600米的营盘山脚，居弥宁公路东边上侧50米处，与弥宁公路上下并行。该段古街道铺于清代，呈南北走向，南过青胜河直上界碑丫口，北端在罗开南家与老弥宁公路相接，呈弯弓形，用毛石铺垫，有青石板铺成的中轴路。全长500余米，宽约2米。上街是安定境内开街最早、与茶叶贸易共兴衰的老街，也是景东历史上由北出境的茶马古道上的重要驿站。安定鼠街原分上街和下街两条街道，上街于1932年停止赶街，赶街迁至下街（今鼠街），上街从此成为居民居住场所。

上街属于安定镇鼠街村上街小组，是安定镇最有历史、保存相对比较好的历史街道。以老街道南端为GPS测点，坐标为纬度24°44′10″，经度100°37′08″，海拔为1459米。上街曾在青胜河上建筑连接茶马古道的石拱桥，后来被毁；仅在古街道东南边东侧，紧靠古街道有一古井，仍在正常使用。

在新农村建设中，古街道附近民居的墙体、屋面全用石灰浆刷新，古街道路面除保留中轴青石板，其他全用水泥覆盖。上街仅有青石板铺成的中轴路以及建于清朝光绪年间经历了上百年风雨的一栋老房子保存下来，其堂屋门上枋挂有一块光绪年间牌匾，上书"耆德可风"。

穿越“澜沧卫”的七条茶马古道

在横断山脉的高山峡谷间，在滇、川、藏大三角地带的丛林草莽沟壑之中，绵延盘旋着一条神秘的古道，这就是世界上地势最高、山路最险、距离最遥远的古代商道——茶马古道，这是一条完全由马蹄和赶马人一步一步走出来的永恒之路。千百年来，有数不清的马帮行走在这条险峻的道路上，将云南的茶叶等特产贩运到西藏，甚至印度、尼泊尔等地，在来来往往漫长的旅途中，为各地区、各民族架起一道文化交流和融汇的桥梁，促进了民族与文化的大交流、大繁荣。随着时代的变迁，昔日茶马古道所承载的贸易功能虽然早已被现代公路网所代替，但却遗留下了许多厚重的人文历史和马帮动人的故事。如今成群结队的马帮踪影不见，远古飘来的茶草香气也已消散，但是那从高山峡谷间传来的清脆悠扬的驮铃声，却至今仍在古道曲径的每一道山谷、每一片原野、每一个村寨中回荡。那青石板上深深的马蹄印痕，映射出了几千年的沧桑与辉煌。

茶马古道是云南、四川与西藏之间的古代贸易通道，由于是用川、滇的茶叶与西藏的马匹、药材进行交易，以马帮运输为主，故称之为“茶马古道”。对云南而言，这里所谈论的茶马古道并非一开始就是马帮运茶的路线，古道上的马蹄印也并非都是运茶的马蹄踏出来的。茶马古道最先是借用西南古代对外交通线“蜀身毒道”，诸如秦、汉直至元明时期的官道（驿站）作为贡茶道，民间的商贸之始并非仅是茶叶，还有盐、铁、丝绸等交易。宋人周去非《岭外代答》中“蛮马之来，他货亦至”的记载，就是最好的说明。因滇茶（紧压茶）制作和销售集中在普洱府（今普洱市），普洱茶因此得名，名驰海内外。茶马古道成为马帮运输茶叶的专线，应是在云南茶业贸易兴旺的明、清时期。普洱茶主要产于澜沧江流域，尤以思普区（今西双版纳）的“六大茶山”（攸乐、革登、倚邦、莽枝、蛮砖、曼撒）著名，史载当时“周八百里，入山作茶者数十万人”。一年运往藏区3000担。清雍正十三年（1735年）10月，朝廷设思茅厅并准许征收茶捐，普洱府发出“茶引”3000引（担）。一地有茶，一地需茶，茶马古道以普洱为中心，在云南原有民间商道或官方驿站的基础上向外延展，并贯穿云南全省，甚至逐渐向西藏、四川、广西乃至东南亚的缅、泰、越诸国发展。普洱茶越陈越香的独特韵味，就是在几百年前人背马驮穿越崇山峻岭的运输途中凸显出来的。

茶正式传入西藏，是在吐蕃时期。据史料载，唐代文成公主进藏与西蕃赞普联姻时带去了茶叶与茶文化。西藏是世界的屋脊，海拔高，气候干燥。藏族同胞以牛羊肉为主食，茶叶有去油腻的作用。西藏又是佛教十分盛行的地域，僧侣和教徒们经常要坐禅、念经，旷日持久，精神困倦，而茶叶又具有提神、醒脑的作用，因此僧人都喜欢茶。天长日久，藏族同胞就与茶叶结下不解之缘，也深受赞普的喜爱。宋代在西南地区设立马茶互易市场，滇茶销藏的数量进一步增加。明代丽江纳西族木氏土司势力崛起，云南西北部、四川西南部、西藏东南部皆为其统辖，其间各地之间的商贸往来十分频繁。加之纳西族和藏族历史上就保持着极为密切的联系，所以清初顺治十八年（1661年）便在北胜州（今丽江地区永胜县）创设茶马互市：“北胜边外达赖喇嘛、干都台吉，以平定云南，遣使邓几墨勒赍方物及西番、蒙古译文四通入贺三桂，求于北胜州互市茶马。三桂以闻。部议：北胜州无开市之例，但滇省初辟，时事不同，请该藩酌议。”于是，同年十月，在北胜州开茶市，以藏马易普洱茶。规定每匹上马换茶 40 斤，中马换 30 斤，下马换 20 斤。据刘健《庭闻录》记载：顺治十八年（1661 年）三月，在北胜州与藏族人民互市茶马，当年入藏普洱茶达 3 万担。康熙四年（1665 年）在大理府的永平县设立茶马市场。又在普洱府设立盐茶提举司，以及在勐海、易武、勐遮等地设置钱粮茶务军功司，管理茶叶、食盐的生产、课税事宜，以保证普洱茶能够顺利地运往西藏等地。在永胜，至今仍保持着每年举办骡马物资交流大会的传统习俗。

清代康熙《云南通志》卷三载：“丽江府改设流官，且交通方便，茶市（从永胜）改设丽江。”藏商每年自夏历九月至次年春天赶马帮带上山货、药材等，从西藏经阿敦子（今德钦县）到丽江以货易茶，或买得“茶引”后，经下关、景东赴普洱贩茶。从此，南来北往的茶叶商贾络绎不绝，形成了云南通向西北的茶马古道。

茶马古道并不是一条单一的道路，它是主线以及延伸出来的大大小小的若干分支的统称，像条奔腾不息的大河，纳百川而入海。在云南，一般所说的茶马古道主要路线有两条，一条是从云南的普洱、临沧、保山、大理、丽江，经迪庆到西藏的昌都、拉萨等地后，进入印度、尼泊尔等南亚地区。另一条是从四川的雅安出发，经凉山，交汇云南丽江，再经迪庆、西藏等地，进入尼泊尔。根据当时马帮行走的记录，从普洱到昆明 1230 里，有 21 站；从昆明到西藏洛隆 3923 里，有 67 站；从洛隆到拉萨 1866 里，有 34 站；滇藏茶马古道从普洱到拉萨长达 7019 里，中间共有 122 个驿站。如果加上从西藏拉萨到尼泊尔、印度等地的距离，这条商路可谓万里之遥。按照通常 60 里设一个驿站，也就是马帮一天的行程来计算，即使途中不休息，从普洱到拉萨也要 100 多天，所以马帮驮队一个来回往往需要一年时间。

茶马古道支线上的澜沧卫（即今永胜县），地处云贵高原和青藏高原的结合部，波涛汹涌的金沙江环绕县境 215 千米，孤处金沙江外，僻居崇山峻岭。自西汉以来，此小镇就是四川进入云南的重要军事门户。唐以后，就被称为“北门”“入云南之门”“北国胜门”。过去，永胜的名称是“北胜”，取的就是“北国胜门”之意。冯苏的《滇考》载：元朝宗宪三年（1253 年），忽必烈率大兵从甘肃出征，进攻大理南昭国。大兵自北而来，到大渡河，兵分三路，其中一路首先占领永胜，取得胜利，所以将永胜改名为“北胜”，意为自北而来，首战取胜。至今有些农村老人称永胜县城为“永北城”，就是这一地名沿袭的见证。至元十七年（1280 年），唐代南诏国蒙氏就在永胜境内建兵寨，控扼南北。重要的地理位置，使永胜小镇成了四川南至大理、缅甸，北至丽江、西藏、印度的三岔路口。据《云南公路史》记载：“秦汉以来，蜀身毒道”，或称“南方丝绸之路”已开通，在川入滇的茶马古道上分东西两条主干道，其西干道自川行成都、西昌、盐源，经永宁、蒗蕖、永胜入洱海地区。” 永胜为西干道一段支线。明清以后，围绕这一支线，以“澜沧卫城”为中心，形成了东西南北七条茶马驿道分支线。东路两条：一条是永胜县城至六德、仁里、马过河、华坪丫马丫、新庄至华坪，从华坪顺延至楚雄的永仁、元谋、武定、昆明，有 18 ~ 20 个马站；另一条是由永胜县城至羊坪，经昔腊坪，至华坪华荣庄。西路两条为：一条是从永胜的金官、大安、梓里至丽江；另一条是从永胜的梁官、迪里坡经顺州、板桥，渡过金沙江至鹤庆。南路有两条：一条是从黑伍、清驿、期纳、金江渡口、片角、宾川、祥云、大理，或祥云、楚雄至昆明，约有 18 个驿站；另一条是从金江渡口至上六，经黄坪至洱源、鹤庆。北路有一条，称“永盐道”。据《永北府志》卷五交通要道载：“由北路，过北山、战河、波罗、药草坪、大村（今宁浪县城），东偏至台房入四川盐源县境。”此驿道由永胜县城顺延可通下关、大理，由盐源顺延可通西昌。永胜至盐源为 8 马站 230 千米。从汉唐始，运输主要是依靠马驮、人背、肩挑，牲畜是主要的运输工具。到了明清时期，金沙江沿岸渡口有了游船，极大地方便了南来北往的马帮、客商，马帮运输发展更快。至此，以蜀身毒道西干道为主线，以澜沧卫城为中心的东西南北七条茶马驿道，为滇、川、藏商贸经济的发展、为促进中原与西南边陲的交流和发展、发挥了重要的作用。

经过成千上万马帮的踩踏，漫长的滇藏茶马古道上留下了诸多深深的马蹄印痕。有些地方的名称，也与古道连在一起。比如由滇西北的德钦翻越梅里雪山经过的加郎村，藏语的意思就是“通往汉地和印度之地”。在茶马古道的南端出发点宁洱，也发现了古道的遗存，分别称为“那柯里驿道”和“茶庵塘驿道”。那柯里驿道位于宁洱至思茅之间，在今宁洱县同心乡那柯里村，现存有用人工打制的条石和砾石铺成的石道，全长 30 余千米。清代称此地为“那柯里塘”，有官兵驻守。茶庵塘驿道是宁洱至磨黑，以北到昆明、以南到思普地区的一条古道，位于宁洱县城东北 12.5 千米的茶庵塘坡头。这条驿道是明末清初为了进贡普洱茶修的“官道”，随后也就成为商帮、骡马运输茶、盐的交通要道。历史上曾有人住在道旁，设置客栈，接待过往的行人、马帮，因而被称为“茶庵寨子”，又因此地山高路险，故有“茶庵鸟道”之称，此地也是清代的“普洱郡八景”之一。

茶马古道途经的河谷地区大多是古代民族迁移流动的通道，许多古代先民在这里留下了他们的踪迹，许多原生形态的古代文化元素至今仍积淀和保留在当地的语言、宗教和习俗中，同时也有许多历史之谜和解开这些历史之谜的线索蕴藏其中。千百年来，不仅是汉、藏之间，藏族与西南其他少数民族乃至藏族内部各族群之间的文化交流与传播均在这里默默地、不间断地进行着，这里既有民族文化的冲突与碰撞，也有各民族文化之间积极的互动、融合与同化。事实上，正是这条东西横跨数千里，穿越青藏高原众多民族（或族群面貌）、语言和文化地区的茶马古道，犹如一条彩带将他们有机地串联起来，使他们既保持自己的特点，又彼此沟通和联系并协同发展。

21 世纪初叶，随着现代交通及信息时代的到来，“最后的马帮”在云南的贡山消失了，清脆悦耳的马铃声变成了轰鸣的汽笛声。然而，留印在茶马古道上的先人足迹和马蹄烙印，以及对远古千丝万缕的记忆，却幻化成一种久违的精神。这种拼搏奋斗精神雕铸成了一座座永恒的丰碑，千秋万代闪烁着古道的荣耀与光辉。如今云南省茶马古道研究会正会同云南省文化、交通、旅游部门计划在茶马古道沿线的重要城镇立茶马古道标志碑，使茶马古道像金线吊葫芦似的，把沿途的一粒粒珍珠串起来。诸如“普洱茶乡第一镇”易武、“孔雀之乡”景洪、“普洱茶城”普洱市、“佛迹之乡”景谷、“红茶之乡”凤庆、“银生城”景东、“南诏故都”巍山、“沱茶故乡”大理、“迤西商帮”喜洲、“白族商城”鹤庆、“茶马驿站”寺登街、“世界名城”丽江、“茶马古镇”束河、“香格里拉”中甸等。这样做既能提高各地城市的知名度，又能促进茶马古道沿线的文化保护，使茶马古道与香格里拉旅游线交相辉映，让人们更好地领略大西南的美妙神奇。

历史事实证明，茶马古道不仅是一条茶马交易的商道，它还是一条民族文化传播的通道。它不仅是一条“路”，更是一个历史文化的载体。它在中国大西南的险山恶水和原野丛林之间绵延。悠远的马铃声，既串起了众多民族和不同文化，也播撒了云南独具特色的“边屯文化”。

思易茶马青石古道浅谈

历史上，六大茶山产的茶叶都要运往思茅、普洱府进行交易。据载，清代六大茶山交易的茶叶每年都达 300 万斤以上，加上运出茶山的土特产品，及运入茶山的茶民所需要的盐巴、布匹等日用商品，每年有约 3000 匹运输骡马来回穿行于六大茶山到思茅的茶马驿道间。除此之外，还有专门搞短途运输的马帮，这些浩浩荡荡的马帮都要在茶山间驿道上行走。

雍正十三年（1735 年），普洱府设置思茅厅后，六大茶山归思茅厅管辖。为了更好地开发茶山，使从茶山到思茅的道路畅通，当时的思茅厅同知，还为思茅到六大茶山设置了驿丞官员，并设立驿站机构，专门负责对这条驿道进行整修。形成了一条由思茅南行，经黄草坝、帕坝、勐旺、补远、小黑江进入倚邦土司地，再过磨牙河、麻栗树到倚邦，从倚邦经曼桂山、曼松、过磨者河进易武土司地，经慢撒、再到易武；和从倚邦、架布、蛮砖、高山，过磨者河，到易武的两条路线。

这条思易茶马驿道必经小黑江，因此，官方在小黑江石磨渡口配置了两条渡船、两名水（船）夫，摆渡过路客商。晴天，小黑江还容易摆渡；雨天洪水暴涨时，摆渡就很危险，摆渡的船要被洪水冲下一两千米的河道后才能上到对岸。客商为了平安过江，曾在坡脚江边建庙宇，设投钱罐、铜钟和铜杵。过江的客商，要在摆渡之前，在钱罐里投钱，并用铜杵撞击铜钟，用钟的声音，祈求江神保佑平安过江。

道光九年（1829 年），思茅厅贡生赵良相（号勉斋，道光《普洱府志·卷十七·人物》有其名），视察了从思茅经倚邦到易武的茶马驿道，“其间山经之蹊，向之崎岖险阻”，深深感到思易茶马驿道崎岖难行。但这条驿道非常重要，“云南迤南之利，首在茶。而茶之产易武较多……刊易武至倚邦，实国家采办贡茶所必由之道”。这条思易茶马驿道，由倚邦到易武，必须过磨者河。赵良相到了磨者河边，由于磨者河“峰旋谷应，当夏淫秋霖，波涛泛滥，飞流迅湍，中舟渡绳，行均无所可……”赵良相把磨者河的阻隔，视为畏途。

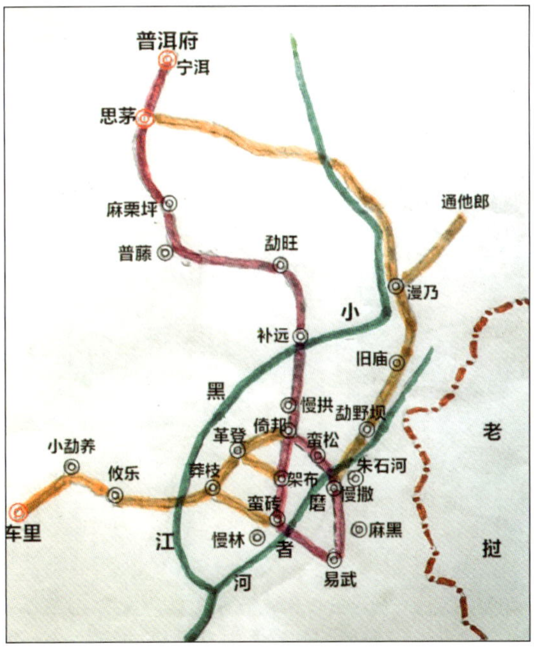

思易茶马青石驿道略图

于是，赵良相就邀请同行的王贺，出银 300 两，首倡在大荒坝村旁的磨者河上建一座永久性的石拱桥。这一倡议也得到了当地绅士、土司、茶商和茶民的广泛响应和支持。在赵良相的倡导下，由世袭倚邦军功司厅曹铭负责造桥有关事宜。

为建这座桥，思茅抚夷府正堂成、世袭车里宣慰使刀、世袭倚邦军功司厅曹铭、协办倚邦军功司厅曹辉廷和石屏茶商都捐了银。还以茶出山每担收

永安桥碑

银五分，以资修桥。

这座桥于道光十年（1830 年）春开建，道光十六年（1836 年）春竣工，历时 6 年。架好后的石拱桥长 60 尺、宽 9 尺、高 8 尺，耗银 500 余两。并由思茅同知留任候升长白成斌撰写碑文记载建桥的过程，于同年立于桥头。

当时各大茶山盛产的茶叶均要运到思茅、普洱府集散，由于人马流量较大，原来的土路已经不堪重负、许多路段都难以行走，给贡茶运输、茶叶营运造成了不便和困难。为了运输茶叶便利，加强清政府对茶区的管理，当时，普洱府指派思茅厅地方官员、绅士、茶商捐银资助，发动民工，于道光二十五年（1845 年）始，全线动工，修筑了从思茅经倚邦到易武的茶马驿道。驿道要求铺三至五尺宽的石头（板），这条道路被称为“思易茶马青石驿道”，总长 530 里。

在当时修筑工具简陋、山形多变、材料来源缺乏的情况下，修筑这么长的茶马青石驿道，算是思茅厅一项较大的工程了。由于修的路要经得起众多铁掌骡马队的踩踏，路面要在原来的基础上拓宽，太弯的道路要改直，因此就要砍去一些树木，凿开路边的岩石，再在这些路面上铺上青石板，青石板大的一两尺宽，有两三百斤重。每块铺路的石头都要到几里甚至几十里的沙石场及大小河里去挑、背、抬，非常艰苦。这条思易驿道，有 200 里在倚邦土司管辖的地盘边，在易武土司地盘内也有 100 余里。由于茶山地域宽广，道路不是上坡下坡就是过箐过河，这条茶马青石道整整修了 5 年。到道光三十年（1850 年），才修通从思茅经倚邦到易武的驿道。

1982 年倚邦到麻栗树村的茶马古道

这条驿道原本要经过磨者河上的永安桥，但永安桥在道光二十二年（1842 年）前后就被洪水冲毁。为了连接正在修筑的思易茶马驿道，当时的易武军功部厅伍定成统领众客商捐银，在永安桥原址下游约 2 千米盐井河汊入磨者河处，又建圆功桥。其桥于道光二十五年（1845 年）始建，道光三十年（1850 年）建成，共耗银千余两。自此，在思易茶马驿道上行走的马帮，可浩浩荡荡通过圆功桥，从思茅经倚邦通达易武。

思易茶马青石道贯通，大大改善了倚邦和易武五大茶山的交通条件，使倚邦成为北通思茅、东通易武、南通勐腊和东南亚、西南通车里的交通枢纽，以及边疆与内地交往的政治、文化、经济中心。由于交通便利、运输畅通，商人来往茶山也就频繁起来，茶业运销盛极一时。

道光《普洱府志》就记述了从思茅到易武各段的里程："自思茅至黄草坝六十里，又六十里至帕坝，又六十里至勐旺，又由补远至补冈一百里，又八十里至倚邦。""自倚邦六十里至蛮松，又由慢撒至易武一百一十里。"当茶马古道青石板在倚邦土司地铺筑时，新上任的倚邦土司曹瞻云重新修理了倚邦街的上截街、下截街和石屏街、蛮松街四条街道，对年久失修的青石板街道进行了填补，没有铺青石板的街道铺上青石板，使长约 500 米、宽十七八米的倚邦街焕然一新。

为了使土司衙门和其他公共建筑不受滑坡危害，显示茶马驿道从思茅进入倚邦街第一茶镇的气概，曹瞻云还发动乡亲们捐款出工出力，在石屏街上侧砌起了工程巨大的倚邦街石块墙。这石墙经过了近 180 年的风风雨雨，至今仍然保存完好，成为倚邦街曾经辉煌的象征。

当茶马驿道青石板路在易武土司地铺筑的时候，新上任的易武土司伍定成也通过集资、投工投劳等方式整修了易武的易平街、武庆街和老街的青石板路。茶叶交易场地大天井，也铺成了青石板的地面。接着，伍定成又发动茶农、茶商有钱出钱、有力出力，整修了易武的其他 12 条小道。

从思茅经倚邦到易武的茶马古道开通以后，由于道路比原来好走，行走所需时间较大缩短。内地的马锅头们赶着骡马，把大理的乳扇，景东的挂面、核桃、八角、草果，孩子们喜爱玩的土吹机等商品运到夷方茶山销售，又把茶山的茶叶、土特产品，从国外买回的"夷子"（香皂）、"草标"（肥皂）、洋线、留声机、马灯等物品，运到思茅、宁洱等地销售。

这些茶商马帮来到易武，少数在易武汉商办的马栈歇落，但大部分马帮只能歇落在老街子以西不远的草坪上，歇落在这块草坪上的马锅头都带着叫鸡和斗鸡。闲时以斗鸡作为娱乐；上路时以鸡叫二遍准备，鸡叫三遍出发。因此，汉商把马帮歇落的这个草坪称为"公鸡大园"。由于大多数到易武的马帮都要在公鸡大园歇落，公鸡大园被茶商认为是从易武上路的起点。光绪年间，马锅头们从法国商人那里买到了钟表，不再以公鸡的叫声论时间了。又由于在易武的石屏人总把"鸡"与"家"说成一个音，后来就不称"公鸡大园"而称"公家大园"了。

类似的茶马驿道还有多条，如从思茅到车里，在清朝很长一段时期，有记载的就是经过倚邦，又从倚邦经革登、莽枝，进攸乐茶山的菴泥、漫坡，到小勐养后，再到车里的。而从思茅经普藤、关铺、关坪到小勐养的路，由于路线不清、人烟稀少，加上疟瘴猖獗、虎豹凶残、沿途盗匪猖獗，清时只有清军巡边时走，因此，被称为"防边道路"，一般驮物品的骡马队都不会走。茶山兴旺时期，除了思易驿道外，茶山之间的运茶土路驿道也较

从思茅进入倚邦的茶马古道和砌了 180 年的高石板墙

多。由于这些道路上运输茶叶的马帮来往较多，道路纵横交错，一些道路狭窄，岔路较多，造成赶马人常常走错路。由此，一些好心的人士和道教徒便在道路的岔路口，用石块刻上指路的字，栽在明显的交通岔路口上，称为“令箭牌”或“挡箭牌”，使赶马人不至于走错路。这种牌，在易武茶博物馆里还保存着两块。

茶山的茶，在乾隆以前，主要行销内地和康藏地区，以及尼泊尔、印度，不销往南洋。因此，也就没有通往东南亚的茶道。从清道光年间至光绪年间，思易茶马古道修通，带动了六大茶山的茶叶销往东南亚。方国瑜先生撰写的《闲话普洱茶》，就写到了茶马古道修通后，满清政府与东南亚诸国通商的情况：“清道光年间至光绪初年，普茶运销盛极一时，印度商旅驮运茶、紫胶者络绎于途，还有缅甸、锡兰、暹罗、柬埔寨、安南等国的驮马商队，每年来往于西双版纳和思茅、普洱之间。”

这时的茶马驿道，由茶山通南掌国（今老挝）、暹罗国（今泰国）有三：一由倚邦或易武经勐醒、勐远、曼各、勐捧、勐满六站，走旧岭隘出口 410 里至暹罗国勐悻（当时勐悻为泰国地），再由勐悻渡湄公河，走嘎子腊到曼谷；一由倚邦或易武经老百寨、纳卓、勐腊、龙哈、磨歇、尚勇、磨丁（当时磨丁为我国国土）八站 530 里，出隘口到南掌国和暹罗国；一由倚邦或易武经洒代、新山、勐伴、乌德走整法隘口五站 280 里，至南掌国补干掌，再到安南（今越南），转销香港。

由于思易茶马驿道的修通以及茶叶各方对茶山经济展开争夺，战事不断，茶马古道经常受阻。这条思易茶马驿道修通两年后，被朝廷革职并安置到昭通的车里宣慰司刀纯武的次子刀准臣，从昭通潜回西双版纳，与当时的车里宣慰司刀正宗争权，被勐捧土司格杀。刀准臣余党李兆祥，便纠结了六顺和茶山不明情况者、因江练扰刮不满者 3000 多人，占领了普藤、勐旺，并把革登茶山、莽枝茶山和牛滚塘街洗劫一空，致使这里的茶民四处逃难。李兆祥在普藤、勐旺，与清兵对峙了 4 个月，阻断了倚邦到思茅的茶路，使普藤、勐旺和六大茶山的各族人民人心惶惶。后来，迤南道黄中位会总兵杨青鹤，调兵前来围剿，当年八月才平息，并在普藤、勐旺设讯防守。从思茅到茶山的驿道又开始通畅起来。

到了同治元年（1862 年）十二月，杜文秀起义军攻陷宁洱、思茅后，次年三月，分兵攻下倚邦土司管理的茶山，接手思易茶马驿道，强收运茶马帮的过路费，并在倚邦茶山强行派粮、派款、拉夫，手段暴虐，使倚邦来往的骡马行人大大减少，茶民惧怕外逃，倚邦茶业开始衰落。这种情况一直持续了 10 年之久。而这些义军，到易武土司地后，依仗杨柳箐和乌萨河两个回族寨子的回民，攻下慢乃、慢腊和周围一些小寨子。由于易武的瑶族势力强大，加上易武土司兵与瑶族结盟联防，义军只驻扎在慢腊会馆里，强行派收这些村寨和周围小寨子的粮款，不敢碰像慢撒、易武、弯弓等这些大村寨。这些义军，也因有事外出常常受到瑶族和土司兵的伏击，后期只得退出易武土司地。

倚邦受阻后，就很少有茶路通外，而易武茶路却从北通过漫乃关，到昆明、石屏、建水或绕道走宁洱、思茅；东南可以经过南掌国通往东南亚诸国。加上后期蛮砖茶山、蛮松茶菁的茶也运到易武加工出口。倚邦土司地的莽枝、革登茶山被李兆祥洗劫，两茶山萧条。这些战事，反而对易武影响较少，倚邦茶镇的茶叶中心市场从思易茶马古道开通后，就逐步转移到了易武茶镇。

民国初期，柯树勋剿清劫匪，发动民工修通了从思茅经普藤、关铺、关坪、三岔河、小勐养到车里的“柯氏大道”，并增加哨讯。倚邦来往的行人更是减少，加上茶市移转思茅、易武，倚邦茶业惨淡。这时，从倚邦经革登、莽枝，进攸乐茶山的葩泥、勐养到车里的驿道，没人走了。

这个时期，柯树勋设置了普思沿边总局，倚邦、易武设为第六区，取消了不合理的苛捐杂税，在茶叶销售方面，采取了“民营官茶合办”政策，使茶民和茶商都有利可图。由于政局稳定、政策宽松，许多倒闭了的茶庄得到了恢复，而且又出现了一些新茶庄，在思易茶马古道上，又出现了运输茶叶的马帮，茶叶销往西藏、石屏、蒙自、昆明、上海等地方。

茶马古道上易武武庆街的石板路

1917 年，茶商又开通了从易武、倚邦经慢撒、丁家寨国内四站出口，从老挝勐乌至越南的莱州、海防转口香港的通道。易武、倚邦茶业又兴旺了 16 年，直至 1933 年，柯树勋逝世，英、法两国禁止茶叶销往越南、老挝、缅甸，中断了易武、倚邦的茶叶通往东南亚的销路，后来日本入侵东南亚，销路被彻底阻断。从此，这些通往国外的茶马驿道也就逐步消失了。中华人民共和国成立后，中国修通了从勐腊到老挝的三条国际公路，完全代替了这些通往国外的茶马古道。

这条思易茶马古道，据 2006 年《西双版纳报》报道：象明乡、易武镇境内可走的茶马古道路段仍有约 23 千米，比较好的是曼拱到罗梭江一段，约长 5 千米。1982 年，我下乡，从倚邦到麻栗树村，还看到茶马古道一些好的路段，铺的全是些硬沙石，多为斗大，我感叹在当时的条件下，这么多、这么大的石料是怎么运来，并铺成道路的？不过，这些茶马古道，经过了这么多年，现在能看到的，也已是残缺不堪。

（本文图片由李光品提供）

孔雀屏不是孔雀屏

孔雀屏不是孔雀尾巴，是云南省宁洱县（原普洱）离磨黑镇六七千米的一个小村子。民国以前叫孔雀坪。20 世纪 50 年代初期，不知什么原因，把孔雀坪更名为孔雀屏。

如果有人问，大清官员们帽子上的花翎从哪里来？大清朝廷是去哪里弄那么多花翎？这个问题估计很少有人知道。如果有人告诉你，清朝官员帽子上的孔雀花翎，大多来自这个小山村，你信不信？

这个说法让人惊讶！陪伴大清官员们走过了近 300 年的孔雀尾巴，居然是从这里走向朝廷“组织部”的。如果真是这样，那么这段历史被轻易遗忘，就太不应该了！

那时，大清五品以上的官员都戴孔雀花翎。对官员们而言，头上有花翎，那是何等尊贵和荣耀！五品以下只有资格戴褐羽蓝翎，也就是俗称的“野鸡翎子”。

花翎又分单眼，双眼，三眼。三眼最尊贵。所谓“眼”，指的是孔雀尾巴上的眼状圆圈，一个圆圈算一眼。

清代官帽及官帽上的孔雀翎

在那个封建年代，普洱府曾经为大清朝廷提供过花翎，应该是件值得夸耀的大事。写史志的官员应该敏感地把它写入志书。（当然，我接触不到那些古老的县志、府志，也许当年真的做了记录，只是我无缘查阅罢了。）

前不久，我无意中看到罗养儒先生在《云南掌故》中的记载：清代时，官府在此（孔雀屏）收购孔雀羽毛进贡朝廷，做朝廷官员的顶戴花翎之用。（这算不算有了根据？）

由此我突然想起，20 世纪 70 年代我认识的一位老木匠，他给我讲过的孔雀屏的故事。

那时我在思茅工作，老木匠在思茅中学做木活。有一次在一起吃鸡，他说孔雀肉比鸡肉好吃，他小时候经常吃。我们不相信，那时谁也没见过孔雀，觉得孔雀很金贵，他居然还经常吃？

那时，老木匠已经 50 多岁了。他说，他的家在磨黑孔雀屏，30 岁以前就生活在那里。小时候常听爷爷讲，他们家是养孔雀的。

大清年间，村子里多数人家都养孔雀，怕是有上千只。每年的八九月孔雀掉毛。州府就会派人来收孔雀翎。收孔雀翎的官员很挑剔，一根一根用镜子照（估计是放大镜），有一点点断毛就不要。

什么是孔雀翎？当时没听说过，不知道。他说："就是孔雀尾羽。"

他还说："孔雀屏的花翎比别的地方漂亮。大概是跟那里的山水有关，眼特别大蓝得像蓝宝石，羽毛亮得像纯金，很受当年官员们喜爱。

孔雀羽毛

所以普洱府给孔雀屏养孔雀的人家下了任务，要保证按时交够一定数量的孔雀尾巴。

孔雀要放养，还要喝山箐水，不然毛色不好。"

我说："不怕它飞走了？"

他说："不会。听爷爷说，孔雀翅膀下边有一根筋，把它挑断了就不会飞了。放出去，到下晚，它们会自己回来，然后再喂些苞谷、豌豆。当鸡养。

我爷爷家大概养孔雀养出了瘾，到了民国，家里还养着好几只。过路的人看见了要买，就卖。没人买，逢年过节就杀了吃。"

根据《云南掌故》中的记载和老木匠的讲述，几乎可以肯定孔雀屏养过孔雀，也为大清朝廷提供过花翎。

为了进一步证实，我决定去孔雀屏走一趟。最好找到几个知道这件事的老人，听听他们是怎么说的。他们的爷爷的爷爷，是否把这事口口相传，告诉过他们？

于是，我在磨黑小镇，花 100 元钱包了一辆"电毛驴"，和朋友经过半个多小时的颠簸，来到了孔雀屏。

村子位于高山边上的一个小平坝上。最早的居民发现这里有孔雀，或是在这里大规模饲养过孔雀。人们很自然就把这里叫"孔雀屏"。现在有人在介绍孔雀屏的文章中说，因这里的山像"孔雀屏"而得名，不是什么哈尼族语"穷"是"雀"音之类的误解。

孔雀养殖

远远看去，小村庄虽然没有什么高楼洋房，却也古朴典雅。

孔雀屏村

到了民国，自然没人要孔雀尾巴了，有点钱的人家发现，通往昆明的五尺官道就从村中通过，开马店生意肯定好。

因为从昆明前往英国地（缅甸）的马帮从通关出发，到孔雀屏刚好一天的路程，到这里已是人累马乏，没必要再走六七千米到磨黑镇住宿了；从易武、勐海驮茶叶到内地的马帮，从普洱出发也刚好是一天的路程，进住磨黑镇时间还早，到孔雀屏刚合适。在这里开马店生意肯定好。于是多数有点钱的人家就开起了马店。

民国年间的孔雀屏，从孔雀养殖专业村，成功转型为以开马店为主的重要商旅驿站。

那时的孔雀屏，马店林立，人来人往，一度热闹异常。街市虽小，却十分繁华。

张朝印先生的回忆文章《在茶马大道上》有这样的描述（这可是他亲眼所见），那时：

“孔雀屏村 30 多户人家竟然马店林立，人欢马叫，虽不是街市，但也有商店、食馆、摊贩、烟馆、赌场，俨然是一条山街。经常每天送往迎来几百匹驮着普洱茶及各种货物的骡马。

有的马店大门口贴着对联：‘雄鸡鸣唱君且走，萍水相逢我做东。’”

20 世纪 50 年代中期，昆洛公路通车。“隆隆”汽车声替代了马铃声声。马帮的身影从五尺官道上消失了，马帮驮着的历史再也不会回来。

孔雀屏被冷落了。

孔雀屏村石板路及民居

此时的孔雀屏早已不是民国年间马店林立，人喊马嘶的重要驿站了，褪尽了昔日繁华。

街头有几位老人在那里闲聊。我也去和他们坐在一起，想从他们口里听到一些有关孔雀的故事。

有一位指着山上说：“1982 年，山上还有孔雀叫。过去是有孔雀的。”

我在村里到处走走看看，想去寻一下繁华之后留下的痕迹。

我向老人打听，村里最古老的住宅在哪里？得知最老的要算王家。1949 年以后成了公房，1969 年第一批知识青年就住在这个院子里。

我们来到王家院子，整栋建筑已是老态龙钟，让人惊奇的是大门还基本保留了原来的样子。

更让我大吃一惊的是，民国年间的彩绘门神还清晰可见。

眼前的门神，又让我懵了一阵。我们所见过的门神一般是武将，秦琼和尉迟恭。没见过文官做门神的。

查资料才知道，文门神是寄托人们祈望升官发财愿望的门神。

在这边远之地，还保留了民国时期的彩绘文门神，实在太难得了。估计在国内绝无仅有，独此一家。

搞文物研究的研究员们，来研究一下、鉴定一下，这算不算一个奇迹。

搞文史研究的，来考察一下、证实一下，这里养孔雀的历史……

孔雀屏之行，留下些问号、省略号。也罢，只有等有识之士来继续完成这篇文章了。

坐上等在村子边的“电毛驴”，走了。

再见了！

过去的孔雀屏！

孔雀屏民居大门

（本文图片由鄢剑刊提供）

探访孔雀屏

因之前看过一篇《孔雀屏不是孔雀屏》的文章，心里又多了一个疑问。辛丑二月初二龙抬头之日，朋友三人结伴踏青，带着这个疑问踏上了春风习习的茶马古道，探访这个拥有着孔雀美丽羽翼名称的地方——孔雀屏。

车子爬过了一段道路两旁满是绿意的山林后，崎岖蜿蜒的陡坡前方豁然开朗，远方山脚下一个布满了房屋的小村庄映入眼帘，道路两旁金色的麦田里，麦穗在微风轻拂下，迎风招展，颔首含笑。

为了更好地近距离接触探访，我们将车子停放在村外的一个开阔空闲之地，选择步行进村。这时，汝忠华提议不走主路，从主路右侧一条铺嵌着红砂条石的小道进入寨子，蒋子辉心里犯嘀咕“猜测汝忠华是否是一时兴致，还是真要‘探’访？”他质疑是否走得通。我倒没意见，因我是第一次来孔雀屏，哪条路我都没走过，对哪条路都有一定的好奇之心。后来才知，汝忠华的用意是逐步拉开寨子的序幕，选择用一种循序渐进的方式进寨子。从周边山花烂漫、芦苇荡漾、松涛阵阵的诗情画意中切换到主题——寨子，这真是一个画家的思维方式啊，独特！

孔雀屏茶马古道与现代公路相映成趣（白马辛荣 摄）

静，是寨子给我的第一感受。一路上吹来的风是恬静的，石镶小道是幽静的，寨子里也是静谧安详的。没有听到孔雀的叫声，也没有见到喧嚣的驿站和熙熙攘攘的人流，唯有静贯穿了整个寨子。

因从小道进入，田园菜地边见到一幢坐北朝南的两层楼的土基瓦房，也是这次近距离接触的第一间房屋，从外观判断，这间房屋历史应该不长。随着年龄渐长，近些年我对传统建筑有种好感，或可以说是喜欢，甚至是大爱。虽然我不曾拥有这样的传统建筑。一边忙取出手机从不同的角度拍照，一边喊两位同伴看看有何不同之处。乍一看，不易发现有什么特别之处，细看：一层多了几棵柱子，二层多了两个窗户（通常为三个窗户）。也就是说，这幢房屋与我们常见到的当地传统建筑在 180 度的直线上，多出了几个房间。估计这主人家人口多、儿孙多，或是几世同堂吧。

穿过小道进入主道，主道也就是历史上的孔雀屏茶马古道遗址了。古道是自南向北走向的，房屋建筑以道为轴，在两侧而建。应该是先有道而后有房，不是先有房而后有道，当然，这仅是我的一个猜测而已，没有考证。因传统建筑喜欢依山而建，背靠着山（“靠山”一词大概就是这样来的吧，这也是我的猜测罢了），房屋前方留出开阔之地，开辟成良田，所以依山而建的整个孔雀屏寨子是有坡度的。

考察完孔雀屏的大体方位布局后，我们又把目光放在了建筑物上，寨子现存房屋不算多古老、多豪华气派，目前能见到的多为中华人民共和国成立后建盖和后人们用现代材料修缮及增盖的，更老一点的是民国时建盖的。如今老一点的，已呈斑驳坍塌状。今日的孔雀屏已不是昨日的孔雀屏，已褪去了昔日马帮驿站的喧嚣繁华，可能因马店、驿站及当时的一些商铺已退出了历史舞台，店主人的一些后人也已迁出此地，或年轻人多数已到城里务工，留下的多为一些留守老人和孩子，所以整个寨子弥漫的更多的是种落寞，或是受我思绪的影响，一时还沉浸于脑海中繁华交易景象与眼前现状所产生的反差，导致描述不当。本能地调整了一下思绪，应该还是用之前讲过的静谧和安详来形容才准确：整个寨子已褪去往昔驿站商业的喧嚣与浮躁，回归到了一个与世无争、淳朴、宁静、安详的生活状态。

如果说昔日的孔雀屏是深山中的闹市，那么，今天的孔雀屏已然是闹市外的桃源！

石膏井往事

茶马古道石膏井段那渣箐青云桥（刘庆明 摄）

“环普皆山也，城东南三十余里，群峰逶迤奔腾巍然，丰满而敦厚者石膏井也。前到后壁为屏障，后靠翠婵为倚，左右两山应侍，诸水环绕其间，此天造地设诚普郡，天生矿产山腹有间……”这是清嘉庆十九年（1814 年）重修龙神祠时，古人笔下的石膏井。

石膏井位于宁洱县城以南，同心镇东隅，几百年前，曾经因盛产盐而声名远播，鼎盛一时。正所谓“天生矿产山腹间”，这俊秀的山腹间不仅产盐，还产石膏，故得名“石膏井。”

在石膏井还未被冠名、四面皆莽莽原始森林时，就有四条茶马古道途经这里：往北经天生桥、困夺、花子洞、木瓜箐、土锅寨、大新寨、头塘、普洱达昆明、北京、西藏等地；往东南经三家村、火烧桥，沿那渣箐与那勐勐村秧草塘、窝拖寨田地交界处直到大凹子村称杆树，最后由大凹子、勐先乡延伸到境外越南；往南经马鞍山、勐腊到达老挝、泰国；往西经株栗河、那柯里、坡脚到思茅、景洪、勐海，最后达缅甸、泰国、新加坡等国。

在这一条条充满传奇的“南方丝绸之路”上行走的，主要是运送茶叶、药材、食盐、棉花、布匹、大米等货物的马帮和牛帮。古道漫漫，前路崎岖，有艰险、有挑战还会有意外收获，在石膏井的茶马古道上一直流传着这样一个故事：很久以前，一个牛锅头赶着一把牛路过石膏井，这天天气异常酷热，负重的牛大汗淋漓，步履蹒跚，走到树荫下就再不肯迈开脚步，看这情形，体恤牛群的牛锅头索性把牛身上的货物卸下，把牛赶到一旁的草地上吃草，自己则靠在一棵麻栗树下休息，牛铃叮当、蝉鸣阵阵，劳累了几天的牛锅头不知不觉间进入梦乡，待他醒来，太阳早已背阴，草地上一片空寂，牛群不见了。牛锅头慌了神，在四周寻而不见后，他挥舞长刀砍去盘虬在树间的藤蔓，一直走到了遮天蔽日的森林深处，整整找了三天，仍然不见牛群踪影，沮丧之时一脚踏进了一条从丛林深处流淌出来的小溪中，一阵清凉由脚底沁入，牛锅头这才觉得口渴难当，便弯腰掬起一捧水来喝，水刚入口，牛锅头就觉一阵苦咸，“噗”的一声，牛锅头吐掉了口中的咸水，与此同时灵光一现：他知道在哪里可以找到牛群了。牛锅头不再慌张，笃定地沿着小溪溯流而上，小溪越往上越宽，在一个大水潭边，牛锅头看到自己的牛群正惬意地饮用着水潭里的水。牛锅头并不急于去赶牛群，只再次弯腰掬水来尝，果然又是一阵苦咸。这山腹里定是有盐！牛锅头欣喜若狂。在古时，盐巴胜似黄金，并不允许私采。牛锅头其后报了官府，官府派人确认后，给了牛锅头一笔不菲的赏金。石膏井的盐矿自此昭于天下，一段随着盐巴而至的黄金时代自此拉开了序幕。

石膏井前后共建了大井、天宝井、石膏井三个盐矿，随着盐矿的建立，从昭通来的砌井人、从大理剑川来的木匠师傅、从附近村寨招募来挖生盐的沙丁、从宣威来背盐的“背背”，从西藏赶着马帮过来的马锅头……来自四面八方的各色人等汇聚在石膏井，修路、挖井、建房、熬盐、驮盐……一时间石膏井熬盐大锅热气腾腾，半山之上房屋鳞次栉比，街道两侧酒肆茶馆锦旗飘扬，戏楼、烟馆、赌馆喧闹，俨然一个繁华热闹的小城镇。为加强对石膏井的管理，官府在这里设石膏井县，先后派了 14 位官员来管理盐务。衙门设在村子旁的一座山梁上，如今石膏井人把这座山梁唤作“衙门梁子”。从宁洱县邮电局退休后，92 岁仍笔耕不辍的杨全仁老人就曾在 1983 年看到过一枚铜制的邮戳，上面写着“云南”和“石膏县”五个繁体字，邮戳的柄虽已被损坏，但五个繁体字却真实见证了石膏县的存在，后邮戳被上交到省邮电管理局保管。

鼎盛之时，从茶马古道上汇聚到石膏井的，不仅有财富，还有文化。在这里可以看到西北的旱船、山东的武术，还可以欣赏京剧、滇戏、花灯、北方大鼓、河南梆子和安徽黄梅戏。在石膏井围坟山还曾发现过云南文化名人、云南历史上唯一的状元袁嘉谷为石膏井富商何丛甫撰文的墓志铭，从墓志铭上可以了解到：袁嘉谷和何丛甫同为石屏人，一起上学，同巷为邻，后结为亲家，何丛甫早年为儒生，后到石膏井经商，富甲一方而有仁德，对父母恭敬孝顺、对兄弟友爱谦让、对子女教育有方，才学优秀，儿孙繁茂，为世人所称道。

古人信奉天神，为能从山肚子里挖到更多的财富，石膏井的盐商带头修建了众多的庙宇：玉皇阁、财神庙、灵源宫等，在庙里供奉了玉皇大帝、财神、关羽、火神等各路神仙，后来又在头台坡供奉一块曾助人得子的灵石，还把它雕刻成一位慈眉善目的老婆婆，怀里抱着一个粉雕玉琢的小男孩。这些庙宇飞檐微翘、雕梁画栋，常年青烟袅袅、香火不断，是石膏井人的精神寄托，也象征着他们对幸福生活的无限憧憬，蕴含着丰富的人文价值。清代文人许太和曾题诗《灵源宫泉水》，从其中可一窥灵源宫的昔日神采：

幽谷高而深，灵源得气长。流分山左右，味比雪清凉。

既裕调羹灶，还盈漫珙塘。饮来浑不厌，为洗俗肝肠。

中华人民共和国成立后，财神庙、灵源宫、石婆婆庙随着一个又一个天灾人祸毁于一旦。而今，在这些庙宇的断壁残垣上，还可寻到一些遗留下来的石柱青瓦和残缺的碑文，这些历史遗迹的存在，从某种程度上见证了石膏井商贸繁荣、文化昌盛的景象。

盐商们逢年过节邀请戏团来唱戏，其中以二月二龙抬头最为隆重。这一天，乡绅们身着长衫，净手上香，虔诚叩首，诵读祭文。百姓则携妻带儿赶赴庙会，看杂要、尝小吃、放风筝、荡秋千、打陀螺。

从石膏井的山腹之间源源不断挖掘出来的白色金子——盐，让石膏井长期以来呈现出一幅天下太平的祥和场景。却不知底下也是暗流涌动，有人在这里掘盐成金成功辉煌，也有人吸食大烟上瘾败光家产；有人在这里偶遇佳人成家立业儿女双全，也有人婆媳不和吞金自杀；有人在这里寻找到新商机开店立铺，也有人欠下赌债卖掉亲人。一幕幕人间悲、喜剧层出不穷，持续上演。

在外工作的 55 岁的石膏井人李乔良先生告诉我们，石膏井有一座“标杆坟”，这座坟茔的主人是一位年轻貌美的女子，名为芸香。芸香出身小康之家，家境殷实，后嫁到石膏井一茶商之家，丈夫常年在外经商，家里就只剩芸香和婆婆相处，婆婆生性刻薄，芸香又是独女，在娘家时受尽宠爱，免不了有些小性子，二人针尖对麦芒，常为些琐事斗气积怨，家中乌烟瘴气，气氛紧张。丈夫常年不回家，加之身体单薄，芸香嫁过来两年仍没有身孕，这自然落为了婆婆的口实。那年大年三十，芸香外出几个月的丈夫又捎来口信说忙于生意，不回家过年，婆媳俩皆心里凄凉。做饭时，神思恍惚的芸香先是煮糊了饭，后又摔破了碗，婆婆心中不满，把家中一只母鸡捉了来杀，指桑骂槐地说："不下蛋的母鸡留着有什么用，不如杀了的好。"芸香本就和丈夫感情淡薄，婆婆又雪上加霜，积郁多时的怨气堵在心头，再也无法消除，就在除夕夜吞下了娘家带过来的金饰，自杀身亡。芸香死后，她的父母伤心欲绝，到石膏井大闹了一场后要求厚葬女儿，芸香的丈夫在外另有家室，自认理亏，厚葬了芸香，还在坟前立了一块 1 米多高的标杆，以示安抚。芸香下葬后，坟地周围阴气很重，除了牛羊会无意间到那里觅食，再无人敢涉足，人们把那里称为"标杆坟"。在很长一段时间里，标杆坟的存在成为一种警示，提醒着石膏井人要宽厚为怀、优待亲人，久而久之，石膏井变得家风纯良、邻里和睦。

清嘉庆后，朝廷开放了盐业的开采和生产，只垄断销售，石膏井盐业"四大家族"（包、陈、左、华）因此崛起，成为石膏井最具影响力的盐商。石膏井 75 岁的老人李自章回忆说："'四大家族'中，数老华家最受百姓爱戴，华家人做事稳成、文武双全，不剥削百姓，后代贤良，有考上北京大学和清华大学的，也有到海外留学的。"而华家的先祖华彩庭更是一个传奇人物，他两岁成为孤儿，十几岁到石膏井盐矿做沙丁挑盐水卖，遇到贵人得以到私塾学习，中了举人在朝廷做官，后又辞官回到石膏井采矿，为发展盐业、造福乡里办了不少实事。华彩庭还积极支持爱国运动，两个儿子在辛亥革命中牺牲，被孙中山授予"二级爱国梅花勋章"和"革命烈士家属"，后又资助云南护国运动获"二级护国勋章"。

民国末年，石膏井的盐矿渐渐枯竭，人丁日益减少，石膏井县改成了灵源镇，1955 年石膏井盐场关闭，石膏井改称灵礼区，今日则称为石膏井村。

200 多年过去了，环绕石膏井的群山依旧逶迤，应侍两旁的象山和马山还是那样栩栩如生，奔腾巍然。可两山之间那条曾经因为天生矿产而鼎盛的街道已然沉寂，曾经发生在这块方寸之地的悲欢离合也已随岁月的滚滚洪流一去不复返了，只有那深埋在草丛里的残垣断壁、那古老柏树下的碑文石刻、那从老人口中传来的往日故事……这些旧日时光的蛛丝马迹，略显吃力地诉说着石膏井的往事，让人唏嘘更让人深思。

在破旧立新的路上，中国人一向有着步伐太快和良莠不分的嫌疑，建筑学家梁思成曾在北京古城被大肆破坏却无能为力时痛哭失声，时间证明，梁思成当年对于文化遗产的保护意识是先进的，这样一种意识，代表着一种鲜明的文化态度和文化理念。在石膏井文化被破坏、被遗忘的过程中，是否有人痛惜过，我们不得而知。所幸，面对全球文化竞争时代的来临，国人在民族文化复兴进程中不断增强着文化的自我认知。石膏井深厚的文化底蕴，正被一位位有识之士发现、挖掘和保护。

途经大山老郭寨通往古六大茶山的官马大道初考

——专访李培森

2021 年 2 月 21 日，我邀请左仁安和周少仁到思茅区龙旺井路 57 号，对原普洱县（今宁洱县）革委会副主任李培森进行采访。

李培森，男，1928 年 8 月出生，祖籍思茅区倚像镇永庆村老宋寨，现年 93 岁，现住思茅区龙旺井路 57 号。1949 年 4 月，李培森被选举为永庆村民兵副中队长、农协组长；1950 年任永庆村贫中农联合会主席；1951 年 12 月（23 岁）调灵礼区（今宁洱县同心镇，当时驻石膏井）工作，任青年团领导 3 年，后调普洱县纪律检查委员会工作 3 年、县委宣传部工作 2 年；1959 年到县委党校负责工作；1978 年任普洱县革委会副主任；1981 年分到思茅县，后在思茅区人大常委会退休。

找到李培森，我向他介绍了我们找他的缘由。

我说："我老家同心大凹老郭寨发现一块古代的碑，碑的标题为'永垂不朽'，当地百姓一直叫它'民族团结碑'。这个碑，中华人民共和国成立前被团山寨人抬去放在山上，现在我们找到把它抬回来重新立了起来。碑中内容相当于现在的村规民约，所以，我们现在叫它'赊会乡风公议碑'"。碑中内容有些严厉和残忍。但对教育百姓、加强民族团结、促进边疆经济发展起到了很好的推动作用。2019 年 12 月 22 日举行立碑活动时，我邀请左仁安老师参加。他看到老郭寨保留的一段石镶路后，过了几天打电话告诉我说："李明镕，你们老家的石镶路不仅仅是一般的茶马古道遗址，它是元江府下辖步日（今宁洱）时期，朝廷为了管理边疆和巩固边防开通的，是由步日去古时六大茶山（百姓叫的'老夷方'）的官马大道。"

根据左仁安老师所说，我带着"为什么像老郭寨这样的贫困山区，在人口稀少的情况下，还会有古代标题为'永垂不朽'碑"的疑问，走访当地老人，最终证实了该官马大道的存在。左老师也为了证实这条官马大道的存在，后又亲自到永庆村实地察看官马大道，走访知情群众。当找到当时永庆村委会主任江华了解情况时，江华告诉左老师："这条官马大道你（李培森）相当清楚，所以，我们才来找你的。"

李培森问我们："你们是自愿组织起来了解情况的吗？"我说："是！"李培林说："不错，你们是热心人。"

我问李培森："步日时期，步日→石膏井→火烧桥→那勐勐村窝拖寨→大凹子村称肝树→老郭寨→八仙坡→茭瓜塘—会连村大杨梅树→半路寨→勐先镇山神庙→称肝树→尖山坡→空碑→江城县大树脚→江城县曼克老→曼老街→桥头河→整董→西双版纳州易武茶山→老挝、缅甸和泰国的官马大道，也称'东南亚国际通道'。听说你知道，并且你原来在普洱县工作时经常走，是吗？"他说："知道，还走过。中华人民共和国成立时我在灵礼区工作时经常走。从会连黑蚂塘→半路寨→江城县大树脚→曼老街→整董→易武茶山的官马大道也走过；从磨黑过勐先→安宁→民胜（宣德）→马鹿塘和在山神庙与从大山老郭寨来的路汇合，到江城县大树脚去易武茶山的官马大道也走过。但年代久了，印象不是很深，有些小的地方记不清了，只能说出大的地名，要不然这条路哪点过哪个寨子我年轻时都清楚。”左仁安插话说：“这些路主要是石镶路吗？当时叫‘官马大道’？”李培森答：“是！”左仁安插问：“当时去六大茶山的路也是从这条官马大道走的吗？”李培森答：“是，去六大茶山和景洪主要也是走这条路。”我问他：“当时你去曼克老、整董和易武主要去做些什么？”他说：“那时主要是去搞‘清匪反霸’工作。为搞好‘土改’工作、清缴残匪、镇压反革命，去复查漏网残匪，大概去了半年。土匪清缴工作结束后，正式开始搞‘土改’工作。易武到过，但不是去工作，工作主要是到整董调查材料。我走大山老郭寨、会连，这是我的工作范围。加之，现在的永庆村中华人民共和国成立时属于普洱县灵礼区管辖，1956年才划归思茅县的。当时，为了工作和回家我也只能走这条路。”左仁安插话问李培森：“中华人民共和国成立时，灵礼区的区委书记叫杨盛德？”李培森说：“当时的区委书记叫杨盛德，副书记叫尹仕珍，区长杨应祥（勐先人）。后面尹仕珍和杨应祥结婚。但在肃清整干中，因为杨应祥是富农出身，审干不过被开除回家。副区长付永祥（石膏井人）、付永珍。”左老师说：“中华人民共和国成立时，石膏井是很热闹的，有盐厂、工会、农会、青年会、学生会和妇女会，样样都有。”李培森说：“有，齐全。”我问：“你过窝拖寨、岩子缝和大山老郭寨时，老百姓的生活状况还有印象？”他说：“有。那些地方，当时的百姓都是住茅草房和闪片房的，瓦房只是倮遮有两间。”我说：“我家大山老郭寨也有一间瓦房，并且是我家的。我记事时，我奶奶就告诉我说，我家的瓦房就有100多年的历史了，我家还开过马店。瓦房在大山老郭寨官马大道下面的洼子上，你没有印象吗？”他说：“记不得了。”我接着说：“另外，我走访的人说在大凹子称肝树、会连大杨梅树、勐先山神树三个地方有寺庙，这些寺庙也是茅草房吗？”他说：“是瓦房。当时，封建迷信深，老百姓对建寺庙是相当讲究的。庙房都是瓦房，并且墙脚都是用石灰和烧过的红土混合支砌石头的。石头打得相当讲究。寺庙一两千年都还好好地在着，香火都很旺。这三个寺庙不仅是当地人上香，就连过路人和赶马人，尤其是藏民每次路过都要朝拜。”

我问：“老首长，我听说勐先竹山山神庙来朝拜的人，有整董的、有易武茶山的，你知道吗？”他说：“知道。不只勐先下节人上香，就连江城整董、大树脚的人都来献饭朝拜。”我说：“另外我想问一下，勐先有个空碑你听说过吗？”他说：“碑怎样记不得了。‘空碑’这个地名和名字很熟悉，说起还记得。但碑文怎样，没有看过。”我插话：“老首长，你听说过没有？我听我们那里的老人说，碑是诸葛亮来立的。”李培森说：“听说过，诸葛亮不是塑造的，是真的有这个人。但他是否来过空碑不知道，他的兵为了治理和巩固边疆，肯定是来过。诸葛亮是文官，很注重文化治理。他用兵如神，不需要出兵，只要敌方一听到‘诸葛亮来了’就被吓跑，随时打胜仗。”我问：“老首长，你在灵礼区工作时还有马帮和牛帮过火烧桥、大山老郭寨去六大茶山这条路吗？”他说：“公路不通时，都是用马帮和牛帮搞运输，过的很多。并且，这路应该是普洱（现宁洱）去六大茶山最早的官马大道，应该是过了几百年了。听老人说，元江府管理步日时期，步日去曼老江都要走这条路。”我说：“我们地方的老人也是说，这条是去古六大茶山最早的官马大道。”并且，老人还说：“这条大道马帮、牛帮和人过往的很多，去一场来一场，一天到晚都听得到马铃响。”李培林说：“是。有运输马帮，还有武装马帮，搞运输的马帮也配着枪。”我插话：“这条路上土匪、强盗多，藏族人来背茶和过往的人也配枪吗？这可能也是大山老郭寨古时立碑的原因吧？今天听你说，我认为大山老郭寨那个古碑不单单是为了大山老郭寨的稳定和团结，它更主要的是为了治理过往大山老郭寨去古六大茶山的官马大道上土匪、强盗，确保过往商人的利益而立下的。难怪，碑中会有这么严厉和残忍的内容。”他说：“是有些严厉和残忍。听老人说，有段时期，对待土匪、强盗还要砍手、砍脚、挖眼睛。”

我继续采访：“老首长，我还想问你，我听说经过大山老郭寨去古六大茶山的这条官马大道，不仅仅是马帮、牛帮搞运输，过往的人，包括官人和背夫（茶）也很多，去一场来一场，一天到晚都听得到马铃响，是吗？”李说：“是。有运输马帮，还有武装马帮，还有西藏藏族人大场大场地来背茶，这些我都还记得。因为雪山上很难赶马，他们用人来背，可怜啊！听说他们要用一年的时间才能背回去一次。听说有一场藏民150人来背茶，歇在永庆村大寨有土匪去抢，发生了一次枪战，中华人民共和国成立后地主家的瓦房墙上我都还看见过枪眼。”我说：“另外，我想叫你讲讲从石膏井过倮遮、永庆去西双版纳州景洪市勐旺和勐腊象明茶山的具体路线和故事。”李培林说：“这条路就是从石膏井村→竜树坡→那勐勐村秧草塘→那勐勐桥→马骂河→马鞍山村岔河→称肝树→倮遮→哑巴田→大椿（青）树→会马河→红（横）坟坡→大山（旧社会有两家人办纸厂，最出名的人叫王开顺，他办得很红火）→（小荒田）→凹寨→棠梨树丫口→老蔡寨→思茅区倚像镇勐茄（今永庆）→小勐帕（今半坡）→大寨烂坝田→半坡→石家寨→小五星河→（大勐岶）→石膏箐（白沙河）→丫口田（干田）→大庵树→大椿树→岔河→菠萝村→大甑子田→木匠坡→小坝子→西双版纳州景洪市勐旺→科连→普天河→补云→茨菇塘→雨板→象明茶山→缅甸。此官马大道直到20世纪70年代，走的人也很多。”

我插话：“我们那边的老人说，从整董去勐腊茶山的人就不过倮遮、永庆这条路。不过的原因一是同心马鞍山有个叫蚂蝗箐的地方蚂蝗很多，下边那勐勐村有个马骂河，河里蚂蝗也相当多，马到马骂河怕蚂蝗叮咬就不过河，马害怕地叫往后边跑，很难赶过。赶马人就从大山老郭寨走，有的从八仙坡、会连方向走去永庆，有的从锅底山到倮遮方向走去永庆。二是旧社会封建迷信深，马不过河赶马人就不敢强走。三是倮遮大寨有100多户人家，加之马鞍山这边寨子多田地也多，无法放马、放牛，就从大山老郭寨走，过八仙坡、会连到永庆。四是旧社会倮遮有个卫保长叫李兴真，他的势力很大，很多过路人怕他，都不敢走，就从大山老郭寨走，过会连到永庆。”李培林说：“是，1949年他被枪毙了。”左仁安插话：“这些路石镶路多吗？”李培森答：“不多。石镶路只是寨子附近和人走得多的地方有。杨梅树到窝拖寨过石膏井去普洱和那勐勐过石膏井去普洱的全部是石镶路。那柯里去普洱这段也是石镶路，但听说是后来才修的。”左老师插话：“是，那柯里茶马古道是后来才开通的，石镶路是道光年间（1821—1850年）修的。因为，思茅（原叫西么、思摩）属于西双版纳管辖，原来去景洪的路开始不过思茅，是从老郭寨、八仙坡、会连、空碑、大树脚走，那柯里茶马古道是雍正王朝改土归流后，为加强普洱和思茅的联系才开通的。思茅到六大茶山的茶马古道是雍正十三年（1735年）开通的，《思茅古城》一书中记载：‘1735年，思茅设驿站，专开此道进六大茶山（攸乐、革登、倚邦、莽枝、蛮专、曼撒）。’所以，途经大山老郭寨的官马大道比那柯里茶马古道修建的时间还早，应该是元朝时期就开通的。”

我问：“老首长，我听勐先人马金光和我的母亲郭美珍说，在大山老郭寨通往六大茶山的官马大道一带有个大贼头（土匪），名叫张光成，你知道吗？他是江城大树脚上边叫大山头的人。大山头寨子有围墙，当时寨子里有99户人家，张光成养着80多人，是一个易守难攻的地方。张光成经常带人到勐先竹山尖山坡抢人，中华人民共和国成立前，张光成带人去雅鹿会崩抢何文应（同心会连黑蚂塘人，共产党的进步人士）姐家的牛，并把何文应的姐姐和姐夫带走。张光成的人马把牛赶到称肝树时，被何文应遇到，追赶的人把情况告诉何文应后，何文应跑朝前去躲在名叫大山田的秧田里。当张光成走到田埂时，何文应用火药枪一枪把他打死了。张光成的队伍被吓跑后，何文应把张光成的头砍下，提到石膏井交给了当时地下党组织。”李培森说：“知道，有这回事的。但大树脚上边有名的有两座山，听你说应该是‘板郎山’，强盗、贼头多。包括前面我说的去永庆抢藏族背茶人发生枪战的事，虽然不知道土匪名字，但说明有不少的土匪、强盗。包括勐先一带，1923年左右有出名的强盗李保甲（同心大凹子箐头人）。他有100多人武装，经常带人到勐旺、易武和江城一带抢人，一寨一寨地抢，实力相当强。听说是张孟希请他吃饭，被打死在勐先宣德家脚。李保甲死后又出了个者照发（同心大凹子箐头人，李保甲舅子），是李保甲死后有名的土匪，是1950年清匪反霸时杀掉的。”

采访后，我上网查阅官马大道（茶马古道）及元江府时期的资料：“139年，张骞奉汉武帝之命出使西域，知道云南很早就和南亚、西亚、中亚交往。到了唐代，吐蕃王朝（629年）的崛起，随着藏族和南亚、西亚人开始大量饮茶，这条古道喧嚣了起来。唐代樊绰的《蛮书》中详细记载了滇茶入藏的道路。这条古道在宋、元时期被大大地利用起来，形成了亚洲大陆最为庞大的商业道路，‘二战’中后期最为兴盛。随着茶叶贸易的发展，茶马古道又以马帮运茶为主要形式，把茶叶与吐蕃的马、骡、羊毛、牛羊皮、麝香、药材等互换，主要是人赶着马匹在高山险峻的道路中进行物品的互换。”我认为：“云南很早就和东南亚有交往，尤其是普洱（今宁洱），有交往就必然要有路。从宁洱出发，途经石膏井→火烧桥→称肝树→大山老郭寨→八仙坡、会连→空碑→大树脚→整董，去往古六大茶山和通往东南亚，这条通道是普洱境内最早的官马大道，应是元朝就开通的。古道贯通之后，更多的商客马帮驮着中原（内地）的商业品（如布匹）贩运到普洱和东南亚；把普洱和东南亚的山货，比如茶叶、花椒、碗儿糖带回贩卖。客商们南来北往，在吃喝拉撒睡间、在衣食住行中，各方文化便交融积淀下来：古滇文化、中原文化、南洋文化纷纷汇入普洱，经过淘洗磨合，创生出了多样的独特的普洱文化，极大地促进了普洱物质与精神的繁荣、发展。茶文化就是其中独具特色的饮食文化。这条官马大道线路很直，如今，一路上还保留着有许多石镶路遗址，有茶马驿站，有治理土匪、强盗条规的石碑，有处死土匪、强盗的刑场（称秆树），有寺庙等。最有力的证据就是史料中记载的明清时期皇木晋京的历史事件，两届天朝陆续在普洱一带采伐桢楠和香杉数以万方，采用放筏的方式经宜宾达泸州，直达南京，或者到达杭州湾经大运河直抵北京。所以，途经大山老郭寨通往古六大茶山的官马大道是连接中原和东南亚普洱境内最早的道路。

茶马古道上的普洱印记

很早以前就有无数的马帮、牛队、行者，翻山越岭、历尽千辛，源源不断地把磨黑盐、普洱茶从由云南省普洱市出发的这条古道驮向远方，奔向赶马人心目中的“天堂”，或达雪域高原，或达“天朝”圣地。

斑鸠坡，“交通史上的活化石”

在普洱的茶马古道上，有一段叫作“斑鸠坡”的古道，有“交通史上的活化石”之称，是思茅通往内地的一段重要的古道。它从思茅的腊梅坡向北通到坡脚村，全长十余千米。

传说在斑鸠坡古道上就有这么三座坟，里面埋葬的是泰国、缅甸、老挝的三个赶马人。他们因为疾病倒在了这里，客死他乡，被同伴掩埋于此。这三座坟，足以让人们明白，茶马古道上走过的赶马人，他们经过的历程是多么艰难、多么险恶，他们的人生是多么悲惨。

“马哭里”，马儿最为悲伤的地方

“马哭里”，一个撕心裂肺的地名，一个苍凉悲壮的驿站。在这里，风雨桥上的预言，注定了赶马人人生的起起落落、生命历程的漂泊不定；驿站马店边上的水磨坊里还不停地旋转着石磨，仿佛

茶马古道斑鸠坡段

那柯里马帮驿站

在向人们讲述那些悠长而又悲凉的历史故事。

过去的马帮经过那柯里，都要蹚过一条小河。马儿一见到这条小河，不知是思念家乡还是太累，都会流淌出眼泪，因此这里得名“马哭里”。后来，人们实在可怜这些马儿，就在小河上修建了一座风雨桥，使得马儿可以顺顺当当地通过这条小河，不再哭泣。从此“马哭里”改名为那柯里。

据说在很久以前，一个年轻英俊的小伙子带着心爱的姑娘骑马到野外游玩，突然被一群猛虎围追，他们被追到了那柯里河边的一个断崖上。就在这生死关头，马儿驮着小伙子和姑娘跳过了断崖，脱离了险境。“马跳石”也就因此而得名。逃过一劫的小伙子和姑娘从此恩恩爱爱，并在那柯里安家立业、繁衍生息，成为那柯里的赶马人。

石膏井民居

石膏井，“茶马古道”上鲜为人知的秘密

在那柯里以北不远的地方，就是历史上非常有名的“石膏井”。它是清代较为繁荣的盐产地，也是历史上盐和茶的重要集散地。

“石膏井”曾有石膏井、天宝井、大井三个盐井，开挖于清朝乾隆年间，因石膏盐井最大，所以就把这个村叫作“石膏井”。那时随着盐业规模的日渐扩大，盐、茶交易形成了较大的市场并吸引了国内外的盐商茶贩到这里，所以清代曾在此设立石膏井县。

远眺普洱山

普洱山，普洱贡茶的名山

普洱人常说先有普洱山，后有普洱茶。据《元江府志》记载，普洱山历史上是出产普洱贡茶的名山，所产茶性温味重，异于他产，名普洱茶，道府官员用以入贡，称为“众茶之冠”。可见，普洱府很早就开始了茶叶的种植，而且茶叶品质上乘，远销全国各地。

在普洱古府（宁洱）相继建成的会馆有“江西会馆”“建水会馆”“两湖会馆”“秦晋会馆”“四川会馆”“石屏会馆”等，从而形成了普洱古府独特的文化现象。

茶庵塘牌坊

茶庵塘，一条只有鸟儿才能飞过的古道

茶庵塘是古时普洱府通往省城昆明的第一个驿站，也是官方为向京城进贡普洱茶而专门修建的官道，铺建时间大约在清朝嘉庆十七年至道光三年（1812—1823 年）。因为此地原来有一茶庵寺庙，所以叫作“茶庵塘”。

因为茶庵塘外的这段古道山高、坡陡、路险，古木繁盛茂密、遮天蔽日，野兽时常出没，让许多经过这里的赶马人提心吊胆、毛骨悚然，于是就有传说“茶庵塘只有鸟儿才能飞过”，所以这一段古道又被人们称为“茶庵鸟道”。

磨黑，百年沉淀的古镇

“青山环古镇，小河绕镇流。条石巷道幽，梯房现古镇。”这就是磨黑，一个滇南有名的盐都，一个有名的茶马古镇，一个著名丽人的故乡。

磨黑自清朝雍正三年（1725 年）就开始大量开采食盐。由于食盐是人们生活的重要必需品，凡是有盐矿的地方都显得十分重要，也十分繁华。所以，磨黑便成为滇南边陲和茶马古道上的重镇。

磨黑是著名人民艺术家杨丽坤的故乡。杨丽坤主演的《五朵金花》和《阿诗玛》两部电影，已经成为一个时代的印记。

磨黑的民居建筑大多是一些四合院，三房一照壁，很有江南风格，门窗、房檐的雕刻和装饰相当精致，房屋布局合理，具有很强的观赏性和研究价值。

磨黑古民居

保存下来的吊脚楼

孔雀屏，穿越千年的古道记忆

孔雀屏位于宁洱县的磨黑镇境内。过去的孔雀屏马帮往来、客商云集，短短几百米的街道上，就有 60 多家马店，每家马店都可供上百马匹歇脚，而且各种生意都非常兴隆。直到现在，还有一些房屋建筑仍然保留着过去的原貌。

走在这满是历史痕迹的石板街上，好像又被那些老房子、老物件带回到了遥远的茶马古道时代。一队队的马帮出行，一条条的崎岖山路，一声声的马铃作响，一驮驮的茶叶盐巴，仿佛就从身旁一闪而过。

茶马古道经过村寨

回龙街，高山之巅的古道驿站

过去在回龙街，马帮客商过往甚多，多时每天通行的骡马有上千匹，驮牛 500 多匹，人力挑夫近百人。运输的货物主要是普洱茶、磨黑盐、新罗棉花，以及推烟、布匹、金属器物等物品。遇上天色近晚，马帮客商就只能在此歇脚休息。

走进一家过去的马店，里面的设施还基本保持着原来的样子。拴马的场子还在，据说可以拴下 100 匹的骡马。场子外面就是悬崖，一眼可以望到山下的云海，十分险要。

碧溪，成就“须立”贡茶的地方

碧溪古镇东城门正前上方镶有“碧朔”二字，这就是碧溪古镇的前称。

走进城门，就可以看到青石板街道两边的民居建筑。这些民居建筑布局合理、错落有致，房屋上面雕梁画栋、格窗镶花，传承了汉族庭院式建筑风格。在文化、习俗方面，汉文化与哈尼文化在这里得到了很好的融合。

十字街口的八角楼是碧溪古镇的标志性建筑。它是一栋三层土木建筑，底层四面畅通，人畜都可通行。二层和三层的房檐飞翘八角，楼亭顶上铸有大铜葫芦。整个建筑雄伟、壮观、气势非凡。

在古镇有一种贡茶叫“须立茶”。据《墨江县志》记载：墨江是著名的“普洱茶”出产地之一，而域内碧溪须立所产的“须立茶”是清代的贡品茶。

古道有一种古朴的美，马帮商队更有一种坚韧不拔的精神，千百年来古道上的人们热情、朴实、善良、勇敢，铸就了举世闻名的茶马文化和马帮精神，这种文化和精神在漫长的历史长河之中，生生不息。

（本文图片由刘庆明提供）

普洱茶马古道思普段旧事

“马店正门两边挂着臂长 30 ~ 40 厘米，臂底镶一个如小碗一般的油灯，而进门后两边厢房是上为槽仓、下是马厩的马房，马房挂 3 ~ 4 盏同样的油灯，院中间摆放着马上卸下的货驮，赶马人和马锅头围着货驮睡在边上，驮运重要货物的马帮或大马帮除安排专人值班和看管马匹，还会把机枪架在门口，以防劫匪，只有马帮主和货老板才能睡在舒适的屋里，这也就是马店一般客房比较少的原因。我小时候做过的就是晚上与店里的伙计给那些油灯定时加油……”这是同心乡烂泥坝泰安马店后人——现年 70 岁的赵光昱对他家马店的记忆。

那柯里茶马古道（白马辛荣 摄）

思普段茶马古道，北上接茶马古道源头普洱府城（宁洱县城），可通最古茶马古道藏道（《普洱府志》记载的西北路）和官马大道进昆明入京城，往东南则到江城县可通境外的越南莱州，思普段则过那柯里到思茅出国外到缅甸景栋。

思普段是一条非常重要的古道，这段古道在烂泥坝、那柯里和坡脚三个点自然形成了马店，也就是无论从思茅到普洱府城或普洱府城到思茅都需要两天的时间，而经过一天的行走后，注定只能在烂泥坝、那柯里和坡脚这三个点歇脚。同时，除藏马帮不住马店，而是遇河“开稍”，大部分马帮都住店。所以客商的流量决定了马店数量，从马店可以看出古道的兴衰。历史上，烂泥坝、那柯里和坡脚形成几家马店及一些住店，烂泥坝有赵联昌、赵发昌和张正清三家，那柯里有赵永昌和李全忠两家，其中以赵联昌的泰安马店和李全忠的荣发马店最为有名。其余三户则没有正式店名及店印，实际上那时的坡脚没有马店，只有住店接待老背背和担担。

说到清末民国期间这一带的马店，要先从赵家说起，据普洱市政协编著的《普洱茶源》一书从《赵氏家谱》考证，茶马古道明朝以前便有毛路形成，清光绪初年铺设石子路面，明末清初，那柯里并没有客栈建盖。清嘉庆二十五年（1820 年），赵氏家族祖先赵琼枝由保山沙坝迁徙到普洱那柯里定居。道光十年（1830 年）开设了那柯里茶马驿站，并建酿酒房经营。赵家于清道光十年（1830 年）开始经营马店，到了赵光昱父亲赵联昌这一代，共有兄弟 5 人，老二赵德昌早逝，老大赵联昌经营着烂泥坝泰安马店，老三赵永昌经营着那柯里的马店，后得一过往客人指点，采用本地 120 种野生草药熬制药酒，酿出这一带有名的古道马帮酒，随着好酒扬名，这个那柯里古道边的酒坊据说挤垮了附近的一些酿酒作坊，赵永昌也因为酿酒成为赵家最富有的人。老四赵发昌则经营普洱府城过来进入烂泥坝的第一个马店，赵五经营马店后转向其他行业。

在采访中，我们了解到赵二去世后，赵三抚养其女赵美云，赵美云长大后爱上赵三家酿酒长工郭丕清，这段富家小姐爱上长工的姻缘让我们更想了解这个真实版才子佳人的爱情故事。因此，我们采访了现年 81 岁的郭丕清老人。郭丕清住在那柯里寨子的西北角，坐西朝东，紧靠着古道，用石头垒起的石坎高出古道 1 ~ 2 米，一棵不太大的绿树种在门前。当我们走进郭丕清家院子，顿时感到老宅与绿色和谐带给我们的优雅舒适，见到我们，郭丕清放下手中的报纸，摘下眼镜站起来热情地给我们让座。

采访中得知，赵美云小姐已经过世多年，我们只能在照片上看到她生前的倩影。在听了郭老如何在赵家与赵老板研究改进制酒工艺和在生产队中如何酿酒后，我们把话题逐步引到他与赵小姐的爱情故事上，而针对这个才子与佳人的访题，郭老只是笑了笑，说那时候，他是正眼都没敢看过美云小姐一眼，完全是美云小姐信奉着“宁嫁一碗米的尖子，不嫁陈谷烂米的摊子”的爱情观，才让他最终娶到赵家小姐。郭老没有讲更多与赵小姐的爱恋，但是，我们也似乎都读懂了他的恋爱故事。

那柯里处于烂泥坝和坡脚之间的中心，地理位置使这里成为古道交通的聚点，自然形成一个较为完整的小政治、经济、文化中心区域。《普洱县志》有载，1940 年，宁洱县设 3 镇 8 乡，其中礼良乡政府驻那柯里，这也就明确表明这里曾经的中心地位。

百年前，有个叫戴维斯的英国人，他曾同藏族马帮在此露宿，他在游记中写道：“思茅城里有很多藏族客商，我同三四百匹马帮同行。马帮走过高坡后，来到那柯里住宿。马帮并不住店，而是像刺猬一样团起住宿，外围用凶猛的狗看守。”

从普洱府城到思茅的茶马古道，进入那柯里的寨头，首先就是接官厅（目前这里遗留一块平地老百姓仍叫接官面前），据那柯里现年 82 岁原老生产队队长李明善讲，旧时这里接送过往官员，有时还得保长通知附近的群众参加这里的欢迎仪式。他见到过的官员坐着官轿，随从则坐滑竿，被一群扛枪的士兵护送到这里的场面。过了寨头的接官厅就进入那柯里寨子。那柯里这个寨名背后是一个很悲伤的传说，说是马帮经过寨南边那条河，蹚过河的马被河水浸泡到的地方都要掉一层皮，让马饱受脱胎换骨的疼痛，时间一长，这里自然成了马帮伤心记忆中的“马哭里”。后来，马帮、当地群众以至于政府都觉得这里应该修一座像样的桥，那柯里风雨桥就诞生了，桥也就成了这里划时代的标志，随着时间的推移，马帮逐渐忘记了讨厌的“马哭里”。

后来，我在那柯里高老庄听到“庄主”高家宝 91 岁的老母亲关于“那柯里”得名的说法，据她说，她娘家的父亲是大马帮老板，从小就接触过一些故事，这里的哈尼族喜欢喝茶，说马帮来到那柯里，哈尼族语喝茶是“拿凯渡”，“那柯”就是“拿凯”的谐音，“里”是古时的一个行政单位，联系起来，那柯里的释义就是：一个“茶”的地方（里），也就是有茶喝的地方。

那柯里河从寨南边快要出寨的地方流下来，河的北边是赵家马店和有名的酿酒坊，过了风雨桥，就是李家荣发马店，马店共有两个院子，靠东的是李家生活院子，西边则是马店，店门高悬“荣发马店”的招牌，两边是对联，靠东的是“关山难越谁为主”，另一联则是“萍水相逢我做东”。而再从李家门前顺河往东走上一小段，就是拐上南山去往思茅的古道。

泰安马店后人赵光昱讲到繁荣古道时说，过往的马帮有大有小，小的不叫马帮，最少的是一人一匹马，大的有几把马（每把十二匹），再就是过往的老背背和担担。大的马帮要鸣锣开道，还要敲铓收尾。锣和铓都由两个人抬着，后边的人负责敲，称马帮前边的为“公锣”，后边的为“母铓”。前边敲响清脆的“哐！……”后边沉闷地回一声“嗡！……”公锣母铓一敲一回，前后遥相呼应。

几位那柯里老人回忆起茶马古道往事时说，他们称古道上过往背东西的人（背背）为“宣威背背”，以及挑担的人为“石屏担担”，这可能是两地小生意人较多的缘故。这些“背背”“担担”们一般都不住店，而是就着马店和古道旁人家围墙边支起背篓和歇下担担“搭夜”。“石屏担担”是最浪漫的过客，他们都是成群结队地来、成群结队地去，有男有女，找到“搭夜”地点后，吃了晚饭，大家就围在一起跳舞。这种几个人围在一起，每人手掌中拿一个铁烟盒，用中指弹出声响，边走边弹边跳的舞蹈被我们当地人学会后称为“烟盒舞”，现在都还在传跳。赵光昱老人还讲到，以前他见到的除了马帮外，还有漂亮的牛帮，有一个大牛帮，每把牛（每把牛 12 头）都用同色来配，各把又各不相同，第一把可能是清一色的白牛，第二把是清一色花牛，第三把是清一色的黄牛等。牛帮在“开稍”的时候，整齐排在一起卸货，非常好看。

茶马古道孕育了那柯里，古道的人流物流让那柯里深受各方文化影响，马帮在这里“开稍”，小商贩在这里“搭夜”，过往的官员，配制的美酒，还有那柯里对面东山脚下与寨子相对的那座关圣庙，是中原道家文化和这里乡土文化结合的典范。那柯里关圣庙大殿背靠东山，殿前是一个四方形祭坛，祭坛左右两边的中间是石阶，而正前的石阶则设在两边，石阶中间的墙上是半浮雕的龙图案，正殿正对石阶下是一小殿。正殿祭坛，小殿建在一条中轴线上。武圣关公一直护佑着那柯里的平安和谐，悠悠古道中建起边疆和中原文化之间相互融合、相互渗透的桥梁。那柯里老人们讲，以往每年的五月十三日和九月十三日，这里都会举行关帝庙会，方圆几十里的各族群众都会赶到这里，参与拜圣求平安活动，许愿来年万事如意、五谷丰登、财源广进；庙会的活动还有舞蹈唱戏、猜谜娱乐和物资交流，总之是非常热闹。据 82 岁的老生产队队长李明善讲，每年的庙会都要推举两个会头，主持来年的庙会，其间两人要分别吃下祭坛的鸡头和鸡脚，吃鸡头的人，来年得喂养一头胖猪供次年庙会用，吃下鸡脚的人，则在来年庙会上街为庙会准备所需的货物，这就是那柯里关帝庙的庙会。如今古殿不在，庙址犹存。

茶马古道鏖战激

——记江城山神庙丫口阻击战

提起普洱茶，提到茶马古道，人们就会想到六大茶山，它们是普洱茶的原产地。六大茶山中除了攸乐山在景洪，其余的革登、倚邦、莽枝、蛮庄、曼撒五山皆在今天的勐腊县。清朝时普洱茶的年产量达到十万担，茶商云集，每年马匹在春秋两季往来茶山驮茶，踏出了四通八达的茶马古道，其中有一条就是从原来的镇越（民国时期勐腊县叫镇越县）县城易武到红河支流李仙江的坝溜渡口，最后经水路进入越南莱州。易武到坝溜渡这条通往国外的道路也就成了普洱历史上著名的茶马古道。具体的路段是易武、曼腊、杨柳沟、象庄、漫滩、芒木树、大过岭、二官寨、勐野江岔河、半坡寨、勐烈街、山神庙丫口、腊户坝、糯角、坝溜渡，约 200 千米 7 个马站。

70 年前，在这条茶马古道必经之地山神庙丫口曾发生过一场激烈的阻击战。

1949 年 12 月 9 日，云南省政府主席卢汉宣布云南起义，蒋介石把 26 军 4 个师和新编第八军 5 个师拼凑为第八兵团围攻昆明。攻城失败后第八兵团撤到蒙自，遭到解放军攻击，分兵溃逃。1950 年 1 月，第八军主力在元江战役中被歼灭，残余纷纷向南溃逃。第八军 237 师 709 团并没有渡过元江跟随大部队，而是沿岸南下。1 月 25 日，709 团在红河县瓦渣遇到 26 军 482 团，两团决定逃进越南，便过红河经绿春到达金平者米乡巴哈村。但第八军军长彭佐熙来电通知说先前进入越南的国军已被缴械，叮嘱千万不能入越南，建议向到达车佛南的 93 师靠拢自寻生存之地。但 482 团二营在越南人带领下偷入越境，只有丁作韶营长率部分士兵跟随 709 团。2 月 3 日团长李国辉率 709 团从金平出发，沿 93 师 278 团的路线，准备到车佛南靠拢 278 团。他们从哈播、骑马坝这条古道来到李仙江，7 日夜宿李仙江的坝溜渡。8 日经曲水乡高寨来到国庆乡腊户坝住宿，准备第二天向江城县城方向行进。

8 日中午，曲水乡民兵在坝溜发现 709 团后报告给了江城县人民政府。县长荀彬一边派人侦探敌情，一边通知周边村寨民兵迅速到县政府集结。原中共地下党领导的江越支队整编为中国人民解放军滇桂黔边区纵队第九支队镇江整训部队后已奉命参加保卫车佛南（车里、佛海、南峤县，泛指西双版纳）的战斗。江城县政府只有基干部队 41 人，法造轻机枪一挺，步枪 30 多支。县政府决定一面组织群众坚壁清野，一面在县城以东的山神庙丫口阻击。县长荀彬告诉大家说敌强我弱，我们只能凭借地势打阻击战。敌人虽然强大，但已经是惊弓之鸟，况且人生路不熟，行动缓慢。敌在明我在暗，能打就打，不能打就走。同时空室清野，不让敌人得到一粒粮食，拖垮他们，饿垮他们。

侦察民兵回来报告说敌人已经住宿在 10 千米远的腊户寨，大概 800 多人，其中还有很多家属。

山神庙丫口是马鞍式山形，两侧为高山，前后为峡谷，是坝溜渡到县城的必经之地。抗日战争时江城县政府还在这里修筑了战壕，此时正好可以利用。

荀彬带着40多个民兵来到山神庙丫口后进行战斗部署：民兵分为两小队，苏泽副县长带一个小队把守丫口阵地，进行正面阻击；黄灿东带另一小队把守左侧高地拦腰截击。大家在山上枕戈待旦。这天是腊月二十八，晚上下了一场大雨，伏在工事里的战士们感到寒冷刺骨。

9日清晨，709团3名敌侦察兵进入丫口伏击圈后，被早已埋伏在此的民兵抓捕，最后一个侦察兵见势不妙朝后一纵跳入草丛，同时鸣枪报警。荀彬立即命令开火。战斗打响。

敌人先头部队猫着腰冲上阵地。负责丫口正面阻击的哈尼族机枪手王嘎拉用法造轻机枪猛烈扫射，敌人被迫后退。

709团先头部队被居高临下的火力压在一条狭长的箐沟里，尽管人多武器好，但难以发挥优势，部队难以前进。敌营长听到机枪声以为遭到了解放军主力部队的阻击，惊恐之余连忙报告给李国辉。李国辉来到山脚下仔细倾听枪声后说这只是地方的部队，又没有重武器，不足为惧，马上组织火力进行强攻。

李国辉调来迫击炮向丫口狂轰，但因处箐底，森林茂密，对丫口高地位置估计不准，炮弹相继飞过我军阻击阵地，落到丫口后面荒无人烟的山谷中，未伤及一人。

跟随李国辉的482团三营长丁作韶爬上一棵青树观察情况。他用望远镜看着丫口说他们是“土共”，只有一挺机枪，人不多，不用怕。话刚说完就被流弹击中，应声落地。李国辉命令一营长吴金铭带部下发起进攻。

荀彬命令猛烈射击。敌人被击退。

2小时后，宁洱、墨江、江城三县联防指挥部的普洱民兵50余人赶到了阵地。原来三县民兵联防指挥部负责同志刘岩带领普洱县民兵从墨江县哈布孔村出发追击709团。听到我县基干队的枪声后，他们沿着田房寨一侧山梁上的小路，绕过敌人直奔山神庙丫口会合。他们在半路上俘获了因抬着重武器而落后的几个士兵，缴获了一挺重机枪和一门迫击炮。

荀彬、苏泽与刘岩简短地商量后，将他们的兵力分散到各块阵地投入战斗。兵员增多，火力加强，形成正面阻击和左右两侧交替夹击的局面。荀彬和刘岩教育俘虏兵用迫击炮射击敌人。由于增加了援兵和重武器，阻击又继续了2个小时。

李国辉听到我方的迫击炮声和重机枪声，又误判阻击者是解放军的一部分。刚才是解放军的疑兵之计，无非想将其引入伏击圈。他调整部署后以吴金铭的一营小部分兵力发起佯攻，同时向腊户坝人李仁兴问询其他道路。

李仁兴告诉他说江城只有基干队，人员不多武器不好。你们可以从阿卡洛堕寨子后面的山梁爬到丫口攻打他们。

李国辉便命令二营长陈昌盛带人迂回包抄，大部队原地等待。同时用迫击炮不断轰击，拖延时间。

被抓获的两个侦察兵向荀彬他们交代说团长李国辉性格刚毅，善打硬战，千万不可小瞧。

荀彬和刘岩知道遇上了强敌，他俩在制高点上注意到敌人的炮弹着点越来越近，马上命令苏泽同志带着小分队撤离丫口正面阵地。这时一发炮弹落在丫口，一民兵中弹负伤，撤离计划中止。

李仁兴带着敌人偷偷地爬上阿卡洛堕寨子后面的山梁，那里地势比山神庙丫口高。他们居高临下向山神庙丫口射击，子弹打在树木上“扑扑”直响。

荀彬马上与苏泽和刘岩商量，认为战斗已经进行了5个多小时，弹药消耗很多，又遭到两路进攻，拖延下去十分不利。阻击目的已达到，可以撤出战场。荀彬命令两挺机枪交替掩护，按原计划沿着北面的山梁迅速转移。

709团占领山神庙丫口后并不追击，而是分两路从清凉山和狮子梁进入县城勐烈街，见得不到给养后又匆匆开拔到城郊甲板寨安营。身负重伤的营长丁作韶血流不止，当晚死于甲板寨。

晚饭后，为减少敌军对沿途群众的抢掠，荀彬和刘岩、苏泽等同志商量，决定让长途追击的宁洱和墨江两县民兵休息，由荀彬和苏泽同志带领江城基干队连夜追击。追击虽未能拖住窜逃敌人，但还是零星抓获了10多名掉队的敌人，缴获了汤姆式冲锋枪等一批枪支弹药和一匹马。

山神庙丫口阻击战，一支武器简陋的地方部队成功阻击了800余人的国民党正规军5个多小时，俘敌2名，使敌伤亡10多人，缴获了一批枪支弹药。而我方只有1人轻伤。阻击战打乱了敌人的行动计划，拖延了敌人的逃窜时间，为解放大军在西双版纳的追歼赢得了宝贵时间。

鉴于山神庙丫口战役的历史意义，江城县人民政府于1987年6月把山神庙丫口阻击战遗址列为江城县重点文物保护单位，2013年新建了遗址纪念碑。

20世纪90年代建设公路后，这条古道逐渐被弃。2020年重走此道探寻古道遗址时，古道杂草丛生，森林茂密。除斑驳渍污的石块路，已经看不到当年的战壕了，连残留炮弹伤痕见证阻击战的麻栗树和大青树也不复存在，只有阻击战遗址纪念碑默默伫立风中，诉说着当年的战火硝烟。

《出门调》——茶马古道上的悲情

景东，古称银生，自唐代普洱茶业逐渐兴盛以后，银生就是联络产茶诸山与大理、丽江的重要枢纽。在景东，横亘千年的茶马古道遗迹几乎所剩无几，但一首首民歌却世代流传。本次收集的《出门调》，是我已过世母亲口述的，由于年代较久，难免有错漏之处，恳望知情者予以修改补充完善。

《出门调》讲述了新婚不久的新郎由于迎娶妻子，欠了一身债，为生活所迫，不得不冒着生命危险，不顾家人反对丢下新婚的妻子，远走他乡谋生，最后因病身亡，客死异乡的凄惨故事。全歌共分 8 段，每段 10 句唱词（第八段为 2 句），每句唱词 14 个字，曲调凄婉而幽怨，年迈的父母、新婚的妻子、兄弟手足之间生离死别的悲苦之情及封建社会女性的无奈与凄惨，跃然纸上。

风吹竹叶响铃铃，弟兄三人要出门；拜上妈妈不给去，拜上爹爹不吭声。

不出门来咋做过，钱文差了好几百？前门狗咬来要账，后门狗咬要账人。

你要出门莫讨妹，你要讨妹莫出门；钱文差了不消怕，纺纱织布我来还。

几个要账一起来，洗菜煮饭忙不赢；纺纱不够我吃酒，织布不够我烧烟。

前门外面备鞍帐，大门外面要起身。要走了来要走了，八十爹妈请坐着。

几句开场白，交代了事情的起因，真实表现了家人的哀怨及赶马人的无奈。

那时候，赶马外出叫走夷方，即如今的思茅、景洪一带。在赶马人心中，那里民风彪悍、强盗出没，并且是有名的瘴疠之乡。赶马人要去环境如此恶劣的地方，难怪丈夫出门，妻子忧心忡忡。人说“倒是无情却有情”，由于父亲和妻子的反对，同时，面对不可预料的行程，新郎也怕难以控制自己的情绪，仅仅向年迈的父母道别一声后，就硬起心肠离开了家。

大理钢铃买一架，思茅超子买两双。大铓哼哼小铓响，打扮骡马要起身。

头骡打扮玻璃镜，二螺打扮粉团花；三骡打扮小捂角，四骡打扮小花眉。

古道马帮（绘画 魏晓庄）

三尺洋布缝练旗，半斤羊毛扎泡团。大铓敲了敲小铓，小铓敲了进茶山。

大铓敲了敲小铓，小铓敲了进花山。进到茶山茶不发，进到花山花不开。

普腾坝子多瘴气，山头箐脚蛇虫多；苦得银钱大家使，累得痨病我来背。

离开家后，兄弟三人立刻着手准备马帮，并对马帮做了详细描述。由于时令不对，到达目的地后，并没有需要的货物，兄弟三人只得在瘴气较多的坝区住下，等待货物。最后一句“苦得银钱大家使，累得痨病我来背”凄凉中含有一丝悲壮，体现了马帮汉子不畏艰难、敢于担当的精神。

花脚骡子驮茶叶，花眉骡子驮槟榔；一走走到平阳地，卸下骡马抖铺陈。

三捆茅草挡地气，四片竹叶遮露水。三个石头搭个灶，就地挖个洗脸盆。

牲口吃点竹叶草，小郎吃点烤茶汤。老天偏偏下大雨，有祸无福出门人。

可怜可怜真可怜，实在可怜出门人；逢村过寨不让进，要住驿站无钱文。

不曾洗脸水就干，不曾煮饭灶就塌；白天难走坑坎路，晚上难睡绿叶床。

茶马古道上有很多驿站，但只有商队或者官马才有实力找驿站歇脚。那时候还有很多马帮，就是临近的村寨几家人各出几匹骡马，选择经验丰富、身强力壮的担任马锅头，其他人根据马匹数确定相应的赶马人参与团队，很多都是风餐露宿。此段描述了马帮行进中的艰难困苦，形象地描述了赶马生活的不易。据我了解，到现在宁洱、景东一带有些人还喜欢吃茶水泡饭，这其实是马帮赶马出行时的日常饮食。

钢铃响到对门坡，手扶照壁问小哥：赶马哥来赶马哥，我家小郎给搭着？

一天逗着七八场，哪个认得你家郎？你郎长得咋个样？身上穿呢什么衣？

头戴一顶小亮帽，身穿一件白汉衣，脚穿一双连帮鞋，腰系一根花皮带。

认得呢来认得呢，弟兄三人成呢帮；大哥黝黑带头骡，二哥力大装垛子。

小弟身体有点弱，同锅吃饭几回了；三月不回四月回，四月不回打雨水。

这一段是小媳妇和赶马锅头的对话。马帮在外，最为牵挂的就是守在家中、新婚不久的小媳妇了，只要听见村边有马帮的铃声响起，就要打听一下丈夫的消息。功夫不负有心人，终于遇到了一个和丈夫相遇过的马帮。那时候，赶马人一般春节刚过出门，要在雨水来临之前回到家，否则一路上就要面对塌方、湿热的气候、无尽的蚊虫等，赶马人只能等死。而且由于条件限制，很多客死他乡的赶马人并不能拉回家乡安葬，只能就地挖个坑掩埋，雨水一冲，身体就会露出来，于是形象地说为“打雨水”。

不好了呢不好了，小小兄弟生病了；大哥忙忙卜卦去，二哥忙忙去求签。

大哥卜得什么卦，二哥卜得什么签？大哥卜得淹死卦，二哥求得断头签。

大哥慌慌烧热水，二哥急急找医生。看见二哥转回来，大哥急急问上前。

医生不看出门人，开给草药一大堆。叫我每天煮着喂，一天三回少不得。

官药吃了几十副，草药吃了几箩筐；官药吃了也不管，草药吃了也不好。

由于长时间的风餐露宿，年幼的弟弟还是生病了。卜卦、求医问药，让人感受到了两位哥哥叫天天不应、叫地地不灵的无奈与辛酸。但尽管兄弟二人竭尽全力，精心照料，但仍不见小兄弟有任何好转。

不得了来不得了，小小兄弟不在了。大哥说是驮回去，二哥说是丢下江。

隔壁大妈多贤惠，四块板子斗个箱。挖个小坑埋下啰，抓把绿叶盖下啰。

大哥低头流鼻涕，二哥雨中泪双流。天黑闪电吓死人，半夜两人昏沉沉。

梦中看见转回家，小弟媳妇穿白纱。门前大狗不再叫，门后小狗不吭声。

院坝心头长蒿草，堂屋心头菌子生。叫声爹来爹不应，叫声老母不回音。

小兄弟最后没有战胜病魔，客死他乡。由于路途遥远，加之天气等诸多原因，最后，兄弟二人在一个好心大娘的帮忙下，用四块模板弄了一个薄木棺材，简单地将兄弟就地掩埋。之后，筋疲力尽的兄弟二人在悲痛中，昏昏沉沉睡着了，梦中，他们回到了家中，但整个家已经毫无生气，就连年迈的父母也不再搭理兄弟二人。为生活所迫，大哥、二哥仍然继续赶马向前，讨生活去了。

钢铃响到大门外，欢欢喜喜跳出门；天天想郎想断肠，这回总算回来了。

大哥哥来二哥哥，你家小三给搭着？骡子打失三五个，随后找下三五天。

头骡二骡戴白孝，三骡垛上发一辫；看见辫上扎头绳，一跤跌进绣房门。

碗架箩里供牌录，顿顿吃饭顿顿献；被窝单里穿孝鞋，不见小郎爬进来。

茶山生病花山死，只为两天苦日子。眼泪干了又淌湿，气死几回又醒来。

千等万等，终于等到了自家的马帮回家，小媳妇难耐心中的喜悦，连走带跳迎出门，却没看到自己的丈夫，于是问两位叔伯。两位叔伯为了安慰弟媳，并对她撒谎说是丢失了几匹牲口，小弟寻找牲口去了，要过几天才回来。但细心的媳妇看见头骡、二骡头上的红色、粉色装饰变成了白色，三骡垛子上还有一根辫子，辫子上正是出门时自己亲手给丈夫扎上的扎头绳，就知道自己的丈夫已经死了（据赶过马帮的二舅爹介绍，马帮中有人死亡，要把装饰由红色换成白色是景东一带马帮的通行做法，途中遇到同行都会提供方便及帮助，如遇路窄处，会全体让路让该马帮优先通过）。得知丈夫死去的消息，小媳妇肝肠寸断、悲痛欲绝。生死相隔，挡不住对丈夫的思念，每天吃饭、睡觉，都在幻想丈夫还活着，能够回到自己身边。

三年祭满婆婆催，几个媒人一起来；红漆木梳梳燕尾，梳起燕尾重嫁人。

三年孝期已满，狠心的婆婆为了些许的嫁妆，硬逼着小媳妇改嫁他人。改嫁的小媳妇，抵不住对丈夫的思念，但无力改变现实，只有将赶马人和自己的故事，讲给过往的人听，以缓解自己内心的苦闷与不安。

狗碑的传说

在镇沅县恩乐镇玻烈村有礼山霍家垭口附近的滇藏茶马古道边上，有一座专门为狗而立的石碑，当地人都记得碑上书有“犬冢”字样，故取名“狗碑”。“狗碑”的故事至今仍在普洱一带广为流传。

据说，大约在清末民初，一支由近 200 匹马、30 多人组成的进藏马帮从普洱出发，途经磨黑、古城，过玻烈河石拱桥，准备赶往恩乐过夜，可当他们沿着山梁前行时，突然遇到了一场罕见的暴风雨，马帮在山林间艰辛前行，几乎迷失了方向。幸运的是有一只常年跟随马帮往来普洱西藏的藏獒带路，才使马帮没有迷路。由于风雨阻碍了马帮的进度，待马帮赶到玻烈村时天已煞黑，人困马乏，领路的藏獒也累得伸着舌头喘粗气，马锅头只好决定在霍家垭口开稍过夜。

当时，霍家垭口有一户靠打铁为生的霍姓人家，家主霍铁匠是一个既通情达理又热情好客的开明人，由于这支马帮经常路过此地，一来二往，他与马锅头成了好朋友。当他看到朋友的马帮在家旁边的山林里冒雨歇息，便把他们邀请到家里，热情地款待这群马帮老友。大家围着温暖的火塘边吃边喝。马锅头则与霍铁匠开怀畅饮至深夜，极为尽兴。

次日天蒙蒙亮，略带醉意的马锅头告别霍铁匠，带着马帮赶路了。当行至蛮拱之时，马锅头突然发现挂在身上的钱袋子丢了，但马帮的规矩是出行马队不可返回，不能再去寻找，无奈只得继续往前赶路，心想：就当是破财免灾吧。马帮前行一程后，马锅头又发现多年跟随自己的藏獒没在马队里，他想可能是找食猎物去了，就让它慢慢跟上吧……直至回到西藏，这只忠诚的藏獒也没有出现。马锅头想，可能是在寻食的时候遇害了，虽然不舍，但也没办法，慢慢地也就没在意了。

次年春天，这支马帮又从西藏来普洱贩茶。当他们再到霍家垭口时，一个年轻的马脚子闹肚子去方便，无意间在附近的一片密林中发现了一只趴在石头上的狗，看它一动不动，上前观看才发现这只狗已死了很长时间了。经他喊叫，赶马人好奇地前来观看。马锅头也看到了那狗，发现这竟是他的那只爱犬，它头朝家的方向匍匐在那里，遗体已腐烂，只有毛皮尚存。生存能力极强的藏獒为什么会死在这里呢？马锅头走

镇沅金山丫口狗碑（张国华 摄）

近细看了一番，在覆盖着尸骨的皮毛下面发现一截绳子，他一拉，所有的赶马人呆住了，藏獒尸身下压着的正是上次弄丢的钱袋子，银两俱在。很明显，为找回和守护好主人丢失的钱袋子，等待主人回来，忠诚的藏獒一直守望着钱袋子，直到献出生命。藏獒的忠诚震撼了所有赶马人，他们无声地肃立在藏獒的遗体周围，马锅头伤心至极，含着眼泪神情凝重地摘下了戴在头上的毡帽，为藏獒默哀。粗犷的康巴汉子一起朝天鸣枪，超度和告慰这个忠勇亲密的伙伴。为永久纪念，马锅头请来石匠，大家一起动手，为心爱的忠犬立下了这座嵌刻有“犬冢”二字的石碑。

藏獒的义举一传十、十传百，很快传遍了所有马帮。从此，每当有马帮路过此地，赶马人都会来到碑前驻足祭奠。正因如此，安葬忠犬的这支大山便有了“有礼山”之称，“狗碑”的故事也从此世代流传。

茶马古道上的“神舟渡”

我家祖祖辈辈都以赶马为生，可谓马锅头世家。茶马古道是一条举步维艰的登天云梯，是血肉与白骨堆积的凶险之路。一寸古道一寸血，一寸热土一抔魂。古道每一寸草木都记载着赶马汉子的传奇，每一条江河都回荡着马帮的铿然铃声，每一座山峰都埋有世代马锅头的白骨忠魂。尽管茶马古道上有千难万险，但为了生活，赶马成了我家祖祖辈辈谋生的唯一选择。

我的孩提时代，总喜欢缠着爷爷讲茶马古道上的故事，而爷爷说他所知道的故事都是听他爷爷的爷爷讲的。爷爷所讲的故事中，“神舟渡”的故事使我印象最深，希望自己也能得到神舟相渡，也许会有什么奇遇。爷爷也常带我去云县茂兰镇亲戚家中做客，往返也只能渡竹筏，渡口就是故事中的“神舟渡”，终于目睹了神舟渡的风采。当时神舟渡原名叫“大过口”，因民间传说明建文帝朱允炆在此渡江得神灵救助而得名。 曾听闻当时各地走茶马古道的马帮到达澜沧江神舟渡后，要在水深 20 ~ 30 米、口岸宽达 200 米的江面摆渡而过，赶马人希冀得到神灵的庇佑。为此，凡是往来马帮到达神舟渡口岸，必须按习俗和规矩，杀鸡献饭，烧香拜佛，祈祷神舟显灵，保佑人马货物平安无事。

年少时的我虽不明所以，但却对神舟渡好奇不已。再三追问爷爷，但爷爷怎么也说不清道不明神舟渡的来龙去脉。直到 15 年前我出差到临沧，在一宾馆内发现一本《秘境临沧》导游手册，对神舟渡有比较详细的记载。后来又查阅了《南涧县志》和《南涧文史资料》等书籍，才对神舟渡有大概了解。

明洪武年间，朱元璋之孙朱允炆建文帝继位四年后，皇位被其叔父燕王（明太祖之子朱棣，明成祖）篡夺。建文帝为避难，带着几个随从，扮作苦行僧逃出南京，遁迹西南各地，最后进入云南武定狮山正续禅寺正式出家，法号应文。由于他曾是一国之君，文化基础较好，于佛教典籍颇有悟性，讲经说法得心应手，在众僧中名望渐高。为避免朝廷派人跟踪追迹，应文常作云游僧，行踪不定，辗转于滇西、滇南各地讲经说法，所到之处，僧人莫不尊其居方丈席位。正续禅寺中有一个妒贤嫉能的三和尚，看应文进寺不久就有此修为，心里十分嫉恨，想找个事端将其逐出寺门。

也许是应文劫数未尽，一年春天，主持到鸡足山朝拜月余未归，应文每日伫立山门眺望。但见大好江山，春光无限，却勾起他心中的隐痛。回到禅房，百感交集，一时忘记自己隐藏的身份，挥毫成诗一首。正待润色，忽有小沙弥前来请他去大雄宝殿讲经说法，一去多时。那三和尚便趁机溜进应文禅房，东查西看，见案头有诗稿一张，一看内容，不由大吃一惊，断定这个应文和尚，正是官府正在通缉的朱允炆。三和尚正愁找不到应文的枝节把柄，这下证据在所握，真是踏破铁鞋无觅处，得来全不费工夫。于是急不可耐地将诗稿藏入怀中，匆匆下山向武定知府告密去了。应文回到禅房，遍寻诗稿不见，心中好生疑惑，却不知祸将临头。

武定知府接过三和尚递来的诗稿一看，是一首自伤身世的律诗，心中也不由得一惊。诗中写道：

漂泊西南数十秋，萧萧白发已盈头。乾坤有恨家何在？江汉无情水自流。

长乐宫中云气散，朝元阁上雨声愁。新蒲旧柳年年绿，野老吞声哭未休。

知府看罢，沉吟良久，又详细询问三和尚，思忖此事干系重大，朝廷重犯理应缉拿归案，但知府也知道燕王篡位的一些内幕，民间也议论纷纷，他也不指望捉拿建文帝去邀功请赏。但既然有人告发，总要有所行动。考虑再三后，就虚张声势，亲率三班衙役及乡里大小头目来到狮山，将建文帝及其随从缉拿归府，投入死牢，扬言三天后将案犯押解进京，同时赏了三和尚纹银十两。

第三日，整个武定城沸沸扬扬，街道上人头攒动，衙差们押解着囚车离开武定城，殊不知囚车内披头散发的囚犯中并无建文帝等人。是夜更深，府官在后园备下素斋一席，请出应文和尚等人，说明原委，并封了些银两作为盘缠，派人连夜将他们护送出境。应文等人十分感激，三揖泣别，直向滇西大路奔去。于数日后一个夜晚，抵达南涧公郎砚碗水这个地方。遥望前方，山高坡陡不知尽头，众僧筋疲力尽，饥饿难当，决定在此休息片刻。却闻几声鸡鸣，打破了山野的寂静。应文一行顿时慌了手脚，不知这荒山野岭，前不着村后不挨店的，哪儿来的鸡声。慌乱中众僧一齐起身，口中连念阿弥陀佛。猛听得崖头那边有些响动，细看时，夜色朦胧中，崖顶上好像有个鸡形的石头正拍着翅膀，清脆地鸣叫。应文熟悉滇西的人文典故，说：“人言澜沧江边有个地方叫公鸡坡，坡上有只石公鸡，会打鸣，想必就是这里了。如今那石公鸡已向我们报警，此地不可久留，我等快走。”众僧又仓皇上路，急忙赶向澜沧江边。

来到澜沧江口岸的大过口，渡口空无一人，也无任何船只。忽听后面喊声大作，原来他们绕道石龙寨时，已被哨卡发觉，故追兵尾随而来。前有大江横阻，后有官兵追赶，一行人焦急万分。忽见江心飘出一叶孤舟，梭子一般飞来靠岸，大家一阵惊喜，却见舟里空无一人。眼看追兵迫近，情急之下众僧慌忙跳进舟中，只见小舟轻松一掉头，径自向江心驰去。此时，追兵已到江边，只是装模作样叫骂几声，回转哨所交差去了。

应文一行迅速过江平稳靠岸，抵达云州疆界。下得舟来，一行人共庆脱险之幸，但仍惊魂未定。登上渡口石阶，回望澜沧江，小舟已无踪影。建文低声叹道：“神鸡也，神舟也。”从此，澜沧江边的大过口便因神舟飞渡建文帝而改为“神舟渡”了。

故事的真假无从考究，但澜沧江上确实有神舟渡这个渡口，它曾是盛极一时“小桥流水四方街，千驮马帮万方客”的茶马古道上的一个重要渡口，亦是滇藏线的重要组成部分。这条古道从巍山进入南涧，最后到达小湾的“神州渡”，摆渡过澜沧江，进入凤庆、云县、临沧，然后进入缅甸、泰国及东南亚各国。

中华人民共和国成立后，兴修公路，214 国道穿境而过，澜沧江上架设了云景桥。1986 年，澜沧江下游建漫湾电站大坝，神舟渡为淹没区而沉于江底，结束了它古老辉煌的历史。2002 年修建小湾电站，高峡出平湖，云景桥也步了神舟渡的后尘，提前结束了它的历史使命。

茶马古道存在的历史很长，南涧神舟渡，虽然只是几千米“茶马古道”长链上一个小小的链环，犹如一台机器上的一颗螺丝钉，但它蕴藏着开发不尽的文化遗产，有着悠久的历史，理应载入史册。

神秘莫测的神舟渡，如今已成为古老美丽的传说。车水马龙的云景桥，留给后人的只有美好的回忆。

李和才与茶马古道

李和才在墨江哈尼族自治县成立大会期间与群众在一起（全争古 提供）

李和才（1893—1985年），男，哈尼族，元江县命利（咪哩）村人，出身贫苦家庭，3岁时生母马氏双目失明，9岁父亲病故。家贫如洗，每天扶母走村串户乞讨求生，讨到食物先给母亲吃，成人后靠帮工养母，人称“孝子”。其母去世后，当过帮工、团丁，后经营生意，成为当时富甲一方的地方武装民族头人。后来在中国共产党的感召下，捐出全部家产参加革命。曾任元江县护乡团长、石屏县县长、蒙自区第一副专员、红河州州长、云南省政协副主席、省人大常委会副主任、全国人大代表、全国人大民族委员会委员。

李和才一生为滇南各县的解放和稳定边疆、加强民族团结、发展爱国统一战线作出了贡献，中华人民共和国成立后曾在重庆受到邓小平同志的接见，在北京受到毛泽东主席、朱德总司令、周恩来总理的接见和鼓励。

20世纪40年代，李和才拥有上千匹骡马，成为滇南茶马古道上最辉煌的马帮。他在元江开办了和利源商号，以此为中心，他的马帮来往于滇南各地，到越南、老挝、缅甸进行贸易。在兵荒马乱的年代，茶马古道上并不太平，沿路土匪打劫的事时有发生，李和才的马帮也曾经被打劫过，李和才下决心加强茶马古道的安全管理。

墨江通往越南、老挝的茶马古道，从雅邑镇境内的他郎河石拱桥到普西江铁索桥，跟立马鬃一样的山梁相连，沿途经过雅邑牙骨街、山星街、望乡坡、石缸坡、普西螺丝塘等地，有四十来千米。走过这一段路，经龙潭、文武、江城，就到了内八家外八家地（与越南老挝交界的一个地方），这一段路是这一条茶马古道上的必经之道。有一次，李和才的马帮从江城往雅邑方向赶路的时候，小股土匪利用望乡坡的有利地形，埋伏在山坡两旁，瞅准前面大队马帮翻过山梁的机会，举枪对着最后一个赶马人就打，子弹横穿赶马人的肚子，肠子都被打出来了，赶马人揪翻了马驮子倒下。土匪们以为赶马人死了，就去抢马驮子。赶马人捂着肚子，忍住剧痛，瞄准一个土匪一枪打过去，打飞了土匪的膝盖骨，土匪号叫着滚下了山坡，其他土匪慌忙拿了一些东西逃离了。前面翻过山梁的马队看情况不对，返回出事地点，救起受伤的伙伴，同时报告了向保长（普西螺蛳塘的保长）。向保长组织乡丁往土匪逃窜的方向追赶，土匪们来到普西江边，以为没有人会追来，就在江边洗澡，向保长命令乡丁一阵乱枪打过去，打死了一个土匪，其他土匪赤裸着身子狼狈逃命。李和才给向保长一些枪支，要求向保长加强这一段路的安全防范。从此，再没有人敢动过往马帮。同时，李和才加强了茶马古道上的后勤补给。

李和才上千匹的骡马队伍，在茶马古道沿途需要大量补给，这是不可忽视的问题。李和才意识到这个问题的重要性，于是沿途买了田产，设立小家，作为茶马古道上的补给站。那哈格玛地、泗南江洛萨、雅邑普西螺丝塘等地都有李和才的田产，并修建了粮仓。据雅邑镇普西螺丝塘的老人说，普西螺丝塘坝子里有一份田叫马料田，以前并不叫马料田，是后来李和才跟向保长买了这份田产，李和才的上千匹骡马在攀枝花（因此树盛开白色的花朵，又称白攀枝花）树下卸驮休息，整个坝子跑满了骡马，十分壮观。夜晚从粮仓里把谷子撮出来喂马，后来人们把这份田叫马料田。这一有效措施，保证了马帮的补给。

普西螺蛳塘大白攀枝花树（杨迎春 摄）

滇南茶马古道，20世纪40年代是鼎盛时期，也是最后的辉煌，为当时滇南地区商贸经济的发展发挥了很大的作用，李和才的马帮作为当时最有实力的马帮，他在茶马古道上所做的一切，对滇南地区商贸的发展起到了重要的作用。

第五章 古道马帮

马帮，是西南各族对外交通运输的主要方式，是茶马古道的重要开拓者。马锅头，骡马，赶马人，茶叶、盐巴等各类物资，共同构成了流动在千村万寨、千沟万壑中的马帮商队。云南马帮，把云南驮向了全国，驮向了世界；也给生活在西南边疆的各族人民驮来了对美好幸福生活的憧憬与缤纷绚烂的文明。一队队马帮、一位位赶马人，在高山、密林、深谷间穿梭流动，马铃声、马蹄声、铓锣开道声、山歌小调声……构成了那个时代边地交通线上的独特风景。

在交通便捷的今天，古道荒芜，马帮远去，然而，马帮曾经创造的辉煌，却永远留在了西南各族群众的心中。

茶马古道上的马帮文化

茶马古道不仅是一条古道、一条商道，它更是一条各民族交往融合及经济往来、文化交流的大通道，是内地连接西部、西北通往内地和中国与东南亚、中国与南亚连通的国际性大通道，它更是地处边地的云南走向中原、走向世界的大通道，承载着十分厚重的历史文化内涵。

没有马帮就没有茶马古道，没有普洱茶就没有茶马古道的繁荣，所以马帮文化是普洱茶文化和茶马古道文化系统中最主要的核心载体。本文的初衷和目的就是要对茶马古道上的马帮做进一步的考察和研究，以期为普洱茶文化的纵深研究和发展提供相应的依据。

马帮用的升和铁铃铛（刘庆明 摄）

马帮用的牛角号（刘庆明 摄）

一、茶马古道

在以往的一些研究和撰述中，人们认为茶马古道主要是以思普为起点的五条古道，当然这种说法并没有错，只是没有把别的古驿道考虑其中。但茶马古道是纵向和横向相连的，形成了庞大的交通网络，甚至与闻名遐迩的“南方丝绸之路”“北方丝绸之路”“海上丝绸之路”相连接，其中的一些路段正是这些道路的延伸和组成部分，是真正的国际性的民族交往、文化交流的大动脉。

对于云南古驿道的形成，著名史学家方国瑜先生在《云南史料目录概说》中明确指出：“甲部落与乙部落之间有通道，乙部落与丙部落之间有通道，丙与丁，丁与……之间亦有通道，递相联络，而成为长距离之交通线。此交通线以滇池为中心，往西经昆明、嶲唐、越巂、敦忍乙，以达曼尼坡而入天竺；往北经西僰或邛都抵于蜀以达秦；往东经夜郎、牂牁抵于巴，以达于楚。再由秦、楚通于中原及江南各地，以交通线为大动脉，西南各部族与内地相联系。西南各部族社会经济文化发展并非孤立，是中国整体之一部分。自有历史以来，惟在程度上，古初稀疏，后渐频繁加密。数千年历史发展过程如此也。”唐宋时期，云南的南诏、大理国等地方政权得到巩固和加强，他们和各中央王朝对云南的驿道极为重视，渐渐构筑形成云南迤东、迤南、迤西三大交通干线，并在此基础上产生了覆盖全省乡村集镇便捷的交通网络。

二、茶马古道上的马帮运输情况

公元 680 年，当时的吐蕃政权与滇西的丽江纳西族结成军事联盟，在金沙江的塔城设立了神川都督府，在金沙江上架设神川铁桥，加强了与云南各地民族间的联系。而神川都督府的主要目的，其一是与云南各地的民族集团结成联盟，由此达到抗衡中原王朝的政治目的，其二就是帮助吐蕃从云南各地获取藏民族生活必需品——茶叶。在《中国全史·茶史》一书中就说得极为清楚，唐玄宗与吐蕃交战失利，就下令以不准向吐蕃运销茶叶向吐蕃施加压力。然而，吐蕃却成功地与云南的南诏结为联盟，并从那里获取了大宗茶叶，解决了饮茶的需要。如此一来，滇藏间的茶马互市得到空前的发展，道路不断向四方延伸，一直连到了普洱茶的故乡普洱和西双版纳等地，滇南的各民族亦纷纷加入这以茶马贸易为主的经贸活动之中，古道逐渐繁荣起来。至清顺治十八年（1661 年）滇茶销往西藏就达 30000 余担。在《云南边地问题研究》中就有：“普思边沿的产茶区域，常见康藏及中甸（今香格里拉）、阿墩子（今德钦）的商人往来如梭，每年贸易总额不下数百万元之巨”的记载。可见，普洱茶的故乡思普不仅仅是茶叶的出产地，也已成为滇茶的集散中心地。

云南自古盛产良马，以善走崎岖野道、能负重耐劳力而闻名。周去非在《岭外代答》中就有“……产马之国曰：大理、自杞、特磨、罗殿、毗那、罗孔……每冬以马叩边……”对云南的产马地做了介绍。良马就为马帮的形成提供了最重要的载体。值得一提的是，其中的“罗殿”“罗孔”等地都在今滇南地区，这为滇南各族人民参与茶马古道上马帮运输贸易活动提供了畜力保障。

外来马帮暂且不论，滇南各地的马帮亦是众多，保证了各民族生产的茶叶外销和必需品的输入。现在，来看看中华人民共和国成立前和中华人民共和国成立初期在现代公路开通之前部分滇南各县区活跃的马帮。

《思茅县志》载：“中华人民共和国成立前，境内所产茶、铜、银等特产运出，日用百货和山货的运入，均靠牛马驮运。光绪二十一年（1895 年）思茅被辟为陆路商埠后，牛马帮不断增加。到民国初年，商旅往来更加频繁，驮畜剧增，主要是骡、马、黄牛，仅县内牛帮就有 500 头，马帮 1500 匹。另有来自外地的马牛帮 6000 头以上。到思茅海关报关、验关的骡马就达万余匹，这些马帮营运的主要商品便是普洱茶。”

《普洱哈尼族彝族自治县志》载：“普洱未通公路前，运输全靠畜力驮运或人力背挑。县城有三四家运输专业户雇用挑夫、轿夫为官绅商人挑抬运输……普洱、磨黑两地多以马帮运输，其他区乡均以牛马帮驮运货物……”

《墨江哈尼族自治县志》载：“到 1949 年以前，全县拥有驮牛 5000 头，驮马、骡、驴 1500 余匹，年货运量约 0.4 万吨，周转量 60 万吨 / 千米，人年均货运量 25 千克。县城玖联镇（今联珠镇）商务繁忙，每天有近 500 匹（头）驮马、驮牛来往，将本地的茶叶、木耳、笋片、皮革等土特产品运销外地，又将外地的棉花、盐巴、铁具、日用百货等运回本地销售……”

《江城哈尼族彝族自治县志》载：“江城农村一般不用黄牛耕田耕地，黄牛普遍用于驮运，是最主要的运输工具。”江城县的畜力运输至上 20 世纪七八十年代都极为活跃，是马、牛帮运营时间最长的地区，至“……1977 年参加社会运输的畜力（马、牛帮）达 4305 头。1985 年全县有黄牛

28548 头，其中的 5000 余头是专用的驮牛”。江城历来骡马较少，“……1949 年仅有 353 匹，1967 年最多时，亦仅 1048 匹”而已。

《镇沅彝族哈尼族拉祜族自治县志》载：中华人民共和国成立前，“县内运输除人肩挑外，全赖马驮、牛驮。一些商人富户贩运茶、盐、糖到外地和运进货物，全靠马帮。当时，常有数十个马帮、千匹马骡来往于昆明、思茅、澜沧、下关、大理、临沧等地，有的远到泰国、缅甸，驮去本地特产，运回洋纱、布匹、洋靛、颜料等百货……”中华人民共和国成立初期组建骡马运输大队，至“……1962 年，全县有驮牛、驮马 3711 头（匹），完成货物运输量 5.04 万吨，货物周转量 41.52 万吨 / 千米”。至 20 世纪 80 年代末，尚有为数不少的驮马、驮牛活跃在城乡各地。

《景东彝族自治县志》载：马和骡是景东县最主要的运输工具，至“1920 年全县有马 4900 匹、骡 3000 匹。20 世纪三四十年代，锦屏镇、花山、大街、文井等地的骡马拉帮结伙，一般数百匹乃至上千匹，驮着景东的土特产，如土纸、冰糖、烟土等物，到西双版纳、缅甸、泰国、老挝等地销售后，驮回布匹、棉花、棉纱及其他洋货，数千匹骡马一年四季往返于东南亚密林栈道之中，……1949 年，全县有驮马 1534 匹、骡 1130 匹、驴 241 匹；农业合作化时代，私人的马、骡、驴折价入社，组成骡马运输队，马帮运输空前活跃，至 1953 年，全县有马 22900 匹、骡 1986 匹……”随后，因交通的不断发展，马帮运输逐渐退出运输舞台。

《澜沧拉祜族自治县志》载：“民国时期，县内运输或到缅甸经商，全靠牛帮马帮驮运和人力挑背。较富裕的人家都养有骡马或驮牛。除县内的牛帮、马帮外，景谷、石屏、元江等内地到澜沧、缅甸一带下坝子的经商者亦吆着马帮来往于澜沧各地。中华人民共和国成立初期，景谷县在澜沧从事马帮运输的有 6 个中队，有驮马、驮牛 1700 匹（头），另有保山、通海、红河、曲靖、双江等地的马帮常年驻澜沧，从事粮食、食盐及其他物资的转运工作，年货运量都在 5000 吨以上。到 1958 年，全县各乡镇还有牛马帮运输队，投入 2000 ~ 5000 余头牛、骡马 3690 匹从事牛马帮运输……”

以上所举的县区都是自古以来普洱茶最主要的生产区之一，亦是普洱茶对外运销网络中的集镇，是滇南茶马古道上不可或缺的驿站。此中我们可以看出“骡驮马运，充路塞道”的繁忙情景，马帮运输对当时的生产生活、文化交流、物资流通、思想传播等产生了极为重要的影响。解乐三先生认为，“1911—1932 年为马帮极盛时代……公路未通以前，云南马帮，总计不下 1 万头牲口，对城乡物资交流、繁荣经济、扩大市场、起到了很大的作用”。

三、茶马古道上的马帮文化

（一）马帮的习俗

（1）马帮的组织形式：一般来说，马帮的组织形式最常见的主要有三种：一是家族式马帮，全家人或整个家族都投入赶马谋生的行列，骡马全为家族或自家所有，马帮以家族命名；二是短凑式马帮，一般是同村的几个人抑或邻近的村寨的人，或志同道合，或为了共同谋取利益，每家出上几匹骡马，选一位有威望且具有社会阅历、能与各方人士打交道的人作马锅头，结队而行。在马帮运输的过程中，各自管理各自的骡马，结算时，按骡马的匹数和驮载的货物分红，马锅头可以得到比他人多一到两成的收入；三是任意一时结成的马帮，因为同走一条道路抑或接受了同一宗业务，或者在路上可以共同防卫匪盗的侵扰，相互有个照应，就组成了马帮，这一形式的马帮，没有任何组织，集散皆由共同需要而定。

（2）马帮的组织与管理：一队马帮由马锅头、马脚子等人组成，马锅头就是一队马帮的首领，是马帮运输的核心人物，一队马帮由他负责各种采买分销，联系业务，甚至在野外开稍吃饭，都由马锅头掌勺分饭分菜。马锅头经验丰富，懂得各行各业的行规礼俗，能够应付和及时处理马帮长途运输中随时出现的各种问题。马锅头既是经营者、赶马人，又是马帮运输活动的直接参与者和指挥者。有些马锅头同时又是一些商业集团或业主的雇佣者或心腹，能够长久与商业集团或业主密切合作，日积月累，往往成为巨富。马脚子就是赶马人，是马锅头雇用的小工，他必须听从马锅头的指挥。但一些小的马帮，马锅头同样也是马脚子。据说马锅头一词就是由赶马人长年同吃一锅饭而得来的。一些马脚子经过努力，过一段日子后，也会拥有属于自己的骡马，在运输中把自己的骡马加入马帮，获取一份运费。有些马脚子用积累的钱在马帮上路时购买货物，随路贩卖，如此不断扩大自己的经营，就成了马锅头或老板。茶马古道上留下了无数这样白手起家的传奇，这也许就是茶马古道马帮运输吸引广大群众的原因之一。

没有物资需要流转就不可能有马帮，而在那个时代，没有马帮物资就不可能流转到各地去，也就无法实现其商业价值，所以，马帮和商业集团（商号）、商业业主在合作中，形成了许多规矩，比如一个马脚子给同一个商号所属的马帮赶上三年马，商号就要给马脚子一匹骡或马，在以后的运输过程中，这匹骡或马的一切费用由商号支出，但这匹骡或马所赚得的利润全部归马脚子。日久天长，一些马脚子就会逐渐拥有数匹甚至数十匹自己的骡马，慢慢脱离商号或马帮，自己做起马锅头或老板来。在西南地区，许多有影响的商业巨子都是这样闯荡出来的。一般情况下，一个马脚子负责 6 ~ 7 匹骡马，比较能干的可以负责 10 ~ 12 匹。一个马脚子和他所负责的骡马及货物俗称“一把”，几十把骡马加在一起，就是一队马帮。

在比较大的马帮中，除了马锅头和马脚子还有马帮二锅头 1 人，专门负责账务，是马锅头的助理；伙头 1 人，专门管理沿途的伙食，同时负责马帮内部的奖惩事务；哨头 2 ~ 6 人，其任务是负责马帮的安全，即保镖和押运；岐头 1 人，是懂得人畜各种疾病治疗的随队医生。

（3）马帮骡马的编制：有一首在滇西南地区广为流传的歌谣《赶马调》，歌谣唱到“头骡打扮玻璃镜。千珠穿满马笼头，一朵红缨遮吃口，脑门心上扎绣球……”所有的马帮对头骡马都极为重视，装扮华丽异常，额头带有红黄色火焰图案金绒色图标，正中是一面大圆镜，有六面小圆镜环绕，套着镶嵌珠宝的银笼头，系九个铜铃，头上顶着六尺红布扎成的绣球，耳后佩有牦牛尾红缨一对，马鞍上各插有一面马帮帮旗或商号号旗或族旗。三角形的锦旗一般是马帮帮旗，旗上绣有帮主姓氏；金边方形的则是商号号旗或族旗，旗中央缀有锦鸡羽毛，寓意道路通达、前途锦绣。二骡马、三骡马的装饰当然没有头骡马华贵花哨，但亦有别于一般的驮马。原则上，在一队马帮中，二骡马驮的是马帮所需的急救药物，三骡马是马锅头或病号的专用乘骑。

马帮的编制有群、伙、帮之说，一般以 9 匹骡马为一群，以三群为一伙，全部骡马加在一起就是一队大马帮，称为帮。群由群头负责，选一匹骡马为群头，额头佩戴红布底黄色火焰形途标，挂二尺红布扎的红绣球，系 6 个脖铃，鞍上插一面红色白色锦旗；伙由伙头负责，选一匹骡马，佩戴黄底红色火焰毡绒途标，挂四尺红布绣球，系 8 个脖铃，鞍插一面红底牙形锦旗。随后选择三匹好骡马为头骡、二骡、三骡，带领整个马帮前行。

（4）马帮的信仰与崇拜：在传说中，骡马是一位叫罗哥的青年猎人驯服后才能驮货乘骑的，后人就把其奉为马帮行业的祖师。据说罗哥的化身就是马帮煮饭用的锣锅，要专有头骡驮载，使用时不能随意转动，更不允许用脚踩踏等；马帮崇拜山神，而山神的化身是草果。在野外露营时，要用饭菜祭祀山神，同时丢几颗草果于火塘中；其次崇拜路神，路神的标志物是草鞋，路途中穿烂的草鞋一律不能丢弃，要带到宿营地火化；最后是卦神崇拜，卦神的化身是煮饭时置锣锅的锅桩铁条，途中遇到疑难抑或要祈福消灾时，就用铁条打火卦占卜。马帮遇到雪滑不能成行，给马蹄绑上草鞋，就可解决路滑问题。

（5）马帮的禁忌：马帮走南闯北，有诸多的马帮禁忌，这些禁忌是马帮文化的重要组成部分，《茶马古道上的云南马帮》，对马帮的禁忌做了全面的总结：出行禁忌——生肖属马日严禁出行，农历腊月、六月忌远行；方向禁忌——“春不走东，夏不走南，秋不走西，冬不走北”；行走途中，严格按马帮编队行走，么锅为整个马帮的导向，手擂大锣开道，锣声既能惊吓兽类，又能起到让对马帮知道做好让路和调整马队行走的速度的准备，以便彼此能够迅速通过；语言禁忌——马帮赶马人交谈多使用行话，例如：途中歇息称“打尖”，吃午饭称“开稍”，野外露营称“开亮”，工钱称“彩利”等；马帮人对一些数字、语音、词汇也十分敏感，交流中要用别的词和字来代替，如“三”谐音“丧”，就用“神”字来代;“四”“十”谐音“事故”“蚀本”，就用“重双”和“金”字来代；老虎称为“高鹰”，蛇称为“老梭”，野狼称为“山兵”，鬼称为“黑影”，哭称为“汪”，灯称为“亮子”，锅称为“师祖”，肉称为“片片头”，饭称为“钢”，途中若遇洪水断路则称为“开顺”，遇出殡就叫“送财神”等，后来成为马帮人中人人皆晓的行话。

骡马的禁忌：忌骡马额头有白毛、马耳前倒、马背毛生旋、白蹄白尾、鼻孔朝天，忌马日役马，忌骡马夜间卧眠，忌骡马夜间嘶吼，忌在外人面前数马，忌马穿过羊群，忌马脖带草藤而归等；衣食的禁忌：赶马人一般忌穿红色、黄色衣服，衣服款式都十分宽大，不能扣错纽扣，不能敞胸露怀，忌绑腿松散，忌跨越草帽，忌乱丢草鞋，忌乱敲碗筷、锅、灶，忌筷子直插饭食上，忌吃饭时到处乱转，忌吃饭时坐在门上或马鞍上，忌一吃完饭就卧床休息，忌在途中捡拾食物。在吃饭时，有人到来或路过，不管是谁，都要邀请同食，即便是飞禽走兽经过，也要抛丢一些食物，寓意同食。食宿禁忌：煮饭时不能旋转锣锅，住宿后不能移动锣锅。野外露宿不能选择在江河沙地、大箐口、悬崖下。住马店不能与生人同房，忌夜间火种熄灭，忌乱放东西等。物象禁忌：忌见果木冬日开花，忌见鹰扑兔子，忌见老鼠搬家，忌见蛇交媾、脱皮，忌见苍蝇群集不散，忌见蜂巢乱蜂，忌遇野兽奔向路的下方，忌遇鸦雀噪林，忌听黄鼠狼、野猫嘶鸣等等。气象禁忌：黑气遮天、白气铺地时不宜上路出行，风卷沙尘、风孔如嚎时不出行，雨后有虹、素虹绕月、多虹现天时，不出行，清明季节见雾不出行，电闪雷鸣时忌出行等。

（6）马帮中常用的马语：在长期的赶马生涯中，赶马人练就了一套赶马俗语，称为“马语”，用此“马语”通过哨声、吆喝向骡马发出指令，如仅口哨就有解闷、喂水、吃草、压惊四种功效，在漫漫旅途中，赶马人和骡马间形成了默契、和谐的氛围。骡马对赶马人的吆喝声十分熟悉，时间久了，骡马一听主人的吆喝，就能明白主人的意思。马帮中通用的一般俗语有：“哇——”意思为停；“启瞿——”表示走；“堵启”表示让路；“驾——”表示上驮鞍；“松松”表示卸鞍；“启儿”表示举蹄；“松启”表示跑；“鸟鸟”表示吃草；“嘘呼”表示饮水等。

（二）马帮文化的特点

赶马走四方，闯天下，讨生活，每一个赶马人都要勇于冒险，敢于面对各种挑战，在遭遇土匪强盗和碰上各种危机之时，要临危不惧、沉着应对；马帮赶马人，不仅劳力苦心，而且要知晓四季更替、天气变化，要能判别东南西北，要能与沿途的各族民众打交道，要懂骡马的性情；一个赶马人在马帮中一定要服从马锅头的指挥，懂规矩，顾大局，明白事理，坚决完成自己分内的事；在货物运输和与人交往中，信誉和信用至上，从来说一不二，果断干脆，说到做到，绝无戏言；在路途中，马帮遇到困难，都要全力协助，不计报酬；马帮之间最忌争抢道路，争抢草场，争抢顾客、货物等。

（三）马帮文化的商业性特征

没有商业利益，就不会有马帮，也就不存在所谓的茶马古道和马帮文化，所以马帮文化具有很强的商业性。现在看来，所有古道的形成原因之一就是各民族之间的商品贸易，茶马古道更不例外，由此可以断定，茶马古道是“因商而辟，因商而兴，也因商而得以流传”。

马帮整日穿梭行走在大西南的山山水水间，由此产生了许多驿站，这些驿站成为人流、物流的集散中心，最终演变为市镇，如思茅、普洱、墨江、易武、大理、丽江、祥云、腾冲、保山等等都是如此形成的。《华阳国志·南中志》里说：“永昌郡，属县八，户六万，去洛六千九百里，宁州之极西南也，有闽、濮、鸠、獠、越、倮濮、身毒之民。”保山有如此多的民族交集，是因为保山当时是茶马古道的物流枢纽之一，由此往北可进西藏、四川通中原，往西可达缅甸入印度，往东可抵滇中，往南可达普洱茶的生产中心思普一带。大抵茶马古道上的市镇都是如此形成和繁荣的。据有关资料记载：思茅在光绪二十二年（1896 年）设思茅海关后，商业贸易十分繁荣，人们纷纷用骡马驮运进各种商品贩卖，而后购买转运普洱茶于各地，以获高利。当时仅思茅市场商品年营业额就达 300 万银圆左右，这在以马帮为运载的年代已经是巨大的交易量了。

四、结语

马帮作为大西南一种独特的经济物资流通形式、一种独特的商业行为、一种独特的文明文化传播载体、一种独特的社会阶层及一种独特的社会组织形式，在历史上或今天，都有着深远的文化意义。有人撰文认为，如果没有马帮运输，对内就不可能有云南、四川、贵州、西藏、广西等省区之间的经济、文化往来；对外也不可能有中印、中缅、中泰、中越的经贸文化交流。马帮对于西南地区社会经济、近代商品经济的发展起到重要的作用。这一评价，实不为过。

普洱马帮文化的价值

自古以来，马帮是普洱的主要交通工具和运输方式。普洱马帮起源于何时，已无法考证。据普洱地方史志记载，唐代以后，随着农业和畜牧业的兴起、物资交换和对外交流的扩大，普洱马帮日益增多，普洱的驿道也初具雏形。至清代，普洱的马帮已达万余匹，全省以及西藏、东南亚来往于普洱的马帮每年有 5 万多匹次。

随着马帮的发展，驿站、马店、桥、梁驿道日臻完整，逐渐形成以马帮为龙头的交通运输产业链，服务业、商业日益兴旺，促进了普洱经济社会的发展。与此同时也逐渐形成独具特色的普洱马帮文化。马帮，造就了普洱交通运输史上的神话，造就了普洱历史文化的辉煌。

在现代化交通工具日益发达的今天，普洱马帮作为交通工具和运输方式已被淘汰，“山间铃响马帮来”已成为普洱昨日写照，马店、驿站、驿马桥、古道等也成为历史的记忆。辉煌一时的普洱马帮文化有什么价值呢？本文试从历史、科学、艺术、思想认识的角度做些探索，以供参考。

一、普洱马帮文化的历史价值

所谓马帮文化，是指以马帮为载体的物质文明和精神文明的成果。马帮文化的历史价值就是通过马帮这一载体，帮助人们认识和恢复历史的本来面貌。普洱马帮文化的历史价值主要体现在以下几个方面。

（一）是普洱交通运输的历史见证

普洱地处祖国西南边陲，境内有两大山脉、三大水系，山高坡陡，江河湍急，交通运输极为艰难，商旅、行人、物资交换，几乎全靠马帮，昆洛驿道即“官马支路”，弥宁驿道、思澜驿道、思江驿道、思易驿道以及若干驿马桥、马站、马店构成了普洱的交通图。据史料记载，明洪武十五年（1382 年），普洱逐步成为滇南盐产区，主产地为按板井、抱母井、石膏井、磨黑井，盐产量居全省第二位，普洱盐外运弥补滇中、滇东的不足。清顺治十八年（1661 年），普洱运往西藏的茶叶每年达 3 万驮。普洱茶叶加工商号计有：同仁利、裕泰利、信和仁、雷永丰等 22 个。茶、盐等物资是普洱外运的主要物资。普洱成为茶马古道的源头之一。千百年来，马帮铃声不断，马帮既是流淌的物流，又是流动的信息流 。普洱的交通运输史，都记载在马帮文化中。

（二）普洱经济社会发展的历史见证

普洱马帮几起几落，清代达到鼎盛时期，据《普洱方志》记载：清光绪二十一年（1895 年），普洱辟为陆路商埠，设立海关，商贾云集，马帮四至，每年达 5 万余匹，人口达 7 万余人，盛极一时，被称为“银普洱”。1919 年至 1949 年，普洱由于疟疾、鼠疫等疾病肆虐，仅剩 1900 余人，十室九空，成为死城。此时，马帮锐减，马店倒闭，外地马帮绕道而行。中华人民共和国成立初期，各县人民政府动员民工，修复驿道，把分散的 12464 匹骡马组成骡马运输队，支援解放军军需物资运输，为解放边疆、巩固边防做出了贡献；20 世纪 50 年代，普洱马帮又为修建昆洛公路、弥宁公路、佛（海）双（江）公路、澜动公路、募（乃）西（盟）公路、思江公路驮运材料和生活用品，至 1961 年，实现了全区县县通公路，为机械运输奠定了基础，做出了贡献。

（三）普洱各民族团结和睦的历史见证

普洱有 14 个世居民族，大杂居、小聚居，有不同的宗教信仰、风俗习惯。在历史长河中，各民族的交往、物资用品的交换，主要是通过马帮来实现的。各民族相互通商、贸易，平等交换，互通有无，促进了各民族经济的发展、文化的交融。

普洱马帮，若以民族来分，有汉族马帮、彝族马帮、哈尼族马帮、傣族马帮、拉祜族马帮等。来往普洱的马帮有藏族马帮、回族马帮、纳西族马帮，还有东南亚各国的马帮等。各族、各地的马帮在普洱的崇山峻岭中穿梭着，相互贸易、相互交往、相互帮助，同舟共济，和睦相处。不同的民族文化在这里碰撞、交融。普洱马帮文化中，流淌着各民族团结和睦、共同发展的历史渊源。

（四）普洱对外贸易和文化交流的历史见证

普洱一市连三国，是昆明和滇西南通往东南亚各国的交通要道。东南从江城到越南、老挝，西南从澜沧、西盟、孟连直达缅甸，南经东（卫）、佛（海）、南（桥）进入缅甸，从而进入东南亚各国，被誉为“东南亚陆路码头”，是衔接边内贸易、商品交换的中转站。有史以来，普洱人民就赶着马帮到越南、老挝、缅甸做生意，有不少马帮到泰国、柬埔寨等国闯天下。普洱、宁洱、墨江等县的一些名商在东南亚各国都开有商号，置有资产。方国瑜的《闲话普洱茶》一书中记载：“清道光年间至光绪初年，普洱茶远销，盛极一时，印度商旅驮运茶胶者络绎于途，还有缅甸、锡兰、泰国、柬埔寨、越南等国的驮马商队每年来往于思茅、普洱（现宁洱）之间。”至民国，普洱进出口商品 70 余种，出口以茶叶、锅铁、食盐、土布为大宗，进口以棉花、药材、煤油居多，光绪二十三年至宣统三年（1897—1911 年），普洱关年进出口总值为 27. 7 万两关平银。1939 年，经普洱出口茶叶 15435 担，达 33 万元国币，占全省茶叶出口总量的 96. 19%。马帮不仅驮着物资，也驮着文化。僧侣、道士、传教士跟着马帮，沿着茶马古道，进入普洱。宗教文化 随着马帮传入普洱。普洱的滇剧、花灯艺术也是马帮带进来的。

二、普洱马帮文化的科学价值

普洱马帮文化反映着普洱当时的交通、运输、建筑、造桥等方面的科学技术与生产力发展水平，也反映了普洱人民当时所掌握的科学技术状况，还反映出人们认识自然、利用自然和改造自然的能力。

普洱马帮，骡马混合，5 匹驮马为 1 把，8 把为 1 小帮，3 小帮为 1 大帮；每把马匹有 1 个赶马人，每帮中有大锅头、二锅头，大帮中配有兽医，有的还配有马掌匠（负责钉马掌），并带有防身武器。从驯马、喂马、打掌到备鞍、扎驮子、端驮子等都有一系列的方法、程序和规则，这些方法、程序、规则是人们从长期赶马的实践中不断总结出来的，体现着人们认识和利用畜力的程度。

普洱茶马古道在境内主要有五条“官马支路”，即昆洛驿道、弥宁驿道、思澜驿道、思江驿道、思易驿道。这些古道大多铺有石面板，小的斗许，大的一尺宽、三四尺长。驿道直接反映了当时普洱探测、筑路的科技水平。

驿马桥载入《普洱地区志》的有 14 座，至 1989 年，普洱市有永久性驿桥 51 座，总长 2613 米。现存驿马桥已为数不多，主要有石拱桥、铁索桥。驿马桥直接反映了普洱当时掌握造桥技术的水平，有些驿马桥具有一定的科学价值。如墨江的涟漪桥，始建于清康熙初年，几经重修，最后一次重修于光绪二年五月完成，用银 2580 两有余，横跨天溪河与他朗河汇合，长 27 米，宽 4 米，中建锁水阁，属砖木瓦顶结构。据说冬季时观水从此桥桥墩左边还是右边流淌就可得知来年雨水情况，十有九准。可惜现桥已重建，这一传说已无从考证。

马店在清朝、民国初期和19世纪50年代这三个时期最多。普洱、宁洱、墨江、景谷、景东等县城都有马店街，磨黑、通关等一些茶马古道上的重镇大多为石板街，半数人家开有马店。马店一般设有马厩、天井、宿舍、伙房、草料库等，并备有装水的石缸、铡刀等。

驿道、驿马桥、马店等反映出普洱人认识自然、利用自然、改造自然的科学技术程度，具有一定的科学价值。

三、普洱马帮文化的艺术价值

人类在进化的早期就已经产生了审美意识，开始艺术创作活动。普洱马帮作为普洱的主要交通工具和运输方式，既注重实用性，又注重艺术性。马帮文化艺术的艺术价值体现在以下几个方面。

（一）马帮

《景东民歌》中记载："大铓哼哼小锣哼，打扮骡马要起身。头骡打扮玻璃镜，二骡打扮团团花，三骡打扮小悟角，四骡打扮小花眉。大理钢铃买一架，普洱超子配二双，三尺洋布缝练旗，半斤羊毛扎泡团……"民歌生动形象，有朴实的审美情趣。普洱马帮一般是"头骡戴缨花、二骡戴响铃"。缨花很漂亮、醒目，本身就是一件艺术品；响铃有各种型号，声音清脆、悦耳，传得很远，具有实用功能，又是马匹的装饰品；马笼头、马鞍有各种造型，有的还刻有图案、花纹，体现了马主人的审美意识，具有艺术价值。有些马笼头上装饰有各种形状的镜片，阳光下闪闪发光，既美观又有恐吓猛兽的作用。有些马帮鞍子上插着三角彩旗，上书帮主字号，用铓锣开道，音传几山几凹，颇有气势。有些马笼头、马鞍、马铃、马搭子直接就是一件艺术品，体现着不同时期、不同民族的审美情趣。

（二）驿马桥

建筑是凝固的历史，无声的语言。普洱各族人民本性善良，自古就有修路搭桥的习惯，既方便自己行走，又施德于他人。竹桥、木桥、藤桥、石拱桥、铁索桥……桥本身以及附属建筑，无一不体现出不同地方、不同民族、不同时代的建筑艺术、建筑风格，蕴含着不同的创造意图和审美意识，是普洱人民智慧的结晶。

（三）马店

马店建筑要适合马帮歇脚、休息、食宿，有着不同于一般旅店的配置，如宽敞的天井、马厩等，同时，还要有马槽、铡刀等工具。这些建筑和工具，具有其实用功能，也体现着制造者的艺术水平，体现出一定的艺术价值。

（四）文艺作品

在普洱民间，流传着不少关于马帮的民歌、小调、故事、传说等文学艺术作品，"马帮调""出门调""赶马调""赶马歌"等，各县都有流传，这些作品既是马帮日常生活的真实写照，又生动地体现出马帮文化的艺术价值。

四、普洱马帮文化的思想价值

马帮文化的思想价值主要指马帮精神，它主要体现在以下几个方面。

（一）吃苦耐劳的精神

"赶马调"中唱道："最苦不过赶马人""有女不嫁赶马人，一年四季纳鞋底"等等。赶马是一项繁重的体力劳动，扎驮子、端驮子、打马掌、铡草，每项工作都要有强健的体魄才行。而且，在开稍（指马帮在中午时候的途中休息）和开亮（指马帮在野外住宿）时，赶马人还要放马、喂料、喂水，晚上也不能睡个安稳觉。赶马生涯，必然养成了赶马人吃苦耐劳的精神。

（二）不畏艰险的精神

长途跋涉、风餐露宿，风吹、雨打、日晒不用说，还要随时提防野兽、土匪、疾病等，没有勇气和胆量是做不成赶马人的。

（三）开拓善交的精神

赶马人走南闯北，南下东南亚各国，北上昆明、北京，率先走出普洱，走向全国、走向世界，是商贸的开拓者，是文化传播的使者。他们与不同地域、不同民族的人群打交道，做生意，不少赶马人会讲几种语言。他们是普洱历史上最见多识广的人，具有开拓进取的精神。

（四）诚实守信的精神

赶马人有自己的帮规帮纪，行为规范。赶马人在开亮时，如果碰上野兽，不到万不得已，决不烧草果（野兽嗅到草果味就会暂时让开，但下一伙马帮如果在这里住宿，就会受到野兽袭击），这样才能在众多马帮中站得住脚。赶马人又是商人，做生意必须严守信用，有信誉的马帮才能获得稳定的顾客和货源。

（五）包容忍让的精神

千姿百态的风俗习惯、形形色色的人情世故，赶马人出门在外，难免会碰上各种人和事，没有包容的精神，没有忍让的态度，不但难以做成生意，甚至会惹来横祸。

另外，赶马人还有团结互助、勤俭节约的精神等。这些精神抚育了一代又一代赶马人，一代又一代赶马人又丰富和发展了马帮精神，将马帮精神深深融入普洱文化之中，成为普洱优秀传统文化的又一宝贵财富和精神亮点。

综上所述，普洱马帮文化具有较高的历史价值、科学价值、艺术价值和思想认识价值，是普洱特色文化的重要组成部分，是先辈留给我们的一份珍贵的文化遗产。因而，在普洱建设一个马帮文化博物馆，保护好一批茶马古道、驿站桥梁，发掘、整理、创作一批以马帮文化为主题的文学艺术作品，展示普洱独特的马帮文化，对于建设文化普洱、打造中国茶城，无疑是具有十分重要的意义。

普洱茶马古城忠义驿站博物馆展品及故事

普洱茶马古道是中国西南部滇、川、藏茶马古道的重要组成部分。从古至今都是以茶叶、盐巴流通为主要内容的古老通道，千百年以来，无数马帮在这条古道上行走，悠远的马蹄声串起云南26个少数民族，同时创造了无量山、哀牢山区域独特的民族、民间马帮文化，因各民族马帮频繁往来从而带动普洱茶马古道沿途聚落的经济发展和文明进程，普洱茶马古道可以说既是一条历史之路，又是一条茶叶之路和文化之路。

普洱茶马古城忠义驿站博物馆

普洱茶马文化无处不在，古道风物遗存丰富多样，“一带一路”国际文化交流的发展机遇，就促成了普洱茶马古道忠义驿站博物馆的建成并免费向社会开放。博物馆长期致力于普洱茶马古道物质和非物质文化的发掘、整理、保存、研究和传承。

忠义驿站博物馆内共展出普洱10县（区）收集来的2500件茶马古道老物件，每一件馆内藏品都向观众诉说着普洱茶马古道上马帮生产、劳动和生活中与大自然和谐共生、共处的天地人合一情境，翔实地反映出普洱马帮在马具使用、出行装备上的技术革新，以及马帮在过去年代里是如何推动云南高原山地交通文明进程的。从当时全世界五大洲的对比分析看，能够与普洱马帮相媲美的只有在南美洲安第斯山脉上行走的大马帮。再准确一点讲，在蒸汽机车和内燃机车出现之前，大规模马帮运输队伍往来于普洱茶马古道上，必须掌握和拥有一整套适合山地运输的方法和马具装备技术器械才行。从馆藏的众多马帮装备来看，普洱马帮在当时所制造的马具规模和数量在国内及国外都是领先的。

在明清时期，每年春茶上市交易的时候，冲着普洱茶而来的各地马帮都会从主要的五条茶马古道汇集到普洱茶重要的交易地——宁洱，当时到宁洱交易的马帮可谓是摩肩接踵，最多时来往的人数多达一万余人，城里、城外都是赶马人和骡马营地，这些马帮都是翻山越岭、长途跋涉来到思茅的，做工再好的马具装备有时也会在运输途中损坏。因此保养、修复和补充马具装备对于马帮来说就是头等大事，不得有半点马虎，马帮使用的每一件马具都是马和货物安全的保障。工欲善其事，必先利其器，所以普洱茶马古道沿途的马具、行头装备行当是十分繁荣和兴盛的。在思茅过街楼和北门街交界的地方就有专门制作和修理马架、马掌、驮架等马具的手工艺匠人，比如头马、二马、三马身上佩戴的笼头、彩球、光镜、高缨、飘旗、马架、肚兜等都能在这里配齐，所有这些都是为马帮下次出行提供安全保障。博物馆里陈设的所有展示品就是按照马帮每次出行需要的马具装备功能和用途等来收集的。

马帮的规矩里有一条就是爱马如命，视马为第一生命，因此常把头马打扮一番后才会上路。人靠衣裳马靠鞍，马帮中的头马不仅体型健壮、挺拔、皮毛漂亮，身上的装扮也是马队里最讲究的，博物馆展柜中有一套笼头，皮笼头上镶一面银质光镜，镜子两边配挂红、黄、绿三色绣球，绣球下面用彩色绸缎垫底，整个笼头上面顶一朵红花，花上插两根带闪的高缨，头马笼头上面的光镜，一是用以辟邪，二是亮闪闪的镜子能把太阳光反射到比较远的地方，可以让躲在树林暗处的猛兽见阳光后不敢轻易地偷袭马队，如头马此精心打扮的另外一个目的就是提升马队的精气神，同时也壮大马帮的气势。

马笼头

马帮黄铜大锣

普洱茶马古道上最大的马帮出门就会有二三百匹骡马，绵延几千米，这么大的马帮在途中信息交换肯定不能用嘴巴完成，他们依靠击锣来传信。博物馆内展示马帮用过的铜锣大大小小有几十面，馆里最大的一面黄铜大锣，直径 80 厘米，是 2012 年冬我路过振太紫马街时无意之中收到的，这面百年之前马帮使用过的大铜锣重量达 2 公斤左右，和一堆废弃的杂物混堆在工具房里，拭去大锣表面上的灰土，重新悬挂在普洱茶马古道忠义驿站博物馆之内，黄铜大锣的个头和分量在云南茶马文化展陈中排第一，也是当之无愧的“锣王”。大规模的马帮运输队走在崎岖的茶马古道上，与另外一个马队迎面相遇是常事，因此在山路上击锣传信就显得非常重要，即使是相遇，马帮之间也有俗成的规矩，小马帮让大马帮先通过，上坡的帮让下坡的帮先通过，已经走上桥的马帮首先通过等，通过击锣传信，就可以最大限度地避免马帮在路上撞帮的事件发生。

通往平坝和寨子的茶马古道是马帮最好走的道路，但是在无量山和哀牢山的原始森林中的，马帮遭遇野兽攻击是常有的事。为了将骡马和运输货物的损失减少到最小，常年行走在普洱茶马古道的马帮人想出了许许多多对抗自然灾害，以及对抗野兽意外攻击的办法。比如马帮途经猛兽出没的地段时，就要给骡马套上一个保护颈部的脖套，它可以有效阻挡猛兽对骡马喉部的直接撕咬。普通马脖套由皮革缝制而成，里面塞入稻草就可以；中档一点的脖套会选用轻质柏木制作，外层用皮革包裹。在博物馆里面就展出了一个特制的高档脖套项圈，柏木胎体，外层用银皮包裹，银皮表面有浅浮雕民族图案，四周雕刻有二方连续祥云图案，这个项圈不仅美观漂亮、经久耐用，且可以阻止动物的撕咬。这件老物件在材质选择、器形打造、浮雕美学上彰显了普洱茶马古道银器手工艺制作的高超水准，也进一步验证了古道上民间流传“小昆明，银思茅”说法的真实性。

马脖套包银项圈

普洱马帮上路前占卜的方法分为看鸡卦、支罗盘、扔钱币、扔贝壳和草鞋卜等，马帮占卜卦，支罗盘是最简单也是最常用的择吉日、择时辰、预测路途风水和财运的方法。忠义驿站博物馆收集的马帮使用的罗盘有铜罗盘、木罗盘、陶瓷罗盘等几十种。

走在马帮最前面的头马是整个马帮中最漂亮、最出彩的，任何马帮都会出手大方地重金打扮自己队伍里的头马，贴金贴银是很普通的做法。头马是马队里的灵魂，马队中只有头马能识别茶马古道途中水源、草地、宿营地的准确位置。头马走起来从不左右斜视，走在崎岖的石板路上如履平地，步子非常有节奏。马队中独一无二的特大号马铃就是专门为头马准备的，这种铃铛发出的声音整个马帮都可以听得到，几里地以外也能听到。据思茅南正街上的老人雷小安讲：“曾经有一个铁匠铺所生产的铃铛在茶马古道上的销量很大，远近闻名，铃铛声特别响又清脆，做工也精细，铃铛上刻有雕花的图形。常有通海、巍山各地马帮光顾南正街的马具、铃铛铺子。”马帮队伍里的二马、三马……行走途中的速度，以及是走还是停都是听头马铃铛的命令，马锅头也是以此准确控制马帮行程，在古道上行走人力不及马力，人只有通过借助物种奇特的功能，才会走得更省力。

马帮路途中装货物的工具主要是篓筐、麻布袋子、竹箱、皮袋及马桶包，其做工精细、造型简洁古朴，可容纳大件货物也可装日常用品和食物。驮架左右两边的重量必须保持一致，在没有计量器的情况下，称重凭的就全是赶马人的一双眼睛。给货物打包是行走在茶马古道上的一项技术活，所有打包上驮架的货物在中途是不能散架的，这就是赶马人必须要学会的基本功之一，首先在骡马背上铺一块毛毯子，然后把马架固定在上面，再把驮架组装上去，最后将货物挂在驮架上。这种组合装备是为了满足途中随时随地需要快速上下货物的要求而设计的。例如，马帮途中经过渡口和危险路段时，如果不讲究方法而强行通过就会造成马货的损失，唯一的办法就是快速取下骡马身上的货物并通过危险地带。这些看似简单却有效的运输工具组合，已经在千年茶马古道上得到广泛的使用，在近 200 年的时间里几乎没有太大改变，从博物馆收集的几代马具组合展示中可以证实这一个发现的正确性。

马帮队伍一旦出门，在古道上一走少则几天半个月，多则半年或一年。一路上自然少不了艰辛

三弦

柏木饭锅

与枯燥，为了提神解乏，马锅头会一边走一边抽草叶子烟，有时从路边随手抓一片叶子放到嘴边吹几段家乡的山歌和曲调。但是在普洱茶马古道上最富民族文化特色的表演还是唱山歌，其中马帮情歌就极具民族特色。忠义驿站博物馆内收藏有马帮唱山歌调子时伴奏用的二胡、三弦、四弦、葫芦笙……在茶马古道沿途，大三弦是流传最广的乐器。展馆里藏有一把100多年前哈尼族马帮用过的三弦，琴头、琴杆、琴鼓用紫梨木制成，独特之处在于琴鼓面板上雕刻有十二生肖图案纹饰，边界的四周也刻有二方连续花边纹样，花边纹饰包围着哈尼族独有的龙凤图腾，琴钮则是雕刻三朵哈尼太阳花图腾柱子，是研究哈尼族民间古老文化不可多得的活化石，也是茶马古道上不可多得的艺术精品。三弦原来的主人是墨江坝溜乡大展村牛石组的87岁赶马老人张大清，他说，年轻时候这把三弦琴就跟着他走在茶马古道上，一路赶马一路弹唱，白天和古道沿途油菜地里拿猪草的妇女对唱、与山坡上采茶的姑娘们对唱，晚上就围坐在火塘周围和赶马人自弹自唱，唱不尽的是马锅头不朽的赶马生活。

马帮来回穿行在普洱茶马古道上，有时一天走几十里路也难碰上一个有人烟的寨子，半路上露营是常有的事，露营地点要当阳且开阔，还必须有水源才行。马帮里面成员分工各有不同，有给骡马卸驮子的、放骡马吃草的、有拾柴草搭火塘的。火塘支在营地的正中间，选用三块大石头隔空堆成三角形，其中两空为小口，一空为大口，留大口只是为了便于往火塘里塞木柴。马帮野外用铜锅做饭有许多规矩，锅中的米三起三落后不能去搅拌。但为了让饭均匀自然熟透，要不停转动铜锅，但是只能顺时针方向转动，不可以逆方向转，饭熟后要等水汽自然落下才能揭开锅盖。有意思的是马帮中只有马锅头有资格第一个揭开锅盖，这样的规矩在古道上存在了上千年，但是从没有人会去问为什么要这么做。博物馆展出了马帮用过的几十种锅，分为铜锅、锡锅、铸铁锅、土锅和柏木锅等。分别用来盛水、烧水、煮饭、炒菜、炖焖食材。用途不同却都拥有一个共同的器型特点，就是锅体上小下大，有双耳，有盖和提把，底宽是为了加大受热面积并且加快传热速度，另一作用是防止翻锅。马帮在古道上行走，视翻锅为不吉利的象征。开饭时，第一碗饭也必须是由马锅头添饭，添饭的勺子必须正面向上，不能翻过来放。吃完饭后按照规矩，锅碗瓢盆让每个人轮流去洗，另外一种情形是每个人的碗筷自带、自用、自洗。一些就地取材的一次性筷子用完就会被扔掉，如果是象牙或是银筷子只有自己负责清洗和收拾了。忠义驿站博物馆就收藏了一个罕见的筷子专用收纳袋子，袋子做工精致，刚好可以收入一双筷子，袋子虽然小，却是用了好几块不同色彩的绸缎缝制而成的；袋子正面有一个部分镶嵌了一小块质地柔软的兽皮，虽然时间过去了一百多年，用手触摸却还是非常温暖，上面用丝线绣了“长命富贵”四个字，物件虽小，但是可以看到马帮虽然强调便利实用、经济和安全性，但也注重器物的造型和视觉美感，为普洱茶马古道马帮生活增添了几分浪漫与温情。

马帮使用的碗筷套

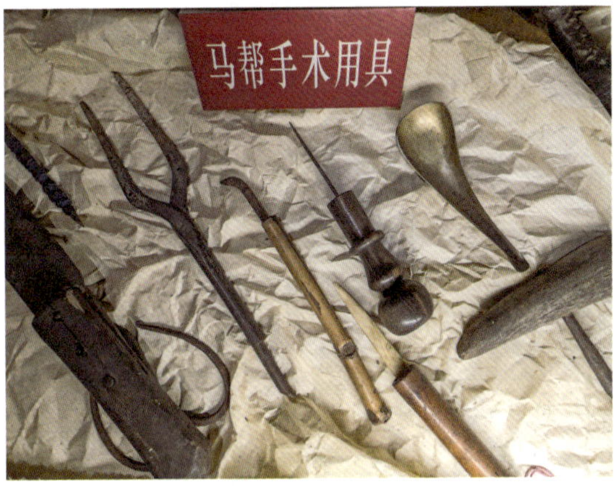

马帮手术用具

马帮首领分为一锅头、二锅头、三锅头，他们都是茶马古道上能干的主子，常年为马帮打理进出货物，算账理财，在社会上走动关系，还能识得中草药给人和骡马看病。忠义驿站博物馆收集了一套马帮给骡马看病疗伤、做手术的工具，其中有一件给骡马放血排毒的独特手术工具可谓是世间一绝，巧夺天工，其器口长 20 厘米，用黄铜打制，由放血针和排毒针管两个部分组成。在茶马古道上骡马中毒要先喂解药再放毒血，就是用针刺马的舌头，让乌血顺马舌头滴出，放血后只需片刻，马打滚的次数就会减少，体格好的马会慢慢站起来。如果放血排毒的位置是在马的身体上，为了避免针刺穿内脏，放血针就要配合针管一起使用，调节进针的长短让乌血随针管流出，乌血就不会沾染马的身体，从而有效避免骡马二次感染的发生。手术用具虽然构造简单，但却为马帮解决了马疾的问题。

近年来，忠义驿站博物馆不断增加馆藏物件数量，集中向社会各界展示昔日马帮生活、劳动、运输以及马具装备老物件，展现普洱茶马古道沿途劳动人民适应自然、改变自然的聪明智慧。进一步证实普洱茶马古道在过去几百年里，在山地交通技术上曾经领先世界，马镫、马架、驮架、笼头等器具的发明还促进了西南各族人民之间的文化交流和贸易繁荣，也使普洱茶马古道成为线性文明的标志之一，虽然这些马帮老物件已不再使用，但其背后的人文故事、历史故事、马帮精神和茶马古道文化却永远流传。

忠义驿站博物馆一角

马帮武器组合

（本文图片由尚明朋提供）

马帮见闻

马帮（杨志坚 摄）

“辞拜妻儿和爹娘，赶起骡马走夷方（也有唱‘进茶山’的）。大理钢铃买一副，弥渡钞子（小铃铛）买一双。钢铃拿给头骡戴，钞子拿给二追背。大乖骡子驮茶吃，二乖骡子驮槟榔。三骡四骡驮珠宝，五骡驮上加盘缠。肩扛洋枪壮壮胆，手敲锣锣震虎狼。今日风光出门去，不知何时回故乡。是福是祸碰运气，不到夷方心不甘。”这是我孩童时常听到赶马人唱的《出门调》。

我生长在景东彝族自治县文井镇文会村。这里是一个集市，即者后街。“者后”是傣语繁华集市之意。这里不但是集市，而且是旧时官道上的一个驿站，是南来北往马帮的宿营地和交汇点。南北向从西藏、迪庆、丽江、大理等地到西双版纳、老挝、缅甸、泰国等地“走夷方”的马帮需在这里驻扎一天或一晚，经者后渡口渡过银江（川河）上山往按板井方向走，经景谷、宁洱、思茅到达目的地。返回时，又要经者后渡口渡过东岸，经蛮骂铺、清凉街到景东县城，再经南涧、大理回到出发地。东西方向有来自石屏、建水、蒙自等地的马帮，经新平嘎洒翻哀牢山，路经九甲或者东过者干河，翻哀牢山支脉大亮山，在者后街驻扎一天或一晚后渡过银江往西进路东街翻越无量山，经里崴至嘎里渡口渡过澜沧江，再经临沧到缅甸。这纵横两条道，数南北向人马往来多。我生长在这十字路口，既目睹过各方马帮和赶马人的风采，又耳闻过不少马帮和赶马人的传闻轶事，现将记忆中的见闻整理一二，供有兴趣的朋友们参考。

骡马及马帮

毛驴和马，古时就被人们驯化为运输工具。在驯化过程中，又发现毛驴与马杂交，得出的后代比毛驴高大，比马强壮，名骡子。组成马帮的马，实际上大多数都是骡子。马虽然灵巧，但负重能力和长途跋涉的耐力都不如骡子，抗病性也不如骡子强，寿命也比骡子短。商人追求经济效益，所以他们长途运输做生意的马帮里的马，绝大多数都是骡子。据赶马人说，因为骡子的母体是马，一群骡子里混养上几匹马更合群，也更听人使唤。所以马帮中，总掺着几匹马。

那时，一般农家养不起马，生活稍好的人家养上一两匹母马，生出的公马和骡子驯化后作商品出售，也会自己留一两匹，每逢集日驮点农副产品到集市上出售，秋收时驮粮食回家，平时驮驮柴火和农家肥。再好一点的人家，养上两三匹驯化了的骡马，驮点土杂或百货赶“转街”做点小生意，形不成“帮”。形成“帮”的，是当时的地主兼工商业者，投资专门购置驯化好的成年骡马作运输工具跑运输做大生意。

五匹骡马叫“一把”，头骡和五骡都选择走得快的，所以头骡称“大快”，五骡称“大追”。一般要有两把以上骡马一起出门才称“一帮”。业主一把骡马雇一个赶马人，一帮骡马雇一个锅头。锅头，用现在的话说就是经理，他既要组织和监督赶马人，又要负责经营这一帮骡马驮来运往的生意。大的马帮，有大锅头和二锅头，大锅头对老板负责。

骡马是最忠实、最可爱的。马帮里的每匹骡马，主人都给它们取了个形象的名字，如栗色、花脚、大乖、小青等。当人们要给它们上料、要它们背驮上路时，只要喊它们的名字，它们就会依序跑拢过来，不必一匹匹去找。

负重上路的骡马，除了要让它吃饱草喝足水，出发的清晨，还要给它吃一点精饲料，所谓“草膘水气料提神”，所以精饲料是不可少的。精饲料以蚕豆为主，豌豆次之，无蚕豆豌豆时，才喂玉米等粮食。据说蚕豆喂骡马，不但营养好，而且因为温补，骡马吃了不容易害拉肚子等病。每匹骡马配备一个用麻布缝制、带有背袋扣、可装两三斤料的口袋，叫作“马料兜”。上路的头晚，赶马人要把料在料兜里装好，第二天清晨，提着一兜兜料，逐一喊它们的名字，它们就会依名跑到主人面前接料，主人把料兜套进它那长长的嘴筒里，把背袋套在它耳后的脖子上，让它们杵在地上慢慢地吃。吃了精料，它意识到要负重上路了，就原地不动地竖着耳朵等待主人的安排，有的不时用前蹄刨刨地，似乎在向主人说，它们已做好准备了，咋还不快上路呢。

骡马负重上路时，是一个感人的时刻。当赶马人把每匹骡马的鞍鞴上好，赶头把的人抓住头骡的笼头稳住，其他两人协助把驮子端起安到鞍子上，把笼头理顺套在驮子上后叫声“走”，头骡便跨开四蹄急促地上路，二追、三骡、四骡和大追就会迫不及待地依次蹿到主人端起的驮子后面，躬身钻进驮子下面接起驮子往前赶，似乎生怕自己掉队。这就是说，头骡上路后，后面的骡马，不是人端起驮子走过去把驮子按到它的背上，而是它主动蹿上来背起驮子，负起其责。你说这主动负重的精神不让人感动吗？这忠实的骡子不让人觉得可爱吗？“老马自知夕阳短，不用扬鞭自奋蹄”的诗句，也许就是看到这动人的情景产生灵感而抒写出来的。

庞大的马帮

我见过的最大马帮，共有30多把，一百五六十匹骡马，约40个人。这些人中，有大锅头、二锅头、马夫、伙夫和专门的护卫。据知情的大人们说，这一马帮，不是一乡一村的，更不是一家人的，是由景东者干河太和、忠义、明善三乡，三王二杨五家大地主家的骡马组成的。他们为了抵御来往途中的土匪，联合起来出行，雇请彪悍的青壮年，并配有较强的武器装备，长短枪共约30来支，一般土匪确实不敢向他们下手。

大概是1948年10月细雨蒙蒙的一天下午，家里开始烧火煮饭时，家边小河北面响起了清脆而震天动地的马铃声和铓锣声，我们好奇的孩童就跑过去看。只见头骡、二骡装饰雄壮美观，所有背上驮着沉重的驮子的骡马，从梁子以北洼子翻过梁子来，约排了半公里（半公里为0.5千米）多的路段。每把骡马的头骡、二骡都带着大小铃铛，每三把骡马后的赶马人都敲着铓锣，所以响声震天动地。头把到了梁子平掌尽头，赶马人就把头骡稳住，随后的骡子就一匹匹头贴着尾巴地攒齐立定。赶马人把马背上的驮子端下整齐地摆作两排，再把鞍子摘下放到驮子上面，给骡马解了笼头赶到荒地上任其打滚、啃草。几名护卫持着枪四面观察，伙夫们忙着拉柴烧火煮饭，赶马人忙着检查和修补驮子和鞍鞯的破损处，一看就知他们要在这里开稍露宿了。放出去的骡马，布满了荒地和荒坡上，多数为栗色和黑色，也有青色和紫色的，远看去犹如五彩斑斓的云团在那里滚动。好奇的我们数了数有几匹骡子几匹马，可谁也没有数清，只用当地的一句土话概括说："无数马嘎。"

我们几个孩童由大一点的带着，大着胆子往前走，想看看驮的是什么东西，有的看得见，也看得懂；有的用毛毡或棕衣紧紧包着，看不见；大着胆子问赶马人大爹大叔，多数都不告知，有的悄悄地透露。据他们透露，这批货是从大理下关贩来的，要驮到夷方去，有天麻、虫草、藏红花等名贵中药，也有草膘、洋碱等日用百货，还有我们看得见，也认得的大理石碑块。

第二天清晨，又听铃铛铓锣声响，知道马帮上路了，我们这群孩童和几个无事的大人又拥到路边观看。这帮骡马，排着长长的队伍往银江东岸集结，准备渡船西去。马帮渡船，他们的行话叫"盘船"，即先把驮子端进船里渡过去，然后再把骡子牵进船，一船一次只能渡五六匹骡马。渡口只有一艘船，清晨开始，直至傍晚才把货和骡马渡完，他们又只能在这里露宿一晚再往南走，这一天他们仅仅走了 1 千米多路。从者后渡口到夷方，弯来拐去，到底要走几天，有多少路程，他们谁都说不清楚，据说到思茅城最少要 7 天。

这里顺便介绍一下，旧时茶马古道的主道上，每隔几十里就会设一个官办的"铺"，即驿站，在主要站口，如渡口，还会有私办的马店，但官办的驿站主要接待官差和官商，私人开办的马店，最多也只能容纳三五把骡马，而有上十把甚至几十把的马帮，没有哪个马店能接待，统统只能露宿，用他们的行话说，叫作"开稍"。

威武不过"古宗帮"

中华人民共和国成立前，我们这里的人对路经这里的西藏、迪庆等地的藏族赶马人并不了解，走马人称他们为"老古宗"或"古宗人""栗梭人"。

大约 1947 年，者后街一个集日的中午，正是赶街人最多时，听见"咣啷"的铃声由远而近，随着"嗒嗒"的马蹄声，一个头戴毡帽，肩挎两把短枪，腰间还挂一把大银刀，骑着一匹高大的紫色大马的人，带着一队彪悍的人和雄壮的骡马，如入无人之地，顺街而来，吓得赶街的人们如遇虎狼般朝两侧拥挤，给他们让出了一条道。人马过去后，大人们才说，这就是"老古宗"人，又叫"栗梭"人。

这帮"古宗"人马，真是人高马大，人平均要比我们当地人高出一头，骡马也比我们当地的高大得多，而且喂养得膘肥健壮、毛光体滑，比我们当地的能驮能跑。赶这帮骡马的人，无论老板、锅头还是一般伙计，都是头戴一顶帽檐上翘的洋毡帽，身穿盖过小腿的厚厚的长袍，两只花边长袖，一只穿在左臂上，一只悠扬地甩在右膀后，黑色或棕色的长筒皮靴直套到膝下，把裤腿塞到靴筒里，你若不细看，还以为他没穿裤子哩。大多数人每人都扛着一支长枪，腰间还挎一把快生生、明晃晃的长约一尺的银刀——因刀柄和刀鞘都用银片包着，所以我们那儿的人称"银刀"。有 6 个人不扛长枪，而是挎一把或两把短枪，并且各骑一匹高头大马，可能是他们的老板和大小锅头了。

这帮人马进街时，表现十分野蛮，似乎任何人都不放在眼里。奇怪的是他们要进夷方，就必须在距者后街十几丈（1 丈约为 333.34 厘米）处就往右拐到者后渡口，不必进街，这次为何要威威武武地进街子，走完街子又从街后的小路折回拐到渡口？后来才知道这是他们高明的一招。他们为了保自己的平安，每初到一地的人员聚集处，就要振作精神，做出一副威武雄壮而又蛮横无理、不可一世的样子，震慑当地土豪劣绅和地霸流氓，使他们不敢轻易向自己下手。其实，别看他们个个脸庞宽大，肤色黑亮，身材魁梧，但接触起来，大家都觉得他们待人十分谦让客气、彬彬有礼，对所遇到的人，无论大人孩子，他都要打个招呼。遇着长者，他们会拱手鞠躬问好，遇着同辈他们就喊："老友，你好！"遇着小孩他会说："小孩，你好！"还会伸出手摸摸孩子的小脸或下巴。他们进街"耍威风"的第二天，母亲带着我清早就渡船到河西亲戚家做客，中午返回时，正遇他们渡船后上路，一位锅头跳下马走到我们旁边，先说声："大嫂，你好！"然后躬下身来托着我的下巴说："小孩，你好，乖乖乖！"吓得我扑到母亲怀里哭，他感到不好意思，嘴里连声说着"得罪得罪"，忙到马驮子褡裢里摸出一坨带有腥味、颜色灰白的糖塞到我的衣兜里，让我虽受一次惊吓，却尝到了终身不忘，也是唯一一次"古宗"人给的甜糖。

他们严守社会公德，无论路经果园或菜园都秋毫不犯。上门问事或买鸡鸭小菜，都是站在门口处喊"老友，老友"，主人出来相见，他也只在门外交谈，若主人不请，绝不擅自入门。

古宗帮每把骡马的头骡、二骡，要选择高大雄壮的骏马，而且装扮得漂亮威风，笼头制作很精致，两只耳旁各扎一束悠悠闪闪的红缨，脑门上佩戴一面明亮的镜子，驮子两面各插一面边沿剪成齿状的彩旗，头骡脖颈挎一副饭碗口大的钢铃，二骡脖颈挎一串脚拇指大的钞子。一路走来，只见高头大马齐奋蹄，尘扬灰飞蔽天日，钢枪银刀威风凛，好像壮士出征急。又听那钢铃咣啷响云天，钞子铮铮山谷韵，铓锣汪汪催人奋，山歌高亢振精神，五重音韵震山岳，胜似一曲交响乐。

风流潇洒而又辛酸苦楚的赶马哥

"赶马哥哥赶马哥，苦辣酸甜你兜着。甜时莫忘家中妹，苦时要想妹等着。三年两载回家转，双亲流泪妻儿乐。"这是贤妻送别丈夫赶马出门时的一首情歌。

赶马出门的人，无论是"锅头"还是一般伙计，有两种不同的独立人格，却有三种不同的命运归宿。但总的经历都是"苦辣酸甜都兜着"。一旦出了门，就是头顶星星就上路，日落黄昏不开稍。渴了路边捧凉水，肚中无食硬撑着。露天宿营观天景，一夜好似两载多。大雨下来无处躲，驮子底下直躺着。蒙蒙打个鸡眨眼，揩揩两眼又动脚。若遇虎狼来挡路，是死是活难猜测。所有赶马出门的人都要经受这样的艰苦磨难，但有的人是十磨九难无尽处，最终落做他乡魂，有的是风流潇洒飘半生，老来无处好安身；有的则是十磨九难筋骨硬，苦练修得人上人。

先说他乡遭不测

曾有一个叫"大勇敢"的大汉，从夷方返回时在我们这里宿营，他一只脚不能弯曲，一只手不能伸直，满脸紫红色伤疤，一只眼没了眼球，另一只眼不能闭合，嘴巴也歪到耳朵下，人不像人，鬼不像鬼，吓得我们几位去看热闹的孩童瞟一眼就掉头到另一处去了。据他的伙计说，"大勇敢"确实是很勇敢，是天不怕地不怕的人，整个英国地（实则缅甸）都闯过来了，折回到西密山（西盟山），在深山老林里宿营，约到半夜，一只老虎来抓骡子，听到骡子惊跳，他情急之中，赤手空拳第一个冲出去赶虎，恰与咬翻一匹骡子的老虎相遇而厮打在一起，其他伙计别无他策，拿起枪"哔哔剥剥"地空放几枪才把老虎吓走。幸好每帮马帮都备有刀伤、枪伤药，他的命暂时保下了，有幸回到了内地景东。可惜据说因他伤重体弱，翻越南涧大坡时一场上吐下泻就夺去了他的生命。

又有一个叫"大六四"的者干大汉，力大无比，一百来斤重的驮子，他一个人可以拗起来安到马背上。可惜在缅甸碰上土匪抢劫，不幸中弹身亡。

更为凄惨的是大约1948年夏，有二三十匹骡马的“古宗”帮，从澜沧和西双版纳购买了满驮的茶叶返回，在我们家迤边的草地上露宿，一个伙计生了病，服了他们自带的药无效，又请了当地两名草医生医治也没治好，在那里驻扎了十来天，所带的盘缠快耗尽，银钱也快见兜底，眼看病人也无生还希望了，伙计们只好用毛毡把他盖好，抬来石头把毛毡四周压实后赶起骡马走了。那时豺狼很多，第二天早上当地人路过，只见那人已遭遇豺狼之灾！下午，当地几位好心的大爹大叔含着泪把他的尸体埋葬了。这位可怜的“古宗”人就这样凄惨地在他乡遭遇了不测。

二说老来难安身

“风流不过赶马哥，走到哪里哪做窝。东西南北撒下种，不知老来收哪颗。”这是民间女人讽刺挖苦那些浪荡风流的赶马人的歌。

在马帮里赶马的人，一般都是拿得起放得下、思维敏捷、能随机应变的人。出门几千里，去来途中、生意场上要与各种人打交道，若头脑愚笨，不但他自己会吃亏，还会给老板造成经济损失，老板就不会雇用他。在这一群体中，有的是精英，凡事深谋远虑，既忠诚地为老板效劳，又深谋自己的长远之利，严以修身，谨慎处事，遵守公德；有的只图快乐潇洒，不谋前程。“今朝有酒今朝醉，管他明日醉哪方。”练个油嘴滑舌，学些山歌小调，“见着姑娘唱两首，好言焐热妹的心”。到头来，正像有的女人回敬他们的那样：“风流不过赶马哥，东南西北都连着，待到白头回家转，赶马棍子独一棵。”不错，那样浪荡无拘的赶马人，到了年迈体衰时，便成了悔恨莫及的鳏夫。

我们村就有个走马的人，虽然家境贫寒，但长得一表人才，能说会道，人称“小乖嘴”，说出甜言蜜语，树上的灵雀都哄得下地，唱起山歌，三天三夜不重复。其父母望子成龙，不满18岁就让他到大地主家的马帮里赶马走夷方，目的是让他去扩开眼界，长长见识，几年后回家立业。谁知他离开父母后，更放荡无拘，除赶好他负责的那把马，保障基本生活，就只想着玩乐。无论在哪里开稍宿营，他都要想方设法去寻欢作乐。父母几次找他回家他都不回。中华人民共和国成立后，马帮散了，不得不回归故里，可父母过世了，兄弟不理他，只好独自撑起点茅草屋打零工度日。回家的第三年除夕夜，看到家家户户热热闹闹地吃年夜饭，他却孤苦伶仃地坐也不是睡也不是，便狠起手来，结束了自己的生命。

再说修得人上人

在马帮里的人中，又有另一种“风流”人物，他们有的文采飞扬，有的名声显赫，出人头地。

者干河东岸一个姓龚的，家境贫苦，不满10岁就到王姓地主家放马、割马草。17岁就为王家赶马出门走夷方，20岁出头就当了“锅头”，又经四五年的节俭攒了一点钱买了3匹骡子，混在王家的马帮里做点私房生意，这3匹骡子当时的行话叫锅头的“带头”。仅安稳地经营了2年，第三年从缅甸回到澜沧就被一股火力较强的土匪抢劫，经奋力抵抗，王家的六把骡马及所驮的货，仍被抢走了一把，而他的3匹“带头”却安然无恙。回到家，地主老爷硬诬陷他“通匪”，撤了他的锅头职务，没收了他的3匹骡子，还把他捆绑起来残酷拷打几回后关到一间黑屋里要他反省“认罪”。

那时民间有句话说：“人不狠心家不富，火不烧山地不肥。”被关押中的他想起了这句话，得到了启发。他想，是的，地主老财为什么会暴发，就是心狠手毒，只要能获利，什么仁义道德，天地良心都不讲。心里说：“你姓王的有一个脑袋，老子姓龚的也长着一个脑袋，你姓王的能干的事，老子姓龚的咋不会干。横下心来，老子比你姓王的还要干出更大的事让你看看！”他从柱子上拔下一颗铁钉，用了一天两夜的工夫，在墙根脚下掏了一个洞逃了出去，并摸到库房里偷出了两支步枪。这个人，虽然一字不识，但头脑好使，且待人和气亲善，有较强的组织领导能力，同他一起赶马的人，无不敬佩他，王家“龚锅头”的名声早已传遍了哀牢山麓中的几个村寨。他逃出王家后，就到哀牢山麓中几个村寨里找苦大仇深的农民谈心串联，不到半月，就组织了 40 多个身强力壮的农民拿起长矛大刀和火药枪，在一个伸手不见五指的黑夜，冲进他的雇主王家，把当家的王子章捆绑到柱子上，把王家能找得到的金银财宝全部搜集起来拿到哀牢山密林深处摆开，除两根金条留作他的起家资本，其余全部均等分给参加的人。参加的人感动不已，当场下跪拜称他为“大爷”。从此，他就成了带着穷苦人劫富济贫的绿林好汉。

根据跟随他的人讲，自做“大爷”后，他就改掉了当马锅头的气派和装束，随时头戴一顶笋壳帽，身穿一套面襟粗布衣配半截裤，脚蹬一双竹麻草鞋，手拄一根滑竹棍，看上去活像个讨饭的。虽然配有一匹坐骑，但不疼不病时他一概不骑，只是马鞍上挎个皮褡裢，随时装着几百银圆，遇着生活十分困难的人，他就抓一把出来救济。平时他只带十来个人到各地侦查“探水”，一旦摸清某个恶霸地主的实力和环境等情况后，就分配弟兄到山区村寨发动贫苦农民，组织人马行动。听他自己说，他给自己立了三条规矩：“一是小兔不吃窝边草，王子章家是把我整得太惨了才兜收他的；二是民愤不大的一般富人我不动；三是所抓住的人，即使是作恶多端的恶霸地主我都不杀。”因定了规矩，所以他所抢劫的人家基本都是外县的。九甲艾贡爷，是称霸一方、作恶多端的恶霸地主，他想，拿下艾家，给当地百姓求个安定，还能救济不少贫苦农民。他就亲自到艾家周围侦察了一个街期，摸清了艾家的火力装备和地形，组织了 200 多人的队伍，从艾家后山砍开两口刺竹林，从上往下攻，一夜工夫就拿下了艾家，所缴获的银圆分给弟兄，不是数个数，而是用吃饭的碗来分，一人一碗，大概 80 个。他得知新平嘎洒陇西大王李润芝家，是新平的一霸，财富满盈，若拿下他家，可救济上千贫苦农民，就组织了 1400 多人去攻打。虽然也是从山上往山下进攻，但由于李家武器装备精良、防御工事坚固，攻了 3 天都没有攻下，情急之下，他就派一部分弟兄绕到山下放火烧山实行火攻，结果，仍没攻进李家。

中华人民共和国成立后划分阶级时，他被评定为中农，但周围的老百姓公认他是在那个社会不公的时代带领贫苦农民劫富济贫的好汉，是“修得人上人”的赶马哥。

又有一个者干赶马哥罗庆祥，我曾看过他在国家改革开放后从法国寄回来的两封家书。他是 20 世纪 40 年代高级小学毕业的，在那个年代，可以算知识分子了，但因家境不好，找不到一个公差，就到马帮里赶马。到老挝、缅甸走了一趟后，就“淘到了一些见识”，开了眼界，第二年出到老挝后，就脱离了马帮，到一所华文学校教书。2 年后，他得知法国人在安南（越南）办的华文学校条件更好，待遇也更高，又跑到越南法国人办的华文学校。他刻苦钻研，认真教学，得到了法国人的赏识，4 年后把他请到法国一个大城市（市名记不得了）的法文学校，在那里娶了一个法国姑娘，生了 4 个儿女。20 世纪 70 年代初，被调到法国首都巴黎任教，并获得了教授职称。这又是一个算得上出人头地“修得人上人”的赶马哥。

景东的马帮与茶商

茶马古道南起宁洱，经景东、大理、丽江进入藏区，并进入印度等中亚诸国，是一条以马匹运输茶叶等土特产为主的民间国际经济文化交流的走廊。清代，来往于景东各地的马帮主要驮运土产、铁器、茶叶，往来于大理、保山、景东的后路马帮贩卖省广杂货，往来于昆明、玉溪、新平、景东的前路马帮。还有从景东到东南亚各地的本地商旅马帮。规模最大的是贩卖茶叶、黄蜡、氆氇、虫草，往来于藏区、大理、景东的藏族商旅马帮（又称“古宗马帮”）。景东县各地的骡马拉帮结伙，数千匹骡马往返于东南亚密林栈道之中，马帮运输鼎盛一时。

一、景东马帮概况

（一）本地马帮

景东马帮由于分散，虽看起来零散，其实有一定规模。景东马匹饲养年代悠久，马、骡、牛是茶马古道上的主要运输工具，1920 年，全县有马 4900 匹、骡 3000 匹。1949 年全县有马 1534 匹、骡 1130 匹、驴 241 匹、驮牛 5000 多头。

农业合作化时期，私人的马、骡、驴折价入社，归集体饲养和经营。当时县内仅有弥宁公路，山区大量运输仍靠人背马驮，因而骡马的饲养备受重视，骡马的数量又逐渐增多。1953 年，马的饲养量达 2.29 万匹，骡 1986 匹，驮牛 2036 头。后来，随着公路建设的发展，车辆运输增多，骡、马在通公路的地方逐渐失去了主要运力的作用，加之饲养骡马草料耗费过大，因而饲养量逐年减少。1978 年，全县仅有马 290 匹、骡 1508 匹、驴 425 匹。1978 年准许私人饲养大牲畜，原属集体所有的骡、马、驴的数量依然不多，1985 年全县有马 78 匹、骡 835 匹、驴 630 匹，均属集体所有。1986 年后，先后出售给私人饲养。2020 年，骡马饲养全县不足 20 匹。

在景东，以前一些人家以马、骡、驴作为坐骑和驮运工具，较富庶一点的人家均养有马、骡、驴。在民国时期凡有钱人家出差、访友、赶集、接亲均骑骡跨马。景东县城侯家、刘家、马家、李家，文井响水梁氏家族、老练张荣科等，为防贼抢，马帮中还配有机关枪、长枪和短枪。县城侯家头骡插有在省城高等法院大法官侯志良的“侯”字旗号；文井梁家的马帮，头骡插有梁家在 58 军任副军长的梁得奎“梁”字旗号；刘家有先后在盐丰、宁洱当县长的刘显炽（字灿然）做靠山的“刘”字旗号；其他人家也有其方式向外打旗号，警示土匪。

仍然活跃的景东山地马帮（周德翰 提供）

20 世纪 20—40 年代，文井数千匹马长年累月往返于滇西、东南亚的深山密林崎岖古道之中。县城以侯述之（任过景东中学校长）家为多，达到百余匹，刘五、刘六（刘五即刘显绪，字丕昌，任过景东议会、商会会长，刘六即刘显名）、马熙泽（任过景东旅昆同乡会会长、镇沅县长）、李尔功（任过民国景东县政府多个科科长和团防大队队长）家次之。文井老练张荣科家除了马帮，还有数十把牛帮，平时在家驮运柴火，每年开春由按板、磨黑驮盐巴到西双版纳出售，因黄牛行走步伐慢，一年仅长途驮运一次，平时在家驮运柴火和给养。

景东城大户侯述之家马匹最多，走的地方也最远，运送货物也最多，他家往南运送景东冰糖、盐水挂面、核桃、板栗、粉丝、山货等土产到缅甸景栋，同时将西方国家产的西药、各种洋货、盐巴、棉花运回景东沿途贩卖，并且在景东装上茶叶等运到下关。刘家仅贩卖盐巴，马家、李家贩卖百货。当时有句顺口溜总结赶马人：要苦钱养家到侯家，要得闲到刘家，要得吃到马家。形象地总结了当时各家情况。西区马帮以曼等刘氏马帮为多，以刘伯威、刘万之家为多，每户达 70 ~ 80 匹，其他还有一些大多不超过 50 余匹。大朝山以苏平皆家为多，达 50 ~ 60 匹。东区马帮也较多，最多人家如酸枣树王子璋家达 100 余匹，其他人家大部分不超出 50 匹。

本地商帮主要驮运景东的土特产，如土纸、冰糖、烟土等，到西双版纳、缅甸、泰国、老挝销售后，驮回布匹、棉花、棉纱及其他洋货。驮运白绵纸、红糖、冰糖、茶叶、盐巴、烟土、花生、腊肉、火腿、核桃等北到大理、下关，南至西双版纳、缅甸、泰国、老挝等地销售后，换回西药、棉布、棉纱、洋盆、香皂等洋货供应市场。

（二）外地商帮

1. 后路马帮。每年霜降前后，收集好本地的粉丝、挂面（面条）、香油、花生、花椒、铁锅、土锅等在大理、保山、景东一带销售。

2. 前路马帮。贩卖省内杂货，往来于昆明、玉溪、新平、景东的前路马帮。

3. 古宗马帮。即藏商马帮。是对来自迪庆、丽江一带藏族、纳西族商帮的统称，是当时最有名气的马帮，每队马帮规模一般达 500 余匹。据亲历的老人回忆，藏商一到，驮子摆满了街道和川河边的沙坝，川河岸边平添一道风景。待马帮经过，敲起铓锣，带着藏獒，身挎枪支，一行长长的马队，便浩浩荡荡地踏上返回藏区的路。贩卖茶叶、黄蜡、氆氇、虫草。

二、马帮组成、分工合作与禁忌

（一）马帮的组成与分工合作

马帮的组成形式：有的大富人家自为一体；有的相互拼凑结为一体；有的有骡马但人不去，只请人代管。赶马帮进夷方，骡马要通过精选验定，参与人员要精干健康，所驮运物资商品要统一安排。每支马帮骡马在几十匹以上，参与人员在十几人到几十人不等。当时的驮运队伍，五匹为一把，若干把为一帮，帮主称锅头，一把配两个或者一个赶马人。

马帮首领——锅头，由大家公认有能耐、信得过的人担任。所有人都服从他的领导指挥，内外事务都要通过他，每锅由十把以上组成，一人赶一把（包括捆解驮子、打掌、喂草料），5 ~ 6 匹骡子为一把，正常是 5 匹，如加代维（加代维指夹带走马人自己的马匹）1 匹便是 6 匹。“吃代维”是赶马人加上自己的 1 匹，所经营的物资成本由帮内开支，经营本利归赶马人所有，但不再给工资报酬。走一趟夷方大概 7 ~ 8 个月。

每年土黄（霜降）后，推算好吉日起程，到次年立夏不超过小满节前归家，雨水过了还不回家那就是在夷方打雨水了，这样会使家人亲友牵挂万分。出行吉日的头一天下午必须到指定的集合地点，锅头清点人马，检查各种准备是否到位并讲述有关事宜等，若有忘记交代的事，还来得及回家交代，但晚上一定要归塘住宿。第二天天刚亮，人吃早饭马套料后，罩鞍上驮拔锅启程上路。

马帮行程每天大概在30千米以内，每条路都有歇马场，一般选择有水、草，便于观察、视野较好的地方。中午开烧煮饭吃后，人马稍微休息，马套料，大概2点多钟又拔锅起程，到下午如有马栈，人马都好安排食宿，如果过山越岭就打塘过夜，需要观察路口分人扎栏，万一有马越境，赶马人要各自查看骡马脚蹄印迹，所有骡马都有各自的称呼。

马帮的分工与合作：马帮在锅头的统筹下，既有分工又有合作，很多地方都体现出集体精神，如赶马不离三,一个拉着两个端（端驮子），如果套料清点骡马不够，除一人看火塘外全部出动寻找，互相以“唔——呼”打招呼或者召唤马匹来归群。寻找劳动态度不好、临阵逃跑的躲山、逃鞍的骡马，一旦发现了也要“唔——呼”，让远近的伙计们知道立即归塘。

马帮在行程中有自己的秩序，赶头把的是最精干强壮的一等汉子，除了锅头就是他，而且要比其他人多负担一项工作——开山（能砍能挖），遇路难走要修挖，逢树倒拦要砍开，进山、出山、路险窄处要“唔——呼”、鸣锣（锣声有逐兽、警示作用），也让对方马帮知道以防闯帮。头把马是开路先锋，骡子选最强壮并通人性的为头骡、二骡；马帮行走、歇脚、开烧、拔锅、鞍驮摆放都有顺序。另外还有一些语言忌讳。

赶马必备换洗衣物、洗漱日常用具，而且要带武器，有步枪汉阳式、中正式，还要配备匕首、长刀等，如果运送贵重物品，还需要加配机枪和更多的武装人员，以防土匪抢劫和野兽袭击。锅头有坐骑一匹，有时伙计生病可让其骑行，而且备有手枪一支，前行时多在中间，以便前呼后应。锅头必有统筹全盘的思维，逢人处事有应酬能力，过去说“四川人的嘴、云南人的腿”，赶马人，特别是锅头两者都得具备。马锅头有大锅头、二锅头、三锅头、嫩锅头等。

（二）马帮龙套禁忌

在骡马的配戴上，每把马都有适合自己大小的料袋、套口、鞍架马掌、掌刀、掌锤、冲子、笼头、解椎等。行走时最为壮观的是头骡、二骡，它们佩戴饰物，头骡的马笼头用皮片线编制成，套在头上，脑门头和两眼中间有明亮的镜子，两边有浸染红、蓝色的藏牛长毛缨子，鞍架前到胸前挎戴一对钢铃，每铃如两个大碗合成，里边有铃子，铃架是藤篾加热精制而成，鞍架上边再插上红蓝等彩旗和号旗，头、二骡走起精神抖擞，威风十足。镜子和饰物一是驱邪逐兽，二是壮胆明示——这边马帮来了，请对方让一下（避免闯帮）。还有二骡也相应配戴铃架固定核桃大小钞子钢铸铃数十个，一旦马帮起程上路，钢铃、铜铃、钞子齐作声响，好似乐器合奏曲，使整个马帮在往返旅途中洋溢着欢快祥和。每支马帮都会带上两条强壮、通人性、防生人偷盗的狗看驮子和巡查火塘周围情况。马驮子头上还经常歇着一只叫声嘹亮的夷方茶花叫鸡，不管天晴下雨，无论到了什么地方，它都定期鸣叫报时，以完备“未等天黑先投宿，鸡鸣二遍早看天。”

整个旅途共备锅仗、饭、菜（汤）各一锅，米、肉统一安排采买，在到开稍地（歇马场）前大伙要随手找些干树枝带上，人人手不闲拿，端驮摘鞍后分别烧火、钉锅桩、备锅梁、打米、洗菜，七手八脚一起做饭，只能一饭一菜（包括肉、菜、汤），切忌烧烤炒煎（这是出门约定，认为破坏了会给后来者带来横祸，半个钟头左右开锅吃饭，若人不齐要赶快找齐。不是条件特别艰苦的时候，也能吃香喝辣。吃饭时必须以饭菜为中心围坐在一起，碗筷自备自带，添饭、菜后勺子摆放也有讲究，吃肉分块数、份数，谁在后谁要洗锅、烧水、泡茶、提水浇火塘，锅梁装放也有讲究，休息时各自检查鞍子替布是否有问题，如鞍疮、料袋是否通洞漏料，有问题要抓紧时间处理好，针线也需要常备，还常用剪子打理鬃毛，用马刮梳马背毛。俗话说“若要手不闲，赶马种菜园”，这确实不假。

如发现谁的骡马鞍疮严重、马体弱不报没调理好，锅头会严肃批评，并令其立即处理，有必要大家也会相互帮助。中午开稍和晚上打塘时要去村寨、街子有事，必须两人以上同行，并向锅头说明允许后方可；内外交谈说话要讲究文明，禁说粗话脏话。

雨季前夕归家，锅头要做周密的计划，何时返程、何时到家，要做到吉日吉辰返程到家。在归家前锅头要求大伙衣着容貌整洁，精神抖擞，回家那天早上饭饱茶足拔锅起程。

雨季到来万物复苏，青草萌发，天晴时赶马上山野外遛马，下雨就关在厩里，由人工挑着笆箩带上镰刀割草回来饲养。同时要预防马苏拉病，俗称“慢症”发生，要经常喂发散药。每人一天割草两挑。通过雨季的饲养，骡马长得毛光水滑，苍蝇都歇不上，为雨季过后再出门做好准备。

三、景东茶马古道上的场所

（一）马店客栈

安定谢家马店，在安定下街；张家马店，在下街；景东城有马店 14 家，最大的马店为县城侯述之家的“时就号”，可容纳接待数十马帮或者过往官人客商。

（二）茶商商号

景东十字街的较大茶商号为湖南人谭惠平开的惠平号，本地人邓静安、刘承尧开的德安号和三益合作社，四川人诸义清开的义兴号，大理人赵其亚开的德茂祥，广西人覃华甫的广华农，大理人杨占新的协丰号、杨氏茶货号（出生在祥云，后移居大理喜州，杨文清家内部资料记载曾经在景东开设较大的茶铺，杨文清后任云南省副省长）以及本地人侯述之，刘五（刘显绪）、刘六（刘显名），马熙泽等家开设的茶铺商铺。

（三）会馆

位于景东十字街的会馆有四川商会、石屏商会。清凉驿站有四川商会。文井街子、文华街、清凉街有四川会馆。文会街有江西会馆。

（四）关马场

景东各驿站都有关马场，因为来往马帮较多，有时达 400 ~ 500 匹，大的关马场面积达到上百亩。主要有文会街关马场、文华关马场、文井关马场、清凉关马场、阵营哨关马场、安定关马场以及各地关马场。当时，外地马帮到锦屏坝子景东县城附近，马帮经常驻扎的地方有孔雀山脚曼笼河边、斗阁村马场坡、景川路村陶府遗址边关马场、老龙箐、百屯村新桥河边，大部分马帮有固定驻地，如藏商马帮就驻百屯村新桥河。

（五）商会

景东县商会，1924 年成立。另外，在县城相继成立糖业公会、百货业公会、缝纫业公会、旅店（马店）业公会、药材业公会、厨食业公会等，1949 年相继停止活动。

墨江县联珠镇马帮传说

亲密伙伴赶马狗

马帮常年在外奔波，一路上危险重重，除了要防毒蛇野兽，还要防匪徒。马帮一般会选一名年轻机警、强壮的亲信，别着手枪，轻装上阵专打前哨。但是在夜晚，难以看清周边环境，对危险难以察觉，所以马帮通常会豢养赶马狗放哨，赶马狗一般用本地能适应高山环境的品种，要求雄健机警，多为黑狗、黄狗，忌讳白狗。赶马狗不牵绳，马帮给它套上钉满钉子的项圈，钉子尖口向外以防猛兽袭咬，白天行路时，赶马狗忙前忙后巡逻，晚上睡觉时则一只耳朵伏贴于地，便于察觉远处的细微动静。赶马狗与赶马人一起出生入死、一起吃饭，感情深刻，赶马人不会吃赶马狗，反而会为它养老送终。因壮狗的口粮相当于一个成年人，普通的马帮通常只豢养一条，实力雄厚的马帮则会豢养多条。

西双版纳小叫鸡

古人掐算时辰的方法有很多，观天象看日影等，而马帮在外需要披星戴月地早起喂马、装驮上路，为了不误时辰，他们会豢养一种雄鸡报时，俗称小叫鸡，产自西双版纳一带。小叫鸡体型娇小，仅比鸽子大，羽毛鲜艳尾羽翘长、性情活泼讨人喜欢，为防被野兽惊扰走失，小叫鸡通常被链于鸟架子上，一路相随报时。小叫鸡鸣叫时辰与季节有关，头鸣一般在凌晨三四点，是喂马的时辰；二鸣为凌晨五六点，是备鞍的时辰；“鸡叫三遍天下白”，三鸣时，马帮开始启程。

通海铜铓成双对

“mang（平声）——dong（扬声）——mang——dong——mang——dong……”未见人马，先闻铓响，马帮多使用一种叫铓的击打乐器，铓由铜制成，产自玉溪通海一带，其中马帮所用的铓锣分“公母”，发“mang”音的为公，发“dong”音的为母，由双人分别敲打。马帮走进深山密林时，铓声能惊退豺狼虎豹等野兽；与其他马帮狭路相逢时，铓声能知会来客提前避让；马帮经过岔路时，铓声能使首尾呼应不迷路。据说元江咪哩李和才的马帮，除了寻常的双铓，还有一面特制的小铓，作为和劫匪约定的通行暗号，敲响此铓，匪徒放行。

马骡驴牛都成帮

联珠镇本地马帮及往来联珠境内的马帮，其实役畜多为马、骡，兼有少数毛驴和牛。

马帮的马用叫马（公马），每个赶马人一般负责5匹马，叫马要骟过才能用，课马（草马）则是会生育的母马，只用于生育小马，不上路驮货。联珠镇有个烈马自然村，烈马为哈尼语，意为“好马”，因古时出产配种的好马得名。马帮的骡为马与驴的杂交品种，通常既有马的高大和力量，又有驴的温顺和耐性，是最常用的马帮役畜。马、骡每天可行60华里，约30千米。马帮不常用驴，因驴个头小，驮上货物后在泥泞的山路上难以走出凹槽。

牛帮所用牛为黄牛，黄牛性格沉稳有驮峰，驮货行路很稳当，只是脚程较慢，负重较骡马少，每个赶牛人只可照顾 4 头，每天仅可行 30 里，约 15 千米，一般用于短途运输。

马帮还会为随行的大锅头，也就是大老板配备专门的骑马骑骡，骑马（骡）要分槽喂养煮红豆、煮黄豆、红糖。骑马（骡）年轻、高大、膘壮、毛色油亮，再配上鲜艳精致的马笼头和骑鞍，很是威风。骑马（骡）在马帮中的位置一般在队伍中间，一方面出事时能兼顾头尾，一方面出事时头、尾可同时保护大锅头。

开稍开野讲究多

每天马帮在半程，即约 15 千米休息开稍（食），马帮里有专人负责管人马口粮，随身的口粮一般视沿路的人烟、马店情况准备，足够坚持到下一个补给点即可。开稍需要选一避风、有水源的地方，水源不能是死水，最好还能有骡马吃的青草。马帮里有专门的人负责做饭，要做得简单迅速，一般就近砍两根树杈，根部埋地，再用根树枝穿着铜锣锅搭中间煮米饭，饭好了把铜锣锅盖子一翻就能炒菜或煮个酸汤。俗话说“赶马三年大贼头，赶牛三年大懒鬼”，赶马人有时遇上菜地会去摘点菜，即使遇不上菜主人，他们也会照摘不误，但都不贪心多摘，够本次开稍就行。开稍时讲话也有忌讳，如回族马帮开稍时，菜汤要叫“菜茶”不能叫“汤”，怕被无故摊派失去银钱，吃的干巴要叫“下数”不能叫“干巴”，怕这次生意干巴巴白跑一趟。

茶马古道多经深山密林，如果住不上马店，马帮则会开野（宿），开野时骡马会自觉地头朝外，屁股朝内围成一圈站着睡觉，赶马人在中间烧一塘火，火要烧大一点。而赶马人则会把他负责的五个驮子卸下排成一列在上面睡觉，睡觉时上下各铺盖一层毡子，毡子由羊毛、头发制成，防风保暖防水，在回族马帮中，玉溪峨山的浑水塘毡子最出名。

骡马行路时在嘴上套上马笼头，防止骡马四处吃草影响速度或分散注意力，造成驮子重心不稳甚至骡马跌跤。马草多为稻草、青草，马料多为蚕豆、玉米，马草之于骡马相当于“饭”，马料之于骡马相当于“肉”，不吃饭会肚子饿，不吃肉则会没力气。每头骡马都有一个马料袋，在野外吊喂食时各吃各的以防浪费或相互争抢影响安全。

传说中赶马人遇上猛兽一般不主动招惹，各走各的路。极少数情况下会用米撒成圈做“保护圈”，或是燃烧香料草果驱赶猛兽，但燃烧草果只能是不得已而为之，因为燃烧了一次后，如果后来的马帮到此地不接着燃烧，猛兽就会恼怒，把在场的人马全部咬死。

业余棒棒贼、职业土匪和保路房

棒棒贼又称棒棒客，为小打小闹的拦路贼，他们大多有另外的正经工作，下工后约伴出门抢背夫、赶街人等，一般不敢抢马帮。土匪与官府、本地各大势力关系错综复杂，甚至有的势力本身就是土匪地霸。如新平嘎洒土司李润之就是中华人民共和国成立前一大地霸，过路的马帮向他“上贡”到一定程度，他便会给马帮一些约定放行的信物，如他给碧溪段氏的放行信物为一顶银链篾帽。一些势力大的马帮，如龙云、李和才的马帮，骡马上插着名号旗子，无人敢抢，所以有的小马帮会与大马帮结伴一起行路。

保路房，是向马帮等收取过路费的房子，在墨江癸能金矿就有一个叫保路房的地方。很多土匪地霸不直接抢劫，而是以各种名义向马帮或过路人摊派费用。在元江、墨江流传着这样一句话：“卡桑皇帝，咪哩王。”其中“卡桑皇帝”指的是张纯学，他是以各种名义摊派费用的个中高手，甚至有的马帮为了躲避他的势力范围而特意绕开大小卡桑。

无处不在的马店

在联珠镇境内茶马古道沿线，有很多地名至今仍保留着店房，如烂马店、马店。

驮花钱、大烟的马帮，会选择讲究的马店入住，一般要求房子好、有围墙，马帮入住后架起枪，枪口对外，并派人轮班把守。中华人民共和国成立前的碧溪古镇，几乎家家都有拴马桩，户户都有饮马井，甚至还有烟雾缭绕的大烟馆，人称“不夜城”“小昆明”。

马帮入店后，马锅头睡床，而赶马人睡地上，开稍开野时，马锅头和赶马人一起吃饭，到了马店后则分开吃。有的马锅头到了碧溪古镇还会到大烟馆醉生梦死一番，抽大烟，吃米干。

骡马到了马店后，在马槽前整齐排成一排，吃店家铡好的稻草、蚕豆。骡马经常会漏吃小部分马槽里的蚕豆，所以嘴馋的小孩就会去马槽里拣蚕豆吃。马店一般还会养鸽子啄食马槽里的蚕豆等余料。

南来北往的马帮与背夫

联珠镇境内的茶马古道上，每天会经过上千匹骡马、过500只驮牛。除了本地马帮，过路的马帮通常有昆明马帮、陆良马帮、红河马帮、回族马帮等。

本地马帮：本地马帮多驮盐，盐是古老的茶马古道上最基本的货物，他们从通关回龙街去磨黑驮盐，售至元江或昆明。马帮出发到磨黑时，一般不负重或只捎带柴火，因为熬盐需要大量的柴火，而马帮又需要盐，所以盐场会请马帮捎带柴火，并支付些许柴火钱。还有的马帮会从元江驮西双版纳一带傣族喜欢的轻薄凉爽的细布、绣好花样的衣物、装饰花边、头饰、珠子和银器到宁洱，然后驮易武茶、磨黑盐或一些轻巧利高的特产回来。

昆明马帮、红河马帮、陆良马帮：昆明马帮到了联珠镇后，一般走坝溜渡路线出境到夷方，运去夷方民族喜欢的银器或衣服上的饰物等轻巧的物件，驮回来大烟、犀角、象牙、鹿茸、虎骨等野生动物药材或水獭皮、豹皮、野猪皮等山货返回昆明；而红河、陆良这两个地方的马帮

墨江古镇上的骡马（杨志坚 摄）

出了联珠镇后，一般走文武鲁马渡出境到夷方，所运货物与昆明马帮大同小异。

回族马帮：西北回族马帮会前来墨江县城做生意，他们一般喜欢捎带碧溪古镇的茶叶等特产回西北。玉溪回族的马帮则与其他地方马帮一样来往于昆明和夷方之间，近代最有名的属玉溪河西人马同恭的马帮。

墨江马帮的货物贸易

碧溪古镇小吹鸡换茶叶：在碧溪古镇，前来易物的背夫多为宣威人，碧溪古镇原无赶集日，宣威人到来的日子也不一定。他们通常背来用泥土烧制的小吹鸡和绿叶花边的陶瓷碗，前来换取碧溪古镇出产的茶叶，他们换的茶是用较老茶叶蒸熟的，就手揉捏成团。碧溪一带的茶叶为云南大叶种茶，茶气足，回甘好，香味浓，韵味深，水浸出物可达 50.8%。碧溪的须立茶于清乾隆六十年（1795 年）被列为皇家贡品。来碧溪古镇背茶叶的宣威人，有单独前来的，也有三五成群来的，据说为了防止事端不能成行，他们出门是不约伴的，只在路上遇到了一起走，无事则相安，有事则各奔前。一路上深山老林，经常遇到毒蛇野兽、缺医少药，不乏在半路上折损的宣威背茶人，但一背茶叶获的利可供一家人一年开销，所以中华人民共和国成立前依旧有络绎不绝的宣威人前来碧溪古镇用小吹鸡换茶叶。

他郎城卖年货卖古董：在墨江县城也有宣威人来换土特产，还有安定人背着土壶来卖酒，换干笋片背回家，或换回较为轻巧利高的物品。前来他郎城做生意的还有用背架背着洞篓的石屏人。现存的“腊鲁街”旁原来还有一个“石屏街”，具体位置为腊鲁街经县政府至县城小学，到了农闲时节，特别是年前，石屏人会背着柿饼，成扎的豆腐干，煎好的大鱼，洗衣服的白土、土碱，漆成红绿色的带轮子的小木马，甚至还有李恒家流出的古董前来售卖。背夫非常辛苦，累了就把“T”形背棍立在身后，把背篓放在背棍上站着休息。有时还会遇到拦路的“棒棒贼”抢东西，血本无归。

碧溪明前茶，三月到兰州：本地回族在马帮时代，会带上本地土特产到甘肃兰州去朝拜，去兰州历时三个月，带上的特产一般为碧溪古镇的茶叶，他们从碧溪固定的人家收购明前茶几百千克，按一老斤或半老斤的规格分别称好、蒸好，然后压制为四方饼，晒干，最后里外包上五层包装送上兰州。五层包装从里到外分别用：白色的贡川纸、清水纸（白棉纸）、草纸、笋壳、薄木板。

虎骨鹿茸熬成胶：玉溪河西人马同恭，在墨江县人们还称他为马同光、马敬修或马四老板，他不仅走马帮做行商，还开铺子当“坐商”，据说在 12 个国家（地方）都有他的铺子，其中包括墨江县城。他还会在墨江把从夷方带回的虎骨鹿茸等珍贵药材熬成胶，然后驮到昆明售卖。

鹿茸胶熬制、分装方法为：鹿茸用钢刷刷洗，切为 2 寸左右，入清水煮至茸酥汤稠，把汤换到防焦的铜锅中继续熬煮成胶。分装时在长桌子上放置好干净的盘子，每盘里面放入一弯红线成扣，再用勺舀至盘中。冷却后用红线扣吊着鹿茸胶晾干，胶干后用锌皮打包焊成盒。

茶马古道上的振太马帮

一、振太马帮的历史

在没有现代交通运输工具的时代，除了人挑，骡马就是最主要的运输工具。在普洱市镇沅县振太镇的历史上，每个村寨都饲养有骡马，多的人家饲养到百十匹，少的人家养一匹两匹，大户人家有骑骡，配有专门的鞍架，鞍架上面铺有褥垫，人坐在鞍架上舒适柔和，有的村寨讨亲嫁女时，新郎新娘不坐轿，而是骑马。骡马更多还是用来驮货物，进行商业活动，每年出门做生意时，各村寨或是各家族都自由组合，把各家骡马集中起来组成马帮一起出门做生意。一队马帮有一个马锅头（马帮总负责人），多数由骡马较多的人家中有文化、有胆识的人担当，马帮里又分为数把骡马，大多是 6 匹骡马为一把，每一把骡马又派一个赶马人认定照管，骡马多的人家要请人赶马，骡马少的人家自己赶马，也有的赶马人帮别人赶马，几转下来有了一点本钱，买上一匹两匹骡子单独购货买卖，在帮他人时带上自己的骡子，赚两分钱，马帮里一般每两把骡子安排一个勤杂人员，专门负责骡马的草料及赶马人的生活，还有的专门伺候马锅头。赶马人个个身强力壮、有毅力、有胆量、敢于吃苦。赶马出门时马锅头背短枪，赶马人背长枪，有的马帮配有机枪，一是防范土匪抢劫，二是防范野兽袭击。马帮组织有自己严密的纪律，分工明确，责任到人，总体协调。

1939 年至 1949 年是振太马帮最兴盛的时期，大的马帮有以紫马街李氏家族为主的骡马 36 把，草皮街毛家、周家、曾家、汤家、罗家、陈家等组成的骡马 43 把，兴隆为主的周边几个村寨组成的骡马 46 把，焕习以姜家为主组成的骡马 38 把，文索以王家为主组成的骡马 41 把，塘坊、沙河几个村寨组成的骡马 33 把，文平、文道组成的骡马 34 把，山街以粟家、李家为主组成的骡马 29 把，其他村寨合计 63 把。骡马最多的是 1942 年，振太出缅甸、泰国一线做生意的骡马达 2000 多匹，也是振太马帮出门做生意赚钱最多的一年。

马帮每年一般在农历九月出门，直到第二年三月左右才回家，有的马帮出远门回来后又进行一些短途生意。所谓出远门，以振太位置来说，就是出到缅甸、泰国一带或上昆明，过大理、丽江、西藏一带，短途主要是从按板井驮盐或是从景东等临近振太的地方购销货物。以振太河谷为中心，经过振太的茶马大道主要有：顺河谷向北方走到景东、弥渡、祥云上昆明，或是从弥度走下关、大理、丽江，顺南方走到景谷、思茅、勐海、孟连出缅甸、泰国。如果以按板井盐坊为振太的东方，由东向西横穿振太的茶马大道有四条：第一条是从按板井到勐大翻振太分水岭过小山街、大山街到澜沧江嘎里渡口进临沧；第二条是从按板井过崩怕岩，过勐通河上文蒙，翻老鹰岩到草皮街，再经烂箐过冬瓜林下尤家坡，到澜沧江嘎里渡口进临沧；第三条是从按板井到勐大，翻老鹰岩梁子的粑籽地再到兴隆走树根坡、长安箐到澜沧江嘎里渡口进临沧；第四条是从按板井到玉河，翻文板梁子过沙河到塘坊，再到小景谷民乐过澜沧江进临沧。不论是南北茶马大道，还是东西茶马大道，都把振太的村村寨寨连在一起，形成了古老的商道网，各个马帮都根据自己对商业信息的判断决定做长途生意或是短途贩卖选择行走路线，行走的路线选择很有讲究，它关系到马帮的安全，决定着盈利的多少。

马帮出门做生意，主要是根据各地商品物资的需求，获取地区差，以骡马运输赚取脚力钱。振太的马锅头们到大理、下关、祥云一带采购的是针线、锅碗、粉丝、乳扇、辣椒等货物；到景东采购的是红糖、冰糖、草纸；到按板井购盐巴运往勐海、孟连，甚至缅甸一带去销售，又从缅甸购进一些洋货，从勐海一带购进棉纱等，运回振太后进行销售。棉花通过振太妇女们的纺织及印染又销往外地。中华人民共和国成立前和中华人民共和国成立后的一段时间，振太各村寨都有纺车、有织布机、有弹花匠，有的村寨专门有染房。染房最多的要数兴隆街，印染出的土布质量相当好，人们把土布缝成衣服，越洗越好看，很受本地及外地人的喜爱。振太的手工纺织业带动了本地经济的发展，给振太人带来了实惠。马帮出门，有的在本地和景谷、景东一带收购茶叶，通过初加工或是压坨包装运往下关、大理、丽江、昆明销售；有的运货到缅甸一带销售，又回到勐海帮洪记茶庄、可兴茶庄驮茶到缅甸商号交货获取脚力钱。一收一卖没有定数，有时获取的利润多，有时获取的利润少，有时甚至会赔本，但总体上是赚钱的。

中华人民共和国成立后，私人不再有骡马，商品的购销由公家计划安排，路途运输分地段进行，在振太通公路之前，振太出进的物资仍然用骡马驮运。1952 年底建立振太库，后成立粮管所，商品物资的进出和粮食的中转大多由供销社马帮、粮管所马帮负责驮运，当时，供销社马帮有骡马 12 匹、赶马人 2 个，第一个马帮负责人是刘文新；1954 年，振太成立供销社；1964 年，粮管所成立马帮运输队，有骡马 10 匹、赶马人 2 人，第一个马帮负责人是杨照景。骡马运输费用一律由公家核算，包括马料支出、赶马人的工资，所运物资只是按计划驮运，赶马人不得直接销售，如果出现遗失或是数量短少，赶马人要负责任，少则扣工资赔偿，重则追究责任。1984 年，供销社马帮撤销，1985 年粮管所马帮撤销。

今天，已见不到浩浩荡荡的马帮队伍了，但振太的马帮故事仍在流传，振太人在意识观念上、在道德行为上有着做人的崇高准则，在商场上也有着“生意头上不让针”的原则，在公共事业上有着“人情头上可让马”的精神。中华人民共和国成立初期，振太山街李家、粟家的马帮就积极帮助解放军驮运枪支弹药、物资进驻佤山、追剿流窜的土匪，据健在的赶马人讲，电影《山间铃响马帮来》就是他们的真实写照。更值得一提的是，振太马帮出门做生意，赚了钱，除了自己用，还会投资家乡的建设，帮助家乡发展进步。无论是清乾隆二十二年（1757 年）开办兴隆书院，还是宣统二年（1910 年）创办泰和高初两等小学，在经济上都得到了马帮的支持。特别是 1939 年创办泰和中学，在创办人李恕庵的带头捐款下，曾两次集资为办泰和中学捐款，捐款人数达 33000 余人次，捐款金额达 85000 余银圆。在振太历史上，出现了 1942 年出动 2000 多匹骡马出外做生意，赚钱捐款办学的壮举。在今天四通八达的公路网时代，马帮已离我们远去，马帮精神却永远流传。

二、振太马帮的故事

中华人民共和国成立前，振太没有公路，没有汽车，骡马是主要的运输工具，赶马经商也就成了人们维持生计、建家立业、造福地方的一条致富道路。在这条商道上，多少有志者从无到有，从贫穷走向富裕，也有不少人几经周折，奋力拼搏，最终跌在了险恶的商道上。从振太到省城，或是到大理、丽江、西藏，从振太到临沧、耿马、缅甸，或是到勐海、孟连、泰国，在纵横交错的茶马大道上，每一条商道都诉说着马帮的故事，每一次马帮的起程都充满着希望与凶险，赶马哥们凭借自己的胆量与过硬的本领，一次次地扫清前来茶马大道上觅食的豺狼虎豹和挡道抢劫的土匪。马帮的故事听来让人羡慕敬佩，马帮的故事听来让人心惊肉跳，马帮的精神一直传扬。

（一）巧计避匪通过杀人箐

焕习马帮是振太较有名的一支运输队伍，骡马高大肥壮，驮力强，马锅头脑子灵活，善于应变，对赶马人要求严格而又关心爱护，出门做生意本着求财不求祸的宗旨小心谨慎地应对各种突发事件，哪怕遭遇土匪抢劫也不发生正面冲突，先礼后兵，所以每次出门做生意都较为顺利。有一次，姜家马帮驮茶上省城，出家第一天要经过的关卡是分水岭的杀人箐。杀人箐地处振太与勐大的交界处，东边是大尖山，山高林密，没有人烟，北边是大赖山，怪石林立，悬崖陡峭。分水岭又是从勐大大井上大尖山过大赖山脚下小山街，从振太过杀人箐到勐大两条茶马大道的交叉路口，是东西南北来往商人的必经之地。凭借有利的条件，流窜的土匪时常在大尖山、大赖山一带活动，只要探准有富有的商人过路，他们就下山抢劫，并且杀人。杀人箐林密箐深，即使白天经过也是隐天蔽日，令人毛骨悚然，听说土匪常在那里抢劫并杀死过路人，故名杀人箐。姜锅头在马帮出发头晚，邀约各家赶马人到他家杀鸡聚议，占卜凶吉。杀鸡前，只见姜锅头在神桌上摆上一升米，燃着三炷香拿在手中，并在神位前磕头许愿，然后把香插在米里开始杀鸡，鸡杀了后丢到院子里让未死的鸡自由挣扎，观其死后鸡头所指方位预测出门凶吉。待家人把许愿过的鸡料理干净煮熟后，姜锅头把煮好的鸡摆上桌，并找出鸡卦、鸡背笼骨、鸡翘分给年长点的赶马人，自己拿起鸡头一口放进嘴里嚼了起来，不一会儿，只见他把鸡脑壳、鸡嘴壳、百合等头骨分类吐了出来摆在桌上，并拿起一支筷子朝鸡脑壳戳去，第一次没穿过，第二次穿过了。姜锅头笑着对大伙说：“看来这次出门会有点麻烦，但无大碍，明天大家多小心，听我指挥。”

第二天，赶马哥们捆绑好茶驮，喂足马料，头骡头戴大红花，脖戴钢铃，二骡头戴小红花，脖戴钞子，只见赶马哥两人一组叫着骡马端着驮，被叫到名的骡马一匹匹罩上驮子，吹着鼻站到了一边。赶马哥们个个身背长枪，姜锅头身背一支二十响，头戴一顶黑色毡帽，骑一匹高大的枣红大马一声令下，出发了。马帮到了文道河口，姜锅头叫赶头把的赶马人扯了一些草把头骡、二骡的铃铛塞起来，不让它发出声音，并叫伺候他的一个老祷人（说话不清楚）戴上自己的毡帽，骑上枣红大马悄悄出发，马帮到了杀人箐，只听路边的树林有响动，大家警觉起来，姜锅头暗示大家子弹上膛但不要轻举妄动，这时，又见头顶上飞过几块石头，刚好一个小石头打在了马背上的老祷人头上，只听老祷人叫了起来：“啊啦，是……是……是哪个拷……拷的，拷……拷……拷着我……我的头了。”土匪的投石问路被姜锅头提早猜到，故使用了巧计。这下土匪探子认为无利可图，也就不去报告，姜锅头的马帮队伍顺利地通过了杀人箐。翻过分水岭来到英德村外，姜锅头叫人把塞在钢铃钞子里的草掏出，敲着铓，唱着小调过村了，有惊无险，姜锅头用巧计避开了土匪的抢劫。

（二）刀枪下的朋友

振太的马帮数李家最庞大，一般小马帮出门做生意都靠挂李家马帮，跟帮而行。李家马帮的势力强大，除了马帮有严密的组织纪律，有赶马哥们全副武装外，还有一个最重要的因素就是李家在所走的商道途中结交的朋友甚多，不论是上省城，过丽江，还是出缅甸到泰国，沿途驿站或是扎营地都有李家结交的朋友。“多一个朋友多一条路”，这是人际交往中颠扑不破的真理，特别是在用骡马运输的年代，商道途中土匪猖獗，人心险恶，结交朋友就显得尤为重要。因人的性格、欲望不同，所结交的朋友层次也有所不同，由于环境条件的不同，结交朋友的形式也就不同，振太李家马帮在阿佤山就留下了“刀枪下交朋友”的传奇故事。

那是1936年的事了，李家马帮出缅甸做生意，一天，到了边疆佤山，马帮扎营在佤山寨外一块平地上，赶马人忙着卸驮放马，马锅头叫来侍从把帐篷搭好，自个钻进帐篷里吹起了洋烟。正在马锅头养神时，帐篷外响起了头骡的钢铃声和二骡的钞子声，锅头感到有些烦躁，捏起草烟锅走出帐篷看个究竟，乍看，四下都不见人，铃声也听不见了，马锅头走到树林里解了个小便返回帐篷，回到帐篷时看到几个佤山小伙坐在他的床上翻弄着吹洋烟的烟枪，马锅头气不打一处来，拿起手里捏着的草烟锅杆就往佤山小伙子头上、手上打去，佤族小伙们被打跑了，马锅头也就没在意。到了晚上，佤山的汉子们端着洋枪、梭镖、长刀呐喊着把马帮扎营地围住了，马锅头命赶马人子弹上膛，端着机枪、洋枪抵了上去，双方大有一触即发之势，马锅头叫稍懂点佤族语言的一个赶马人去问，为何用刀枪威逼马帮，只听对面回答，白天，佤山头人的儿子被马锅头打了，来讨个说法。马锅头一听，连忙命赶马哥们放下枪，走上前去，叫头人出来说话，双方说明情况后，马锅头上前向头人谢罪，并说明愿跟头人交朋友，佤山头人也把自家儿子和几个佤族小伙叫到马锅头面前跪下，命他们给马锅头赔礼道歉，并教育山民们不得乱翻马帮的东西，如有不听从的族规惩处。马锅头命赶马人拿出些茶叶、土产送给佤山头人，头人命家丁回家杀鸡招待马锅头，双方酒肉下肚，聊到鸡叫，成了朋友。

此后，振太李家马帮到佤山歇脚，佤山民众都是热情招呼，哪怕是其他家马帮经过佤山，只要说是振太的，都会安全通过。李家的马帮每次到国外做生意，都会带一些土产送给佤山头人，佤山头人也会反赠一些土产、兽皮，时间一长，振太李家马帮的名声也就在通往缅甸、泰国等地的商道上越来越响，成为四面八方众多马帮中的佼佼者。

（三）岩羊山遭遇

1938 年，以王家为首的振太马帮，备足了茶叶、盐巴、杂货，准备去缅甸进行交易。这次出门的骡马共有 90 余匹，赶马伙计 30 多人，刘老二和尚三丰都是赶马多年的老手了，各抬一挺轻机枪，其他伙计各背一支长枪，王锅头身挎一支二十响，瞧定日子全副武装护卫着骡马出发了。

出门前几天吃、喝、扎营一切顺利，马帮过山过箐，筛子大的铓锣敲得震天响，一是催促骡马快速行走，二是追撵野兽，以示马帮声威。走村穿坝时，赶马哥的山歌、曲子响亮地唱着，马帮每过一个村寨都有大人小孩出来观看，不论听得懂、听不懂，只要赶马哥唱起曲子，对方的村姑少妇们也不示弱，拿出她们的绝招唱起来，所对内容大多都听不懂，但双方知道是在对歌挑逗，几曲过后马帮走远了，对歌也停了，赶马哥们感觉全身都轻松了许多，就连骡马也把鼻子吹得老响，迈开坚实的脚步向目的地进发。

一天，马帮到了耿马岩羊山脚，王锅头号召伙计们在原来歇脚的地方扎营，赶马哥们很有秩序地将一驮驮货物从马背上卸下来摆放好，王锅头叫王凤山赶马去喝水，叫王昌华去放哨，其他伙计检查枪支货物，准备搭建帐篷，生火开烧。正在这时，传来一阵枪响，只听王昌华大叫一声：“有土匪！”随即便倒下了。王锅头号召大家赶紧拿枪，借着马驮掩护狠狠还击，霎时，只听到满山的土匪吼叫着朝马驮这边冲过来，眼明手快的尚三丰、刘老二端起机枪朝着土匪冲来的方向一阵扫射，只见几个土匪倒下，其他的土匪不敢往前冲，远远地朝马驮这边打枪，子弹打在马驮上发出“嗒嗒嗒”的响声，有的马驮货物也被打散了。这时，王锅头叫尚三丰、刘老二的机枪掩护，叫其他伙计快速抢占土匪左侧的小山头，对着土匪猛打，土匪头子看到他的左侧射来子弹，命令土匪们调过枪口朝山包打去。不幸的是，一颗子弹飞来打在了马帮郭三的肚子上。王锅头叫尚三丰、刘老二跑到土匪后边一阵扫射，只见 10 多个土匪号叫着倒在了机枪下，土匪头一看势头不对，命令手下撤退，王锅头号召伙计们追击，有的土匪连枪都丢下了，短短10几分钟的遭遇战结束了。王锅头叫尚三丰放哨，其他伙计把王昌华、郭三背回来，可惜，王昌华再也叫不醒了。郭三还算命大，子弹从软肋穿过竟没有打伤肠子，老草医梁朝柱赶快给他上了止血药，撕下一块衬衣布给他包好，梁朝柱的草药配有麻醉散，药包上后郭三还不觉得疼。王锅头叫伙计们敲响铓锣，朝天放了一阵枪，警示土匪不要再来惹事。

晚上，大家围在火塘边为王昌华的死伤心，忽然听王六说："树林里有人叫！"大家仔细一听，真的有人喊救命，王锅头分了12个人点上火把抬起枪去看，其他的在马驮边警戒，伙计们顺着哭喊的方向找去，在一个山沟里发现了一个受伤的土匪，尚三丰端起枪喊道："把他一枪打死算了。"王锅头说："救他一命。"并叫伙计们把他抬到火塘边，叫梁朝柱为他检查伤势，那土匪挨了两枪，一枪打在左大腿上，一枪打在肩胛骨上，还好，都没有致命，肩胛骨上的枪伤子弹不在了，左大腿上的子弹还在，梁朝柱为他擦上麻药，拿出一把尖刀在火上烧，待冷后往那土匪的左大腿小心地拨弄起来，只听那土匪"哎哟、哎哟"地叫，梁朝柱左手捏着他的大腿，右手拿着刀，挑着挑着，子弹头挑了出来，梁朝柱帮他上了些药，帮他包扎好，王锅头叫人给他端了点吃的去。王锅头问那土匪："你们是哪里人，敢在这里抢劫？"那匪徒说："老大姓马，上星期在前面尖山抢了临沧来的马帮，双方没有开战就得手了。昨天，马老大派人到对面岩龙箐探查，发现你们朝这边走来，今天在这里埋伏一天了，马老大没有料到打不过你们。"王锅头问："你们有多少人？多少枪？"匪徒说："100多人，有一挺轻机枪，50多支长枪，其他的人只有杆子、大刀。"王锅头又问："为什么不去干活要做贼？"匪徒说："干活也时常被人抢，所以就跟马老大上山了。"大家一听，都觉得地方混乱，可恨又无奈何。天亮了，伙计们找了个向阳的山坡挖了个坑，把王昌华埋了，王锅头叫伙计们到树林里查看了一遍，袭击他们的土匪被打死了18个，昨晚带伤跑了的也许还有几个。王锅头号召伙计们照好鞍，敲响铓锣，鸣了一阵枪，叫人把郭三扶上自己骑的马出发了，同时，叫尚三丰用刀砍了一根拐棍给那个受伤的土匪，又给了他两个半开，叫他自己回去，别再当土匪了，那土匪谢过王锅头，目送马帮远去后走出了伤心之地。

马帮翻过岩羊山，过了一条河，河上边是一个小村子，王锅头号召伙计们在村子外河边卸驮扎营，自己领起尚三丰到村子找了户妥实的人家说明情况，给了他家一些银两，把郭三寄养在他们家，村子里的人听说马帮遭劫，有人受伤，都为马锅头伤心。又听说打死了10多个土匪，全村的人都高兴极了。村民们说这群土匪常来村里抢东西，害得他们很苦，这下王锅头为他们出了气了，并说这群土匪被王锅头打怕了，可能一时半会不会回来了。王锅头谢过收养郭三的老妇，第二天又起程出发，等王锅头他们从缅甸回来，郭三已算是好了，跟着伙计们踏上了回家的路。

后来听说岩羊山一带贼不多了，从临沧耿马到缅甸一线的村民们议论纷纷，有的说："振太王锅头的马帮，铓锣敲响起来声音在10里以外就能听到。"有的说："王锅头家的机枪手太狠了，端着机枪边跑边射，像飞一样。"也有的说："王锅头是部队回来的指挥官，不想当兵才回家做生意的，身手不凡，指挥得力。"总之，传说很多，岩羊山遭遇战成了各地马帮的警示牌，成了人们在茶马大道上拼搏的永恒记忆。

（四）下庄街被困

振太罗家的马帮是一支了不起的运输队伍，马帮是由周家、曾家、汤家等组成的，挂帅的是罗家，结帮而行，每家都把自家的骡马打扮得漂漂亮亮的，各家的头骡都头戴红花，红花两边的飘带顺着骡马的耳边飘下，就像马戏团即将上场表演的马队。马帮的头把骡马是罗家的，头骡高大肥壮，头上戴的大红花中间还镶有一面镜子，在太阳照射下发出亮光刺人眼睛，听说可以驱邪，脖挎钢铃，走起路来就发出清脆响亮的声音。二骡戴钞子，发出“沙啦沙啦”的声音，很好听，在整个马队中，头骡是向导，头骡咋走二骡咋跟，只要走过一次，头骡就记得很清楚，而且后面跟随的骡马的步伐都很有规律，头骡的脚步踏在哪里，后面的骡马也就踏在哪里，天长日久，哪怕是石头路也被踏出了深深的马蹄窝。出门了，头骡的铃声与最后一个赶马哥敲响的锣声相互照应，像一支长曲交响。

1947 年，罗家马帮上省城做生意，经过半个多月的行走，马帮快进祥云坝子了，一路上庞大的马帮队伍虽显赫壮观，但人疲马乏的样子是遮掩不住的，骡子想歇脚，赶马哥们也想休息补养一下身体。到了下庄，锣锅头像往常一样，吩咐伙计们在下庄街外边宽敞的草地上扎营，下庄街虽有马店，但骡马多人杂还是有些不便，再则歇马店是要花钱的。夜幕降临，营地四周烧起了篝火，赶马哥们围坐在一起喝酒吹牛，不到晚上十点，除了放哨的大家都钻到马驮下睡着了，半夜时分，一阵激烈的枪声把大家吵醒，锣锅头提醒伙计们注意，赶快提枪，分路口把守，见机行事，准备战斗，大家睁大眼睛屏住呼吸，注视着四周的动静，半个钟头过去了，仍然没有什么动静，锣锅头叫周树发到下庄路口看看，就在大家紧张地等待着时，只听到急促的跑步声离火塘越来越近，随着两声枪响，有三个国民党兵吼叫着过来，一个像个小官的在那里大声说：“听好了，我们飞机场的一个军官失踪了，凡属于昨天进祥云的人一个也不许离开，待查清楚后我们通知你们了才可以走。”周树发问：“大军，要待几天？我们吃什么？”那当官的说：“待几天谁也说不准，你想吃什么就吃什么，不想吃就等死，我们不来通知你们，谁走了拉回来枪毙。”说完，那三个当兵的走了，伙计们议论纷纷，有的说：“走了他也不知道。”有的说：“不能冒险。”锣锅头叫大家沉住气，各自看好自家的骡马，看好货物，不要乱跑，出门人求财不求祸。大家又回到驮子下面睡觉了。天亮了，除了看火塘、看骡马的，其他的人都去赶下庄街去了，下庄街到处议论飞机场军人失踪的事，整个祥云坝子都封锁了，人进出要检查，马帮不得进出，下关上来的就被困在祥云外边了。第二天有几个小马锅头说：“走不了就把货在祥云找买家出手算了，购上些回头货回去。”有的赞成，有的不赞成，锣锅头说：“买卖各家看着办，不强求，但是，大家都在这里找买主，货到地头死，能赚钱吗？”第三天了，大家心里都闷得慌，又进下庄街探听消息，顺便打听一下几个生意上的坐地老板，天哪！那些老板太狠了，推说：“现在局势紧张无法进货，你们要的货无法弄得那么多，价格上涨了，你们出手的货我们收来也只能压着，卖不出去，只能付你们一半的钱，行了就留下，不行就算了。”大家知道这是坐地商趁火打劫，锣锅头说：“再等等，大家都在刀尖上舔血，货不要出手，等风声过了再说。”也只能这样了，到了第五天开早稍的时候，一个当兵的跑来说：“你们可以走了。”周树发问：“大军，究竟是咋回事？”那当兵的说：“叫你走就走，不该知道的就不要去打听。”锣锅头吩咐大家，赶快开稍，喂足马料，准备出发。伙计们又忙了起来，不多时一切准备妥当，赶马哥们叫着骡马的名字，一驮驮货物端上马背，马队像一条长龙在铓锣声的催动下又向昆明出发。

马帮到昆明卸货交易后，各家又买了些回头货，再到祥云歇脚时听人家说飞机场杀人一事，是因为两个当官的男人同时爱着一个女人，出事前的几天，那女的从昆明下来跟他俩商量，确定一个准备结婚，结果两个男人互不相让，女的又难以选择。罗家马帮进入下庄街的那天晚上，其中一个男的约另一个出去表示愿意放弃，走出飞机场后，那个男的就把被约去的那个男的杀了，他自己也跑了，吹熄灯号后，那女的不见两个男人回来，便去报告，飞机场的团长知道后命令全城戒严，并向上级做了汇报，一连几天都没抓到人，也没有发现其他异常情况，直到昆明派人下来调查，警犬在飞机场外边的一个枯井里发现了被杀死的那个军官，通过多方协助，逃跑的那个军官跑到了剑川被抓了回来。

（五）亚达山失马

亚达山是中国与缅甸接壤处的一座大山，中华人民共和国成立前，从勐海打洛出缅甸景栋也是一条茶马大道，抄近道就得翻越亚达山，好多南来北往的商客们不畏艰险，翻山越岭从中国到缅泰等地寻找商机，赚钱致富。马帮要走出亚达山需要两天半时间，途经茂密的原始森林，骡马行走在森林中，踏出的马蹄窝都会汪水，遍地湿渍渍的，山的那面是一些奇形怪状的岩石，看去风光无限。过去的亚达山是猴子、山雀和一些不知名的动物的乐园，时常还会有虎、豹出没，令人胆寒。一次，吴家马帮准备抄近道出缅甸，走的就是亚达山。

振太吴家马帮多数情况是三家结帮而行，拥有骡马 60 余匹、赶马人 20 多名，其中苏发贵帮吴家赶马，自己有 2 匹带为骡子也随同帮人驮脚或是自己买卖做点小生意。这次吴家马帮出门，虽说不上是首尾难见的长龙马队，也是浩浩荡荡的大队马帮，一路风餐露宿，艰苦跋涉，马帮到了勐海打洛歇脚。马帮在一山洼草地上卸驮扎营，刚卸完驮就有人到扎营地吹牛，那人说："亚达山来了一只猛虎，前不久还咬死过人，被咬死的人只见一堆破布不见尸骨，所以这里长时间没有马帮过路，上个月有一队墨江的马帮去了，没有从这里回转，不知情况如何。"听那人一说，吴锅头有些犯难，走还是不走呢？谁也拿不定主意，谁也不敢打包票不出事，这时，苏发贵开口了，他说："上个月都有人走，我们怕什么？"听苏发贵这么一说，好几个赶马人也同意走，吴锅头说："既然来了就走吧，一路多加小心，铓锣敲响点，各家骡子赶紧点，不要拉得太远，提高警惕。"第二天，在清脆的铓锣声催促下，马帮开始翻越亚达山，马帮走了一天，虽是在隐天蔽日的原始森林中，但一切顺利，没有发现异常。第二天就要走出亚达山了，赶马哥们一路紧张的心情也显得轻松了下来，马帮翻过亚达山，一眼看去，到处怪石林立，草木不生，偶尔山顶上长有不老松，石山脚下是一块长长的草地，绵延好几千米，太阳快下山了，吴锅头吩咐伙计们在一块开阔的草地上扎营。草地上方是不长草木的石山，山崖下是一条清澈见底的小溪，方便取水开烧，四面开阔易防野兽袭击，趁天未黑大家到四周拣上些枯草，晚上，四周烧起大火，专门派人轮流放哨，夜深了，大家都睡了，吴锅头是睡在帐篷里，其他伙计们都睡在马驮下面，地上垫一块垫毡，上面盖毡或是棕搭，劳累了一天大家都睡得很香。半夜过后，火塘火越来越小，放哨人也许是打瞌睡，也许是顾到了前顾不到后，忽听骡子鼻子吹得老响，并有一匹骡子嘶叫起来，苏发贵突然被掀翻的马驮压醒，大叫起来，放哨的张金宝朝天放了一枪，可惜一切都晚了，等伙计们围拢看时，苏发贵的骡子小海刘不见了，以地上的情形判断，骡子肯定是被老虎叼去了，而且是从苏发贵睡处跳进来的，苏发贵的小海刘刚好扎桩在他睡的驮子旁边，可能是老虎看准后一个鱼跃跳过马驮把骡子咬翻了，同时老虎跳过马驮时，双脚蹬在驮子上把驮子掀翻压在了苏发贵的身上。吴锅头看到此情形，吩咐伙计们提枪追赶老虎，并叫看家的把火塘火烧亮。当时好多赶马人都有手电筒了，而且多数还是铜壳的，吴锅头领着提枪的伙计打亮手电筒顺着血迹追了出去，到了一块岩石上面，只见有一片血迹，可能是老虎在那里放下骡子撕吃了一阵子，看到手电光又拖起骡子跑了，伙计们爬上一块大石头，站在那里四下照射，忽然，苏发贵看见不远处有亮光，吴锅头叫大家把手电关了，悄悄地看一下，对面的石头上果真能看到蓝光，吴锅头说可能是老虎眼睛，气急了的苏发贵把手电捏在枪杆上，手电开关一开，光朝对面的老虎射去，那老虎狂吼了一声跳起来，伙计们对准连放几枪，老虎逃走了，大家小心地往前查看，苏发贵的小海刘除了被撕碎的马皮已经没有几块肉了，大家往前查看了一段路，发现有血迹，可能是老虎中枪了，大伙捡起被老虎吃剩的余肉往回走。天亮了，吴锅头吩咐不赶早路了，大家喂好马，并领起几个抬枪的又出发去找老虎，顺着昨晚看到的血迹往前找，只见老虎已翻过石山，蹿进原始森林不见了，说明没有打中老虎要害，伙计们又回到了扎营地。开稍时，吴锅头安慰了苏发贵几句后说："这次路上来回的开销，吴发贵的就不算了，小海刘驮的货分开点加在其他驮子上，相互体谅点，也让苏发贵把生意做好。"在大伙的帮助下，苏发贵到景栋卖了货，又跟吴锅头借了些钱，在景栋重新买了一匹骡子帮吴锅头驮脚，赚点驮脚钱，也算没有白走一转。

马帮在景栋辗转几天后，没有再走亚达山，从孟连回家，苏发贵很想去亚达山看看咬死他小海刘的老虎是否还活着，还想去看看小海刘被老虎抛下的那块大石头，还想去看看那块曾被老虎蹬翻马驮把自己压在下面的草地，真想再次去领略一下让自己丢魂失马的亚达山。

（六）赶马哥的回家路

中华人民共和国成立前夕，振太时局混乱起来，赶马出门做生意的危险也随之加大，好多马帮出去就没有再回来。马锅头们把自家的骡马卖了在异国他乡安了家，被请去赶马的赶马人一无骡马二无本钱，留去两难，有的留在了异国做苦力，有的壮着胆，冒着艰险还是回了家。

张汉是帮罗家赶马出去的，到了缅甸老板卖了骡马，分给赶马人一些银两，自己留在异国，马帮散伙，赶马人各自选择门路。张汉把自己所得银两装在跟随他多年的牛皮包里，抱着一夜未眠。要留下么家里的妻儿老小；要回家么路途遥远，一路豺狼虎豹凶险，土匪挡路，左右为难。第二天，张汉到景栋街郊外转了一圈，回来时捡了4个干瘪竹筒，又在景栋街垃圾堆里捡了一件又脏又烂的上衣和一条极不合身的裤子。张汉把银子装到四个干瘪竹筒里并用破布塞好竹筒口，换上拣来的破烂衣服，捆上一块烂毡子，晚上趁着月黑大家不注意时，丢掉了原有衣服和牛皮包，背起4个干瘪竹筒和一块烂毡子，戴上烂草帽，手持一根打狗棍踏上了回家的路。

叫花子装扮的张汉尽拣小路走，遇到人家就讨饭，遇不到人家就找些野果充饥，白天走路，晚上露宿在人家大门外的马圈或是墙根，有时在大山上依靠着大树坐下养一养神再走。路过集市拉低帽檐壮着胆挤到人群中去，听听旁人对时局的议论，由于长时间不换衣服、不剃头不刮胡子，即使遇到熟人也认不出来。有一天，张汉顺一条河行走，觉得饥肠咕噜相当疲倦，想到河边村子去讨口饭吃，到了村旁，只见一群孩童在那里追逐打闹，张汉上前去向一个小孩询问讨口饭吃，不料被这个孩童叫狗来追赶，一只狗出声即刻蹿出十多只狗来，这下可把张汉急坏了，手里的打狗棍也不管用了，只能边打边退，那群孩童还在高兴地喊着："咬，咬，咬。"一不小心，张汉从一个坎子上摔了下去，干瘪竹筒摔到了一边，烂毡子摔到另一边，太悬了，爬起来一看干瘪竹筒还没有摔烂，银子还没有被摔出来，可是脚被一块石头划出了血，站在老坎头上的那群小孩还在那里叫着："砸得好，砸得好。"十多只狗也站在小孩旁在狂叫，正在这时，一个背着背箩的妇女从这里经过，看见此情景喝住了这群调皮的孩童，撵走了狗，并把张汉拉起来，从背箩里拿出两个红薯送给了张汉，张汉捧着红薯磕头谢过妇女离开了河边村。

还好，一连走了几天，还没饿肚子。有一天，要翻一座大山，莽莽的原始森林古藤攀缠，青苔裹面，走在林间甚感寒气袭人，汗毛竖立。张汉壮着胆一个劲儿地往山上走，太阳偏西了才走到山顶，这时张汉感到又冷又饿，巴不得能寻到一些野果充饥，不论怎样也要坐下休息一下再走。张汉坐在一块石头上不停地东张西望，寻找野果，猛一看，前面不远处一块石头上好像堆着一些香蕉，张汉急忙跑过去翻看，原来只是一些被人吃剩的香蕉皮，顾不了那么多了，张汉捡了些较干净的香蕉皮吃了起来，香蕉皮吃进肚子里打住了饥渴，又开始下山，天渐渐黑下来了，只见山对面的村子里发出一点点亮光，但是张汉还没有走出山林，走着走着对面村子里的亮光也没有了，张汉想要走到村子去住马圈是不可能了，只能借着一点点星光看看路边是否有合适的地方歇一晚上，第二天再走。张汉加快了脚步，好像看到前面有手电光，张汉感到很高兴，想上前去搭个伴儿，离时隐时现的亮光还有十来米远时，他咳了一声，只听对面号叫起来，天哪！这不是人，可能是一只豹子，这下把张汉吓坏了，一个跟头摔了下去，干瘪竹筒、烂毡子摔到了豹子跟前，那豹子也被吓得蹿进了树林，张汉爬起来摸到干瘪竹筒、烂毡子，摇摇干瘪竹筒里的银子还在，背起又急忙上路。快到山脚时，张汉才知道要到对面村子需过一条河，晚上难辨渡口方位不能强行过河，看看四周，右边半山上有一间种地守护粮食的窝铺，张汉摸进窝铺打开毡条蜷缩着身子躺下了。

第二天，当张汉睁开眼时太阳已老高了，他感到周身寒冷，浑身无力，他强忍着想过河走到对面村子里找口水喝，讨口热饭，可是一直怕冷无法上路。张汉从小跟父亲采药，背药箱走村串寨帮人治病，他知道自己发摆子了，一连几天连饭也不想讨吃，睡在村子外一块场地的大树下想着要找点什么药吃。一天晚上，一个酒鬼不知去哪里喝酒回家，手里抱着半竹筒酒，嘴里不停地哼着什么，一跌一撞地走到张汉旁边，一不小心被大树根绊倒，压在了张汉身上，酒筒甩到另一边，张汉“啊啦”大叫了一声，把那酒鬼吓得连滚带爬地离开了。闻到酒气，张汉忽然想起了他爹介绍给发摆子人吃的一副草药，就是要用酒兑药吃，他撑起身子爬起来，赶快去找那个酒鬼跌倒甩掉的酒筒，好极了，酒筒被甩到对面一堆石头旁，幸好竹筒口朝上，张汉急忙拿起竹筒一摇，天哪，真是天无绝人之路，酒还有半小筒，张汉高兴极了，拿起竹筒就喝了一口。治摆子药张汉知道，但是没有药引子，有了药还要用开水兑拢酒泡出味才吃，张汉想不管那些了，第二天早上早早地起来找到了药，放进嘴里喝上一口酒嚼了起来，嘿，还真灵，吃早饭时间了，张汉感到全身轻松了许多，想吃饭了，一连三天，张汉在那村子边吃药，边讨饭吃，摆子不发了，才又开始走上回家的路。

话分两头，张汉老婆潘金凤在家老是心躁不安，几天来眼皮一直在跳，担心张汉是不是出事了。草皮街天，潘金凤早早地来到草皮街打听消息，听其他家回来的赶马人说张汉早就回家了，这可把潘金凤急坏了，嘴里自言自语地骂道：“你这个挨千刀的，是不是不管我们老小了。”潘金凤接连打听了几个赶马回来的人，有的说不知道，有的说可能去泰国了，也有的说回家了，在没有张汉的确切消息前，潘金凤每天都在神位前为其祷告，求神保佑。又是一个草皮街天，潘金凤如同往常一样，早早地来到草皮街，进一步探听丈夫的消息，潘金凤从街尾走到街头，又从街头走到街尾，四下张望着赶马回来的人。赶街的人越来越多，草皮街的人流也挤起来，潘金凤站到街尾的一堵石墙边，依着石墙垂下头想休息一下，正在这时，一个叫花子走到她跟前叫道：“大妹子，给点吃的。”潘金凤哪有心思，斥道：“让开，到那边要去。”叫花子没有走开，继续哀求道：“大妹子，给点。”潘金凤烦躁地骂道：“你咋这样难缠，烦死人。”说着让开了叫花子，叫花子跟了上去，走到一处墙拐角处，叫花子拉着潘金凤的衣裳尾巴说道：“我是张汉。”潘金凤停下脚步，回头看着这个站在自己跟前的叫花子，吓呆了，自己的丈夫怎么会是这副模样呢？可细看真的是自己的丈夫。潘金凤一下子眼泪唰地流了下来，不停地捶着张汉的胸膛，哭诉着、骂着：“你这个挨千刀的，咋成这样，我以为你死了，不要我们老小了……”张汉拉着妻子的手安慰道：“不哭了，这不是好好的吗？回家。”

回家的路上，夫妇两人遇到了不少熟人，人们都用惊异的眼光看着张汉，多数人关切地问潘金凤："张嫂，他是哪个？"潘金凤唉声叹气地说："我家那个挨千刀的。"张汉也应和着点点头，打个招呼。到了河边，张汉放下挎在肩上的干瘪竹筒、烂毡子，蹲在河边洗了个脸，舒服极了，潘金凤看到张汉讨饭的干瘪竹筒说道："把它丢了，不要拿回去了。"张汉急忙站起来把干瘪竹筒提起挎在肩上，把烂毡子、烂草帽丢下河，潘金凤说："烂干瘪竹筒也不要了，背回去干什么？"张汉说："我从缅甸就背着来了，留个纪念。"到了家，张汉把大门关上，叫媳妇拿来大刀，把干瘪竹筒剖开，只见白花花的银子洒了一地，这下可把潘金凤高兴坏了，两口子数着银子盘算着往后的日子。

张汉洗好澡换好衣服，潘金凤做的饭也熟了，饭桌上潘金凤告诉张汉："如今中华人民共和国成立了，家里分得了田地，哪儿也不去了，在家种田好好过日子。"张汉除了种田地，平时接过老爹的活，走村串寨帮病人治病，晚上回家还经常拨弄一下月琴，自娱自乐抒发一下心情，日子过得很幸福。

远去的马帮

我对马帮是熟悉的。20世纪70年代初，小黑江林区有上百匹骡马，专门为驮运一线生产生活物资服务。每当山间铃响马帮来，一群顽皮的孩子便欢呼雀跃地迎接马帮，尾随马帮捡吃遗落的食品碎末，即使被骡马踢伤过，但马帮一来，依旧会尾随马帮捡吃的。

在没有可玩耍地方和零食玩具的林区，我哥俩专去找一匹退役的温顺枣红老马骑玩，虽然无马鞍和缰绳可固定操控，叽里咕噜喊着拍打马屁股，感觉像法国电影主角佐罗，很威武，意外的是有一次从又滑又簸的马背跌落摔致骨裂，父母见状火冒三丈，一顿训斥掌掴后又心疼地领去看草医包伤。不久后，好了伤疤忘了疼，见了那匹马又去骑着玩，马儿带给我的快乐和伤痛一直烙在心里。

追溯宁洱历史，宁洱县是“茶之源，道之始”，普洱茶原产地和集散交易中心，有五条茶马古道通向四面八方，并与“南方丝绸之路”“北方丝绸之路”“海上丝绸之路”相连接，普洱茶、盐、农特产品等完全靠马帮运输贸易持续上千年。中华人民共和国成立后，宁洱许多村寨不通公路，运输物资主要靠马帮，在社会主义革命和建设时期，马帮对促进边疆地区社会建设、经济发展、物资流通发挥了重要作用。随着改革开放，乡镇交通发展较快，马帮到20世纪90年代逐渐退出历史舞台。

普洱地处澜沧江流域，山高绵延，川壑纵横切割，地形和气候复杂，森林及物种丰富，少数民族众多，民俗风情奇特多姿，茶文化底蕴深厚。恰好大西南地区自古出产善于行走山路、耐负重的山地骡马，古普洱府又大量种植和出产大叶种普洱茶，茶叶贸易成了当地各族群众的主要经济来源，茶需要运输到各地进行交易，这样，马帮运输就自然应运而生。

可以说，没有普洱茶就没有马帮，没有马帮就没有茶马古道的繁荣，所以马帮文化是普洱茶文化和茶马古道文化中的核心。马帮，在边疆以其独特的运作方式和不断丰富的内涵，形成了云南普洱地方独有的马帮文化。在马帮的赶马人和马锅头身上，形成了许多显著的精神特质。最为突出的就是敢为人先、坚韧不拔、包容团结、开放守信、爱国正义的精神。马帮的存在和运作，在宁洱县至少有上千年的历史，他们构成了一个极为特殊的社会群体。

普洱马帮的编制有群、伙、帮，一般以9匹骡马为一群，以3群为一伙，全部骡马加在一起就是一队大马帮，称为帮。群由群头负责。马帮是一个商业运作的群体，他们由各种各样的人组成。马锅头与赶马人组成马帮，多以家族、民族、宗教、乡邻、伙伴等关系为纽带，马帮与各家商号之间，存在着互利互惠、团结合作的关系。

在普洱有一首广为流传的歌谣《赶马调》，歌谣唱道：“头骡打扮玻璃镜。千珠穿满马笼头，一朵红缨遮吃口，脑门心上扎绣球……”写出马帮对头骡马的重视。马帮的头骡马装扮极为华丽出众，额头戴有红黄色火焰图案金绒图标，标正中是一面大圆镜，有六面小圆镜环绕，套着镶嵌珠宝的银笼头，系9个铜铃，头上顶着6尺红布扎成的绣球，耳后佩有牦牛尾红缨一对，马鞍上各插有一面马帮帮旗或商号号旗或族旗。三角形的锦旗一般是马帮帮旗，旗上绣有帮主姓氏；金边方形的则是商号号旗或族旗，旗中央缀有锦鸡羽毛，寓意道路通达、前途锦绣。二骡马、三骡马的装饰当然没有头骡马华贵花哨，但亦有别于一般的驮马。原则上，在一队马帮中，二骡马驮的是马帮所需的急救药物，三骡马是马锅头或病号的专用乘骑。

在路上，每个赶马人都必须具备较好的本领和能耐，马锅头率领马帮出行，几乎是把头别在裤腰带上以生命去冒险。这冒险有三层含义，一是生意上的冒险；二是要面对凶险的大自然；三是要面对土匪强盗的威胁。为了生存和贸易安全，马锅头及队员必须寻找最直且便当的道路，要学会鉴别货品的真伪，还必须有商人的精明，要长期用心学习、总结，积累前人的经验教训，否则就可能血本无回。为了生意盈利，他们必须关注国际国内形势，掌握各地区各种商情动态，随时准备应付各种变化。还要熟悉各地四时节令、天气变化，要能辨别方位道路情况，了解沿途城乡社情民俗。跟各少数民族做生意，还要通晓各民族语言。要懂得骡马的性情，要会各种马帮所需的技能，诸如算账识货、开枪打仗、支帐做饭、砍柴生火、识别野菜野果和常用草药、上驮下驮、钉掌修掌、找草喂料，懂得常见医人医畜术、行规忌讳等。俗话说，在家靠亲人，出门靠朋友。赶马人都是出门人，遇到困难都会相互彼此帮助。凡遇到别的马帮的人或骡马病了，都要全力给予帮助。碰到路断了，就一起合力去抢修。缺了粮食、草料，也要相互接济。不许争抢道路、争抢草场、争抢顾客货物，因为这样做的后果只会两败俱伤，对谁都没好处，所以是常在路上的马帮最为忌讳的行为。

常年在外面闯荡的赶马人，结成一起行动的马帮集体，同吃一锣锅饭，同睡一顶帐篷，一年四季一天到晚形影不离，马帮的利益就是大家的利益，就是每个人的利益。赶马人什么世面什么人没见过？马帮的眼界心胸都较为豁达，他们通情明理、体谅他人。因为路上什么情况都会碰到，别人碰到的难处很可能自己第二天也会碰上，帮了别人也就等于帮了自己。他们自己本身就吃过许多苦，也就特别能理解别人的难处。怨天尤人，或是只顾自己，只会使路越走越窄，最后毫无出路。所以赶马人就形成了难能可贵的和气生财、宽容忍让、亲善包容与团结合作的理念。

每次运输货物，他们的责任都十分明确，而且落实到每个人的头上。马锅头要负责全局，要完好无损地将货物交给商户，到了目的地，要一样一样由商号清点验收，管得很严；赶马人负责照看归他管理的骡马，每头骡子、每样货物，都要负责到底。要是出了什么纰漏、做了什么手脚，下次

瑞贡京城·马帮向孔雀屏进发（白马辛荣 摄）

就没有生意了。只有清白做人，扎实做事，才有人请你。所以马帮特别看重讲信用的马锅头，如果真要有什么意外，哪怕自己吃亏贴进去，也要保证客户的利益不受损害。

马帮向来有着一种特殊的责任感，因为前面都是充满险恶的未知数，马帮群体需对所有出行人负责，对珍贵的骡马和昂贵的货物负责，要对远方家乡的亲人负责。

能干马帮的都是一些勇敢的人，他们意志坚定、能力高超。需要有非凡的胆识、坚忍的毅力、勇敢的气魄和卓越的智慧等。特殊的生存境况，决定并造就了马帮的冒险精神。他们要经过酷热的瘴疠之地，也要过寒冷彻骨的高山雪域，常常要在陌生的环境里与陌生的人交往，没有极强的生存本事就有性命危险。马帮人信息观念强，广闻博听，善于审时度势，随机应变。这种种优秀品德，值得发扬传承。

抗日战争爆发的时候，许多赶马人积极投鞭从军，成为保家卫国的好战士，他们平时不仅有严格的规矩和纪律，而且多数会打枪战斗、熟悉地形道路。当时他们就唱出了这样的赶马调："马铃儿响叮当，马锅头气昂昂。今年生意没啥子做，背起枪来打国仗。"他们中的一些人奔波在茶马古道上，为抗战大后方的物资运输做出了积极贡献。在解放区政府开展民族团结稳定工作时期，为解放事业与国家的统一、维稳做出了突出贡献。在社会主义革命和建设时期，为保障边疆地区生产生活物资供给、促进地方经济社会发展，奉献了力量

千百年来，滇西南由于山高路险、江河阻碍，交通极其不便，人们习惯于蜗居一地，守着古老的生产生活方式，信息闭塞，思想因循守旧，缺乏交流，常常故步自封，处于比较保守和封闭的状态。然而，走四方的马帮打破了这种状态，马帮不仅把一些新奇的商品带到各地，也把一些新的观念和思想传播开去，马帮在当时四处游走，见多识广，眼界开阔，思想活跃，不囿于旧风俗，他们能够想别人所不敢想，做别人所不敢做，马帮在打破旧风俗习惯，改革旧礼教，促进新事物、新道德、新观念的传播方面做出了特殊的贡献。

如今，马帮、赶马人、古道已经沉寂在历史的烟尘里，只有在极偏远山寨还有马帮活动，山林间还偶尔能听到赶马调："桃树开花红艳艳，有姑娘莫嫁赶马哥。日子好像流浪汉，一年守寡半年孀。""砍柴莫砍葡萄藤，养囡莫嫁赶马人，三十晚上讨婆娘，初一初二就出门。"铃声清脆，歌声凄凉悲壮，马帮渐行渐远，令人唏嘘。

"山间铃响马帮来"这部千年悠久繁忙的交通驿运史，与它的悲壮艰辛和浪漫诗意同时载入了人类文明的光辉史册。现在沿茶马古道方向修筑的各等级公路四通八达，又宽又直，货车从昆明到宁洱已是朝发夕至，公路上一派车水马龙的繁忙景象，然而，马帮敢为人先、包容开放、团结拼搏、守信爱国的精神却一直在代代传承。

爷爷的马背人生

爷爷第一次出国的时候，既不是老板也不是马锅头，而是给马锅头打下手的小工。那年，爷爷刚满 18 岁，人们都叫他小邓，他赶着马帮走坝子，多少次死里逃生，才用经营马帮赚到的钱，盖起了一幢走马转角楼，这是值得他一生炫耀的资本。爷爷最终在一次走坝子的时候染疾而逝，我不知道他那年几岁，但知道他去世的时候我的阿祖还在。爷爷生有四子一女，数十位儿孙延续了他的血脉。那幢走马转角楼保留到 20 世纪 80 年代，在我的脑海里留下了深刻的印象。它历经岁月沧桑仍在村子里鹤立鸡群，只是它已不姓邓，而是成为整个寨子共有的“社房”。

邓氏从内地迁徙而来，传说祖籍在江西，经后路迁入墨江，在一个很偏僻的山旮旯里。爷爷出生的时候，家境十分贫寒，添丁加口使本来就拮据的生活更加紧张。老祖愁眉不展，却又有几分高兴，话说穷不过三代，只要儿子成器，说不定邓家命运就能改变，甚至能够光宗耀祖。爷爷 10 多岁就明白了无商不富的道理。可是，经商也不是一件容易的事，因为他一无本钱二无经验。如何突破困境？爷爷决定给人打工，这样既可以获得本钱又能积累经验。

18 岁那年，爷爷加入赶马走坝子的行列中，成了马锅头手下的一名小工，从此开启了充满传奇的马背生涯。马帮驮着布匹、丝线、清凉油、薄荷冰等日用百货，从墨江出发一路向南，去往目的地泰国。经过近 2 个月的艰难跋涉，马帮到达泰国。城市里不缺这些日用百货，他们要靠走村串寨，送货上门销售货物。多数情况下是以物易物，泰国方面的货主要有兽皮、鹿茸、大烟等，什么换什么，多少换多少，你情我愿即可；碰到有钱人可以直接把货物卖给他们，这样省了好多麻烦。清凉油是一种外用药，主要成分是薄荷脑、薄荷油和樟脑，前者可以令人感觉凉爽，后者有抗炎和止痛作用，是中暑、感冒类非处方药，其作用是清凉散热、醒脑提神、止痒止痛，用于感冒头痛、中暑、晕车、蚊虫叮咬。薄荷冰也是一种药品，可以刺激皮肤黏膜，在止痒、消炎、止痛的同时，局部具有凉感，可用于消除疼痛、炎症及肿胀，也可内服治疗头痛、鼻炎、咽炎和喉炎。这两种药品使用十分方便，在泰国很受欢迎。别看不起这些小本生意，利润丰厚得很。一盒清凉油的国内价格是 5 仙（即 5 分钱），在泰国可以换与之大小相当的大烟（约 2 钱），一斤大烟可以卖 8 块大洋，一盒清凉油换来的大烟价值三毛五分钱，身价涨了 6 倍。一般一把骡马出一趟国，货品成本 1000 元左右，扣除各种开销，一个来回所赚的利润可达 1000 元以上。

卖完从国内驮出去的货物，爷爷打工的马帮踏上了归途。一路披荆斩棘，经过一个多月的长途跋涉，终于踏入了祖国的大门。再过五六天，就可与久别的亲人团聚了，大家无不感到高兴。马帮渡过龙马江，在曼兴家脚的大歇场安顿下来。在这里住宿的马帮很多，场面十分热闹。然而，谁也没有想到，一场惊心动魄的劫难悄然降临。当天夜里，几名操着本地口音的陌生人出现在大歇场，对住宿在大歇场的马锅头问这问那。爷爷听到了陌生人和本帮马锅头的对话：“你们是哪里人？”“墨江人。”“城里人还是农村人？”“我们是城边人，帮城里头李大老板赶马呢。”“从哪呢来？”“泰国。”“要到哪里？”“回墨江。”经验丰富的马锅头好像看出了一些端倪，对陌生人说：“大伙都是墨江人，出来讨生活都不容易，希望弟兄们多多关照。”边说边从挎包里掏出两把花钱，递给陌生人，“这点钱你领弟兄们去吃宵夜！”也许是钱发挥了作用，也许是陌生人对李大老板有所顾忌，陌生人收好钱，向马锅头如此这般地交代了一番：“明天你们早走一点，不要多管闲事，你们这伙人每人卷起一只裤脚，你们马帮的最后一匹马鞍子上插上一枝树叶，与其他马帮保持距离。”

第二天早上，马锅头很早就叫醒爷爷，吆喝马帮启程。马帮未吃早饭就匆忙上路，大约走了一个时辰，来到火烧寨垭口，一伙人持枪拦住了去路，马锅头对持枪拦路人说：“我们是墨江李大老板的马帮，从泰国回来，要去墨江。”那伙人看到队伍里每个人都卷了一只裤脚，最后一匹马的鞍子上插着一枝树叶，说了一声：“墨江李老板的马帮，走吧。”马帮继续前行，走过一道山凹上到一座山梁，这时火烧寨垭口传来了密集的枪声。马锅头告诉爷爷，昨天在大歇场遇到的陌生人，是龙潭老戴家的狗腿子，经常在这条道上拦路抢劫，很多外地马帮都被他们抢过。马帮到达龙潭山神庙垭口，又有十多个人持枪拦在那里，马锅头又如法斡旋一番，持枪人看了看赶马人身上和马背上的标记，没怎么为难就放行了。马帮迈着矫健的步伐，马锅头哼着小调，过普西江驻螺丝塘，再过伤心街、牙骨街、草皮坝，到达墨江县城。

爷爷这次出国，一共用了 4 个月时间，老板按每天 5 角的工钱结账，给了 60 块钱，这是他赚到的第一桶金。经过几年的积累，爷爷有了自己的马帮，自己也成了马锅头。从小工到马锅头的角色转换，爷爷要担起更大的责任，每次出门都会遇到猛兽、瘟疫、疟疾的威胁，会遇到各种矛盾纠纷，甚至遭遇抢劫、杀人。这就需要强壮的体格和谋略，只有到家的时候，才能长长地舒一口气，又算得一回啦！

有一次走坝子，爷爷的马帮驮着普洱茶和盐巴，在缅甸一个傣族村寨歇息。在生火做饭的间隙里，骡马进了傣族人家的庄稼地，吃了地里的青苗，踩坏了部分庄稼。这下坏事了，骡马被人家赶去藏了起来，并扬言不还了。爷爷好说歹说，愿意赔偿损失，叫他们把骡马还给自己。但人家是狮子大开口，要求赔偿的数目大得惊人，根本无法接受，事情越闹越僵。最后发展到相互进行人身攻击，甚至用一些流传民间的看不见摸不着的东西进行威胁。缅方傣族说：“你知道我们傣族是会‘放傣’的，不按我们的要求赔偿，你就要不回你的骡马，你也别想活着回去。”事情到了这个份上，爷爷不得不想办法应对，他把头人模样的傣族男人叫到身边说：“大哥，你们会‘放傣’，我们会‘放鬼’，你们要是不相信，可以一起比试比试。”并提议双方都不要用人做试验，因为伤了谁都不好；双方各选一棵树，看谁先把树放死。比试开始，各显神通，爷爷乘人不备，在树上轻轻划了一个小口子，用麝香围上；也不知傣族人在树上做了什么手脚。三天后，两棵树都表现出受伤的样子，而爷爷“放鬼”的那棵比另一棵明显更加枯萎，风一吹树叶就唰唰唰地往下掉。虽然彼此心照不宣，但谁强谁弱已摆在那里。爷爷乘胜追击，悄悄地在寨子的水井中放了一把冲细的巴豆粉（泻药），第二天所有喝过水的村民全部腹泻拉稀，傣族头人看情况不妙，只好向爷爷认输。

爷爷借坡下驴，告诉他们把寨子里的水井淘洗一下，换上新水，再用新水煮一锅糯米稀饭，每人吃一大碗，保管人人恢复健康。傣家人依计而行，果然大家都不肚子痛了，也不拉稀了。这回合的较量，以爷爷获胜收场，爷爷赔了农户损失领回了自己的骡马。真是不打不相识，这件事之后，彼此反倒成了好朋友，爷爷与傣族头人打了老庚（做干弟兄），彼此相互关照，之后再也没有发生不愉快的事情。

又是一年冬天，爷爷带着五个伙计，再次赶着马帮出国做生意。这个时候的小邓已经变成了老邓，对这种民间进出口贸易已是轻车熟路。他用国产的布匹等日用商品，换来洋烟、蓝靛等值钱的货物，二三十匹骡马满载而归。春意正浓布谷声声的时节，归国马帮途经中缅交界处一个佤族村庄时，发生了一件重大意外事件。在村外的一条山路上，一群佤族汉子手握长刀挡住了去路。爷爷的第一个反应是遇到抢劫啦。实际上，这群佤族汉子不劫财，他们是看上了爷爷满脸络腮胡子的人头。中缅边境的佤族地区，长期以来都有用人头祭祀旱谷地的习俗。每年旱谷下种前，要砍一颗人头献祭，认为人头上胡子越多，旱谷长得越好。像爷爷这样的大胡子，真是可遇不可求的祭品。据说，佤族杀人祭旱谷地的习俗一直保存到20世纪60年代。

爷爷靠赶马做生意积累了资金，购置了田产，建盖了房屋。所建的邓氏宅院是一幢砖木结构的转角楼，房子的规模和质量不光在寨子中间犹如鹤立鸡群，远近十里八村都是首屈一指的。房屋坐北朝南依山而建，大门开向东方；七级石阶之上的门厅，分列两个高大的门柱；一合精致的大型木门镶嵌在门厅中间，门槛两边还有一对石头打制的门当；仅是宅院大门的气势，就让多少人羡慕。房屋是两层楼的四合院，正房的左右两边各有一盘楼梯，无论从哪一部楼梯上去，都可以到达楼上的任何一个位置，因此它是名副其实的转角楼。正房、左厢房、右厢房都是两层楼房；下厅房除了地面上的两层，还多了一层吊脚楼，那是大牲畜的厩舍。房屋的建筑无论结构布局还是工艺的运用，都代表了当时的先进水平。现在保存下来的一些古镇建筑物，从结构布局上看大同小异，要是从做工的精致程度上看，都无法与邓家老宅相提并论。四合院中的天井全部是打磨精致的阶条石铺就，走道上的条石更是造型优美。三级石阶从天井通向堂屋，柱脚底盘是上小下宽的基座，基座上面是灯笼一样的柱脚石，粗大笔直的木柱直通屋脊。穿来斗去的扣隼，把整幢房屋连接得稳稳当当。雕梁画栋自不必说，目光所及之处，无论是板壁、格窗还是屋檐下面的风檐板，都雕刻着虫鸟鱼兽花草树木。庭院门前是一个超大的晒场，每年秋季收回来的粮食，都要在晒场上晒干之后才能归仓。晒场外面还有一幢独立的马厩，建筑面积达数百平方米，那也是不可小看的固定资产。

爷爷的一生基本是在马背上度过的。马帮承载着他的历史，见证着他波澜起伏的人生。我们没有见过爷爷的面，却是听着爷爷的故事长大的。爷爷去世之后，邓家失去了顶梁柱，家道逐步衰落，但儿孙们都为有这样的一个爷爷而自豪。古道蹄痕今犹在，不闻当年马铃声。

最后的马锅头杨春林

镇沅县振太镇是茶马古道上的重镇，已有近千年的历史。茶马古镇上的一条条连户青石板路、一座座深宅大院记载着古镇的历史和曾经的辉煌。

中华人民共和国成立前的杨家村，不仅有许多人家开马店做生意，还有许多男人从事赶马。在那个以骡马为主要运输工具的年代，赶马人是人们心目中顶天立地的汉子，他们走南闯北，见多识广，有着一往无前的勇气和坚强的意志。他们长年累月地跋涉在崎岖不平的古驿道上，赶马人的首领被称为“马锅头”。89岁的杨春林，就是振太古镇上健在的最后的马锅头。

杨春林老人（夏蓓蕾 摄）

杨春林，生于1926年，曾是当地一位有名的马锅头，家中共有两代人赶马，他继承了父辈的事业，是第二代马锅头。据“马锅头”杨春林回忆，他从15岁开始赶马一直赶到26岁，因骡马牲口入了社才终止了赶马生活。

据杨春林老人说，他家里最多时共有42匹马，一共雇了10多个人负责赶马，都是本地年富力强的人。在当时的茶马古道上，人们习惯于将赶马人叫“马脚子”。马脚子们大多出身贫寒，为生计所迫才走上赶马的路。走茶马古道，不仅艰苦异常，而且还十分危险。马脚子是马锅头雇用的工人，必须听从马锅头的指挥，马锅头是马脚子的头儿。马帮内组织严密，分工明确，各负其责。一般6个人为一组，其中有一人配备枪支，相当于现在的保卫员，子弹在出发前分发给保卫员，一人一次50发。同时，该名保卫员还要负责一路上食材和马料等的采办和购买。马帮中赶马人的工资均按月发，每个月10块大洋。马锅头作为马帮首领，必须智勇双全，熟悉商情和路况。骡马也有自己的领导，那就是头骡、二骡，它们是马帮中最好的骡子。马帮一

茶马古道马蹄印（白马辛荣 摄）

般只用母骡作头骡和二骡。据说是因为母骡比较灵敏、懂事、警觉，能知道哪里有危险，而公骡太莽撞，不宜当“领导”。头骡、二骡不仅是马帮中最好的骡子，而且它们的装饰也非常特别，十分讲究。头骡脖项上挂有很响亮的大铜铃，二骡则挂小一些的马铃。“头骡奔，二骡跟”，将整个马帮带成一条线，便于在狭窄崎岖的山路上行进。马锅头、赶马人和骡马各司其职、按部就班、兢兢业业，每次出门上路，每天从早到晚，他们都井然有序。

据杨春林老人回忆，从振太出发的赶马路线分为两条：一条为滇藏茶马路线，另一条为滇缅茶马路线。滇藏茶马路线，从镇沅县振太出发至小景谷买茶，买完茶后再从小景谷折返，经镇沅县的勐大、里崴、景东至大理的南涧、巍山、大理等地，把在小景谷买到的茶叶卖给茶行后，又将卖茶所得的钱买成乳扇、面条等大理的一些农副产品驮回振太，到市场上卖给本地居民。来回一趟，大约要一个月的时间，一年能去七八转，一次能赚七八百块大洋。滇缅茶马路线则是从镇沅县振太出发至景谷县买盐，然后途经宁洱、思茅、勐海、打洛到缅甸的景栋等地，最远时曾到过泰国。把茶叶卖给缅甸当地居民后，再买上缅甸当地的棉花、胡椒、染料等返回振太。一般是头一年的农历八九月出发，第二年的三四月才折返，来回一次大约需半年时间。

马帮出行时，一次大约有300匹马，本地的几个马帮结伴而行，所走的路均为山间小路。当时，杨家村有马帮的人家多，而杨春林家的马匹之多、实力之雄厚在村里是数一数二。马帮每天赶路三四十千米，一日三餐均在行路途中解决。遇到有水有草的地方便扎营搭棚，夜间有一名保安员负责巡守。当遇到野兽或是土匪攻击时，只要保安员能将其打死，便有一二十块大洋不等的奖赏。当时，驮盐比驮茶赚钱，茶叶一块大洋一斤，驮到外地要卖一块四五。而当时的盐，一百斤值三十几块大洋，驮到缅甸卖五六十块大洋。

骡子个头较小，但驮载能力很强，而且特别适合云南多山的地理环境，因而一直被作为最主要的运输工具。古代的大理马，驰名于世。杨春林老人说，当时马帮的马匹有一部分是振太本地产的马，而大部分都是在大理祥云购买的马匹。一匹好的马，当时要卖100块大洋。一匹马所驮的茶或盐为一驮，相当于30公斤。

当时的通用货币为银圆，不管是驮茶或驮盐所赚得的钱都要向官府上税，税款交到当时的税务局，并留有凭据，一驮茶则需交三块多大洋。当时的市场买卖方式，均为当面交易，全靠诚信经营，不签订协议。

不管是从大理还是从缅甸购买回来的物资，在赶街天全部拿到振太的集市上卖，生意很红火。他家最富有时，存有五六千大洋（在当时一百块大洋可以买到一匹马），需要三四批马来驮。据估计，民国年间，云南在茶马古道上做生意的大小马帮约有1500多家，每年来往于云南、西藏、缅甸等地的马帮有3万驮之多。

如今，马帮早已消失。和杨春林老人一样曾经在古道上行走的成千上万辛勤赶马人，他们既是经商的生意人、传播异域文化的使者，也是开辟茶马古道生存之路、探险之路、人生之路的探险家。

古道马帮菜

茶、盐产业的发展，推动商贸的繁荣，行进在茶马古道上的马帮成为这一贸易中的重要交通工具，成为普洱这个边陲之地与内地，甚至是国外相连接的桥梁纽带。

茶马古道从某种意义上来说就是一条地道的马帮之道。“三月里来三月三，赶着骡马进茶山，普洱茶好人人爱，驮起茶叶到远方。”崇山峻岭间，赶马人唱着他们最喜爱的调子，在“嗒嗒”的马蹄声中，把普洱茶和磨黑盐源源不断地运往四面八方。

马帮人的生活异常艰苦，他们行走在险山恶水和原野丛林之间，过着摸爬滚打、朝不保夕的生活。美国著名作家埃德加·斯诺在其著作《马帮旅行》中对马帮生活有过精彩的描述：“十天以来，我就是沿着这条曲曲弯弯的羊肠小道，踏着无数马蹄印、无数草鞋印，不停地走着、爬着、滑着，时而也骑着……在根本没铺过路面的地方，路上有许多坑坑洼洼，这是因为骡子往往总是踏着同一个地方走，有的窟窿有一英尺深，这种路云南人叫作‘梯子路’，意思是说，走这样的路，就仿佛‘爬楼梯’一般。”从这些文字中足可见马帮生活的艰辛和路途坎坷。

长年的马帮生活，培养了赶马人积极乐观、刚毅果敢的性格，造就了他们极强的野外生存能力。每一个马队，基本上是一起吃住，这种方式，叫“搭伙”，只有团结一心、扭成一股绳，才能在生存条件极其恶劣的古道上活下来。带着对家乡味道的怀念，他们就地取材，用劳动人民特有的智慧创造出了一种别有风味的古道饮食文化——马帮菜。

因为常年奔走在横断山脉的高山峡谷、丛林草莽之中，马帮的食物以干菜和调味品为主，间或就地采摘山茅野菜食用，偶尔路过溪水潺潺的山箐，还可以捉小鱼螃蟹改善生活。

萝卜缨子腌菜是从宁洱出行的马帮必带的一种干菜，马帮人也称为干黄腌菜。

干黄腌菜多由赶马人的家人提前为他们准备好。秋冬季节，拔回菜地里成熟的萝卜，切下萝卜，把剩下的萝卜缨子（萝卜叶）堆在一起捂上一至两天，待叶子泛黄就洗净晾干，然后细细切丝，拌上适量盐巴、辣椒面、花椒面和茴香面，再一层一层紧紧塞到洗净的土罐子里，罐沿放上罐口水，盖好盖子，一个月左右就可取出食用。

赶马人离家之前，家人必会在头一天砍回竹筒，塞上满满一筒干黄腌菜，让赶马人带着家的味道，带着家人的牵挂上路。

装在竹筒里的干黄腌菜不会起霉和变味，且极为耐吃。酸酸辣辣的味道不仅是赶马途中极好的调味品，还是许多马帮菜的佐料。当满满一竹筒干黄腌菜见底时，赶马人就知道，他们返程回家的时候到了。

锣锅饭是马帮最常见也最实惠的一种主食。

每天打野开亮，拣三两个山里到处都是的石头，支成一个简易的灶，再拣几根干柴，在这个灶里烧上一笼旺旺的火。而后往锣锅里添进大米，用山箐里天然的矿泉水淘净，加上适量水，盖上盖子，支在灶上。用大火煮一会儿，水慢慢干了，待锣锅发出“嗞——嗞——”的干响声，就将火撤去，再把锣锅取下支在火炭边慢慢烘烤，待锣锅冒出白气，由“嗞嗞”声换为“呼呼”声时即可。

打开盖子，一股诱人的饭香从锅里飘出，米饭雪白如珍珠，粒粒饱满圆润。盛出一碗，就着竹筒里的干黄腌菜“哗哗”吃下，整个山谷中都飘满锣锅焖饭的浓郁香味。

古道上规模较小的马帮大多以锣锅饭加干黄腌菜下饭。规模较大、经济条件稍好的马帮往往会在米里加上土豆、腊肉、盐、胡椒粉，这样做出的锣锅饭又称锣锅烩饭，味道更加可口。不仅有米饭的清香，还搭配合理、营养均衡，能较好地补充赶马人消耗巨大的体力。

赶马人比较常吃的还有煮腊肉一菜两吃。主料为腊肉，辅料为干板菜、蚕豆、盐、味精。第一种吃法称为“马帮肉”。将腊肉皮子一面在火上烧至表皮焦黄，在清水中刮洗干净，锣锅加水放入腊肉，在火上煮到筷子能轻易穿过腊肉皮子时从锣锅里捞出熟透的腊肉切片。肉要切成大片或大块，赶马人叫这种吃肉方法为“吃下数”，意思是吃大的，吃得实在，吃着才过瘾。第二种吃法是腊肉汤煮干板菜。将马帮肉捞出之后，在剩下的腊肉汤里放蚕豆用文火慢熬，到蚕豆熟时放入发水切短的干板菜同熬，菜喷香时停火起锅。

行走在野外，马帮不可避免地会遭遇恶劣天气，不便于做饭。这样的时候，冲上一碗干黄腌菜汤，暖暖地喝进肚里，就是赶马人最大的享受。干黄腌菜汤简单便捷又开胃，仅需猪油和盐，如有条件也可加蒜、青辣椒。在海碗里放入干黄腌菜、舂烂的蒜、切碎的青辣椒、猪油、盐，锣锅烧开水直接倒入海碗，海碗盖上盖焖 5 分钟即可食用。

普洱府一带气候温和，物种丰富，野外就是一个天然的菜场，有采之不竭的食材，且不同季节食谱也不同。虽然那时缺盐少油，野菜吃起来少不了生涩苦味，却也丰富了赶马人单调的食谱。山野里的蕨菜、民国菜可以用来凉拌，野芭蕉心切丝后炒腊肉丁，香椿树上的香椿叶摘下来油炸之后也可以做一碗菜。

雨季树林里长满蘑菇，弯下腰捡上几朵没毒的，洗净后加点腊肉，就可以煮一锅鲜美可口的蘑菇汤。

在山涧里捉鱼本身就是赶马人的一个娱乐项目，在清凉的河水里捉上几条小红尾巴鱼，捞出几只山螃蟹，再拣几个河里长青苔的石头（石头要小石子），就可以做出两种菜式：石头煮鱼和竹筒煮螃蟹瓜尖。

石头煮鱼是最受赶马人喜爱的一种菜式。将河里捡回的石头用盐泡、清洗干净，小红尾巴鱼去内脏备好。锣锅放在火上，油、盐、鲜姜到八成热时放石头炒，放入水，待水开之后放入小红尾巴鱼，煮上片刻翻个身就可起锅。石头煮出来的鱼汤色浓白，鱼肉鲜嫩，赶马人常常吃到锣锅见底还意犹未尽。

竹筒煮螃蟹瓜尖需要的材料是螃蟹（最好是山螃蟹）、瓜尖、猪油、姜、盐。将螃蟹洗干净舂烂放入竹筒，加入水、猪油、姜，然后将竹筒放入火里煮开，螃蟹熟透，加入瓜尖、盐，瓜尖煮熟即可。这道菜做法独特，色香味俱全，橙红的螃蟹配上翠绿的瓜尖，看上去就叫人垂涎三尺，鲜美的味道更是让一些老赶马念念不忘，回忆起来仍赞叹不已。

1952 年 12 月，昆洛公路通车普洱（现宁洱），马帮逐年减少，现在宁洱马帮已不复存在。但赶马人的后代带着对祖先的怀念和崇敬，保留下了部分选材独特、风味浓重的马帮菜。时至今日，走进宁洱县大大小小的农家乐里，还可以品尝到这些陪伴马帮征服茶马古道的菜式，因油盐充足、配料齐全，这些菜比起往昔火塘锣锅里做出的，色相风味更胜一筹，吸引着众多怀有古道悠思和马帮情怀的食客前往，大快朵颐、乐不思返。

注：本文菜谱取自王兴康《古道马帮菜》。

第六章　古道抒怀

茶马古道，是一条让世人瞩目的重要通道；普洱茶马古道，是茶马古道的重要源头。站在新时代的今天，回望这条充满着崎岖坎坷、布满着荆棘丛林的山间小道，回想曾经在这条道路上披星戴月、风雨兼程的赶马人和那些惊心动魄却又荡气回肠的马帮故事，回溯这条古道在西南边疆各民族的经济发展、文化交流、民族团结等方方面面的价值，让人顿生感慨与敬意。

古道抒怀，抒发的是今天人们对这条伟大通道的崇敬之情。

普洱茶马古道—— 一条人文精神的超越之路

一

“崎岖鸟道锁雄边，一路青云直上天。木叶轻风猿穴外，藤花细雨马蹄前。山坡晓度荒村月，石栈春含野墅烟。指顾中原从此去，莺声催送祖生鞭。”这是清朝舒熙盛书写普洱茶马古道的诗。

茶叶被藏民当作神物：“宁可三天无油盐，不可一日不喝茶。”

藏语中“茶”的发音是“jia”，藏族有一句古语说“加察热加霞热加梭热”，翻译为汉语就是：“茶是血茶是肉茶是生命。”

藏民的主食是糌粑、奶类、酥油、牛羊肉，均是热量较高的脂肪类食物，没有蔬菜，糌粑又燥热，过多的脂肪在人体内不易消化，而茶叶既能助消化，又可防止燥热，因此藏民习惯喝酥油茶，但是藏区并不产茶叶。而内陆地区，民间运输耕种、军队征战都需要大量的骡马，且供不应求。

双方因此形成了旺盛的贸易需求，从而产生了茶马互市，诞生了茶马古道。茶马古道把内陆的茶叶、布匹、盐和日用器皿等运往藏区；将草原的骡马、毛皮、药材等物品运回内地。

据唐代义净《大唐西域求法高僧传·慧轮传》记载，南方丝绸之路运输的物资中除了丝绸，还包含了来自川、滇的茶、糖、布、线、粉丝等生活日用品，而来自康藏地区及周边国家的马匹、皮毛、藏金、藏红花、麝香、贝母、鹿茸、虫草等也随着这条路，流散到滇、川等地。

明代文学家汤显祖在《茶马》诗中这样写道：“黑茶一何美，羌马一何殊。”“羌马与黄茶，胡马求金珠。”足见当时茶马交易市场的兴旺与繁荣。

二

茶马古道历史线路主要有三条，滇藏茶马古道是其中之一。它从云南普洱出发，主要经过普洱市、西双版纳傣族自治州、临沧市、保山市、德宏傣族景颇族自治州等地，涉及21个县（市、区）。

茶庵塘官马大道（白马辛荣 摄）

普洱曾是这条神秘的茶马古道的起点之一，它的名字竟来自茶。它是世界公认的茶树的起源地，有着郁郁葱葱的原始茶树林，有的树龄竟达2700余年。

雍正七年（1729年），清廷正式设普洱府，普洱自此成为官设的茶叶集散地与加工中心。到乾隆年间，每年跋涉在茶马古道滇藏线上运茶的驮马已达5万匹之多。

在今宁洱县境内，仍保留有三处较完整的茶马大道遗址：一是位于宁洱镇民主村茶庵塘的茶马古道遗址，长约2千米的山石古道，在一片半原始森林中盘旋而上；二是位于磨黑镇孔雀屏的官马大道遗址；三是位于同心乡的旱季茶马大道遗址，那山石古道上清晰可见的马蹄印，记述了昔日茶马古道的繁荣。

茶马大道使普洱茶行销国内各省区，远销新加坡、马来西亚、缅甸、泰国、法国、英国、朝鲜、日本等国家和中国港澳台地区，在世界上享有盛名。在中国古典名著《红楼梦》和世界名著《战争与和平》等作品中，都有喝“普洱茶”的描述。

三

古道的来历要追溯到大约2000多年前。

公元前138年，张骞奉汉武帝之命出使西域——大月氏，在此得知有一条商路从云南和四川通往身毒（印度），回国后告知汉武帝。此事唤起了汉武帝的拓边雄心，于是他先后秘密派使臣前往云南寻求通往身毒之路，决心不惜一切代价打通从西南到印度的官道，但都被洱海附近的昆明族所阻。

汉武帝不甘受挫，在长安征调人力开挖了一个方圆40多里的人工湖，名为“昆明湖”，训练水军，准备征讨洱海地区的昆明族。虽然征讨云南高原地区，在长安昆明湖上训练的水军不可能派上用场，但是这段“汉习楼船”的典故被司马迁记录在《史记》中，后来，清代乾隆皇帝因景仰汉武帝开疆拓土的功业，把北京颐和园西湖也改名为“昆明湖”。

公元前109年和公元前105年，汉武帝两次用兵云南，征服了昆明土著，大理、洱海一带也随之归顺，使汉朝的统治区域南接缅甸，西达西藏，北通巴蜀，东连滇越。

但在西汉、东汉共400多年的岁月里，古道一直静默。直至唐代，随着吐蕃王朝的崛起，藏族和南亚、西亚人开始大量饮茶，茶马古道才逐渐热闹起来。

四

西南地区山高水急，水路交通不畅。而山道险峻曲折，又根本无法行驶车辆。因此，马帮成了唯一适用的运输方式，成了茶马古道上一道独特的风景。可以说茶马古道是一条用人力和马的脚力踩踏出来的道路。

茶叶运输是由脚夫和各族马帮共同完成的。那时的脚夫中有一群石屏的彝家女子，每年成群结队进入茶山，为茶商背茶至普洱。清代迤南（今云南南部）观察沈寿榕在一首诗的序中写道：“石屏彝女健腰脚，出门大笑男儿弱。而今远作茶山行，茶叶尖如妾命薄。薄命奈如何，听唱垄匆歌。歌拍双双声起舞，郎心不知妾命苦。君不见，普洱城南人几家，家家人有思茅茶。少年饮茶莫饮酒，醉向腰间寻匕首。”

五

普洱茶曾是周朝至清朝有名的贡茶。在光绪年间，清宫中就有“夏喝龙井冬饮普洱”的规矩。

从云南到北京，当年的马帮要走3个月。朝廷传递一道文书，要走死十几匹快马。而皇帝把“瑞贡天朝”的匾额，赐给易武一户人家，也跟茶有关。

清光绪年间，易武茶进贡皇室，获得了皇帝的褒奖，皇帝赐给了“瑞贡天朝”的匾额。易武轰轰烈烈地庆祝了七天七夜，易武茶叶名声大振。

易武茶变身为贡茶，每年上贡的茶叶指定为66666斤，此乃六时吉祥的明喻，六六有福、六六大顺，所以指定要这个数字。每年在贡茶任务完成后，才允许销售给万里之外赶来的茶商，再一站站由不同的民族接力，将茶叶运往天边的藏区、西域。

六

马帮曾经驻足停留、进行商品集散的驿站，成了后来的城镇。如被誉为“活着的茶马重镇”的丽江古城。

易武古镇也曾是滇藏茶马古道的源头和重要的茶马古道驿站，也是著名的商埠。大名鼎鼎的商号宋聘号、同兴号、同庆号、福元昌号、杨聘号等都起源于这里。

建于东汉永平十二年（69年）的易武古镇，具有1900多年的历史。易武古镇村落里的民居、清代庙宇建筑、石碑、石雕、清光绪皇帝钦赐的大匾和石洞壁诗等，无不表明这里是内地汉族从农耕文明向商业文明过渡的活标本，是内地最早对外开放的城镇之一。

马帮文化在这里兴盛，至今还保留着以马代步的传统，保持着最原始的建筑特色。

据说，在街天（赶集日）前一天下午，各地来的马帮就会通过巷道陆陆续续来到古街投店住宿，唱响一阙新的豪放词。

从300年前起，易武茶商就以石屏人居多（与红河州石屏人同根同源，现在依旧讲着红河州方言）。1765年前后，乡人在外发家致富的传闻，大大激发了石屏马帮“驮运日月”的豪情。

曾经缅甸东部部落进攻西双版纳，易武六大茶山的少数民族居民大批逃入老挝。战乱之后，民散地荒，朝廷贡茶无法缴呈。为此，当地官员特到石屏招商，允许石屏人进入茶山采茶、种茶、制茶、售茶。从此大批石屏人涌入易武，开启了易武六大茶山的新篇章。

19世纪，一位名叫乔治·威廉·克拉克的英国人不远万里来到中国，并在这里度过了一生。他写了一本《贵州与云南》的著作，对易武茶的情况做了详细介绍：“1855年，东印度公司在大吉岭和加尔各答设有中国茶叶代办处，专收云南易武、倚邦、攸乐所产之茶。”传奇的东印度公司，是当时全球最大的茶叶贸易推动者，牢牢盯住澜沧江这块茶叶胜地。

茶马古道用穿越时空的精气神证明它是一条人文精神的超越之路。

山高人为峰（绝版木刻，绘画 贺昆）

普洱人家之茶马图（绝版木刻，绘画 贺昆）

一条穿越时空的悠悠古道

一、从《普洱府志》中延伸出的茶马古道

其实茶马古道，并非只存在于地理上，它同样存活于各种志书文献中，《普洱府志》中就记载了茶马古道的历史脉络，是古文献中不可多得的精彩一笔，它是古代商旅者的地图与指南针。

在亘古苍茫的蓝天之下，普洱人能看到的不仅是纵贯南北的昆曼高速公路，澜沧江—湄公河上的有形的水路与天空中无形的航空线。最关键的是，还能看到埋在时间尘埃下的茶马古道。

普洱的茶马古道，途经的区域，竟然大得吓人，不仅仅是普洱九县一区，于西、南、北三个方向分五条古道，穿越云南各州市，最终到达世界各地。

据《普洱府志》记载，以普洱府为源头的五条茶马古道，主要线路是：北道，通常说法是进京关马大道，亦称前路官马大道，从普洱府驻地（今宁洱县）至昆明，途经 15 个驿站。由于人马流量增大，道光三十年（1850 年），昆明至思茅的茶马古道由原来的土路改为石镶路。再后来，此路延至六大茶山，这就是闻名中外的普洱茶马古道。西道，又称后路，或称普洱西藏茶马古道，还称滇藏茶马古道、滇西后路茶马商道。茶马古道研究专家们普遍认为，这是世界历史上海拔最高、路途最为惊险、最富神秘感的古道。马帮从宁洱、思茅、景谷、景东、弥渡等 13 个驿站入下关，然后再分两路：一路经保山入缅甸、印度；一路经丽江、中甸、德钦入西藏，此道是更为古老的银生茶马古道。南道分三线（分别是普洱江城茶马古道、普洱澜沧茶马古道、普洱易武茶马古道），即东出老挝、越南；南出缅甸、泰国；西出缅甸、印度。无论哪一条道，都以宁洱为起点。因此，把当年的普洱府古城认作各路茶马古道的源头是有据可查的。

其实，在古代的普洱府辖区，这纵贯南北的五条古道，已经形成了重要的文化与商贸网线。

这让我们不由得想到一个颇具现代感的词“一带一路”。近年来，中国在一种新的视野下提出建设“丝绸之路经济带”和“21 世纪海上丝绸之路”的构想，这一理念得到各友好国家积极回应与支持！

二、世人为之瞩目的滇藏茶马古道

在诸多茶马古道中，滇藏茶马古道最为险奇。此道源于何时，已无从考证，它只是茶马古道的一个文化符号罢了，但它是民族迁徙的走廊，是各民族文化相互交融的纽带和桥梁。

在五条古道中，数滇藏茶马古道最为世人瞩目。一队边地普洱马帮人要走到高海拔的西藏，其惊险程度不亚于上青天。难怪清代诗人牛焘有诗云：“……传闻鸟道入蚕丝，中有雪山高插天……跬步咫尺人鬼异……踏雪行人九死还……黄金白骨相熬煎！”鸟道、雪山、人鬼异、九死还、黄金白骨等意象透露出了这条古道的艰难。据说牛焘是纳西族诗人，他应该就生活在雪山上，准确说就生活在丽江那一边。他也许未到过普洱府，更没有走过一个叫茶庵塘的古道。

这段茶马古道，约铺建于清嘉庆十七年至道光三年（1812—1823 年），当时清政府派了 5 名兵士驻守，该地设有接官厅、和尚庙、尼姑庵、茶馆和马店等。茶庵塘山高路险，据说只有鸟才能飞

过，所以又被人们称为“茶庵鸟道”。还有一首诗云：“崎岖鸟道锁雄边，一路青云直上天。木叶轻风猿穴外，藤花细雨马蹄前。山坡晓度荒村月，石栈春含野墅烟。指顾中原从此去，莺声催送祖生鞭。”（清代普洱贡生舒熙盛《茶庵鸟道》），作为普洱贡生、地方官员，事无巨细他都得过问，他应该无数次走过这条茶庵塘古道。他的诗更是写实风格，是有着边地风情和现实关注的。两诗一一对应，互为帮衬，说明当年古道上的茶庵塘是很有来头的，更从某种角度说明，滇藏茶马古道确实险峻，让人望而生畏。

三、茶马互市与茶盐交易的普洱盛典

在普洱茶的鼎盛时期，茶马互市与茶盐交易是孪生姐妹，两者相互渗透、交融、互补、佐证，使普洱大地风光无限，熠熠生辉。换句话说，盐的历史，同样是茶马古道的一个重要组成部分，是茶马古道上不可或缺的一个叙说内容。

在普洱古府时代，茶马互市与盐茶交易是不能忽略的。茶马互市起源于唐宋，是中国西部历史上汉藏民族间一种传统的以茶易马或以马换茶的贸易往来。

茶马互市大约起源于 5 世纪，南北朝时期。唐代时逐渐形成了规则，宋朝时进一步完善，甚至设置了检举茶监司这样的专门管理茶马交易的机构，明朝基本上沿袭了宋朝的做法，在交易的地方设置茶马司。湟源——茶马互市湟源县，西邻藏地，是古代汉地西面最边缘的地区，这个地理位置使它自古以来就是汉藏通商的“口岸”，是一处著名的茶马互市故地。茶马互市是古代中原地区与西北少数民族地区进行商业贸易的主要形式，实际上是朝廷在西部游牧民族中尚不具备征税条件的地区实行的一种财政措施。

茶马交易，最早出现于唐代，但直到宋朝才成为定制。宋朝统治阶级为什么如此重视茶马互市，主要是为了维护宋朝的边疆安全。宋朝初年，内地用铜钱向边疆少数民族购买马匹，但是这些地区的牧民则将卖马的铜钱用来铸造兵器，这在某种程度上威胁到宋朝的边疆安全，因此，宋朝在太平兴国八年（983 年），正式禁止以铜钱买马，改用布帛、茶叶、药材等来进行物物交换，为了使边贸有序进行，还专门设立了茶马司。茶马司的职责是：“掌榷茶之利，以佐邦用；凡市马于四夷，率以茶易之。”这就是茶马互市的源起。而且，茶马互市也是制约藏族的一种重要方式。由于自然环境方面的原因，藏族对茶叶十分依赖，茶可以解油腻、助消化，因此，控制了茶叶的供给，就等于控制了藏族人的生活，所以，茶叶自宋以来不但成为中原王朝与西北和西南地区的藏族之间的大宗经贸产品，而且也成为与藏族之间保持友好关系的物质手段。茶马互市对维护西南地区的稳定起到重要作用，是两宋王朝具有重要战略意义的治边政策。其次，通过茶马贸易，还满足了封建王朝对战马的需要，又为朝廷提供了一笔巨额的茶利收入解决军费之需。

中国古代以官茶换取青海、甘肃、四川、西藏等地少数民族马匹的政策和贸易制度并不少见。宋神宗熙宁七年（1074 年）行茶马法，于成都置都大提举茶马司主其政。由于茶是边疆少数民族生活的必需品，因此明统治者严格控制茶叶的生产和运销，并严禁私贩。明洪武四年（1371 年），户部确定以陕西、四川茶叶易番马，于是在各产茶地设置茶课司，定有课额。又特设茶马司于秦州（今甘肃天水）、洮州（今甘肃临潭）、河州（今甘肃临夏）、雅州（今四川雅安）等地，专门管理茶马贸易事宜。明代的茶马政策有着明显的政治目的。清代茶马政策是明代茶马政策的延续。雍正十年（1732 年），云贵总督鄂尔泰以茶马互市控制云南边疆土司以及边境诸国战马数量，最后成功平叛并顺利推行改土归流。以茶易马，在满足国家军事需求的同时，也可以作为控制少数民族的重要手段和巩固边防、安定少数民族地区的统治策略。后来随着内地与边疆少数民族地区经济交流的发展，民间往往突破政府的禁令进行贸易。后茶马贸易制度崩坏日甚，虽时下禁私茶之令，但民间茶马贸易愈益兴盛。

在茶马互市的政策确立之后，宋朝于今晋、陕、甘、川等地广开马市，大量换取吐蕃、回纥、党项等族的优良马匹，用以保卫王朝边疆。到南宋时，茶马互市的机构，相对固定为四川五场、甘肃三场8个地方。四川五场主要用来与西南少数民族交易，甘肃三场均用来与西北少数民族交易。

元朝不缺马匹，因而边茶主要以银两和土货交易。到了明代初年，茶马互市再度恢复，一直沿用到清代中期，才渐渐废止。

清代，尤其是乾隆以后，茶马互市作为一种重要制度逐渐从历史的地平线上淡出，取而代之的是边茶贸易制度。由于交通和经济的发展以及汉藏交流的增加，进入茶马古道的商品种类大幅增加。藏族对茶叶的需求有增无减，同时对其他产品，如丝绸、布料、铁器以及生产生活资料等商品的需求也开始增加；而内地对藏区的皮革、黄金，以及虫草、贝母等珍贵药材有更大需求。这样，汉藏之间的贸易范围更加广泛，茶马古道沿线的民间贸易也益加繁荣。直到清文宗，地方马场奉命裁撤，各地军队所需马匹统归自购，官府设置的茶马交易随之停废，延续400余年的茶马互市交易自此终止。

茶马古道，同时也是茶盐之道。盐在马帮历史上也是一种重要物资。当我们回望澜沧江峡谷里的马帮时，一个叫盐井的地方就会展现在人们面前。当然，没有更多的史料记载，人们是何时发现并开发了盐井，但有一部伟大的藏族史诗《格萨尔王之羌岭大战》记叙了盐井一事。据说自唐代的吐蕃时期，高原上的两大部族——藏族先民和纳西族先民，就展开了旷日持久的拉锯式争夺战，他们为何而争呢？不就是为了埋在地下的盐吗！而如今，这个叫盐井的地方，已隶属西藏芒康县。巧合的是，在这里居住的大多是纳西族人，芒康成了西藏唯一的纳西族乡。

说到盐，澜沧江下游还有一处地方，就是被人们命名为“滇南盐都，茶马古镇，革命老区，丽人故都”的磨黑。磨黑为傣语音译地名，“磨”为井，“黑”为盐，同样也是“盐井”之意。这里以产盐闻名，声名远播。汉朝开采盐矿，元明清时设盐政，后设盐场公署。清雍正三年（1725年）磨黑井开始大量生产食盐。此后，一直是滇西南产盐重镇，也是云南省四大盐矿之一。

历史上，磨黑盐远近闻名，算是出够了风头。近至普洱府所属的各县区，上了一定年纪的人，尤其是男子，都有过到磨黑挑盐的经历。磨黑盐通过茶马古道转运，北至昆明，东到宣威，南达老挝、缅甸等东南亚国家。流传至今的赶马调中，还有一首是与磨黑盐有关的：“三月里来三月三，赶着骡马进茶山，磨黑茶盐人人爱，驮起茶盐到远方。”

四、古道的地理版图

在古代的普洱辖区，茶马古道四通八达，可通向世界各地。茶马古道是指存在于中国西南地区，以马帮为主要交通工具的民间国际商贸通道，是中国西南民族经济文化交流的走廊。茶马古道是一个非常特殊的称谓，是一条世界上自然风景最壮观、文化最为神秘的旅游绝品线路，它蕴藏着开发不尽的文化遗产。人们还应该清晰地看到，它还为边疆地区引进了中原文化，从考古研究中发现，茶马古道沿线，在普洱辖区内，如今还可以见到一些重要的文化遗迹，如景东文庙、墨江文庙、宁洱文昌宫等，它们都是中原文明的代表。古道同样是东南亚文化、商贸交流的纽带。

其实，关于茶马古道，我们可以追溯到古代历史上的“南方丝绸之路”。据史料记载，公元前2世纪，汉武帝为打通到中亚的丝绸之路，派张骞出使西域，意外地发现了一条中国西南地区早就存在于民间的国际商贸通道，比北方丝绸之路还早开通 200 多年。春秋之前，这是一条南北民族迁徙、民间贸易的自然通道。战国之后，由于商业的发展，这条古道逐渐演化为巴蜀商人秘密通商的民间通道。在公元前 4 世纪，便有驮着蜀布、丝绸、漆器的商队从蜀地出发，直达腾越（今云南省腾冲市）与印度商人交换商品，或继续前行到达伊洛瓦底江上游，越过亲敦江和那加山脉到印度阿萨姆邦，然后沿着布拉马普特拉河谷抵达印度平原。而此时著名的“北方丝绸之路”和同样著名的“南方海上丝绸之路”尚未开通。于是，这条以成都为起点的中印交通线，因出口丝绸等国内产品，而进口宝石、玉器等境外产品而著称，且相对比北方丝绸之路更近，历史更为悠久，途中又无大漠险阻，所以这条通往印度的古道就成了当时中国与外面世界的唯一通道，并被后世称为“古代南方丝绸之路”。

可以看出，茶马古道的版图疆域是阔大的，它古早到人类早期交往的通道。

普洱茶马古道走笔

北有丝绸之路，南有茶马古道。数千年来，茶马古道上风尘仆仆的马帮来往不绝，将历史悠久的普洱茶源源不断地输往全国乃至海外。茶马古道见证了普洱茶的沧桑和兴衰，承载了普洱茶的历史。

在交通运输业发展如此快速的21世纪，铁轨、高铁路线的修通，使得具有考古、科研价值的宝藏遗址——茶马古道，逐渐重现人们视野，吸引了大批历史学家、考古学家、中外旅游爱好者；随着“天赐普洱，世界茶源”“中国梦，茶之乡”全国文明城市的创建，接近东南亚的云南边境普洱也如一股春天的风、夏天的阳光，进入人们的生活，被人们所熟知、向往。

普洱茶马古道，是辐射东南亚，连接中外贸易的重要枢纽、经济带。历史不应该被遗忘，如今我们以茶马古道历史文化旅游为主题，让更多的人记住这些文化历史。

一、历史的馈赠

（一）茶马古道的兴起

源自茶马互市，是历史上汉藏民族文化交流的通道，兴起于唐朝，因茶而起，因马而兴。宋朝时期，边疆战乱，战事频繁，中原政权最大敌人为北部西北部的游牧民族，他们战斗力极强，原因在于骑兵们有品种好、速度快、耐力好的边疆战马。朝廷需要战马不得不大力购买，恰好边疆人们饮食以牛羊肉为主，少食青菜，他们逐渐发现从中原购买的茶叶有分解油脂、增加奶香等功效。于是，两边各取所需，茶马互换，这就是最早的茶马互市。后来，大理国在普洱开设茶马互市集，用茶叶交换西藏马匹，久而久之，也就走出了茶马古道。无论是滇藏茶马古道、川藏茶马古道，还是陕甘藏茶马古道，皆发源于云南普洱。

（二）茶马古道的演变

以茶为运输品，以马帮为主要运输工具而形成的文化经济走廊，不仅是文化符号。唐代以后，特别是清朝光绪年间至民国时期，茶马古道是民间国际贸易通道，也是物资交流、贸易的南方丝绸之路。到了后期，交易不仅仅有马、茶叶，还有盐、布匹、银器等生活物资。

（三）茶马古道的兴衰

在车辆如梭的今天，山间听不到清脆的马铃声，“山间铃响马帮来”已经是百年前的场景。这条人类行走的文化奇迹逐渐被人们遗忘，推动茶马古道繁荣的茶马贸易已经消失，昔日的辉煌沉入天边的地平线，遗留的是满腔热血、铤而走险的茶马古道精神，如今，茶马古道遗址已经保存不多，而普洱自古以来就是茶马古道的滇南茶叶集散贸易中心，所以，唯一幸存的不朽艺术更应该被保护和传承下去。

二、遗迹寻觅

位于云南普洱市的茶马古道景区遗址是迄今保存最完整，里程最长，生态环境最好的一段。这里曾经是送贡茶到京城的起点，也是万里茶马古道中最重要的一段。

现如今，普洱境内茶马古道遗址主要有三条。

第一条　磨黑镇→孔雀屏→孔雀屏茶马古道遗址

2017 年五一假期，和几个朋友、普洱本地的一个阿姨约着玩，一起去了磨黑镇，刚开始并不知道要去名人杨丽坤的家乡，所以没有很期待，也没有好奇，只是开心地一起踏上了旅程，对前面的道路和将要迎接的是怎样的美好，都一无所知。等到了之后，看到她的故居，我被震撼到了，原来阿姨年轻时候最喜欢看杨丽坤的作品，很崇拜她。耳边响起爷爷以前常常提起的五朵金花，我们参观了许久，我看到她出生于盐商有钱人家，和茶马古道有着说不清道不明的历史渊源。

第二条　宁洱镇→那柯里→茶马古道遗址

热闹非凡的那柯里、客栈、马店、小桥流水，人欢马叫，多少往来商贾、文人墨客、山间马帮，在历经千难万苦后，至此把酒放歌。走访茶马重镇、美丽乡村同心那柯里。

2017 年国庆期间，我们几个伙伴相约，从普洱市到宁洱县。在风雨桥上休息，遇到了一个 2 米左右的外国游客在拍照，能看出来，他也是这些古建筑和茶马历史的爱好者，我开始幻想，他会不会是外国知名建筑师，到这儿来采风的呢。我们用简单的英语跟他交流了几句，和他拍照留念，无奈我手短闹了笑话，他热情地接过手机和我们一起拍了照，虽然来自不同国家，但是爱好相同。历史文化能够拉近人们的距离。

孔雀屏茶马古道古驿站

宁静的古道

客栈门口喂马的马厩，被时光冲刷，还留着一点曾经的模样，我似乎能够听见马叫的声音。老旧的马掌铺里，安静地放着几个锈迹斑驳的马掌，这是为哪一个马帮打制的呢？山上的流水，涌进了碾子房的石槽，碾米的石磨在水流的推动下不断转动，发出“嘎吱嘎吱”的声音。

第三条　凤阳乡→民主村→茶庵塘古道遗址

长约 2 千米的山石古道，在一片原始森林中盘山蜿蜒，山石上深印的马蹄印，向人们诉说着昔日的辉煌历史。沿着古道而上，会体会到一种路马西乡、人马远征的情怀。

绝大多数的路段，藏在浓密的树荫森林里，路面凹凸不平、石头上有许多马蹄窝。伴着清风和鸟鸣，走在

水碾子

深邃的山间树林里，有石头块砌成的小路，也有枯枝落叶铺成的泥泞小路，好奇路的尽头有着怎样的神秘，路上会遇到什么奇景，越过半山腰，能听见马叫声，继续往前走，半山坡上，有着许多遗留在山里的马厩，旁边居然还有几匹马，路上有人在学骑马，体验那一份惊险神奇。

虽然现代化的脚步，将茶马古道的人影蹄印侵蚀得干干净净，但是茶马古道的历史与文化意义，依然可敬。

三、被时光掩盖的财富

（一）茶马古道沿线古驿站

茶马古城上遗留着曾经的会馆，有些客栈房子看上去像文人雅士住的公馆、会馆。刚走进去，我并不知道这是干什么的，后来参观了很多地方、建筑，才知道，它不像茶马古镇那样，都是卖茶叶的商铺，也不是大象的标志，而是我来到普洱不久，被人们激起了好奇，我开始苦苦追寻的古道，听说后山就是索道，从这边起点爬到山顶，是连接着那柯里的那头，让人忍不住脚步想继续往前。我们还和朋友相约，哪天早早地徒步旅行，一路游走，去探索看看路上都有些什么，两边是不是真的是相通的。

（二）古牌坊

途经茶马古城旅游景区里的唐、宋、元、明、清五馆，不得不佩服前人。条件越艰辛，越能磨炼人，前人们被雕琢得越优秀、聪明。忍不住想到自己要是在他们那个时代，定能学到不少东西呢，无论是走南闯北的勇气、为人相处之道，抑或是遇到突发情况的临危不乱、镇定稳定的领

深邃的古道

导风范。这些庭院一眼就让人感受到历史文化气息，好像自己是地地道道的古代人，它们见证着普洱茶的发展。

到了宋明阁楼，仿佛回到熙熙攘攘的茶马市集，眼前出现了不畏艰险的马帮人行走在千里古道上的场景。

明朝万历年间，普洱茶开始有名，这一时期普洱茶空前繁荣，这里记录着制茶技术的时代变革和茶产业崛起的历史进程。

随着茶叶贸易的繁荣，清朝在此建立茶叶贸易中转站，茶由此集散。

（三）古驿站

来到忠义驿站，看到牌匾上的名字，很好奇它为什么叫这个名字，驿站的装潢设计保留了当初的模样，怀着激动震撼好奇的心情走进去，里面有许多当时马帮们的用具和生活用品，马蹄铁、餐具、马铃铛、马驮东西的工具、马锅头的锣锅、盛茶做酥油茶的碗具、木桶、称量用的小铁秤……都是珍贵文物，一看就很有年代感。

纵横的五条茶马古道在普洱交汇，这几条古道风光各异，各季景致不同，行走在这些古道上美景与艰险并存，让世人深深感受到马帮的浪漫与艰辛。

马厩

茶马驿站

关于“那柯里”的驿站名字，有一个美丽传说，相传到荣发马店歇脚的马帮们都需要蹚过店门前的一条小河，劳累或者睡眼惺忪的马儿对着清澈清凉的水都流出了伤心的泪，因而得名“马哭里”，视马为生命的马锅头几次上书官府，官府遂了马锅头的心愿，修建了长 20 余米的风雨桥，将马哭里更名为那柯里。

四、茶马古道沿线茶店、马店、客栈、商行

走进那柯里驿站的一些商铺，能够看到许多民族风格凸显的饰品、陶器、瓷器，让人看到就想拥有，美不胜收。

无论是从思茅上来，还是从磨黑孔雀屏下来走夷方，经官府大道入京的马帮，都必须在那柯里荣发马店歇脚过夜。

为你唱一首马帮情歌，这些客栈有些僻静，但是又很亲民，走着走着想进去住一宿，体验一

下晚上住客栈的心情是怎样的。那些马帮有没有钱歇脚住客栈？如果有现在这般条件，不用傍路而居。

盛水容器

五、马帮的构成

1. 马锅头：是马帮的统领者，一队马队的核心。用我们今天的话来说就是马帮主要管理者。马脚子必须听从马锅头的指挥，他负责采买开销，处理马帮运货途中的一切事务，与藏民们互换酥油、盐等。野外开稍吃饭，由他掌勺分饭菜，走哪条路线也由他定。

2. 赶马人：是马锅头雇用的小工，有的小工经过自己的努力，也会拥有属于自己的一两匹骡马，上路时将自己的骡马加入马帮，如果再有一些本钱，可以备上一些货物驮上，时间久了，有利润了，自己也可以做马锅头。

3. 骡马：是茶马古道的最重要交通工具，稳健耐力长、适合走山路险路，是云南的优良马种，适合驮物、骑乘，结实、短小精悍、运动灵活、善于登山越岭，长途持久劳役，个头不大，但能忍辱负重，奔跑速度快。

六、马帮精神

马帮精神，是茶马古道的魅力所在，当代企业家、创业者、社会精英、学生、青少年，很有必要去体验马帮曾经走过的道路，去领会当年的马帮精神。

（本文图片由夏清艳提供）

茶马古道赋

《茶马古道赋》碑（师顺 摄）

滚滚金沙水，莽莽澜沧江。古道经行处，普茶久弥香。蹄痕千秋韵，烟树万壑苍。一曲赶马调，壮歌情未央。

茶马古道，蜿蜒万里，绵亘千山。始于唐，盛于清；起于滇，止于藏。绵及欧亚，流布外邦。马蹄深深，记载古道艰辛事；茶烟袅袅，犹忆当年茶马踪。溯往而情怀难尽，追来则词溢于胸。乃抚笔成文，赋成此章。

伟哉茶马古道，壮哉西南马帮！马鞭高扬，奔走万方。披星戴月，沐雨栉风。铜铃绝响，马蹄匆匆。山坡晓度荒村月，前路漫漫；石栈村含野墅烟，旅愁茫茫。鸟道崎岖，一路艰难险阻；溜索凌空，几番魂惊魄动。翻高原而越雪岭，经霜历雪，只为生计奔忙；临长川而履沼泽，餐风宿露，依旧不改初衷。百重寒暑，铃声摇晃山中岁月；万里山川，马背驮尽岭上星光。声声赶马调，千山回响；迢迢坎坷路，数度沧桑。马蹄声碎，古道绵长。寒来暑往，日走千帮。阴晴晦朔，艰苦备尝。以茶易马，沟通滇藏；茶马互易，播惠四方。瑞贡天朝，誉满清宫。传递文化，联系友邦。繁荣经贸，振兴茶乡。巍巍乎，茶马之壮举！煌煌乎，古道之丰功！实乃西南各族连接之纽带，普洱茶乡对外开放之桥梁。百年伟绩，彪炳南疆。

欣逢盛世，百业俱兴。乃重修古道，增其胜景。古道重光，贡茶进京。王者归来，倾国倾城。遂有四海茶人，普洱寻味；八方游客，古道重行。行古道乃知茶马不易，抚蹄痕而叹古道艰辛。亦有骚人词客，述茶马之旧事，扬古道之盛名；历路途之雄险，赞马帮之精神。嗟夫！沧桑无语，古道为凭；马蹄声远，岁月留痕。承先启后，不忘前人之壮志；继往开来，再续古道之雄文！

蹄印深深话墨江

蹄印深深，那是马帮刻在石板上的记忆；古道悠悠，诉说着墨江先辈们创业的艰辛。走过水癸桥上的石板路，石板上深浅不一的马蹄印清晰可见，没有因为时间的流逝而消失。走进回龙村民小组曾经的马锅头家里，多年不用的马鞍、架子、皮搭子、马铃、皮钱包，还完好地存放在马厩楼上，这里不是旅游景点，这些陈设不是让游客观光的展品，而是保存先辈马背人生记忆的旧物。现在的回龙村民小组，曾经是很有名气的回龙街，是官马大道上的一个重要驿站，马帮兴盛时期每天接待锅头数百骡马上千，生意兴隆经济繁荣，聊起马帮的话题，七八十岁的老人无不津津乐道。古道、桥梁、津渡、驿站串联起来，将墨江带到中原，带到西藏，带到东南亚各国，甚至远涉重洋，走向更加开放的世界。

普洱是茶之源、道之始，作为内地汉族地区与边疆少数民族地区进行茶盐贸易、经济往来的重要通道，它将中原文化和边疆少数民族地区文化融为一体，有“南方丝绸之路”之称。其中的官马大道是茶马古道中最重要的一条，普洱贡茶就从这条路由骡马运到昆明，许多老字号茶庄的普洱茶，由普洱经昆明中转内地各省，官马大道贯穿墨江全境，在一定程度上带动了墨江经济的繁荣。

官马大道从宁洱出发，第一站到磨黑（60 里），第二站到哨牌（70 里），第三站到回龙街（60 里），第四站到露水井（70 里），第五站到墨江县城（40 里）。这五个站点是歇宿的大站，大站与大站之间至少还有一个腰站，即中午饮马就餐的地方。比如从哨牌到回龙街，中途要在通关休整歇息一次。按现在的行政区划，哨牌在墨江境内，位于把边江吊桥附近，为通关哨下辖曼戛河（现名曼干河）塘驻防所在地，这里除了驻军并无其他居民，到现在也没有形成村落，在墨江地图上都没有标注“哨牌”这个地名，随着公路交通不断发展，“哨牌”这个茶马古道上的驿站渐渐淡出了人们的记忆。

通关被称为马帮驮来的古镇，位于墨江县西南部，距县城 44 千米（原国道 213 线 72 千米），此地既是滇南交通要道又是军事要塞（通关哨），其名称由来与之相关。通关虽然只是官马大道上的一个腰站，但是它的地理位置十分重要，上千年来南来北往的马帮往返于古道之间，在通关歇脚装卸物资，使得通关古镇长盛不衰。在清代，通关的街道就铺设了石板，曾经建有魁阁、佛堂、将军庙、武庙、太子庙等建筑。如今古镇还保留着一幢幢古色古香的老宅院、老客栈、老马店。通过古老的门面、雕花的窗户、雕刻的石货台、狭长幽深的庭院、古色古香的旧家具，仍然可以感受到通关当年的古风古韵。21 世纪初，通关中科山上建成了金马公园，其主体建筑标志是一匹金色的凌空飞奔的马，突显古道遗风。通关古镇又被誉为“金马通关”。

回龙街是茶马古道进入墨江境内的第二个宿站。回龙街地势好似一条俯卧的青龙，街道沿着山脊延伸，街道两旁的住户基本上都是经营马店的，现在房头多已改头换面，但建筑格局基本保存了下来，部分人家还保存了马店，马帮器具也一应俱全。回龙街兴盛得比通关还早，现在回龙村民小组 80 多岁的老人说，回龙成为“街子”的时候，通关还只是一个寨子。林子帆的房屋是住了七代人的老宅，至今已有100多年的历史，现在是四代同堂，建筑保存完好，只是室内装修稍微现代化了一些。他祖上最初到回龙定居的时候，旁边有一家茅草房发生火灾，经抢救保住了半丫，此地亦因此被称为“半丫房”，有的老地图上则将“半丫房”的少数民族语言谐音“班丫法”标在了地图上，回龙街一直保留到了现在。林子帆说：“在马帮兴盛的时候，回龙街每天驻扎骡马1000多匹，马锅头、马夫、过往客商络绎不绝，每天宰杀3头牛，4 ~ 5头猪，生意十分火爆。方圆数十里的曼博、公馆、牛库、民兴等村寨老百姓将马草、马料、大米、鸡、猪、牛、酒等物品拿到街上售卖，景星老板卖的酒很受欢迎。”回龙街附近还保存着比较完好的茶马古道石板路面，石板上的蹄印清晰可见；村民张光荣家收藏的鞍子、架子、肚带、屁秋、马镫、马掌、皮钱包，已是不可多得的古董。

回龙之后的宿站是露水井，两个站点之间的距离达70里，这个里程基本上到了每天行程的极限。这段行程不但山路崎岖，更要经过阿墨江天险，雨季江水上涨波涛汹涌，并有染疫风险。史料记载：“每至春夏，阴雨绵绵，水涨瘴发，急渡者遭沉沦之苦，坐待者染烟瘴之灾。”直到同治十二年（1873年）春忠爱桥建成，这一状况才得到缓解。道光五年，他郎通判龚正谦率绅士张端、高元襄由瞻鲁坪开辟新路以通思普，在那臼河下段建造了一座石桥——步仙桥，交通状况进一步改善。沿老仓坡上到山头，就是露水井宿站，地理位置好又有宿站的地方，服务业都比较发达，露水井不但形成了村落，还开辟了露水街并一直保留至今。

墨江县城是古道上的一个重要站点，说它是交通枢纽也不为过。从这里可以东至元江继续走官马大道直达昆明；也可经元江前往红河、蒙自，经碧溪入新平、楚雄；还有到镇沅、景东、大理方向的通道，习惯上将这条线路称为“后路”。由后路到镇沅县城需经布竜（60里）、洛多（60里）、界牌（60里）、塘上街（40里）、新抚（今古城，70里）、大园子（40里）、镇沅县城（80里），计七站。

在墨江县城有一条曾经很有名气的街道——马店街，位置从过去的东门街口（现在的县财政局）环城路15号开始到原税务局大楼，又从小河边86号至106号（即瓦房桥）止。在货物运输主要靠骡马和驮牛的年代，大量的马帮在墨江歇脚，墨江县城饮马成炊，服务于马帮食宿及物资贸易的马店街应时而生。马店街曾经是墨江县城最宽敞的街，兴盛时期有大小店铺30家，规模较大的有7家，这7家的店主中，段民生、杨慎三、陈贡廷、杨茂芝是墨江人，解秉伍、吴华廷、马贵兴（回族）是通海人。马店多以院子的形式存在，沿街方向一楼是铺面，矮墙之上设铺台，台面上是由若干块木板构成的铺门，开门时一块一块拆下放到一边，关门时逐块往左右两边合上，最中间的一块合上后从里面插上插销，门就关好了。门楼上是相对高档的客房，只有马锅头和实力比较雄厚的客商才会住，一般伙计是在厢房的地面上打地铺住宿的。院子两边是厢房，一般作为厨房和简易客房、马厩。院子中间有水井，洗漱用水、饮马用水一般就用院子中的井水。后院多作为仓库，用于仓储或临时保管马帮驮运的物品。也许是街面地皮比较珍贵的原因，这些马店都有一个特点，铺面不是很大院子却很深。

在马店街西南1.5千米处，有一个地方叫马场，紧连他郎驻军之地蚂蟥塘。此地既是他郎驻军的练兵场，又是过往马帮的歇息处，实力一般的马帮多在这里扎营露宿。与马店街互为补充，满足不同层次的消费需求。如今马场一带已经成为墨江新城区，虽地处城郊接合部，却也是比较繁华的商业街区。

碧溪同样被称为马帮驮来的古镇，位于墨江县城东北部，距县城9千米。古镇原名碧朔，明永乐四年（1406年）朝廷在此设立了恭顺州，距今已有近600年历史。历史上碧溪曾是滇南重镇，同时是茶马古道之官马大道上的一个重要驿站。古镇的建筑风格、街道设计、房屋构造堪称一绝，整个古镇以十字街道为中心，分为四个城区，十字街中间的八角楼是古镇的中心。民居由四合天井、四合院、三坊一照壁、跑马转角楼以及“一颗印”等不同古代建筑艺术精髓汇就而成。从屋脊、檐口、石雕、墙体、门窗、台基、柱、围栏到木雕、砖雕、水墨素绘、石色彩绘等都展现出精湛的技艺。建筑水平和艺术风格特色鲜明，建筑造型庄重优美。碧溪古镇地灵人杰，清末民初庾氏三兄弟、滇商巨擘庾恩荣、护国将军庾恩旸、政商名流庾恩锡，在云南历史上都是赫赫有名的人物。

墨江西五里的涟漪桥、城东十三里的水癸桥，都是茶马古道上很重要的桥梁。涟漪桥横跨涟漪河，水癸桥跨越水癸河，对减少马帮及行人涉水之苦发挥了重要作用。涟漪桥最先为木桥，轿式结构，“长七丈有奇，中建锁水阁，高四丈余，为墨江境内木桥之最巨者”。曾经列为“墨江八景”之一，虽经多次重修，仍然保持原有架构，时至今日还是墨江一道亮丽的风景。水癸桥为石拱桥，始建于乾隆四十年（1775年），之后多次重修，桥头立有5块功德碑，记录了历次重修该桥的贡献者，桥面石板上的蹄印清晰可见。

而今，茶马古道完成了它的历史使命，石板上深深的马蹄印记随着岁月流逝，渐化为民族商贸文化的缩影。有山歌唱道：“茶马道上老石桥，风雨飘摇过几朝；过桥走向康庄路，多少艰辛化甘霖。”水癸村边古石桥，能工巧匠精雕琢，多少人马这里过，世代不忘这座桥。跨过山腰进山心，好像听见马蹄声；石板路上留脚印，茶马古道传古今。

茶马古道边的曼景湾

茶庵塘官马大道（白马辛荣 摄）

从思茅驱车前往江城县，在214省道与219国道的交叉口，有一个传统的傣家村落——曼景湾。二级公路可以通往普洱，也可以通过易武、勐醒到西双版纳的景洪和国家级口岸磨憨。

站在曼景湾傣家人的竹楼上，一眼就可以把一半以上的整董坝看遍。坐东北朝西南的村落依山傍水，红泥河水在寨脚穿过。原来国道219线是从寨头过的，现在人口增加了，户数多了，寨子大了，公路成了寨子中心的道路了。曼景湾这个在清雍正帝之前就有人居住的村子，2013年被确定为中国传统古村落。

一

道光年间（1821—1850年），从思茅到西双版纳勐腊易武的茶马古道青石板路修通后，易武向外辐射的贸易通道增多，其中一条就是：易武→江城→石屏→昆明→北京。曼景湾古村，早年就处在这条通往内地，通向勐乌、绷怒乃至万象的茶马古道边上。赶马帮的去，赶牛帮的来，由此，曼景湾曾繁盛一时。特别是每年的冬春季直到夏至时节，路过的商贾马帮就会在寨旁的河边、田边选择有水有草、地势稍微平缓的地方，卸驮解鞍，马吃草人做饭。有时候上百匹的马帮歇在田边河畔，马儿吃草时的嘶鸣声、烧火做饭时锅碗勺铲的碰撞声，交织成一曲茶马奏鸣曲，俨然成了一个夕阳下流动的小村庄。

而那些一来二去，与寨子的头人熟悉了的马锅头，则会到寨子里去买点米，再用茶换点盐与酒。主人也会盛情迎接，诚邀到火塘边上，抽两筒水烟，喝一碗老茶。情缘好的，几句闲聊下来，竟会搬出自家酿贮藏多日的老酒，置碗斟酒，几块干鱼，一碟小菜，频频碰饮。喝到高兴时，一起共唱“多哥，水——水——水水水”，只喝得日落月出，繁星摇晃。

马帮营里的豆芽星灯下、河边的那个大石头上、田旁的那蓬凤尾竹下，或是在马驮上不时就有笙琴传来，那个帅得有点忧郁的马二哥，唱起思念家乡阿妹的情歌，让河水停止了流淌，田野里的蛐蛐青蛙也在侧耳倾听。

随着时代的变迁、朝代的更迭，古村逐渐衰落了，少人问津，但也因此幸运地完整保留了下来，使我们在今日还能一睹其初始风貌。

二

曼景湾，这是一个无数次路过，但却又极少进去仔细看看的地方。中秋前夕，到曼滩询访几位知道寨史的老人后返回时，我独自一人进寨子去感受一下这个古村落。

立秋后的整董坝子，气温下降了许多，缠绵的热不会那样时时黏着你的前胸后背。正好在进寨之前下了一场雨，把一整个坝子洗得清清爽爽、新新亮亮的。太阳笑容满面地把光斜斜地泼洒在坝子的香蕉树上、屋顶上。

正午，我走在寨子里一段是用水泥、一段是用细碎的牛角石铺的道路上，这条小路宽窄不一，弯弯拐拐，我左瞅右瞧，寨子里很少有人在家里，只是偶尔听到下了蛋的母鸡的叫声；被惹烦了的在圈里午睡的猪们，不满地哼哼几下；还有那条趴在竹楼掌笆上半闭着眼的黄狗，也抬起头，从胸腔里挤出一两声不太连贯的哼声，再打一声长长的哈欠，算是向我打招呼，又像是告诉我，主人不在。

像整董其他寨子的大多数人家一样，他们的竹楼，楼上住人做饭，楼下关畜禽及置放杂物和柴火。现在发展种植业，牧业慢慢减少，所以养大牲畜的人家越来越少，偶尔有一两家养着也只是两三头而已。这样原来拴牛的楼下就成了堆放耕田机、打草机、碾米机、拖拉机、摩托车的地方了，收入好的人家有的停了汽车。

我在寨子里转来绕去，看到一座竹楼掌笆上有一个老大爷在抽烟。我走到他家的楼下，推开用竹篱笆做的门，刚刚收回来的苞谷堆得像小山一样，快要顶到楼板了。一个角落里堆放着一些南瓜。鸡舍、猪圈、农具、杂物和摩托车井然有序地摆放着。我顺着木梯登上楼去。二楼入口的门关着，我轻喊了一声。老大爷起身过来把门打开，看到陌生的我也不惊讶，侧身让我进去，然后随手拿了一个藤蔑矮脚圆凳给我。我坐在他身边与他聊了起来。老人叫波教胆，82 岁了，是地道的曼景湾寨子人。他说，20 世纪二三十年代的时候，家门前每天有近百个马队经过。他们这里过去很少种茶，都是以种玉米和稻谷为主，卖点香蕉、菠萝、柚子、粮食给马帮。中华人民共和国成立后马帮都还有的，只是少了些，驮运的物资也不仅是茶，还有一些百货。到六七十年代公路修通以后，基本上就没有了。以前马帮经过的地方，有的路段被房子占了，有的也只是寨子里户与户间的一截小路。说到他家的经济收入，他说："我家有六亩田租给了别人种香蕉，自家的山上种植了五亩茶叶，十多亩橡胶，每年收入还是有七八万元。"看到他家的房子柱子稍微有些倾斜，问他是不是想要盖新房了？他说："本来去年就计划盖新房，但政府把我们寨子列入古村落保护，不让动，要保留现状，又没有其他地方盖。"保护与发展是时代留给人们的考卷。

三

我合掌答谢，告别波教胆老人，走下木梯。来到寨子旁边的那座小桥上，回望曼景湾，思绪拉得很长很长……

一个人，一个家，一个族群，一群聚集在一个地方共同生活的人们。一代一代延续着、传承着。有些经历是难以言说的，那些说不清道不明的事和物，残留在我们的记忆深处。对于敏感的人来说，那些残垣断壁或是一种天赐的时光记忆，破译其中的玄妙，或许就能追抚昔日的岁月……

真实的寻觅往往是在不为人知中进行的。对时光的叙述有时是艰难的，所有的过往无不被列入时间的范畴。而所谓的喜欢，就是来自感觉。魂牵梦绕，辗转反侧，苦苦相思。从本质上讲，我眷恋和痴迷的与其说是一种姿态，不如说是想探索一种事物的神秘性。

四

斯时斯景，那些与古民居有关的故事，或喜或悲，它们已经离我们很远，但又很近，而此时想要记录当下心境，真的太难。听起来似乎有点匪夷所思，但这种滋味让我心生憾意。如果这些古村，这些逼仄狭窄，或长或短的户间道路里真的有我的前尘影事，我也只能是在观望中拾捡一些过往的残留罢了，存在的和消失的，都在生命里无言地苦过、痛过，而大多数的日子，数着指尖上的岁月，在如水的流年里随波逐流，才是我观照的现实人生。

今天，随着城市化进程的加快，城市里林立的高楼大厦覆盖了历史印痕，那些带有时代印记的古民居也渐渐淡出了人们的视线。我常常会望着拆毁的废墟发呆，与其说我是在凝望，不如说我是在体会发生在历史。

生活是被所有的日子一天天摞起来的、它就像一抔细沙，在指缝间沙沙地溜走而攥不住。而生活的品质，并不一定取决于家居的宽适，物品的精美和典雅富贵。它关乎的是内心的欲望和现实之间所达成的和解程度。在此基础上，那些被习惯了的东西质地无论多么粗糙，都能够被我们包容接纳。每个人的日子各有不同，各具特色。生活就是由那些平淡的、忧伤的、喜悦的日子组成，因为日深月久，所有的情感会纠缠于内心和日常生活之中。

曼景湾老房子依然存在。触摸一段历史是保持清醒思考的有效途径。那些遥远的记忆无法散去。如果找不到因果关系，谁能相信呢？

今天，面对这一切，无论感觉如何，都会有一种很直接的力量，而此时，用唯美与感伤的字眼儿安然诉说，所有的情绪在呼吸之间，将菡萏成花的荏苒岁月，怀揣成一种期盼……

夕阳慢慢靠向山头，天暗了下来，看那光影一寸寸在视线里挪移、离开，却不敢回头。或许，我狭小的世界里只剩下一个梦境般的期盼了，因为我容纳并接受了眼前这陈旧与颓败，那些曾经发生过的，与文字无关的饱满、瘠瘦，也许在某一天的某一个角落，会让人忽然惊觉时光的遥远。

磨黑古镇难忘的两夜

在云南万里茶马古道发源地普洱附近的磨黑是非常有名的茶马古镇，它位于古普洱府（今宁洱）东北约60华里的一条河谷之中，与古普洱府中间隔着一座大山，是古普洱府上省城云南府和都城北京的必经之地，属交通要道，也是重要的驿站。磨黑古镇从外表上看其实也没有多少奇葩的地方，论地形山貌，它连像样的坝子也没有，几个小山包的堆积挤压反倒成了磨黑古镇的地形特点，在磨黑人口中有这么一句口头禅："磨黑的墩子，普洱（今宁洱）的岩子，思茅的坝子。"在修建公路以前，普洱府到磨黑古镇刚好是一天的行程，驿路算作两站，中间休息打尖的站点叫茶庵塘，民国时期，茶庵塘有住户10余家，开有供行人吃饭休息的茶店、马店。

磨黑古镇的兴衰是与历史同步的。清代同治年间，回民起义军包围普洱府，攻破了府城，但随着云南局势的变化，清政府组织的四周乡勇民团反过来又包围了起义军，普洱府四乡田野驻满了围困起义军的乡丁团勇，其中比较强大的一支队伍驻在磨黑河边的沙滩上，这个地方叫沙坝营。后来，仗打完了，聚集在磨黑的成百上千的乡丁团勇就在磨黑安家度日，清政府同意其开采磨黑盐矿，无数乡丁团勇变成开矿的劳动力，一下就解决了散兵游勇的生活出路问题，而有军功的军官转身一变成了盐矿老板。至此，磨黑地下的盐矿得到开发，获利丰厚，茶马古道上的"滇南盐都"横空出世。

抗战时期，磨黑以南七八百里外的阿佤山、打洛、大勐龙一线变成了抗战的最前沿阵地，除了中国远征军第六军在此重兵防守，各种各样打着抗日旗号的游击队千军万马开赴边境，远离战场但又是交通补给线上的磨黑古镇突然之间再度喧嚣起来，一方面客高云集，马帮穿梭，使磨黑的后勤补给异常繁忙；另一方面沿海、内地贫富混杂的逃灾躲难人员纷纷拥来，一时之间磨黑人口暴增，商贸繁荣，鼎盛无比，街道扩大好几倍，连磨黑中学之类的新生事物也应运而生。

20世纪60年代末期，我从县城跟随疏散下放的母亲到磨黑公社秀柏大队团龙街生产队安家落户，一夜之间变成了磨黑人。团龙街这个寨子的40多户人家，全部是哈尼族，位于把边江畔，与墨江县隔江相望，不通公路，离磨黑古镇有整整一天的山路，是名副其实的边远山村，又非交通要道，是个外人不会轻易涉足的地方，也是磨黑公社最为落后的村寨之一，因为这层关系，我们小时候如果能够有机会到一次磨黑上街赶集，那兴奋激动的心情不会比今天一般人出国旅游相差多少，能看见电灯与汽车，这是幼时我朝思暮想的事情。

磨黑给我留下最深印象的却是2005年5月1日和2007年3月27日的这两个晚上。众所周知，在最近这二三十年来轰轰烈烈、热热闹闹的普洱茶宣传推介活动中，一个名为"马帮茶道·瑞贡京城"的大型云南马帮仿古驮茶进京活动是比较引人关注的，这个马帮由120头骡马、43名赶马人组成，加上领导组织、服务人员、后勤车辆、媒体记者等的人员，队伍庞大，人数过百，投入大，场面广，特别是那120匹披红挂彩的骡马具有强烈的视觉冲击力，当时人人喝彩，个个叫好，古府普洱为之轰动。5月1日一早，马帮在古普洱府驻地（今宁洱）隆重举行了正式出发仪式，当天出发来到磨黑古镇落脚，驻扎于当地人称为大落洞的广场安顿扎营，吃饭休息，开稍过夜。

作为一名户外“驴友”摄影旅游爱好者和茶马古道粉丝，我和好朋友唐荣祥一起带着各自的户外装备随马帮一同来到磨黑，我们与马锅头一起在草坪上放好帐篷睡袋，打算同他们一起过夜，实际体验一把“马锅头”的真实生活。出发仪式上可谓人山人海，可是带上行李，铺好睡袋准备与马锅头一起过夜的就仅仅剩下我们两个了。开始，组织者为了活跃气氛，扩大影响，晚饭后在大落洞广场上点燃篝火，摆满酒水，让马锅头与当地居民打歌、跳笙、联欢，热闹无比。我清楚地记得，普洱当地酒厂还为马帮提供了名为“茶马古酒”的酒水赞助，而这款酒还是我事先为酒厂打造命名的，现在喝着这样的酒，与马锅头们共同联欢，心里确有一番别样的滋味。深夜，大落洞广场恢复了歌舞后的安静。老唐和我像赶马人一样钻进了各自的帐篷，几十个帐篷颜色各异、色彩斑斓地连成一片，在昏暗的灯光下给人一种野地扎营浪漫度假的感觉。100 多匹马圈在一边安详地嚼食草料，发出各种各样马群特有的声响，有的蹬腿，有的吹鼻子，很好地营造出了马帮营地的氛围。此时正值农历春播季节，虽已深夜，四周山上依旧有不少鸟儿不停地鸣唱，发出了类似“编背篓，偏背篓”“烧火放火、烧山放火”般的呼叫，这鸟叫声是那么熟悉，听上去清亮悠扬，很有韵味，让人沉迷，可以说我是从小听着这种鸟叫声长大的，可惜不知道这些鸟儿叫什么名字，直到最近才从网络小视频中找到答案，原来叫声似“编背篓”的鸟儿学名鹰鹃，而鸣叫声似“烧山放火”的学名四声杜鹃。在这些鸟儿的鸣叫声中，我领悟到人生的一种境界，一个人的满足感来自做着自己喜欢的工作，还能引起社会的关注与尊重。

另一个难忘的夜晚是 2007 年 3 月 27 日。这个话题要从北京奥运会说起，3 月 27 日，是距北京奥运会开幕倒计时 500 天的日子，举国上下都有不同形式的庆祝活动，而在古普洱府驻地普洱（今宁洱）茶源广场的“茶马古道零千米纪念碑”下，普洱茶文化研究会会长赵骅银正为“挑担茶叶上北京，徒步健身奥运”的哈尼汉子白龙华举行隆重的出发仪式，政府部门领导及相关部门负责人及社会各界人士、学生团队近 500 多人出席了出发式，而我正是活动的发起组织者和当事人。虽然实质上“挑担茶叶上北京”与前文提到的“马帮茶道・瑞贡京城”是相同的，都是借助茶马古道宣扬打造普洱茶品牌和普洱茶文化的行为艺术，但组织和性质上完全不同，前者从策划、组织、行动，到几万元的投资都是我一个人完成，属个人行为；而后者是大型社会活动，光是投资就高达数百万元，参与人数多达百人，有充足的后勤保障，有专业的策划运作人员，基本上属于企业商业行为。

3 月 27 日正午 1 点多，我才正式离开普洱上路，挑担茶叶上北京的万里征程终于迈出了第一步，七八个亲朋好友陪伴相行，护送 60 里山路，一同由普洱沿茶马古道走到磨黑古镇叫八千方的地方吃下午饭，早有朋友在康佳饭店摆好了酒席，这里离磨黑古镇还有 10 多里山路，都是下坡，非常好走。晚饭结束时，天色完全黑了下来，天上挂着一颗明晃晃的月亮，正是农历二月初九的日子，月亮虽不圆满，却也光亮异常，衬得山峰越发黝黑。磨黑河谷村寨的灯火一片连着一片，人间夜景是如此美好，拂面的春风令人舒畅，在朋友的欢声笑语中，我们忘记疲劳，踏着月色，怀着梦想，挑着担子，向磨黑古镇走去，与马帮轰轰走进磨黑不同，我们在月光下悄无声息地走进了古镇磨黑。

在那柯里，回望另一种乡愁

一

闲看风月，是雅事；闲看诗词中的风月，更是如此。

这样的地方，只有两处：一处在唐诗宋词中，一介书生，骑着一匹蹇驴，踏过流水小桥，走过茅店竹篱，一回首，一个女孩站在高楼上望着，那一刻，游子的心中，依依不舍，真有一种“何日归家洗客袍，银字笙调。心字香烧”的思归心理，有一种梅雨纷飞的感觉。

还有一处地方，就是在普洱市的那柯里。

这样一个小小的地方，带着一种薄薄的禅意、一种淡淡的古雅，一下子就将游子的心拽住，让人不想走了，只想在这儿租一椽房子住下来，看花，听歌；在夜晚，打开窗子，放一片如水的月光进来，然后灭灯独坐，泡上一杯普洱茶，对着窗外那轮千年的皓皓明月，什么都可以想，什么都可以不想。此时，一切都如一幅水墨画一般，淡雅，和谐。

自己，此时也成为水墨画中的人物，成为隐居山林的隐士。

一口茶汤缓缓入嘴，带着一种水木清华，带着一种香醇，在舌尖上轻轻地流转着，缓缓地吞下。这吞下的不只是茶香，更是一种诗词里的翰墨气息。

在那柯里，静夜一杯茶，能够使心润如花。

二

那柯里是水墨画中的风景，更是古诗词里的风景。

这儿，依然木楼高耸，依然黛瓦如鳞。木楼的窗子，雕花镂纹，精美，精致；曲折的栏杆，掩映在绿色里；虽然是现代，这儿的一切，又仿佛处于千年之外的时光里，处于竖行的文字里，从未改变。

一切都静静的，也净净的，透着一种和谐、一种静谧。

人到此处，仿佛走向了心的港湾，也仿佛走到了精神的后花园。

小河的水，干干净净地流淌着，仿佛不是从红尘中流出来的，而是从《金刚经》的文字缝隙间流淌出来的，带着一种清淡、一种轻灵、一种不着于意的自然之趣，款款缓缓地，就那样流动着，带着天空的晴蓝，带着山色的青葱，一直流向远处，流向翠色溟蒙中去了。

好水，是有灵性的，是有生命的。

这儿的水，就有着一种灵性、一种空净、一种生机。

水岸边，有水车在慢慢地旋转着，带着一种山水田园的意蕴，仿佛是一首孟浩然的五绝，讲究平仄押着韵；风雨桥从水面横过，人慢慢走过去，如走在花廊里一般。在美人靠上坐一会儿，悠然间，抬头看看眼前青葱如眉的山，看看桥下脉脉如眸光的水，如面对一个绝色的女子。

那柯里如果真的是一个古典的女子，她没有杨玉环“回眸一笑百媚生”的做作；没有“帘卷西风，人比黄花瘦”的婉约娇媚。她是布衣荆钗的，是素面朝天的，是上得厅堂下得厨房的小家碧玉，是山水间浣衣的西施。

三

当年，这儿是茶马古道的一处驿站，是商队一处歇脚的地方。一条远古的驿道，从山水的那畔一路延伸过来，到了这儿，停顿一下，就如一个长长句子中的逗号，歇息一口气，然后再延伸向山水的那畔，延伸向人们的想象也追不到的地方。

那时，这儿的屋檐下一定有铎铃，随着风的吹动，“叮当，叮当，叮当……”一声声响起在《雨霖铃》的曲子里，一声声在群山里回荡着，也一声声在远行人的心中荡漾着。

那时，这儿一定有客栈，有飘摇的酒旗，有挂着“茶”字的茶馆，有当垆的女子，笑着招呼着来往的客商。当然，这些都掩映在绿色里，或者掩映在桃花杏花的一片花光里。

马帮的汉子们走到这儿累了，天晚了，会“吁”的一声停下马儿，停下脚步，然后一个个走进客栈，叫上几个菜，喝上一壶酒；或者走进茶馆，借一杯茶，浇一身征尘。

那一刻，对他们而言，客栈就是家，茶馆就是家，驿站也是家。

第二天天蒙蒙亮，在“鸡声茅店月”中，一队人起来，将马儿拉出，将货物放好，说声“走了哎”，在店家的“走好”声中，在当垆女子脉脉的眼光中，一直走向晨光，走向遥远的山水那畔。

至今，有一个名“荣发驿站”的客栈，仍静卧在岁月里，筒子瓦、青砖墙，记载着岁月的沧桑，门前斑驳的对联道：“关山难越谁为主，萍水相逢我做东。”字里行间，有着一种关心、一种安慰。

一队队马帮汉子来到这儿，又离开这儿，带着这儿的普洱茶，带着这儿的土特产，还有这儿的女孩的思念，一路走向远方。沿途一个个地方的富裕，一个个地方的欢声笑语，随着这条古道延伸着，也随着古道上马帮汉子们的脚步延伸着，一直从过去延伸向现在。可是，这些马帮汉子却早已走远了，走向了历史深处，走向了落日的尽头，没有了影子。这儿的驿站却留了下来，那柯里也留下来。我想，当年那些马帮汉子离开的时候，无论走向雪域高原，还是天涯海角，在他们回首的刹那，思念一定会停留在那柯里，记忆也一定会停留在那柯里的驿站里吧！

四

多少年后，一袭单衣，我踏着马帮的步履，踏着这条遥远的茶马古道，一步步走向这儿，走过普洱，走过宁洱县，来到那柯里。

那一刻，我有一种穿越感，有一种走进岁月那畔的感觉。

我感觉到，自己仿佛是一个行走在远古岁月里的旅人。

我仿佛走了3000年，走过长长的前世今生，就是为了寻找一处安放心灵的地方、一处安置相思的地方。我一步步走到这儿，有一种恍如隔世的感觉：古道的台阶，沁着点点青苔；青石板上，留着马蹄的痕迹；千年桥头的木楼，依旧飞檐翘角有如鸟翼；水磨随着水轮的带动，仍然“吱呀吱呀”地响着；饮马石槽上，仍斑驳着錾子雕凿的痕迹……

一切都那么陌生，一切又都那么熟悉，都曾在泛着书卷香气的字迹里出现过。我走在那柯里，不是游览，而是寻根，寻找一种文化的根、一种精细生活的根，寻找一个民族走过的脚印。青竹掩映，依旧翠色沁心；鸟鸣嘤嘤，依旧圆润婉转；高楼上，红灯笼依然随风摇曳。挥手那柯里，挥手风雨桥，挥手那儿的古道时，我的耳旁，一首歌谣清亮地响起，响起在远处的木楼上：“赶马的小阿哥，阿妹来等着，阿哥你要快快来，妹妹把情话说……”

那一刻，回望绿色掩映中的那柯里，我的心中，芭蕉雨声，情思朦胧。

那柯里美食老店——高老庄的前世今生

宁洱县同心镇那柯里是普洱茶马古道通向西南方向的一个重要驿站，这是个有声有色、有情有义的地方：这里的石头会说话，这里的溪水会唱歌，这里的马蹄印盛满故事……今天就说一说百年美食老店——高老庄。

据高老庄第三代饮食传承者、现年 91 岁的李明珍老人介绍，她的公家爷爷高再福是云南省石屏县高家湾人，清朝时，高再福弟兄两个在普洱茶马古道以挑担担为生。闯荡中，高大帅气的高再福竟与朝廷后妃的厨子——貌美如花、厨艺了得的阮氏攀上了婚。挑挑们长年累月在外奔波，阮氏忍受不了相思之苦，便与高再福一起上路，一来二去就把家安在烂泥坝（与那柯里相距不到 3 千米，弟弟也在思茅城留住了脚，后来失踪），可惜阮氏命薄，30 岁出头就得病死去。高再福与寨子里赵氏再续百年，彻底把人和心都留在了这个地方。高再福用长年的积蓄在烂泥坝开了个名叫“泰安”的马店，专门接待茶马古道上来来往往的马帮马锅头，生意红火。

可惜好景不长，高再福染上了赌瘾，家境迅速败落。赵氏怀揣她压在箱子底下的几块大洋，拽着在崩溃边缘的高再福举家搬迁到那柯里，从别人手里买了块宅基地（即今高老庄），盖了三间茅草房，以此避开自己男人的赌鬼朋友。

当时，以茶马古道为交通路线进行贸易的队伍有两种：家庭条件尚可的，买几匹马或者是骡子，大家组团进行买卖交易，这样的队伍叫“马帮”，所住的店叫“马店”，有能力接待不少于 40 匹马和相应马锅头的店才能够开马店；其他的就是用肩挑进行买卖交易的人了，叫“挑挑”，接待老挑挑的店，叫“人店”。赶马的人是不会去住“人店”的，那会“掉价”，挑挑也高攀不到马店去住宿，那是自不量力。

经过这样折腾的高再福只有开人店的能力了，好在他是个不服输的男子汉，有信心和勇气再爬起来。民国初年，年事已高的高再福把高家人店传到儿子高芹光手里的时候，名气已经相当响亮了。

高芹光不仅一表人才，还古道热肠，寨子里有大大小小的事情，他都主动忙活，所以人气一直都很旺，家道厚实，厚实到什么程度？李明珍说：“我公公高芹光挑担的扁担是用雪白的银子包起来的，随着移动的脚步，亮闪的银子上下舞动，哎呀呀，那个威武呀！”

那个时候的社会秩序比较混乱，靠偷和抢过日子的大贼头遍地是，高芹光和寨子里的强壮男劳动力要花很多精力来维持寨子里的安全。

据说，一个初秋的黄昏，甲长（村民小组长）再次带着高芹光一行抓贼，抓捕成功后送至烂泥坝保长（村长）家。大家把贼拴在柱子上就自顾自忙着吃晚饭，哪晓得绳子没拴牢，贼人挣脱后捡起丢在地上的枪，一枪崩了正蹲在地上埋头吃饭的高芹光，此时的高芹光还不满 40 岁。于是，“高家人店”就丢给了他老婆和不满 17 岁的独子高兴有。

高兴有从小耳濡目染，对经营人店已经非常熟悉，加上他头脑灵活，方式方法多，高家人店的生意不仅没有受到什么影响，还添加不少招牌的新花样。

当时那柯里寨子背后有个叫“大山”的寨子，寨子里有家大户，主人叫李定标，以赶马做生意为生，家道殷实。生意做得有理有道，人做得有情有义。李定标生育了10个娃娃，其中要数老四姑娘李明珍最出挑：遗传了父亲热情、大气和仁慈的性格，以及精明的经商头脑，深得父母喜爱。李四小姐的日子甚是滋润，隔三岔五便邀上三朋四友，骑着枣红马儿，腰里挎着二十响，“叮叮咚咚”要到思茅或者普洱去赶街。那些躲在山山凹凹里的大贼头，听到李四小姐的马铃声，都争先恐后藏在大树背后一睹李四小姐的芳容，哪还有人舍得动手啊！再说，李四小姐腰杆里的二十响可不是吃素的，那可是真家伙。所以，以李四小姐为首的赶街姑娘们从没遭过抢。

李定标做主将李明珍嫁给死了爹的高兴有，她的经商天分有了展示的舞台，高家人店的生意更加兴盛。因为是外来户，高家在那柯里没田地，只能租种，早晚开店，白天出去做捎活计，李明珍两口子的日子劳累却富足、愉快。李明珍人秀气，脾气好，脚手快，善于交谈，来来往往的挑挑们计划好时间和路线，每次出门和回都必须有一个晚上要住在高家人店。

天刚刚黑，高家人店便陆续热闹起来，李明珍早准备好热乎乎的洗澡水，放下担子的挑挑们脱光上身，穿条裤衩一边搓满身的污垢一边点菜：

高大嫂，今日的饭要“平地起乌云”（干饭）！

高大嫂，我们要吃“合皮”（锣锅饭）！

高大嫂，炸个毛团煮汤吃（油炸干鱼煮酸腌菜汤）！

高大嫂，白菜顺顺吃（白菜炒了吃）！

……

李明珍两口子嘴上应着，手脚早忙开了。

洗好吃好，高大嫂已经给挑挑们支好桌子，以石屏人为主的挑挑们，用舌头和指头作为伴奏，围着团桌跳唱起“石屏大头腔”来：

不框不框真不框，赶起骡马上茶山。飘白骡子驮茶吃，大红骡子驮槟榔。

李明珍聪慧，只听一遍就能将调子记住：

赶起骡马到夷方，槟榔茶盐有人夸。吃在口中多有味，吃在心中多舒服。

唱到鸡叫三更，挑挑们才恋恋不舍地睡下，不忘记提醒一句：高大嫂，明日天边骑白马（天蒙蒙亮）就要上路噶。意思是提醒李明珍早早起床做饭，他们要赶早上路。

挑挑们上路的时候，还要顺便带上李明珍腌的5分钱一格的乳豆腐，那是他们艰苦、枯燥的赶马路上的美食。李明珍说：“每年腌五六罐都不够吃。”

挑挑们吃饭是平摊承担，谁也不欠谁，一顿饭下来，每人1 ~ 2角钱的花费就能吃得很有油水了；住宿费用每人四到五分。人多起来，李明珍得跟邻居家租铺盖（被子），在堂屋里铺大懒床铺，一个堂屋睡得下七八个老挑挑。一年下来，高家人店收入颇丰，就在他们筹够钱准备购田地置房产的时候，中华人民共和国成立了。好在高家人店口碑好，最终没有划归到“地主”队伍，但政府不再允许开人店做生意，所以高家关了人店。政府给高家划了田地，高家成为泥巴裹满裤腿的正宗庄稼人。

中华人民共和国成立后，热情能干又高大帅气的高兴有很快找到自己的位置：教书、当村长、跑线路……忙得不亦乐乎，依然是寨子里的重要人物。其中，要数跑线路最辛苦，也做得最执着。跑线路，相当于现在的邮递员。跑线人将从思茅或是景洪一带带上来的政府信件要文交到高兴有手里，他再跑到普洱府（今宁洱县）交给下一个跑线人，这样一一传递下去。

时间一晃到了 2007 年。

对于那柯里人来说，这注定是不平凡的一年。这年的 6 月 3 日，宁洱县境内发生 6.4 级强烈地震，给当地人民生命财产带来很大的损失，时任国务院总理的温家宝到宁洱灾区看望和慰问灾民，鼓励灾区人民“挺起不屈的脊梁”，建设美好家园。宁洱县委政府把那柯里民房恢复重建与新农村建设、古道驿站恢复有机结合，并融入传统的茶、道、马帮文化和人文风情，通过不懈的努力，形成今天初具规模的、古道驿站氛围浓厚的、看得见山水、留得住乡愁的乡村旅游示范点。

2008 年 11 月 18 日，时任国家副主席的习近平亲临那柯里茶马驿站，指出“茶马古道是一篇大文章”“那柯里茶马驿站是一个记得住乡愁的地方”。

高家人店第四代传人高家宝借此机会，邀请石屏木匠将老宅修葺一新，于 2012 年挂“高老庄”牌，重操高家百年餐饮之业。“高老庄”秉承热情公道和味道上乘的祖训，兢兢业业，精益求精，生意红火。2016 年，高家宝筹集 200 多万元在那柯里新建了占地近 2 亩的高老庄新店，由第五代传人高仕兴和高仕两兄弟主持，百年老店的生意，在新时代里再次红火起来。

高家宝说，两个儿子的名字里分别用了自己父亲名里“兴”和“有”两个字，是想时刻提醒自己和自己的后代，要传承好高家老老实实做生意、踏踏实实做好人的家训，发扬光大高家百年饮食业。

太阳冉冉升起，八十又八的李明珍老人穿戴整齐，“吱呀”一声拉开雕龙刻凤堂屋门，挪动小脚跨出门槛来。儿子媳妇伺候她洗漱，孙媳妇把早餐送到手里，吃饱后，老人抹抹嘴皮，又迈着细碎的脚步移到院子里的“美人靠”上坐下来，如一座陈年老钟，尽管很多零件已经严重损坏，却还倔强地“滴答滴答”走动着、见证着时光的流逝。看着儿孙辈们穿梭的身影，她常常情不自禁跌进发黄的岁月里：千年的挑挑啊，你驮出了太阳，背走了月亮，在那个星光闪烁的夜晚，是什么，触动了你深藏的柔骨，让你如此地泪水满眶?

李明珍生育了 10 个孩子，目前，有孙辈 9 个、重孙辈 7 个。她说，她不想那么快就入土，她要更加坚强地活着、享受着，因为，这个世界实在太美好!

时光在那柯里缓慢地流动着，缓慢到你可以清晰地听到老挑挑的喘息声；时光在那柯里却又是飞速流转的，在一回首、一驻足之间，马帮和挑挑已经完全被取代；时光在这里是流光溢彩的，古道文化、马帮文化、茶文化、民俗文化、学院艺术都在这里落地生根、开花结果。

尘封的茶马古道

镇沅县九甲乡凹古河风雨桥（杨志坚 供图）

历史风云已散尽，唯留古道寄幽情。被历史尘封的古道静静地躺着，躺在镇沅哀牢山和无量山的大山上，沉睡了不知多少年。马蹄声凝固了，马嘶声凝固了，赶道行人的话语声凝固了，昔日的一切都被凝固、尘封在了深深的大山里。茶马古道马帮的轶事留在了民间。

茶马古道，在西南云贵高原这片神奇的红土地上，以云南的某一个茶园或者盐井为中心，蜿蜒伸向四川、西藏、西双版纳，再到缅甸、老挝、越南、印度、尼泊尔等东南亚各国，形成了一条连接西南地区的经济大动脉。在这条历经千年的盐（茶）马古道上，盐马帮和茶马帮，在这深山峡谷中跋山涉水、穿越雪域。马蹄铁踏在那山高路险的山道上，迸发出一串串闪亮的火花，马铃声回响在崇山峻岭中，摇醒了无数个睡梦。

一条古道走过了上千年的岁月。古道渐渐地被岁月掩盖，被马蹄磨砺的石坑填满了尘埃，很多古道早已消失，找不到痕迹。看着这些销声匿迹的古道的确有些苍凉，但在镇沅人的心中，古道鲜活依旧，依然没有消失，大山还在，江河还在，被马蹄磨砺过的石坑还在。

茶马古道在沧桑的岁月中，闪烁着古朴纯洁的光辉，云贵高原的蓝天白云下，漂浮着神秘圣洁的光芒。茶马古道的传奇，则依然保留在人们的记忆里。古道沿线那一座座大山，一条条江河小溪，一个个古老的城镇、村庄、寺庙、客栈、山谷丛林中那深深的马蹄印痕，依然影响着生活在古道旁马帮人的子孙后代，特别是由茶（盐）马古道串联起来的各种民族、宗教和文化的融合而形成的独特的古道文化，更是祖先们留给后人的一个永久的茶（盐）道文化的历史博物馆。

镇沅境内的茶马古道与无量山和哀牢山的蓝天、白云、绿树共存。天是洁净的，是碧蓝的。云是缥缈的，是神秘莫测的。古道蛰伏在大地，也蛰伏在无数人的心中。

古道从广义上说不是单一的茶马道，而是茶叶、盐、丝绸、药材、皮草等生活用品的贸易通道。

据史料记载，在明清时期，古道最为兴盛，大致来说，古道的主要线路有两条。一条是滇藏线，南起云南的普洱，经大理、丽江、中甸、德钦到西藏的左贡、邦达、昌都、洛隆宗、拉萨，再到不丹、尼泊尔、印度等国。另一条线是川藏线，从四川的雅安，经泸定、康定、巴塘、昌都、拉萨，再到尼泊尔、印度等国。在每一条主道上，形成了一个个以古驿镇为中心的辐射周边的网络。古道长达数千千米，马锅头赶着上百匹的马队或牦牛，跋山涉水，风餐露宿，来往一趟长达半年之久，更有一些长年在古道上奔波，用一生，铸就了古道的辉煌。

在镇沅的南丘盐井是西南边陲重要的古井盐产地，早在千年前，南丘就开始产锅盐。南丘因盐而兴，逐渐成为云南的重镇。明清以来，南来北往的驮盐马帮、盐商，络绎不绝。马帮将运来的货物在边地出售，再将食盐、茶叶、药材等购进，沿着横跨镇沅的古道，将货物运往各地，在众多驿道中横贯哀牢山无量山跨越澜沧江的这条驿道是历史最久的古道之一。

茶马古道促进了边疆民族与内地间的大融合，形成了独特的地域文化。茶马古道成了一条边地的商贸古道，也是一条连接各民族的彩带，带动了各民族文化的融合，逐步形成了独具特色的地域文化。

站在这条逐渐被尘封的古道上，看着古道石板上深深浅浅的马蹄印痕，深沉地诉说着历经千年的风霜。古道虽说是几经沧桑，辉煌不再，但因古道而兴起的古镇、寺庙，以及流传千年的古道上可歌可泣的传奇故事，成为千年兴盛沉淀下来的深深印痕，也是镇沅境内茶马古道上一道壮观的风景线。

行走在普洱古城到磨黑的茶马古道上

1951年普洱县人民政府迁往磨黑，“宁洱人民中学”改回“普洱中学”之名，随县政府迁至磨黑。我和普洱城的多数学生随学校到了磨黑。

从普洱（今宁洱）到磨黑有二十四五千米，其间有一段当年的马帮古道相通。从普洱向内地运送茶叶，从磨黑往边疆销售盐巴等都要经过这条路，所以商旅繁忙。那时思普区还没有汽车，更没有公路，翻山越岭完全靠人的两条。从普洱城出发，经教场坝、石桥寨，到投酒房、茶庵塘，约10千米基本是平路，是普洱坝子东北伸到大山脚的区域。茶庵塘紧挨山脚，仅几间草房，有食馆、茶水站。这里恰好在普洱与磨黑中间，过往行人不管清晨从哪边出发，走到这儿都是中午，该歇晌开烧（马帮话即烧火做饭）了。

在茶庵塘喝茶用餐，攒足气力，开始爬山。这里也是“普阳八景”之一——茶庵鸟道，是最具代表性的茶马古道。道宽五尺许，石条铺就，成“之”字蜿蜒状。经数百年人踩马踏风化，石板路面已坑坑洼洼，明显地看到凹下去的马蹄印，石板有些地方已倾斜倒塌。山确实够高，坡也确实够长，而且盘旋曲折，走一段便使人大汗淋漓、气喘吁吁。“茶庵鸟道”之名说明开辟成“道”之前，这是一条极艰险难走的山路；同时也给人一种诗味、一种意境、一段历史、一份激情。歇了几次脚，终于爬到山顶，此时已汗流浃背、人困马乏。阵阵清风拂来，十分凉爽。举目远眺，波澜起伏的山峦尽收眼底，正有“一览众山小”的感觉。继续沿蜿蜒的山脊前行，茂密的山林里百鸟争鸣，夏天尤其惊叹于知了的大合唱。“叽哩、叽哩……”似激越的女声；“哥当哥当……”如雄浑的男声，此伏彼起，时强时弱，似乎有根无形的指挥棒在指挥着，整齐、协调、美妙。走过这一段，便到夹象沟。这里似一把利斧将整座山从中间劈开，路从沟中穿过，对峙的两边山上长满杂树。中华人民共和国成立前这里与茶庵塘同是强盗出没的地方。中华人民共和国成立后杜绝了盗匪，但豹子之类的野兽还会光顾，因而这里仍然阴森恐怖，让过路人心惊胆战。接近磨黑开始下山了，山坡既长又陡，有头台坡、二台坡，全长10来千米。坡道仍由石头镶成，比茶庵道窄多了。下完坡有一条河挡道，河上有一座风雨桥正好歇脚。所谓“风雨桥”，是桥上盖着屋顶，可为行人遮蔽风雨的桥。屋顶有两层：第一层当顶，第二层为偏厦，两层间距1米左右。整座桥为瓦顶木结构，桥面两边有栏杆有座位。这样的风雨桥在茶马古道上经常看到。过了桥再走一段路，便到磨黑。

刚到磨黑读书时，十分想家，有事无事总往家跑。那时仅星期日单休。经一段时间的锻炼，我们竟能从磨黑到普洱，一天内一个来回；拂晓从磨黑出发，一路小跑，赶到普洱吃中午饭；休息一段时间，又赶紧往回跑，傍晚就可到达磨黑学校。

1953年昆洛公路通车，这条“茶马古道”就渐渐荒芜了。这以后，从青少年到老年，人生的路我走了很长很长，然而从普洱城负笈磨黑这段茶马古道的情景，却不断在我记忆和梦中呈现：茶庵鸟道的攀登，夹象沟、头台二台坡的困厄，风雨桥的安适，一天路半天跑的超越，百鸟争鸣、知了合唱的美妙……

孔雀屏——写在古道时光上的老故事

孔雀屏驿站，不仅是进京官马大道上的景观，也是长途跋涉在古道上的人们心中的归宿。在这里，古道上的故事绵延至今，任意走进一间古老的两层小楼，都会在雕花木窗间、银饰嫁妆上、手提马灯里寻找到古道时光的痕迹。

孔雀屏，一个诗意的名字。

带着对这份诗意的向往，我们前往孔雀屏。孔雀屏位于宁洱县东北部，距县城 27 千米。孔雀屏曾是古普洱府茶马古道东北路官马大道上的一个重要枢纽。

沿着往日马帮的足迹，从宁洱县城出发至古镇磨黑老街子，转四堂庙，经过一段崎岖的山路后，孔雀屏出现在了眼前。红墙青瓦的民居沿着缓缓而上的斜坡而建，四面绿意盎然，有三三两两的村民从田里劳作归来，沿着一条穿寨而过的青石路面，挑着满满的收获返回家中。

孔雀屏处于进京官马大道的枢纽位置，北上至通关、昆明直至进京的马帮商旅要在此地歇息，南下至思茅、景洪直至缅甸的也必须在此停留。

茶马古道兴盛之时，据说孔雀屏曾盛产蓝孔雀和绿孔雀，常常可以在山涧里听到孔雀的鸣叫声。色彩斑斓的孔雀翎成了过往客商的争抢之物。传说清代，朝廷曾派人在此秘密养殖孔雀，从孔雀身上采集下来一束束绚丽的孔雀翎随着在进京官马大道上行走的马帮，与普洱茶相依相伴，一同走进天朝京城，成为皇帝赏赐官员的顶戴花翎。

在过去的时光里，孔雀屏是个繁华之地。就在那几百米长的街道上，拥有着 64 口马店，店家为过往的商旅、马帮提供吃住，为骡马提供站槽和干草，可以容纳 4000 匹马。如今这些人家的住房格局几乎都保持着原来的样子，随便进入一户人家，大致都能分出哪里是上店，哪是下店。

村里的老人告诉我们，从村口一直延伸而上的青石路面，就是驿站的街子。街子的两旁盖满了房屋，一间连着一间，没有半点的缝隙，足见当年寸土寸金。这里的建筑，大都是两层檐翘角土木结构楼房，梁柱斗隼、青瓦红土基墙，门窗雕花镂空。沿街的房屋当年大多是马店或是人店（旅社），门朝街道敞开，门栏上的红色油漆已斑驳脱落，在冬日阳光下毫不掩饰地透出岁月的沧桑。

鼎盛时期的孔雀屏马店林立，赶着马帮前往京城的、到磨黑挑盐的……来自四面八方的人们纷纷聚集在这里。那时的孔雀屏，俨然一个繁华小城镇。如今的孔雀屏，还尚存几家马店旧址。

王家马店是孔雀屏尚存马店中最具规模的。马店坐北朝南，为土木结构的老式四合院，已有百年的历史。飞檐翘角、雕花镂凤的大门斗拱虽然瓦楞长草、朱颜脱色，但依然可见当年的壮观气派。两扇厚重的木门左右两边，用丹青分别描画着两位门神，让人望而生畏，门栏上书写有一副对联，上联：天地间诗书最贵；下联：家庭里孝顺为先。

关于这间马店，村里的老人给我们讲了这样一个故事：清朝时，盖房子盖得最好的就是河西师傅，王家人看古道上人欢马叫、孔雀屏热闹繁华，就萌生了建一间孔雀屏最大的马店的想法，谁知河西师傅说了，要建房可以，先攒满了满满一柜子花钱再说。王家人省吃俭用，把过往马帮留下的

孔雀屏茶马古道（师跃 摄）

孔雀屏的老宅门（刘庆明 摄）

报酬一点点攒着，就在钱柜快要满时，马店的生意却一落千丈，接连大半个月没有住客，眼看雨水将至，在当年建房的希望即将破灭，王家人不免灰心丧气、长吁短叹。在一个绿孔雀飞来水井边停歇的夜晚，事情有了转机，一队从通关下来的大马帮住进了王家马店，慷慨地给王家留下了一大包钱，王家人的钱柜终于满了。王家人欢天喜地请来河西师傅盖起了这座气派的四合院，成了孔雀屏数一数二的大户人家。

走进这一间在岁月的侵蚀中已呈古灰色的马店，孔雀屏的往日时光在时空的间隙复原：斜阳余晖中，一身疲惫的马帮走进孔雀屏，一时间驿站里铜铃、茶香、马嘶、人声交织。马店老板热情地把马锅头引进店里喝上一杯普洱香茗，赶马的汉子们把驮满货物的马垛子卸到院场中心堆好，店小二一路小跑着过来把马匹拉进马厩拴上，在料槽里加上拌有黄豆的草料。吃过晚饭，看守货物的赶马人靠在马垛子上休息，其他人则喝着烈酒谈笑风生直到深夜。第二天清晨，太阳还没露脸，辛劳的赶马人就已经在淡淡的薄雾中走出马店，悄无声息地离开了孔雀屏。

孔雀屏驿站，不仅是进京官马大道上的景观和点缀，也是长途跋涉在古道上的人们心中的希望与归宿。在孔雀屏，古道上的故事绵延至今，随意走进一间古老的两层小楼，都会在雕花木窗间、银饰嫁妆上、手提马灯里寻找到古道时光的痕迹，期待再次造访，为它续写诗意浪漫和古老传奇。

大山老郭寨遗存的官马大道

老郭寨位于一座山头上，比较平坦。道路沿山头平伸，两边盖满了高高低低的房屋。沿寨前的小坡走下去，经过几家半山而居的房子，眼前居然出现一条石镶路，沿坡而下，一直伸下寨脚，进入山间。我感到很奇怪，这深山老林中怎么会有石镶路呢？于是，我连忙问身边的李明镕，这石镶路是从哪里来的。他告诉我，这条路很长，从火烧桥、凹拖寨、称杆树丫口那边来，然后又通到会连、倮遮那边去。可惜现在好多石镶路都不在了，都开成田地或改成新路了。听了他的话，我顿时愣住了。小时候，父亲曾给我讲过，过去有一条官马大道，从石膏井出来，经过三家村，一直通到勐茄坝（今思茅区永庆村）和茶山（即今所说的六大茶山）。他年轻时赶马出门，走过好几次。难道就是这条路？那这条路用现在的话来说，也是一条茶马古道。

我对这条古老的官马大道一直怀着浓厚的兴趣。我在进一步查阅《普洱府志》等历史文献的同时，深入当年的勐茄（今思茅区倚像镇永庆村）等地进行考察，并采访了当年曾多次走过这条"官马大道"的老干部，终于使这条沉寂多年的古茶马古道初步露出了面目。

这条官马大道的历史似乎比现在我们看到的从思茅到普洱（今宁洱）的茶马古道悠久。它从普洱（今宁洱）出发，经今宁洱县宁洱镇的头塘、土锅寨、木瓜箐和同心镇的小水井、困夺、天生桥、石膏井、三家村、火烧桥、凹拖寨、称杆树、老郭寨、倮遮、大青树丫口、会马河、横坟坡、大山、凹寨，然后进入今思茅区倚象镇的永庆（勐茄）村的棠梨树丫口、麻栗坪、漫见寨、勐茄坝，又下小勐帕（即今半坡村），然后再进入今江城县的整董镇和勐腊县的易武等六大茶山。全路均用石块铺成，亦是石镶路。显然，这是一条由官方出资修筑的驿道。它直通祖国东南边境，为国防要道。同时它又通六大茶山。在普洱府建立以前，六大茶山的茶都是通过此路运到普洱的。当时勐茄还开有盐井，生产食盐。因此，这条路也就是当年的茶马古道。

证据表明，这条茶马古道的历史比石膏井还要长。据考证，这条古道，从石膏井外面的岔河经过，然后上大井，过那勐勐大桥，再到称杆，出倮遮、勐茄。据讲述的人讲，老辈人说，人们经过岔河时，抬头能看到岔河边山顶上的"衙门梁子"的房子，见过大井开出来的红色的"珙"（岩盐矿石）。当然，这些都是很久前的事了（甚至可能是人们猜测的遥远的"石膏县"时期）。因为据《普洱府志》载，这条古茶马古道上的那勐勐大桥，建于乾隆五十二年（1787 年）。而石膏井的盐矿，则是在 6 年之后，即乾隆五十八年（1793 年）才被发现。

当时石膏井外的岔河也有盐井，叫作大井。大井的村寨，至今还在。但大井所开的盐矿，目前没有查到有关资料，仅在民间保留着一些传说。据说，大井开出的盐是一种红色的石头，叫作"珙"。珙开出来后，要用水浸泡。泡成盐水后才能用锅熬成盐。大井开了不知几年，珙开完后，又移到岔河天生桥旁开盐井。据说当时天生桥河边开的盐井，不再出珙，而是直接出盐水。小时听我父亲讲过，天生桥河边地下盐水非常丰富，凿地三尺，盐水便奔涌而出，可以直接放到锅里煎熬。因此被人们视为至宝，称为"天宝井"。不过，那时熬盐技术落后，熬盐使用的是中间烧火、团转支三口锅的“梅花灶”。熬几天才出三锅盐，产量极低。如今天宝井靠石膏井背面的半山坡上，还有一些成台成片的石埂，那就是当年天宝井盐房、盐扎塘的遗迹。另外，天宝井当时熬盐烧的是煤，现在天宝井公路旁有一处叫作“煤灰地”的地方，那就是当年盐场倾倒煤灰的地方。此外，附近的追栗河、蛮蚌、瓦盆箐等地都有煤洞，也是当年天宝井烧煤挖煤的遗迹。

大井、天宝井开了一两百年，才开石膏井。但这是乾隆年间甚至是乾隆以前的事了。而这条古官马大道在石膏井开发之前就已存在，并且从大井经过，足见其历史之“古”。

嘉庆四年（1799 年），石膏井获准开矿，而且发展迅猛。随着人口的剧增，石膏井热闹起来了，并迅速发展为云南省滇南的盐业基地，成为普洱府的经济中心。逐步地，石镶路修进了石膏井，特别是勐茄井与磨黑井一起归石膏井提举管理后，政府又在道光年间从石膏井修石镶路，建青云桥（火烧桥），过凹拖寨，连通称杆，从而使石膏井与这条古茶马古道连接了起来。

在很长的历史时期内，这条官马大道成了内地沟通边疆的重要驿道。每天，在这条大道上，驮茶、驮盐和驮军用物资的马帮、牛帮川流不息。沿途村寨如大山老郭寨、倮遮、勐茄等都成了驿站，开满了马店和客栈，促进了经济的不断发展。群众生活也比较富裕。正是有了这个经济基础，大山老郭寨一带的“赊会”才会有较大规模的发展，并能将当时的乡规民约刻石立碑。

雍正七年（1729 年），原属元江府的普洱通判在改土归流中升为府，通判下迁思茅。普洱府建立后，由于茶是当时极重要的国防战略物资，按照朝廷规定，府内所产之茶一律纳入政府管理，“私相买卖者罪之”。通判迁下思茅后，因思茅靠近六大茶山，朝廷遂在思茅建起茶叶总店，规定六大茶山的茶一律交到茶叶总店，不准直接送往普洱，并将府内所有茶商一律驱逐出境。而且，勐茄盐场也由于产量过低，被关闭淘汰。从此，这条古茶马古道的商路逐渐衰落。而在思茅过斑鸠坡、那柯里到普洱的驿道（即今茶马古道）完全建成后，这条古茶马古道的马帮、牛帮完全绝迹，逐渐淡出了人们的视野。

川藏茶马古道散记

2021年6月，我们一行3人踏访考察了川藏两省区部分州市的一些茶马古道遗迹，让我感触颇多。回到普洱总是回想起考察的情景，一景一物，时时在脑海中浮现，遂以记之。

“问道”岷江边

都江堰

拴马石

“拜水都江堰，问道青城山。”这次我们不去青城山“问道”，我们要问的“道”在岷江边，在都江堰，这个道就是松茂古道。我在这里借用一下，叫拜水都江堰，“问道”岷江边。踏访松茂古道，自然要与都江堰亲密接触。我们从秦堰楼进入景区，开始一段并不太长的实地走访。秦堰楼是一个极佳的观景台，在秦堰楼上可以观赏到都江堰全景，景区主要景点以及青城群峰都可以尽收眼底，给人带来完全不同的感受。从秦堰楼往下走，过二王庙（纪念李冰及其子二郎的祀庙），出门下台阶就到松茂古道了。在古道边石墙上有几个石头与众不同，一头被制成手柄状，有规则地排列着，不知什么用途，琢磨了半天百思不得其解。经介绍才知是拴马石，我恍然大悟。马帮到达此地必然是要到二王庙进香，祭拜李冰父子的，一来是表示敬重，二来是希望此行平安顺利。我猜想当年也有不少的达官贵人到这里敬拜李冰父子，祈求升官发财。沿路向前出门下台阶，在路边靠近岷江的地方看到两个石柱，刻有“东流不尽秦时水，西望长陪太守祠”的对联，赞扬的是李冰父子兴修水利造福后世的功绩。古道依山就势修筑，沿台阶往前不远，路边有一排小店，销售各种旅游商品和特色小吃。据说这一带原来有许多民房，算得上是古道人家了。开发都江堰景区时，住在这一带的人都搬走了，古道也就改造成了现在的样子。我边走边看，边看边想，这条曾经的古道不知回响过多少马帮铃声，留下过多少马蹄印记；不知迎接过多少商旅过客；不知演绎过多少惊心动魄、悲欢离合的故事。

松茂古道

玉垒关

现如今，曾经的茶马古道被深深地埋在地下，古道的历史已经离我们非常遥远，甚至没有了岁月的回声，只留在那些发黄的历史书页里，要不是“松茂古道”的牌匾提示，已经没有人知道这是一条古道了。

沿台阶再往上走就到了玉垒关。玉垒关又叫棋盘关，它是古代川西平原的要隘，有“川西锁钥”之称。早在三国时期玉垒关就成为城防，唐代时垒石成关，可见玉垒关战略地位之重要。它也是都江堰的一处胜景，关门上有两副对联，字迹已经难以辨认，经查阅资料得知其中一副为“玉垒峙雄关，山色平分江左右；金川流远派，水光清绕岸东西”。过玉垒关是一个不大的山坳，过了山坳上几个台阶就是宣威门了，也叫西关，以东再无天然屏障。站在宣威门城墙上你会有一种不一样的体验，西北面是连绵不断的山峰，东南边则是一望无际的平原。西关与玉垒关各据一道关隘又相互呼应，共同护卫着天府粮仓。宣威门城墙向南几十米有一个斗犀台，相传李冰便是在这里斗江神为民除害，斗犀台边是百丈悬崖，悬崖下就是著名的宝瓶口了，滔滔岷江水通过宝瓶口流入成都平原，一直造福着成都人民。由宣威门往下走是著名的茶马古道第一街，但已经找不到多少历史的影子了。

雅安的“雅”

雅安市区一角

雅安是一个清新脱俗的名字，有这样名字的城市肯定是清新淡雅的地方、很有诗意。果然名不虚传，城如其名，初到雅安就被雅安的“雅”所吸引。

雅安地处最神秘的北纬 30° 线附近，青藏高原向四川盆地下降的过渡地带，形成了独特的地理地貌，孕育了多样的自然物种，是大熊猫的故乡、蒙顶山茶的发源地。雅安的雅是出了名的，雅安人自己也喜欢用“雅”来概括其特点，最为有名的就是“三雅”，即“雅雨”“雅鱼”“雅女”。“雅雨”与“雅鱼”都与女娲补天的传说有关，雅安是四川降雨量最多的地区，有“雨城”之称，是传说中的女娲补天之地。雅鱼是雅安周公河、青衣江独有的一种鱼类，雅鱼的天堂骨形似宝剑，相传雅鱼乃女娲补天时身上遗落的宝剑入水所化。雅鱼体形秀美，肉质细嫩，味道鲜美。雅安自古出美女，“雅女”是雅安之“雅”最好的诠释。雅女之雅不仅是形体之雅，还是一种气质之雅，一种灵气、柔美、平和之雅。

雅安之雅也在于其悠久的历史和丰富厚重的文化底蕴，一块何君阁道碑可以佐证雅安历史的悠久。雅安先秦时期就纳入中央政府管辖。战国时期开青衣道，置邮传，后期立严道县。西汉置沈黎郡，隋废郡置雅州，雅安还曾经做过西康省首府。悠久的历史，形成了雅安的另一种“雅”。

其实，雅安还有一雅，就是雅茶。雅安是蒙顶山茶的发源地，据说西汉甘露四年（前 50 年）吴里真在蒙顶山五峰之巅植下七株灵茗仙茶，实现了野生茶树的驯化，开启了人工植茶的先河，是世界有文字记载最早的植茶人。蒙顶山茶有“扬子江中水，蒙顶山上茶”的美誉。雅茶也像普洱茶一样曾经岁贡京城，不一样的茶却都是茶之极品。

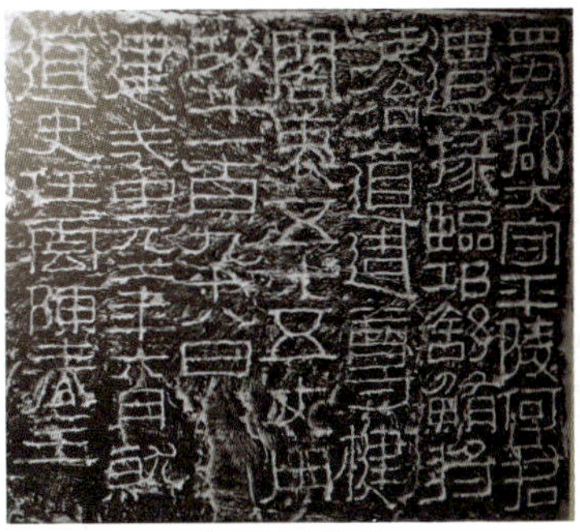

何君阁道碑

茶佛图（蒙顶山茶史博物馆藏）

有雅茶才有了茶马古道。历史上的雅州是川藏茶马古道的起点，其主要线路走向是经雅安、荥经、汉源、康定、理塘、巴塘一路向西，在芒康与滇藏茶马古道汇合后，向北经邦达、昌都，再向西经林芝到达拉萨，之后又从拉萨延伸至江孜、亚东，到尼泊尔、印度。与普洱茶马古道（滇藏茶马古道）以马驮茶的古道不同，川藏茶马古道是以茶易马的古道，实为“茶马贾道”。

以茶易马皆因战争需要，宋代茶马互市十分兴盛。宋熙宁末年至元丰年间，在雅州、黎州 1 驮茶可换 1 匹马，到崇宁年间要 3 驮名山茶才可换 1 匹马。熙宁七年（1074 年）在雅安名山建立了茶马司，专管茶马互市。名山茶马司鼎盛时期“岁运名山茶二万驮”（每驮 100 斤），占政府统筹的一半以上。明清时期，战马需求减少后，交易之物从马匹逐渐变为皮毛、麝香、鹿茸、虫草、贝母，以及金银等。

今天，雅安依然是藏茶重要的生产基地。藏茶通过公路、铁路运到拉萨，然后进入千万户藏族百姓家，茶马古道则成了人们旅游探险的打卡点。

雅安因女娲的传说而神秘，雅安因久远的历史而厚重，雅安因川藏茶马古道而扬名。至于雅安之名因何而得，也就不必去深究细问了。

雅安名山区茶马司

二郎山下的古驿站

川藏茶马古道在雅安境内有一条从雅安向西经天全翻越二郎山到泸定的小路，叫“二郎山茶马古道”。这条茶马古道非常崎岖惊险，马帮无法通过，茶叶运输全靠人力。在这条茶马古道上有不少古驿站，甘溪坡就是其中的一个。甘溪坡离天全县城 4 千米，是二郎山脚下的一个小村子，村子还保存着原来的风貌，只是已经没有多少村民居住，不少人家已经是人去屋空，长期没有人打理了。茶马古道就从村子中间经过，一直向大山深处延伸。当年甘溪坡是怎样的一个景象已经无从知晓了，可以想象的是，夕阳西下时是甘溪坡最为热闹之时，背夫们陆续来到这里，卸下包袱，吃过简单的晚餐后就躺下休息，尽快恢复体力，第二天第一缕阳光还未来临时又背负茶包上路。背夫们在

甘溪坡茶马驿站

二郎山茶马古道

这条山路上来回奔波，日复一日，年复一年，艰辛与危险难以想象。每次踏上征程就是一次生与死的考验，稍不留神可能就永远留在大山深处了。

甘溪坡不仅是背夫歇脚的驿站，还是输出背夫的重要基地，不少甘溪坡人祖祖辈辈做着背夫的营生。在甘溪坡陈列馆，我看到了不少背夫用具，尤其对背夹子和丁丁拐印象最为深刻，背夹子是背茶的架子，丁丁拐是半路休息时用的工具。背夫背上茶叶一走就是一天，直到驿站才能放下背子，中途休息用丁丁拐顶住背子，背夫得到暂时的休息放松。背夫一般是男子，年轻力壮者，一次能背十五六条茶，重量达到300多斤。也有个别的是女子，叫背妇，可背10多条。还有背童，可背2条。据说甘溪坡有一个女的可以背上13条茶，比一般男人背的还要多。在滇藏茶马古道看到的是马蹄印，听到的是悠扬的马铃声。而在川藏茶马古道上看到的是拐子窝，听到的只能是大山深处背夫们粗犷的山歌和悠远的回声了。走在甘溪坡的古道上，可以看到丁丁拐留下的深深印迹，由此想到了背夫的艰辛与坚持，平凡而伟大。透过古道上深深的印迹，更看到了坚毅、勇敢、智慧和不屈的茶马古道精神。

背夹子（甘溪坡陈列馆）

丁丁拐（蒙顶山茶史博物馆藏）

20世纪50年代初川藏公路（318国道）修通后，历经千年的二郎山茶马古道终归衰落，作为茶叶运输主力的背夫也退隐幕后。如今，甘溪坡茶马古道驿站已是国家重点文物保护单位，从这里人们可以更好地了解那段远去的历史。

大渡桥横

从天全去泸定一定是要经过二郎山的。二郎山是青衣江、大渡河的分水岭，位于天全县与泸定县交界处。有一首歌唱道："二呀二郎山，高呀么高万丈。"可见二郎山的高和险。在甘溪坡已经看到过写着"二郎山"字样的石碑，说明我们已经是到了"二郎山"。可在甘溪坡视线被层层叠叠的高山所阻挡，很难看到二郎山的容貌。我以为上高速后一定可以看到二郎山独特的风光，心里还是有一种期待。可这完全是错的，高速路在山间穿梭且多为隧道，还是很难一睹二郎山风采，有些许遗憾。

过了二郎山隧道就到泸定出口了。下了高速，左转右转，经过一个隧道，下坡过桥就到大渡河边的泸定县城了。泸定是川藏茶马古道的重要节点，更是当年红军昼夜行军240里飞夺泸定桥的英雄壮举发生的地方。在红军飞夺泸定桥纪念广场，我们追寻着革命先辈的英雄足迹；在红军飞夺泸

泸定桥

红军飞夺泸定桥纪念广场

定桥纪念馆，我们接受了一次深刻的长征精神教育。我被飞夺泸定桥的红军将士的英勇壮举深深震撼，被那种高于天的革命理想所感染。“十三根铁链扛起一个共和国”12 个大字，充分诠释了红军将士飞夺泸定桥的英勇壮举和伟大意义，毛主席对此用一句“大渡桥横铁索寒”做了高度概括和描述，一个“寒”字道出了红军飞夺泸定桥的惊险悲壮。飞夺泸定桥为全军打开了胜利的通道，也为共和国打开了胜利的通道。

泸定桥始建于清康熙四十四年（1705 年），曾经是川藏交通要道和军事要津，也是川藏茶马古道的重要通道。1935 年 5 月 29 日，红军在此取得飞夺泸定桥战役的胜利，此桥也随之举世闻名，1961 年 3 月 4 日国务院公布其为全国重点文物保护单位。当年 22 名勇士冒着枪林弹雨，面对 13 根烧得通红的铁链，仅 3 小时就成功夺取了泸定桥，靠的是英勇顽强的斗志，靠的是大无畏的牺牲精神，就像一首歌中唱到的一样：“红军都是钢铁汉，千锤百炼不怕难。”红军战士就是经过千锤百炼的钢铁汉，常人难以想象，更难以企及。如今硝烟早已散去，大渡河一如既往奔流不息，大渡河两岸早已发生天翻地覆的变化，桥上游人如织，享受着幸福生活。我站在桥头，看着滔滔大渡河水，看着连接两岸的铁索，心情久久不能平静。

车行驶在雅康高速的时候，我突然想到，跨越千年的茶马古道、20 世纪 50 年代修筑的川藏公路、21 世纪初竣工的雅康高速，自然地呈现在大渡河峡谷，三个不同时期形成和修筑的道路就是一部浓缩的泸定交通发展变迁史。如今，天堑已经变通途，真正实现了大渡桥“横”架两岸，大渡桥“横”两岸春的愿景。

康定溜溜的城

“跑马溜溜的山上，一朵溜溜的云哟，端端溜溜的照在康定溜溜的城哟，月亮弯弯，康定溜溜的城哟……”《跑马溜溜的山上》是我对康定的最初记忆。

想象中的康定是一个川西高原上保存完好的古城，远处雪山连绵，雪山脚下是高山草甸，有成群的牦牛，还有一座让人向往的溜溜的跑马山，牧民的家，美丽的姑娘，小伙唱着《跑马溜溜的山上》，构成一幅美妙的画。

现实中的康定与想象中的完全不同。到康定收费站时，我以为下高速后还要走一段路程，因为我心中的那幅图景还没有出现，它一定就在前面某个地方。实际上，下高速就进康定城了。

不是说康定不美，相反康定很美，它的美同样超出了我的想象。我曾经听说康定没有“古城”，

康定步行街

康定城区一角

当时我似信非信。到了康定，要做的第一件事就是去踏访与茶马古道有关的地方，寻访茶马古道的历史记忆，去解答我心中的疑问。康定历史上称“打箭炉”，是川藏茶马古道上历史悠久的重镇。据说康定城是从步行街一带发展而来，最初是来往商人在此地停歇休整，以物易物，后来逐渐发展起来。到了宋代，因战争朝廷急需战马，用雅安茶交换藏地马匹，开以茶易马先河；明代重开茶马互市，康定逐渐成为川藏重要通道。

步行街虽然按照传统建筑风格建造，但完全没有历史的印迹，是现代人演绎的历史。让我眼前一亮的是一户人家门口的对联：“一条街四面有山皆入画，几座楼一年无日不闻歌。”我想这是对康定最好的诠释了。一首《康定情歌》让曾经的“打箭炉”闻名世界，一句“人才溜溜的好哟”让多少人想一睹“李家大姐”的芳容。

康定是美的，“三山环抱，二水夹流”。由南向北的折多河穿城而过，在郭达山下与从北向南的雅拉河汇合后一路向东直奔大渡河。一个城市有山就有灵气，一个城市有水就有意境，何况水是从雪山上流淌下来的。各族群众把康定打造成了一个精致的公园，处处是景，让人流连忘返，让心灵有一种难得的安静。

入夜后的康定让人更觉惊艳，灯光恰到好处地把山、水、城巧妙地结合在一起，简直就是一种视觉的盛宴，又仿佛是一幅唯美的画卷，让你爱不释手。这个时候，你唯一要做的就是按下快门，留住美景。

穿城而过的折多河

夜晚的康定（卢寒 摄）

在折多河边，看到一幅一支箭射在郭达山的灯光投射图案，这让我想起在踏访松茂古道时听到的马超用计退兵的传说。当然，马超神力再大也断无可能从西关一箭射到康定。在这里看到这样一幅图，说明康定也有类似的传说。相传诸葛亮南征，向该地头人借道“一箭之地”时，令郭达将军赶往今日康定，把箭插进了康定城北高山石头中。还传说“打箭炉”之名是大将郭达在今康定一带造箭而得。不论传说是否可信，但康定人崇拜郭达倒是真的，在康定有郭达山、郭达桥，还有郭达塑像。

本来是寻访茶马古道遗迹的，在康定寻到的却是一种美景、一种让人久久留在记忆中的美景。

月圆之时到拉萨

本来是要从康定乘机到拉萨的，由于航班临时取消，只好返回成都再乘机前往拉萨。我们都是第一次到拉萨，对拉萨既充满着好奇，又对高原反应有些许的不安。行前听不少到过拉萨的人讲，西藏高原反应如何如何，要如何如何应对，说得让人心里总是不踏实。当接待我们的张主任交待应对高原反应的办法时，我心里更是有些担心，甚至都感到有些“反应”了。我不敢大意，走路都放慢了脚步，下午剩余的时间都待在宾馆适应高原环境了。直到太阳下山，我们才在宾馆不远的地方找了一家店吃晚饭。

吃过晚饭，感觉一切正常，并没有出现明显的高原反应，就商量着去布达拉宫广场看夜景。我们住的地方离广场不远，走路 10 来分钟就到。出于谨慎，我们还是尽量放慢脚步前行。夜晚的布达拉宫被灯光装点得分外漂亮，身临其境有一种难以言说的特别感受。广场上人很多，听口音不少是外地游客，也有当地群众。此时此刻，在这个广场，天南海北的人们、不同民族的同胞，虽然互不相识，却汇聚于此，一起享受美好的夜晚、和谐的时光。我们的注意力都被灯光下的布达拉宫所吸引，甚至来不及打量一下整个广场，只是不停地变换角度，频频按键，要把眼前的美景永远定格。

灯光下的布达拉宫

八郭街一角

中央边销茶储备库一角

这是一个美好的夜晚，这是一个惬意的时刻。我们一边观赏美景，一边拍照定格美景，一边享受美景。忘记了时间，忘记了疲劳。不知不觉间，我们已经到了广场尽头的马路边，对面就是布达拉宫正门了，我们只好沿广场往回走。不知什么时候广场上的音乐喷泉停了，人群多半也已经散去，整个广场都安静下来了。只有广场上的五星红旗在迎风飘扬，西藏解放纪念碑静静地耸立着。抬头一看，一轮圆月静静地挂在夜空，才发觉已经是月圆之日了。不经意间，我们赶上这么一个日子来到世界屋脊，来到雪域拉萨，这也许就是一种缘分。柔和的月光合着灯光洒在广场上、身上，心中有一种莫名的情愫涌起……

历史上，拉萨是滇茶川茶主要的销售地，产于普洱的普洱茶和产于雅安的蒙顶山茶分别经过滇藏茶马古道和川藏茶马古道运输到拉萨销售，或向西经江孜、亚东等地到尼泊尔和印度。产于西藏的药材、皮毛等分别经两条古道销往云南、四川各地。历史上两条古道久负盛名，与南方丝绸之路齐名。千百年来，两条茶马古道连接着边疆内地，连通了国内国外，见证了历史变迁，加强了交流往来，繁荣了边疆经济，增进了民族团结，巩固了西南边疆。

此行是带着寻访茶马古道遗迹任务的。我在布达拉宫想象当年走过布达拉宫前的马帮，在八郭街寻访当年普洱茶的印记，在唐蕃会盟碑旁聆听文成公主从内地带茶叶进藏、传播茶文化的故事。但除布达拉宫、大昭寺，在拉萨没有寻访到其他与普洱茶和滇藏茶马古道有关的遗址遗迹。

目前，在西藏市场上主要是四川雅安茶，在拉萨市郊有一个中央边销茶储备库，按照计划储备库负责茶叶收储和向西藏各地分配调运。我们慕名去储备库参观，与负责人进行交流讨论，了解到一些西藏茶叶市场情况。这些年普洱茶风靡大江南北，可在拉萨很难看到普洱茶的身影。不过这种情况有可能改变，西藏商务部门正与普洱商谈年内供应5000吨低氟普洱茶的事宜，如此次合作成功，将翻开普洱茶进藏新篇章。

在离开拉萨前，与在西藏自治区民政厅工作的同学见了面。同学要赶去参加拉林铁路通车仪式，聊了不到20分钟就启程去林芝了。同学离开后我才想起，拉林铁路不就是规划中的滇藏铁路和川藏铁路的一部分嘛，等滇藏铁路全线通车后，我们就可以坐着火车到拉萨了。而那时，进藏的普洱茶也将是由火车运输，那将是跨越千年的巨变呀！

沧江第一城

昌都绝对是澜沧江第一城。从拉萨到昌都，坐车的时间比乘飞机的时间还要长，乘飞机只用了 1 个多小时，可是从邦达机场到昌都市区整整用了 2 个小时。

昌都市离机场 131 千米，是我到过离市区最远的机场，也是海拔最高的机场。离开邦达机场，公路沿着平缓的高原延伸，车辆在路上飞快行驶，窗外不时可以看到高原上常见的牦牛群，稍远处是一个个村庄。翻过一个小垭口后，车辆开始下坡进入一个很长的山谷，坐在车上向山谷看去，一眼看不到谷底。此后将近 1 个小时，车辆就在这个山谷间左弯右转，一路下坡。到了一个比较开阔的地方，我感觉是快要到昌都市区了，可车辆通过一个隧道后，并没有看到城镇的影子。又拐过几个弯后，眼前出现了一条江，我想这一定就是澜沧江了，我从驾驶员那里也得到了肯定的回答。接下来的时间，车辆一直沿着沿江公路向上游行驶。大概半个小时后，我们上了新开通的高速路，路旁的高楼也渐渐多了起来，看到路边有昌都市经济技术开发区的牌子，我想离昌都市区应该不远了。

昌都是西藏东大门，历史上是滇藏、川藏茶马古道的必经之地。想象中的昌都应该是一个历史与现代融合，保留了不少历史风貌的地方。可眼前的昌都完全是一座现代化的新城，完全超出了我的想象，市区已经看不到老旧楼房了。

下午，我们参观昌都市博物馆，要在那里寻找昌都的历史、了解曾经的茶马古道重镇的历史变迁。昌都市博物馆坐落在昂曲东边的山坡上，依山而建，在一群藏式建筑风格的建筑之中。图嘎副主席亲自担任讲解，每一个主要的发现，每一件重要的文物，他都介绍得清晰明了。据说昌都市博物馆许多馆藏文物都是他发现和收集的，没有人比他更了解馆藏文物了，有人形象地说“昌都的历史都在他手里”。他早年就读于华东师范大学，毕业后回昌都市，曾在一所中学任教，后从事文化文物考古工作，发现了对昌都市历史具有重要意义的小恩达遗址。从他的讲解中可以看出他对文化文物工作的热爱，经过他的讲解我们对昌都市历史有了一些了解。博物馆里有一个介绍茶马古道的展厅，展厅不大，但布展构思巧妙，特别是用现代技术手段情景式展现了昌都市茶马古道的基本历史脉络。

从博物馆出来，沿台阶往上走是一个很好的观景平台，昌都市区最核心的部分可以尽收眼底。在观赏城市美景的同时，我心里一直惦记着要看的茶马古道，图嘎副主席告诉我说茶马古道就在对面的山上，历经岁月沧桑已经看不到完整的道路和明显的痕迹了。我心里有点儿小遗憾，以对面的山为背景留了影，也算是与昌都的茶马古道有了跨越时空的“对话”。其实，昌都市有不少茶马

昌都茶马街一角

昌都茶马广场

古道重要节点城镇和驿站，如芒康、察雅、邦达，历史上邦达还有著名的邦达家族，往返拉萨的茶叶等货物都要由邦达家族运输。只是距离太远，时间有限，无法一一前往考察，也是一个遗憾。

茶马桥

澜沧江起源地

从山上下来，就到了昌都茶广场。这是昌都市的中心地带，四周都是崭新的高楼，因为地形限制，寸土寸金，房子只能越建越高。茶马广场向南是一个步行街，这是曾经得过中国建筑最高奖鲁班奖的作品。茶马古道广场周围的地方都属于茶马城，附近还有茶马路、茶马桥等，虽然茶马古道的遗迹逐渐消失，昌都人却以另一种方式传承了茶马文化，延续了茶马古道记忆。

昌都鲲鹏雕塑（卢寒 摄）

茶马广场往南走，就到了由天津市援建的澜沧江天津广场。广场上矗立着鲲鹏雕塑，基座为门型设计，应该是寓意西藏的东大门，展翅欲飞的鲲鹏应该是寓意昌都的全面腾飞。扎曲、昂曲两条河流在广场尽头汇合，两河汇合后始称澜沧江，汇合之处立着一个石碑，石碑上刻写着“澜沧江起源地”6个大字。由此，澜沧江滚滚奔腾向南，出境后称湄公河，成为亚洲流经国家最多的国际河流。澜沧江流经普洱，我对澜沧江算是很熟悉的了。我曾经去过湄公河快流入大海的地方，面对着缓缓而来的江水，向上游眺望。而现在，我又在澜沧江源头的地方，向南遥望。我站在“澜沧江起源地”，静静地看着向南流去的江水，一时思绪万千。正在这时，倾盆而下的大雨把我的思绪从远方拉了回来，这个时间正好是6月27日下午6时。

后记

第二天我们从沧江起源地昌都乘机经成都转道沧江之尾的西双版纳，并于当晚顺利回到了滇藏茶马古道源头的普洱，川西、藏东茶马古道之旅画上了圆满的句号。这次考察得到了沿途的成都、雅安、甘孜、拉萨、昌都等州市，以及都江堰市、名山区、雨城区、荥经县、天全县、泸定县、康定市政协的大力支持帮助，还与各地政协办公室和文化文史委的同行进行了交流沟通，建立了联系，学习了不少好经验好做法，感激之情难以一一言表，在此记之以示感谢。

（本文除随图署名外均由张国华摄）

第七章　古道茶香

清人檀萃在《滇海虞衡志》中记载："普茶名重于天下，味最酽，京师尤重之。"茶马古道成就了"天下普洱"的名声，"天下普洱"让茶马古道彪炳史册。悠悠古道蹄声远，袅袅青烟茶话长。普洱茶马古道，马蹄声声，茶烟袅袅；普洱茶马古道，茶路无尽，茶香不绝。沿途的村寨和人民，自然对茶产生了一种特殊的感情，这种感情，往往伴随一生。

古道茶香，让我们在感受缕缕茶香的同时，看到了当年的茶叶运输的不易，从而更加珍惜当下的这一片茶叶，这一碗茶汤。

普洱茶之恋

人的味觉不尽相同、各有所好，身边的同事们大多喜爱甜的感觉，我却至今仍没学会细品一杯冰糖水的蜜度，反而酷恋苦良之味——茶。虽然不懂得精致严格的茶道，也未曾饮过多少稀奇的名茶，但我欣赏茶的醇香，特别是普洱茶的清淡恬和与明净自然。

孩子们都在学校念书的那些年，无所事事的我经常独坐室中，冲一杯普洱茶，翻一本格律诗，窗外的活泼与生机像小鸟一样飞了进来，而满屋寂然，恍然之中，清香适口，又带着阳光、雨露、山野之气的茶味，萦绕舌尖，如一位温婉的佳丽，似一个相契的旧友，使人油然而生亲切与温暖，享受到繁华中落落的淡雅、风沙中绿洲的清凉。

或许是因为父辈们总把茶视为琼浆玉液吧，我自幼喜茶爱茶，打从我记事起，就认为麻栗柴火烧小铜茶壶烤茶解渴极富雅兴。那时，家乡最大的一棵茶树只不过有大碗口粗细，百余年树龄，却也算是顶呱呱了，常常爬到那老茶树上，感受春天嫩毛尖的清香，领略夏季绿叶子的阴凉，如痴如醉，颇感得意。扫兴的是老爷子总是比手画脚，远远地跑过来，嘴里喋喋不休："那茶比我的年纪还大，是你能随便骑的吗？"

参加工作后，我也有嗜茶之癖，常学着用父老们的"祖传秘方"烧制我的"工夫茶"，和同人们天南地北地追溯中国的茶文化，手舞足蹈地炫耀家乡的那棵百年老茶树"历史悠久"云云，大有自命不凡之架势，着实让我趾高气扬了好一阵子呢。

然而，就在我夜郎自大之时，生长在哀牢山腹地千家寨的古茶树王被发现了，且轰动世界。十分庆幸的是我随中科院组织的专家组首先目睹了那棵不同凡响的古茶树王，确实让人敬仰至极：远视青枝绿叶，生机勃发，毫无上了年纪的倦意；近看老干虬枝、苍劲挺拔，更显得雄伟壮观。主干茎从小山冈上拔地而起，以 25 米的高度直插天空，如擎天巨柱；枝杈从主干茎向四周铺开，似绿色大伞，用 21 平方米的树幅阴凉了半个小山坡；树表斑斑点点或青苔缠身，树毛和鼓包到处可见。无疑，它在向人们展示古老而博大精深的茶文化。老茶树不

2700 余年镇沅千家寨野生古茶树
（图片来源：《普洱古树茶》）

但有着天赋英姿，更为令人吃惊的是专家学者们考察论证的结果，它竟以2700余年的高寿登上世界茶树王之榜首，成为当今世界上最古老的野生茶树王。这棵古茶树王之年龄是老家那老茶树的27倍，心里暗自揣摩：我这不是在班门弄斧吗？是失落，是充实，难以名状……闲暇之余，常拿着那些从各个角度摄下来的古茶树王图片端详，更觉触景生情：世界之最就在故土，自己也随之高大了许多，那古茶树王郁郁葱葱，奋发向上，原来它想要的是那片广阔无垠、高远深邃的天空，而不是脚下拥挤的土地。

常想起无量山麓彝家的小铜茶壶，外表看来，黑里泛亮，没有铜的色调，却似一黑古陶制品，那是常年与火共冷暖的象征；看里面，茶垢坑坑点点，犹如定了型的岩浆，足有半厘米厚，那是彝家人长年累月的积蓄，一直都舍不得洗掉。多么别致又多么实在，只可惜还不曾烧制过如此纯净的普洱茶。记得那年探访故里，带回了我在单位常喝的普洱茶，放进那可爱的小铜茶壶烧烤，清香四溢，不多时，便有隔壁邻居、少年好友陆续而至，团团相围，聊平淡抑或古雅的话题至夜阑，咬着茶壶嘴如喝大麦酒般轮流“啧啧”咂嘴，似乎碰上了心动神怡的人生乐事。临行，父老乡亲异口同声：“阿发，明年春节回家可别忘了多带点回来。”由此看来，乡亲们大多都爱上这普洱茶了咧。

茶，源之普洱，自有来头。早在清代，著名小说家曹雪芹就在《红楼梦》里写下了这样的诗句：“普洱名茶喷鼻香，饮茶谁识采茶忙？若怜南国采茶女，忍渴登山与共赏。”

在单位里，大家都喜欢喝普洱茶，也都一个劲儿地说好喝，却很少有人同我一样总想品出点其中的奥妙。后来，终于发现了一位挚友，他不但似我爱喝普洱茶，而且也喜欢想入非非，吟诵唐诗“三百首”。每次去他总冲上一杯上好的普洱茶相待，两人并散淡淡地聊一阵儿，说几句不常与人说的笑话，关于山色与风影，或者一些极老、极新鲜的故事，杯中的茶尽了，可是茶里那种极令人神往的绿叶子的清新却未尽。据说那是没经过任何香精熏制的生态茶，茶极浅淡，除了轻盈柔和，还有一种说不出的韵致。一天傍晚，正是杯中茶尽时，情不自禁地和他一起读完一首有趣的乐府诗，余香中，抬头看这位朋友，忽觉得如此平和疏淡之人竟然自有一种自然挥洒的气质，如这茶一样淡然严实，蓦然令人心折心惊，遂在黄昏渐暗的天光之中，眼神朦胧起来，原来人生里的真实都在瞬间，都在身边。普洱茶呵，你真有如此之魔力吗？

如果说《将饮茶》中的“孟婆茶店”确实可使人在赴西天之前必先到那里喝一杯茶，以忘掉生前的一切，那么普洱茶又何不可开设个“浇愁茶廊”，让人们来此借遗忘更正错误呢？也一定会有人在门前微笑摇头说不遗憾。何等迥异的人生，何等优美的普洱茶。

老先生们乐道茶中浸透的悠久文化，我未必能品出如此深刻的含义主旨，只是单纯地喜欢茶，喜欢身边的普洱茶。有人说：“酒杯里有大海，盆水中有风浪。”有缘的话，请您好好品尝一下普洱茶吧！或许一杯清纯的普洱茶里，有叫你恋恋不舍、体味不尽的洞天呢……

在镇沅，人们从古至今与茶为邻，与茶做伴。茶叶不仅是饮品，也是地方的经济产业，而且地方民众还将茶叶作药用和食用。用米、茶、糖相炒，制成糊米茶，注水煮沸，饮汁，以去热止泻；用沸水泡盐茶饮，可消炎和清除感冒；用茶叶水洗眼，可祛除火眼。当茶叶冒出新芽，人们会从茶树上采下鲜嫩的茶叶，洗净，以作料相伴，作凉拌菜食。其味鲜美、独特，其效清凉、散热。此外，镇沅还流传着很多关于喝茶的顺口溜，诸如“早茶一盅，一天威风”“一天不喝茶，心头乱麻麻”等。地方群众在长期饮茶中，不仅孕育出了很多茶歌茶调，且衍生了独特的茶礼茶俗、茶艺茶道。茶歌和茶调中，流传广泛的有按月份连唱的《十二月采茶调》和民间流传的打歌调等。《十二月采茶调》从一月唱到十二月，概括和总结了茶叶的生长规律，也包含人生的处世准则。如《一月采茶调》的唱词："正月采茶茶不发，媳妇有空回娘家""各种礼物装满袋，身上背着胖娃娃""父母养儿不容易，孝敬老人莫要忘，爹妈在时山成路，爹妈不在路成山"等。民间流传的打歌调中，涉及茶叶的也不少。典型的有"张家门前有棵茶，一对知了顺茶爬，想问知了叫什么？口干舌燥想吃茶"等。极能反映地方群众传统茶礼茶俗和茶艺茶道的，有"土罐茶""竹筒茶""铜锅茶"等。

镇沅茶马文化的一个重要构成就是马帮文化。历史上，境内就有古丝绸之道和茶马古道在此纵横交错，著名的滇藏茶马古道直穿镇沅，在交通不便的历史时期，滇藏茶马古道原本就是一条人文精神的通道。从久远的唐代至今，历经千余年的岁月沧桑，茶马古道就像一条大走廊，连接并影响着沿途各民族，在长期的生产、生活、贸易、交往过程中形成并传承下来。今天，县内还流传着很多赶马人的故事，就连现在的一些古稀老人，有的也有赶马人的经历。我们也听说过，驮茶马帮长途运输，跋山涉水，驮运一趟茶叶往返需半月左右，有的需两三个月，出门一趟不仅要赚钱和养家糊口，还得注意安全。因此，驮茶的马帮有很多马帮文化及禁忌。领头马要佩戴直径为 8 ～ 10 厘米的铜铃 2 颗，二骡佩带直径约三四厘米的小铜铃 8 ～ 10 个。头骡、二骡的辔头要用红绸布扎成。辔头两边镶有红绿玻璃珠数十颗，辔头额前镶有镜子。红辔头和镜子主要是驱凶避邪，以防马帮在山岭密林中遇上虎豹侵害。驮茶马帮还配有铜铓及刀枪，规模大的马帮配铓锣 2 ～ 3 面，边走边敲，铓声铃声相互交响，不仅能驱邪避凶，而且能给疲乏的人马带来愉悦的心情，同时也给远处传递信息，马帮来了。训练有素的驮马很通人性，各匹驮马均有固定的名，起卸驮子时，主人只要喊其名，驮马就会各就各位。各匹驮马按其长相、毛色、性格来取名。每当马帮出门远行，要选择吉日，杀牲祭奠。在吉日出门远行，预示生意好，途中安全；若是在凶日出门，不仅生意亏本，还会出现人马意外伤亡。马帮若要涉水过江，渡船之前绝对禁说"翻"和谐音字，投宿、歇脚开稍时，煮饭的火塘位置要选择下一程前进的方向，不能选在原来的方向。如由东往西走，火塘应设在西边。驮马不听主人使唤时，主人不能骂驮马"豹子咬"一类不吉利的话等。县内还流传着很多《赶马调》，诸如"三片茅草搪地气，三片滤液遮露水；三个石头打个灶，就地挖个洗脸盆"等。这些都足以证明，马帮文化在镇沅县内具有很深的影响。

随着古驿道的通达、商品交流的活跃，社会经济也日趋繁荣，这些进步和繁荣都和茶马古道是分不开的；也正是茶马古道的形成和繁盛，铸就了伴随我们几千年、沉淀于我们心灵深处、推动我们不断前进的茶马文化。茶马古道是一种超越自我、超越极限的生存之路、探险之路和人生之路。茶马古道铸就了镇沅人吃苦耐劳、淳朴善良、果敢刚毅、奋发向上的品性。茶马古道是一种文化，更是一种精神。

因镇沅历史上盛产茶和盐，镇沅的茶马文化和盐马文化是相互紧密联系的，马帮有时驮茶，有时驮盐，也有同一马帮盐茶同驮的。镇沅茶马、盐马文化在与外界长期的交往中，增进了对彼此不同文化的了解和亲和感，形成了兼容并尊、相互融合的新格局。

景谷谢家寨的古茶故事

景谷以独特的自然景观、多彩的民族风情、浓厚的佛教文化氛围，被誉为“千景之谷”。历史上的景谷，因盐而兴，因茶而盛，盐茶促进了景谷的人文蔚起。早在唐代，景谷就同时拥有了盐和茶两项官府垄断商品，景谷更是以“万担茶乡”的美誉享誉茶马古道。在7777平方千米的土地上，分布着5.92万亩野生古茶树群落，遗存着3.62万亩栽培型古茶园，现还拥有现代生态茶园18.32万亩。

1978年，中科院北京研究所和南京地质古生物研究所的科学家们在景谷盆地内发现了以宽叶木兰化石为主体的景谷植物群化石，在地质古生物学上被称为“第三纪景谷植物群分布区系”，是我国少见的渐新世植物群，也是唯一没有受到第四纪波及的区系，仅见于景谷盆地，距今3540万年，被誉为茶树的“始祖”。景谷埋藏最早的宽叶木兰的出土，为引证茶树的最原始产地在滇西南地区增添了木植物依据。普洱成为世界唯一的一条从宽叶木兰化石—中华木兰化石—野生型—过渡型—栽培型茶类植物垂直演变的完整生物链。

“吃叶子，穿叶子，没有叶子，没裤子。”这是在景谷民间流传已久的俗语，“叶子”指的就是茶叶。茶叶在景谷人的生活里，已成为一种不可或缺的必需品。残存的茶马古道、历经几百年时光磨砺的茶树，诉说着景谷这片土地上茶的沧桑与醇香，多少人家祖辈，都与茶有难解之缘，随手拣拾，都是古茶故事。

位于景谷县半山区的威远镇龙塘村，海拔1250米，年平均气温19℃，年降水量1300毫米，适宜种植水稻、玉米、茶叶等。山林里的古茶树，沐浴着自然的阳光雨露，倔强生长着。茶香养育了一代又一代的村民，像一份珍贵的传家宝，代代传、代代润泽、代代香。

龙塘村芒勒社有个谢家寨，这里居住着一个五世同堂的谢氏家族。谢家和茶，祖祖辈辈相依相生，茶是谢氏家族血脉延续中不可分割的一部分，谢氏家族繁衍生息的故事中，有着龙塘茶浅浅淡淡斑驳的芬芳。原谢家寨的总家长谢文堂，大半生与茶树为伴，晨起听鸟鸣，日暮伴斜阳，一天，一年，十年，几十年，目光所及都是茶树。生活，劳作，守护着祖辈传下来的茶园，从花甲到古稀又耄耋，把一生的热爱都揉进了茶里。绵长的日子，揉成了古老的茶饼，生生不息的火塘燃烧着生活的热情。沸腾的茶罐里肆意舞动的茶叶，诉说着谢家与茶的醇香情感。

谢家寨的茶马故事，要追溯到19世纪下半叶。谢家最早生活在景谷县的景谷镇，景谷盆地是茶树的最古老的生长区之一，景谷县又是乔木老树茶分布较多的县之一，全县各乡镇几乎都有老茶园，而景谷镇的古茶园又是最多的。谢文堂的先辈生活在景谷镇文山村文旦村民小组，家族人丁兴旺，整个大家族如一株大树，枝繁叶茂分成了好多小家庭。分家后很多谢家人几经周折迁徙至联合村芒玉村民小组，这个酸枣树茶飘香的村寨。

民间流传着一种说法，满山的酸枣树茶，其实因芒玉与龙塘之间里一棵硕大的古老酸枣树而得名。村民口中的酸枣树，学名叫南酸枣，是一种高大的落叶乔木，又名四眼果、鼻涕果，产于我国南方和印度。联合村的这棵南酸枣，高大苍劲，直冲云霄，它与满山的古茶树像一个个忠诚的卫士，祖祖辈辈守护着这片土地。联合村的彝族祖辈就与茶树有着不解之缘，茶马古道打开了一扇通往外面世界的窗，联合龙塘山里的茶树，像星星点点的希望，点亮每一个贫瘠而又充满期待的日子。

到了谢文堂的曾祖父这一辈，因为高祖母邱氏娘家在龙塘村芒良组，在龙塘村以芒勒置地安下家来。直至谢文堂的父亲——谢开明这一代，扮演农民和茶农双重角色，以芒勒谢家寨的茶文化也从那时候开始一代代流传下来。

茶山的茶树，一直以来都是谢家的一分子。种茶、摘茶、做茶是生活里每年都吟诵的一首歌，家里的大搪瓷缸，永远都有清热解暑的茶，热茶凉茶都浸润着那些成为回忆的日子。茶既是生活必需品，又是良药、饮品、食材、祭祀用品、馈赠礼物、珍藏品。山里的茶树，也从不寂寞，丛林中的精灵与星、月、阳光、雨露守护着它，谢家祖祖辈辈的看护照料，使它茁壮成长。

一到采茶的季节，谢家人便背着粮食锅具行李，走进莽莽大山，采摘自然的恩赐与族人守护的“幸福叶”。风的撕扯、烈日的灼烧、暴雨的粗鲁袭击、野兽的威胁，都是在采摘茶叶完成之前随时会发生的事件。至于吃饭和睡觉，更是潦草应付。下山返程比进山多了茶香和心底的喜悦，脚步在深山狭道里艰难负重穿行。回到家里，便开始紧张忙碌的制茶系列程序，山寨的夜晚，茶叶是最美的星光。

做出的茶，焦急等待青石板上传来有节奏的马蹄声，马帮的竹筐，带走一篓一篓的茶香。茶马古道那时还不“古”，青石板弯弯曲曲延伸到远方，那是山寨人的古茶在贩茶人马背上经历的风霜。也是山寨人一年到头最美的期盼，换得茶米油盐酱醋和红头绳，还有对远方和来年的深情凝视。

生机勃勃的营盘山有机茶园（苏建春 摄）

谢开明与傣族妻子陶氏都是聪明勤奋、热爱生活、敢于尝试的人，有心的夫妻俩在和来往的马帮零碎沟通、交流中获得了一定的信息，也结识了不少朋友，对外界有了点滴的了解并产生了向往。在妻子的支持下，通过多方的观察、思考，谢开明决定一边搞好粮食生产和茶叶种植，一边分出时间精力，跟马帮出去闯闯，看看外面的世界，最主要是希望能走出大山，找机会改变现在的生活状况。

夫妻俩说干就干，东拼西凑买了骡马，妻子照顾家里，谢开明跟着马帮开始走茶马古道，南来北往学做一些贩卖茶叶、布匹等货品的小生意。在本地收购茶叶，带出去换取一些山里稀罕的东西，沿途边走边零星交易。小小的收获让谢开明惊喜不已，越发想要坚持多学多做，让自己拥有更多的阅历和经验，将更多山里的古茶，换成“面朝黄土背朝天”的农人不敢想的幸福与惊喜。走南闯北做生意的经历使得他们一家对外部环境有了新的认识，夫妻俩更加深刻地认识到茶叶种植的可观前景，以及一劳永逸、惠及子孙后代的经济价值。

谢开明在做茶生意的同时，开始寻找品质更加优良的茶种，并且用心收集各地茶的品质特点、茶树种植以及加工技术等知识，不断充实关于茶的品种、种茶、制茶方法的知识。经过精挑细选和反复比较，他最终觉得景谷乡文山、文召村一带宽叶普洱茶、白茶、紫芽茶三个品种相对来说品质比较好，决定先培育这三个品种的茶。夫妻俩商量后决定立即开始着手订购茶籽，并请到有技术的人帮忙培育茶苗。当时的茶籽比较金贵，想要弄到茶籽并非容易事，愿意交易的质量也不是很满意，满意的主人家又不愿意。屡屡碰壁，但谢开明并不气馁，辗转奔波，竭尽全力。几番周折后，谢开明才通过熟人牵线劝说，以一担谷物换一斗茶籽的方式达成了交易，换回了计划所需的茶籽。

解决了茶籽问题，接下来就是育苗及挑选适宜的土地。谢开明花费大量时间，不仅对已有茶园进行细致走访调查对比，还走山串林反复筛选，最终在今凤山镇、景谷镇、威远镇交界处的橙蓝山、总龙营一带寻找到了几片适宜种植茶树的土地。这些地块的海拔均在 1800 ~ 2000 米，处于苍翠的原始森林之中。由于地块附近有大龙潭，常年有水，植被覆盖良好，无论是土壤含水量，还是土壤肥力都是极佳，谢开明在选地块时还对阳光的照射方向和日照时长也进行了仔细对比和挑选。经过一番慎重的商议、奔波之后，定下了上百亩准备种茶的土地。为保证种茶的计划能够顺利实施，谢开明继续在茶马古道上奔波闯荡，做生意赚钱维系家里发展茶叶种植的周转。勤劳的傣族妻子陶氏则带着几十号人到橙蓝山、总龙营一带选好的地块进行开荒，紧跟着就是茶苗移栽种植，充分发挥——“寒暑易节，始一反焉”的“愚公移山”精神。全家人齐心协力，历时几年才完成了几块茶园的开荒、育苗、栽种。由于谢开明计划周详和对土地几近完美的挑选，茶园种植的茶树长势良好，虽然因地块位置条件的些微差异，所产茶叶在出味、回味上也有所区别，有温和回甘味较好的，有味具苦涩且耐泡的等，但完全达到了他种茶之初对茶叶品种、地块条件的预期，如此种种，为谢家寨古树茶文化的发展奠定了非常良好的基础条件。

经过夫妻二人的不懈努力，种茶规模逐步扩大，茶叶收益也逐渐可期，家业也因此渐渐兴旺起来，生活水平也不断得到提高。可是好景不长，谢家的好日子才刚刚拉开序幕，就被意外事故强制阻断，打破了原本安宁的幸福。清末民初是特殊的动荡时期，兵荒马乱、土匪横行、豺狼虎豹出没，谢开明在一次进货回家的路上，惨遭土匪抢劫，货品马匹悉数被劫，谢开明在反抗中受了重伤。过路的好心人把奄奄一息的谢开明送回家，妻子陶氏受到严重惊吓，精神恍惚，突发疾病，夫妻俩在一个月内不幸相继过世。当时家里长子谢文堂刚 10 岁出头，还有两个弟弟一个妹妹尚不懂事。自此年幼的 4 个孩子失去了依靠，由家族堂伯堂叔分别抚养长大。谢家家业从此衰落，建盖了一半的大瓦房也半途而废，半截墙壁露出的土坯稻草在风雨里倾诉着这个家道中落的悲戚故事。

作为家中长子，谢文堂留在以芒勒堂伯家中。懂事礼貌、聪明伶俐的谢文堂深得伯母喜欢，一直当作亲生儿子看待，教给生产知识的同时也教给做人的道理，堂伯母再次给了这个可怜的孩子一个家。

中华人民共和国成立后，土匪销声匿迹，社会秩序逐渐恢复，在党和政府的恩泽照顾下，谢文堂又从帮佣变成了农民和茶农。谢文堂从来没有忘记父母的遗志，20 世纪 60 年代末，以芒勒村民不约而同开始到橙蓝山一带开荒种植苞谷、红薯等农作物，谢文堂也加入了种植队伍，他来到了父母曾经种植茶树的地块，在那附近开荒种地，同时，逐渐把父母曾经种植的部分茶园打理起来（有一部分地块已在中华人民共和国成立后分配给了其他乡镇的村民）。看着这片倾注了父母心血的茶园，谢文堂有一种说不出的亲切感，仿佛又回到 10 岁以前，在父母怀里感受温暖的日子。这片茶园，成了他全部的精神寄托。

又过了 10 多年，80 年代初，谢文堂长期在橙蓝山、总龙营一带歇山窝铺居住，默默守护山林、茶园，和大山融合在一起。龙塘村便委托他做护林员，他肩上又多了一份责任。他勤勤恳恳管护好山林，把父辈留下的茶产业也拾掇发展起来，不单留下了青山绿水的美好生态环境，同时也为子孙后代留下了赖以生存的茶山。更重要的是，他让谢家寨的家族文化得以与橙蓝山、总龙营茶文化共生共传共同发展。

从谢家寨到橙蓝山古茶山要步行爬山 3 小时，从橙蓝山古茶山到总龙营古茶山还需步行爬山 1 小时。这些路程，这位耄耋之年的老人用他有力的脚板来来回回丈量了无数遍，山林的任何一个角落他都非常熟悉，山林的小动物们都认识他。直到老人不再上山守地之后，他把属于自己的茶山进行了划分，把品质最好的茶地分给了能力最差的儿子，他用自己的方式，为孩子谋划着未来没有他们照料时候的生活，他让排行到老十的儿子们各尽所能地发展自己的小家业，为满堂的儿孙们营造了一个团结祥和的家庭氛围，引领后辈子孙们共同努力把家族茶文化一代代传承下去。根据 2020 年云南省古茶山调查规划，橙蓝山、总龙营古茶山属于龙塘古茶山的一部分，其发展前景非常值得期待。

2021 年的春天，谢文堂遗孀——90 多岁高龄的彭文仙老人面带祥和幸福的笑容，慈爱地看着满院场跑玩的重孙和曾孙，阳光透过树木和竹林温暖地洒在她的身上、她身畔的茶杯里，刚泡醒的茶水透着美丽的汤色，不远处古老的斑鸠屎果树静静地守候着这一切，仿佛在默默诉说着谢家寨十代人的茶文化故事。

谢家的茶山还在，谢家人一代又一代精心守护着这片茶山。茶山已经成为谢家家族的一分子，斑驳的茶树长在这片土地上，更长在每个谢家人心里，茶香祖祖辈辈传下去，故事也是。

江城县胜利号茶庄的记忆

江城县勐烈老街背后的故事很多，有些东西随着时光流逝而无法追回，但真正有意义的东西不会随时光而去，反而在人世间闪耀着点点亮光。只要你稍加留意就会发现，一群以茶会友之人一提起江城茶的历史，就有讲不完的茶故事。江城普洱茶为啥总是让人那么怀念？因为敬昌号圆茶、江城号圆茶、胜利号圆茶等深藏着厚重的文化历史底蕴，让人流连忘返，让人留住了勐烈老街的记忆、记住了乡愁。

江城种植茶叶的历史悠久，经历过几起几落。1875 年后，勐烈街虽然有茶叶上市交易，但数量较少，仅供本地之需。1911 年，勐烈街商人开始收购毛茶，加工成方砖茶，用马帮驮运到李仙江坝溜渡口，顺李仙江用船载到越南莱州（勐莱）销售，利润丰厚。1923 年，江城茶叶采摘面积 2000 亩以上，每年出口茶叶 2000 多担。这个时期勐烈街先后开办了以生产、加工、营运、购销茶叶为主的茶庄商号：敬昌号茶庄、江城号茶庄、汉记茶庄（后改称“胜利号”）、同兴昌茶号、永茂昌茶庄、四合公茶庄等 20 余家。那个时候勐烈街茶庄商铺林立，酒楼客栈异常兴盛，商人马帮络绎不绝。勐烈街成了政治、经济、文化中心，也成为茶叶加工、出口的中心。 此时，汉记茶庄也异军突起，在勐烈街占有一席之位。

“胜利号茶庄”前身的汉记茶庄掌门人姓刘，名汉宗，生于 1908 年，出生在贫困家庭，汉族。少时，聪慧过人，尊敬长辈。青年时期，能吃苦，早理事，想尽力撑起这个家庭。所以，刘汉宗到勐烈贡爷杨寅斋家做帮工。两年后，刘汉宗开始自谋生计，以“挑货郎”为业，走村串寨，四处奔波，解决生活之困。22 岁时，刘汉宗回到故乡磨黑，娶温家闺女芝兰为妻。7 年时间里，生育儿子耀南、女儿美芳。家里经营土杂百货生意，温氏忙于家务、勤理生计。温氏在小产月里经常熬酱油卖，因烘烤过多、休息不好，不幸感染热疾。那时医疗条件差，温氏医治不妥去世，年仅 25 岁。1939 年，刘汉宗又娶朱家孀妇李树芳作续弦，生育子女正南、玉芳、德芳、永南、元芳。刘汉宗虽然出身贫寒家庭，却是经商有道、勤恳聪慧，做人宽厚温暖，做事明理认真、诚实守信，学商勤钻苦练，熬盐、茶叶生意渐渐红火起来，不断壮大发展。刘家所经营的汉记土杂商店、汉记茶庄、勐野井盐业作坊（经营一条灶 5 口锅），生意有道，管理有方，规模渐大，盈利不少。

1944 年，刘汉宗回故里磨黑镇探亲，把家里辍学务农的堂弟（刘汉仁，1921 年生）领回汉记茶庄做助手。刘汉仁天资聪明，管理有方，在厨事上也是行家，深得刘家长辈器重。每年冬春时，刘汉宗都指派汉仁到勐野井管理“汉记”盐灶作坊。平时协助刘汉宗管理汉记商店、茶庄的一些事务。

汉记茶庄，初期在勐烈正街（原红疆商店旁，现吴应家对面）典房生产加工茶叶。那时采制茶叶方法十分简单，选用国庆茶区原料，传统手工制作，柴火铁锅杀青，人工揉捻晒青，石模压制成型。开始主要收购毛茶加工成为方砖茶，销往越南勐莱地方，转口又销往东南亚、中国香港、中国台湾一带。随着市场需求的变化，加之天长日久积累起来的技能及经验，茶叶加工技术由散茶提升到紧压茶。这种加工工艺既保留了原本特色风貌和散茶自然真趣，又独具花香、果香、清香，香气留口时间长，口感丰富，层次明显，苦涩转化快，制作成圆茶又便于包装、运输、交易、收藏。因此，汉记茶庄生产的圆茶，以其独特的品味和优异品质，赢得了社会各阶层的普遍认可，不仅在越南、东南亚、中国香港、中国台湾地区盛行，而且向欧洲等地扩展。

刘汉宗做熬盐、制茶而起家发富，家底殷实丰厚。1942 年，刘汉宗病危，此时，与刘家情谊深挚的邻友朱剑秋将刘汉宗医好，因而茶业才得到发展壮大。1944 年，刘汉宗花 3000 元钱，在最热闹的勐烈上正街购买一幢一楼一底的砖木结构房子（从过街楼往街脚方向的第二间），有两间门面和天井、耳房、过道房等，面积近 200 平方米。经过简单打理，汉记茶庄搬到此处，正常加工生产。从此，汉记茶庄在生意场上做得风生水起。

1945 年 8 月 15 日，日本帝国主义宣布无条件投降。胜利的消息通过无线电波迅速传遍全中国，也传到了边疆江城勐烈老街。全城老百姓敲锣打鼓、鞭炮鸣街，大家欢天喜地、兴高采烈地庆祝胜利。此时此刻，刘汉宗经过深思熟虑，做出一个惊人的举动，把经营多年的汉记茶庄改为“胜利号茶庄”。虽然在生意上会有一点影响，但凭一片爱国之心和过硬的质量，注重满足人们日益多样化、特色化的市场需求，茶叶生意一定会更上一层楼。其实，胜利号圆茶生产过程就是一个执着的工匠不断探索、追求完美的过程，也是保护传统技艺、传承民族文化、提升“乡土制造”的魅力和效益的过程。

1948 年初春，刘汉宗陪同县警卫队长胡佐周、米连珠（胡佐周家佣人）上省城昆明观光医病。在昆明停留半年，开阔眼界，了解茶市，学习茶技。

刘汉宗在做好自己生意的同时，还积极参加勐烈老街的社会活动。1944 年冬，在省政协的批示和刘汉宗的支持下，李国权在易武来到勐烈老街广雅小学的闲宅筹建江城医院，用西医为百姓看病治疗。1950 年春，刘汉宗收购一批毛茶，送到大寨箐分户加工，统一包装。刘亲率外侄胡霖苍、马夫罗哈博等一行，陆地上请马帮驮，水上雇船运，把这一批具有“最能化物”的紧压茶——胜利号圆茶销往越南勐莱。水陆并驱，往返一月有余。此后，胜利号圆茶再没有生产了，只是留在人们的记忆之中。

从普洱市永年茶业有限公司普洱茶厂董事长太俊林提供的胜利号的资料来看。江城胜利号其内飞为椭圆形紫黑色，左右两边有五瓣花各一朵，上端文为“云南江城”，中间为“胜利”二字，下端为“茶庄元飞”四个字。胜利号圆茶，存世稀少，很是珍贵难得。有一款 20 世纪 40 年代生产的保存在台湾，条索清晰，揉工精致，可见细长枝梢的茶梗。干嗅：若隐若现，有淡淡的陈香。湿嗅：茶汤倒入闻香杯，嗅之有老茶特有的陈香味，随后有梅子香、药香味出现，香气独特而持久。叶底：大叶，褐色，肥壮，虽有粗壮茶梗，看起来仍然活力十足。茶汤：深栗红色，通透明亮。口感：第一杯口感酸酸甜甜，有梅子香，如饮酸梅汤；之后，有种药香味，舌底生津、清凉，带有老茶特有的陈香，汤质醇厚顺滑，非常有活性，有生命力。气韵：感觉气沿后背上行，穿透力很强，身体得到净化。

胜利号圆茶地域特色浓厚，承载着历史的记忆，传承着民族的文化，潜藏着巨大的商业价值，有待于人们去开发利用。

千年古茶藏深山

——拉妈冲寻茶手记

江城最大的古茶树竟然生长在一个叫拉妈冲的地方。

拉妈冲是一个以哈尼族卡多支系为主要居民的小寨，深藏在中老越三国交界的曲水镇拉珠村的群山之中，距离县城30多千米。因为隐藏太深，本县许多人连听都没有听说过这个只有十几户人家的小山寨。

2018年8月3日，我与何加平经老茶乡田房村进入嘎勒村。到麻栗树寨子时见一户人家正在建盖新房。一位长着缺牙戴着歪帽的大哥与何加平是熟人，见他到来便问其原因。当听说我们是来看大茶树时，这位白姓大哥露着缺牙说："瞌睡遇着枕头了，这里最大的茶树就是我家的。"说完放下手中的沙桶领我们来到一片柏树林地头。地头上长着七八棵茶树，高八九米。最大的那棵树上已挂着茶叶局的普查牌，我看了一下，基部径围只有56厘米，仅和我的大腿一样粗。失望之情突然升起。这些茶树是当地群众多年前栽培的，因疏于管理长成了乔木，属于栽培型茶树。如按古茶树需在百年以上的标准，这些茶树尚不能称古。带着些许的失望，我们告别了热情的白大哥，告别了嘎勒。

车过嘎勒村委会和克扎河后开始朝嘎勒大尖山爬行。何加平介绍说没有通公路前特别是他到县城上高中时，需要翻过大尖山，过克扎河，又翻过嘎勒村到田房村阿卡洛堕寨子，最后经过山神庙丫口进入县城。他还特地说："克扎河因狗命名。哈尼话克扎就是狗喝水，克扎河直译成汉语就是狗喝水的河。洛堕是歇息的意思，阿卡洛堕就是阿卡人休息的地方。"但我私下认为克扎应该是吃狗的地方，可能以前经常在这里杀狗吃。

大尖山属国庆乡和曲水镇共有，国庆方向原来是长满野草的荒山，十年前曾有市领导动过在此地建高尔夫球场的念头。后来经过土地开发整理，中澳农科公司在此种植了2万多亩坚果，据说是全世界单体连片种植面积最大的基地。去年从国庆通往曲水的砂石路也建设成了水泥路。我们坐在车上不时可以看见绿色的果实挂在幼嫩的树枝上，可以预见几年以后满山遍野都会是累累坚果。

同行的何加平的老家拉妈冲就在大尖山脚下，站在山顶可以清晰地拍摄到夹在两个山梁之间的拉妈冲寨子。从国庆乡过来的水泥公路从这里改道经拉妈冲进入曲水镇拉珠村。从大尖山顶往下到拉妈冲的这段公路是江城境内最陡峭的公路，坡度大概有45°。我曾两次到过西藏，也没有遇到过如此险峻的乡村公路。据说公路刚开通时，有一个嘎勒寨子的农民弟兄开着货车冲出公路摔死在山下，令人胆寒。怕什么来什么，这时我们的司机白师傅突然停车，连声说刹车出问题了。随即我们闻到了一大股煳味。原来是刹车片薄了没有及时更换。最后商定等刹车冷却后再走。如此，我们被迫停留在大尖山一眺风光。这天虽然没有雨水，但山川河谷之间挟裹着一团团或浓或淡雨雾。虽然不好拍摄，但丝毫不影响观赏山水风光。站在这里朝东可见红河支流李仙江，河对岸的连绵群山就是红河州绿春县的地盘。往西依稀可见国庆乡的田房村、嘎勒村和哈播村的森林草地，还有点缀其中的刚建成的几座新农村。

10点半的时候我们来到了何加平的老家拉妈冲。

这是我第二次踏进这个叫拉妈冲的寨子了。2009年春天，我曾应何加平的邀请到过这里。当时他打来电话说家里杀牛，要我务必前来品尝，顺便领略拉妈冲的自然风光和民风习俗。酷爱旅游和写作的我当然不会错过这种机会。那时拉妈冲寨子还没有经过新农村改造，还是传统的瓦房。不过那次酒喝多了，只记得他家用来舀米的乌龟壳被我要回去挂在私人工作室里展览了。当我谈到这件小事时，何加平的五弟何小昌哈哈笑着说："你还记得这件事啊，其实那个乌龟壳只是用了四五年，用了二三十年的那个乌龟壳现在还在用着。"说完还特地进屋用那个老乌龟壳舀着白米出来，名为让我拍照，实则是在炫耀。

何加平相当重视这次探访，家里来了一些人，有的上山打笋摘瓜，有的烧火做饭，有的陪我们聊天。为了更好地介绍情况，何小昌从二哥家里接来了80岁的老父亲。

匆匆吃过午饭后何加平建议先去看大茶树，他担心下雨。

在何加平的带领下我们来到了寨脚。这里生长着两棵大茶树。右边的古茶树是老彭家的，我把它命名为彭家一号茶树。农业局长出身的何晓佰亲自测量了基部径围，竟然达到1米，算是比较大了。我认真观察了一番，这棵大茶树从根部就分开成两个主枝，树姿半开展，部分开展或较直立，分枝部位高而疏。叶子为长椭圆形，叶尖渐尖，颜色浓绿，小泛光泽。叶面显著隆起，肉厚柔软。叶缘背卷，锯齿尚齐，芽叶肥壮。它的叶片属特大叶类，大都有我们的手掌大小。彭家一号旁边还有2棵1米高的小茶树，却长得枝叶茂密。我们好奇地推开泥土一看，原来是从砍掉的古茶树桩上长出的新枝。虽为新枝，但叶片特别肥大，盖过何加平的巴掌。左边水田下面的大茶树是何小昌家的，我命名为何家一号茶树。茶树长在两丘田之间陡峭的空地上，旁边的苦马草也长得比人高。我让何加平用力扒开苦马草露出茶树根部。这棵长在石头后的茶树比彭家一号茶树小一些，径围只有80厘米。我们分析彭家和何家这两棵大茶树属于栽培型古茶，年龄大概在150岁。

何加平顺便摘了一些大茶叶，说是要回家煮给我们品尝。

拍摄好两棵大茶树后何加平又带我们穿过长满稻谷的水田，从一座小竹桥跨过汹涌的拉妈冲小河，朝五丫果大山进发。河对岸的田地上种着水稻苞谷。水稻才刚刚抽穗，要到9月中旬才会成熟。包谷却已经被村民们采摘完毕，只留下枯黄的枝干。一路上我们不时遇到一些村民在运输包谷，或挑或抬，或背或拉。靠近拉妈冲河谷地带的山上种植着大量的杪松、桃子、坚果、思茅松等经济作物。我们经过的路上，何加平的二哥和五弟就种了上百亩的杪松，长势特别喜人。我告诉何加平说这是我见过的长得最好的杪松了。他听后喜形于色，连连问我是真的吗。

何加平把我们带到五丫果大山的半山梁子上，这里有一片集中的乔木茶。我说："如此整齐划一的阵式不可能是野生的吧？"何加平介绍说："人工栽的，几年前我二哥和五弟从山上拾回大茶树的籽育成小苗，差不多有半米高的时候才移到这里栽种，一共种植了56株，全部成活。"我看这些茶叶的样子与彭家一号和何家一号没有什么差别，过不了几年就成栽培型的乔木茶了。我让何加平找了两棵树扒开根部测量，两棵的径围都在50厘米以上。

回到拉妈冲小河时已经是正午2点，太阳异常火辣。浑身臭汗的我一见清澈的河水就迫不及待地剥掉衣服，纵身跳进水潭里享受清凉。拉妈冲河在大山之间，落差很大，水流湍急。我紧紧抓着石头让急流尽情地冲击，不一会儿全身被按摩得酸楚麻痒，舒坦无比。然后我们一边吃着从岸边摘来的鼻涕果一边欣赏拉妈冲的田野风光，感到无比惬意。

回到何小昌家时已经来了许多人。何加平是拉妈冲出来的大学生、乡长、副主席，礼貌谦虚，善结人缘。听说他回家来，许多人不顾道路遥远刮风下雨都赶来会他。除了寨子里的群众，还有挂钩拉妈冲寨子的干部和曲水橡胶队的朋友。

何加平让他的弟弟把采摘回来的大树茶叶洗净后煮出来。虽是鲜叶，却也清香四溢。何加平又把他的父亲何云高、二哥何文新和何小昌都叫拢在我旁边，一边喝茶，一边聊茶。

80岁的何云高是当地一位传奇式的人物，天南地北的事都知道一点，还是一位草药医生，在县城开过十多年的草药诊所，还在老街买了房子。更奇特的是他还会瑜伽功夫。何加平见我们半信半疑就动员他表演一下。何大爹很听儿子的话，不声不响就把脚挂到头后面，还双手合掌给我们行礼。这一招让在场的人惊奇不已。

说到古茶的来源，何大爹说："我的祖上就在这里生活，经常到山上摘古茶来吃。至于这些古茶是什么人种下的？听祖上说是诸葛孔明种下的。孔明南征时带兵来到五丫果大山，站在山顶望着群山说我们国家的地盘已经足够大了，边界就定在这里吧，然后就在拉珠山头立了一块界碑，当地人又叫孔明石。孔明当时还说这个地方现在没有人，以后如果有人来居住就让他们以种茶摘茶为生。说完掏出随身携带的茶籽撒在山上，这里就有了茶。"

何大爹的讲述与普洱市流传的孔明兴茶相似。普洱人也把普洱茶的兴盛与历史上的孔明联系在一起。其实孔明南征并没有进入普洱地界，也不可能在曲水镇立什么界碑。我没有亲眼见到他们说的孔明石，不过既然叫界碑石，估计就是从前的一块界碑。江城在有县治前，县城一带属墨江县地盘，整董镇一带属西双版纳地盘，而曲水拉珠以下到现在的越南勐念县一带却是玉溪市元江县的飞地。这块界碑可能就是当时墨江与元江的分界碑，与孔明扯不上半分钱的关系。只是人们常常爱把今天真切的事物与历史上的某一个人物扯上关系，以理顺历史源流，更证明事物的真实。如同张飞战岳飞，人物真实有据，故事却是虚无缥缈。这也难怪云南和江城许多地方都会有孔明山、孔明石、孔明洞这些看得见摸得着的实物，也有孔明种茶、孔明建房、孔明杀魔等玄幻传说。不过透过这些看似虚无的故事传说，我们至少可以分析得出一个结论，当地有古茶的事不是空穴来风。大屁股梁子的古茶树也证明了这个推论。

二哥何文青说："我们卡多话'里拉'是茶的意思，'拉妈冲'即为有茶的地方。"何加平补充说："也不知道是什么时候，拉妈冲这个地名现在正式的写法是碌摸冲，意思一样。卡多支系属于哈尼族。哈尼语碌摸冲就是有茶叶的大山谷。不过我们寨子人一般写成拉妈冲。不管拉妈冲还是碌摸冲都是哈尼话的音译。就像是拉珠村这个名字，拉也是茶，珠就是吃，连起来就是吃茶。"

何大爹还说："我们年轻时大屁股梁子上有很多大茶树，每年秋收后，寨子人都要上山采摘老叶，初炒后做成拉匹阿帕也就是江城人常说的老帕卡茶来贮存。有次我上山遇见一棵弯茶树，大概有半围粗，被我砍回来做火枪外壳。1958年'大炼钢铁'的时候大砍树木，大茶树也砍了很多。包产到户后家家户户种山谷，能种山谷的承包山几乎都被砍光伐尽。只有无法种植谷物的大陡坡上的树木被保留下来了。像大屁股梁子上的那棵大茶树，如果生长在平缓地带早就被砍了。"

二哥又补充说："这棵茶树是20多年前我们上山打猎时偶然发现的，当时并没有在意。后来其他地方比如像澜沧景迈和勐腊易武的古茶卖得好价钱，那些古树茶出名后才想起自己家边也有古茶，才懂得古树茶的价值。不过拉妈冲的古茶因为没有人来宣传推广，所以价格只是比一般的台地茶高一点而已。”

是啊，拉妈冲的古树茶目前还远远未突显出它原本的价值。

无论是江城还是其他地方的古茶树都不是几十年就能够长成的，像拉妈冲大屁股梁子上的古茶树，少说也有千年以上的树龄。这只是偶然幸存下来的千年古茶树，那么这棵古茶树之前的那些茶树呢？只能证明江城千年之前就有茶了。江城肥沃的土壤和丰沛的雨水特别合适古茶树的生长。

按照官方记载和当地群众的说法，普洱茶从思茅和易武运到江城后经嘎勒村和拉珠村转运到李仙江边的坝溜渡口，再从这里通过船只运输到越南莱州，远销海外。县城到坝溜历史上就是云南的茶马古道。随着茶叶的大量转运，茶马古道沿线的村寨也就大量种植茶叶。而江城县的茶叶种植技术大概是在清朝末年和民国初期从今天勐腊县易武传过来的，在国庆乡的洛捷村和田房村曾大规模推广种植。洛捷在彝族中就是茶叶的意思。田房村在民国时期曾叫过茗海乡，可以想见茶叶对这些地方的影响。

按这个推理，拉珠和拉妈冲一带的茶叶就是从勐腊易武传到县城周边，又从县城传播过来的。但是不要忘了大屁股梁子上的千年古茶树，还有大尖山或五丫果大山上的没有被发现的古茶树。还有其他乡镇，诸如嘉禾乡瑶人尖山、康平镇曼老街老总箐、国庆乡田房村那些上千年的古茶树，难道它们也是从易武传进来的？或许那些地方的茶叶反倒是从拉妈冲传出去的。说不定几百年前有一人把江城山上的古茶树籽拾回来栽种，几代十几代之后又从江城传到勐腊等地。

无论如何，拉妈冲有千年古茶树，有栽培型的乔木茶，这是毋庸置疑的事实。随着宣传推介，拉妈冲的古树茶和家前寨后的乔木茶在不远的将来肯定会声名远扬，拉妈冲也会从中获得巨大的经济效益。

古道博刻茶韵

探秘茶山箐茶

其实，很早之前，我就悄悄恋上了茶山箐茶，原因就是茶山箐茶的味：金黄鲜亮的汤色中飘逸着山野的花香，入口滑润，苦涩之后便有甘味滋生久久逗留，这种味，舒服、惬意，直叫人依恋。

为了心中的这一杯香茶，赶在国庆的假日里，我驾着摩托车，颠簸了无数的山路，终于在绿色的密林里看到了心仪已久的茶山箐茶。

茶山箐茶生长在普洱市镇沅县田坝乡民强村的高山上，千余亩的茶林枕在云雾的怀抱里，在开阔的天地间常年吮吸山野雨露的精华，用大自然的琼浆玉液生产出新鲜的茶叶，品质醇正，茶香扑鼻迎过来，沁人心脾。

当地老茶农介绍，茶山箐茶种植历史悠久，茶树龄在 100 ~ 600 年，我轻抚那一株株披满青苔的古老茶树，相信茶树真实的年轮就在它们的记忆里。

访问茶山箐的茶农，是付天东老厂长带我去的，他当了 27 年茶叶加工厂厂长，把自己关于茶山箐茶的知识全都告诉了我，又引领我去拜访当地的老茶农，了解了更多茶山箐茶的过往。通过这么多人星星点点的叙说，我的脑海里呈现出了古老茶山箐茶的历史。

传说在古时候，就有居民在民强深山里躬耕自资，种茶自饮，世代相传下来，人们惊喜地发现此地的茶品质上好，喝起来甘甜，就以“茶山箐”命名这个地方，“箐”指当地四季流淌的清澈山泉水。从此，茶山箐茶世代流芳，名传他乡。

那时候，茶山箐产茶量少，仅为当地居民饮用。一段时间里，品饮茶山箐茶成了当地人待客交友的一种礼仪，历经几代人的品鉴，茶山箐茶赢得了喝茶人的赞誉，自然地，种植的数量也就慢慢增多。

茶山箐茶有一种古老的制作方法。当地人把春天里的茶叶采摘下来，煎炒杀青、搓揉后晒干，有的直接装入用棕缝制的袋子里保存，保鲜效果非常好，长时间不变质不发霉。有的则制成茶托方便外出做生意的人携带。制作茶托的工序十分简单：先砍来成年甜竹子制成竹筒备用，然后把干了的茶叶盛入木甑子，再在自家的灶锅里放适量清水并在水里面撒上少许糯米，最后把木甑子放置到灶锅里放旺火来蒸，一些时间后，端出木甑子，把茶叶移放到竹筒里，用小木棒捣紧，再劈开竹筒，茶就成团了，晾干后即成茶托。这样制作的茶托还有一股淡淡的糯米清香，也可以长时间保存，很好地再现了普洱茶“越陈越香”的特点。

约明朝时，秦光的祖先从现在的墨江县新抚团田搬到了茶山箐，和茶山箐茶结下不解之缘，历经几代人的努力，到秦光这一代，茶山箐茶得到了空前的发展。当时，秦光当上了绿长和团长，绿长相当于现在的护林员，团长在当时主要分管地方农业种植业。为了发展地方经济、壮大茶产业，团长秦光和副团长杨丈号召当地居民大面积种植茶山箐茶。

茶山箐茶的扩种是秦光、杨丈与付文东、谢安、刘先孔、李陆拾、何开成共同来完成的，当时还划定茶地梗界为：“东至文庙渡口，西至中山云，北至河底，南至梁子头。”并到老城（相当于现在的县政府）领取了“照纸”（执照），再从勐海勐库（今普洱）买来茶子进行种植。其中，秦光、李陆拾、何开成在今民强村梁子头、平掌箐、李家寨种植；付文东、谢安、杨丈在今三合村邓刚、杨家寨、付家种植；刘先孔在今联合村滑石板、刘家茶地种植。至此，茶山箐茶产量逐年增多，大量茶山箐茶销往外地，一些当地人也做起了茶叶生意，茶叶成了当地茶农的主要经济来源。在他们一如既往的坚持中，茶山箐茶赢得越来越多的人喜欢。就这样，茶山箐茶脱下了尘封的外衣，迅速发展起来，到如今，茶山箐茶大量销往西双版纳州、广东省、甘肃省、香港等全国各地。

摘一个茶山箐茶的新鲜茶尖儿放入口中，咀嚼着它的传说，我想，茶山箐茶有可能是普洱府当年进贡朝廷的贡茶原料之一。闭目想象，好似穿梭了时光的隧道，聆听到了皇帝对茶山箐茶的啧啧称赞。

应该说，茶山箐茶是人工培育型大树茶，属普洱茶系列，其条索稍粗且紧结，色泽黑亮。它的出名源自绿色和生态。走进茶山箐茶林，我们就知道，茶山箐茶生长在绿色的森林中间，那水、那山、那土、那树、那风都是原生态的，海拔、气温、降雨量构成了优越的环境，数百年来，大地纯净的乳汁哺乳了茶山箐茶，才有了让人留恋的茶味茶香。说真的，保护茶山箐茶的这种原生态实际上就是一种发展经济。事实上，采摘茶山箐茶也是采用的古老方式，茶农砍来树枝搭成架，采茶人背上盛茶叶的袋子，沿架子攀爬上去，钻入密密麻麻的茶枝中间，摇摇晃晃地把茶尖儿采下放入袋子，袋子满了就送到树下，倒入竹篮子里，再接着采摘。一天下来，一个人其实就能采五六千克新鲜茶叶。

采茶叶的日子里，茶林是热闹欢快的，年轻姑娘和小伙子喜欢一边采茶一边对唱茶歌，在歌起歌落间，年轻人意会了彼此的心、彼此的爱，真是一歌消除多人累，一歌激起千层浪，唱出了快乐，唱出了幸福。静静地去品味这淳朴的山歌，歌味如茶味般甘甜。男唱：“三月里来三月三，采茶姑娘在茶山，三月采茶大热天，天天采茶眼睛涩，眼涩还要茶水改，焦愁还要妹来陪。”女对：“三月采茶麦子黄，又要栽秧又采茶，若要采茶秧放黄，若要栽秧茶放老，两头忙着茶菜妹，焦愁还要郎来陪。”

茶山箐的茶农也喜欢喝自己生产的茶山箐茶，在饭前饭后、休息的时间都聚在一起喝茶。部分老年人还养成了一种特别的饮茶习惯，就是前一夜睡觉前泡好一杯茶山箐茶，待第二天晨曦起床，一口气喝尽杯中的冷茶水，把这种习惯叫作喝早茶，说喝早茶有益身体。我就想，茶真的很神奇，也许它真的与人的健康长寿有关，那么，“喝茶有益”就是一张很好的销售名片了。

茶山箐茶一路走来，得到了很好的发展和保护。到 1987 年，在镇沅县人大的扶持下，沿着原有茶山箐茶林的边缘，联合村又扩种台地茶 400 亩，并建茶叶加工厂一个，解决了缺电、路不通的困难，开始了茶叶的机械化加工，提高了茶山箐茶的产量和质量。到 2007 年，茶叶加工厂纯收入达到 100 万元，茶叶为当地经济发展带来了新机遇。2013 年，茶叶加工厂重新改建，更新了机器设备，提高了加工技术，在保证茶质原生态的基础上更规范了茶山箐茶的加工。这片古老的茶林，以崭新的面貌，热情地迎接了来自大江南北的爱茶人。

回首茶山箐茶的发展，总是充满传奇，细细去品味茶山箐茶，才发现，其实生态的茶叶才是我们的选择，只有在原生态中才可以享受到茶的精华——美味和健康。

镇沅的老海塘茶

喝老海塘茶，茶味新鲜，经久，甘甜，醇厚，回味，舒畅。爱上了，还真能让茶客涌动思绪，念念不忘。

自从老海塘茶脱下尘封的外衣，慢慢地，人们和老海塘茶熟悉了。悄悄地，称赞的人多了，大家在对比中把老海塘茶誉为云南八大名茶之一。自此，默默无言的老海塘茶也就有了不一样的现代文化气息。

如果说老海塘茶是神奇的，这种神奇是因为山神奇。有人做过实验，把老海塘茶的茶苗移到别处栽培，茶苗的成长历程不变、茶叶的外形不变，但是茶的味道与老海塘茶的味道完全不一样。就算是从百年老茶树上采下来的茶叶，似乎也寻找不到老海塘茶那种沁人心脾的回味。我才知道，老海塘茶的诱人茶味还得益于老海塘村寨得天独厚的气候、山势和地貌。老海塘茶园就位于高高的大山下，一条清澈的山泉四季不断地从茶园旁边流过。茶园的四周是连绵不断的山峦，山上又都是茂密的树林，尤其思茅松最多，整个老海塘村寨空气清新，土壤呈红色，一年四季降水量丰富，气温偏低，这就是老海塘茶生长的特殊环境。

老海塘茶主要分布在镇沅县瓦桥村老海塘村寨及相邻村寨，其种植历史悠久，茶树树龄在200 ~ 800年。老海塘茶历经百年霜露的滋润，在风雨中历练出别具一格的特色。老海塘茶茶汤色泽金黄，味道苦涩稍弱，回甘稍慢但持久，有淡淡的山野之香。这种味，不敢说非常完美，却是非常难得了。

淳朴的老海塘村寨人追求的是上好的茶叶，于是用心在茶叶生态上下功夫，用绿色生态打造老海塘茶的品牌。种茶的人都知道，茶的成长需要充分的养料，用化肥提供养料，给茶叶喷洒农药，生长快，产量高，但它与生态、绿色的观念不符。最重要的一点是，用化肥种出来的茶叶，人们喝着不放心。有经验的茶农告诉我，施过化肥、喷洒过农药的老海塘茶，一品一看就知道。最最明显的是苦涩味增多，其次是茶叶的条索颜色深浅不同。

老海塘茶种植出的是生态古树茶，茶树养料全靠红土壤原有的肥力和山羊粪。每逢冬季，茶农把茶树根旁的土壤用锄头小心挖出来，放入足量的发酵过的山羊粪后，再将土壤回填，盖严实就可以了。老海塘茶在冬季睡眠中，静静吮吸养分，养精蓄锐，待到来年春天，就能生长出肥硕的茶尖儿。

我老家距离老海塘村寨不过500米，从小喝着老海塘茶长大，从来没有厌烦过。喝老海塘茶时，我总有一种莫名的亲切感，只是我喝茶没有规律，口渴了就泡一杯来解渴，工作累了就喝一杯来消除疲劳，有朋友了就一起慢慢品，去享受茶里面的真味。我总觉得，品茶不一定要什么人什么时间什么地点才可以，只要愿意，任何人任何时间任何地点都可以去品，品得如何不是最重要的，重要的是用心了、经历了，味道也就有了。

其实，泡茶是有讲究的。喝老海塘茶，要用滚烫的开水来泡，把适量干茶叶放入杯中，将开水冲进去，用手轻轻晃动茶杯后，把第一道茶洗去，再冲入开水，这是第二道茶，入口有一种甘味涌来，似乎是寂静的夜里，月亮从山边升起，西下月光给人飘逸的萌动感。第三道茶就纯正了，汤色金黄，喝入口中就有了味儿，好像是晨曦看日出，一片金色却如此美艳迷人。味道好，爱茶的人就不想停下来，接着喝第四道茶。正宗的老海塘老树茶是可以泡五六道的。茶农告诉我，辨别老海塘茶是不是老树茶，可以取一片泡开了的茶叶，用双手轻轻撕断，要是能看到如莲藕一样的丝，就是古树茶。

品尝老海塘茶，要趁热，茶汤冷了茶味也就变了。在温热的时候喝最好，啜一小口，稍留口中，再轻轻咽下，回味甘甜、细腻、惬意。应该说，老海塘茶的苦涩味是有的，但苦和涩都是稍纵即逝。有人说女人如花，老海塘茶就是花中花，茶味柔柔软软的，连绵不断，让人难以忘怀。

采老海塘茶是细活。每年里，春茶总是最好的。春风总是勤快的，早早吹到老海塘古茶园，茶树也就醒了，茶尖儿悄悄地、羞答答地从茶树枝条上冒出来，满树茶叶叠翠，像是一只只绿色的小蝴蝶褪去蛹壳，伸展翅羽待飞。正是摘茶的时候，布谷鸟发出焦急的催促声，农家的大嫂和年轻的阿妹背着小篾箩走进茶园，一双双巧手娴熟地摘采着嫩绿的茶叶，姑娘们唱起甜甜的茶歌，这时候的老海塘古茶园就热闹了，真是人美茶娇，茶歌醉人。

春茶可以采几道，一般在阳历四月初前采摘的都是好的春茶。好春茶价格好，采摘和制作也就非常认真。漂亮的阿妹告诉我们，采茶有讲究，若茶叶发得均匀发得旺，就一棵老茶树用一个小篾箩来采收，不与别的茶树叶掺杂在一起，一棵一棵单独制成成品，味道更纯，茶客可以根据自己的爱好选择，这种干茶叶可卖2000多元一千克。若茶叶发得较少，就把几棵古茶树的茶叶摘在一起，混杂几棵后制成成品，此种茶香味稍明显一些，可卖1000多元一千克。

老海塘茶要做得好，加工也不容忽视。采回家的鲜茶需倒在簸箕上，不能焖着和挤压着，采完了茶，就马上生旺火，用铁锅把鲜茶叶煎到一定程度，用铲子将煎好的茶叶铲出来用簸箕装好，姑娘们蹲在一旁，用手掌轻轻搓均匀，再均匀地撒在竹篾笆上放在阳光下晒干。晒干了的茶叶就可以储存了，茶叶的储存方法也不是唯一的，一种是用专制的塑料袋密封起来，这样长时间里都能保鲜。一种是等着要泡喝的茶叶，可用篾箩来装，通风性更好，几日后颜色就变成陈茶的颜色了，便可以饮用了。这个过程，农家里叫给茶发汗，说经过发汗后的茶叶味更好。

除了春茶，茶农还采“谷花茶”，就是在山里谷子开花的季节里采的茶，这种茶稍次于春茶，但也有茶客喜欢。

海塘茶属普洱茶系列，可以长时间保存，时间保存得越久味道就越好，正如著名作家余秋雨写的一样：“原来让人担心的不洁不净，经过微生物菌群多年的吞食、转化、分泌、释放，反而变成了大洁大净。”我一直在想，老海塘茶树长达800余年还枝密叶茂，茶叶装长久了还保持原本的真味，这茶叶里就一定有一种元素让茶叶千年不衰、万年长青。如果这种元素在我们喝茶的过程被人体吸收了并发生作用，那不就长寿了？

这么多年来喝着老海塘茶，爱上加爱，回首，总算明白，原来爱着的是海塘茶的自然、绿色和生态。

北行困鹿之巅

困鹿山古茶园

“困鹿不采首片叶，百山哪敢努新芽。”困鹿山一带的莽莽原始森林间，有一片生长着上万亩野生型、过渡型和栽培型的古茶树群落，这些古茶树群落完整地经历了从神农尝百草到人工驯化之间2000多年的演变轨迹，是清朝时期普洱贡茶的重要产区。

那是一个初暖乍寒的季节，迎面吹来的风清冽而率然，我随一行来自遥远北方的艺术家从宁洱县城出发，向着北路缓缓而行，目的地是普洱茶皇家古茶园困鹿山。

国家级非物质文化遗产（贡茶制作技艺）牌

困鹿山地处无量山余脉，距宁洱县城30多千米，隶属宁洱镇宽宏村。“困鹿”为傣语，“困”为凹地，“鹿”为雀、鸟，“困鹿山”意为雀鸟多的山凹。去困鹿山，必经谦岗村，那里有一座百年前就建下的风雨桥，饱经沧桑的檐角、呈铁灰色的椽木，无一不散发着浓浓的历史气息，古朴却亲切自然。谦岗风雨桥是北上京城茶马古道——官马大道的必经之路。产自困鹿山的普洱茶就是沿着官马大道，随着跋山涉水的马帮穿越崇山峻岭，走过一座又一座风雨桥，把普洱茶的醇香贡奉给皇室。

回溯之间，困鹿山到了，路口有间土坯青瓦房，从瓦房的左侧便可进入困鹿山皇家古茶园。恰逢小雨，茶园里云遮雾绕、草色青青，有长长的枝条横曳而出，轻拉过一枝，枝头是鲜绿的芽，仰头望去，茶树高近 2 米，树干布满斑驳的苔藓，这是 400 多年风雨洗礼的痕迹，遒劲的枝丫自由地向着天空的方向生长。走在茶园里，不时看到有村民背着背篓爬在高高的枝头上采茶，困鹿山古茶园的茶叶如今已堪称“万金难求”，鲜叶达 4000 元 1 千克，干毛茶 16000 元 1 千克。

古茶园内共有 400 余棵古茶树，声名显赫的困鹿山茶不只出自这片古茶园，以古茶园为核心，延伸至困鹿山四周的山坳，一直延至谦岗村、西萨村域内更深的莽莽原始森林间。我们所拜访的这一个古茶园是普洱贡茶最为核心、品质最优的产区。

普洱茶“衣饮万户，造福天下”的社会经济价值，在困鹿山显得尤为突出，凭借着一片祖先留下的叶子，困鹿山的人们过上了美满富足的生活。如今到困鹿山，已不能见到人居茶林间的自然图景，为了更好地保护古茶树，住在古茶园的村民们搬迁到了距离古茶园 1 千米的地方，住进了白墙青瓦的新房子。自困鹿山最大的栽培型古茶树的三号茶树被张国立出资 1 万元认养后，古茶园里的茶树也以村民认养的方式得到了更好地保护。数米高的枝头采下的鲜叶自是弥足珍贵，低处也有触手可及的鲜嫩茶叶，我们随手也摘下几叶，放到口里慢慢咀嚼，叶片入口清凉，嚼起来有青草香，后有轻微的苦涩味，留在喉咙的是淡淡的回甘。

返回路口的土坯青瓦房里，一位漂亮的哈尼姑娘正在优雅地泡茶，一个漂亮的“凤凰三点头”，给客人齐眉奉上一杯金黄透亮的茶汤。抬起一嗅，有淡淡的花蜜香，轻啜入口，口感由微苦化甘转甜，饮过口喉甘润持久。有一老茶人说，困鹿山茶似三国赵子龙，儒雅大气，卓尔不群。我深以为然。借此雅兴，一位本土的作家取出自带的吉他，弹起一曲歌星韩磊演唱的《普洱魂》：“一条茶马古道连绵悠长，记忆就像灯笼盘旋远方……一杯普洱香茶回味悠长，岁月就像普洱越久迷香……”

第八章　古道展望

现代交通兴起之后，作为西南各民族重要运输通道的普洱茶马古道，逐渐淡出了人们的视野。普洱茶马古道，也似完成了历史使命般安静地躺在了大山深处。随着茶马古道研究的持续升温，人们重新审视这条古道的时候发现，这是一条雄险、壮观而又伟大的重要国内国际通道，在不同的历史时期，它都发挥着自己的巨大作用。尤其是在新时代的今天，普洱茶马古道一次次重新进入人们的视野，回顾茶马古道的悠久历史，挖掘其所蕴藏的深厚文化，彰显其对西南边疆各民族所带来的影响和产生的社会价值，对其进行全面保护，成为新时代研究普洱茶马古道的重要命题。

关于保护茶马古道文化遗产的普洱共识

2010年6月3日至4日，由国家文物局和云南省人民政府共同主办的“中国文化遗产保护普洱论坛”在云南省普洱市召开。论坛围绕茶马古道的保护与研究展开了广泛的交流与研讨，最终达成以下共识：

一、茶马古道是中国西部地区以茶马贸易为主要内容的古老商贸通道。它以川藏道、滇藏道与青藏道为主线，辅以众多的支线，构成庞大的交通系统，穿越滇、川、藏、青、甘、黔、陕等省、自治区，连接南亚、西亚、中亚和东南亚等地区。茶马古道不仅是经济交往的通道，也是文化交融的桥梁，对中国西部边疆地区的经济繁荣和社会稳定发挥了重要作用。

二、茶马古道作为线型文化遗产，沿途自然环境复杂多变，民族文化丰富多彩，文化遗存类型多、数量大，构成了茶马古道的价值基础。加强茶马古道的保护与宣传，对弘扬民族文化、维护民族团结、加快地方经济和文化发展、促进与周边国家的睦邻友好关系具有重要意义。

三、近年来，随着城市化和全球经济一体化进程的加快，茶马古道的历史功能逐步削减；同时，由于对茶马古道的研究与保护尚未深入，在自然、人为因素的影响下，茶马古道沿线文物古迹及周边环境受到不同程度的破坏，保存现状不容乐观。

因此，我们建议：

一、进一步加强茶马古道资源调查，准确掌握遗产分布及保存状况，创建信息共享平台，切实做好文化遗产保护基础工作。同时，积极开展各级文物保护单位申报工作，依法开展茶马古道的保护与管理。

二、进一步深化茶马古道专题研究，明确遗产价值和遗产构成。在此基础上，抓紧编制茶马古道保护规划，有重点、有步骤地开展茶马古道整体保护。对目前存在严重隐患的相关遗存，应及时制订抢救性保护方案，尽早实施，确保遗产安全。

莱阳河茶马古道（黄洪声 摄）

三、坚持政府主导，建立并完善地方性专项法规，加强各部门合作，组织多学科参与，促进公众参与，争取全社会的广泛支持，共同推进茶马古道保护与研究。建立茶马古道沿线政府间协调机制，确立统一的保护战略与行动原则，结合各地实际情况，因地制宜，协商解决茶马古道保

菜阳河茶马古道上的马蹄印

护与管理中的重大问题。

四、加强茶马古道保护国际交流与合作。借鉴国内外文化线路遗产保护的成功经验与先进模式，提高茶马古道国际知名度和保护水平。同时，积极开展茶马古道申报世界遗产的前期研究与准备工作。

五、进一步加大茶马古道宣传力度。增强全社会对茶马古道价值与保护工作重要性的认识，提高公众支持和自觉参与茶马古道保护的意识，为茶马古道保护营造良好的社会环境。

六、定期举办茶马古道保护与研究相关学术活动与工作会议，及时总结研究成果和实践经验，为茶马古道的科学保护和可持续利用提供专业依据和政策支撑。

我们呼吁，各级政府、有关部门和各界人士积极行动起来，构建茶马古道科学保护有效机制，使其在促进中华文化伟大复兴及当今人类社会的和平与和谐发展中发挥更大的作用！

“中国文化遗产保护普洱论坛——茶马古道遗产保护”全体代表

2010 年 6 月 4 日于云南省普洱市

茶马古道研究和文化保护的几个问题

目前茶马古道的学术研究欠缺从民族学、人类学的角度进行深钻细研的学术著作和田野调查民族志。而在具体的保护实践中，存在沿途历史文物欠缺规范和有效的保护、沿线的重要历史遗址和文化圣境鲜有标识和介绍、茶马古道老人的口述极少被拍摄成影像资料、民俗旧器不断流失等问题。滇川藏茶马古道沿线各地应通力合作，制订统一协调的保护与开发的行动计划，用卓有成效的措施保护沿线物质和非物质文化遗产，造福沿线各族人民。

在中国西南横断山脉，从唐代起，产生了一条穿行于滇川藏交接地区、绵延数千里、以茶马互市为主要贸易内容，主要以马来长途驮载货物的交通要道。在20世纪90年代初，木霁弘等6位青年学者在他们考察的基础上于1991年出版了《滇藏川“大三角”文化探秘》一书，首次正式提出了“茶马古道”这个名词。茶马古道从横断山脉东侧的云南和四川的产茶地起始，穿过横断山脉和金沙江、澜沧江、怒江、独龙江、雅砻江等大江大河，西向拉萨，最后通向喜马拉雅西部的南亚次大陆。它是以滇藏川三角地带为中心，伸向印度、东南亚的文明古道。1000多年来，茶马古道犹如一条吉祥的红绳，将大西南边地众多民族的生活乃至心灵世界，连接到了一起。

云南省委省政府在打造民族文化强省的举措中，提出建设包括茶马古道品牌在内的“四大文化品牌”。而开展第三次全国文物普查以来，云南省文物局选取了7处具有代表性的茶马古道路段，打包申报“云南茶马古道”为第七批全国重点文物保护单位。2010年6月3—5日，在普洱召开“中国文化遗产保护普洱论坛——茶马古道遗产保护”会议，国家文物局局长单霁翔莅会并作了《守护千年古道，再书世纪新篇》的主题演讲，标志着启动了国家层面对茶马古道的保护。同时，茶马古道沿线的各省市区在论坛上达成共识，表示将在未来加强交流，共同保护这条古道，并争取将茶马古道申报为世界文化遗产。

茶马古道是否能成功申报世界文化遗产，是否能成为长盛不衰的文化品牌、旅游精品，造福沿线各民族人民，皆取决于它能否保持长久的魅力。这就涉及茶马古道物质和非物质文化遗产的保护，以及对它的研究深度。我从20世纪80年代末开始至今，在茶马古道的云南区域里长期从事人类学、民族学调研。2002年6月，我有机会参与由西藏昌都市、四川甘孜州和云南迪庆州这三个涉藏工作重点州（县）联合组织的茶马古道考察，从这条古道最重要的驿站之一丽江出发，向着目的地拉萨，进行了一次古道远行。沿途经过云南的中甸县（今香格里拉市）、德钦县，西藏的昌都市、芒康县、左贡县、类乌齐县、丁青县、那曲县，最后到达拉萨市。我将自己在茶马古道行走和调研中所见到的一些问题和思考提出来，就教于同行和方家。

一、学术研究中的遗憾

自20世纪90年代以来，茶马古道研究日益受到国内外多学科、多行业、多角度的重视，出版了不少论文和书籍。但就我所见，目前关于茶马古道的论著，除了部分是从历史、宗教、民族关系等角度进行研究的功力比较深厚的论著，更多的是边走边看边记录的游记和图文实录，而严谨地从民族学、人类学、民俗学等学科的角度进行深钻细研的学术著作和田野调查民族志等还很少，特别是对沿线的村镇、商帮及其经济和文化变迁等方面进行细致调研的不多见。

在茶马古道沿线，很多很有特色的民族村落和小镇，以及各种历史文化遗产遗址（比如众多的考古遗址）、非物质文化遗产等，构成了茶马古道沿线独特的人文风景线。要把茶马古道申报为世界文化遗产，使之成为中国文明史上可以与丝绸之路媲美的文明古道品牌，我认为首先应该认真地做好这条文化线路遗产沿线村镇和历史遗址、考古遗址等的调研。而在当下，对茶马古道沿线很多名村名镇的基础研究非常薄弱，有很多还是空白。比如丽江茶马古道重镇束河，虽然已经有一些与此村相关的书籍出版，但还没有一本比较系统地研究这个村落群（包括其村民来历、社会组织、宗教、民俗、商帮、产业等内容）的学术著作，比如《束河村志》这样的书。

再如西藏昌都市的芒康县，自古就是西藏的东南大门，被称为茶马古道在西藏的第一站。西藏自治区芒康县盐井纳西族乡无论从文化上，还是从地理物产上来讲，都是非常独特的神秘之地。该乡地处西藏自治区东南端，位于横断山脉澜沧江东岸芒康县和德钦县之间，平均海拔 2400 米。它在历史上是吐蕃通往南诏的要道，也是滇茶运往西藏的必经之路。盐业是盐井乡的主要经济来源，井口和盐田全分布在境内澜沧江两岸。过去西藏政府称盐井为“察洛”，而地方上的藏族则称“察卡洛”，纳西人则称“察卡”。不论是“察卡”还是“察卡洛”，都是纳西语“盐井”的地名称谓。段鹏瑞在编撰于清宣统元年的《盐井乡土志》中说：“土人谓木氏（我注：明代纳西族土司）为木天王，今尚有此名称……今传盐井为麽些（纳西）王所开，由谓宗崖土城为木天王所建。”居住在这里的纳西人，大多是明代随纳西土司木天王来征康巴藏区时留居在这里的士兵后裔。该盐井的盐田现在是茶马古道上唯一仍在生产的人工原始晒盐的人文景观。盐井也是西藏迄今唯一有天主教教堂和信徒的地方。纳西族和藏族的本土文化、纳西族的东巴教、藏族的藏传佛教和 19 世纪传入此地的天主教，和谐地共存在这个峡谷古镇里。2002 年茶马古道考察队在这里调研时，上海社会科学院旅游研究专家王大悟先生向西藏昌都政府大力提议，应该致力于将盐井申报世界文化遗产。而就是这样的一个名村，目前也还缺少从历史、民族志、盐业贸易等方面入手的系统而细致的研究。

西藏芒康县邦达乡邦达村也面临同样的问题。该村因是茶马古道上赫赫有名的西藏巨商邦达昌的发迹之地而闻名遐迩。邦达家族位于西康江卡县（今西藏昌都芒康县），三代以前是萨迦寺在芒康的差户，出身贫寒。邦达·宜江继承父业，在清光绪年间从事贩盐、贩马、贩茶叶等生意，后来成了昌都、芒康的头号富商。后来，印度和西藏之间的商埠开通，邦达·宜江将邦达昌的商号开到了印度的噶伦堡和加尔各答。1910 年十三世达赖遭遇困厄，邦达·宜江从经济上大力援助达赖，并且为他奔走效劳。达赖回到拉萨后，大力扶持邦达昌，授权其全藏的羊毛和贵重药品的独家经营权，并由西藏政府给予其免税和运输的种种便利。据丽江著名纳西族商人仁和昌、赖敬庵以及杨超然先生的回忆，邦达昌拥有的资金达 1000 万卢比以上。时人记载拉萨：“城中之邦达昌商号，为藏中经营商业致富之第一家，远近咸知，势耀轩赫，俨然具有操纵西藏商业之地位。其所营之汇兑业与进出口货物贸易，几占全藏贸易总额之半，势力之大，可想见也。”茶马古道上像这样的商号和名村，是非常值得认真地做村情村史研究的，但现在虽有一些研究成果，但还缺乏历史学、民族学等学科综合的系统的研究。

再如我在考察中去过的西藏左贡县，该县位于怒江河谷的东坝乡，至今还保留着一妻多夫习俗，只有个别户是一夫一妻制。云南德钦县茶马古道沿线的一些村落的藏族，则有一夫多妻制度和习俗。

像这样有突出特色的村子，可以从当地的土地资源和土地制度等入手研究这种婚俗，也可以与茶马古道沿线其他民族的婚恋习俗进行比较研究。这样的研究，无疑将会加深茶马古道在学术研究方面的多元价值和分量。

我在茶马古道沿线一些村落调研过关于石棺葬，土碉楼，村民和氏族，家族的来历，苯教，东巴教乃至关于文成公主、金城公主进藏，藏传佛教不同教派的活佛转世、传教等情况，老人的口述是重要的资料来源。如果不趁着很多老人还健在，抓紧时间进行记录整理，那茶马古道沿线文化的研究会留下很多遗憾。

我于 2010 年参加了丽江举办的“茶马古道文化研讨会”，注意到有些青年学者提交了一些见微知著的论文，比如杨亦花的《语言学视域中的茶与纳西文化生活的关系》，王德和、古涛的《茶马古道尔苏藏族的贞朵屋研究》、杨杰宏的《阿喜渡口民族志研究》和红媛的《茶马古道上村落文化的变迁：以丽江市七河乡西关村为例》等，这是一个好现象，对茶马古道的研究，就应该这样严谨地从一个个社区、地点或专题做个案研究。这样的研究积累多了，才会逐渐形成蔚为大观的“茶马古道学”。

此外，对茶马古道沿线各民族的商帮、著名商人、马锅头（马帮头领）等，也应该深入研究，包括记录他们的口述资料。而现在这方面的调研还比较薄弱，就我所见，目前仅有周智生的《商人与近代中国西南边疆社会——以滇西北为中心》（中国社会科学出版社，2006 年）、李旭的《茶马古道上的传奇家族》（中华书局，2009 年）等较有分量的专著。

同时，茶马古道也是一条历史上各民族进行商贸、文化和宗教等多元交流的通道，各民族的交流又促进了茶马古道的繁荣。因此，有待于从民族关系史的角度来进行更多的深入研究，目前，茶马古道上民族关系史方面比较有深度的研究专著有入选《中国人类学民族学百年重要著作提要》的赵心愚的《纳西族与藏族关系史》（四川人民出版社，2004 年）和我的《纳西族与藏族历史关系研究》。还有，对茶马古道各民族相互之间在宗教文化上的交流，比如纳西族的东巴教与藏族苯教之间的关系，沿线藏传佛教不同教派在藏、纳西、白、普米等民族中的传播和交流等方面，都还有待于做更多深入的个案研究。

如上所述，我觉得对茶马古道的研究，应该有更多沿线选点和专题的个案研究，应该鼓励多个学科的学者，尤其是青年学子参与进来，这样才能逐渐建构起可以和“丝绸之路研究”相媲美并各有千秋的“茶马古道研究”或“茶马古道学”的雄厚基础。

二、文化保护实践中的不足

世界遗产委员会于 2003 年设立了文化线路遗产项目申报，对陆地道路、水道或者混合类型的通道等文化线路遗产进行保护。世界遗产委员会《行动指南》中评价文化线路遗产的意义为：它代表了人们的迁徙和流动，代表了一定时间内国家和地区内部或国家和地区之间人们的交往，代表了多维度的商品、思想、知识和价值的互惠和持续不断的交流。它的本质是与一定历史时间相联系的人类交往和迁移的路线，包括一切构成该路线的内容：除城镇、村庄、建筑、闸门、码头、驿站、桥梁等文化元素之外，还有山脉、陆地、河流、植被等和路线紧密联系的自然元素。茶马古道要申报世界文化遗产，并开辟为一条造福沿线民众的旅游热线，最关键的就是要加强对这条古道上的物质和非物质文化遗产的保护，但目前的保护还存在不少问题，包括：

（一）沿途历史文物欠缺规范和有效的保护

茶马古道沿线的文物遗址很多，但目前保护措施还不够专业。比如 2002 年茶马古道考察队来到西藏芒康县邦达乡的卓玛拉康寺，这是一个藏传佛教沙迦派的寺庙，寺内有然堆大日如来佛的塑像，相传是文成公主主持修建的，在“文革”时期被毁，现在正在重修。但修复后只有头部和基座是旧物，其余部分皆是新塑的。考古学家霍巍认为它本来应是唐代文物，但修复工作对文物来说实际上是一种破坏。此外，我们在茶马古道沿线乡村看到的各种民居、寺庙等建筑都非常有特色，但皆欠缺如历史文化名城、名镇等有相关规章条例的保护。

（二）对沿线的文化遗产应进行符合文化遗产修复原则的规范性保护

茶马古道上的大商帮、“藏客”等对了解各民族的社会生活、历史、人文等具有不可替代的价值。沿线每一座古城镇里的历史遗产景观，已经有一种由历史和现实相融而成的人文价值和精神魅力，不应随意地改建甚至拆迁，应该遵循“修旧如旧，整旧如初”的原则来修复，茶马古道重镇云南剑川县沙溪镇寺登街的保护就值得称道。该地在2001年10月11日入选2002年第101个世界性濒危建筑保护名录后，积极与瑞士联邦理工大学国家区域与地方规划研究所开展合作，在2002年8月签订了《沙溪寺登街街区复兴项目书》，其复兴工程包括了6个不同的项目，共同构成一个颇有远见的区域规划，包括老街修复、古村落保护、沙溪坝可持续发展、生态卫生、脱贫和宣传等。我在寺登街曾和项目组的负责人、瑞士学者雅克·菲恩纳交谈，当时他是世界濒危建筑基金会委托的瑞士联邦理工大学空间规划研究所的项目经理。据他介绍，寺登街的修复工作基于严格保留历史原貌的原则，古镇现在的状貌是到哪个历史时段的，就维持在这个时段，不刻意复古 。这是一种值得借鉴的经验和做法。

而部分遗产的修复则令人失望。丽江木府（木氏土司府）在修复时，对在清咸丰年间兵燹（本地民众所称的“乱世十八年”）中幸存的土司府家庭居住的宅院“木家院”采取了全部翻新彩绘、油漆的方式，而这样就失去了原来那种历史沧桑感、劫后余生感。又如丽江市宁蒗县泸沽湖中的谢瓦峨岛（又称为蛇岛、水寨岛等）很有历史价值和人文意蕴，它曾经是民国年间摩梭人著名首领阿云山总管的别墅、著名的藏传佛教活佛罗桑益世（摩梭人）的诞生之地，著名学者洛克（Rock，J.F）、李霖灿等人也曾在此居住。“文革”时“总管别墅”被毁，岛上布满荒草灌木，但还有些断壁残垣和老树等。后来在云南省有关部门的支持下，岛上进行了恢复重建工程。可惜的是全部翻新重建，没有能保留住这个岛屿文化遗址的历史原真性。

我曾经在瑞士苏黎世古城参观过不少据说已存在了数百年的老字号商店、饭馆和古街巷；而美国很多城市都完整地保留着具有历史纪念意义的建筑物；在瑞典首都斯德哥尔摩古城，到处都是历史建筑物，令人印象特别深刻的是一座曾经在18—19世纪时作为马厩的老房子，其格局和装饰都完整地保留了历史的原貌，已成功申报成为世界文化遗产。相较之下，丽江古城作为茶马古道的重镇，过去有很多马店，但如今已经没有一个保留完整的马店遗址可以供人们回顾中国西部这一段难忘的历史，不能不说是一大遗憾。

（三）沿线的重要历史遗址和文化胜迹景观鲜有标识和介绍

目前，茶马古道沿线各地的重要考古遗址、历史建筑、驿站、地方名人、著名商帮和商人的宅院等，都缺乏标识和介绍，甚至在丽江大研古城、束河古镇这样旅游产业已经很繁荣的茶马古道重地也是这样。而云南德钦县佛山乡纳古石棺葬考古遗址、芒康县邦达昌宅院遗址、芒康县盐井乡的盐井、丽江古城区和玉龙县的一些重要考古发掘地、“四大家族”（四大商帮）老宅、在金沙江和澜沧江峡谷中残留的一座座古老的碉楼和藏区高原上的一座座古寺都在等待着对它们的图文标识和介绍。

明朝嘉靖八年（1529年），纳西木氏土司在小中甸（属香格里拉市）建盖了巍峨的“木天王”宫，相传丽江版《甘珠尔》木刻（现在拉萨大昭寺里还珍藏有木氏土司木增奉献给大昭寺的大藏经108卷，是大昭寺的镇寺之宝）亦曾庋藏于此宫，而数百年风雨过去，昔日这曾因高扬佛教文明之帜而在茶马古道上闻名遐迩的历史遗址，如今已只剩断壁残垣，亦没有标识和保护措施。

我在2002年的茶马古道之行中还在香格里拉市考察了一个古寺的遗址，据当地藏学家王晓松讲，这是藏传佛教噶举派的“桂齐”（藏语音）寺，在《徐霞客游记》中就记载有在中甸有高3丈的强巴佛塑像，徐想前往观之，但被木土司婉言劝止，相传佛像即在此寺。此寺后来被烧毁，至今已有320多年。我查阅了有关资料，认为该寺应该是嘉夏寺（又名孜夏新寺），是由明代木氏土司出资、六世噶举派红帽系活佛却吉旺秋指导修建的，原来占地面积有13416平方米，在正殿供奉有三丈六尺高的铜铸弥勒佛像一尊，是结合了汉藏建筑风格的寺庙。该寺毁于清康熙十三年（1674年）蒙古和硕特部在川滇接壤地区镇压噶玛噶举派叛乱的战争中。但上述这个重要的历史遗址和遗迹都缺乏文字标识和介绍，如果不是由本地学者介绍，根本无从知晓其重要价值。

2003年，我曾经在美国西部看到沿途的一些考古遗址，在可以遮风避雨的展示亭中都有详细的图文标识和介绍，即使无人解说，旅人也可以自己看图文了解。国内湖南凤凰城的古宅老院在图文介绍和标识方面也做得不错，吸引了很多游客，是当地重要的旅游景观。这些做法都是值得借鉴的。

茶马古道沿线村镇，有各民族的很多圣境灵地或灵地圣迹（sacred landscape），包括神山、灵泉、圣者修行处、寺观庙宇等，仅在丽江，就有很多明代藏传佛教领袖大宝法王噶玛巴（噶玛噶举派活佛）的很多圣迹及传说（如噶玛巴煮茶处、噶玛巴脚印、噶玛巴手杖石等），这些灵地圣迹与噶玛噶举派黑帽系十世活佛曲英多杰有关。他是在木氏土司的支持下，在丽江弘扬噶举派教义，为明代至清代著名的噶玛噶举派（白教）滇西十三大寺的形成奠定坚实基础的关键人物，甚至他的弟子杰策六世活佛诺布桑波（汉史记作“三宝法王”）也在滇西北留下了大量灵地圣迹，如今也成为茶马古道上独特的宗教文化景观。此外，在茶马古道沿线，有不少具有生殖崇拜意蕴的神山、灵洞、灵泉，比如德钦县奔子栏村附近位于东竹林寺东面的日尼巴俄多吉神山，意为“心的英雄金刚”山，当地人认为它有神奇的力量，除了能给人平安吉祥，还能保佑人生育。山腰有个约高8米、状如男子性器的土柱，常常有夫妻到这里祭拜求子。在丽江、剑川、香格里拉等地，也有不少这种被认为能赐子女、赐福气的灵泉、灵洞等，比如剑川石宝山的阿秧白雕石窟、丽江玉龙县白沙乡玉湖村的太子泉、香格里拉市三坝乡白地的白水台石壁等，至今民众都还络绎不绝地朝拜这些灵地圣迹。而迄今欠缺对这些在民间有深远影响的灵地圣迹的标识和详细的介绍。

（四）茶马古道的影像实录资料很少

一条文化线路遗产，应该有丰富的口碑和影像资料的积累。我对美国华盛顿国立美国印第安人博物馆（National Museum of the American Indian）中展示的印第安老人的口述录像有非常深刻的印象，老人们用自己的母语讲述着部落、村寨的历史和他们自己的故事，而屏幕下方则用英文字幕译出这些老者讲述的内容。这种聆听当事者口述的方式与看静态展品和别人写的解说词相比，更有一种真实的现场感。在美国其他地区和加拿大，我也看到不少以展出老照片、传统的生产生活用具等为主的社区博物馆。茶马古道沿线有如此丰富的各民族文化遗产，但显然我们在拍摄类似口述影像方面做得还不够，除了《最后的马帮》和《茶马古道·德拉姆》等少数几部影视纪录片，民间文化遗产的影像记录还没有得到足够的重视。很少有将老人（包括商人、马锅头、僧人、歌手、宗教专家等）

的口述拍摄成影像实录资料的。我 20 多年来看着茶马古道沿线（云南段）村镇的老人一个个离去，他们丰富的阅历、知识和见闻在生前都没能拍摄成人类学影像资料片，这是一种民间文化遗产的重大损失。如果我们要将茶马古道申报为世界文化遗产，深入展开沿这条古道的文化旅游，需要通过影像实录的手段来进行沿线各民族文化的保护与传承。

（五）民俗旧器不断流失，应通过建立茶马古道沿线博物馆来抢救保存

由于茶马古道很多传统民俗器物没有被列为国家的文物保护对象中，所以多年来流散亡佚甚多，或被丢弃，或被商贩买走。有些民间的有识之士，自觉地收集民间文物和民俗旧器，保住了茶马古道的一些物质文化遗产，比如丽江宁蒗县落水村村民翁基次尔青和汝亨次仁多吉从 1998 年起，在滇川两地摩梭人居住地收集摩梭人的民俗旧器，拍摄日常生活照片，办起了一个简单的陈列室，继而发展成如今内容颇为丰富的摩梭民俗博物馆，成为迄今我国唯一反映摩梭人民俗文化的乡村博物馆。博物馆占地近 4 亩，内有展品 800 多件和几部反映摩梭人文化遗产保护等内容的纪录片，分为民俗陈列馆、祖母房、花房、喇嘛经堂、达巴馆、图片展览馆、茶马古道馆、服饰馆等馆区，对保护摩梭文化起到了重要的作用。

原来在丽江束河古镇的鼎业集团工作的纳西文化人夫巴先生多年来也在滇川地区收集了大量与茶马古道有关的实物、照片等，在束河创办了茶马古道博物馆，该馆由序厅、史事 1 厅、史事 2 厅、束河厅、皮匠厅、茶马风情厅、茶艺厅、影像资料中心 8 个部分组成，比较系统地介绍了茶马古道的起始时间、线路和重大历史事件，成为人们了解茶马古道历史文化的重要窗口。丽江“马帮路”民族文化艺术馆馆主牛牧先生也经过多年的艰苦努力，制作了非常全面而精良的微缩全景再现茶马古道。在丽江的台湾籍文化人于涌先生，也曾办过以陈列丽江民俗旧器为主的“绿雪斋”民俗旧器陈列室。

这些民间人士，都为茶马古道文化的保存和保护做了积极的贡献。而茶马古道既然作为一条线性的文化遗产之路进入了国家文化遗产保护的视野和发展计划中，甚至已经有要申报世界文化遗产的打算，那尽快收集、抢救沿线各民族孑遗的物质和非物质文物、民俗旧器，老照片，创办更多的社区博物馆等，更是当务之急。否则，随着社会文化的巨大变迁，以后再来收集这些民俗旧器，会越来越困难。

总之，我认为茶马古道在今天被各级政府和国内外各种团体、游客高度重视，是非常难得的良机，滇川藏各地应通力合作，在国家文物局等单位的指导下制订统一的保护与开发的行动计划，用各种卓有成效的措施保护沿线物质和非物质文化遗产，使之成为我国的文化线路遗产瑰宝，使这条古道在当代重新焕发出生机与活力，造福沿线各族人民。

普洱茶马商道研究

思普区是昆明内地和滇西南通往东南亚的交通要道，东道从江城、勐腊可到越南、老挝；西南从勐海、澜沧、西盟、孟连可达缅甸；水路沿澜沧江而下，可通东南亚各国。交通运输多为人力背挑、牛马驮运。随着普洱茶贸易的兴盛及贡茶声誉日盛，清光绪二十一年（1895 年），思茅被辟为陆路商埠，光绪二十三年（1897 年），思茅设立海关，经营普洱茶的商贾云集，马帮四至，“年有千余藏族商人到此，印度商旅驮运茶、胶（紫胶）者络绎于途”。滇南商道已成为一条茶叶商道，国内外商人来往于西双版纳和思茅、普洱之间，思茅被誉为“东南亚陆路码头”，已成为衔接边内贸易、商品交流的货运中转地。清代民国时期的普洱茶马商道有昆洛前路茶马道、滇西后路茶马道、思茅易武茶马道、思茅澜沧茶马道、思茅江城茶商道、普洱思茅通外茶马商道、佛海通外茶马商道等。

一、昆洛前路茶马商道

昆洛前路茶马道，即昔日从昆明经普洱、思茅到打洛的官马支路。清道光元年至三十年（1821—1850 年），区内铺筑了石镶路面，1913 年，省政府下令昆洛驿道沿途人民进行全面整修。这条前路马道是上连省城昆明，贯通全省连内地，下连边疆出境周边国家，转向东南亚各国的一条通商茶马古道。其路线为从思茅北上，经普洱→磨黑→通关→墨江→元江→青龙场→扬武→峨山→玉溪→呈贡至昆明，马帮行程 20 天，590 千米。由思茅南下，经普藤坝→官坪→勐养→车里→佛海至打洛，马帮行程 8 天，230 千米。然后从打洛出境到缅甸景栋，共 7 个马站。道光《普洱府志》载：“车里（景洪）为缅甸、南掌（老挝）、暹罗（泰国）之贡道，商旅通焉。威远（景谷）、宁洱（磨黑）产盐，思茅产茶，民之食衣资焉，客籍之商民于各属地或开垦田土，或通商贸易而流寓焉。”茶马商道商旅因而日趋兴旺。而由思茅北上普洱、磨黑之间的茶马古道中，至今还保留有那柯里驿道和茶庵塘驿道遗迹，在 1983 年文物普查时已做登记。那柯里驿道是思茅至普洱之间，在今普洱县境内同心乡那柯里村的一条古茶马驿道，清光绪时，称那柯里塘，设兵 6 名，归中营左哨头司把总管辖。今还可见人工打制的条石和砾石铺就的石道，路面宽 1.4 米，有石台阶盘旋而上，全长断续 30 千米。茶庵塘驿道是普洱至磨黑以北到

茶马古道（黄洪声 摄）

省城昆明，内地南下到思普区的一条古茶马驿道，在普洱县城东北 12.5 千米的茶庵塘坡头，海拔 1960.1 米，是古代重要的关哨汛塘之一，清光绪年间，曾在此茶庵塘设兵 5 名驻守。明末清初，为了方便向京城进贡普洱茶，便由普洱到省城昆明修了一条官道，陆陆续续铺砌了一些不甚规则的方形、长形石头，这条道也就成了商旅行人、来往骡马运输茶盐的交通要道。茶庵塘道旁过去有一小寨人居住，除从事农业，多数是设店卖茶卖饭，接待过往茶马道的行人马帮的，因此称茶庵寨子。茶庵塘因山高路险，故有“茶庵鸟道”之称，亦成为清代普洱郡“普阳八景”之一，有诗为记。今还可以看到宽约 2 米、断续长约 5 千米的茶马古道，石上已踏出 2 厘米左右深的马蹄印。

由普洱出境的茶马商道，据《普洱县志》载，有东北路、南路、西北路、东南路、西南路 5 条。东北路到昆明：从普洱县城出发经石桥寨→头酒房→茶庵塘→磨黑→四堂庙→孔雀屏→把边街→魁阁塘→把边江渡口（过铁索桥）→哨碑→通关→墨江→元江→玉溪至昆明，全长 580.7 千米，行程 17 天。南路到车佛南缅甸：从普洱县出发经头塘→大新寨→南门口→猴子山→石膏井→那柯里→扎拉丫口→思茅→普藤坝→车里→佛海→打洛通往缅甸景栋，全长 311 千米，行程 8 天。西北路到西藏：从普洱出发经后路景谷、景东到弥渡、下关、丽江中转到西藏。东南路到越南：由普洱县城东南方向经勐先→黎明→江城至越南莱州→海防。西南路到澜沧缅甸：由普洱县城出发经那迁→六顺→糯扎渡口至澜沧→缅甸。茶马古道历史悠久，由此可知。1914 年，普思沿边行政总局局长柯树勋，招雇临时工程队，修辟思茅至老金田的道路，经过麻栗坪、普藤坝、景东寨，关坪、小勐养到车里的人马通行茶马大道，驿道也随之拓宽、增多。民国时期，常来普洱思茅运茶的马帮分前路和后路。前路即由昆明、玉溪、通海、河西、峨山、新平、元江，以及蒙自、个旧、建水、石屏等地来的马帮，每年有 3000 余匹，由昆明及当地驮运省产杂货到思茅，又从思茅驮运茶叶等土特产品运到昆明等地分销。

二、滇西后路茶马商道

后路指弥（渡）宁（洱）线滇西一带来的马帮。滇西后路茶马商道是昔日从滇西弥渡、下关、以远南下到普洱、思茅运茶，途经思普区西北的景东、镇沅、景谷等县，连接滇缅公路通向省会昆明的官马支路。民国时期，马帮从思茅运茶经普洱→景谷→镇沅→景东→南涧→弥渡与滇缅公路相接，然后从弥渡→下关→中甸→德钦到西藏。此道从景东向西行，经黄草岭，翻越无量山，路上有一大段横木栈道，泥泞处铺有条石块石路面，渡澜沧江与临沧驿道相接。从普洱县城出发走后路的茶马道经四更桥→五里坡→气山丫口→哨井→濂岗→西萨→景谷→景东→弥渡→下关→丽江（中转）至西藏。有从景谷→临沧→保山至腾冲与古西南丝绸之路永昌道相接，并与周边的国家商道相通，这条商道也是后路马帮走的茶马商道。民国时期，由后路大理、下关、保山、祥云、镇南、弥渡、巍山、景东等地来普洱思茅经营茶叶土特产的马帮，每年有 3000 余匹，这些马帮从当地驮运土特产品到普洱思茅销售，再购运普洱石膏井的食盐到西双版纳换购茶叶，运回思茅售给茶号。回去时，再从思茅运加工好的茶叶返滇西。维西、中甸、德钦，每年赶着 3000 余匹骡马，驮运土产杂品来思茅行销且兼卖牲口，同时在思茅购紧团茶运西藏销售，年均到思茅海关报关、验关的骡马达万余匹。后路马道中的景谷茶叶出境运销，多走东线和北线两条官马大路。省城销路有二，东线沿官马大路由景谷至普洱→墨江→元江→峨山→玉溪至昆明，全程 15 个马站，往返一月有余；另一线由景谷经镇沅→新平→玉溪至昆明。滇西茶叶，沿官马大路北上，由景谷经振太→里崴→景东→南涧→巍山至下关。藏区茶叶销路，再由下关经大理→剑川→丽江至西藏，藏销茶多在下关转口。

景东至昆明需18天，经36个马站；景东到思茅需12天，经24个马站；景东至大理、下关需8天，经16个马站。由景东至思茅有两条路线：其一，由景东县城经文井→者后→镇沅→新村→梅子街→磨黑→普洱至思茅；其二，由景东县城经里崴→勐大→镇沅按板井→景谷→普洱至思茅。景东至缅甸的商道也有两条：其一，经景东→文井→里崴→英德→振泰→民乐→澜沧→西盟→缅甸；其二，经景东→里崴→澜沧江戛里渡→耿马至缅甸。滇西后路茶马商道，亦是纵横交替，运输繁忙。

三、思茅易武茶马商道

清雍正十三年（1735年），思茅设驿丞，专开从思茅到易武的这条茶马道。此道从思茅向南行，经黄草坝→卡房→高酒房→勐班→补远→补岗→倚邦→曼拱→曼乃至镇越易武，行程7天，全长267.5千米，是思茅通往勐腊、易武、倚邦、曼拱、革登等普洱六大茶山的茶马通道。普洱府向清朝廷上贡的女儿红就是从这条驿道运出的。这条石镶茶马古道，经过现今思茅莱阳河国家森林自然保护区内的卡房和高酒房。这是一条有1.5米宽的石铺大道，它沿着原始密林遮盖的山冈箐头，绕着重重峻岭，从思茅通到勐腊易武，这条茶马道所用的石头，全是河里的硬沙石。思茅县志办姜定忠先生考察过，小石如方斗大，大石宽30多厘米，长1米多，重200 ~ 300千克，而路边连一个小石子也没有，石头全是从其他地方抬来镶起的。据史料载，1914年，普思沿边行政总局局长柯树勋招雇临时工程队修辟，当地百姓称它为“柯家大道”。这条茶马道经过的卡房，海拔1527米，是过去设在这条路上的一个检查站，由内地或六大茶山出进的马帮到了这里，驮运的茶叶货物等都要检查，交纳关税，方能放行，故得此地名“卡房”。从卡房往前再走，就是路途上的食宿地高酒房。高酒房这里海拔1530米，山高水甜，过去有一间烤酒房，用这里的水烤出来的酒，滋味好，酒度数高，出酒率高，加上此地上不沾村，下不就寨，成了过路茶马商帮必宿之地。赶马锅头和行贾商人到了这里，牛马驮子一歇，先要一碗热茶下肚，再要上一瓶老酒、几盘小菜，猜拳行令。主人家宾客满门，生意兴隆发了财，后来盖了一幢雕龙画凤的青砖白瓦四合楼院，被人称为“高酒房”。因此，高酒房也就成了这茶马道上的地名。

四、思茅澜沧茶马商道

民国时期，思茅到澜沧的驿道，从思茅向西南行，经整碗→翠云→糯扎→火烧寨→油榨房→锦章至澜沧，行程7天，235千米，从澜沧雪林出境可至缅甸腊戍。从澜沧→孟连→芒信出境至缅甸万霍道。由澜沧至西盟出境与缅甸大道小径相接，是边贸传统商道。澜沧景迈茶山是普洱茶产区之一，民国时期，年产茶叶800多担，外地商人赶着马帮从思茅到澜沧景迈茶山购茶叶运到昆明、西藏或缅甸销售。

五、思茅江城茶马商道

民国时期，思茅至江城的茶马商道，从思茅向东南行，经倚象坝→石膏箐→曼克老→营盘山→阿树至江城，7个马站，200千米。从江城出口茶叶的商道是由江城李仙江坝溜渡口顺江而下至越南莱州，水路约100千米，行程5天，可直达港口海防，再海运至香港。从江城到几个邻县和老挝勐乌、越南莱州的驿道里程和茶商马帮站口，据《江城县志》载，有以下几条：由江城到墨江260千米，计7个马站：江城勐烈街→河口→半边寨→曼兴→龙塘街→三星街→著落→墨江县城。由江城到普洱210千米，计6个马站：江城勐烈街→三家村→丫口寨→曼兴→铁厂河→草皮街→普洱县城。由江城到镇越易武175千米，计5个马站：江城勐烈街→阿树→曼滩→曼乃→曼洒→易武。由江城到老挝勐乌60千米，计2个马站：江城勐烈街→大路边→老挝勐乌。

六、思茅普洱通国外茶马商道

中国昔日对外交流除陆路、水路通道，还有山间茶马古道，历史已有上千年，对外第六条茶马商道其基本路线有两条：一条茶马商道是从云南的思茅普洱出发北上，经大理、中甸、察隅、波密、拉萨、日喀则、江孜、亚东、柏林山口分别到缅甸、尼泊尔、印度；另一条是从四川的雅安出发，经康定、昌都到尼泊尔、印度。云南学者木霁弘、陈宝亚先生等于1990年前曾实地考察过这条通道——滇藏川茶马古道。《滇藏川“大三角”文化探秘》一书中载，其路线从普洱茶乡的思茅普洱开始北上经景谷→景东→南涧→下关→大理→丽江→中甸→德钦→梅里雪山→西藏甲朗→碧土→察隅至印度、缅甸。甲朗（藏语就是通往汉地和印度的路的意思），是西藏左贡县离云南较近的一个地方，马帮到云南境内只需3天，而到县城则要7天。

木霁弘先生他们从甲朗经碧土→扎玉→左贡→田妥→邦达到过昌都。从木先生标识出的茶马古道路线来看，从西藏邦达经白马→然乌→扎木（波密）→林芝→米林→朗县→加查→乃东→泽当→穷结→扎囊→贡嘎北向曲水至拉萨。又从贡嘎西向通浪卡子→江孜→日喀则→拉孜，西下通定日→门哈帕→镍拉木至尼泊尔。从江孜南下通康马→嘎拉→帕里→亚东至印度、锡金（今印度锡金邦，下同）→不丹。从拉孜西向昂仁→桑桑→萨嘎→仲巴→帕羊→桑木张→马攸木拉山口→玛旁雍错→普蓝→印度→尼泊尔。云南的汉族、白族和纳西族商人也常常加入藏族商人行列，贩茶到西藏和境外。

另外还有一条从思茅到国外的“新茶路”，美籍学者娄杨丹桂女士在《新茶路考》论文中说：“路径大体是这样：沱茶从思茅出发至腾冲，然后进缅甸的密支耶、八莫和满得列（曼德勒）。”这段路可能分两条：马帮路和汽车路。一条从满得列装火车至仰光港口，另一条从仰光装上英国P & O轮船海运至印度加尔各答港口，再从加尔各答装火车运往西里古里。之后装上缆车向北运送到葛伦堡的十里区，这里是云南沱茶的交货地点。在葛伦堡等接待货的藏族马帮将茶用骡马驮回西藏。马帮要走18 ~ 20天才能到达拉萨，其路径是：由葛伦堡过土大桥，进锡金邦地界，往北上山到甘托克。从甘托克由马帮翻回惹嘎拉山口进西藏的亚东关口，经帕里、江孜最后到达拉萨。这条新茶路是20世纪初由在印度经商的纳西族杨守其先生开辟的。他曾由岳祖父带领从印度经过缅甸和思茅一带，几次采访，设立茶厂，合作开发适合西藏的原山沱茶，打通了云南茶经缅甸到印度，再进西藏的路子。

七、佛海通国外茶马商道

由佛海出口的紧茶，除少数销往不丹及尼泊尔，大多数皆运入西藏销售，并非完全外销。由思茅经下关、大理、阿墩子入藏，需三四个月的马程才能到拉萨。而由佛海经缅甸到拉萨不过三四十日，但每年要支出买路金30余万卢比。佛海复兴茶号老板李拂一先生在《佛海茶区概况》中说：“佛海茶叶运缅甸景栋后分两路，一路由米赛、南邦、曼谷到香港、上海，抗日战争后此路被堵不通；一路由景栋、瑞仰、仰光、印度加尔各答、葛伦堡到西藏拉萨。”藏族于10月到翌年3月，以驮马驮运羊皮、麝香等到加林埠（葛伦堡）一市，葛伦堡有洪记恒盛公（勐海洪记恒盛公分号）和印商Spiceng、Nandrim及Kaipaimn5家茶号与藏族人民交易羊毛、药材、布匹与茶叶。藏族人民在葛伦堡的两家羊毛打包厂Pan-dacheng与Subdacheng亦收购茶叶，只2000驮以下。李拂一先生1939年发表在《教育与科学》杂志上的文章谈道，在20世纪30年代初期，缅甸所属猛艮土司境内，尚未通行汽车时，佛海每年出口茶叶，盖需取道澜沧江之孟连土司地出缅。西北直运至缅属北掸邦中心之锡伯（Hsipaw，一作“昔薄”或“昔卜”）上火车，由锡伯西南运经瓦城（曼德勒），再一直向南经大市（Thazi）而达仰光。由仰光再乘船三日或四日至东即加尔各答上岸。由加尔各答再上火车，北运至西里古里。由西里古里用牛车或汽车运抵加嶙崩。至此又需改用骡马驮运入藏。由佛海至锡伯一段马程，最少需 18 日方可到达。锡伯至仰光需 3 ~ 5 天，到达加嶙崩最速需一月之期，这是过去佛海销藏茶叶的唯一出路。后来缅东公路修至公信（又作贵兴），佛海茶叶出口，遂有一部分舍西北锡伯路线而道西南孟艮路线。由佛海西南行经孟艮，再西行经打崞而至公信，马程竟 14 日。由公信交汽车运达瑞仰和海和，然后换火车再西行至大市。由大市直向仰光，至少可减少四五日行程。1931—1938 年以来，缅东公路已由公信延至孟艮土司地，由佛海至孟艮一段马站为期仅 6 日，最迟亦下过一周。由孟艮乘汽车两日可至瑞仰。再乘一日直快火车即可到达仰光。较诸西北锡伯路线，减少一半以上的行程，所以不再取道锡伯之途。每年由佛海出口的茶叶包括圆茶、砖茶、紧茶及散茶等数种，销地遍暹罗（泰国）、缅甸、印度、尼泊尔、不丹及西藏等各地。内中以紧茶为大宗，以西藏之销量为最大。据统计，1935 年佛海运销出口茶 1 万担，1937 年运销出口茶 1.62 万担。

八、马帮、马站、马店

清代以来，出入思普区，茶马商道运茶的马帮，有前路马帮、后路马帮、藏族马帮等。前路马帮，从昆明滇中、滇东南一带，到普洱思茅；后路马帮从滇西一带到普洱思茅；藏族马帮从丽江、维西、中甸等地到普洱茶区。马帮以五匹驮马为一把，八把为小帮（40 匹），三小帮为一大帮（120 匹），结队而行。每一把有一个赶马人。在马帮中，每帮有“大锅头”“二锅头”，各有骑马一匹；有头骡一匹，头戴红缨彩绸明镜，脖子上戴有大小响铃，插着三角彩旗，上书帮主字号，翻山越岭，过往村寨，行即有声。用铓锣开道，传音数里，便于互相避让，气势颇为壮观。赶马人都是男性，配有兽医。马帮途中吃饭称“开稍”，夜间在山间露宿称“开亮”，自选一平坦宽阔有水有草可放牧的旷野，卸下驮子，组成一个方阵，放马吃草饮水，赶马人则五人一锅煮饭吃。晚上，人睡于马驮下，下雨时，睡于连接起来的马驮中间，上用马鞍竖横绑架枝棍，盖以油布、毡子遮雨。为防野兽伤害人畜，晚上长夜烧火不灭，大马帮都配有三四十支枪做自卫武器。思普区内的马帮有两种经营方式，一是户主拥有全部驮马（骡），雇人赶运；二是有 2 ~ 3 匹马（骡）的户，把驮马（骡）合并成把，自成马帮，时散时合，多数马帮都在富人商贾手中，上至省城昆明，境外至缅甸、老挝、越南等地。清代和民国年间的牛帮，驮牛以 10 ~ 12 头为一把，一人赶牛，五把为小帮，自成体系，多至二三百头，为大帮，结队而行。牛帮是民间主要的短途运茶的运输方式，拥有驮牛较多的户主，雇人赶运，小户主三五家合并成把，雇人赶运。每把有领头牛一头，专驮锅碗行李，脖子上带响铃，行走起来有响声。用牛铃和铓锣开道，便于路途互相避让。每日赶行半天，行走 15 千米，露天开稍，夜里烧火不灭，防止野兽伤害人畜，一般赶牛人都带有火药枪自卫。

清代由思茅至昆明的路途马店较简陋，仅有一块歇息的场地，四周盖有房屋，备有粮草供应人畜。县城马店具有人畜运输物资和承托双方服务的功能，一为盐茶商联系交易；二为商旅招徕牛马帮运力，满足货物转运的需要，从中收取一定佣金。

民国时期的马站，思普区是按路程远近来计算，规定 30 千米为一马站、15 千米为一牛站。马站是专为过往马帮歇脚和装卸用的站点，有的站点是村寨，有的站点在野外。当时仅思茅城内就有大小马店 10 余家，每天进出驮运茶叶货物的骡马不下千匹，人马旅店业兴旺。据《思茅县志》载，顺城街有大兴马店、纳家马店、张家马店、上二街普通马店、教场坝石家马店、郑家马店、龙王井信远栈、瓦家店、新庙街福远马店、李家马店，可关牲口千余匹。另有行人住宿的顺城街高升店、春林客栈、文云客栈、教场坝元合客栈、贵荣客栈、鸿盛客店。龙王井、通商桥一带的露天火塘和牛歇场，都可变通成为歇牛场、歇马场。

清末民初，墨江县城有一条马店街，有旅店业同业公会，因马店街均是马店而得此街名并沿用至今。墨江的马店街有解家马店、段家马店、陈家马店、杨家马店等。这里是前路茶马商道必经的重要站口。

普洱的马栈多集中在南门城外一条街，鼎盛时，有马店业同业公会，县城有义发马栈、荣升马店、荣胜马店、平戛马店、河西马店、李丕芳马店、赵天贵马店、太和客栈等40多家。另在石膏井、那柯里、孔雀屏、茶庵塘、把边、西萨等驿道站口开有小型人马店，仅孔雀屏就有人马店25家，茶庵塘有10家，设有客房、马厩，开办伙食，供应马料。景东、镇沅、景谷、江城、澜沧等地均有马店、客栈、鸡毛小店。

关于普洱茶马古道保护和利用情况的调研报告

根据普洱市政协 2020 年度重点工作安排，由市政协分管副主席牵头，组织部分文化文史和学习委员会委员和有关专家组成调研组，先后到思茅、宁洱、墨江、景东、景谷、镇沅、江城、澜沧等县区和西双版纳州勐腊县易武镇，对普洱茶马古道保护和利用情况进行调研和考察，并对孟连、西盟两县进行书面调研。在实地走访踏勘、听取相关意见的基础上，形成了关于普洱茶马古道保护和利用情况的调研报告，现报告如下。

一、加强普洱茶马古道保护和利用的重要意义

普洱茶马古道起源于古普洱府城（今宁洱县城），不断向外延伸拓展，连接内地和边疆，联通中国与世界。它源于东汉，兴于唐宋，盛于明清，与“丝绸之路”齐名，是中国乃至世界交通史上的活化石，加大对茶马古道的保护和利用力度具有十分重要的意义。

（一）贯彻落实习近平总书记对历史文化遗产工作重要指示的必然要求

习近平总书记在陕西、山西考察时对文物工作做出重要指示，强调保护文物功在当代，利在千秋。要切实加大文物保护力度，推进文物合理适度利用，使文物保护成果更多惠及人民群众。对于茶马古道的保护利用，早在 2008 年 11 月，时任国家副主席的习近平同志在踏访那柯里茶马古道时就指出，茶马古道是一篇大文章，要认真做好茶马古道的保护、开发和合理利用工作，加快发展旅游业，增加群众收入。要抓住茶马古道、老马店这条线，把握机遇，把握未来，发展旅游业。保护茶马古道遗址，合理利用茶马古道资源发展旅游业，是贯彻落实习近平总书记对文物工作重要指示的具体措施，是落实好总书记关于要认真做好茶马古道的保护、开发和合理利用工作，切实做好茶马古道这篇大文章的具体行动。

（二）落实省、市关于发展普洱茶产业要求的需要

省委、省政府提出要发展壮大普洱茶产业、“擦亮普洱茶金字招牌”，要求普洱打造“普洱茶文化之源”，市委、市政府对普洱茶产业发展做出了具体部署，为普洱未来发展确定了新坐标、新定位、新方向。保护好茶马古道遗址，合理利用茶马古道经济价值和文化价值，可以更好地打造普洱茶文化之源，重塑普洱茶“金字招牌”，提升普洱茶的品牌影响力和文化魅力，助推普洱茶产业和文化旅游业发展，让茶马古道保护成果更多惠及人民群众。

（三）传承普洱茶马古道精神和文化的需要

2013 年，国务院将包括普洱境内 11 段古道在内的普洱茶马古道列为全国重点文物保护单位，充分显示出茶马古道的文化价值和文物价值。保护好、利用好茶马古道遗址遗迹，可以直观展现和生动诠释其悠久的历史脉络、深厚的文化内涵、持久的文化影响力；可以更好地挖掘、研究茶马古道文化，发扬茶马古道“坚韧、开拓、无畏”的精神，强化对茶马古道的保护意识；可以更好地推进对茶马古道遗址保护的宣传教育，提高全社会保护茶马古道的自觉性、主动性。同时，为今后申报世界文化遗产做一些基础性准备。

（四）掌握茶马古道主动权和话语权的需要

在茶马古道与普洱古茶山、普洱府古城构成的“三位一体”的“世界茶源”立体结构中，茶马古道是重要的组成部分，具有重要地位，承载着丰厚的历史文化积淀，具有重要的历史文化价值。保护好、利用好茶马古道遗址遗迹，可以推动茶马古道文化研究，让历史说话，让文物发声；可以厘清茶马古道文化的源流，框误正本（正本清源），还其历史真实面目；可以巩固提升普洱作为茶马古道起始地和茶马古道文化核心的地位，抢占茶马古道文化制高点，掌握茶马古道文化的话语权，提升茶马古道文化的影响力和辐射力。

（五）宣传普洱，提升普洱知名度和影响力的需要

普洱茶马古道作为文明传播的古道、中外交流的通道、民族迁徙的走廊、经贸发展的桥梁、民族团结的纽带，体现和升华形成的茶马古道精神，有利于使普洱各族群众不畏艰险、直面困难、积极进取、包容开放的精神特质，成为普洱精神的源泉之一。保护好、利用好茶马古道遗址，讲好茶马古道故事，传播茶马古道精神，可以增加普洱历史的厚重感，让全国、让世界更直观地了解普洱悠久的历史与丰富多样的文化，可以更好地宣传普洱，推介普洱，提升普洱知名度、美誉度和影响力。

二、普洱茶马古道保护和利用现状

（一）普洱茶马古道保护和利用取得的成效

近年来，结合旅游景区景点开发建设，普洱市对普洱茶马古道开展了一些修复、保护和利用工作，取得了一些初步成效。

第一，茶马古道部分路段得到了修复保护。宁洱县先后对茶马古道那柯里段、茶庵塘段、孔雀屏段进行了保护性修复，对普洱古镇、磨黑古镇部分古建筑进行修复保护；思茅区对茶马古道斑鸠坡段进行了保护性修复；墨江县对碧溪古镇、通关古镇部分古建筑进行了初步的修复保护；景谷县对碧安古镇部分古建筑进行了初步的修复保护；澜沧县对大歇场茶马古道驿站遗址进行修复保护。镇沅县将难搭桥申报为市级文物保护单位加以保护，对石大富村等重要的茶马驿站进行保护修复。目前，全市有11段茶马古道被列为全国重点文物保护单位、1段茶马古道被列为市级文物保护单位、5段茶马古道被列为县级文物保护单位，一些茶马古道上的古镇、古村落、古民居、古桥，以及相关的文物古迹也以不同的方式得到初步保护。同时，人们逐步认识到茶马古道的文化价值、历史价值、文物价值，有了一定的保护意识和保护行动。

第二，茶马古道资源得到初步开发利用。宁洱县依托茶马古道那柯里段，结合建设新农村和发展乡村旅游，建设了那柯里小镇，茶马古道遗址遗迹得到了有效保护和合理利用。思茅区引入湄公河集团，依托茶马古道斑鸠坡段建立了普洱茶马古城景区，茶马古道保护和发展旅游有机结合，实现了文物保护和旅游开发融合发展。思茅太阳河自然保护区将茶马古道作为护林防火通道和巡逻路，拓展了茶马古道的功能作用，也使该段茶马古道在合理利用中得到有效保护。澜沧县结合脱贫攻坚和乡村振兴战略，建设大歇场特色村寨，将昔日马帮驿站建设成为美丽新村庄，还建立了茶马古道博物馆，使茶马古道上的重要驿站得到了有效保护和利用。普洱境内的其他茶马古道路段及其沿线小镇、驿站也在不同程度上发挥着原有的道路功能和原来的小镇驿站作用。

第三，对茶马古道进行了初步调查踏勘。结合文物普查以及旅游规划等工作，市县区先后对茶马古道进行了初步的调查踏勘，对茶马古道线路走向和分布情况进行了一些走访调研，取得了一些

调查踏勘成果，对全市茶马古道分布、线路走向及沿线各类文物遗址遗迹和相关资源状况有了初步了解。宁洱县还结合调查工作，组织相关部门对境内茶马古道重点路段道路进行了认真清理。

第四，结合旅游开发提出了初步保护利用规划。市县区结合旅游资源规划开发，把普洱茶马古道沿线相关资源的开发利用列入旅游发展规划。镇沅县利用和平镇茶马古道金山垭口段被列为全国重点文物保护单位的机遇，进行保护利用规划设计。

（二）普洱茶马古道保护和利用存在的困难问题

随着经济社会发展、交通等基础设施的改善、城市化进程加快，历经千年兴衰的普洱茶马古道逐渐失去了原有的基本历史功能，淡出了人们的视线，最终淹没在历史之中，归为沉寂。由于对茶马古道研究与保护工作尚未深入，茶马古道的历史价值、文物价值在过去一段时间内未得到应有的重视，茶马古道本身及沿线文物古迹受到不同程度的损毁和破坏，大量的文物正在消失，保存现状不容乐观。

第一，对普洱茶马古道保护和利用认识不到位。普洱茶马古道联通边疆内地、连通古今中外，是文明传播的古道、中外交流的通道、民族迁徙的走廊、经贸发展的桥梁、民族团结的纽带。普洱茶马古道承载的丰厚的历史文化积淀具有重要的文化价值，其升华形成的普洱茶马古道精神，对新时代普洱推进开放发展具有重要意义。长期以来，人们对茶马古道的认识简单化，对茶马古道具有的现代价值和意义认识不足（经济价值、社会价值、文化价值），尤其是交通条件的快速改善，减少甚至摆脱了对茶马古道的依赖，经济社会的快速发展进步、生产生活方式的不断改变，减少了人们对古民居、古建筑以及相关设施保护和使用的动力与热情，茶马古道逐渐淹没在历史岁月里，逐渐被人们遗忘。

第二，对普洱茶马古道情况不清。从调研反映出来的情况来看，全市上下对普洱茶马古道的真实情况至今还认识不清，对茶马古道的分布、主要线路走向、重要节点以及沿线相关遗址、遗迹等的基本情况还不是十分了解和清楚，有的县还未对茶马古道进行全面详细的踏勘调查，有的县找不到茶马古道的相关历史资料和文献记载。

新时代马帮进京（杨志坚 供图）

第三，缺乏对普洱茶马古道的有效保护。从总体来看，全市上下对茶马古道的保护力度不足，保护工作较为滞后，茶马古道长期处于“保护管理无人过问，开发利用各自为政”的窘迫状态，茶马古道的保护现状不容乐观。一是自然损毁严重。由于自然灾害、风吹雨打、年久失修，茶马古道个别路段、茶马古道沿线文物受到不同程度的损毁，一些文物已经消失或正在消失。二是人为损坏严重。因为人为因素的影响和人为破坏，茶马古道个别路段铺路石块被移走、个别路段道路被改造，茶马古道个别古镇、古村落已经变成现代小镇，一些古民居被改造、被拆除，已经很难看到曾经的古镇、古村落的影子。有的县甚至已经找不到保存完好的古村落、古民居、古建筑、古道、古桥梁、碑刻等有关茶马古道的历史遗迹。三是长期占用严重。一些茶马古道沿线文物和文物资源被长期圈占，得不到及时保护和合理利用。另外，一些茶马古道路段被铺上混凝土路面，一些茶马古道沿线文物被挪作他用，长期得不到有效保护。四是修复简单粗糙。因技术原因，部分修复保护的文物存在工艺粗糙等问题，体现不出“修旧如旧”的要求，达不到文物修复标准。五是抢救工作滞后。对茶马古道文化遗产挖掘、抢救、整理工作滞后，一些茶马古道路段和茶马古道沿线文物得不到及时修复，一些物质和非物质的遗产都在悄然消失。此外，在基础设施建设和旅游开发中也存在不注意对文化资源妥善保护的问题。

第四，缺乏对普洱茶马古道的有效利用。与“丝绸之路”齐名的普洱茶马古道的价值被严重低估，由于茶马古道经济价值、社会价值、文化价值尚未得到充分挖掘，其利用价值被严重低估，时至今日茶马古道并没有得到有效合理的利用。目前，开发利用较好的仅有茶马古道斑鸠坡段及茶马古城、那柯里段及那柯里小镇，一些古民居、古桥因与群众生活息息相关而仍然在使用。但总体上，茶马古道所具有和蕴含的巨大价值远远没有得到开发利用，茶马古道沿线的自然风光、民族风情和文化遗产未能完全展现出来，茶马古道沿线丰富的民族文化旅游资源没有得到充分开发利用，沿线各族群众没有从茶马古道的利用过程中切实增加收入。

第五，没有完整的保护利用法规和政策措施。一是普洱茶马古道保护利用的法规依据缺失。尚未制定专门保护利用茶马古道的法律法规，也未出台相关政策措施，文物保护部门难以依法开展保护工作。二是没有形成全面系统的开发利用规划。目前，对茶马古道的开发利用还处在初期阶段，有的县甚至还没有真正进入开发利用阶段，还处在一种无序和混乱状态。

以上这些问题和困难的存在，仅靠现有的保护措施和力量无法对茶马古道及沿线文物进行有效保护，切实加强对茶马古道的保护势在必行，刻不容缓。要采取综合保护措施，强化对茶马古道遗迹及沿线文物的保护力度，全面提升保护水平。同时，在保护前提下，合理推进对茶马古道的开发利用，让茶马古道更好造福各族群众。

三、对普洱茶马古道加强保护和利用的建议

推进对普洱茶马古道的保护和开发利用，要遵循“保护优先，合理利用”的原则，切实将严格保护和合理利用有机结合起来，寻找两者的结合点和平衡点，在保护前提下，合理开发利用，让茶马古道在新时代焕发出新活力。

（一）开展调查踏勘，制定保护利用规划

一是全面深入开展调查踏勘。全面深入和细致地调查，准确掌握茶马古道遗址分布及保存现状是进行有效保护和合理利用的前提。市县区要组织相关部门对茶马古道分布、走向及沿线相关遗址、遗迹等资源状况进行全面普查、勘查、调查，全面弄清茶马古道分布、线路走向、现存遗迹遗址以

及相关文物资源，建立名录清单，准确掌握茶马古道遗址分布及保存现状，摸清辖区内的遗址遗产家底，做到胸中有数。二是制定保护和利用总体规划。制定茶马古道保护利用总体规划，明确规划范围、保护原则、保护重点。编制茶马古道走向、分布示意图，茶马古道重要遗址分布图，制定切实可行的保护措施，探索对茶马古道以及沿线文化遗存、自然生态等方面进行整体保护的有效形式。

（二）进行抢救性修复和分类保护

一是进行抢救性修复。结合制定出台《普洱市茶马古道保护条例》，对因自然损毁、各种原因遭到破坏的茶马古道遗迹和茶马古道沿线文物进行抢救性修复，使茶马古道及其沿线古镇、古村落、古民居、古建筑、古道、古桥、碑刻题记和茶马古道其他文物遗迹得到及时修缮恢复和保护。要优先修复毁坏严重、濒临消失的遗迹，要优先修复全国重点文物保护单位，要优先修复文物价值高的遗迹。二是进行分类保护。茶马古道线路多、里程长，遗迹类型众多、分布广，遗迹价值高低不同、损毁程度不同，要按照轻重缓急的原则，对茶马古道遗址以及沿线文物进行分类保护，严格按照相关要求落实好国家级、省级文物单位保护路段的保护措施，重点做好全国重点文物、省级文物的保护，优先做好城市建设、重点工程建设区域内文物的迁建保护工作，根据情况统筹做好其他路段以及沿线其他文物的保护工作。积极做好国家级、省级文物保护单位的申报工作，加快做好市级文物、县级文物的组织认定工作，确保各级各类文物得到有效保护。

（三）适度合理利用

普洱茶马古道具有极高的文化价值和文物价值，要把严格保护和合理利用结合起来，在保护的前提下适度开发利用，在开发利用过程中，实现更好地保护。要寻找保护和合理利用的结合点，探索有效保护和合理利用有机结合的形式和途径，总结成功经验，推进普洱茶马古道保护利用与普洱文化旅游产业发展深度融合，充分挖掘茶马古道的经济价值、社会价值、文物价值、文化价值和民族文化旅游资源，再现茶马古道历史文化景观，发展文化旅游产业，增加沿线各族群众收入，促进沿线经济社会发展。

（四）推进理论研究

一是开展文物考古工作。加强对茶马古道沿线文物考古，形成一批考古研究成果。二是组织开展考察、采风活动，组织开展文学创作活动，形成一批考察采风成果和一批文学作品。三是组织开展深入持久的理论研究，认真挖掘、整理茶马古道的历史文化资源，努力形成一批理论研究成果，为做好茶马古道沿线文化遗产的保护奠定坚实基础。四是建立专门研究机构。成立普洱茶马古道研究会，整合相关研究资源和力量，制定研究规划，确定研究选题，组织开展相关理论研究，指导开展研究工作。五是搭建交流合作平台。建立茶马古道论坛，开展茶马古道保护和利用论坛活动，借助外力助推茶马古道理论研究向纵深发展。

（五）建立普洱茶马古道遗址博物馆

推进普洱茶马古道的有效保护和合理利用，扩大对茶马古道的宣传推介力度，一个重要举措就是建立普洱茶马古道遗址博物馆。建议从以下五个方面着手开展工作：一是合理定位。以“世界茶源”为核心理念来确定普洱茶马古道遗址博物馆定位，围绕普洱古茶山（古茶园）、普洱茶马古道、普洱府城构成的“三位一体”的“世界茶源”立体结构进行布局，集文物保护、历史传统教育、科普宣传、情景展示体验为一体，通过历史与现实交融、传统与现代兼顾、实景实物与现代技术结合的方式全景呈现和展示。二是突出特点。突出普洱茶马古道源头的唯一性、权威性、独特性，突出普洱茶原产地、加工地、集散地三者统一的特点，突出茶马古道的文化价值、文物价值、科普价值。三是合理选址。建议将普洱茶马古道遗址博物馆建在思茅区靠近斑鸠坡茶马古道段区域，此地具有临近普洱中心城区的优势，可以与普洱茶马古城景区相结合，与普洱百里茶道相衔接。四是整合资源。普洱茶马古道遗址博物馆建设要与茶马古道国保单位保护要求相适应、与普洱茶宣传推介相对应、与百里普洱茶道建设相衔接、与申报世界文化遗产相结合、与茶马古道的利用相统一，整合各类项目、土地、资金等要素，协调推进建设，形成功能分区，优势互补。五是建设精品。本着有利于茶马古道保护利用、有利于茶马古道文化传承弘扬、有利于普洱形象提升的原则，引进国内外有名的设计单位，高起点规划、高标准建设，力求将普洱茶马古道遗址博物馆建成普洱的地标性建筑、成为代表普洱形象的城市名片。另外，建议将普洱茶马古道遗址博物馆建设列入普洱市“十四五”规划，在“十四五”期间完成建设并投入使用。

（六）制定出台《普洱市茶马古道保护条例》

推进普洱茶马古道保护和利用，需要制定相关法律法规，让保护利用工作有章可循，有法可依。建议制定《普洱市茶马古道保护条例》，重点从以下几个方面开展工作：一是列为工作重点。将制定出台《普洱市茶马古道保护条例》列入 2021 年人大立法计划，成立《普洱市茶马古道保护条例》起草工作领导小组，统筹做好条例起草的组织协调工作。二是制定计划。制定《普洱市茶马古道保护条例》工作计划，明确工作目标任务，明确时间进度。三是开展可行性研究。明确《普洱市茶马古道保护条例》的基本框架、原则要求、保护范围、开发利用、保障措施、法律责任等内容，为条例的制定奠定基础。四是有序推进工作。市文化和旅游局要主动与市人大相关部门对接，按照立法程序，明确相关责任部门，整合相关力量，有序推进《普洱市茶马古道保护条例》的制定工作。

（七）继续办好中国普洱茶马古道节

中国普洱茶马古道节是一个具有地方特色和历史文化内涵的节会平台，是宣传普洱、推介普洱的好形式，也是推进茶马古道保护和利用的一种有效形式。2010 年 10 月，在宁洱县成功举办了首届中国普洱茶马古道节。本次节会由云南省文化厅、云南省旅游局、普洱市人民政府、云南省普洱茶协会、云南省茶马古道研究会主办，宁洱县委、县政府承办，主要内容有茶马古道保护万人签名、千人竞走茶马古道、普洱茶·贡茶制作技艺展示、《普洱府秋集图》巨幅画展、万盏手工灯展和经贸洽谈等活动，以茶马古道为主题主线，通过自然资源、文化资源的展示，招商引资、经贸洽谈等系列活动的开展，宣传推介了普洱、宣传推介了宁洱，实现了经济效益和社会效益双丰收，首届中国普洱茶马古道节获得圆满成功。建议充分利用好这一节会平台，继续办好中国普洱茶马古道节。在总结首届节会成功经验的基础上，充分挖掘茶马古道文化内涵和经济价值，结合茶马古道的保护和利用，不断丰富内容，创新形式，突出特色，发展旅游业，着力提升举办水平，把中国普洱茶马古道节办成在省内外、国内外具有影响力，特色鲜明的节会品牌。

首届中国普洱茶马古道节

宁洱县是“茶源道始，盟誓之城”，有“名茶、名道、名碑、名人”四大文化品牌。清雍正七年（1729年）设普洱府，1735年置宁洱县，历来是滇南政治、经济、文化、商贸中心，是普洱茶的发源地，是茶马古道的源头，是“中国民族团结和民族工作第一碑”即“民族团结誓词碑”的立碑之地，是主演电影《五朵金花》和《阿诗玛》的著名演员杨丽坤的故乡。为继承和弘扬民族文化遗产，加强对茶马古道的保护和利用，彰显宁洱的文化品牌，扩大对外影响力和美誉度，营造优良的招商环境，丰富广大人民群众精神文化生活，激发奋发进取之精神，宁洱县委、县政府决定于2010年10月22—24日举办“首届中国普洱茶马古道节”。首届中国普洱茶马古道节主要有以下十一项活动。

中国普洱茶马古道节节徽

一、开幕式暨迎宾文艺晚会

首届中国普洱茶马古道节由云南省文化厅、云南省旅游局、普洱市人民政府、云南省普洱茶协会、云南省茶马古道研究会主办，宁洱县委、县政府承办。文艺晚会以宁洱人文地理和历史资源为基础，以茶马古道文化的多姿多彩和跨越巅峰的勇气为主题，打造了一台《茶马古道》舞台剧，是充分展示茶马古道文化品牌的文化盛宴。同时还创作了《普洱魂》《爱如普洱》《起点》《马帮情歌》等主题歌曲，晚会邀请到了央视著名主持人姚雪松、谢颖颖主持，著名歌手韩磊、温碧霞、龚玥、杨倩琳等登台演唱，起到了很好的宣传作用。

首届中国普洱茶马古道节开幕式

《普洱府秋集图》展出

万盏手工灯盏展出

二、茶马古道文化摄影展

展览展出了反映茶马古道沿途多姿多彩的民俗民风，特点浓郁的名胜古迹和神奇美丽的自然风光的摄影作品，让观众领略了茶马古道的无穷魅力。

三、《普洱府秋集图》巨幅画展

巨幅国画《普洱府秋集图》由画家陈启富老师历时五年多创作而成，画长 18 米、高 1.4 米，作品展示了普洱府秋天集市的场景，艺术地再现了清朝年间普洱府城最繁华的集市面貌。同时还创作了全面反映宁洱“茶之源，道之始”、滇南名城、宁洱文物等的《话说宁洱》画集。

四、万盏手工灯盏

灯盏是传统的民族民间文化活动，受到群众的广泛欢迎。宁洱是古普洱府所居之地，古时有举办上九灯会的习俗和传统，有很好的群众基础。灯盏由宁洱能工巧匠手工制作，集中在茶源广场展出，多姿多彩，让人目不暇接，让人感受到宁洱民间艺术的魅力。

五、茶马古道保护万人签名仪式

通过万人签名，增强活动的参与性，让更多的人认识茶马古道、保护茶马古道、合理利用茶马古道，让广大人民群众更加热爱家乡、珍惜文化遗产资源。

茶马古道保护万人签名仪式

国家文物局局长单霁翔为保护茶马古道签名

六、茶乡美食一条街

在滨河路设茶乡美食一条街，主要展示本地农特产品、特色小吃以及引进的全国各地的特色美食。

七、千人竞走茶马古道

竞走活动既能强身健体，又可以体验当年马帮旅途的艰辛，更可以领略到沿途的壮丽风光，切身感受茶马古道非同寻常的文化魅力。比赛以全民健身为目的，全程 10.1 千米，分为男子组和女子组，年龄在 18 ~ 60 岁，要求身体健康、自愿参加，并对获奖的男女前 8 名给予一定的奖励。

八、环普洱山自行车赛

环普洱山自行车赛以山势如壁、耸入云天的普洱山为中心，全程共 21.4 千米，沿途穿林过寨，自然风光秀美。比赛分为男子组和女子组，男子组年龄在 18 ~ 55 周岁，女子组年龄在 18 ~ 50 周岁，要求是非专业选手，所有现役车手不得参赛。比赛对男女前 12 名选手给予一定的奖励。

九、普洱贡茶回归纪念碑揭碑仪式及普洱茶（贡茶）制作技艺展示

百年贡茶，回归故里。在宁洱茶源广场设立普洱贡茶回归纪念碑，是为了纪念 2007 年存放在北京故宫地宫中的普洱贡茶“万寿龙团”回归其胞衣之地而设立的，这是普洱茶贡茶进贡朝廷历经百年而不朽的实证，现贡

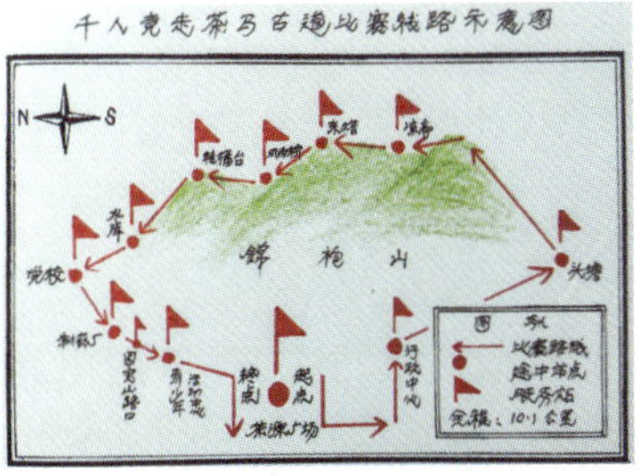

5000 多人参与千人竞走茶马古道活动

环普洱山自行车赛

贡茶回归

贡茶制作技艺展示

茶仍在普洱市博物馆内展出。普洱茶（贡茶）制作技艺是国家级非物质文化遗产，宁洱县建有传承馆，在活动期间向来宾及群众进行展示，再现宁洱先民制作贡茶的全过程，让保护和传承非物质文化遗产深入人心。

十、民族团结联欢及篝火晚会

让来宾参观普洱民族团结誓词碑及陈列馆，讲授建碑历史和发挥的重要作用。晚上在茶源广场举行篝火晚会，各族群众着民族盛装，在芦笙、三弦、唢呐等民族乐器的伴奏下，宾客和各族群众载歌载舞，尽情欢唱，展示丰富多彩的民族文化风情和世代相传的民族团结精神。

民族团结联欢

十一、经贸洽谈

宁洱山清水秀，风光旖旎，人文环境佳，产业基础好，交通区位优。活动以"文化搭台，经济唱戏"为主线，开展招商引资，邀请和吸引了广大商家到宁洱，洽谈合作发展大计。

首届中国普洱茶马古道节集历史性、文化性、民族性、广泛性、参与性、健身性为一体，取得了圆满成功，达到了预期目的，对加强茶马古道的保护与宣传，对弘扬民族文化、维护民族团结、加快地方经济繁荣和文化旅游发展、促进社会和谐进步都具有重要意义。

（本文图片由张兆伦提供）

茶马古道第一渡——糯扎渡开发浅谈

糯扎渡镇俯瞰

澜沧县自古就是有名的茶叶之乡，有帕令黑山10万亩野生茶树资源、富东班崴野生型向栽培型过渡的千年茶树王、景迈芒景人工栽培的千年万亩古茶山、22万亩现代高产稳产茶园，境内的拉祜族、佤族、哈尼族、彝族、傣族、布朗族等都有悠久的种茶历史，由此奠定了澜沧作为世界茶的原产地和发祥地之一的地位，邦崴千年茶树王、景迈芒景千年万亩古茶山被誉为“中国的国宝”。澜沧的茶，有四条茶马古道输往外地：一条往南，到缅甸、泰国、马来西亚，成为东南亚著名的以“螃蟹脚”为商标的“景迈茶”；一条往西，到印度、西藏，成为著名的“滇茶”；一条往东南，到西双版纳，成为车里傣族王宫里的“贡茶”；一条往东北，过糯扎渡到普洱府和内地，成为著名的“普洱茶”，进贡给朝廷。四条茶马古道中，最著名的是往东北到普洱府和内地的茶马古道，它所经过的澜沧江糯扎渡，因成为澜沧茶马古道第一渡而闻名于世。糯扎渡，是拉祜族支系拉祜西1732年反抗思茅总茶店把总的盘剥，起义失败后从澜沧江东岸的思茅进入西岸澜沧时的渡口。当时没有船，拉祜人就砍倒江边的大树，大树倒向江对岸，形成了一座独木桥，拉祜人爬过独木桥过了澜沧江，摆脱了追兵。后来，拉祜人就给这个渡口取了个名字叫“糯扎渡”，意思是勇敢者过的渡口。历史上的糯扎渡，是澜沧与内地连接的重要渡口，马帮、牛帮来往渡口两边，络绎不绝，成为澜沧茶马古道上最繁忙的第一渡。

糯扎渡茶马古道

一、糯扎渡基本情况

糯扎渡镇原名雅口乡，坐落在澜沧县东北部的澜沧江边，因其澜沧江上的渡口“糯扎渡”和“糯扎渡电站”而更名为“糯扎渡镇”。总面积 937 平方千米，总人口 29070 人，有 10 个村民委员会、151 个村民小组。糯扎渡镇，有丛林密布、飞禽走兽、流泉飞瀑、高山平湖，有元朝大将都不花征讨八百媳妇国的整控摩崖石刻，有拉祜族李龙和李虎起义的仙顶云山，有“糯扎渡自然保护区”、有澜沧江最大的水电站糯扎渡电站，有茶马古道第一渡糯扎渡，是一个融历史、人文、自然为一体的边陲重镇。2003 年，澜沧县委、县政府首次提出打造“拉祜文化品牌”“景迈芒景千年万亩古茶山品牌”“糯扎渡品牌”的三大品牌战略，从 2005 年开始逐步实施，目前“拉祜文化品牌”和“景迈芒景千年万亩古茶山品牌”已初见成效，其中“景迈芒景千年万亩古茶山品牌”正在申报世界文化遗产，而“糯扎渡品牌”，随着思澜高速公路、景迈机场以及孟连—西双版纳高速、澜沧—孟连高速的建成和建设，必将成为世界知名品牌。而打造“糯扎渡品牌”的核心就是打造“茶马古道第一渡”。

糯扎渡镇

思澜高速公路

二、糯扎渡景点景观介绍

（一）整控摩崖石刻

1282 年，元朝派大将都不花横渡澜沧江攻打缅甸八百媳妇国。都不花率领大军渡过澜沧江后，在勐矿驻军，镇守整控古渡。在下勐矿江边的整控渡口，有一块巨大的石头，石头上记载了都不花南征八百媳妇国的功绩，称“整控摩崖石刻”。

此摩崖石刻的发现，证明澜沧江以南自古就是中国的领土，彻底破除了澜沧江以南不是中国领土的说法，即“宋挥玉斧”的谣传。目前，整控摩崖石刻被列为云南省文物保护单位。

（二）李龙李虎起义遗址

1918 年，为反抗国民党的统治，雅口拉祜族爆发了起义。这支起义队伍的首领是拉祜族李龙和李虎，他们提出了“杀官废债，打平闹平”的口号，攻下大雅口土都府、蛮 蚌土都府，歼灭了守军，杀了欺压百姓的财主，烧了账本，直捣国民党县政府所在地谦糯（谦六）县城。县长张舜镰逃往大山。国民党云南省政府急调普洱团总马文仲和车里柯树勋部镇压。起义军寡不敌众，最终被打散。糯扎渡仙顶云山是李龙和李虎起义时的营盘，山上建有练兵场，筑有起义时的跳歌台，四周修有战壕、寨门和寨墙。李龙、李虎在仙顶云山坚守了两年，后被诱捕杀害，起义失败。李龙李虎起义波及了当时澜沧县的大部分地区和双江等地，对国民党统治和腐朽没落的土司营垒造成了沉重的打击。

（三）李芝龙墓葬

李芝龙，拉祜族土司，是拉祜族起义首领李龙、李虎的祖父，清朝光绪年间被清朝政府册封为大雅口土都司，辖今澜沧糯扎渡、谦迈、发展河、新城、酒井、东朗、勐朗、东回等地区，是当时澜沧最大的土都司。他的四个儿子分别任土司或粮目，管辖今芒蚌、新营盘、吉座（今发展河、谦迈）、仙顶云一带的地盘。民国时期，先后属第三区、新雅口。2010 年，李芝龙墓葬被发现。

（四）宁江县政府旧址

宁江县，1949 年以前设在勐海县的勐往，管辖勐海的勐往、勐阿和澜沧的雅口、营盘等地。1949 年 1 月，尹溯涛率部解放了雅口，随后又解放了宁江（勐往），战斗中尹溯涛英勇牺牲。1949 年 2 月，成立澜沧临时专员公署，将宁江县改为“溯涛县”，临时人民政府机关从勐往迁往雅口，唐炼任县长。1949 年 10 月，恢复宁江县，王质如任县长。1953 年，撤销宁江县，勐往、勐阿划归勐海县，雅口、营盘划归澜沧县。

宁江县（溯涛县）政府旧址，是一座白墙灰瓦，高坎高阶高门楼，画栋雕梁，高墙深院，门楼两边有两个炮楼，进院有天井，正房分上下两层，是当时澜沧最好的建筑之一。1985 年，这座建筑被列入县级文物保护单位，作为宁江县政府旧址保护了起来。

（五）澜沧江神庙

2010 年，在澜沧江糯扎渡文物调查中，在糯扎渡渡口的“澜沧江神庙”遗址上，挖掘出土了一批石像、陶器、铓锣等文物。这批文物，初步鉴定为元朝时期文物，其中石像为两个石人雕像，石像两边刻有一副对联，上书：威震山林驱虎豹，德庇边境佑人民。横批是：神灵保佑。这尊神像，初步认定为是澜沧江神庙里的神像，是澜沧江守护神，供过往马帮、商人、普通渡客渡澜沧江时祈求平安用。这批出土文物，从器物造型、人物雕像看，雕刻线条流畅，技法高超，栩栩如生，具有很高的艺术欣赏价值和文物研究价值。

勐矿整控元代摩崖石刻

李龙李虎起义遗址

李芝龙墓碑

宁江县政府旧址

澜沧江神庙遗址石像

茶马古道大歇场

澜沧江风光

（六）大歇场——茶马古道遗址

历史上，糯扎渡是澜沧江上的一个最大、最古老、最繁忙的渡口，是澜沧茶马古道第一渡，马帮、牛帮、商人、渡客络绎不绝，是沟通澜沧江两岸最重要的渡口。过了老雅口村，在即将到达澜沧江边的途中，有一个叫“大歇场”的寨子，是这条茶马古道上的一个通道和中转站，称“大歇场”，是马帮、路人过糯扎渡前的歇息地，也是马帮、路人过糯扎渡后的歇息地，久而久之，“大歇场”便成了一个寨子。

（七）糯扎渡自然保护区风光

糯扎渡自然保护区是1996年经云南省政府批准建立的，以澜沧江糯扎渡为核心，总面积189.97平方千米，属于自然生态系统。主要山脉有：白马山、大尖山、大团子山、马鬃山、糯扎山等。糯扎山，主要由阿卡山、黄竹梁子山、大芒界山、仙顶云山组成，最高峰仙顶云山坐落在澜沧江边，思澜公路93千米处有一条蜿蜒的盘山公路可达山顶，面积约20平方千米，海拔高1873.2米，它与仙火山、仙人脚山两座山共同组成鼎足之势，气候宜人，物种繁多，风光秀美，在其上可将大大小小的群山一览无遗。景点景观有：李龙和李虎起义遗址、一碗水、茶马古道、野象谷、糯扎渡高峡电站等。四周分布着拉祜族、哈尼族、彝族、傣族等少数民族村寨，你可以听到第一批国家级非物质文化遗产保护项目拉祜族《牡帕密帕》的古歌，可以看到第二批国家级非物质文化遗产保护项目拉祜族《芦笙舞》，还可以领略哈尼族爱尼人过关门节、开门节和跳竹筒舞的盛况，参与彝族火把节和傣族的泼水节，品一品江竹笋、木耳、树花、澜沧江鱼、热水塘鸡等特色民族风味饮食，尝一尝多依、橄榄、香蕉、杧果、西瓜等热带水果，赶一赶糯扎渡街、虎跳石街、老雅口街，钓一钓澜沧江面瓜鱼、青鱼、摆鱼。

（八）高峡电站

澜沧江流经澜沧县，长达142千米，糯扎渡电站库容达22亿立方米，面积有5个滇池大。从三峡电站和葛洲坝电站建成后发展旅游的经验看，每年到三峡电站和葛洲坝电站旅游的人数达几百万人次。

糯扎渡澜沧江库区风光

糯扎渡电站，高原出平湖，大坝和库区建在思澜公路边上，交通便捷，库区周边是拉祜族、哈尼族、傣族、彝族、回族等少数民族村寨，具有独特的边地民族风情。澜沧江两岸具有浓郁的热带、亚热带风光和糯扎渡自然保护区风光。它与惠民、景迈、芒景千年万亩古茶山、西双版纳、普洱构成真正的绿色旅游金三角。

综上，澜沧糯扎渡茶马古道第一渡的开发，普洱必将迎来民族文化旅游的大发展。

三、糯扎渡开发建议

（一）建议开发糯扎渡电站库区风光与民族文化相结合的旅游

糯扎渡电站是目前澜沧江上最大水电站之一，其库区周边居住着拉祜族、哈尼族、彝族、傣族、回族等民族村寨，构成了糯扎渡电站库区风光和少数民族村寨风情相结合的独特的景观。因此，可借鉴三峡电站库区旅游开发每年吸引几百万游人的成功经验，来复制开发糯扎渡茶马古道第一渡。首先，要打造糯扎渡电站库区风光景点，建糯扎渡电站和澜沧江观景点（台），建糯扎渡茶马古道第一渡遗址公园，恢复澜沧江神庙，建糯扎渡自然保护区主题公园。其次，要打造库区水边民族村寨文化旅游景点，体验澜沧江民族特色村寨游。

糯扎渡电站大坝

（二）建议开发糯扎渡人文景观旅游

糯扎渡是个人文景观极其丰富的地方，目前发现的有古人类新石器遗址，糯扎渡大歇场茶马古道遗址，糯扎渡古渡口遗址，糯扎渡元代整控摩崖石刻，糯扎渡

整控江古渡口游艇

拉祜族土司李芝龙墓葬、糯扎渡拉祜族李龙、李虎起义遗址，糯扎渡临江县政府旧址等。这些古遗址，分布在拉祜族、哈尼族、彝族、傣族等村寨，民族文化底蕴深厚丰富。

（三）建议开发糯扎渡自然风光旅游

糯扎渡澜沧江有许多迷人的自然风光，有糯扎渡自然保护区森林风光、虎跳石风光、野象谷风光、仙顶云山风光等，而这些自然风光大多与民族山寨融为一体，形成江边有寨、山中有寨的自然景观。

（四）建议举全县、全市之力投资打造

糯扎渡茶马古道第一渡，正好位于普洱市思茅区—澜沧—孟连—西盟—西双版纳旅游环线上，是从普洱出来到申报世界文化遗产澜沧景迈芒景万亩古茶林的第一站，具有不可复制的拉祜族、哈尼族、彝族、傣族文化和自然古山寨景观。如果打造成功，每年可吸引百万游客，带动相关产业发展创收。

（本文图片由郎志刚摄）

普洱茶马古道的现状与保护

茶马古道是中国西南部大地上一条进行对外经济、文化交流，传播中国古代文明的国际通道。是中国西南地区以马帮为主要交通工具的民间国际商贸通道，是中国西南民族经济文化交流的走廊。自茶叶作为药物传入西藏之后，藏族人民因为饮食习惯，对茶叶的需求量很大，松赞干布时期，曾指定专人负责与汉地之间的茶叶贸易，藏族人民每年用大量的良马与内地交换茶叶，从而开创了我国历史上的“茶马交易”，在该区域与中原的商品贸易中，茶叶很快成为第一位。藏汉之间在唐代就已经初具规模的茶马贸易，到了宋代得到了极大发展，大批的马及土特产品源源不断输入中原，藏族人民急需的茶叶和布帛等日常用品也不断运到藏族人民中。

由于是用川、滇的茶叶与西藏为主的地区的马匹、药材进行交易，并且主要以马帮作为运输工具，故称“茶马古道”。茶马古道连接川、滇、藏、青、甘，甚至延伸到不丹、尼泊尔、印度等国家境内，茶叶等商品通过海运直达西亚、西非红海岸。根据现有的文物及历史文献资料，早在汉唐时，这条以马帮运输为主要特征的古代商道就已经形成并发挥了巨大的作用，宋代随着“茶马贸易”的兴盛达到了高峰，而后随着国家版图的不断扩大，对马的需求不断下降，明、清之后，茶马古道的重要性不断下降。但是，在偏远的西南边疆，茶马古道却一直发挥着贸易通道的作用；特别值得一提的是，在十四年的抗日战争中，中国沿海沦陷、滇缅公路被日本军队截断之后，中国的国际通道几乎断绝，横亘在中国与缅甸群山间的“茶马古道”就成为中国当时唯一的陆路国际通道，与“驼峰航线”一起为抗战的胜利起到了积极的作用。

进入新的历史时期后，茶马古道这一特殊的文化遗产形式也得到了国家文物部门和各级政府的重视；在第三次全国文物普查的基础上，茶马古道作为线性文化遗产的一种形式进行级别文物申报，2013 年 3 月，茶马古道被国务院列为第七批国家重点文物保护单位，分布在云南、四川、青海、西藏、新疆等的茶马古道保护工作进入了新的阶段，其保护与利用的力度也得到了加强；本文主要以云南省普洱市境内现存茶马古道为例，试析线性文化遗产的现状与保护，希望对其他类型文化遗产的保护能够起到一定的启示作用。

一、普洱的茶马古道

普洱历史悠久，据《中国历史地图集》载，普洱市辖区在汉代先后属益州刺史部哀牢地和益州刺史部永昌郡；三国蜀汉时期，属益州永昌郡；两晋、十六国、南北朝时期，属宁州永昌郡；隋代称濮部。

初唐时期，普洱市大部属于剑南道濮子部，其中澜沧、孟连、西盟属茫部；南诏时期，属银生节度范围，景东设银生府，景谷称威远城，墨江称河普川，普洱称步日睒，江城称羌浪川，孟连称茫天连；宋代大理国时期，现在的普洱市除澜沧、孟连、西盟属永昌府，其余地方属威楚府管辖。元代设云南行省，景东设开南州，镇沅设远干州，景谷设威远州，以上三地属威楚路；墨江设马龙他郎甸司，普洱设普日思摩甸司，思茅设思么部，江城地域属元江路，孟连、西盟、澜沧属木连路。

宁洱县茶庵塘茶马古道马蹄印（白马辛荣 摄）

明代设景东府、镇沅府、威远州（景谷）、钮兀司（江城），墨江设恭顺州，属元江府，普耳（普洱）、思毛（思茅）属车里宣慰司，孟连、澜沧、西盟属孟连司。

清代云南省设普洱府，辖威远厅、他郎厅、思茅厅、宁洱县和车里宣慰司（今西双版纳州），以及后来割为法国属地并入老挝版图的勐乌、乌得。民国初年废府设道，思普区曾称迤南道、滇南道、普洱道。思茅、他朗、威远、镇沅、景东、镇边改厅为县。1929 年废道，思普区改云南省第二殖边督办公署，辖宁洱、思茅、六顺、澜沧、江城、双江、车里、佛海、五福、镇越、普文 11 个县及临江、勐丁两设治局。

1000 多年来，普洱的兴盛、衰落都与普洱茶有着不解之缘。唐代樊绰所著《云南志・云南管内物产》载："茶出银生城界诸山，散收无采造法，蒙舍蛮以椒姜和烹而饮之。"这是目前现存最早的有关普洱茶的历史记载。普洱茶业逐渐兴盛后，银生城就成为联系产茶诸山、濮人茶山与大理的重要枢纽。秦汉以来，一个联系云南与中原、云南与世界的古商道网络开始形成。而随着生产力的不断发展，境内江城、景谷、宁洱、镇沅的盐矿也逐步得到开采。茶和盐在人们日常生活中不可或缺，同时也是税收的重要来源，控制盐和茶叶的生产、销售，对一个政权来说有着十分重要的意义，古代是将盐和茶列为战略物资的。到了唐代，随着滇藏茶马贸易的兴起，茶马古道迎来了第一次兴盛时期，特别是位于今天景东县内的银生古城，更是茶马古道上的重要的交通枢纽。宋代，随着茶叶产地的逐渐南移，一个更靠近各大茶山的小城逐渐取代了原先银生城、开南城的贸易地位，这个小城叫"步日部"，就是后来的思茅，今天的普洱。到了明、清时期，随着人口不断增加和茶叶、马匹等贸易的频繁，沿线周边的人民对茶马古道的依存度也不断增加，对茶马古道的建设与修缮也由官府的强制要求逐渐转为自发行为。而且，目前的调查发现，整个普洱市茶马古道范围内现存的路面、桥梁、指路标志等构筑物多数为清代所建，清代《普洱府志》等方志中或沿途的功德碑中有多处记载。

目前，在普洱市辖区范围内，茶马古道主要由墨江县、宁洱县境内的北段，镇沅、景东境内的西北段，思茅区境内的中段，澜沧县、孟连县境内的西南段组成，在普洱市范围内还保存有上百处茶马古道上的文物遗迹，主要由古道遗址、古镇、古茶树、古桥、老字号、古驿站遗址等组成。

普洱的北大门——墨江，境内的茶马古道主要分布在联珠镇、泗南江、通关等乡镇，从南向北，自宁洱县把边渡口过把边江后就到了通关第一哨——哨牌驿站，自哨牌沿漫干河上通关坡到通关古镇，长约 10 千米，其中从漫干河驿站向上爬坡的一段，古道在曲折盘旋中一路向上，十分险峻，行走千年的骡马在铺路的石板上留下了深深的蹄印。从通关古镇向北行要过清水河石桥，经过回龙街、雅区，顺着山梁下到忠爱桥，过桥后又沿着山路到路水井，过双龙、涟漪桥到墨江县城，在墨江县城古道分为两路，一路经水箐梁子、水癸河到元江境内，长约 75 千米；另一路经碧溪古镇、羊岔街进入元江县境内，长约 70 千米。忠爱桥、涟漪桥、碧溪古镇为墨江县重点文物保护单位；而随着云南省第七批文物保护单位和普洱市第一批文物保护单位的公布，碧溪古镇又有 8 个院子被列入省、市级文物保护单位。

宁洱县境内的茶马古道位于宁洱镇、磨黑镇、德化乡、同心乡等乡镇。宁洱茶马古道以普洱府驻地（今宁洱县城）为源头，至今保存相对完好的铺筑石板路面有五段，分别是：茶庵塘茶马古道遗址、孔雀屏茶马古道遗址、那柯里茶马古道遗址、石膏井马古道遗址、石丫坡茶马古道遗址，其中石丫坡茶马古道遗址是目前发现的茶马古道最宽的一段。

茶庵塘茶马古道遗址位于宁洱镇民主村，距宁洱县城12.5千米。茶庵塘是古时普洱府通往省城昆明直至京城北京的第一个驿站，是古代盐茶古驿道，最高海拔1960米，元、明时期系主要关哨汛塘之一。清光绪年间，曾在此茶庵塘驻兵5名防守，设有接官厅、普济寺、茶馆和马店。路面用形态各异的山石铺就，宽约2米，长约12千米，沿途马蹄足印斑驳可辨，现保存状况较好，2005年宁洱县人民政府将其列为县级文物保护单位。

孔雀屏茶马古道遗址位于磨黑古镇东北方向4千米处，全长约27千米，路段用石灰石、砾石等石材铺就，是保存较为完整的茶马古道、驿站。磨黑孔雀屏曾是旧时思普区到省城昆明五尺官道的必经之地，古道在一片原始森林中盘旋而上，宽1.5～2米。现存状况较好，2005年宁洱县人民政府将其列为县级文物保护单位。

那柯里茶马古道遗址位于宁洱县同心乡那柯里村南边昆洛公路539千米碑左侧，元、明、清时此驿道用人工打制的条石和砾石铺就，路面宽1.5～2米，有石台阶盘旋而上，全长30千米，直至中华人民共和国成立初期仍是滇南地区北上南下的古茶马驿道，属关哨汛塘之要地。清光绪时期称那柯里塘，设兵6名，归中营左哨头司把总管辖。现存状况较好，2005年宁洱县人民政府将其列为县级文物保护单位。

石膏井茶马古道遗址位于宁洱县同心乡以东3千米处，距宁洱县城16千米，该古道全长约8千米，宽约2米。石膏井盛产盐和石膏，随着盐业规模的日渐扩大，盐、茶交易形成了较大的市场，吸引了国内乃至东南亚的盐商茶贩到这里交易，清代曾在此设立石膏井县。该茶马古道从石膏井往北途经困夺→宁洱→茶庵塘→磨黑→把边江→通关→墨江→元江→玉溪至昆明，经曲靖入石门关道进入四川成都，再经陕西→山西→河北到达北京。

石丫坡茶马古道遗址距宁洱县城32千米，位于宁洱县德化乡政府4千米处，此段茶马古道全长约6.5千米，保存完好的石镶路长约500米，最宽处约2.6米，是目前发现的茶马古道中最宽的一段。该古道从澜沧往北走经思茅可直接到茶庵塘进入北路官马大道，至内陆各省。由东往西走从石丫坡过酱豆岩子→大尖山→大岩子→四岔路，经思茅→澜沧，出境至缅甸等国家。石丫坡茶马古道遗址为第三次全国文物普查新发现。

思茅区是普洱市的政治、经济、文化中心，是普洱茶的重要产品集散区之一，历史上与内地和周边国家的经贸往来非常频繁，是普洱市茶马古道分布广、线路多、沿途风光最为壮美的一个区。东有小干田茶马古道通往江城到越南，而茶叶又从越南的莱州从海路用船运往欧美；南有竜竜、菜阳河茶马古道到易武古茶山至老挝；西有整控渡、糯扎渡、白马山、大丙屯茶马古道过澜沧江通往景迈古茶山、邦崴古茶山及缅甸；北有斑鸠坡茶马古道通往内地，到达西藏或印度。

小干田茶马古道位于思茅城东50千米处，通往江城，出越南，古道部分用石块铺就，小桥用石条铺设，较有特点，保存状况较好。

竜竜茶马古道位于思茅城东南30千米处，连接菜阳河茶马古道，可通往易武古茶山，保存状况较好。

菜阳河茶马古道：位于思茅城东南45千米处，可通往易武古茶山、老挝等地，保存状况较好。

糯扎渡茶马古道：位于思茅城西105千米处，渡过澜沧江，可通往景迈古茶山、缅甸等。地势险峻，途中有一座山神庙，有石刻联云：威镇山林驱虎豹，德庇边疆佑人民；横批：神灵保佑。保存状况较好。

白马山茶马古道位于思茅城西125千米处，古道有一段直接在澜沧江东岸的石壁上凿成近千级台阶，古道随着山势曲折盘旋，十分险峻，非常壮观；渡过澜沧江，可通往邦崴古树茶区及临沧、大理以及缅甸等地，保存状况较好。

斑鸠坡茶马古道位于思茅城北3千米处，连接宁洱，是通往内地的大道，又称“官马大道”，在清代经过修整，铺有石条、石块，后经过思茅区政府的抢救和维修，保存状况好，是思茅区重点文物保护单位。除了上述的茶马古道，东线经过江城县到越南，西线经过澜沧出缅甸，西北线经过景谷、镇沅、景东到大理、保山赴西藏；经过千百年的发展，普洱境内的茶马古道形成了一个完整的道路网络。

从历史来看，茶马古道的形成与发展，极大地促进了以普洱茶产业为主的商品交易的繁荣，从而使茶业在清代成为普洱最重要的产业。在《大清统一志》中有以下记载：“蛮民杂居，以茶为市。”旧《云南通志》中记载：“衣食仰给茶山。”旧《普洱府志》中记载：“五方杂处，仰食茶山。”这些记载尽管角度不同，但是都说明了茶产业在普洱人社会生活中的重要地位。另外，茶马古道也极大地促进了普洱经济、社会、文化等方方面面的发展，成为当时普洱发展前进的重要的推动力量，后来更是为解放边疆、稳定边疆发挥了巨大作用；随着历史的进步，茶马古道逐渐衰落，但并没有完全消失，在一些偏远的山区至今仍在使用马帮来搬运物资，茶马古道也还在以不同的方式存在于人们的生活之中。

二、普洱茶马古道的特点

作为一种在时间和空间中存在的线性文化遗产，茶马古道有着自身的特点，而随着历史的变迁，今天茶马古道的面貌也与历史上全盛时的茶马古道大不相同。那么，茶马古道这一特殊的文化遗产到底有哪些特点呢？

（一）持续时间长

茶马古道起源于唐宋，距今已有1500多年的历史，直至中华人民共和国成立前，这条路仍在使用，即便在21世纪的今天，这条路上，仍然有骡马运输物资；所以从交通的功能上来说，这些古老的商道至今仍在发挥作用，其持续时间之长，十分少见。可以想见，茶马古道在历史上起了多么重要的作用。

（二）空间跨度大

仅以滇藏道来说，茶马古道地跨滇藏二省区，长度达数千千米。跨越金沙江、怒江、澜沧江等中国重要河流及众多高山峡谷，其艰险程度在世界各地古道中实属罕见；整个茶马古道的道路网络从空间跨度来看，连接了亚洲各国，甚至通过海运联系了欧洲、美洲，通过商品和文化的交流，促进了不同肤色的人们的共同发展。

（三）文化遗产丰富

茶马古道所经区域，特别是滇西南、滇西北一带，少数民族众多，历史悠久，或多或少地在古道沿线留下了自己的文化印记。这些文化资源中，既有多姿多彩的民族文化，也有历史悠远的历史文化。从性质上来说，既有物质文化的，也有非物质的。这里是历史文化与民族文化、物质文化与非物质文化的交汇区域，具有丰富多彩的文化遗产。

（四）保护难度大

在千百年自然风雨的侵蚀和漫长的人类生产、生活行为的双重破坏下，许多茶马古道遗迹已经消失。普洱现存的茶马古道主要建于明、清及民国时期，由于路线选择相对合理，符合交通规划的规律，所以在修建公路时对于部分古道的影响很大，如国道213线墨江忠爱桥段就是在茶马古道上面修建的；宁洱县茶庵塘段也有简易公路从古道上经过，镇沅勐大英德村伐木公路也是在原来的茶马古道上修建的。

进入21世纪，随着社会、经济的不断发展和人口的不断增加，城镇、道路、水库、农田等基础设施的建设也在不断增加，影响了茶马古道的保存，加上由于长年无人行走、使用，除了远离民居、保存较好的小部分，多数路段已经数十年无人使用，甚至连具体路线也无法考证了。

三、普洱茶马古道管理和保护的难点

茶马古道是西南地区重要的商品流通渠道，同时也是文化传播、交流的重要通道；学术界也十分重视，众多的专家学者进行了长期、深入的研究，也取得了很多学术成果。然而，从保护有形的文化遗产的角度来说，它不同于纯学术研究，管理部门需要在调查研究的基础上，制定出更具体的管理手段和措施。概括起来说，茶马古道的保护管理面临以下三个方面的问题。

一是学术的研究与现状不协调。茶马古道是汉藏与其他各少数民族间进行交流的通道，研究的专家学者不少。但在目前的学术研究中，还存在着一些不足，首先，对于茶马古道的范围，没有准确的、一致性的看法，在具体界定上还存在分歧；其次，在以往的研究中，对如何管理、保护的针对性研究不多，特别缺乏从文化遗产的保护角度进行的研究，使得具体管理部门在具体操作上产生了很大困难。所以从这个角度来说，保护、管理理论上的支撑仍需不断加强。

二是方法上缺乏可操作性。茶马古道作为线性文化遗产，有别于其他文化遗产；它既包括文化遗产本体，也包括沿线非物质的或是物质的文化遗产；这个范围有多宽，延伸有多长，哪些是应该保护的，哪些是与线性遗产关系不大的，这些都缺乏相应的研究，也就难有一个具体的保护方案。没有一个宏观的决策，没有一个相对的标准，基层管理人员的业务水平也参差不齐；而茶马古道的空间跨度又大，在这种情况下要让各地自己决定标准，自己进行保护，还要达到一样的保护标准也是不现实的。

三是日常管理上有困难。2010年在申报第七批全国重点文物保护单位时，普洱市的做法是把茶马古道作为一个整体项目来申报，这样做的好处是有利于打造一个综合性的品牌，有利于宏观把握，也有利于进行宣传。然而，作为具体的文物保护单位来说，需要进行日常的维护，需要申请经费进行保护；但是，仅普洱市被列入保护的茶马古道就有10小段，分别属于思茅区和宁洱县，文化遗产线路长、情况复杂多样，其中的各个路段，保存情况各不相同；有的保存完好，有的较差，文化遗存的特点不尽相同，面临的问题和困难也不相同。如何处理总体保护与具体保护项目的操作问题，尽可能地保护好每一个项目，这些都是需要我们面对的和解决的问题。

四、如何加强茶马古道的保护

保护好祖先留给我们的历史文化遗产，是所有文物工作者的责任，也是我们为之奋斗的终极目标。在长期的工作实践中，本人认为应该从以下几个方面来努力。

（一）确定保护原则，进行针对性的学术研究

在茶马古道的保护管理上，需要制定一个基本的原则：既要考虑宏观的管理和所要达到的目的，也要考虑到具体保护管理措施上的可操作性。对于茶马古道这个特殊的线性文化遗产，加强针对性的调查和研究是十分重要和必要的；作为具体管理部门的各级文物管理机构要根据本辖区内茶马古

道的保存情况，将其作为专项课题，深入进行调查、研究，将学术研究成果与具体保护措施相结合，为当地政府提出针对性的保护管理意见。

（二）确定保护名单，制定保护措施

茶马古道是一个范围很大、保护内容十分丰富的文化遗产，进行全路段、全方位保护是不现实的。因此，应该在调查研究的基础上，进行广泛的论证，提出需要重点保护的路段和内容，确定保护名单，制订保护方案，对重点项目进行有效保护和管理。

（三）非物质文化与文化遗产保护相结合

茶马古道沿线，既有物质文化遗产，也有非物质文化遗产；对于线性文化遗产来说，如果古道本体是骨架的话，那么沿线的非物质文化遗产就是血和肉。因此，在进行研究和制定保护措施时，在重视古道本体保护的同时，还要把沿线的各类文化遗产，不论是物质的，还是非物质的，作为同等重要的因素来考虑，作为一个有机的整体来考虑管理、保护方案。

总之，茶马古道是一个路线漫长，体量庞大，内容丰富，影响广泛的线性文化遗产。对它进行保护和管理，既是目前社会、经济发展的现实需要，也必然是一个不断深入和完善的过程，通过深入研究和思考，在全社会的共同努力下，我们相信茶马古道的保护、管理工作会越做越好，让这一宝贵的历史文化遗产能够更完好地留传给后人，更长久地为当地的社会、经济的发展做出贡献。

与新时代的马帮同行

2005年，本人有幸参加了首届“马帮茶道·瑞贡京城”普洱茶文化北京行，这是一次为真实再现清代马帮从古普洱府出发，驮普洱茶进北京城盛况的活动。虽时隔10多年，每每翻开当初记录着马帮故事的文字，一幕幕鲜活的场景又浮现于脑海中。感谢一路上马帮朋友们对我的照顾和宽容，还有利三教我的藏族歌曲、一个个王靖生和我谈心的夜晚，感谢和马帮同行的日子。

2005年5月1日，云南省思茅市普洱县（2007年4月更名为普洱市宁洱县），一支由63个人、120匹骡马、6部汽车组成的马帮向着北京的方向出发了。到达云南昭通时又增加了6名保安和1名驾驶员，总人数达到70人，但在元江时由于1人家中有事离队，1人在陕西省黄陵遇车祸身亡，到达北京时总人数为68人；120匹骡马在云南墨江、昭通生病死亡3匹，在陕西黄陵遇车祸死亡1匹，在山西省霍州市送人1匹，到达北京时骡马数量是115匹；6辆汽车分别是指挥车、探路车、新闻工作车、餐车、草料小货车、精料杂物大货车，到达昭通时增加了一辆大卧铺车，到达四川省剑阁县撤走了新闻工作车。

这次活动的全称是首届“马帮茶道·瑞贡京城”普洱茶文化北京行，是由云南省关心下一代工作委员会、省青少年发展基金会、省对外文化交流协会、省茶叶协会、省茶叶商会、云南中新对外新闻文化发展有限公司共同组织发起的，希望通过这样一次大型活动再现从前云南普洱府贡茶进京的盛事，展示普洱茶丰厚的文化底蕴，同时宣传希望工程的公益内涵。

普洱茶文化的长征

毋庸置疑，这是一次艰辛之旅，用脚步和马蹄耗时半年丈量从云南宁洱到北京4000多千米的国土。曾经，红军的二万五千里转战跋涉让革命的星星之火燎亮了整个中华大地，我们记住了一个沉甸甸的词语：长征。2005年，这支马帮带着云南普洱茶和希望踏上了征程，这也是一次长征，一次关于云南普洱茶文化的长征。5月1日宁洱的出发仪式之前，6支来自不同方向的马队已经早早开始了各自的长征。6支马队分别是丽江的宁蒗马队、怒江的贡山马队、保山的腾冲马队和施甸马队、版纳的象明马队、思茅的墨江马队。为了在5月1日前赶到宁洱集中，他们分别在三四月就从各自的家乡赶赴宁洱。其中贡山马队是这6支马队中旅程最远的，3月21日贡山马队就离开了高黎贡山踏上了漫漫征程。宁洱的出发仪式，是本次普洱茶文化长征的一个起点，而对于6支马队来讲，只不过是一个阶段的结束而上一个阶段的延续。

这是一次普洱茶文化的传播，4000多千米的进京路，通过在沿途各地的关于普洱茶的交流，再借助马帮的轰动效应，一路上播撒着普洱茶的历史文化内涵和独特魅力。云南普洱茶历史源远流长，几百年前作为贡茶驮进北京时，从“生茶”经过不同地域不同气候环境自然发酵为“熟茶”且具有独特品位。但几百年前的荣誉毕竟成为历史，如何让世人认识到真正的、原生态的自然发酵的普洱茶，认识到云南茶文化的历史内涵和独特魅力，如何提升云南茶叶在国际市场的知名度和竞争力，而不仅仅是在云南范围内孤芳自赏，是我们要考虑的问题。

马帮人员来自四面八方

怒江州贡山马队是本次云南进京大马帮六支马队中行程最远的，贡山马队在3月21日就离开了家乡怒江州贡山县前往宁洱县与其他五支马队会合。从贡山到宁洱的路程是1077千米，加上宁洱到北京的4000多千米，贡山马队是六支马队中行程最远、历时最长的队伍。到达宁洱时，马队共有5人，分别是藏族格达娜、阿古迪、利勇、利三，傈僳族余正辉，阿古迪、利勇是格达娜的儿子，利三是格达娜的侄子。刚从宁洱出发后没几天，贡山家中来电话告知阿古迪已经怀孕的妻子身体不舒服，在母亲格达娜和家里人的一再催促下，5月10日阿古迪只好带着满肚子的不愿意和遗憾离开了马帮回到贡山，照顾有身孕的妻子，也没能再返回马帮。在随后通向北京的行程中，时常听到阿古迪打通母亲格达娜的手机要求回到马帮，却都被格达娜给拒绝了。

来自丽江市泸沽湖畔宁蒗县的宁蒗马队，共有10位成员。他们分别是彝族、普米族、纳西族、摩梭人，这些成员身着各种艳丽民族服饰一亮相，就成为最能吸引视线的一道风景，也充分展示了民族团结的特点。宁蒗马队中有2位马锅头，熊小桶和李文忠，熊小桶在宁蒗马队中年纪最长，而且是队中好几名成员的长辈，担任马锅头理所当然；李文忠有着多年在外开车和闯荡的经验，办事说话在队中颇得人心，所以也是一名合格的马锅头。其余8人是熊德宏、熊一西、熊正祥、和国军、毛尔各、杨金荣、姚永红、付全忠。

墨江马队共有10人，朱树恒、朱兴林、朱兴满、朱兴传、朱兴相、朱启超、朱启兵、朱春霖、王春伟、陈应忠。10人都来自同一个村子——墨江县龙坝乡竜巴村，更为难得的是，队中10人有9人均是同一家族，有8人姓“朱”，爷、侄、孙三代人齐聚马队，真可谓是三代同堂。爷爷辈人物朱树恒马锅头一声令下，侄子孙子们立即遵命勇往直前，表现得和阵前的士兵毫无不同，这可是现代版的“朱家军”“家族马队”。难怪他们说古代有岳家军杨家将，这一次我们也要让全国人民看一看咱们竜巴村的朱家军。参加此次马帮进京活动之前，他们常年在西双版纳和缅甸、老挝一带公路不通的地方靠马帮运输营生，与骡马为伍，时间短的有三四年，长的已达10多年。

施甸马队是此次进京马帮中人员构成最正规化的，马队中4名队员杨清友、字银光、罗玉富、陈金顺是经过一系列的考核从保山地区施甸县脱颖而出的。马队中的12匹骡马也是从几十匹骡马中精挑细选而来。出发之前，马

普洱马帮向北京方向行进

队在家乡训练了一个多月，练就了如军队般整齐的队形。每逢出发和到达目的地上驮下驮时，施甸马队的队员和骡马就会排成整齐如直线的二列横队，还颇有一番军队接受检阅的模样，马帮众人见到如此正规的马队后送上雅号：正规军。杨清友是马锅头，他曾在上海等许多城市打过工做过小生意，后回到施甸帮一家职业介绍所联系劳务输出，此次施甸马队参加马帮的几位就是以劳务输出的形式组合而成的。杨清友在马帮中创下了一项纪录，一路上他共穿坏了 16 双拖鞋。

象明马队是在西双版纳州勐腊县象明乡组建的一支马队，马锅头是杨丁章，马队中的 8 名队员来自四面八方，有象明的白志明，有红河州红河县的杨丁章、杨伟、杨普周、李桥明、张少华，有江城县的翟荣华，有宁洱县的田仕华，是一支不折不扣的“多国部队”，每一个队员都不是等闲之辈，马队中大部分人也和墨江马队一样，此前常年在西双版纳和缅甸、老挝一带靠赶马营生，经过一段时间的磨合，象明马队已经成为马帮六支马队中行进速度最快的，素有“急先锋”之称。漫漫进京路上，马队中来自四面八方的队员已经在前进中产生了深厚的“战斗友情”，只要问他们是哪儿的，他们便会异口同声地回答道：“象明马队的。”

腾冲马队中的队员们讲话不多，干活可不含糊，一招一式，一步一脚，处处透着稳重的实干精神，看来他们已经领悟到了“少说话多干事”的精髓。不仅如此，在腾冲马队每名队员的身上都可以看到艰苦朴素的作风，他们也是马帮中一路上花钱最少的几位。他们不是模范，但他们却每时每刻都用模范的标准来要求自己，把腾冲马队称作“劳动模范队”也一点不为过。腾冲马队原有杨自祥、杨加康、杨兴、字伯明、邵思国 5 人，杨自祥在陕西黄陵遇车祸永远离开了马帮后，到达北京的腾冲马队只有 4 人。

马帮后勤保障部从宁洱出发时有 21 人，后面又进行了几次变动调整，到达北京时共有 28 人。这 28 人分别是后勤总管蔡国荣，马料采购王贵有，医生胡华良，兽医罗开艳，探路成员王议利、刘素，驾驶员胡巧开、李增明、古文春、李建伟、刘祥，餐车工作人员陈志祥、李刚、李富彦、陈贵、白小二、翟富成，保安尹荣志、王光华、李敬霜、李富雄、李付升、李贵文、张仕堂、董国龙，新闻组成员和钢、王靖生、魏志云。

写在最后

2005 年 10 月 14 日 15 点 45 分，云南驮茶进京大马帮历经云南、四川、陕西、山西、河北、北京 6 省市，总行程 4125 千米，终于到达了本次活动的终点：北京市石景山区八大处公园。从云南的宁洱县到首都北京，用马帮行走这种最原始的办法，花费了 167 天，共 4008 个小时。

有人认为这是一次壮举，一次关于普洱茶的壮举；有人认为马帮人是英雄，一群用脚步丈量祖国山河的苦行僧式的英雄；有人认为这新时代马帮的徒步进军是不可思议的。2005 年的这群马帮人做到了。他们不是英雄，他们是和你我他一样普普通通有血有肉鲜活的平凡人，他们一路遍尝喜怒哀乐酸甜苦辣，用自己的双脚从云南带着普洱茶走过千山万水，走到了北京。

探访那柯里：烂漫迷人的城市传说

那柯里几乎是以茶马古道为核心建构起来的。茶马古道首先因茶而兴，在前人开拓出的茶马古道上，昔日的茶香已渐渐消散，已然不见当年的故事，而在古驿站那柯里，随着茶马古道的建设，这些故事又浮出水面；其次，茶马古道这一概念，随着电视、互联网、旅游图书为主的传播途径的介入，逐渐升温，同时这也使茶马古道逐步由抽象的概念具体化为覆盖西南地区的交通网络，并最终变为一个文化符号。正是这一过程为众多的古城古镇发展旅游提供了丰厚的文化底蕴和资源，也造就了那柯里。据当地史料记载：那柯里驿站是清光绪年间的关哨汛塘之一，称“那柯里塘”。清代实行绿营兵制，所有的镇、协、营都在一个固定地区分防驻守，称为汛地，委任千总、把总领兵驻扎，那柯里归普洱府中营左哨头司把总管辖，是出普洱府南门关后一个重要的茶马古道驿站。从那柯里驿站到思茅腊梅坡之间的这段茶马古道全长约 20 千米，至今保存完好，大多数路段用人工打制的条石和砾石铺就，在陡坡路段，铺有石阶逐级而上。传说是当年那些负重的马行走到这里时会忍不住掉眼泪，所以人们称这儿为“马哭里”，后转音为“那柯里”。

那柯里最近一些年的变化，与近年来当地政府围绕茶马古道发展地方经济有着紧密的联系。2006 年 4 月 9 日，云南省文化厅、云南省交通厅、云南省茶马古道研究会共同在宁洱县城茶源广场确立了“茶之源，道之始”茶马古道零公里碑。2010 年 10 月 22 日至 24 日，宁洱县举办首届“中国普洱茶马古道节”。宁洱县委书记指出：“首届中国普洱茶马古道节旨在彰显普洱茶文化魅力、弘扬茶马古道精神，从而打造一个团结、包容、向上的茶马古道文化品牌，为提高宁洱知名度、加快宁洱发展蓄积新动力。”

这些举措吸引了影视剧的拍摄和各类媒体的采访，体现出它独特的意义。2010 年 4 月 21 日下午，经过精心策划，中央电视台科教频道《品读城市・普洱》栏目摄制组走进宁洱县那柯里茶马驿站，深度解读宁洱文化、把握宁洱发展脉搏、挖掘宁洱城市品格、不断提升宁洱城市形象。摄制组以独特的视角和优美的画面展现了那柯里一步一景的优美风光，通过历史建筑与自然景观来反映普洱茶的前世今生。深度挖掘宁洱那柯里古朴厚重的普洱茶文化和茶马古道文化。

那柯里距宁洱县城只有 20 千米，因而县里的政策活动对它的发展变化影响很大。2007 年 6 月 3 日宁洱发生里氏 6.4 级地震，那柯里的民房严重受损。为了发展当地生产生活、挖掘旅游文化，宁洱县结合震后重建和旅游特色村的打造，集中力量建设了茶马驿站那柯里，完成了那柯里茶马驿站风情谷一期工程建设，完成民房恢复重建、村内基础设施建设。政府着力打造那柯里茶马古道驿站，开发那柯里茶马古道旅游产业，为那柯里的跨越发展打基础，改善那柯里人民的生活条件，让那柯里人民过上安居乐业的日子。

这个地富民丰的小乡村几乎是被裹挟着迅速进入茶马古道申报世界文化遗产以及旅游开发等种种现代生活事项之中。

人们对那柯里的记忆，可以说是从茶马古道开始的，那柯里完全不像一个村落，玲珑别致。房

那柯里民居

屋鳞次栉比，檐壁错落有序，街面全以青石铺设，形态别具一格，古朴典雅。石板老街和老宅店铺诉说着昔日的辉煌，银发老人坐在门口闭目养神，那一排排饱经沧桑的老屋还倔强地记录着昔日的繁华。

生活在这条古道上的民族至今延续着古朴的生活方式，用和谐的多元文化守护并建设着祖国的西南边陲。这个正在发展中的旅游小村庄，不冷不热，吸引着游人。我通过对那柯里一年来先后两次深入探访和调查，希望能用自己饱含感情的叙述，将处于文化边缘的少数民族文化与其异质的美展示给读者，去理解和尊重生存于边缘地区的少数民族民众。它的团结与和平，是一种深沉的安宁。

荣发马店是那柯里最美味的餐馆之一，每天都宾客满座，在主人家的楼上，有关于茶马古道的各种传说，周末会放《马帮情歌》。这是一首流传于那柯里茶马古道驿站的民间曲调，由宁洱县文化馆收集、整理而成。歌曲表达了赶马的马锅头与青春女子之间执着、缠绵的爱情誓言，更展示了茶马古道沿途的人们对幸福、自由生活的向往和追求。

那柯里驿站

那柯里打造的美景吸引了来做城市传说品牌的陈越导演。他们看中的，正是这一条具象的生产劳作道路，自从木霁弘等人提出这个概念后，其文化意味更加凸显，并且被广泛地接受和使用。茶马古道对于陈越导演来说具有独特的价值，利用散落在一些偏僻遥远的村庄已经快消逝的东西，尽量用文学、音乐和美术的形式去把它留存起来。茶马古道本是完整的，把这条线用文学的、音乐的、美学的方法把它重新串联，再完整地展示起来，它将成为一串光彩夺目的彩链，并且永久留存下来。

在那柯里，各种文化资源得到充分利用，传统文化的价值和底蕴得到提升。那柯里的人们积极利用这一形式来发展自己，在那柯里取点拍摄的《品读城市》讲述了三跺脚、佤族竹竿舞、哈尼荡秋千、松针席等一些那柯里春节独特的庆祝方式。此外，《远方的家》《最后的马店主人》等栏目都以那柯里为主要拍摄点。影视剧的进入，项目的进入，意味着那柯里驿站开始受到官方层面和社会各界的关注，并且获得了国家、政府某种程度的认可和肯定。荣发马店主人曾为电影《最后的马店主人》牵马，中央四套《远方的家》来那柯里拍摄时，他也扮演了重要角色。摄制组还留下了DVD，人们对这些自己参与的节目非常喜爱。这是展示他们智慧的最好途径，群体认同意识和自我身份确认在其中得到表现，人们的交往对象和生活空间因此而得到扩大。

《普洱人家》是县里的自由摄影人和村里百姓共同完成的一部短片，记录震后重建家园的过程，表达自己对家乡的热爱，大家自导自演，所有人都记忆犹新，这部短片没有精美的画面，没有生动的剧情，但是百姓们非常喜欢看，因为它反映了自己真实的生活，是百姓最喜爱的短片。在那柯里，很多人都有上电视的经历，在这些影视剧中，那柯里百姓都扮演了重要的角色，当他们与我谈到自己曾参与拍电视剧时，都感觉非常自豪，想不到自己也可以上电视了。那柯里设施逐渐完善后，陆续有人们怀着不同的目的来到那柯里，这些旅客带给百姓的，更多的是一段难忘的回忆。在茶马古道上，他们第一次遇到了骑自行车游古道的美国人，得到了美元。因为来茶马古道举行摄影活动，他们第一次穿着民族服装在水车旁边拍照，并把照片放在客厅，不断欣赏。

那柯里荣发马店

在那柯里，我看到了农村与现代生活的结合。百姓们朴实热情地生活，日出而作日落而息。旅游的现代化、资本的运作，经济的快速发展改变了这里的物质条件，引来了各类游客，形成了思想的交流。在那柯里这个向外开放和扩展的文化艺术村，名人的到来，个人社会圈子扩大，百姓们与名人、政府的接触，以及一些拍电视的经历等，使他们形成了身份认同，获得较多的心理上的自我认同感，从而提升了整个社区认同感。

那柯里栈道

到那柯里的人，都从这里的建筑中想象到了过去开马店时的繁荣景象。在那柯里，茶马古道的话语权被毫不遗余地展示出来，呈现了一些老照片、文物等。同时，这与地方性经济的发展和政策因素的影响直接相关，他者的力量渗透到草根性村落社会，民族村寨的地域空间范围被纳入规划中。所有这一切，给那柯里带来的直接影响是社区认同和群体价值得到提高，因为经济实力的增强而逐步获得更多的话语权力。

如果利用得好，古代与现代就不是那么遥远，而是可以达到一种审美的结合与高度。如今那柯里正在被打造成现代人无比热衷和向往的人文胜地，有一种回归自然的养心的美。而正是茶马古道记载了那柯里历史的发展进程，如果没有这段记忆的话，那柯里将是苍白的，没有厚度的。

人们对茶马古道做出了自己的贡献，那柯里人用自己的方式实践着，为宁洱茶马古道增添了光辉的一页。自然美固然有着永久的魅力，但是人文精神的注入必然使得自然美具有了更深远的意蕴。摆脱日常烦琐的平淡生活，将富有个性的景物注入历史积淀的情感，旅游中的审美才能超越平淡。

寻找无工业的、乡村的、纯粹的、不受任何“污染”的心旷神怡之地并非一种幻想，乡村恬静美满、安全永恒的田园牧歌梦在那柯里得到重现。水车、铁索链桥、风雨桥、马跳石、马掌室、水碓、石磨、水冲碾子、连心桥、长廊、奇石怪树、诗扁、木刻方丈等，还有古色古香的学校和民房以及正在打造的影视城，让乡村重新变为一个生活的场所，那柯里实现了传统和现代的连接，既是对传统文化的延续和彰显，同时又是对传统文化的再创造。在我看来，那柯里就是城市和乡村的一个缓冲地带，采纳着城市发展的思维方式，实现着如孟德拉斯所言乡村社会的美好与复兴，那一幕幕承载普洱沉香的岁月，演绎和编织了多少普洱茶文化令人心驰神往的故事和传说，让城市人的目光望向这一片烂漫迷人之地。

（本文图片由黄江华提供）

孔雀屏——普洱茶马古道上的明珠

普洱茶马古道对我来说一直是一个充满诱惑的字眼儿。这是一条古老的国际商道。茶马古道以马帮驮运茶叶和以茶换马而得名。这条古道也是云南26个民族与外界实现政治、经济和民族文化交流的通道。之所以名声在外，是因为沿途要攀越沟壑纵横、悬崖峭壁的横断山脉，还要经过只有搭溜索才能飞渡湍急的三江，其经历的艰难险阻，难以想象。而各族儿女忍耐着、坚持着，从不放弃，实现了南茶西运、西货东流，更增进了多民族团结与友谊，是中华民族精神的重要见证。

清代，以普洱府为中心向国内外辐射出东北路、南路、西北路、东南路、西南路等五条茶马古道。今天的普洱仍有很多旧时的驿站、茶站、庙房等散落在绵绵群山和无数村落之中。

孔雀屏就是从普洱府进京的东北路官马大道上的一个重要驿站。为了寻找孔雀屏往日的繁华，我利用五一长假从思茅出发，撞开了尘封的历史之门，来到磨黑孔雀屏这个藏于高山深处的古茶马驿站。

孔雀屏位于宁洱县磨黑古镇东北方向4千米处，是一处藏于高山深处的小平坝，面积不足1平方千米。因村子处于扇形的孔雀屏山上而得名孔雀屏。又说是因为此地曾经孔雀很多，山箐里有不少孔雀来回飞，每天天刚亮时，整个坝子四周坡头洼地的树林间，都回荡着孔雀的鸣叫声。传说清代时官府还在此收购孔雀羽毛进贡朝廷，做朝廷官员的顶戴花翎之用。

孔雀屏的土地肥沃，坝子周围的坡地比较平缓，特别是村子左侧方有一个近20亩的天然水坝，水源常年不绝，给整个坝子提供了充足的水源，是远近闻名的风水宝地。有一条约4米宽的石板路由村口自南向北、自下而上贯穿全村。路边除少数的砖房，多数是旧时留下的土坯房，其中不少就是当年的马店稍做改建后形成的民居。斑驳的石板和石板上深陷的一个个马蹄窝，记录着茶马古道的兴衰史。当时的古道一般是30千米左右设一个马站，供马帮住宿；15千米左右为一个腰站，马帮在此地打尖歇梢。孔雀屏驿站，是普洱茶区范围内马店最多的茶马驿站。

据说，当年的孔雀屏有34口马店（孔雀屏人习惯将马店的数量称为多少“口”），最多时马店达到过62口。老宋家、老三家、老柴家、老张家……都是开马店的大户，有的人家还一家人经营好几口马店。一口马店一般可以住得下四五把马（五匹驮马为一把），直到昆洛公路（国道213线）通车，磨黑已经有很多汽车时，孔雀屏都还一直有马帮来往，进入20世纪60年代后才逐渐淡出运输通道的历史。

在孔雀屏，流传着这样一句俗话：“家家门前都有一块滑石板。”意思是说，谁也不要瞧不起谁，谁都是有点儿家底的人。而被隐喻为“家底”的“滑石板”就是马店的重要标志。那时，但凡开马店的人家，都会在大门前的门槛下镶上长约1.5米、宽约0.8米的青石板，以防止骡马进出时踏坏了门前的路面。这样的“滑石板”如今在孔雀屏依然随处可见。

踏上石板街，一间坐北朝南的老房子引起了我的注意，这是一间土木结构的老式四合院，看起来已经有至少百年的历史，雕花镂凤的大门斗拱依旧存留着历史的余温。两扇厚重的木门紧闭，左右两边，用丹青分别描画着秦琼与尉迟恭两位门神，画像几乎铺满了整整两扇门。虽然历经了近百年的风吹雨打，画像的色彩依然鲜明。因房子现在的主人2年前举家去了思茅，所以大门上了锁，气势不凡的院落，只能隔窗观望。院落现有正房、门楼厢房三间房，门楼与厢房成连体转角楼。陈旧的木格窗、纹饰精美的“美人靠”，还有雕刻过的石台阶、柱脚石……尽管岁月磨蚀了这些庭院曾经的风采与色泽，但依旧不能淹没房子当年的主人家耕读传家的家风。

在村子里来来回回、寻寻觅觅了大半天，有收获也有失落。也许是我们来得太迟，村民们耳熟能详的古家什和标志性的古碑等许多古物件，都被村委会等当地有关部门暂时收走保管，甚至有些已经被外地人收购走了，此行只能听闻而无缘目睹。也许是我们来得太早，孔雀屏作为茶马古道上不可多得的重要驿站，刚开始抢救性修复，村子的石板路面抢修正在做排水、排污。在不远的将来，那些消失的老物件，一定会一一回到孔雀屏它们原来所处的位置；那些被改造成村民住房的老马店，也一定会再现往日马店的本真模样；那些杳无踪迹的孔雀，也应该会飞回到孔雀屏这片神奇美丽的土地上；那些远去的成群结队的马帮和来往商贾，也将幻化为现代的车队和游客，云集到焕然一新的孔雀屏……

虽然我们没能赶上五尺官道上远去的马帮的脚步，但是，一间间老旧甚至残破的老屋，就像一本本厚重而引人入胜的老书，仍然坚实地承载着茶马古驿站的历史兴衰。所以，能与孔雀屏这些曾经默默见证了孔雀屏繁盛与凋零的古马店老屋会面，也应该不枉此行吧！

在广阔无边的普洱茶区，茶马古道与五尺官道相重合，但茶马古道极其鲜明的历史文化特色，往往覆盖了五尺官道；茶马古道与云南境内外的商旅道相重合，也覆盖了云南的其他商旅道。

山间铃响马帮来，是20世纪50年代前的真实写照。在车辆如梭的今天，马帮已不再有，山林也听不到清脆的马铃响了，茶马古道显得更加寂静。但动听的马铃声和赶马人的山歌仿佛依然回荡在耳边：三月里来，三月三，赶着骡马进茶山，普洱茶好人人爱，驮起茶叶到远方。

历史已经证明，茶马古道原本就是一条人文精神的超越之路，马帮每次踏上征程，就是一次生与死的体验之旅。茶马古道的艰险超乎寻常，然而沿途壮丽的自然景观和多彩的风土人情，却可以激发人们潜在的力量、勇气和忍耐力，使人的灵魂得到升华，从而体现出人生的真义和伟大。孔雀屏古驿传递给我们后人的，正是一道跨越时空的记忆火花和人类追求美好生活的精神光芒。

普洱茶马古道旅游景区建设回望

2016年7月末的一场雨后，我以一个旅游业新人的身份，站在普洱市北部区旅游环线腊梅坡大桥之上，放眼望去这片冷寂多时的山坳，繁忙而热闹起来。施工人员、运送建材的车辆随处可见；开挖出来的施工便道和场地，使这片山坳一改冷寂之貌显出一种活力。中华人民共和国成立前这里是思茅城北上藏区、内地的驿道，就是后来所称的茶马古道中的一段。日新月异的现代交通的出现，使曾经马帮摩肩接踵的这片山坳冷寂了下来。在“文化兴市、发展绿色环保旅游”理念的推动下，这片山坳将焕发出一种更为热烈的古风今韵。

茶马古道旅游景区选址于斯、建设于斯。我原供职于云南湄公河集团茶马古城，后因景区建设急需管理人员，我便临危受命投入景区建设之中。

普洱茶马道是按照5A级标准打造的普洱市区真正意义上的第一个景区。作为思茅北出的古道，它是滇藏茶马古道的重要起点。众所周知，思茅是普洱茶集散地，本土出的茶叶加上六大古茶山上的茶，无不在思茅周转停留，尔后再发往各地。更兼普洱贡茶自清代起就由思茅同知府承办，每年一度的普洱贡茶采办完成后，必经这片山坳运出。选该地兴建茶马古道旅游景区可谓正当其时。

我眼前是郁郁葱葱的山林，脚下是泥泞不堪的便道，耳边是断断续续、忽远忽近的各种机械的施工声。大桥下的草地上，一个马帮雕像群正在被焊接，工人们站在一片类似茶叶的泥塑之上，有节奏地敲打。而山梁上唐、宋、元、明、清五个王朝的仿古大殿也正在紧锣密鼓地兴建之中。经过近两个年头的建设、各路施工队伍的精心施工、匠心筑梦，景区在一天天变化着。

一晃时间到了2018年秋天，普洱

茶马古道旅游景区投入试营业刚刚一年，已接待国内外游客 20 余万人次。作为一个新建的景区，就知名度和美誉度而言，尚待培育。然而，茶马古道旅游景区刚一开业即迎来如此之众的游客，不能不说这是一种边地人文的魅力所在。作为景区开发和建设团队的一员，作为景区崛地而起的见证者和亲历者，回望过去的 800 多个日日夜夜，我常常感慨万千。

普洱茶马古道旅游景区是云南湄公河集团有限公司投资建设的首个人文景区，项目区位独特，位于北回归线上最后一片绿洲，具有良好的自然资源和生态环境，如何在这片唯一而独特的历史遗址之上，进行保护性开发，打造“南方丝绸之路”最具代表的线性文化作品，讲好普洱茶文化、茶马古道文化和马帮文化故事，继承祖先留下的文化遗产，传承勇于开拓的马帮精神，成为摆在景区管理团队面前最大的课题。

高空索道瞰茶山

景区索道提上建设议程是在 2015 年。修建索道基于两点：一是从景区正门而入，真正的景区精华在山梁上，乘坐索道既节省游客的时间和体力，还可观赏沿途的层层茶山和葱翠无际的大森林。二是普洱境内尚无高空观光索道，作为一个被誉为动植物王国的边疆大市，这不能不说是一种欠缺。

由于是普洱境内首条高空索道，从设计、征地、地勘、施工，到基建、附属工程、吊厢安装、调试维护等系列工作都是摸着石头过河。为了依照山形、最大化保留最原始的森林及茶园景观，勘探人员多次进行实地考察、设计路线，最终敲定施工方案。

毋庸置疑，高空观光索道已成景区内最大标志。索道分为两段，全长 2.189 千米，最大高差 181.26 米。索道为循环式固定抱索器四人吊厢客运索道。索道运行速度 1 米 / 秒，两段索道配备 4 人座吊厢共 156 个，每小时双向运力约 1000 人。游客乘上索道，凌空而去，眼下是层层茶山，原始森林古道与有机茶园茶山浑然一体，令人浮想联翩。自第一段索道下来，途经定波湖，走过湖面浮桥，四周山峦环绕，林木葱翠幽深，在这样的山水天地之间，满心的尘埃早已抛到九霄之外。过了定波湖换乘第二段索道，轻缓爬升 10 几分钟便是唐茶殿。

说起索道，时常令我想起当初施工时的艰难场面。普洱雨季长、雨量大，加之山形起伏各异，施工异常艰难，材料运输和卸载不止一次困扰着我们每一个人。景区开发的首要前提，就是不能破坏沿途植被，施工中必须尽量缩小工作面，支架等大型材料采用架设临时货索分段运输的方法运送上山，而其他材料则依靠人背马驮。背夫们弯腰驼背、负重攀爬的景象犹在眼前，雨天湿滑时摔个人仰马翻那是寻常事。时至今日，当我们乘坐这条翻山越岭的观光

索道

索道时，俯瞰地面，依然能看到由小木板和木桩铺就的陡峭且逼仄的“台阶”，那正是巡线员为索道安全运营实时检修和维护走出的“华山一条道”。

定波浮桥鱼鹰跃

定波湖原名团山水库，群山环抱，水质优良，最深处达30余米。相传每年3月，湖边的一片果林硕果累累，鲜艳夺目，天上的神鹰路过此地被这抹迷人之色吸引，本想飞落一探究竟，谁料此时忽然风雨大作，湖水波涛汹涌，在湖上渡船的马帮危在旦夕。此时神鹰“嗖”的一声飞入果林衔来一枚璀璨的红果投入湖中，湖面顷刻间风平浪静，水面如镜，马帮安然脱险，于是这片湖得名“定波湖”。

定波湖及浮桥

在湖光山色的定波湖上修建一座浮桥，只为保留最壮阔、最原始的360°无死角的湖面景观。如何克服水位升降带来的张力冲击，保证浮箱稳定平衡、游客安全通行，是设计施工的重点。经过多次现场勘探和方案论证，为求万无一失，景区“舍近求远”让一家来自沿海发达地区的施工单位承接此工程。工人们在岸边架设最深10多米的支撑桥廊，利用吊车在岸上作业，将厂家提前组装好的桥面进行水面吊装和拼接。与水打交道，所有的施工过程必须严格规范，小心谨慎。

从浮桥建设完成到景区试营业，中期预留了充足的时间进行调试及监测，以观察雨季、旱季蓄水量升降对桥体带来的影响。如今，徜徉在定波湖美景中的中外游客无不称道普洱之美、绿色之美、生态之美！景区在定波湖上又引进了非物质文化遗产——鱼鹰抓鱼表演和环湖游船。定波湖从而成为思茅城山梁之上一处清幽之地，充分印证了那句思茅民谚——山有多高，水就有多高。

五朝圣殿说茶史

如果说，高空索道是现代之物，定波湖是自然之物，那么五朝圣殿就是穿越古今挟着古风矗立于茶马古道景区的壮丽华章了。凡是到过景区的游客，无不被古道沿线五座气宇轩昂的恢宏建筑所折服，五座桂殿兰宫严格依照特定朝代的建筑形制建造而成，分别为唐茶殿、宋茗阁、元驿宫、明普轩、贡茶院。青砖叠瓦、丹楹刻桷、廊架花窗皆出自能工巧匠的精雕细琢。五朝馆主体材料采用的优质花旗松原木，不仅拥有浅淡的玫瑰色泽和美观的通直纹理，其天然散发的淡淡木香与古朴庄重的馆内陈设十分相宜。在蜿蜒起伏的茶马古道上，将这一棵棵高大挺拔的花旗松原木搬运上山、加工成梁、矗立为柱，背后的艰辛可想而知。

我至今仍记得，当初建设五朝大殿时的景象。建筑外观究竟该匹配怎样的内部展陈才能相得益

唐茶殿

彰？为深入研究茶马古道文化和马帮文化，由一帮“80后”“90后”年轻人组成的景区前期策划团队，亲自探访了湖南安化，大理巍山、沙溪、祥云云南驿，宁洱茶庵鸟道、孔雀屏、那柯里等多处茶马古道沿途重镇及驿站，行程3000多千米，拜访数十位马帮老人，搜集马帮老物件近千件，整理考察日志达数百页：一个个令人动容的马帮故事，一曲曲令人动情的赶马调子，一处处令人感叹不已的马帮遗迹，给予我们历史的启迪和前行的动力。

在当前博物馆遇冷，文化源流迷失的大环境下，我们屏蔽了很多负面声音及好心劝阻，毅然决然选择挖掘和保护滇藏茶马古道文化及马帮文化，从少数健在的赶马老人口中收集、整理第一手访谈资料，探寻最纯正的马帮文化线索，网罗散落民间的马帮旧物，无论成败，无关喜恶，这一举动本身就是对本土文化的无限崇尚和切实保护。终于，举多方机构及专家学者之力，集多年茶马古道文化研究成果，经过多次唇枪舌剑、头脑风暴，五朝馆文博装饰方案几易其稿，历时半载方显雏形。在实施过程中不断调整方案，查缺补漏，推陈出新，五朝展示馆这一景区灵魂作品，终于在2017年11月底揭开神秘面纱，展现在广大游客面前，为普洱本土文化保护和传承提供了新的阵地和平台。

土地坛中看历史

过唐茶殿一路而下，经过马帮驻足回望的古茶园，走过铁索桥，仿佛转瞬之间穿越到1个多世纪以前，透着阵阵普洱民俗之风的土地坛，处处显露着历史斑痕。土地公塑像旁的残垣断壁，井口尚能看到勒出无数绳痕的孔明井，马帮开稍留下的炊具火堆，拴着褪色祈愿条的老山神树，被岁月侵蚀得稍显破败的地砖缝中顽强生长的野草，无不在诉说着这里曾经的兴旺和经历的沧桑变化。

土地坛是景区内唯一一个在原址之上修复和完善的景点。土地坛并非无中生有，乃古代遗址。旧时马帮出门上路前，都要祭拜土地公，以求一路平安，早日返乡与亲人团聚。土地坛遗址处原来有座土地庙，曾经香火鼎盛，传说庙里供奉着土地公公、土地婆婆和关帝爷，凡是去往六大茶山的马帮、商贾都要到此虔诚膜拜、祈福。

土地庙的四周原由汉白玉栏杆围合成圆，圆心供奉着土地公牌位和塑像，栏杆之外屹立着百年山神树，周边草木丰盛，一派人神共聚的祥和景象。2015年，我曾随景区第一批建设者到达土地坛原址瞻仰祭拜，并对后期建设进行实地勘察及规划。为重塑普洱人心中的边地民俗礼制，景区特意聘请夏岩集团董事长夏岩先生亲自操刀设计、复建土地坛。

夏岩先生是实干家，为将最好的作品呈现出来，亲自在土地坛现场驻扎十余天，顶着烈日，手

土地坛

拿画笔和稿纸，一笔笔亲手绘制完成土地坛设计雏形及施工图纸，并督导塑型和施工。如今的土地坛，是景区最受游客青睐的景点之一，四方游客每每到此，无不啧啧称赞，普洱人也在此找到了淡忘已久的民俗礼制之根脉。

森林滑道欢声涌

茶马古道旅游景区的一个核心就是人文，然而我们不得不承认，人文作为能够塑造人们的精神世界乃至人生观、价值观的系统文化，它需要时间去沉淀，需要人文环境的营造。而游客需要在观光中体验一种欢乐一种互动，为此，景区在索道之外又增设了第二个普洱“首创”，那就是森林滑道。景区自 2017 年国庆节试营业后，持续向入园游客发放调查问卷，广泛征集游客意见、建议，其中大家提到较多的就是，茶马互市到茶王山谷的台阶级数较多、较陡，步行较辛苦，应增设互动游乐设施。鉴于此，景区管理团队果断采纳游客意见，经过近 6 个月的方案论证、施工建设和运行调试，一条全长 708 米，上行线 142 米，下行线 566 米，集游览观光、休闲娱乐和代步于一体的森林滑道应运而生。现在景区观光功能不断完善，游客沿着茶马古道步行而下，喝了摔碗酒，过了茶马互市，就能看到依山就势、蜿蜒而下的森林滑道。乘坐滑车呼啸而下，时而置身树林，时而置身蒿草丛生的山野世界，时而置身于清香四溢的茶园，滑车转弯时惯性带来的“脱轨感”更是让人心跳加速，

森林滑道

游客无不大呼快哉、刺激。

普洱茶马古道旅游景区经过3年规划、2年建设，在普洱市委、市政府，思茅区委、区政府，旅游主管部门的大力支持和关心下，终于按照既定要求顺利建成开业，为普洱的人文旅游开发又添新篇章。

（本文图片来源于普洱旅游咨询讯）

茶马古道旅游景点平面分布示意图

第九章　滇省古驿

云南马帮，在茶马古道上徐徐前行，从普洱走向云南、走向全国、走向世界，用细碎的步伐横跨了川、滇、藏等多个西部民族省区。茶马古道上各民族共同参与到了马帮之中，相互扶持、共同受益、互动发展，活跃了民间贸易，促进了民族融合，在茶马古道上繁荣了一个个驿站，成为茶马古道兴盛的重要见证。茶马古道因此成为促进各民族和谐发展的历史纽带，千百年来维系着中国西南边疆的稳定统一。

云南境内一座座古老的驿站，在历史的风云中逐渐成为一种记忆，记录下了当年古道马帮的兴盛与繁荣。

云南驿

云南驿，位于大理州祥云县云南驿镇云南驿村，因元明清三代设置驿站而得名。汉武帝元狩元年（前122年）及元封二年（前109年）置云南县，云南驿始为县治驻地。蜀汉建兴三年（225年），置云南郡，郡治亦设云南驿。“云南驿”把“云南”一名保留至今，时间跨度达2100多年。

云南驿（图片来源于网络）

2000多年来，云南驿虽几经沧桑，仍旧貌未改，悠久的历史在此留存。村庄里狭长街道中的“引马石”至今仍残留着深浅不一的马蹄印，记载着昔日马帮的繁华，展示着“西南丝绸之路”历程的坎坷。

云南驿是茶马古道上的重要枢纽，云南古代对内、对外交通线路很多都要经过这里。云南驿与昆明、楚雄、姚安相连，西接临沧，北邻大理。经过云南驿进入大理，从大理往北，通过丽江、香格里拉、德钦等地进入拉萨，从拉萨往南进入孟加拉等国；往西北可进入大部分藏区；从拉孜往东进入尼泊尔；从大理往西入保山、德宏，进入东南亚诸国。

临沧、思茅是云南主要产茶区，产量高，茶质优，是入藏滇茶的主要来源。马帮在临沧、思茅装满茶叶，在昆明、楚雄等地装满食盐、布匹、药材、瓷器、百货等物品，往北进入云南驿，在云南驿歇息停顿后，北走大理，沿着茶马古道走向目的地。

清代，云南驿成为茶马古道上重要和繁华的集散地。每天从云南驿经过的大小马帮有二三十起，云南驿当时有马店二三十家，为过往的马帮提供歇息和人员住宿。当时最大的马店可以接待300多匹骡马，一天供应上千斤草料。到民国时期，仅是大小马店就有30多家。

云南驿与马帮总有说不完的故事（罗洪波 摄）

抗日战争期间，云南驿作为抗战生命线“驼峰航线”和“滇缅公路”上重要的驿栈，走到了古驿站辉煌的巅峰。这里成为滇缅战场重要的军事基地。古云南驿，每个角落都写着历史的记忆，石板上的蹄痕，记载着茶马古道的沧桑。

易武古镇

易武大门（图片来源于网络）

易武是古镇越县政府所在地，仍有古镇留存至今。易武茶山是普洱茶的主产地，茶园面积和茶产量长期居于古六大茶山之首。是有名的“七子饼茶”产地。因此，易武当之无愧为茶马古道上的重要驿站。

明、清时期易武属车里宣慰司；1729 年，属普洱府；1913 年，置第六区行政分局（易武）；1927 年，属象明县；1929 年，属镇越县；1949 年 11 月，为镇越县政府驻地；1953 年，设版纳易武，属西双版纳傣族自治区（州）；1957 年，为版纳易武（县级）；1958 年，将易武、勐腊两县合并为易武县，驻勐腊，易武设区；1969 年，设易武公社；1984 年，分设为易武区和曼腊区；1988 年，改设易武乡、曼腊彝族瑶族乡；2004 年，撤销曼腊彝族瑶族乡，划归易武乡管辖；2015 年，撤销易武乡，设立易武镇；2017 年，面积达 938.47 平方千米，常住人口 17420 人。

易武镇位于勐腊县东北山区，北与江城县整董镇接壤，南与勐仑镇和瑶区乡相连，西与象明乡相望，东与老挝交界，国境线长 100 千米。有傣、瑶、彝、汉等民族。辖易武、麻黑、纳么田、曼腊、倮德、曼乃 6 个行政村，68 个自然村，73 个村民小组，16 个茶胶队，3 个咖啡种植场。镇政府驻易武街，距县城 110 千米，距景洪市 122 千米。被省人民政府确定为云南省特色旅游小镇和历史文化名镇，2008 年，又被确定为第三批云南省生态乡镇。

易武古镇地势东北高、西南低，北部山脉波状起伏。最高处黑水梁子海拔 2023 米，最低点位于南部的回洼村海拔 630 米；三合社海拔 1433 米，纳么田点海拔 730 米。曼洒一带是“普洱茶”六大茶山之一。特产有易武酱油和风吹豆豉，矿产有铅、锌矿。楚雄至勐捧公路过境。景点有马道子石洞（又称白云洞），分水、旱两洞。洞壁上有清光绪二十二年（1896 年）来此勘界的黎寿昌等作的石刻诗二首、词二首、游记一篇，表达了对清政府把勐乌、乌德割让给法属老挝的强烈不满，是勐腊县重点保护文物。

过去，易武古镇曾经是镇越县城所在地，但却异常凋敝，只是一个几十户人家的小村镇。如今易武有着新盖的商店、旅社、医院，簇新的小巧的瓦房掩映在绿树之中，成了边陲一座新镇。根据历史记载，易武在清初时候“准以汉人伍善甫授易武土把总”。“土把总”就是当地的土司。伍善甫是抵御外侮捍卫边疆的有功之臣，最后当了这里的土司，相沿世袭，直到 1927 年设置镇越县。1930 年时，将镇越县政府从勐腊迁到易武来。1933 年又以易武土司所属之地，划为第一区，辖易武镇。易武很长时间以来就是边地一个重要小镇。

易武有悠久的产茶历史。早在清朝的雍正年间，六大茶山的"普洱茶"就被列为敬献皇室的贡品，每年清明以前的茶叶必须完成进贡任务后才能上市交易。

易武古茶山平均海拔 1400 米，最高海拔 2200 米，年平均温度 17.7℃左右，年降雨量在 1800 ~ 2100 毫米，土壤富含各类微量元素，空气湿润，终年高山云雾笼罩，是大叶种普洱茶理想的生长地。

清朝嘉庆和道光年间，是易武茶最辉煌的时期。清朝雍正年间，鄂尔泰任云贵总督时，在滇设茶叶局，统管云南茶叶贸易。鄂尔泰勒令云南各茶山茶园顶级普洱茶由国家统一收购，挑选一流制茶师手工精制，并亲自督办，进贡朝廷。雍正十年（1732 年），普洱茶正式列入《贡茶册案》。易武街上商铺连商铺，茶庄接茶庄，生意兴隆，人丁旺盛，内地茶商和马帮往来不绝。仅仅依靠易武本地的原料已经不能满足易武茶号的加工。因此，倚邦、革登、曼庄，甚至攸乐山的茶箐也都有一大部分被集中到易武加工成"七子饼茶"，最多的时候达到了 6000 多担。那时候，易武可以说是山山有茶园，处处有人家。建在街上的文庙和石屏会馆更是热闹非凡。易武茶山的复苏始于 20 世纪 80 年代末，那时建立了乡茶叶种植队，办起了乡茶叶初制所，带动群众护养、改造、管理老式茶园，制作传统七子饼茶的小作坊迅速发展。易武茶山是古六大茶山中保护最好、古茶园（树）遗存最多、产量最大的，易武茶名声响亮、品质独特……易武及其周边茶山的青毛茶价格连年翻番。

易武车顺号（图片来源于网络）

巍山古城

巍山古城就是现在的巍山县城所在地，巍山是南诏古城、南诏文化发源地，是云南省最早设置郡县的地区之一。巍山县北与大理市相连，东与弥渡县毗邻；南面与南涧、凤庆县相邻；西面与漾濞、昌宁县以漾濞江为界。巍山是一座具有浓郁地方历史文化特色的城市，因为四通八达的地理位置，成了古代茶马古道上的交通枢纽和重要驿站，曾经诞生过许多大马帮和马锅头，演绎了一出出巍山马帮传奇。

元代的时候，由大理段氏总管开始建筑巍山土城，到明朝才正式建成，至今整座县城依然较为完整地保持着 600 多年前建城时候的格局，是中国保存最完好的明清古建筑群之一。巍山古城内街道以拱城楼为中心，呈标准的井字结构，共有 25 条街道，18 条巷，全长 14 千米，城内房屋基本保持了中式结构，南、北主轴线两侧的房屋则完整地保存了明、清时代的建筑式样和风格。

巍山拱辰楼（图片来源：云报文旅全媒体）

巍山古城（罗洪波 摄）

巍山古城在各个历史时期都有着不同的古驿道，尤其在南诏时期，南诏的政治、经济、文化和交通中心都在巍山，从而让整个古驿道快速发展起来。巍山成为茶马古道重镇的另外一个原因是这里出产茶马古道上的重要交通工具——云南马中的“大理马”。云南马，也称“滇马”，是中国历史优良马种，大理马、乌蒙马、腾冲马等品种都属于云南马。原产于云南省滇西和滇东的乌蒙山区，分布于大理、巍山、鹤庆、洱源、剑川、宾川等地。云南马为高原、山区驮挽、骑乘的重要役畜。素以体质结实、短小精悍、运动灵活、善登山越岭、持久耐劳、耐粗饲、有良好的适应性为其特点。从外形上来看，云南马体格短小，结构匀称，头略重，额宽或略突，鼻平直，颈短，鬐甲低平胸宽深，腹圆而微收，鬃尾毛发达，毛色复杂。从体能特征上来看，云南马在高原山地具有驮乘兼备的优良性能，以驮载能力持久见称。它的产地——横断山脉纵向平行的峡谷区，具有寒、温、热三种气候类型，而且地形复杂多变，因此所产的马匹具有耐高海拔干旱和低海拔温热的特点。冬春旱季，山草枯黄，纤维粗硬，马匹完全靠自由采食过冬，云南马形成了耐寒、耐粗饲、适应性强的特性。历史上，在茶马古道上组成马帮驮运货物的多是此马。巍山作为古驿道中心枢纽加上重要产马地，理所当然就成了茶马古道上的重镇。

巍山同云南各地的乡镇一样，在通公路以前，马帮是最重要的运输方式，在人民的社会生活中发挥着巨大的作用。据统计，1922 年，全县有骡马 7800 匹。1949 年，有骡马 7784 匹，长途运输马帮 204 个。巍山马帮东到昆明，远至广西百色；东北经永胜到达四川西昌、会理、雅安一带；北至丽江、维西、中甸、德钦；西到保山、腾冲，进缅甸至密支那、腊戍，另一条西路经龙陵、芒市、畹町进缅甸；西南至昌宁及临沧专区各县；南到宁洱、思茅一带。巍山的马帮在本地收集了虎皮、熊皮等高档皮料，还有草药、春茶，顺着茶马古道运到昆明、普洱，甚至东南亚各国，再把外地的百货和工业品运回当地销售，沟通了附近地区甚至是与东南亚国家的经贸往来，为地方经济发展和民族文化交流做出了积极贡献。巍山马帮运输一直沿续至 1949 年之后，在支援进军西藏和中甸、小凉山剿匪中马帮都发挥了重大作用。1953 年，巍山县政府组织了 344 个马帮运输小组、8692 匹骡马，运送援藏物资 6000 多吨。

巍山的马帮，不仅驮出了人民对美好生活的希望，还驮来了繁荣兴盛的文化，让巍山成为一个人才辈出之地。因此，巍山也被称为“文献名邦”。据载，巍山在康熙年间连出 16 个进士，这在当时的社会环境下，是非常值得称道的事情，同时还产生了很多文化名人，有很多读书人走上仕宦之途。加上民间藏书丰富，社学和书院颇有规模，被朝廷御封为文献名邦。那时候能够大规模办学的地方不多，况且还是在一个较为偏僻的高原上。这些都和茶马古道上马帮所打下的经济基础密不可分。

如今，巍山已是全国历史文化名城和旅游胜地。1987 年 10 月巍山被省政府公布为云南省第一批省级历史文化名城，同年 12 月，巍宝山古建筑群被列为省级重点文物保护单位。1994 年 1 月，巍山县城被国务院批准为第三批国家级历史文化名城。2008 年 10 月，巍山永建镇东莲花村被国家文物局、住房和城乡建设部命名为“中国历史文化名村”。2010 年 8 月，巍山荣获“中国低碳旅游示范区”称号。2011 年 6 月，巍山古街被文化部（现文化和旅游部）、国家文物局命名为“中国历史文化名街”。

沙溪古镇

沙溪位于中国云南剑川东南部，地处金沙江、澜沧江、怒江三江并流自然保护区域东南部，位于大理风景名胜区与丽江古城之间，远近闻名的石宝山就在这里。沙溪是一个青山环抱的小坝子。这里山清水秀，气候宜人，物产丰饶，人杰地灵。

沙溪曾是茶马古道上的重要驿站。茶马古道经四川、云南，北连西藏、印度，南通东南亚。古道过云南大理、丽江、香格里拉等地，在这几处名镇之间，有着一个古集市——沙溪寺登街。

茶马古道作为中国对外交流三大丝绸之路之外的一条大通道，因主要靠马帮运输，其主要交易对象是茶、马，故世人称之为“茶马古道”。沙溪处于大理、丽江之间，是滇藏茶马古道上一个陆路码头，再加上南诏、大一国石窟的开凿，沙溪在茶马古道上成为贸易集散地、南诏大理国佛教文化活动中心，是一个集商贸与佛教文化为一体的古镇，可谓显赫一时。也许是上苍对沙溪情有独钟，唐代以后，又逐渐建成了以沙溪为中心的四大盐井——弥沙盐井、乔后卤成井、云龙诺邓盐井、兰州啦鸡盐井，让沙溪的发展如虎添翼，古镇作为离四井最近的茶马古道集市，一跃成为茶马古道的盐都。沙溪古镇成为西藏、滇西北地区的食盐集散地，食盐逐渐成为继茶、马之后，又一重要商品。在经贸的带动下，沙溪也成经济文化繁荣的古镇。

古镇城门

古桥

沙溪古镇也是茶马古道上唯一幸存的集市，其中，寺登四方街是沙溪的灵魂与核心，是沙溪进行商贸交易的地方。这是一个集寺庙、古戏台、商铺、马店、开阔的红砂石板街面、百年古树、古巷道、寨门于一身，功能齐备的千年古集市。寺登街过去每隔3天就有一个街市。届时，马帮交会，商贾云集，热闹非凡。马帮一般都在街期头一天到达，先投店住宿。街子每天天一亮，各地马帮、马锅头、赶马人及商贾先到兴教寺参拜，然后将自己带来的盐、茶、药材、布匹、百货摆在南面的街上叫卖。马匹则有专门的贩马市场。本地人则将土特产拿到北面的街上兜售。各种凉粉摊、小吃摊、修鞋摊则分布在兴教寺门前、古槐树下，招揽顾客。古戏台上常常还有戏曲歌舞表演。过去寺登街铁匠铺、裁缝铺、钉马掌铺不少，这里的铁匠铺与别处不同，其主要任务是打马钉、马掌。

四方街宽阔的街场并不只是马帮交易和百姓娱乐的场所，寺登村村民为逝去的亲人举行路祭也是在这里。这个用红砂石铺就的，长约60米、宽约40米的集市，像一块磁铁吸引着南来北往的马帮、九村十八寨的百姓和头脑灵活的商贩，不难想象当年这个集市繁华到了怎样的程度。老人们叙述起来，总是神情激动，对当年街上的繁华情景如数家珍。

寺登街在元末明初被称为“南坛”，意即“南面的佛坛”。经明清两代的规划建设，寺登街形成了以兴教寺、魁阁带戏台为轴心，以魁阁正面四方街为中心的古集市，集市的南北巷道为古代茶马古道的主要通道和街巷，因藏族马帮经此运盐甚繁，俗称南北“古宗道”(因白语称藏族为“古宗子”)。直至民国年间，沙溪仍是茶马古道上的盐茶集散地，南来北往的马帮络绎不绝。沙溪寺登街一带形成了四方街、兴教寺、魁星阁、古戏台等古建筑群。马店、铺台、街面、寨门一应俱全，往日盐马古道上的盐马重镇至今依稀可辨。

（本文图片来源于网络）

古戏台

鲁史古镇

凤庆鲁史古镇（图片来源：凤庆县人民政府网站）

鲁史古镇位于云南省临沧市凤庆县县城东北部，澜沧江、黑惠江中间，历史上素有“夹江”之称，因其所处地理位置特殊，曾一度成为滇西茶马古道的咽喉重镇。鲁史原称阿鲁司，据《鲁史镇志》载，鲁史镇于明万历二十五年（1597 年）辟为街坊，设巡检司。1929 年建鲁史镇。历史上一直是顺宁府、县设于澜沧江北地区行政管理机构的所在地。清乾隆二十六年（1761 年），建成澜沧江青龙桥，交通条件大为改善，商旅与日俱增。在滇缅公路通车以前，鲁史一直是茶马古道的咽喉重镇，成为通往下关、昆明和缅甸的重要驿道和驿站。

鲁史境内的茶马古驿道横贯南北，南下至思茅、西双版纳，直达东南亚国家；北上丽江、西藏，直达印度等国家。茶马古驿道运出茶叶等土特产品和运进外地商品繁荣了地方经济，南来北往的马帮行人带来的南北文化和内地文明则涵养了鲁史文化，茶马古镇因此而兴。徐霞客在 1693 年来到鲁史时，就曾感叹鲁史的繁华。几多年来，不知有多少马帮来来往往，由北到南运进丝绸、运进百货、运进中原文化，又从南到北运出茶叶、运出药材、运出山珍。特别是抗战时期，从鲁史经过的茶马古道成为国际救援中国的一条生命线。历史上鲁史是凤庆通往巍山、下关、昆明直至中原的重要交通枢纽和驿站。凤庆县城和鲁史镇都坐落在茶马古道向东南亚延伸的要冲上，成为蜚声中外的“茶叶之乡”。鲁史至今仍保留有一段青石古道：3 米多宽，由东向西把古镇一分为二。鲁史镇的金鸡村尚有百株连片的古茶树野生群落。

鲁史古镇是滇西保存较为完好、规模较大的古镇之一。鲁史古镇地处茶马古道要道上，历史悠久，南来北往的人到此定居经商，街场规模在不断扩大的同时，形成了“三街七巷一广场”集众家之长、独具一格的建筑格局。古镇以四方街为集镇经纬线的中心点，呈圆状分布。民宅建筑主要以仿效北方四合院和江浙风格的三合院为主，历史保留下来的大户遗址七处，分别是骆家大院、甘家大院、宗家大院、李家大院、字家大院、张家大院、乐家大院，七家大院的牌匾保存完好，三街七巷的四合院、三合院、青瓦、古道、小巷、人家等古镇风貌及规模依旧。

迤萨古镇

红河州迤萨镇是红河县人民政府驻地，是全县政治、经济、文化中心，是茶马古道上的重镇之一，全镇辖6个社区居民委员会、23个居民小组，主要居住着汉、哈尼、彝等民族，少数民族占总人口的93%。全镇有3100余华侨居住在老挝、越南、缅甸、日本、法国、美国、加拿大、澳大利亚等16个国家和地区，是云南省第二大侨乡。

早在清末，富有开拓创新精神的迤萨人，便以敢为人先的气魄和胆识，前赴后继，披荆斩棘，历经百年艰辛，打通了11条通往东南亚邻国的跨国商道"马帮之路"，开创了滇南边境贸易的新纪元。在这里，勤劳、智慧的人们打通了滇南第一条通往东南亚的马帮之路；这里，走出了滇南旅居国外的第一代华侨，并创造了独特的集中、西建筑文化、马帮文化为一体的古镇。马帮贸易成就了红河商人的家业，由于当时东南亚邻国属于英法殖民地，受西方文化的影响，马帮人家把西方的建筑风格融入了当地的建筑中，在这样一个本身不生产建筑材料的地方，同样是马驮来了砖、瓦、木材在迤萨山城建起一栋栋中西合璧的城堡、特色鲜明的青砖瓦四合院，迤萨是一个具有传奇色彩的欧式古镇，不仅被称为"滇南侨乡"，还有一个"江外建筑大观园"的美称。这两个美称的背后却有着一段辉煌而又辛酸的历史。

迤萨古民居（图片来源于网络）

清朝乾隆和道光年间，迤萨形成开采冶炼铜矿的热潮。铜矿的开采冶炼，吸引了内地汉族的迁入，他们带来了先进的手工业技术和商业管理经营技巧，促进了迤萨各行业的兴旺和繁荣。但由于长期砍伐木材和过度开采矿石，迤萨变成了光山头，环境遭到破坏，干旱缺水现象更加严重。到清朝晚期，多种原因迫使铜矿纷纷倒闭，失业工人为寻找生路，相约组织起马帮队，到东南亚老挝、越南、缅甸、泰国等国家经商，因为东南亚等国地势平缓，坝子越来越宽阔，所以迤萨人把到这些国家做生意称为“下坝子”。而他们在国内外贩运转销鸦片烟，也被称为“走烟帮”。当然迤萨马帮并不是只做鸦片烟，他们还经营黄金、白银、药材、食盐等。

越来越多的迤萨人生意越做越大，有的甚至长期侨居国外，与当地人和睦相处，相互通婚，成为侨民。有的回来建盖豪华私宅，建起了很多传统四合院和中西合璧的楼房。而且还吸收了西方的先进思想和文化，并带回了留声机、雨伞、香皂、香烟等新式物品。当时这些东西在云南还很稀奇，但在迤萨却成为日益普及的消费品。当时 300 余户的小城迤萨，就拥有从国外购进的缝纫机 30 多台，不亚于省会昆明。这段历史造就了独特的马帮文化和马帮精神，也可以说，迤萨是马帮驮出的山城。

迤萨马帮庄园（图片来源于网络）

胜境关

“滇南胜境”牌坊（图片来源于网络）

胜境关位于曲靖市富源县城东南7.5千米滇黔交界的山脊上，又称界关。老黑山南北纵贯100余千米，山势陡险，惟胜境关山势较低，而且有一条驿道通向贵州，所以这里是古代由黔入滇的重要关隘。关口立有1座界坊，坊匾书“滇南胜境”4个大字，故名胜境关，是一座“山界滇域，岭划黔疆”“风雨判云贵”的天下奇关。

自古入滇有三条路：灵关道（川西入滇）、五尺道又名石门道（昭通入滇）和胜境关。胜境关是元代以来，中原内地入云南最重要的通道，被称作“入滇第一关”，自元、明、清三个朝代以来，数百年间一直是由黔入滇的第一个重要关隘。明朝初年大兵进军云南，明代地理学家徐霞客考察云南，历任云贵总督履职等均经过此地。

胜境关属云南富源县管辖，是古代由黔入滇的主要通道，有“全滇锁钥”之称，至今仍留有秦汉时期修筑的五尺道。明景泰年间，云南巡抚洪翮为“补山川之胜”，派人建界坊于岭上，现存界坊系1923年重建。重建的界坊高14.8米、宽11.2米，为三开间木石结构牌楼。牌楼的正楼较高，两侧楼稍低，由12根楹柱支撑，上有9级牌楼斗拱托起飞檐。琉璃瓦的坊顶上有8条造型别致的吻龙与坊顶正中的金黄葫芦相辉映，十分壮美。牌楼上绘有清新秀雅、超凡脱俗的松、竹、兰、梅图案。

胜境关有两奇。第一奇是以“天”为界的界坊。界坊坐西向东，西边是云南，东边为贵州。云南这一边晴天多，雨天少，干燥多风；贵州那一边雨天多，晴天少，湿润多雾。明代杨升庵《滇程记》中写道：“日月之阴，经寸而移，雨场之地，隔垄而分。”数百年来，过往胜境的骚人墨客都有这样的感受。使人惊奇的是，“雨师好黔，风伯好滇”的气候特征，在同一座界坊上也显得这样分明——界坊前后的两对石狮子，面对贵州的那一对身覆郁郁青苔，面向云南的这一对身披薄薄尘土。从前，界坊的楹柱上还悬挂着这样一副对联：“咫尺辨阴晴，足见人情真冷暖；滇黔原唇齿，何须省界太分明。”

胜境关的第二奇，是以“地”为界的分草岭。距界坊不远，有一条小溪，小溪两边土色各异，靠云南这边土偏红，靠贵州那边土偏黑。使人百思不得其解的是，就连地上的小草也分别向各自的境内倒卧。发现此等怪现象的古人，便将此地命名为分草岭。

界坊西边朝向云南，3根楹柱长年干燥，并有黄尘；东边朝向贵州，3根楹柱上长有青苔。正中的横梁尤为明显，西面干燥，颜色黄褐，东向潮湿，颜色青绿。这是由于东部从太平洋吹来的冷空气经过贵州高原已经势疲力弱；西向从印度洋吹来的暖空气经过云南高原，也如强弩之末，形成气象学上所称的“昆明准静止锋”，这里正当锋面，所以东西多阴雨，西面多晴天。胜境关的界坊在研究滇黔两省的气象方面有一定的科学价值。

豆沙关

盐津县古牌坊（图片来源于网络）

豆沙关古驿道（图片来源于网络）

豆沙关是位于四川和云南交界的一个小镇，也是古人由蜀入滇的第一道险关。

“南有和顺，北有豆沙”中的“豆沙”指的就是位于昭通市盐津县城西南的豆沙关古镇。这座拥有2200多年历史的文化名镇，自古以来就是出滇入川、连接中原的重要通道。豆沙关古称石门关，是古人由蜀入滇的险关。湍急的关河像一把利剑将险峻的石山一劈为二，形成了一道巨大的石门，锁住了古代的川滇要道。西岸岩壁上刻有“滇南枢纽”“其险也若此”等大字。

盐津豆沙关古道上的许多先人留有遗迹，一是秦代五尺道，保存完整的长约350米，道宽1.7米，路面留存的凹陷马蹄印痕39处，有的深达三四寸，要在硬石上踩成这样的蹄印，非万次难成，不知经过多少马蹄的磨蚀，才留下了这深重的历史印记。二是盐津豆沙关的古城堡，又叫关楼，它是五尺道上“锁钥南滇，扼守西蜀”的重要关隘。关楼始建于隋唐年间，总高15米，宽4.5米，条石砌成，古道就从关楼门洞中穿过。关楼在20世纪50年代毁损以后，于1982年和1994年两次重修复原。三是僰人悬棺，它位于关楼直线150米外的对岸绝壁的岩缝中，现存棺木6具。用望远镜头摄下来看，悬棺都是整木凿成，用木杠搁在避雨的岩缝当中，虽经2006年7月两次地震，悬棺并未受损。悬棺悬在关河水面以上百米的绝壁岩缝当中，盗棺者都无力攀达，而如何安放悬棺如今更是一个谜。四是更为宝贵的史迹，关楼边岩壁上的古代题字，其中唐代的“唐袁滋题记摩崖”最为宝贵，已成国家级重点文物保护单位。该题字讲的天宝八年（749年）唐代御史中丞袁滋奉命赴滇册封南诏国王“异牟寻”的事。袁滋经过盐津豆沙关时，该处的险要和自己赴南诏的重大使命，便作摩崖题字。该题字是研究唐史和南诏史的重要实物资料，被专家称为“维国家之统、定疆域之界、鉴民族之睦、补唐书之缺、正在籍之误”的宝典。

豆沙关古镇历史悠久、文化底蕴深厚、旅游资源丰富，已成为滇川跨境旅游线上一颗璀璨明珠。

束河古镇

束河古镇古门（图片来源于网络）

束河古镇，纳西语称“绍坞”，意为“高峰之下的村寨”，是纳西先民在丽江坝子中最早的聚居地之一，是茶马古道上保存完好的重要集镇，也是纳西先民从农耕文明向商业文明过渡的活标本，是纳西先民对外开放和马帮活动形成的集镇建设典范。

束河历史悠久，公元680年，吐蕃南征，在丽江设立神川都督府，茶马古道由此起始。唐明皇禁茶入藏，促成滇茶进藏。宋王朝的军事需要，刺激茶马互市的繁荣；宋末，忽必烈率军进入丽江之时，在金沙江边与和氏部族发生过战斗，后来在石鼓设立茶罕章管民官和丽江宣抚司。明朝时期，木氏土司把丽江的经济开发区设定在束河。于是，从元、明以来到近代，茶马古道成为滇、藏、川间经济文化交流的纽带。

茶马古道从滇南开始，经大理到丽江，然后进入藏区，当时滇南的马帮到丽江为止，藏族商人也到丽江即止，丽江成为物资集散地或中转站。茶马古道从丽江往北称为中甸道，往西有维西线、德钦线和察隅线，中甸道起于大研镇，经束河、白沙到文海，然后过金沙江。回来的时候，从文海到束河，有一条比较平缓的路，加上束河是清泉之乡，水草肥美，有利于马帮起居，从而成为一个重要的驿站。今天束河街市以四方街为中心，往东南则达大研，往北则通白沙，往南可以通黄山，往西北可以到文海，说明早期的街市与茶马古道的交通直接相关。

如今，束河已成为世界文化遗产丽江古城的重要组成部分，于2005年入选CCTV“中国魅力名镇”。束河古镇影视基地是云南省四大影视基地之一，2004年3月由云南省政府授予“束河茶马古道影视基地”牌子，先后在束河拍摄过《茶马古道》《千里走单骑》等多部影视剧。束河古镇茶马古道博物馆是中国第一家专门研究并展示茶马古道历史文化的博物馆，也是丽江市第一家从事普洱茶文化研究、宣传、推广的专业机构。茶马古道博物馆比较系统地介绍了茶马古道的起始时间、线路和重大历史事件，是人们了解茶马古道历史文化的重要窗口。

奔子栏

远眺奔子栏（图片来源于网络）

金沙江与奔子栏相映成景（图片来源于网络）

奔子栏，藏语的意思是“美丽的沙坝”。位于云南省迪庆州德钦县白茫雪山脚下、金沙江西岸，与香格里拉市、四川省德荣县隔江相望，214国道穿越而过，是茶马古道的必经之路，区位独特，奔子栏以上的金沙江怒涛滚滚，汹涌奔流，下一段江面则豁然开阔，江水平静。

奔子栏从古到今都是重要的交通要道。奔子栏渡口为滇藏茶马古道上有名的古渡口，也是茶马古道由滇西北进入西藏或四川的咽喉之地。从这儿往西北行即可进入西藏；逆江北上，即是四川的德荣、巴塘；沿金沙江而下，就是维西、大理；往东南走，则是香格里拉市及丽江。地处这样的位置，奔子栏就自然而然成了重要的交通通道。清政府曾在此设渡口，并设汛驻兵。如今，在奔子栏已修建了横跨金沙江的公路桥——伏龙桥，使两岸人民沟通往来方便不少，同时，也为今天的交通运输提供了极大的便利。 这里的民族节日也很特别。藏历新年并不盛行，而是与汉族一起过春节。与汉族春节不相同的是，除夕之夜，人们围着点燃的篝火，喝着青稞酒，跳起弦子舞、锅庄舞，直至东方既白。总之，在此地汉族、藏族、纳西族等各民族文化，以及佛教、东巴教、自然崇拜、敬神活动等宗教习俗与民族习俗综合在一起，形成了茶马古道上文化的一大特色——多元文化交融。这就是茶马古道的文化，也是小镇奔子栏的独特之处。

德钦地处云南的最北边、青藏高原的南沿，再往前走几步就是西藏的地界盐井和芒康，奔子栏是曾经的茶马古道重镇，如今商道虽然衰落了，但留下不少文化遗产，锅庄、手工艺品等远近闻名。现在很多的游客也选择这里作为旅途的中转站，稍做停歇后再继续完成下面的旅程。

独克宗古城

独克宗民居（图片来源于网络）

独克宗白塔（图片来源于网络）

独克宗古城位于云南省迪庆藏族自治州香格里拉市，是中国保存得最好、最大的藏民居群，是茶马古道上的重要驿站。“独克宗”，系藏语发音，其中包含了两层意思：一为“建在石头上的城堡”；二为“月光城”。后来的古城就是环绕山顶上的寨堡建成的。与此呼应的是在奶子河边的一座山顶上建立的“尼旺宗”，即“日光城”，其寨堡已经没有了，原址上是一座白塔。

独克宗古城是马帮进藏后的第一站，古城依山势而建，路面是用石头就着自然地势铺成的，起伏不平。至今，石板路上还留着深深的马蹄印，依稀可以想象到当年马帮在这条路上繁忙往来的热闹场景。茶马古道上络绎不绝的马帮和商旅往来，让独克宗古城成为茶马古道上的重镇。

独克宗古城有着悠久的历史。唐代，滇西北（包括迪庆地区）为吐蕃王朝所属之地。唐676—679年，吐蕃在维西其宗设神川都督府，在今大龟山建立官寨，垒石为城，城名“独克宗”，即历史上著名的铁桥东城。

明代，中甸两次被丽江木氏土司占领，木氏土司在大龟山建“香各瓦”寨，其地即是原来的大龟山独克宗。后又在奶子河畔建“大年玉瓦”寨，藏语名为“尼旺宗”，意即日光城。两寨遥相呼应，构成中甸历史上著名的“香各尼洼”，即有名的“日月城”。

独克宗古城历来为滇、川、藏茶马互市之通衢，康熙二十七年（1688年），达赖喇嘛请求互市于金沙江，清廷允准在中甸立市，独克宗成为滇藏贸易的重要集市。雍正、乾隆之时，境内矿业兴旺，四方商贾云集。

抗日战争时期，日寇占领缅甸，切断滇缅交通，大批援华物资只能越过喜马拉雅山从拉萨经滇西北运抵昆明，县城又成为滇、藏、印贸易的中转站。俄国人顾彼得先生在他那著名的著作《被遗忘的王国》中这样叙述：“据估计，战争期间所有进入中国的路线被阻时，这场‘马帮运输’曾使用了8000匹骡子和2万头牦牛。另外，1936年，贺龙率领中国工农红军红二、六军团长征经过中甸，在独克宗古城藏经堂两厢房设指挥部，在此召开了重要会议。”

1990年夏秋之交，茶马古道学者木霁弘、陈保亚、李旭等在对茶马古道进行考察时，对中甸进行了相关的考察；1999年，他们又再次到此地深入调查。同时，在所出版的《滇藏川大三角文化探秘》《茶马古道纪事》等书中进行了详细记录。

雾里村

远眺雾里村（图片来源于网络）

丙中洛雾里村是云南省怒江沿岸一个宁静的小村庄，这是一个少见的“三无”小村庄，交通闭塞，不通公路、没有汽车、没有现代化设备；在很长一段时间里，村民们与外界唯一的通道，就是那凿在悬崖峭壁上的1.5千米长的茶马古道。

雾里村原来叫翁里、伍里，因为这里经常云雾缭绕、缥缈迷离、炊烟袅袅，于是“驴友们”把这儿叫作“雾里”，久而久之，遂改名为雾里村。雾里村位于云南省怒江州贡山县丙中洛镇和秋那桶之间，但连通这两地的滇藏新通道并没有穿过村子，从公路到村里还要徒步近2千米。

雾里村三面环山、一面环水，东面是碧罗雪山，西面是高黎贡山，怒江纵贯其间，形成危崖耸立的天险怒江大峡谷。村里约有60户人家，藏族、怒族与傈僳族村民们世世代代生活在一起，非常和睦。

雾里村最有名气的，就是那段全国现存的唯一“活着的”茶马古道。茶马古道有着1000多年历史，是迄今为止保留得较为完好的茶马古道。2004年，著名导演田壮壮的首部纪录片《德拉姆》曾拍过这里的茶马古道。茶马古道在云南的许多地方已被现代交通公路所取代，唯有丙中洛镇通往西藏林芝市察隅县的马帮队今天仍在古道上穿行。

雾里村茶马古道（图片来源于网络）

马帮就是顺着这条古道，沿怒江峡谷溯江北上，穿河涉水、翻山越岭，将茶、丝绸、瓷器等货物，驮到西藏，再把西藏的盐巴和马匹，带回云南。在当年，走一个来回要好几个月。这条当年马帮由滇入藏的必经险路，如今也是雾里村民与外界联系的唯一通道，依旧是生活的一部分。村民生活物资进村都走这条古道，要靠背或者马帮来驮。

雾里村“缝隙”茶马古道下的怒江（图片来源于网络）

茶马古道一边是壁立千仞的山岩，一边是与江水落差40米的险峻悬崖，崎岖不平，只够一人通行，贴着山体一侧行走，最宽处仅容两人交会，没有任何遮挡的另外一侧，脚下悬崖陡峭，怒江惊涛拍岸。初次来到，无不心惊胆战。据说，当年在岩壁上开凿道路的方法是，先用火烧岩石，再浇上冷水让其爆裂，然后才能凿壁开通。

当年，在茶马古道沿线，曾有这样的俗语：“砍柴莫砍葡萄藤，有女莫嫁赶马人……三十晚上讨媳妇，初一初二就出门……”马是赶马人的好兄弟，马甚至对赶马人有着救命之恩。奔走山间，山高路滑，人失足落下悬崖，马把人拉上来，这都是赶马人刻骨铭心的记忆。因而，他们对马，就像对亲人一般，怀着只有自己才能体会的深情。

茶马古道的尽头有一座古老的铁索桥与外界相通，在很长一段时间，这是雾里村与怒江对岸联系的唯一途径，然而遇雨季怒江发大水，桥板经常被冲垮，会长时间隔绝与外界的联系。现在已经在这座旧的铁索桥边新建了索桥。

后记

《普洱茶马古道》一书在市委、市政府的支持下，在市政协的重视下，在编委会精心策划组织下，在广大作者的大力支持下，历经两年的努力，终于付梓问世。

普洱是茶马古道的源头，在西南大地上镌刻下了“山间铃响马帮来”的辉煌历史。随着现代交通的兴起和时代的飞速发展，许多茶马旧事已经逐渐被遗忘在历史深处。近 20 年来，茶马古道研究在学术界持续升温，已经产出了不少研究成果。但是作为茶马古道源头、拥有众多茶马古道遗址的普洱本土，却一直以来缺少一部关于普洱茶马古道整体记录和研究的著作，资源的得天独厚与研究的后劲不足未免让人感到遗憾。正是基于以上种种考虑，本书的编撰出版列入了普洱市政协“普洱茶文化三部曲”的出版计划，并成为三部曲中的压轴之作。

天下难事必作于易，天下大事必作于细。一事之成，必赖众人之功。本书的编撰工作得到了普洱市各级各部门的关心及社会各界的支持。一是本书编委高度重视编写工作，为了力求客观真实、科学严谨地将普洱茶马古道的情况展现给读者，市政协组织了由市政协办公室、文化文史和学习委、部分政协委员等人员组成的普洱茶马古道调研组，赴思茅、宁洱、墨江、景东、景谷、镇沅、澜沧、江城、勐腊等县（区）对遗存的部分茶马古道路段、古迹、遗址等进行了实地考察调研，在此基础上，对本书的编撰提出明确要求和具体可行的指导意见；在本书的编写过程中对重要内容严格把关、推敲斟酌；在样书出稿后又进行了数易其稿的统筹修改。二是普洱市各县（区）及相关单位对文稿资料的征集工作给予了大力支持。2020 年 3 月 19 日，普洱市政协办公室、普洱市文化和旅游局联合向各县（区）政协、文化和旅游局下发了《关于编撰〈普洱茶马古道〉有关事项的通知》，随后，云南网、普洱日报等新闻媒体向社会各界发出《普洱茶马古道》征稿启事。通知及启事发布后，得到了普洱市各县（区）的积极响应，各县（区）政协和文化部门组织对茶马古道进行初步实地踏勘，取得了大量第一手资料。各单位认真宣传组织，在征稿期内投来了大量来稿。三是本书在征稿过程中得到了社会各界人士的支持与帮助。征稿启事发布后，省内外茶马古道研究者、爱好者纷纷来稿支持，足见此举赢得了一定的关注度。云南省社会科学院副院长、云南大学博士生导师杨福泉，普洱地方历史文化研究专家黄桂枢，著名画家贺昆，普洱作家黄雁、向洪、泉溪等纷纷为本书赐稿，增加了本书的厚度；普洱本土的杨志坚、罗洪波、白马辛荣等多位茶叶专家、摄影家及摄影爱好者提供了大量珍贵的茶马古道图片和照片；参与本书茶马古道路线图和遗址分布图制作的除了随图注明人员外，还有龙麟、李剑锋等同志。四是本书的文稿撰写和资料编辑倾注了编委、作者本人和编辑人员大量的心血和汗水，从汇集稿件、归纳分类到修改完善等编辑工作，都融入了大家对普洱历史文化无限的热爱与深情；还有普洱方华印刷厂、普洱精优广告公司在本书装帧设计、绘图制作等印制工作中给予了大力支持和倾心帮助。在此，向为本书编写付出辛勤努力和提供大力帮助的各县（区）政协、文化和旅游局等有关单位，以及热心普洱茶马古道文化研究的各界人士表示诚挚的谢意！

《普洱茶马古道》共分为：古道概述、古道寻踪、古道重镇、古道拾遗、古道马帮、古道抒怀、古道茶香、古道展望、滇省古驿九章，全书约50万字，图片300余幅。参加本书撰稿的作者分布面广，从年龄上讲，老中青结合；从地域上说，覆盖省内外；从职业上看，有专家、学者、教师、史志工作者、地方文化研究者、文旅工作者等，还有来自各行各业关注茶马古道的人员。这些，都充分说明普洱茶马古道还一直在人们心中、记忆中延伸，还有着沉甸甸历史的分量。这些篇目及作者分别是：

前　言：张国华。

第一章（古道概述）：龙麟、师顺。

第二章（古道寻踪）：高飞鸿（第一篇），思茅区政协（第二篇），刘德阳（第三篇），陈登辉（第四篇），镇沅县政协、县文化和旅游局（第五篇），周德翰（第六篇），李启学（第七篇），李勇、罗小祥、李剑锋、吴志刚（第八篇），刘克（第九篇），杜建华（第十篇）。

第三章（古道重镇）：龙麟、师顺（第一、三、五、八、十一、十二、十五篇），左仁安（第二篇），陈登辉（第四篇），赵德文（第六篇），张洪星（第七篇），朱华（第九篇），周德翰（第十、十四篇），李启学（第十三篇）。

第四章（古道拾遗）：向洪（第一篇），黄雁（第二、十二、二十三篇），周庆明（第三、三十二篇），周发光（第四篇），敏塔敏吉（第五、八篇），王瑛（第六篇），邓起文（第七篇），刘江龙（第九篇），周庆明（第十篇），刀纯学（第十一篇），姜勇（第十三篇），罗班辉（第十四、十六、十七篇），李启学（第十五、十八、三十三篇），刘卫宁（第十四篇），刀正富（第十九篇），兰有荣（第二十篇），李光雄（第二十一篇），刘庆鼎、陈海江（第二十二篇），陶明贵（第二十四篇），李世杰（第二十五篇），李光品（第二十六篇），鄢剑刊（第二十七篇），包广俊（第二十八篇），张树丽（第二十九篇），李明镕（第三十篇），刘庆明（第三十一篇），罗青（第三十四篇），杨云智（第三十五篇），张泽文（第三十六篇），金争古（第三十七篇）。

第五章（古道马帮）：敏塔敏吉（第一篇），柴媛超（第二篇），尚明朋（第三篇），李青（第四篇），周德翰（第五篇），徐青青（第六篇），李光雄（第七篇），王贵华（第八篇），邓起文（第九篇），李光华、谢锋（第十篇），张树丽（第十一篇）。

第六章（古道抒怀）：纪福华（第一篇），泉溪（第二篇），夏清艳（第三篇），师顺（第四篇），邓起文（第五篇），罗班辉（第六篇），白龙华（第七篇），余显斌（第八篇），徐培春（第九篇），扎戈（第十篇），王萍漂（第十一篇），张树丽（第十二篇），左仁安（第十三篇），张国华（第十四篇）。

第七章（古道茶香）：杨云智（第一篇），张亚、谢绍芬（第二篇），查建明（第三篇）、李启学（第四篇）、刘轲（第五、六篇）、张树丽（第七篇）。

第八章（古道展望）：杨福泉（第二篇），黄桂枢（第三篇），张国华（第四篇），张兆伦（第五篇），郎志刚（第六篇），黄江华（第七篇），魏志云（第八篇），竺李（第九篇），晓宇（第十篇），王明霞（第十一篇）。

第九章（滇省古驿）：龙麟、师顺。

后　记：龙麟。

《普洱茶马古道》一书是普洱文史资料的一项重要内容，因此，本书遵循文史资料“三亲”史料的原则，本书所涉及的内容大部分为第一次实地调研整理撰写，特别是第二章古道寻踪的内容是在对普洱现存的茶马古道遗址做了全面调查的基础上编写的，反映了现在普洱茶马古道存在的真实情况。其他内容则要求作者尊重历史，基于历史遗址对普洱茶马古道做出解读，应该说“亲研”（通过考证研究）的程度明显增强。由于具有解读的性质，就会存在不同观点，对部分稿件，我们在坚持客观真实、求同存异的前提下，也秉持文史资料“多说并存”的原则。然而，普洱茶马古道存在的历史虽长，但普洱地方研究的相关成果不多，这为我们搜集第一手资料带来了一定困难；幸运的是，近年来云南省社科院、云南大学茶马古道研究所相关学者及省外部分学者已有大量研究成果问世，这为我们的编撰工作提供了很好的参考。本书在编撰过程中也吸收了相关学者的研究成果，并在参考文献中一一列出。前人栽树，后人乘凉，学术研究亦然。在此，我们向这些关注普洱茶马古道并为之做出研究的学者深表感谢！

书有未曾经我读，世间尽善总难求。本书在编撰过程中虽尽力而为，但囿于编者所见，错漏和不足在所难免，不当之处尚祈读者海涵并予指正。需要说明的是，本书作为文史资料书籍，所收文稿、图片等资料来源多处，有的难以与作者直接联系，敬希见谅。请相关作者及有关人士见书后与普洱市政协文化文史和学习委联系，以便及时奉寄稿酬。

编者

2021 年 12 月

茶马古道图书部分书目一览

序号	书名	作者	出版单位	出版时间
1	滇藏川大三角文化探秘	木霁弘、陈保亚等	云南大学出版社	1992.04
2	马帮文化	王明达、张锡禄	云南人民出版社	1993.04
3	苍茫古道：挥不去的历史背影	范　稳	云南人民出版社	2000.01
4	藏客——茶马古道马帮生涯	李　旭	云南大学出版社	2000.02
5	又见茶马古道	茶马古道编委会	民族出版社	2000.08
6	茶马古道考察纪事	木霁弘	云南教育出版社	2001.09
7	茶马古道亲历记	宣绍武	云南民族出版社	2001.09
8	马帮旅行	埃德加·斯诺、李希文	云南人民出版社	2002.10
9	茶马古道	茶马古道编辑部	陕西师范大学出版社	2003.12
10	走出茶马古道的普洱茶	南国嘉木	中国市场出版社	2003.12
11	马帮与驮铃	李霁宇	百花文艺出版社	2004.01
12	丽江与茶马古道	夫　巴	云南大学出版社	2004.04
13	茶马古道上的民族文化	木霁弘	云南民族出版社	2003.06
14	茶马古道上的西藏故事	孙　炯	云南民族出版社	2004.09
15	图说晚清民国茶马古道	沈生荣 、赵大川、马晓俐	中国农业出版社	2004.11
16	九行茶马古道	李　旭	作家出版社	2004.12
17	茶马古道	景　宜	民族出版社	2005.01
18	茶马古道和一个白族女人	景　宜	民族出版社	2005.07
19	茶马古道图文本纪	李　旭	新星出版社	2005.07
20	茶马古道茶意浓	王辑东	中国轻工业出版社	2006.01
21	川藏茶马古道	杨绍淮	金城出版社	2006.04
22	重走马帮路	蔡国荣	云南科学技术出版社	2007.01
23	寻找茶马古道	先燕云	广东旅游出版社	2007.04
24	茶马古道上远逝的铃声：云南马帮马锅头口述历史	马存兆	云南大学出版社	2007.04
25	与神山对话云南茶马古道之行	龙安志	新世界出版社	2008.06

续表

序号	书名	作者	出版单位	出版时间
26	行走在茶马古道	冯　进	工人出版社	2009.01
27	茶马古道上的传奇家族百年滇商口述史	马子商等讲述、李旭撰写	中华书局出版社	2009.01
28	西行茶马古道	杨福泉	上海人民出版社	2009.04
29	茶马古道剑川读本	刘平、李劲松	云南大学出版社	2010.12
30	中国北茶马古道研究	北茶马古道研究会	世界知识出版社	2011.12
31	茶马古道餐饮文化	杨艾军、丁建明	云南人民出版社	2012.06
32	茶马古道诗文选	杨亮才	云南人民出版社	2012.06
33	茶马古道风情录	杨静茜 、胡皓明 、凌文锋、木霁弘 、周重林	世界图书出版公司	2013.06
34	茶马古道	李　旭	中国社会科学出版社	2012.02
35	茶马古道风情录	杨静茜、胡皓明、凌文锋	世界图书出版社	2013.07
36	茶马古道文献考释	蒋文中	云南人民出版社	2013.11
37	茶马古道研究集刊	茶马古道文化研究所	云南大学出版社	2014.01
38	茶马古道研究	蒋文中	云南人民出版社	2014.06
39	龙蟠故事——茶马古道民族志	杨杰宏	云南大学出版社	2014.06
40	茶马古道普洱香	郭豫斌	中国人民大学出版社	2014.06
41	茶马古道记	何永飞	云南人民出版社	2015.01
42	茶马古道	尹荣洙	中央广播电视大学出版社	2015.07
43	白云苍狗	向　洪	云南人民出版社	2017.08
44	茶马古道雅安段文献索引掇英	李炳中	巴蜀书社	2018.10
45	历史光影里的茶马古道	李贵平	中国文史出版社	2019.05
46	茶马古道上的民间音乐文化“活化石”	伍育琦、高忠银	西南交通大学出版社	2019.05
47	茶马古道“锅庄文化”文史调查与研究辑要	焦虎三	西南交通大学出版社	2019.09
48	茶马古道上的风物	杨红文	云南大学出版社	2020.12
49	茶马古道文化遗产线路	木霁弘、周重林	云南大学出版社	2020.12
50	茶马古道——从横断山脉到青藏高原	李　旭	青海人民出版社	2020.10
51	茶马古道与牵牛花	凌文锋	云南大学出版社	2021.03

参考文献

[1] 李熙龄 . 普洱府志 [Z]. 道光三十年 .

[2] 陈宗海 . 普洱府志 [Z]. 光绪二十六年 .

[3] 柯树勋 . 普思沿边志略 [Z].1915 年 .

[4] 朱锦文 . 宁洱县地志 [Z].1921 年 .

[5] 胡钟琳，等 . 墨江县志资料 [Z].1940 年 .

[6] 李金荣 . 景谷县志资料 [Z].1920 年 .

[7] 龙云，卢汉 . 新纂云南通志 [Z].1949 年 .

[8] 思茅地区地方志编纂委员会 . 思茅地区志 [M]. 昆明：云南民族出版社，1996.

[9] 普洱哈尼族彝族自治县地方志编纂委员会 . 普洱哈尼族彝族自治县志 [M]. 北京：生活读书新知三联书店，1993.

[10] 思茅县志编纂委员会 . 思茅县志 [M]. 北京：生活读书新知三联书店，1993.

[11] 景谷傣族彝族自治县志编纂委员会 . 景谷傣族彝族自治县志 [M]. 成都：四川辞书出版社，1993.

[12] 墨江哈尼族自治县志编纂委员会 . 墨江哈尼族自治县志 [M]. 昆明：云南人民出版社，2002.

[13] 江城哈尼族彝族自治县志编纂委员会 . 江城哈尼族彝族自治县志 [M]. 昆明：云南人民出版社，1989.

[14] 澜沧拉祜族自治县志编纂委员会 . 澜沧拉祜族自治县志 [M]. 昆明：云南人民出版社，1996.

[15] 孟连傣族拉祜族佤族自治县志编纂委员会 . 孟连傣族拉祜族佤族自治县志 [M]. 昆明：云南人民出版社，1999.

[16] 木霁弘，陈保亚，等 . 滇藏川“大三角”文化探秘 [M] . 昆明：云南大学出版社，1992.

[17] 木霁弘 . 茶马古道上的民族文化 [M] . 昆明：云南民族出版社，2003.

[18] 蒋文中 . 茶马古道文献考释 [M] . 昆明：云南人民出版社，2013.

[19] 蒋文中著 . 茶马古道研究 [M] . 昆明 : 云南人民出版社，2014.

[20] 陆韧 . 云南对外交通史 [M] . 昆明 : 云南人民出版社，2011.

[21] 木霁弘，凌文锋，王婧婧，等 . 茶马古道 [M] . 昆明：云南人民出版社，2014.

[22] 木霁弘 . 茶马古道考察纪事 [M] . 昆明：云南教育出版社，2001.

[23] 李刚，李薇 . 论历史上三条茶马古道的联系及历史地位 [J]. 西北大学学报（哲学社会科学版），2011，41（04）.

[24] 李明建 . 滇藏茶马古道与云南藏区多民族经济文化交流初探 [J]. 开封文化艺术职业学院学报，2020，40（08）.

[25] 刘玲娣 . 论茶马古道的历史意义与民族精神 [J]. 保定学院学报，2014，27（01）.

[26] 马祯 . 普洱茶的社会生命史及其意义研究 [J]. 红河学院学报，2015，13（05）.

[27] 阳耀芳 .“茶马古道”的历史研究与现实意义 [J]. 茶叶通讯，2009，36（01）.

[28] 周重林，凌文锋，张娟 . 茶马古道的范围与走向 [J]. 中国文化遗产，2010（04）.

[29] 陈茜 . 川滇缅印古道初考 [J]. 中国社会科学，1981（01）.

[30] 张永国 . 茶马古道与茶马贸易的历史与价值 [J]. 西藏大学学报（汉文版），2006（02）.
[31] 周智生 . 云南商人与近代滇藏商贸交流 [J]. 西藏研究，2003（01）.
[32] 周智生 . 滇藏茶马古道与多民族共生发展初探 [J]. 华西边疆评论，2014（00）.
[33] 康昱明，李金峰 . 甘肃茶马古道文化线路遗产探究 [J]. 农村经济与科技，2020，31（11）.
[34] 方铁 . 普洱茶与滇藏间的茶马古道 [N]. 中国社会科学报，2019-07-05（006）.